UTB **8184**

Eine Arbeitsgemeinschaft der Verlage

Beltz Verlag Weinheim · Basel
Böhlau Verlag Köln · Weimar · Wien
Wilhelm Fink Verlag München
A. Francke Verlag Tübingen und Basel
Haupt Verlag Bern · Stuttgart · Wien
Lucius & Lucius Verlagsgesellschaft Stuttgart
Mohr Siebeck Tübingen
C. F. Müller Verlag Heidelberg
Ernst Reinhardt Verlag München und Basel
Ferdinand Schöningh Verlag Paderborn · München · Wien · Zürich
Eugen Ulmer Verlag Stuttgart
UVK Verlagsgesellschaft Konstanz
Vandenhoeck & Ruprecht Göttingen
vdf Hochschulverlag AG an der ETH Zürich
Verlag Barbara Budrich Opladen · Farmington Hills
Verlag Recht und Wirtschaft Frankfurt am Main
WUV Facultas Wien

Günther Storch

Deutsch als Fremdsprache

Eine Didaktik

Theoretische Grundlagen und
praktische Unterrichtsgestaltung

Wilhelm Fink Verlag München

Die Deutsche Bibliothek – CIP-Einheitsaufnahme

Storch, Günther:
Deutsch als Fremdsprache: eine Didaktik; theoretische Grundlagen
und praktische Unterrichtsgestaltung / Günther Storch. – München:
Fink, 2001
(UTB für Wissenschaft)
ISBN 3-8252-8184-1 (UTB)
ISBN 3-7705-3408-5 (Fink)

2., unveränderter Nachdruck der 1. Auflage

© 1999 Wilhelm Fink Verlag GmbH & Co.KG
Ohmstraße 5, 80802 München
ISBN 3-7705-3408-5

Alle Rechte, auch die des auszugsweisen Nachdrucks, der fotomechanischen Wiedergabe und der Übersetzung, vorbehalten. Dies betrifft auch die Vervielfältigung und Übertragung einzelner Textabschnitte, Zeichnungen oder Bilder durch alle Verfahren wie Speicherung und Übertragung auf Papier, Transparente, Filme, Bänder, Platten und andere Medien, soweit es nicht §§ 53 und 54 URG ausdrücklich gestatten.

Printed in Germany
Einbandgestaltung: Alfred Krugmann, Freiberg am Neckar
Herstellung: Ferdinand Schöningh GmbH, Paderborn

UTB-Bestellnummer: ISBN 3-8252-8184-1

Inhalt

	Verzeichnis der Abkürzungen	9
0	**Vorwort**	11
1	**Grundlagen und Grundbegriffe**	15
1.1	**Kommunikation**	15
	• Die kommunikativen Fertigkeiten	15
	• Fertigkeiten und sprachliche Mittel	16
	• Kommunikationsfähigkeit: pragmatische und soziokulturelle Bedingungen des sprachlichen Handelns	17
	• Kommunikation und Dimensionen der Sprachbeherrschung	18
1.2	**Lernerstrategien**	21
1.3	**Lernziele und Unterrichtsgegenstände**	25
1.4	**Progression**	28
2	**Gedächtnispsychologische und psycholinguistische Aspekte des Fremdsprachenlernens**	35
2.1	**Gedächtnispsychologische Grundlagen**	35
	• Zur Organisation des Gedächtnisses	36
	• Lernen	38
2.2	**Zum Beitrag der Fremdsprachenerwerbs-Forschung**	42
	• Einige Ergebnisse der Fremdsprachenerwerbs-Forschung	43
	– Lernersprachen	43
	– Sprachverarbeitung, Input und Intake	45
	– Zum Einfluss der Muttersprache	46
	– Steuerungsmöglichkeiten durch Fremdsprachenunterricht	47
	• Konsequenzen für den Fremdsprachenunterricht	49
2.3	**Reflexion über Lernen**	51
3	**Voraussetzung: Die sprachlichen Mittel**	55
3.1	**Wortschatz**	55
	• Dimensionen des Wortschatzes	55
	• Gedächtnispsychologische Aspekte der Wortschatzarbeit	56
	• Wortschatzarbeit im Unterricht	57
	– Einführen und Verstehen des Wortschatzes	57
	– Einüben und Behalten des Wortschatzes	65
	· Kognitive Wortschatzübungen	65
	· Situativ-pragmatische Übungen	71
	– Aktivierung des Wortschatzes	72

3.2	**Grammatik**	74
	• Zur Legitimation von Grammatikunterricht	74
	• Pädagogische Grammatik	77
	– Verständlichkeit und Lernbarkeit	78
	– Anwendbarkeit	83
	• Grammatikübungen	86
3.3	**Wortbildung**	90
	• Grundlagen	91
	• Didaktische Folgerungen	93
	• Wortbildungsübungen	93
	– Explikative Übungen	93
	– Nicht-explikative Übungen, Spielübungen	98
	• Wortbildung und Textverstehen	101
3.4	**Phonetik und Orthographie**	104
	• Phonetik	104
	– Grundlagen der Ausspracheschulung	105
	– Übungstypen	106
	– Phonetische Korrektur und Lautanbildung	111
	• Orthographie	114
4	**Textverstehen: Die Förderung der rezeptiven Fertigkeiten**	**117**
4.1	**Psychologische und didaktische Grundlagen des Textverstehens**	117
	• Psychologische Grundlagen	117
	• Folgerungen für die Didaktik des Textverstehens	121
4.2	**Leseverstehen**	125
	• Leser-Text-Interaktion I: Wissensgesteuerte Prozesse	127
	– Wissensgesteuerte Strategieübungen auf höheren Textebenen	127
	– Übungen zur Antizipation und zum hypothesengeleiteten Leseverstehen unterhalb der Textebene	133
	• Leser-Text-Interaktion II: Textgesteuerte Prozesse beim Leseverstehen	136
	• Steuerung des Lesens durch den Lehrer	139
4.3	**Hörverstehen**	140
	• Grundlagen	140
	• Übungen zum Antizipieren	141
	– Antizipieren auf der Textebene	141
	– Antizipieren auf niedrigeren Textebenen während des Hörens	145
	• Speicherübungen	146
	– Übungen zur Erweiterung der Hörmerkspanne	147
	– Übungen zur Informationsreduktion	147
	– Übungen zur Informationseingliederung	149
	• Datengesteuerte Verstehensprozesse	150
	• Steuerung des Verstehensprozesses durch den Lehrer	152
4.4	**Reflexion über Textverstehen**	152

5	**Vom Verstehen zur Äußerung: Die Zusammenführung von sprachlichen Mitteln und Fertigkeiten**	155
5.1	**Lehrphasen**	155
5.2	**Die Textphase: Zur Arbeit mit Lerntexten**	156
	• Die Funktion von Texten im Unterricht	157
	• Die Phasen der Textarbeit	159
	– Techniken der Hinführungsphase	162
	– Zur Durchführung der Präsentations- und Erarbeitungsphase	164
	· Dialogische Anfängertexte	165
	· Nicht-dialogische Anfängertexte	169
	· Sachtexte bei Fortgeschrittenen	171
	– Zur Durchführung der Anschlussphase	177
	• Zusammenfassung: Einige Prinzipien der Textarbeit	178
5.3	**Grammatikarbeit**	180
	• Grundlagen der Grammatikarbeit	180
	• Einbettung	184
	• Erarbeitung	186
	• Regeldarstellung: Elemente der Bewusstmachung	194
5.4	**Üben**	198
	• Kriterien zur Charakterisierung von Übungen	200
	• Zur Anordnung und Durchführung von Übungen	207
6	**Die Förderung der produktiven Fertigkeiten**	213
6.1	**Aspekte der Sprachproduktion**	213
6.2	**Sprechfertigkeit**	216
	• Mündliche Kommunikation im DaF-Unterricht	216
	• Faktoren der mündlichen Kommunikation	218
	• Die Förderung des dialogischen Sprechens	220
	– Vom Dialog zum dialogischen Sprechen: Steuerung des simulierten dialogischen Sprechens durch Variation der kommunikativen Faktoren	220
	– Gestalten von Faktoren der Kommunikation: Rollenspiel und Simulation	225
	– Authentisches dialogisch-interaktives Sprechen	230
	• Monologisches Sprechen	234
	• Vorkommunikative Übungen zu verschiedenen Aspekten der Sprechfertigkeit	239
	• Sprechanlass Unterrichtssituation	244
6.3	**Schreibfertigkeit**	248
	• Der schriftliche Text und der Prozess seiner Produktion	249
	• Schreiben als Prozess: ein didaktisches Modell	252
	• Schriftliche Textproduktion als Prozess: zwei Didaktisierungen	254
	• Vom Satz zum Text: Komponentenübungen zur Vertextung	258
	– Analyseübungen	260
	– Syntheseübungen	262
	• Techniken zur Steuerung der Textproduktion	264
	– Steuerung durch Fragen	264

	– Steuerung durch einen Paralleltext	265
	– Steuerung durch inhaltliche Strukturierung	266
	– Steuerung durch Vorgabe textsortenspezifischer Redemittel	267
	– Weitere Steuerungsmöglichkeiten	268
	• Freies Schreiben	269

7 Medien 271
7.1 Grundlagen 271
7.2 Audiovisuelle Medien 273
- Auditive Medien 273
- Visuelle Medien 275
7.3 Zum Umgang mit Lehrwerken 282

8 Landeskunde 285
8.1 Konzeptionen der Landeskunde 286
8.2 Didaktische und methodische Aspekte der Landeskunde 289
8.3 Pädagogische Implikationen 295

9 Interaktion im DaF-Unterricht 297
9.1 Rede- und Handlungsanteile 297
- Beschreibung von Unterricht unter Aspekten der Interaktion 297
- Zur Veränderung der Rede- und Handlungsanteile 300
9.2 Sozialformen des Unterrichts 305
- Klassenunterricht 306
- Gruppenarbeit und Partnerarbeit 307
- Einzelarbeit 310
- Sozialformen und Lernerorientierung 310
9.3 Lehrerfragen 311
9.4 Korrigieren 315
- Mündliche Korrekturen 316
- Korrigieren schriftlicher Schülerproduktionen 318
9.5 Aspekte des nonverbalen Verhaltens 320
9.6 Übergänge 324

10 Motivieren 327
10.1 Schülermotive und ihre Anregungsbedingungen 328
10.2 Anregungsbedingungen der Lernsituation 1: Lehrerpersönlichkeit 330
10.3 Anregungsbedingungen der Lernsituation 2: Unterrichtsgestaltung 331

11 Literatur 337
11.1 Literatur zu den einzelnen Kapiteln 337
11.2 Sekundärliteratur 341
11.3 Zitierte Lern- und Lehrmaterialien 364

Verzeichnis der Abkürzungen

Allgemeine Abkürzungen

→	Verweis auf ein anderes Kapitel
AB	Arbeitsbuch/Arbeitsheft usw.
DaF	Deutsch als Fremdsprache
EA	Einzelarbeit
GA	Gruppenarbeit
i.O.	im Original
L	Lehrerin, Lehrer, Unterrichtende/r ...
L1	Muttersprache
L2	Fremd-/Zielsprache
LHB	Lehrerhandbuch, Lehrürhandreichungen usw.
OHP	Overheadprojektor
PA	Partnerarbeit
PL	Plenum, Klassenunterricht
S	Schülerin, Schüler, Lernende ...
TH	Testheft

Abkürzungen der zitierten Lern- und Lehrmaterialien

Die genauen bibliographischen Angaben finden sich im Literaturverzeichnis, Teil 3. (11.3.), unter dem rechts angegebenen Titel.

ARB.M.TEXTEN	*Arbeit mit Texten.*
DT.BITTE	*Auf deutsch, bitte!*
AUSSPRSCH.DT.	*Ausspracheschulung Deutsch.*
DAF 1A	*Deutsch als Fremdsprache 1A. Grundkurs.*
DAF 1A (neu)	*Deutsch als Fremdsprache 1A. Grundkurs. Neubearbeitung.*
DER EINE	*Der eine und der andere.*
DT.2000	*Deutsch 2000.*
DT.AKT.	*Deutsch aktiv.*
DT.AKT. (neu)	*Deutsch aktiv Neu.*
DT.KONKR.	*Deutsch Konkret.*
KONTRAST	*Kontrast. Deutscher Aussprachekurs für Griechen.*
LERNZ.DT.	*Lernziel Deutsch.*
MITTELST.DT.	*Mittelstufe Deutsch.*
SCH/GR	*Deutsche Sprachlehre für Ausländer.*
SCH/GR G	*Deutsche Sprachlehre für Ausländer. Grundstufe in einem Band.*
SICHTW.	*Sichtwechsel.*
SICHTW. (neu)	*Sichtwechsel neu.*
SPR.BR.	*Sprachbrücke.*
SPRK.DT.	*Sprachkurs Deutsch.*
SPRK.DT. (neu)	*Sprachkurs Deutsch. Neufassung.*
STANDPUNKTE	*StandPunkte. Texte und Übungen für die Oberstufe.*
STUFEN	*Stufen.*
STUFEN INT.	*Stufen International.*
SUCHE	*Die Suche.*
THEMEN	*Themen.*

THEMEN (neu)	*Themen neu.*
WEGE	*Wege.*
WEGE (neu)	*Wege. Deutsch als Fremdsprache: Mittelstufe und Studienvorbereitung. Neuausgabe.*
WÖRT.Z.WAHL	*Wörter zur Wahl.*
ZERT.DAF	*Mit Erfolg zum Zertifikat.*

0   Vorwort

Allgemeine Zielsetzung
Ein Lehrer sieht sich grundsätzlich mit den folgenden zwei Fragen konfrontiert: 1. Wie kann ich meinen Unterricht gestalten? 2. Wie kann ich mein Vorgehen begründen? Die vorliegende Didaktik des Deutschen als Fremdsprache (DaF) möchte zum Nachdenken über beide Fragen anregen und mögliche Antworten vorschlagen. Im Zentrum stehen also zwei Fragestellungen:
- eine theoretische: Auf welchen (sprach-)lernpsychologischen, linguistischen und kommunikativen Grundlagen basiert der DaF-Unterricht? Dazu werden solche Ergebnisse der Bezugswissenschaften (kognitive Psychologie, Spracherwerbsforschung, Linguistik) referiert, die für den mit DaF beschäftigten Personenkreis (s.u.) ein nützliches und für die Praxis wichtiges Basiswissen darstellen.
- eine unterrichtspraktische: Wie kann ein DaF-Unterricht durchgeführt werden, der auf den referierten theoretischen Grundlagen beruht? Dazu werden zu den einzelnen Bereichen des DaF-Unterrichts zahlreiche Anregungen gegeben: ausführliche Didaktisierungen werden vorgestellt und begründet, zahlreiche methodische Verfahren sollen eine variable Unterrichtsgestaltung fördern, Hinweise und Tipps auf Schwierigkeiten aufmerksam machen und zum Nachdenken anregen.

Es geht also darum, theoretische Grundlagen und praktische Unterrichtsdurchführung aufeinander zu beziehen und somit die Voraussetzungen für begründete unterrichtliche Entscheidungsprozesse bereitzustellen.

An wen wendet sich dieses Buch?
Diese DaF-Didaktik wendet sich an all diejenigen, die mit der Vermittlung von Deutsch als Fremdsprache zu tun haben, insbesondere an
- DaF-Studierende bzw. zukünftige DaF-Lehrende;
- DaF-Lehrende (Anfänger wie auch Fortgeschrittene);
- Aus- und Fortbilder im Bereich DaF.

Wovon handelt dieses Buch?
In Anlehnung an die Berliner Didaktische Schule konstituiert sich Unterricht aus den folgenden Faktoren (Heimann 1976: 153ff.; Heimann u.a. 1977: 22ff.):

	bestimmende Aspekte des Unterrichts	Bereiche der Didaktik
1	Absicht unterrichtlichen Handelns (Wozu?)	Lernziele
2	Gegenstand unterrichtlichen Handelns (Was?)	Lerninhalte
3	Art des unterrichtlichen Handelns (Wie?)	Unterrichtsmethoden
4	verwendete Mittel (Womit?)	Medien, Lehrmittel
5	die Beteiligten am unterrichtlichen Handeln (Wer?)	a: Lernende, b: Lehrende
6	allgemeine Situation (Wo? Wann?)	Rahmenbedingungen, soziokulturelle Voraussetzungen

Legt man dieses „Strukturmodell des Unterrichtens" zugrunde, so lässt sich der Inhalt des vorliegenden Buchs wie folgt genauer bestimmen:
- Mit den Punkten 1 „Lernziele" und 2 „Lerninhalte" beschäftigt sich Kap. 1 „Grundlagen und Grundbegriffe" eingehender; dabei werden auch Grundbegriffe der Fremdsprachendidaktik eingeführt, auf die die folgenden Kapitel immer wieder Bezug nehmen. Kap. 8 „Landeskunde" geht auf die landeskundlichen Lernziele und Lerninhalte des DaF-Unterrichts ein.
- Der Schwerpunkt liegt auf Punkt 3 „Unterrichtsmethoden", d.h. auf dem „Wie" unterrichtlichen Handelns. In den Kap. 3 bis 6, aber auch in den Kap. 7 und 8 werden methodische Ver-

fahren zur Gestaltung des Unterrichts sowie – in engem Zusammenhang damit – ihre linguistischen, sprachpsychologischen und kommunikativen Grundlagen dargestellt.
- Punkt 4 „Lehrmittel, Medien" wird in Kap. 7 „Medien" thematisiert, aber natürlich enthalten auch die unterrichtspraktischen Teile der anderen Kapitel zahlreiche Beispiele für den Einsatz der verschiedenen Unterrichtsmedien.
- Einen weiteren Schwerpunkt stellt Punkt 5 „Lehrer, Lerner" dar, den die Kap. 2, 9 und 10 unter verschiedenen Aspekten behandeln. Gegenstand von Kap. 2 sind die gedächtnis- und (sprach-)lernpsychologischen Voraussetzungen des Fremdsprachenlernens, während Kap. 10 motivationspsychologische Aspekte des DaF-Unterrichts im Spannungsfeld zwischen Lehrer, Lerner, Lerngegenstand und methodischem Vorgehen behandelt. In Kap. 9 wird der wichtige Bereich der Lehrer-Schüler-Interaktion erörtert; übergeordnete Fragestellung ist dabei die Verteilung der Rede- und Handlungsanteile zwischen Lehrenden und Lernenden sowie die damit verbundenen Implikationen für den Unterricht und das Lernen.
- Nicht eigens behandelt wird Punkt 6 „Rahmenbedingungen, soziokulturelle Voraussetzungen"; auf diesen Aspekt des Unterrichts beziehen sich vereinzelte Aussagen, die auf Unterschiede zwischen dem DaF-Unterricht im Inland und im Ausland sowie in sprachlich homogenen (meist im Ausland) und heterogenen Gruppen (meist im Inland) hinweisen.

Was enthält dieses Buch nicht?
Im Konflikt zwischen umfassender, eher überblicksartiger Extensität einerseits und in die Tiefe gehender Intensität andererseits habe ich mich für eine eingehende Darstellung der Kerngebiete des DaF-Unterrichts entschieden. Das hat zur Folge, dass einige Bereiche ausgeklammert werden mussten; es sind dies vor allem die folgenden: Literatur im DaF-Unterricht, Spielen und Spielübungen, neuere Medien (computergestütztes Fremdsprachenlernen CALL, weitgehend auch Video und Film), Testen, Lehrwerkbeurteilung und -kritik. Eine eingehende Darstellung dieser Bereiche hätte den gesteckten äußeren Rahmen gesprengt; der interessierte Leser findet zu all diesen Themen jedoch leicht zusammenfassende praxisnahe Darstellungen.

Welchem methodischen Ansatz ist diese DaF-Didaktik verpflichtet?
Dieses Buch folgt dem Ansatz eines kommunikativen Fremdsprachenunterrichts. (Im Unterschied zu einer bestimmten Methode soll das Wort „Ansatz" die undogmatische Offenheit und Flexibilität des Unterrichtsprozesses im kommunikativen Fremdsprachenunterricht betonen.) Das kommunikative Paradigma beruht auf der Annahme, dass „eine angemessene Kommunikationsfähigkeit in der fremden Sprache ... nur über einen Unterricht erreicht werden kann, in welchem Kommunikation eine zentrale Rolle spielt" (Multhaupt/Wolff 1992: 8), in dem also die systematische Förderung und Ausübung der Zielfertigkeit (→ 1.1) im Zentrum des Unterrichts steht. Im Gegensatz dazu gingen frühere Methoden des Fremdsprachenunterrichts davon aus, dass sich die Kommunikationsfähigkeit in der Zielsprache quasi automatisch herausbilde, wenn man die Lernenden nur ausreichend mit den sprachlichen Mitteln (→ 1.1.2) vertraut mache – kognitiv-erklärend in der „Grammatik-Übersetzungs-Methode", unbewusst-automatisierend in der „audio-lingualen Methode" (Neuner/Hunfeld 1992); beide Methoden sind heute – zumindest in der fachdidaktischen Diskussion – nur noch von historischem Interesse.
„Kommunikativer Fremdsprachenunterricht" ist eine eigenartige Wortschöpfung, sollte man doch annehmen, dass der Fremdsprachenunterricht stets die Kommunikationsfähigkeit zum Ziel hat. Wie angedeutet, geht es aber nicht nur um das Ziel, sondern vor allem auch um den Weg, es zu erreichen, und hierin unterscheidet sich der heutige kommunikative Ansatz in wesentlichen Punkten von seinen Vorgängern. Entwicklungen wie die interkulturelle Landeskunde (→ 8), Lernerautonomie (→ 1.2), Prozessorientierung (→ 6.3) oder die Reflexion über Lern- und Kommunikationsstrategien (→ 1.2; 2.3; 4.4) stellen keine Ablösung des kommunikativen Fremdsprachenunterrichts dar, sondern sinnvolle Erweiterungen und Fortentwicklungen.

Auf welche Lehr- und Lernsituation bezieht sich dieses Buch?

- Behandelt wird der lehrergesteuerte Unterricht in Gruppen; Einzelunterricht und die neuerdings intensiv diskutierten methodischen Verfahren für Selbstlerner werden somit nicht berücksichtigt. Allerdings ist vieles – ohne dass dies jeweils thematisiert wird – direkt für einen Unterricht verwertbar, der auf mehr Lernerautonomie und Selbstlernen abzielt (z.B. die Teile zu den Verstehensstrategien in → 4, zum prozessualen Schreiben in → 6.3 oder zur aktiven Erarbeitung der Grammatik in → 5.3).

Es liegt am Gegenstand dieses Buches (*Didaktik* des Deutschen als Fremdsprache), dass im Folgenden mehr vom Lehren (Vermittlungsperspektive) als vom Lernen und von den Lernenden (Erwerbsperspektive; Düwell 1995) die Rede ist. Durch den fortwährenden Bezug auf sprach- und lernpsychologische Grundlagen habe ich mich jedoch immer wieder bemüht, die Lernerperspektive einzunehmen und den Unterrichtsprozess aus dieser Sicht zu begründen. Auch wenn in der fachdidaktischen Diskussion derzeit die Themen „Lernerautonomie" und „Selbstlerner" eine wichtige Rolle spielen (→ 1.2), dürfte noch immer Krumms Aussage von 1974 gelten: „Am Lehrer als dem 'Veranstalter' von Unterricht werden wir auf lange Zeit nicht vorbeikommen" (Krumm 1974: 30). Allerdings sollte man sich stets der Tatsache bewusst sein, dass der Zusammenhang zwischen Lehren und Lernen weitgehend ungeklärt ist, ja dass die Forschung der letzten 25 Jahre diesen früher meist unhinterfragt vorausgesetzten Zusammenhang mehr und mehr in Frage stellt (→ 2.2). „Der Zusammenhang von Lehren und Lernen (d.h. ihre Entsprechung bzw. gegenseitigen Übergänge) erweist sich als besonders resistentes Problem. Wohl liegt allen fremdsprachendidaktischen Überlegungen die Vorstellung zugrunde, dass Lernen durch Lehren ausgelöst wird, doch sind die näheren Zusammenhänge hier durchaus unklar. Vor allem ist nicht erforscht, im welchem Maße die kognitive Eigenständigkeit des Lerners Abweichungen von den Vorgaben des Lehrers (aber auch der Lehrmittel) bewirkt." (Christ/Hüllen 1995: 5)

- Gegenstand dieses Buchs ist der DaF-Unterricht für erwachsene und (mit einigen Abstrichen) für jugendliche Lernende. Der Unterricht mit Kindern würde eine eigene Darstellung erfordern und wird deshalb nicht berücksichtigt.

- Behandelt wird der Unterricht mit einem Lehrwerk. Aus diesem Grund sind die meisten Beispiele internationalen DaF-Lehrwerken entnommen, die weit verbreitet sind und mit denen viele Lehrende weltweit unterrichten. Das Erarbeiten eigener Lehrmaterialien wird somit nicht eigens thematisiert (z.B. Kriterien für die Auswahl von Texten).

  Lehrwerke sind Ausdruck einer bestimmten historischen Epoche, und sie spiegeln einen bestimmten Stand der fachdidaktischen Diskussion wider. Dass sich diese entwickelt und infolgedessen Lehrwerke sich stark verändern, weiß jeder Lehrer aus eigener Erfahrung. Aus heutiger Sicht wäre es deshalb ein Leichtes, ältere Lehrwerke zu kritisieren. Wesentlich schwieriger wäre es allerdings, empirisch nachzuweisen, dass Schüler, die mit heutigen Lehrwerken Deutsch lernen, wirklich so wesentlich besser und erfolgreicher lernen, wie es die Theorie nahe zu legen scheint. Ob das für die Lehrenden, für die traditionellen Lehrbücher oder für die Sprachlernfähigkeit des Menschen spricht (→ 2.2.1), sei dahingestellt. Auf alle Fälle möchte ich hier betonen, dass vereinzelte kritische Anmerkungen zu Übungen, grammatischen Darstellungen usw. aus Lehrwerken ausschließlich der Verständlichkeit und Explizitheit der Darstellung dienen sollen.

- Gegenstand dieses Buchs ist der DaF-Unterricht; aber natürlich betreffen viele Aussagen den Fremdsprachenunterricht generell. Aus diesem Grund spreche ich des öfteren von „Fremdsprachenunterricht" und nicht nur von „DaF-Unterricht".

Sonstiges

Terminologisch beziehe ich mich etwa folgendermaßen auf die verschiedenen Niveaustufen des Unterrichts (Stundenzahl bei Erwachsenen):
   – „Anfänger": ca. die ersten 150 – 200 Stunden Deutsch
   – „Fortgeschrittene": ab ca. 250 – 300 Stunden Deutsch

Weiterhin spreche ich von „Grundstufe" und „Mittelstufe" und beziehe mich damit auf die entsprechenden Kursstufen des Goethe-Instituts.

Die meisten der aus DaF-Lehrwerken übernommenen Texte, Übungen usw. sind aus Gründen des Layouts neu gesetzt, sodass sich die Form der Darstellung im Original und in diesem Buch unterscheidet.

Das Buch folgt der 1996 beschlossenen neuen Rechtschreibung. Alle Zitate und neu gesetzten Abbildungen wurden orthographisch entsprechend angepasst.

Die DaF-Lernenden habe ich unterschiedlich benannt: „Lernende", „Lerner", „Schüler", „Schülerinnen und Schüler". Alle diese Bezeichnungen stehen gleichberechtigt nebeneinander; der Bezug auf eine bestimmte Art des Unterrichts, z.B. in einer staatlichen Schule bei „Schülerinnen und Schüler", ist nicht beabsichtigt, desgleichen nicht die Bevorzugung männlicher Lernender bei den Wörtern „Schüler" oder „Lerner".

Fremdsprachige englische Zitate aus der fachdidaktischen Literatur habe ich des besseren Verständnisses wegen ins Deutsche übersetzt. Übungen, Transkriptionen von Unterrichtsmitschnitten o.ä. wurden hingegen in der Originalsprache belassen.

Dank

Ich danke meiner Frau, Inga Weng, die viele wichtige Anregungen und kritische Bemerkungen zum Inhalt dieses Buches beigetragen hat. Ihrer beharrlichen Ermutigung habe ich es wesentlich zu verdanken, dass ich „Durststrecken" überwunden und das Buch trotz mancher äußerer Widrigkeiten zu Ende geschrieben habe.

Weiterhin danke ich dem Wilhelm Fink Verlag, der das Buch in die große UTB-Reihe aufgenommen hat.

1 Grundlagen und Grundbegriffe

1.1 Kommunikation

1.1.1 Die kommunikativen Fertigkeiten

Oberstes Lehr- und Lernziel des DaF-Unterrichts ist die Fähigkeit zur Kommunikation in der deutschen Sprache.
Kommunikation ereignet sich im Medium der gesprochenen oder geschriebenen Sprache, und die am kommunikativen Handeln Beteiligten können entweder einer fremden Äußerung Informationen entnehmen oder in Form einer eigenen Äußerung anderen Informationen übermitteln. Entsprechend werden in der Fremdsprachendidaktik *die kommunikativen Fertigkeiten* nach zwei Dimensionen gegliedert (Abb. 1.1):
• nach dem Medium, in dem die Kommunikation stattfindet: gesprochene vs. geschriebene Sprache;
• nach der kommunikativen Grundhaltung, die ein kommunikativ Handelnder einnehmen kann: rezeptiv (Informationsentnahme) vs. produktiv (Informationsvermittlung).

Zwischen den vier Fertigkeiten bestehen enge Zusammenhänge (Portmann 1991). Ontogenetisch wie auch lernpsychologisch setzen die produktiven Fertigkeiten die rezeptiven voraus: Sprechen setzt Hören und Verstehen, Schreiben setzt Lesen und Verstehen voraus.

	gesprochene Sprache	geschriebene Sprache
rezeptiv	HV HÖRVERSTEHEN	LV LESEVERSTEHEN
produktiv	SP SPRECHFERTIGKEIT	SCHR SCHREIBFERTIGKEIT

Abb. 1.1: Die kommunikativen Fertigkeiten

Unter sprachpsychologischen Aspekten ist beim sprachlichen Handeln Sprechen immer zugleich mit Hören, Schreiben mit Lesen sowie innerer Artikulation verbunden; durch das automatische Mithören bzw. Mitlesen übt der Sprecher/Schreiber die Kontrolle (*monitoring*) über seine Sprachproduktion aus.

In der Kommunikation treten die Fertigkeiten meist nicht isoliert, sondern zusammenhängend auf; das gilt für die reale Kommunikation ebenso wie für den Fremdsprachenunterricht, z.B.:

	REALE KOMMUNIKATION	**FREMDSPRACHENUNTERRICHT**
HV → SP	jdm. etwas erzählen, was man von anderen/im Radio gehört hat	einen Text hören und den Inhalt mündlich wiedergeben – indirekte Rede üben
LV → SCHR	einen Zeitungsartikel lesen und einen Leserbrief dazu schreiben	einen Text lesen und eine Stellungnahme dazu schreiben
HV → LV	Nachrichten im Radio hören und darüber am Abend in der Zeitung lesen	einen Anfängerdialog hören und ihn anschließend im Lehrbuch lesen

Die fremdsprachendidaktische Konvention, von den „vier Fertigkeiten" zu sprechen, entspricht der Realität sprachlicher Kommunikation nur partiell.
– Zum einen findet im Gespräch, d.h. im direkten mündlichen Informationsaustausch mit einem oder mehreren Partnern, ein andauernder Rollentausch statt, bei dem ein Kommunikationspartner in oft schneller Abfolge die Hörer- und Sprecherrolle wechselt. Diese dialogisch-interaktive Fertigkeit (direkte Face-to-face-Kommunikation) kann sprachpsychologisch durchaus vom reinen Hörverstehen und Sprechen unterschieden werden, und sie muss im Unterricht auch mit speziellen methodischen Verfahren vermittelt und geübt werden.
– Zum anderen verliert das isolierte Hör- und Leseverstehen in unserer zunehmend von Medien dominierten Gesellschaft („Informationsgesellschaft") immer mehr an Bedeutung. Sehr oft wird das gesprochene Wort von visuellen Medien begleitet (Kino, Fernsehen, Video ...), und auch in

der geschriebenen Sprache spielt das Bild eine immer größere Rolle (Comics, Werbung, Illustrierten ...). Aus diesem Grund spricht man in der Fremdsprachendidaktik auch von Hör-Seh-Verstehen oder Lese-Seh-Verstehen.
– Im Zusammenhang mit den Fertigkeiten muss schließlich auch das Übersetzen erwähnt werden, das lange Zeit als die „fünfte Fertigkeit" bezeichnet wurde und heute aus vielen Lehrbüchern verbannt ist.

In der Literatur werden verschiedentlich Angaben zum Vorkommen der vier Fertigkeiten in der Muttersprache gemacht. Heyd (1991: 107f.) referiert Untersuchungen, wonach sich HV – LV – SP – SCHR wie 8 – 7 – 4 – 2 verhalten; Rivers (1978) gibt die Werte 45% HV, 30% SP, 16% LV, 9% SCHR an, d.h. insbesondere Sprechen und Schreiben sind hier anders gewichtet. Ein Grund dafür könnte darin liegen, dass sich die Angaben auf unterschiedliche Kulturkreise beziehen. Insgesamt ist ein starkes Übergewicht der rezeptiven Fertigkeiten zu erkennen. Auf derartigen Zahlen lassen sich allerdings nur eingeschränkt didaktische Entscheidungen über Lernziele oder eine unterschiedliche Gewichtung der Fertigkeiten im Unterricht begründen (eventuell getrennt nach Anfängern und Fortgeschrittenen), da hierfür weit mehr Faktoren wichtiger sind, z.B. der angestrebte Verwendungszweck der Fremdsprache oder auch lernpsychologische Aspekte.

1.1.2   Fertigkeiten und sprachliche Mittel

Jemand, der sprachlich handelt, muss zunächst bestimmte Inhalte in eine lineare lautliche bzw. graphische Form bringen bzw. muss einer Laut- bzw. Buchstabenkette Inhalte entnehmen. Beim Verstehen gesprochener Sprache muss er u.a.
- relevante sprachliche von irrelevanten Neben- und Zusatzgeräuschen unterscheiden,
- die „sprachlichen Geräusche" in lautliche Einheiten segmentieren (d.h. Laute erkennen und voneinander unterscheiden),
- zusammenhängende Lautfolgen erkennen und ihnen eine Bedeutung oder Funktion zuordnen (Morpheme, Wörter),
- syntaktische und semantische Beziehungen zwischen den erkannten Morphemen/Wörtern herstellen
- und dem Ganzen einen Sinn zuordnen.

Die Einzelkomponenten werden zu einer Bedeutung integriert, dem sprachlichen Geräusch wird ein Sinn zugewiesen. Voraussetzung ist die Beherrschung der sprachlichen Mittel: Laute, Wörter, Konstruktionen, Endungen usw. Die Linguistik untersucht und beschreibt die sprachlichen Mittel in der Grammatik und ihren Teildisziplinen, vor allem der Phonetik/Phonologie, Graphetik/Graphematik, Morphologie, Syntax, Lexikologie/Wortbildung, Semantik. Betrachtet man den Zusammenhang zwischen den kommunikativen Fertigkeiten und den sprachlichen Mitteln, so führt das zu Einsichten in einige wichtige didaktische Unterscheidungen (Abb. 1.2):

	HV	SP	LV	SCHR
- Laute/Aussprache				
- Buchstaben/Schrift				
- Wörter, Ausdrücke				
- Grammatik (Morpheme, Syntax, Textgrammatik)				

Abb. 1.2: Sprachliche Mittel und Fertigkeiten

Die sprachlichen Mittel – gelegentlich als „linguistische" oder „sprachsystematische Komponente" der Sprachbeherrschung bezeichnet – lassen sich in Bezug auf die einzelnen Fertigkeiten folgendermaßen weiter differenzieren:
- In der geschriebenen Sprache werden zum Teil andere lexikalische Mittel (Wörter, Ausdrücke, Wortbildungen) verwendet als in der gesprochenen Sprache, und auch die Syntax ist beim Schreiben geordneter und komplexer als beim Sprechen (→ 6.1). Derartige Registerunterschiede müssen natürlich auch im Sprachunterricht beachtet werden.
- Jeder Sprachteilhaber versteht wesentlich mehr, als er selbst äußern kann; das gilt auch und gerade für Fremdsprachenkenntnisse. Aus der obigen Tabelle lässt sich dieses Ungleichgewicht zwischen den produktiven und den rezeptiven Fertigkeiten ableiten, wenn man die sprachlichen Mittel diesen beiden Fertigkeitsbereichen gesondert zuweist. Man trägt dem in der Fremdsprachendidaktik durch die Unterscheidung zwischen „rezeptivem" und „produktivem Wortschatz" und zwischen „Verstehensgrammatik" und „Produktionsgrammatik" Rechnung. Heutige Curricula unterscheiden also zwischen den sprachlichen Mitteln, die die

1.1 Kommunikation

- Lernenden nur für das Verstehen benötigen, und denen, die ihnen beim Sprechen oder Schreiben aktiv zur Verfügung stehen sollen. Dabei ist der produktive Bereich eine Teilmenge des rezeptiven (Abb. 1.3).
- Schließlich deutet die obige Zuordnung Abb. 1.2 an, dass die Funktion der sprachlichen Mittel darin besteht, sprachliche Kommunikation zu ermöglichen. Didaktisch gesprochen heißt das, dass den sprachlichen Mitteln in

Abb. 1.3: Der produktive Bereich als Teilmenge des rezeptiven

Deutschunterricht kein Eigenwert zukommt, sondern dass ihre Thematisierung im Unterricht (Erklären, Üben) nur mit Blick auf ihre Verwendung in der Kommunikation legitimiert ist. Abstrakte Grammatikkenntnisse oder (zweisprachig abfragbare) Wortschatzkenntnisse sind folglich keine Lernziele des Fremdsprachenunterrichts.

1.1.3 Kommunikationsfähigkeit: pragmatische und soziokulturelle Bedingungen des sprachlichen Handelns

„Die vier Fertigkeiten sind ... vier Komponenten der komplexen Fähigkeit, sprachlich handeln zu können" („Stufen 1", Lehrerhandbuch: 20). Kommunikation ist eine Form sozialen Handelns und findet innerhalb eines Bedingungsgefüges (kommunikativen Rahmens) statt, dessen wichtigste Elemente die folgenden sind (→ 6.2.2.1):

- *Kommunikationspartner* (Wer kommuniziert mit wem?) und die Art des Kontakts zwischen ihnen: soziale Rollen, die sie annehmen (zwei Freunde, Kundin und Verkäufer, Mutter und Sohn), und Faktoren des Partnerbezugs (symmetrisch – hierarchisch, formell – informell, freundlich – unfreundlich ...).
- *Kommunikationssituation*: Wo und unter welchen zeitlichen Bedingungen findet das kommunikative Handeln statt?
- *Kommunikationsgegenstand* (Worüber wird kommuniziert?): Inhalt, Thema.
- *Kommunikative Intention* (In welcher Absicht bzw. mit welchem Ziel findet die Kommunikation statt?): jemanden überzeugen, sich/einen anderen informieren, sich bedanken, jemandem etwas versprechen usw. In der Sprechakttheorie nennt man diesen Aspekt von Sprechhandlungen „Illokution".
- Medium und Textsorte (In welcher Form/Wie wird kommuniziert?): gesprochene/geschriebene Sprache; Gespräch, Vortrag, Zeitungsartikel, Leserbrief ...

Der Zusammenhang zwischen diesen Elementen lässt sich wie folgt formulieren:

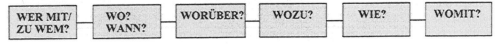

Man (Wer mit wem?) kommuniziert,
um   – in einer bestimmten Situation (Wo? Wann?)
       – im Rahmen eines bestimmten Themas (Worüber?)
       – innerhalb eines bestimmten Mediums und einer Textsorte (Wie?)
eine kommunikative Absicht auszudrücken bzw. ein kommunikatives Ziel zu erreichen (Wozu?).
Dazu verwendet man bestimmte sprachliche Mittel (Womit?).

Zum Erreichen des Lernziels „Kommunikationsfähigkeit in der Fremdsprache" reicht es also nicht aus, die sprachlichen Mittel zu lernen und im Rahmen einer automatisierten, rein sprachlichen Fertigkeit zu beherrschen. Die sprachlichen Mittel müssen vielmehr zur kommunikativen Ausübung der Fertigkeiten zur Verfügung stehen, d.h. unter den pragmatischen Bedingungen realer Kommunikation angewendet werden können. Es ist allerdings gerechtfertigt, die sprachlichen Mittel und einzelne Aspekte der sprachlichen Fertigkeiten im Unterricht zeitweise zu isolieren und Teilbereiche der Sprache gesondert zu vermitteln (z.B. Aussprache-, Grammatik- oder Wortschatzübungen). Solche Unterrichtsaktivitäten werden in der Fremdsprachendidaktik *Mittlertätigkeiten*, die erworbenen Teilfertigkeiten *Mittlerfertigkeiten* genannt. Sie müssen jedoch stets in das direkte Üben und Ausüben der kommunikativen *Zielfertigkeiten* einfließen. Lernweg und Lernziel können sich also unterscheiden, der Lernweg muss aber stets auf das Lernziel hin ausgerichtet sein. In diesem Sinne ist auch Doyé (1995: 162) zu verstehen, wonach im Fremdsprachenunterricht „die zielgerichtete, partner- und sachgerechte, zu sprachlichen Handlungen integrierte Verwendung syntaktischer, lexikalischer und – je nach Kommunikationsmedium – phonologischer oder graphischer Sprachmittel" angestrebt wird.

Neben dieser *pragmatischen* Komponente sprachlichen Handelns beinhaltet die Kommunikationsfähigkeit eine *soziokulturelle*, nämlich die Fähigkeit, beim Kommunizieren soziale Konventionen zu berücksichtigen, z.B.: Welche Themen kann man anschneiden, wenn man jemanden kennen lernt, und welche nicht? Wen spricht man mit *Sie*, wen mit *du* an? Wie direkt oder indirekt wird in einer Sprache bzw. soziokulturellen Gemeinschaft kommuniziert? Kann man sich darauf verlassen, dass *Nein* auf eine Aufforderung auch 'nein' bedeutet, oder verlangen die soziokulturellen Konventionen ein mehrfaches Auffordern? Wie diese wenigen Beispiele zeigen und wie auch das Wort ausdrückt, handelt es sich hierbei um Konventionen und Verhaltensweisen, die von Sprachgemeinschaft zu Sprachgemeinschaft wechseln können. Ihre Kenntnis ist Voraussetzung für das Gelingen einer interkulturellen Kommunikation (→ 8).

1.1.4 Kommunikation und Dimensionen der Sprachbeherrschung

Das Sprachverhalten kompetenter Sprecher ist u.a. durch die folgenden drei Eigenschaften charakterisiert: Angemessenheit der Äußerungen, Geläufigkeit bei der Produktion, Korrektheit der sprachlichen Form.

- *Angemessenheit*: Äußerungen kompetenter Sprecher sind in der Regel den pragmatischen Bedingungen der Kommunikationssituation und den soziokulturellen Konventionen der jeweiligen Sprachgemeinschaft angemessen. Ein Muttersprachensprecher weiß z.B.,
  – dass man *Wie geht's?* bei der Begrüßung im Deutschen nur dann verwendet, wenn man jemanden schon kennt (d.h. nicht beim Kennenlernen);
  – wann man einen Kommunikationspartner mit *Sie*, wann mit *du* anspricht;
  – bis wann man ungefähr *heute Morgen* und ab wann man *heute Nachmittag* sagt;
  – wie man mit einem Kind und wie mit einem Erwachsenen sprachlich kommuniziert.

Die Angemessenheit kann also der pragmatischen und der soziokulturellen Komponente der Kommunikationsfähigkeit zugeordnet werden.

- *Geläufigkeit*: Äußerungen kompetenter Sprecher sind dadurch charakterisiert, dass die sprachlichen Mittel flüssig hervorgebracht und auch verstanden werden. Beim sprachlichen Handeln richten die Sprecher ihre Aufmerksamkeit auf den Inhalt ihrer Aussage sowie auf verbale und nonverbale Reaktionen des Kommunikationspartners, während sie die sprachliche Form ihrer Äußerungen weitgehend unbewusst-automatisch und deshalb sehr geläufig produzieren. Das betrifft sowohl die mentalen Prozesse der Planung als auch die sprechmotorische Realisierung von Äußerungen. Entsprechendes gilt grundsätzlich auch für das Verstehen.

Die Geläufigkeit kann den abstrakten sprachlichen Fertigkeiten (im Sinne der audio-lingualen Methode) zugeordnet werden, d.h. Produzieren und Verstehen auf rein sprachlicher Ebene.

- *Korrektheit*: Äußerungen kompetenter Sprecher enthalten keine sprachlichen Fehler bzw. ihre sprachlichen Abweichungen werden normalerweise nicht als Fehler empfunden; das gilt zumindest für die gesprochene Sprache mit ihren dialektalen Eigenarten, mit ihren Satzabbrüchen, Neuplanungen usw. (für die sekundär erworbene Kulturtechnik des Schreibens gilt diese Aussage hingegen nur mit Einschränkungen). Kompetente Sprecher können Äußerungen auf ihre sprachliche Korrektheit hin beurteilen, z.B. Äußerungen von kleinen Kindern, die selbst noch ihre Muttersprache lernen. Weiterhin können sie aufgrund ihres impliziten Sprachwissens andere korrigieren (*das heißt nicht 'mit der Kind', sondern 'mit dem Kind'*), und sie können sprachliche Erklärungen geben (*ein Berggipfel ist der höchste Punkt eines Berges*), d.h. sie verfügen auch über explizites Sprachwissen.

Die Korrektheit kann der linguistischen Komponente der Sprachkompetenz zugeordnet werden, d.h. dem sprachlich (nicht kommunikativ!) korrekten Gebrauch der sprachlichen Mittel.

1.1 Kommunikation

Das Ziel des Fremdsprachenunterrichts besteht in der möglichst angemessenen, geläufigen und korrekten Verwendung der Zielsprache. Entsprechend lassen sich für didaktische Zwecke drei Dimensionen der Sprachbeherrschung unterscheiden:
- Als *kommunikative Dimension* lässt sich all das bezeichnen, was mit der angemessenen Verwendung der Sprache zu tun hat. Die Äußerung *Dürfte ich Sie, Verehrteste, höflichst darum ersuchen, mir ein Viertel Pfund Salami zu verkaufen* mag korrekt und flüssig geäußert sein – sie ist beim Fleischer einfach nicht angemessen. Und wahrscheinlich wird sie auch nicht „angemessen" verstanden, sondern eher als Ironie. Ebenfalls ist das erweiterte Partizipialattribut in *die seit drei Tagen schlaflos in ihrem Bett liegende Prinzessin* der Textsorte Märchen kaum angemessen, mag sie noch so geläufig und korrekt geäußert werden.
- Als *habituelle Dimension* wird der Aspekt der Geläufigkeit bei der Sprachverwendung bezeichnet. Der Fremdsprachenlerner muss die Fähigkeit erwerben, Äußerungen in der Kommunikation möglichst flüssig zu verstehen, zu planen (das betrifft vor allem die gesprochene Sprache) und zu realisieren (artikulieren, schreiben). Geläufigkeit betrifft also nicht nur die motorische Seite des Schreibens und vor allem des Sprechens, sie setzt auch eine intensive Automatisierung (mentale Gewöhnung) der sprachlichen Mittel voraus. Versprecher, Pausen, Neuansätze, Selbstkorrekturen, Verzögerungslaute sind auch bei Muttersprachlern typische Merkmale gesprochener Sprache, doch dürfen sie die Kommunikation nicht behindern.
- Als *kognitive Dimension* wird im Folgenden das metasprachliche und metakommunikative Wissen bezeichnet, d.h. Einsichten in Regularitäten des Sprachsystems und der Sprachverwendung. Gerade in diesem Punkt unterscheiden sich Fremdsprachenlerner oft von Muttersprachlern, denn für vieles, was der Muttersprachler automatisch richtig macht (was er „kann"), weiß der Fremdsprachenlerner die „Regel": Der Muttersprachler sagt korrekt *Danach bin ich ins Kino gegangen*. Der Fremdsprachenlerner weiß *Nach 'danach' kommt Inversion, d.h. das Subjekt steht nach dem Verb; beim Perfekt steht das Partizip am Ende; bei Verben der Fortbewegung wird das Perfekt mit 'sein' und nicht mit 'haben' gebildet*. Derartige Regularitäten der sprachlichen Form sind dem durchschnittlichen Muttersprachler nicht bewusst – er beherrscht sie aber bei der Sprachverwendung; der Fremdsprachensprecher weiß sie hingegen oft – aber vielleicht sagt er während des Kommunizierens dennoch: *Danach ich habe ins Kino gegangen*.

Der Begriff 'kognitiv' wird in der Fremdsprachendidaktik nicht einheitlich und deshalb oft missverständlich verwendet. Traditionellerweise bezieht er sich – wie auch oben – auf das explizite metasprachliche Wissen, z.B. grammatisches Regelwissen oder Wissen über kommunikative Konventionen oder Strategien; hier wird in der Literatur zunehmend der Terminus „metakognitiv" verwendet. In neueren Publikationen wird der Begriff 'kognitiv' im Anschluss an die kognitive Psychologie in einem viel weiteren und allgemeineren Sinne benutzt; er umfasst dabei alle mentalen Strukturen, die die Organisation unseres Gedächtnisses betreffen, und alle Prozesse der Wahrnehmung, Dekodierung, Speicherung und Aktivierung von Informationen. Dieser zweite weite Begriff von 'kognitiv' bezieht sich auf explizit-bewusste und implizit-unbewusste Prozesse, entsprechend unterscheidet man in neueren fremdsprachendidaktischen Publikationen oft zwischen 'explizitem Wissen' und 'implizitem Wissen'.

Nominativ/Akkusativ	Dativ	Genitiv
di e Frauen	mit d en Hüten	die Hüte d er Frauen
jung__ Frauen	mit groß__ Hüten	die Hüte verheiratet__ Frauen
Vor Nomen ohne Artikel hat das Adjektiv die Endung des definiten Artikels.		

Abb. 1.4a: STUFEN INT. 2: 75

In der pädagogisch-grammatischen Darstellung Abb. 1.4a wird der Zusammenhang zwischen der Endung des definiten Artikels und der Endung des attributiven Adjektivs bei Nomen ohne Artikel bewusst gemacht; d.h. es wird *über Sprache* gesprochen und ein grammatisches Phänomen thematisiert. In diesem Fall wird die kognitive Dimension der Sprachbeherrschung angesprochen. In der Differenzierungsübung Abb. 1.4b soll der Unterschied zwischen *ja* und *doch* geläufig gemacht werden. Die Übung ist so angelegt, dass die Lernenden nur auf diese Differenzierung zu achten brauchen; sie sollen sich allmählich daran gewöhnen und automatisch richtig

> **Bitte sprechen Sie.**
> **Antworten Sie bitte positiv.**
>
> *Tanzen Sie?*
> *→ Ja, natürlich tanze ich.*
> *Tanzen Sie nicht?*
> *→ Doch, natürlich tanze ich.*
> *Kommen Sie?*
> *Warten Sie?*
> *Bleiben Sie nicht?*
> *Gehen Sie nicht?*
> *Rauchen Sie?*
> *Kommen Sie nicht?*
> *Warten Sie nicht?*
> *Antworten Sie nicht?*

Abb. 1.4b: SPRK.DT. (neu) 1: 69

> **Bitte schreiben Sie einen Brief oder eine Briefkarte an Herrn Professor Grünig und seine Frau, und bedanken Sie sich noch einmal für die Einladung und das Essen. Schreiben Sie, dass Sie sich sehr wohl bei Ihren Gastgebern gefühlt haben und dass Sie es interessant fanden, dass sie so viele nette Leute kennen lernen konnten. Schreiben Sie, dass es Ihnen Leid tut, dass Sie noch nicht so gut Deutsch können und sich deshalb nicht immer richtig an den Gesprächen beteiligen konnten.**
> **Schließen Sie mit einem nochmaligen Dank.**

Abb. 1.4c: STUFEN 3: 120

reagieren. Diese Übung fördert vor allem die habituelle Dimension der Sprachbeherrschung. In Abb. 1.4c spielt hingegen die kommunikative Dimension (Angemessenheit) eine wichtige Rolle: es muss eine der Textsorte angemessene äußere Form verwendet (Datum, angemessene Anrede, Grußfloskel usw.) und eine dem Adressaten angemessene Ausdrucksweise gewählt werden (z.B. höflich, sich auf angemessene Art bedanken, sein Bedauern ausdrücken, Verwendung von *Sie* und nicht von *du* usw.).

Unter didaktischen Aspekten besteht ein wichtiger Zusammenhang zwischen den Dimensionen der Sprachbeherrschung und den sprachlichen Fertigkeiten (Abb. 1.5). Jede Fertigkeit hat eine kommunikative Dimension, d.h. damit Kommunikation erfolgreich ist, müssen Äußerungen stets angemessen verstanden und geäußert werden. Bei der gesprochenen

	HV	SP	LV	SCHR
kommunikative D.	++	++	++	++
habituelle D.	++	++		
kognitive D.			++	++

Abb. 1.5: Fertigkeiten und Dimensionen der Sprachbeherrschung

Sprache (HV, SP) spielt die habituelle Dimension, d.h. die Geläufigkeit beim Verstehen und Äußern, eine sehr wichtige Rolle. Die geschriebene Sprache (LV, SCHR) ist dagegen durch ein wesentlich stärkeres kognitiv-bewusstes Moment charakterisiert. Die Form schriftlicher Texte wird in der Regel viel bewusster geplant als die Form gesprochener Sprache, ebenso werden andere Ansprüche an ihre formale Korrektheit gestellt (→ 6.1). Daraus ergeben sich erhebliche Konsequenzen für den Unterricht, die hier nur angedeutet werden können. So dürfte es sinnvoll sein, bei explizit-kognitiven Aktivitäten (Grammatik-, Wortschatzerklärungen, Fehlerbesprechungen usw.) die geschriebene Sprache zu verwenden (z.B. schriftliche Beispiele, schriftliche Fehlervorgaben und -korrekturen usw.). Geht es jedoch um die Geläufigkeit bei den sprachlichen Mitteln, so kommt der gesprochenen Sprache eine wichtige Funktion beim Üben zu. Dabei wird man auch die Korrektheit anders bewerten und öfter zugunsten der Geläufigkeit und Angemessenheit etwas vernachlässigen (→ 5.4, 9.4).

Eine Methodengeschichte des Fremdsprachenunterrichts ließe sich gut unter dem Aspekt schreiben, welchen Stellenwert einzelne Fertigkeiten und Dimensionen der Sprachbeherrschung jeweils einnahmen. In der „Grammatik-Übersetzungs-Methode" stand die kognitive Dimension im Zentrum, als Fertigkeiten die schriftlichen (Lesen, Schreiben) einschließlich des Übersetzens. In der „audio-lingualen" und der „audio-visuellen" Methode dominierte die gesprochene Sprache, und ein wichtiges Ziel des Unterrichts bestand darin, Strukturen zu automatisieren (habituelle Dimension). In beiden Methoden kam der Beherrschung der sprachlichen Formen (Morphologie, Syntax) eine zentrale Rolle zu – in der „Grammatik-Übersetzungs-Methode" als explizites Sprachwissen, in der „audio-lingualen" bzw. „audio-visuellen" Methode als implizites, automatisiertes Können. Der heutige kommunikativ orientierte Fremdsprachenunterricht ist dadurch charakterisiert, dass erstmals die kommunikative Dimension nicht nur das Ziel, sondern auch den methodisch-didaktischen Weg im Unterricht bestimmt. Tendenziell ist eine zunehmende Gleichgewichtung der geschriebenen und gesprochenen Sprache zu beobachten; neben der kognitiven und der habituellen bestimmt vor allem die kommunikative Dimension das Unterrichtsgeschehen. Der Stellenwert aller drei Dimensionen wird danach bewertet, was sie zum Erreichen des Lernziels „Kommunizieren in der Fremdsprache" beitragen (zur Geschichte des DaF-Unterrichts vgl. Neuner/ Hunfeld 1992).

1.2 Lernerstrategien

Strategien sind mentale Pläne zu einer Handlung. Strategien lassen sich ganz allgemein als mentale Verfahren bestimmen, die den Aufbau, die Speicherung, den Abruf und den Einsatz von Informationen (hier: fremdsprachlichen Wissens und Könnens) steuern (nach Tönshoff 1995a). Beim Kommunizieren, d.h. beim sprachlichen Handeln, werden verschiedene Arten von strategischem Wissen aktiviert, u.a. (Dräxler 1996: 15f.):
- Verständigungsstrategien: Wissen, wie Kommunikation initiiert, aufrechterhalten und beendet werden kann;
- Produktionsstrategien: Wissen, wie sprachliche Handlungen durchgeführt und Bedeutungen konstruiert werden können;
- Verstehensstrategien: Wissen, wie sprachliche Handlungen verstanden und Bedeutungen rekonstruiert werden können;
- Kompensationsstrategien: Wissen, wie Schwierigkeiten in der Kommunikation überwunden werden können.

Der Muttersprachler verfügt über solche strategischen Fähigkeiten als feste Bestandteile seiner Kommunikationsfähigkeit, meist jedoch unbewusst; er beherrscht sie, könnte jedoch nur wenige kommunikative Strategien beschreiben. Für denjenigen hingegen, der eine Fremdsprache lernt oder verwendet, können Einsichten in Kommunikationsstrategien und in die Möglichkeiten ihres gezielten Einsatzes sehr nützlich sein (→ z.B. 4).

Bei Fremdsprachenlernenden spielt noch ein weiterer Bereich des strategischen Wissens eine wichtige Rolle: die Art und Weise nämlich, wie man möglichst schnell und erfolgreich eine fremde Sprache lernt. Hier spricht man von Lernstrategien und bezeichnet damit sowohl individuelle als auch allgemein gültige Verfahren des Informationserwerbs. Lernstrategien und Kommunikationsstrategien werden als *Lernerstrategien* bezeichnet.

In der fremdsprachendidaktischen Diskussion spielen Lernerstrategien derzeit eine äußerst wichtige Rolle, vor allem im Zusammenhang mit dem Bemühen um eine stärkere Lernerautonomie (s.u.), und es gibt verschiedene Ansätze, Strategien näher zu bestimmen und zu klassifizieren. Dabei werden besonders die folgenden Aspekte hervorgehoben:
- Strategien sind handlungsbezogen, d.h. sie werden bei Handlungen eingesetzt, die zur Bewältigung von Aufgaben beim Lernen und Kommunizieren durchgeführt werden. Beim Fremdsprachenlernen sind sie zudem stark problembezogen, da sie oft gezielt zur Bewältigung von Problemen beim Lernen und Kommunizieren angewendet werden.
- Es ist wichtig, zwischen *Lernstrategien* und *Kommunikationsstrategien* (Sprachverwendungsstrategien) zu unterscheiden, auch wenn beide Bereiche nicht in jedem Fall klar zu trennen sind. Bei den Lernstrategien steht der Lernaspekt im Vordergrund, bei den Kommunikationsstrategien der Gebrauchsaspekt von Sprache.
Beispiel für eine Lernstrategie: Anlage einer Wortschatzkartei; Beispiel für eine Kommunikationsstrategie: gezielter Einsatz nonverbaler Mittel, um sprachliche Ausdrucksschwierigkeiten zu kompensieren.
- Weitgehend akzeptiert ist die Unterscheidung zwischen *kognitiven* (direkten) und *metakognitiven* (indirekten) Strategien. Kognitive Strategien sind „elementare, die Informationsverarbeitung bzw. Handlungsausführung selbst unmittelbar betreffende Strategien" (Tönshoff 1995a: 240), z.B. die oben genannten Strategien (Wortschatzkartei bzw. Einsatz nonverbaler Mittel) oder die bei jedem vollkommen automatisierte Verstehensstrategie „äußerst selektives Lesen" für einen Fahrplan (→ 4.2). Metakognitive Strategien beziehen sich hingegen „auf die Planung, Überwachung und Evaluation der Informationsverarbeitung bzw. Handlungsausführung" (ebd.: 241), z.B. eine regelmäßige individuelle Lernerfolgskontrolle (Lernstrategie) oder die Selbstkorrektur eines Briefes mit Hilfe eines zweisprachigen Wörterbuchs.
- Lernerstrategien können mehr oder weniger bewusst bzw. unbewusst eingesetzt werden, und sie können von bewussten zu automatisierten Verhaltensweisen werden. Wie bereits gesagt, ist die strategische Komponente der Kommunikationsfähigkeit dem muttersprachlichen Sprecher weitgehend unbewusst. Für den (vor allem jugendlichen und erwachsenen) Fremdspra-

chenlerner und -sprecher dürfte es hingegen sehr sinnvoll sein, über bestimmte Strategien ganz bewusst zu verfügen und sein Lern- und Kommunikationsverhalten in dieser Hinsicht zu verbessern. Man kann z.B. das eigene Lernverhalten gezielt weiterentwickeln, wenn man weiß, was man für ein Lerntyp ist – ob man eher zu einer ganzheitlichen oder zu einer analytischen Betrachtungsweise neigt, zu Impulsivität oder Reflexivität, oder ob man eher ein akustischer oder optischer Typ ist (→ 9.2.4). Ohne Zweifel stellt es auch eine wesentliche Weiterentwicklung des Kommunikationsverhaltens dar, wenn man die für das Verstehen eher hinderliche Strategie, bei der Lektüre eines fremdsprachigen Textes jedes unbekannte Wort im Wörterbuch nachzuschauen, durch eine angemessenere ersetzt (→ 4.2).
- Lernerstrategien können überindividuell gültig sein und somit für alle Lernenden gelten, sie können aber auch je nach Alter, persönlicher Lernerfahrung, Lerntyp usw. individuell verschieden sein.

Es gibt verschiedene Ansätze, Lernerstrategien zu klassifizieren. Ich gebe hier exemplarisch die Klassifikation von Oxford (1990) wieder und orientiere mich dabei eng an der knappen Darstellung in Düwell (1992: 43; vgl. auch die Klassifikation in Dräxler 1996: 95ff.). Oxford (z.B. 14ff.) unterscheidet zwei Hauptkategorien mit jeweils drei Strategien:

Direkte Strategien: Strategien, die unmittelbar mit der Fremdsprache operieren, d.h. unmittelbar bei der Verwendung oder beim Lernen aktiviert werden:
- **Gedächtnisstützende Strategien** (*memory strategies*), z.B. mentale Bezüge zwischen Wörtern herstellen (Assoziationen bilden, Kontexte erfinden usw.) oder sprachliche Phänomene in immer größer werdenden Zeitabständen und in jeweils neuen Kontexten wiederholen.
- **Kognitive Strategien** (*cognitive strategies*), z.B. Hypothesen über den Inhalt eines Textes bilden oder einen Text zusammenfassen.
- **Kompensationsstrategien** (*compensation strategies*), z.B. einen sprachlich schwierigen Sachverhalt umschreiben oder gezielt nonverbale Elemente (Mimik, Gestik usw.) einsetzen.

Indirekte Strategien: Strategien, die mittelbar zum Lernen oder Kommunizieren beitragen und Prozesse wie Planung und Überwachung betreffen:
- **Metakognitive Strategien** (*metacognitive strategies*), z.B. den eigenen Lernprozess organisieren und reflektieren oder den eigenen Lernfortschritt kontrollieren.
- **Affektive Strategien** (*affective strategies*), z.B. Stress und Angstgefühle beim fremdsprachigen Kommunizieren abbauen oder mit Freunden, dem Lehrer oder Mitschülern über die Gefühle beim Lernen bzw. Gebrauchen der fremden Sprache sprechen.
- **Soziale Strategien** (*social strategies*), z.B. den Lehrer oder einen anderen Kommunikationspartner um Erklärungen bzw. Korrekturen bitten oder sich darum bemühen, beim Lernen mit anderen zusammenzuarbeiten.

Wer sich etwas mit der Konzeption der Lernerstrategien beschäftigt, mag leicht den Eindruck gewinnen, dass hier lediglich altbekannte und von erfahrenen Lehrern gezielt eingesetzte unterrichtliche Verfahrensweisen in neuem Gewande erscheinen. Das mag für einzelne Strategien durchaus zutreffen, nicht jedoch für die Konzeption insgesamt und den Anspruch, mit dem sie derzeit in der Fremdsprachendidaktik auftritt. „Hauptziel des Vermittlungsprozesses von Lernstrategien selbst sollte es sein, den Lerner zum autonomen Lernen zu befähigen und ihn seine eigenen Lernstrategien entdecken zu lassen." (Düwell 1992: 48) D.h. die Konzeption der Lernerstrategien ist eng mit der Konzeption der *Lernerorientierung* und des *autonomen Lernens* bzw. der *Lernerautonomie* verbunden. Beide Konzeptionen zielen darauf ab, die Steuerung des Lernprozesses stärker vom Lehrer auf den Lernenden zu verlagern und diesem auch mehr Verantwortlichkeit für den Lernprozess aufzuerlegen. Angestrebt ist der selbständige Lerner, der im Rahmen des Unterrichts durch eine erhöhte Selbststeuerung und Eigenverantwortlichkeit, Reflexion und Kontrolle seine passive Rolle aufgibt und zum aktiven Mitgestalter des Lernprozesses wird. Damit ändern sich natürlich auch die Rolle und das Selbstverständnis des Lehrers.

Lernerautonomie

'Lernerautonomie' ist wie 'Strategie' oder 'Prozessorientierung' (→ 6.3) einer der am häufigsten verwendeten Begriffe in der derzeitigen fremdsprachendidaktischen Diskussion. „Es gibt einige Anzeichen dafür, dass der Begriff 'Lernerautonomie' in den 90er Jahren denselben Stellenwert erreichen wird, wie ihn in den 80er Jahren die Begriffe 'kommunikativ' und 'authentisch' innehatten." (Little 1994: 431) Ich zitiere im Folgenden einen Abschnitt aus Dräxler (1996: 19f.) zum Thema Lernerautonomie, in dem der Stellenwert dieser Konzeption und ihre Grenzen in Bezug auf die Erwachsenenbildung am Goethe-Institut (aber de facto auf eine darüber hinausgehende Art und Weise) zusammenfassend dargestellt werden.

„Der Unterricht möchte den individuellen Lernprozess durch Bewusstmachung sowie durch Erweiterung des Wissens und Könnens weiter fördern. Eigenständigkeit ... wird dabei nicht als pädagogisches Ziel verstanden, sondern als pragmatische Möglichkeit gesehen, die Probleme zu verringern, die sich bei der Festlegung von Unterrichtsinhalten für die Mittelstufe sowie Durchführung von Unterricht auf Mittelstufenniveau stellen ... Daneben erscheint Eigenständigkeit aber auch als ein für den Lerner attraktives Ziel, da sie ein über den Unterricht hinaus verwendbares Wissen und Können impliziert ...

Den Aspekt der Autonomie im Lehr- und Lernprozess zu berücksichtigen, bedeutet nun nicht, fortan möglichst lehrerlos und isoliert zu lernen, sondern es ist der Versuch, der Natur menschlichen Lernens und gesellschaftlicher Interaktion Rechnung zu tragen. Ganz allgemein heißt Lernen, auf die Anforderungen der Umwelt zu reagieren. In der muttersprachlichen Kommunikation gilt es tagtäglich, neuen Anforderungen sprachlich gerecht zu werden; umso häufiger und umfangreicher sind die Herausforderungen bei der Kommunikation in der Fremdsprache. Wenn auch Lernen immer in Interaktion mit der Umwelt erfolgt, so ist es doch insofern ein autonomer individueller Prozess, als es als mentaler Prozess gänzlich im Individuum abläuft. Lernen im Fremdsprachenunterricht heißt daher nicht, unterrichtet zu werden, sondern selbst zu lernen, ob man sich nun dessen bewusst ist oder nicht. Niemand kann dem Lerner diese Verantwortung abnehmen.

Lernerautonomie bezeichnet nun ein Verhalten, das aufgrund der Einsicht in die Natur menschlichen Lernens die Verantwortlichkeit für das eigene Lernen akzeptiert. D.h., dass das lernende Individuum
- das eigene Lernen initiiert, indem es sich Ziele setzt und Inhalte auswählt,
- das eigene Lernen durch Auswahl der Lernweisen, -mittel, -orte und -zeiten organisiert, seine Lernleistungen selbst evaluiert
- und seine Lerntätigkeiten reflektiert und verbessert.

Zu diesem Verhalten gehört aber auch, dass ein Lerner, der diese Zusammenhänge kennt, gewisse Aufgaben an den Lehrer delegiert, wie z.B. Vorauswahl, Strukturierung, Aufbereitung, Präsentation des Lernstoffes.

Bei der Auseinandersetzung mit dem Phänomen der Lernerautonomie für die Arbeit am Goethe-Institut ist zu beachten, dass dieser Begriff neben der eher 'technischen' Antwort auf die Natur menschlichen Lernens eine weitere Dimension hat. Es ist die emanzipatorische, die insbesondere in der Schulpädagogik eine große Rolle spielt. Autonomie wird dabei, gemäß der europäischen aufklärerischen Tradition, vor allem als Kritikfähigkeit sowie als Individualisierung und Selbstbestimmung des Lernprozesses verstanden und ist Erziehungsziel. Abgesehen davon, dass Erziehung kein Ziel von Erwachsenenbildung sein kann, widerspricht ein derartiges Verständnis natürlich vielen Traditionen. Sieht man aber in Autonomie das Vermögen, Gelerntes selbständig anzuwenden, Aufgaben in Angriff zu nehmen und sich bei auftretenden Schwierigkeiten zu helfen, so ist sie sicherlich nicht nur eine ausschließlich europäische Kulturtechnik. Die Rahmenrichtlinien greifen letzteren Aspekt auf und benennen ihn, um Missverständnissen vorzubeugen, nicht Autonomie, sondern **Eigenständigkeit**.

Eigenständigkeit ist eine notwendige Haltung in Bezug auf jegliches Lernen, also sowohl bei ungesteuertem als auch gesteuertem Lernen. Eigenständigkeit im Lehrprozess zu berücksichtigen bedeutet, diesen so zu gestalten, dass er einerseits Individualität aufgreift und wiederum Freiräume für Individualität schafft (z.B. durch Auswahlmöglichkeiten bei Themen, Fertigkeiten, Lernweisen etc.) und andererseits durch Lernertraining und Lernberatung den Lerner in die Lage versetzt, diese neu entstandenen Freiräume sinnvoll zu nutzen. Aufgabe des Lehrers ist es, den Lerner mit den notwendigen Informationen über die Natur des Lernprozesses sowie die zur Verfügung stehenden Mittel in Kenntnis zu setzen, sodass er in die Lage versetzt wird, sich im Rahmen der ihm vertrauten Lern- und Lehrtradition für seinen persönlichen Lernweg zu entscheiden. Dazu gehört auch, dass der Lehrer dem Lernenden Impulse gibt, damit dieser den Horizont des ihm Bekannten überschreiten kann."

Lernerautonomie bzw. Eigenständigkeit beim Lernen ist darüber hinaus eine wichtige Voraussetzung, um in einer Welt zu bestehen, in der vorhandenes Wissen schnell veraltet und geradezu explosionsartig neues Wissen entsteht.

Zur Vermittlung von Lernerstrategien in DaF-Lehrwerken

Auch wenn die Konzeption der Lernerstrategien schon seit einiger Zeit intensiv in der Fremdsprachendidaktik diskutiert wird, bedarf es – wie oft bei neuen Ansätzen – eines längeren Zeitraums, bis sie in Lehrwerke eingeht und im Unterricht realisiert werden kann. Dabei ist durchaus zu differenzieren: Bestimmte Lernstrategien wie z.B. das selbständige Erarbeiten grammatischer Regularitäten oder Kommunikationsstrategien im Verstehensbereich gehören inzwischen zum festen Bestandteil einiger Lehrwerke. Eine systematische Vermittlung von Lern- und Kommunikationsstrategien (inkl. Reflexion und Üben) findet sich jedoch erst in den neuesten Lehrwerksgenerationen. Was diese Lehrwerke vermitteln, soll hier exemplarisch anhand von „Stufen

International" (bislang zwei Bände) gezeigt werden. Über das Lehrwerk verteilt, werden die folgenden Bereiche von Lernerstrategien explizit in kleinen Plateaukapiteln thematisiert:
- *Wie lernt man besonders gut?* (Bd. 1, zwischen Kap. 4 und 5): Hierbei geht es sehr knapp um die Verarbeitung von Lernstoff durch verschiedene Kanäle (Auge, Ohr, Selbsttun und Kombinationen dieser Modalitäten).
- *Lernprobleme bei Artikel und Nomen* (Bd. 1, zwischen Kap. 6 und 7): Es werden verschiedene kognitive Lernhilfen sowie Möglichkeiten des Wiederholens aufgezeigt.
- *Wortschatz lernen – aber wie?* (Bd. 1, zwischen Kap. 8 und 9): Die Lernenden werden zur Anlage und zum Arbeiten mit einer Wortschatzkartei angeregt.
- *Welcher Lerntyp sind Sie?* (Ende Bd. 1, nach Kap. 10): Mittels kleiner Tests sollen die Lernenden ihre Lernleistung durch 1. Lesen, 2. Hören, 3. Sehen, 4. Tasten sowie 5. alle vier Modalitäten kombiniert herausfinden.
- *Lernprobleme und Lernorganisation* (Bd. 2, zwischen Kap. 12 und 13): Hier werden eher allgemeine Probleme des Lernens thematisiert, z.B. *Haben Sie Probleme beim Lernen? Wann lernen Sie? Wo lernen Sie? Wie lernen Sie?*, und Tipps für das Lernen gegeben und diskutiert (ausführlicher dazu → 2.3).
- *Lesen auf Deutsch* (Bd. 2, zwischen Kap. 14 und 15): Dabei werden verschiedene Aspekte des Lesens thematisiert wie Leseinteresse, -stil, -strategien usw. (ausführlicher dazu → 4.4).
- *Hören und Verstehen* (Bd. 2, zwischen Kap. 16 und 17): Es werden Möglichkeiten zur Verbesserung des Hörverstehens in der Fremdsprache diskutiert.
- *Hilfen bei Lernproblemen im Bereich Grammatik* (Bd. 2, zwischen Kap. 18 und 19): Es werden Lerntipps gegeben sowie Lernhilfen und Möglichkeiten zur Festigung grammatischen Lernstoffs diskutiert.
- *Arbeit mit dem Wörterbuch* (Ende Bd. 2, nach Kap. 20): Dabei wird auf die Arbeit mit einem Wörterbuch und auf die Weiterarbeit mit den Wörtern eingegangen.

Es kann hier lediglich darum gehen, diese Ansätze stichwortartig darzustellen, nicht aber, sie zu bewerten. Insgesamt wird hier ein relativ breites Spektrum von Lernerstrategien abgedeckt: Lernen und Organisation des Lernens allgemein, individuelle Aspekte des Lernens (Lerntyp), spezielle Bereiche des fremdsprachlichen Lernens (Wortschatz, Grammatik) sowie bestimmte Bereiche von Kommunikationsstrategien (Lesen, Hören). Damit liegt ein Angebot vor, das seinen konkreten Stellenwert jedoch erst im Rahmen eines Sprachkurses erhält:
– Wie fügen sich diese Ansätze des Lernertrainings in die Gesamtkonzeption des jeweiligen Lehrwerks ein? Bietet es den Lernenden genügend Freiräume für mehr selbst bestimmtes und selbständiges Lernen?
– Wie gehen die Lehrenden mit diesem Angebot um? Sind sie entsprechend aus- bzw. weitergebildet, um diese Ansätze aufnehmen und sie eventuell sogar von sich aus zu ergänzen? Gelingt es ihnen, das Angebot zu nutzen und den Lernenden die notwendigen Freiräume für eigenständigeres Lernen einzuräumen? Sind sie in der Lage, ihre Rolle als (tendenziell) allwissende und allmächtige Instruktoren und Organisatoren des Unterrichtsgeschehens zu überdenken und mit der Zeit neu zu definieren? Helfen ihnen das schulische bzw. außerschulische Umfeld und die Lehrpläne dabei?
– Wie gehen die Lernenden mit diesem Angebot um? Sind sie aufgrund ihrer Lerntraditionen und Erwartungen an den Kurs in der Lage, es zu akzeptieren und für sich zu verwerten? Erhalten sie dabei vom Lehrer ausreichend Unterstützung?
Wie bei jeder neuen Lehr- und Lernkonzeption hängt es letztlich von den direkt Beteiligten ab, was sie gemeinsam daraus machen. Jeder Lehrende wird sich aber in Zukunft mit diesen neuen Entwicklungen in der Fremdsprachendidaktik auseinandersetzen müssen.

1.3 Lernziele und Unterrichtsgegenstände

Sprachunterricht unterscheidet sich vom natürlichen Fremdsprachenerwerb dadurch, dass er geplant und gesteuert ist. Während der Lerner beim natürlichen Fremdsprachenerwerb in fremdsprachiger Umgebung der fremden Sprache mehr oder weniger zufällig und 'in toto' ausgesetzt ist, müssen bei der Planung eines Sprachkurses bzw. Lehrbuchs zunächst zwei zentrale Fragen entschieden werden: die der Auswahl der Lerngegenstände (Selektion) und die ihrer Anordnung (Progression, Stufung). Die Auswahl der Lerngegenstände richtet sich nach den angestrebten Lernzielen. Ein Deutschkurs für Touristen hat andere Lernziele als ein Deutschkurs für Studenten, die in Deutschland studieren wollen; entsprechend werden sich auch die Lerngegenstände und Fertigkeitsbereiche unterscheiden (Themen, Situationen, Stellenwert der gesprochenen und geschriebenen Sprache, Grammatik, Wortschatz ...). Im Folgenden gehe ich zunächst auf die Lernziele und Lerngegenstände/Lerninhalte des DaF-Unterrichts ein, anschließend auf einige Aspekte der Progression (→ 1.4).

Die Berliner Didaktische Schule hat in den 60er Jahren ein einflussreiches didaktisches Modell entwickelt, in dem drei Arten von Lernzielen („Lern-Intentionen") unterschieden werden: pragmatische, kognitive und emotionale (Heimann 1976: 153f.; Heimann/Otto/Schulz 1977: 25ff.).

- Pragmatische Lernziele bezeichnen die Handlungskomponente des Lernens, d.h.: Was soll der Lernende nach Abschluss des Unterrichts *können*?
- Kognitive Lernziele bezeichnen das Wissen, das der Lerner erwerben soll, d.h.: Was soll der Lerner nach Abschluss des Kurses (explizit) *wissen*?
- Emotionale Lerngegenstände und Lernziele bezeichnen Einstellungen und Haltungen, d.h.: Welche Einstellungen und Haltungen soll der Unterricht fördern und anstreben?

Im Folgenden stelle ich einige Aspekte der Ableitung pragmatischer und kognitiver Lernziele des DaF-Unterrichts dar; auf den Bereich der emotionalen Lernziele gehe ich im Kapitel zur Landeskunde ausführlicher ein (→ 8).

Lernziele lassen sich im Fremdsprachenunterricht nicht sehr exakt fassen. Man kann zwar die inhaltlich-pragmatischen Bereiche (Themen, Situationen, Redeabsichten, Textsorten) und die sprachlichen Mittel (Grammatik, Wortschatz, Redemittel) auflisten, die Lernfelder und Lerngegenstände darstellen; auf der Ebene des angestrebten Fertigkeitsniveaus bleiben Lernzielangaben hingegen stets sehr vage. „Durch listenmäßige Aufzählungen lässt sich relativ explizit beschreiben, was der Lernende tun können soll, und durch die Auswahl von Redemitteln wird auch der Schwierigkeits- bzw. Einfachheitsgrad verdeutlicht. Nicht mit vergleichbarer Explizitheit kann hier beschrieben werden, wie 'gut' der Lernende etwas tun können, wie gut er sprechen können soll. Wir müssen uns dafür mit relativ vagen Umschreibungen wie 'verständlich' oder 'möglichst angemessen' begnügen." (Baldegger u.a.: 26)

Pragmatische Lernziele

In der kommunikativ orientierten Fremdsprachendidaktik wird versucht, pragmatische Lernziele in Bezug auf möglichst genau definierte Lernergruppen und deren (zukünftige) kommunikative Bedürfnisse zu bestimmen (so z.B. in der „Kontaktschwelle" oder im „Zertifikat Deutsch als Fremdsprache"). Das setzt Bedarfsanalysen für potenzielle Lernergruppen voraus; Kriterien sind Nützlichkeit für die Lernenden sowie zukünftige Gebrauchs- und Verwendungsrelevanz. Lerngegenstände und -schwerpunkte werden von den so gewonnenen Lernzielen abgeleitet. Ein explizites Modell hierzu hat Neuner (1979) vorgelegt, der von möglichen Rollen ausgeht, in denen die Lerner die Fremdsprache in der Zukunft wahrscheinlich verwenden werden; es handelt sich hierbei um eine Lernzielbestimmung auf soziologischer Grundlage. Eine „pragmatisch orientierte Planung" muss nach Neuner folgende Stadien durchlaufen (vgl. auch Zimmermann 1995):

1 In welchen Rollen wird die Fremdsprache verwendet?	2 In welchen Situationen findet der Kontakt statt?	3 Welche kommunikative Absichten werden verfolgt?	4 Worauf beziehen sich die Themen der Kommunikation?	5 Welche sprachlichen Mittel werden benötigt?

Ausgangspunkt der didaktischen Planung sind die voraussichtlichen „pragmatischen Verwendungsmöglichkeiten der Fremdsprache bei der jeweiligen Gruppe von Lernenden", konkret:

- Welche Rollen werden die Lernenden zukünftig einnehmen, wenn sie in der Fremdsprache kommunizieren? Kunde, Zeitungsleser, Tourist usw.
- In welchen Situationen werden sie (in diesen Rollen) voraussichtlich in der Fremdsprache kommunizieren? Privater Raum, Hotel, Restaurant, Geschäft, Arzt usw.
- Welche Kommunikationsabsichten werden sie dabei wahrscheinlich verfolgen? Informationen erfragen, ihren Namen nennen, Wünsche äußern, sich entschuldigen usw.
- Welche Themen sind wahrscheinlich Gegenstand der Kommunikation?
- Zu ergänzen wäre: Welche Textsorte wird verwendet und in welchem Medium findet die Kommunikation statt?

Sind diese Fragen beantwortet, so lassen sich aus diesen pragmatisch-inhaltlichen Feldern „Anhaltspunkte für die Auswahl pragmatisch verwertbarer sprachlicher Mittel gewinnen. Auf diese Weise ergeben sich konkrete Hinweise für die Frage nach der sinnvollen Auswahl von Elementen des linguistischen Systems (Wie weit müssen Aussprache / Rechtschreibung / Grammatik und Wortschatz entwickelt werden?) und die Festlegung sprachlicher Fundamente (elementare Grammatik / Grundwortschatz)" (Neuner 1979: 108).

Im Lehrerhandbuch von „Deutsch aktiv 1" wird dieses Modell anhand der Rolle „Kunde" konkretisiert (122f., verkürzt): „Beherrschung folgender kommunikativer Fertigkeiten als Komplexion von Sprechen und Handeln":
Kaufs- und Verkaufssituation gemäß eigenem Interesse beherrschen (Kaufhaus, Einzelhandelsgeschäft)
1. Sprechabsichten produktiv: Kontakt aufnehmen, Kontaktaufnahme abweisen; Wünsche äußern und präzisieren; Angebote verlangen, ablehnen, akzeptieren; Preis, Größe, Menge, Qualität erfragen; Gefallen, Missfallen äußern; Kauf abschließen, Kaufgespräch beenden.
2. Sprechabsichten rezeptiv: Angebot zu Qualität, Größe, Menge, Preis verstehen; sachliche Information von Werbung unterscheiden.
3. Zuordnung üblicher Redemittel zu den Sprechabsichten, z.B.:
   – 'Kontakt aufnehmen': *Guten Tag, ... – Entschuldigung, ... – Bedienen Sie hier?* usw.
   – 'Kontaktaufnahme ablehnen' (auf das Angebot *Kann ich Ihnen helfen?*): *Nein danke! – Nein danke, ich möchte mich nur ein bisschen umschauen.* usw.
   – 'Wunsch äußern': *Ich möchte ... – Haben Sie ...? – Ich hätte gern ... – Können Sie mir helfen? Ich suche ...*

„Grammatische Strukturen und Wortschatz werden also nicht um ihrer selbst willen oder nur aufgrund einer hypothetischen Minimalgrammatik oder eines hypothetischen Minimalwortschatzes gelernt, sondern zunächst und vor allem aufgrund ihrer Funktion, die sie für die Realisierung bestimmter Sprechabsichten als Bestandteil kommunikativer Fertigkeiten haben." („Deutsch aktiv 1", Lehrerhandbuch: 123)

In neueren Curricula werden, wenn auch im Einzelnen mit unterschiedlichen Prioritäten, auf diese oder ähnliche Weise Lernziele bestimmt und Lerngegenstände abgeleitet (z.B. im „Zertifikat Deutsch als Fremdsprache" oder der „Kontaktschwelle" (Baldegger u.a. 1980); die „Rahmenrichtlinien für den Mittelstufenunterricht am Goethe-Institut" (Dräxler 1996) sind stark an Textsorten als Lernziel orientiert). Lehrwerke unterscheiden sich u.a. danach, wie sie diese curricularen Vorgaben in ein didaktisches Konzept umsetzen.

- „Deutsch aktiv" z.B. legt den Schwerpunkt auf die situationsangemessene Realisierung von Redeintentionen in bestimmten Rollen; dieses Lehrwerk ist folglich stark einem situativen Ansatz verbunden, sprachliches Rollentraining und Simulation von Sprechsituationen spielen eine wichtige Rolle. Den Zusammenhang zwischen einzelnen Lektionsteilen stiften Redeabsichten, z.B.: 'Gefallen/Missfallen ausdrücken' im Restaurant (*Die Bratwürste sind sehr gut.*), auf dem Sportplatz (*Der Schiedsrichter, eine Katastrophe!*), in einem Geschäft (*Das Kleid gefällt mir nicht so gut.*), im Museum (*Ein scheußliches Bild!*) usw.
- „Themen" geht von „elementaren Lebensfunktionen (z.B. Wohnen, Essen, Trinken, Arbeit, Freizeit, Politik usw.) in industrialisierten Ländern" aus (Lehrerhandbuch 1: 10) und gliedert danach die einzelnen Lektionen; daraus ergibt sich eine textinhaltliche und wortschatzmäßige Einheit der Lektionen. Aufgrund der themenorientierten Konzeption spielt (lehrbuchgesteuerte) authentische Kommunikation eine wichtigere Rolle als bei „Deutsch aktiv", wo simulierte Kommunikation in simulierten zukünftigen Situationen überwiegt.

Zu einem rein situations- und sprechaktorientierten Ansatz äußert sich Neuner (1996) wie folgt kritisch: „Ich habe neulich in einem asiatischen Land am Anfangsunterricht im Gymnasium – Deutsch ist dort die zweite Fremdsprache – teilgenommen und mich darüber amüsiert, wie die Lernenden von einem jüngst erschienenen (also 'modernen') Lehrbuch dazu 'verdonnert' wurden, am Bahnhof in Köln eine Fahrkarte nach München zu lösen und die unterschiedlichen Zugverbindungen herauszusuchen. In der nächsten Lektion war dann ein 'Stadt

1.3 Lernziele und Unterrichtsgegenstände

bummel durch Berlin' dran ('sich zu Sehenswürdigkeiten durchfragen', 'S-Bahn-fahren lernen' usw.). In der folgenden Lektion sollten die Schülerinnen und Schüler einen 'Einkaufsbummel durch ein Kaufhaus' machen ... Solche Aufgaben sind für Deutschlernende, die in den grenznahen Gebieten zu den deutschsprachigen Ländern Deutsch lernen, oder für solche, die die Möglichkeit haben, deutschsprachige Länder zu besuchen, gewiss sehr sinnvoll. Sie dienen sicher auch der Belebung des Unterrichts und der Phantasieentfaltung in Ländern, die geographisch weit entfernt vom deutschen Sprachraum liegen. Im ganzen Lehrbuch war aber keine Aufgabenstellung zu finden, die sich mit interkulturellen Aspekten befasst hätte, z.B. 'über Ähnlichkeiten und Unterschiede zwischen der im Lehrbuch gezeichneten 'deutschen' und der eigenen Welt reden'; 'fragen lernen, was hinter den 'Routinen und Ritualen' des Alltagsverhaltens der Menschen in Deutschland steckt' usw."

An diesen stark bedarfsorientierten pragmatischen Ansätzen ist von verschiedenen Seiten Kritik geübt worden; insbesondere die „Wiederentdeckung der Literatur" und die „interkulturelle Landeskunde" stellen Reaktionen auf diese Ansätze bzw. Weiterentwicklungen dar.

- Die seit Mitte der 80er Jahre zu beobachtende erneute Hinwendung zur Literatur ist explizit als eine Reaktion auf die lange Dominanz eines pragmatisch-situativen (bei Anfängern) oder sachthemenbezogenen Ansatzes (bei Fortgeschrittenen) verstanden worden. „Die Wiederentdeckung der Literatur im Fremdsprachenunterricht ist ein Pendelrückschwung nach der Vorherrschaft von Texten und künstlichen Übungsreihen zur Alltags-Kommunikation." (Helmling/Wackwitz 1986: 11) Die zunehmende Integration literarischer Texte in neuere Lehrwerke, die zahlreichen Sammlungen und Editionen literarischer Texte für den DaF-Unterricht der letzten Jahre sowie eine neu entwickelte fremdsprachliche Literaturdidaktik demonstrieren diese Tendenz eindrücklich. Mit dem Lehrwerk „Die Suche" liegt seit Kurzem der erste „literarische" Grundstufen-Sprachkurs eines deutschen DaF-Verlags vor.
- Mit der „interkulturellen Landeskunde" (→ 8) ist in den 80er Jahren ein Paradigma entstanden, das mit dem Anspruch einer übergreifenden fremdsprachendidaktischen Konzeption auftritt, die zunehmend „die Leitfunktion für das Fremdsprachencurriculum" übernimmt (Buttjes 1995: 144). Diese Tendenz hat in dem Lehrwerk „Sprachbrücke" einen ersten direkten Niederschlag gefunden.

Beide Entwicklungen stellen wesentliche Bereicherungen für den DaF-Unterricht dar. Sie leisten einen wichtigen Beitrag zur Lösung der Inhaltsproblematik des Fremdsprachenunterrichts und eröffnen viele Möglichkeiten für authentisches sprachliches Handeln im Unterricht. Die Beschäftigung mit interkulturellen Themen und mit literarischen Texten kann Sozialisationsprozesse fördern und den Lernenden ein tieferes Weltverständnis eröffnen, werden doch „in der Kontrastierung und im Vergleich mit der anderen Lebenswelt die Geltungsansprüche eigener Lebensformen und Wertvorstellungen überprüft, in Frage gestellt und ggf. revidiert" (Neuner 1979: 112). Diese Auseinandersetzungen „tragen den eigentlichen 'Bildungsprozess' im Fremdsprachenunterricht" (ebd.) und leisten einen Beitrag zur Identitätsbildung der Lernenden.

Mit Bezug auf die kommunikative Didaktik wurde in den 70er Jahren versucht, aus dem allgemeinen übergeordneten Lernziel („Richtziel", Westfalen 1973) „Soziales Lernen und Selbst- und Mitbestimmung" (Edelhoff 1979: 148) Lerngegenstände und Lernziele für den kommunikativen Fremdsprachenunterricht abzuleiten (vgl. Edelhoff 1979; Neuner 1979; Piepho 1974a, 1979). Sprache ist eine Form sozialen Handelns, und folglich wird beim Sprachenlernen eine Förderung der sozialen Handlungskompetenz angestrebt. Diese beinhaltet im Anschluss an die kommunikative Didaktik die Fähigkeit zur Partizipation, den Abbau asymmetrischer kommunikativer Konstellationen, Kooperation, Eigenverantwortlichkeit, Mündigkeit, Selbstbestimmung. „Gesellschaftliche Leitlinien wie 'Freiheit', 'Gleichheit', 'Selbstbestimmung' werden als Zielvorgaben direkt auf [den] Unterricht übertragen." (Neuner 1979: 101) Den theoretischen Bezugspunkt stellt Habermas' Diskursbegriff dar (herrschaftsfreie Kommunikation). „Die kommunikative Didaktik ist vor allem an den sozialen und interaktionalen Bedingungen der Zusammenarbeit und der individuellen Beiträge und Teilhabe im Unterricht interessiert und fragt danach, welche Faktoren das Erziehungsziel 'Lernen zu lernen, lernen zu kooperieren, lernen verantwortlich zu handeln, lernen sich zu verständigen' fördern oder behindern." (Piepho 1979: 84f.) Da die soziale Interaktion im Klassenzimmer auf die Interaktion außerhalb des Klassenzimmers vorbereiten soll, müssen die Bedingungen der angestrebten sozialen Handlungskompetenz im Unterricht eingeübt werden. Soziales Lernen, Selbst- und Mitbestimmung der Schüler heißt hier vor allem Abbau asymmetrischer Interaktionsstrukturen zugunsten von mehr Kooperation und Mitbestimmung der Schüler (→ 9.1.2).

Trotz zum Teil heftiger Kritik an diesem Ansatz (umfassend z.B. Pauels 1983) lassen sich seit den 70er Jahren viele Veränderungen im DaF-Unterricht nicht nur aus im engeren Sinne sprachlich-kommunikativen Notwendigkeiten heraus begründen, sondern müssen im Sinne einer Emanzipation der Lerner verstanden werden. Eine Veränderung von Lehrer- und Schülerrolle schafft mehr Freiräume für Schülerinitiativen, „offene Lernvorlagen",

„selbst bestimmende Phasen der Erarbeitung und Verarbeitung" des Lernstoffs (Piepho 1979: 91) und das Einbringen eigener Ideen und Inhalte. Durch den Wechsel der Sozialformen erhalten die Lerner die Möglichkeit, frei von Lehrerdominanz und -kontrolle Aufgaben zu bearbeiten und Lösungen zu diskutieren. Offene Aufgaben und Dialoge bieten dem Lerner mehr Freiheit, sich von Zwängen des Lehrbuchs zu befreien und als er selbst zu handeln. Die Rolle des Lehrbuchs als Lernmittel und nicht als Lernziel erlaubt einen Transfer auf die Lebenswirklichkeit der Lerner und somit die individuelle Verwertung und Gestaltung des Lernstoffs. Die Thematisierung von Lehrmaterialien, das „Ausschlachten" von Dialogen und Texten für authentische Lerneraussagen, das Ernstnehmen des Schülers als Subjekt und nicht nur als Objekt des Lernens sind Forderungen, die nicht nur den Lernprozess fördern, sondern auch überkommene Unterrichtsstrukturen aufbrechen sollen (→ 9.1).

In diesem Zusammenhang erweist sich die Unterrichtssprache als besonders wichtig. Gerade in einem einsprachigen Unterricht muss der *classroom discourse* gezielt gefördert und systematisch geübt werden, damit die Lernenden die Möglichkeit erhalten, die Beziehung untereinander und zum Lehrer sprachlich zu gestalten sowie sich mit den Lerninhalten auseinanderzusetzen (→ 6.2.5).

Kognitive Lernziele

Im DaF-Unterricht sollen die Lernenden ein explizites Wissen vor allem in den folgenden Bereichen erwerben:
- ein *landeskundliches* Wissen über „Land und Leute" der deutschsprachigen Länder (→ 8);
- ein *soziokulturelles* Wissen, das sie dazu befähigt, sich in einem deutschsprachigen Land situations- und partnergerecht adäquat zu verhalten und wichtige Aspekte des Alltagsverhaltens der Menschen in den deutschsprachigen Ländern adäquat einzuschätzen (→ 8);
- ein *pragmatisches* Wissen, das sie befähigt, entsprechend der kommunikativen Absicht und der jeweiligen Textsorte auf ihrem Sprachbeherrschungsniveau adäquat sprachlich zu handeln und das sprachliche Handeln der Menschen in den deutschsprachigen Ländern zu verstehen (Wissen über die Form bestimmter Textsorten, Wissen über den Einsatz bestimmter Redemittel usw.). Dazu gehört auch das entsprechende *strategische* Wissen (Produktions-, Verstehens-, Kompensationsstrategien). Während die pragmatischen Lernziele das sprachliche Handeln selbst beschreiben, geht es hier um das explizite Wissen über sprachliches Handeln.
- ein *Wissen über das Lernen von Fremdsprachen*, das sie dazu befähigt, ihr Lern- und Kommunikationsverhalten zu reflektieren und selbständig weiterzuentwickeln (Lernstrategien).

Die kognitiven Lernziele des Fremdsprachenunterrichts sind handlungsorientiert, d.h. sie sollen zu einem adäquaten sprachlichen und nichtsprachlichen Verhalten in der zielsprachlichen Umgebung und einem angemessenen Umgang mit den Menschen dort beitragen. Insofern sind sie kein Selbstzweck, sondern Mittel zum Zweck, und ihre Auswahl orientiert sich weitgehend daran, inwieweit sie diesem Zweck dienen.

Kein bzw. ein sehr untergeordnetes Lernziel ist Wissen im sprachsystematischen Bereich. Wissen über Grammatik, Aussprache oder sprachliche Mittel zur Vertextung ist ein Hilfswissen, das dem Erwerb der Fertigkeit dient. Es kann in der Regel wieder vergessen werden, sobald der Lernende über das entsprechende Können verfügt. Dabei gilt es allerdings zu berücksichtigen, inwieweit ein bestimmtes sprachsystematisches Wissen (z.B. Terminologie) erforderlich ist, um mit Hilfsmitteln arbeiten und selbst (weiter-)lernen zu können.

1.4 Progression

Unter Progression versteht man in der Fremdsprachendidaktik die Anordnung des Lernstoffs in einem Lehrwerk bzw. Sprachkurs, die die Abfolge der Lernschritte festlegt. Eine Progression ist Voraussetzung für die Definition von Zwischenlernzielen; diese „unterteilen die in den Grobzielen genannten Verhaltensweisen weiter und differenzieren somit den Unterricht in kleinste Einzelziele." (Westfalen 1973: 50) Die Progression richtet sich u.a. nach folgenden Kriterien:
- Schwierigkeit eines Phänomens: Unter morphologischen Aspekten ist z.B. der Nominativ leichter als der Akkusativ, dieser leichter als der Dativ. Durch die Progression lässt sich die Frage der Lernschwierigkeiten steuern.
- Sachlogische Relevanz eines sprachlichen Phänomens: Da fast alle Verben ein Subjekt haben, ist der Nominativ wichtiger als der Akkusativ oder der Dativ.

1.4 Progression

- **Pragmatische Wichtigkeit:** Unter Verwendungsaspekten ist das Perfekt wichtiger als das Präteritum, das zumindest in der gesprochenen Sprache seltener und meist nur bei bestimmten Verben vorkommt.
- **Innere Logik (X setzt Y voraus):** Das Passiv z.B. setzt die Flexion von *werden* voraus, das Perfekt die von *haben* und *sein*.

Oft hat eine Neueinführung Rückwirkungen auf andere, bereits gelernte Strukturen, auf die sie übertragen werden muss. Das Partizip Perfekt oder das Präteritum müssen z.B. rückwirkend auf alle bereits gelernten Verben übertragen werden, desgleichen neue Kasusformen auf bereits gelernte Artikelwörter. In diesen Fällen entstehen Lernschwierigkeiten vor allem bei unregelmäßigen Formen.

Im Zusammenhang mit der Progression werden die folgenden terminologischen Unterscheidungen getroffen (Latour 1982; Kaufmann 1979):

Steile vs. flache Progression: Kommt in einem bestimmten Zeitraum (bzw. in einer bestimmten Anzahl von Lektionen oder Unterrichtsstunden) viel Lernstoff vor (z.B. Grammatik, Wortschatz), so spricht man von steiler, bei wenig Lernstoff von flacher Progression. Erwachsenenlehrwerke haben in der Regel eine steilere Progression als Lehrwerke für Kinder. Ob ein Lehrwerk eine eher flache oder steile Progression hat, ergibt sich oft schon aus einem kurzen Vergleich mit einem anderen Lehrwerk. Ein Blick auf das Inhaltsverzeichnis von „Themen 1" und „Sprachbrücke 1" (Lektion 1–5) zeigt, dass die „Sprachbrücke" zumindest in den ersten Lektionen eine wesentlich steilere grammatische Progression hat als „Themen".

	THEMEN 1	SPRACHBRÜCKE 1
Lektion 1	Aussagesatz – Wort- und Satzfrage – Inversion – Imperativ – Konjugation Präsens Singular und 3. Person Plural – Personalpronomen Singular und 3. Person Plural – *wer? wie? woher?*	Bestimmter und unbestimmter Artikel – Nominativ – Personalpronomen: *ich, er, es, sie, sie/Sie* – Konjugation: Präsens (zum Teil) – Entscheidungsfragen – Akkusativ
Lektion 2	Verben und Ergänzungen – Verben und Angaben – das Modalverb *mögen* – *was? wie lange? wie alt? wo?*	Artikel: bestimmt, unbestimmt, unbestimmt negativ – Kardinalzahlen – Ordinalzahlen – Präpositionen: lokal – Verben mit Lokalergänzung – Dativ – Satzgliedstellung: Verbposition – Personalpronomen: *du, wir, ihr* – Konjugation: Präsens (vollständig)
Lektion 3	Deklination (Nominativ Singular und Plural) – indefiniter und definiter Artikel – Definitpronomen *der, die, das* – Verben mit Qualitativergänzung	Temporalangaben – Präpositionen: temporal – Trennbare Verben – Imperativ – Modalverben *können, müssen, mögen* (Konjugation Präsens – Satzgliedstellung: Verbrahmen
Lektion 4	Deklination (Akkusativ des definiten und des indefiniten Artikels) – Pluralbildung der Nomen – Mengenangaben – Inversion – Imperativ Singular und Plural – Verben mit Vokalwechsel	Genitiv – Deklination der Nominalgruppe: bestimmter Artikel + Substantiv (vollständig) – Plural der Substantive – Possessivpronomen: Deklination – Präteritum von *sein* und *haben* – Partizip von regelmäßigen und unregelmäßigen Verben – Perfekt mit *haben*
Lektion 5	Verben mit Verbzusatz – Modalverben *können, müssen, mögen* – Verben mit Vokalwechsel – die Uhrzeit	Passiv (nur 3. Pers. Sg. und Pl. Im Präsens) – Direktivergänzungen: *woher?/aus* – Lokalergänzungen: *wo?/in* + Ländernamen (Dativ) – Modalverben: *wollen* (Konjugation Präsens und Gebrauch), *können, müssen, mögen* (Gebrauch) – Satzgliedstellung: Position I/Konjunktoren

Abb. 1.6: Progression der Lehrwerke THEMEN 1 und SPR.BR. 1

Während „Themen 1" einen „sanften" Einstieg wählt, d.h. in den ersten Lektionen nicht viel grammatischen Stoff einführt, werden die Lernenden in der „Sprachbrücke 1" schon in den ersten Lektionen mit sehr vielen wichtigen grammatischen Phänomenen konfrontiert (Perfekt, Passiv, Dativ, lokale, direktionale und temporale Präpositionen usw.), wenn auch – was aus dieser

Progressionsübersicht nicht hervorgeht – viele grammatische Themen zunächst nur angeschnitten und in späteren Lektionen wieder aufgegriffen und erweitert bzw. vertieft werden. Damit stehen sie aber den Lernenden für das Textverstehen schon früh zur Verfügung.

Lineare vs. zyklische (konzentrische) Progression: Wird ein sprachliches Phänomen erst dann eingeführt, wenn ein anderes vollständig behandelt und abgeschlossen ist (Komparation, Präteritum), so spricht man von linearer Progression; bei zyklischer Progression wird ein sprachlicher Bereich nach und nach eingeführt und in seiner Komplexität erweitert, z.B. die Bereiche Passiv, Adjektivflexion. Das Beispiel Abb. 1.7 zeigt eine typische lineare grammatische Progression; in den meisten Kapiteln von „Lernziel Deutsch" wird ein grammatisches Phänomen umfassend abgehandelt; anders hingegen in „Themen" und vor allem in „Sprachbrücke" (Abb. 1.6), wo in den ersten Kapiteln viele grammatische Phänomene in einem ersten Durchgang eingeführt werden, die in späteren Kapiteln wieder aufgenommen, gefestigt und erweitert werden. Oft wird 'zyklische Progression' auch in dem Sinne verwendet, dass für eine Sprechintention im Verlauf eines Kurses zunehmend komplexere Realisierungen bereitgestellt und gelernt werden – vgl. Abb. 1.8: Sprechintention 'eine Vermutung ausdrücken'.

Lektion 1	*Personalpronomen mit Verb – Wortstellung – Ort*
Lektion 2	*Possessivpronomen – Verb sein*
Lektion 3	*Verb haben – unbestimmter Artikel – Negation nicht/kein*
Lektion 4	*Zeit – bestimmter Artikel – starke Verben*
Lektion 5	*Trennbare Verben – Imperativ*
Lektion 6	*Modalverben*
Lektion 7	*Akkusativ*
Lektion 8	*Dativ*
Lektion 9	*Ort und Richtung*
Lektion 10	*Reflexive Verben – Verben mit Präpositionalobjekt*
Lektion 11	*Perfekt*
Lektion 12	*Präteritum*
Lektion 13	*Adjektive*
Lektion 14	*Komparation – Genitiv – Wortbildung*
Lektion 15	*Nebensätze*

Abb. 1.7: LERNZ.DT. 1 (Progression)

eine Vermutung ausdrücken
– *X ist wohl in ...*
– *Wahrscheinlich ist X in ...*
– *Vermutlich ist X in ...*
– *Ich vermute, dass X in ... ist*
– *X wird wohl in ... sein*
– *X dürfte in ... sein*
– ...

Abb. 1.8: Realisierungen einer Redeintention

Grammatische vs. pragmatische Progression: Bei der grammatischen Progression, der Lehrbücher traditionellerweise folgen, ist ein Kurs nach formalsprachlichen Kategorien der Grammatik geplant; die zu vermittelnden Grammatikstrukturen sind vorwiegend nach zunehmender Schwierigkeit und innerer Stimmigkeit angeordnet, wobei Schwierigkeit weitgehend mit grammatikalischer Komplexität gleichgesetzt wird – also: Nominativ (als Grundform) vor den anderen Kasus, Akkusativ- und Dativergänzungen vor Präpositionalergänzungen (für die Akkusativ und Dativ vorausgesetzt werden), synthetische vor analytischen Tempora usw. Der so geordneten Grammatik werden Themen oder Situationen mit dem zu vermittelnden Wortschatz zugeordnet. Eine pragmatische Progression liegt vor, wenn die Anordnung innerhalb eines Kurses auf kommunikativen Gesichtspunkten beruht, z.B. Progression nach Sprechintentionen oder Kommunikationssituationen. Den pragmatischen Einheiten werden dann in einem zweiten Schritt lexikalische Einheiten und morphosyntaktische Strukturen zugeordnet.

Das Paradigma der grammatikalischen Progression wurde im Zusammenhang mit der sog. „pragmatischen Wende" in der Fremdsprachendidaktik zum Teil radikal in Frage gestellt; in einem Sprachunterricht, der das Lernziel „Kommunikationsfähigkeit in der Fremdsprache" anstrebe, könne nicht die Grammatik die gesamte Progression in einem Lehrwerk bestimmen. In einem kommunikativen Curriculum sollten vielmehr „die unmittelbaren Mitteilungsbedürfnisse des Schülers und einsichtige denkbare Redeakte allen Planungen und Progressionen zugrunde gelegt" werden (Piepho 1974a: 41 – korrigiert, g.st.). Damit wurde eine intensive Diskussion in Gang gesetzt, die bald die gesamte sog. „kommunikative Wende" in der Fremdsprachendidaktik, ihre theoretische Absicherung sowie ihren Anspruch, betraf. Die Argumente für bzw. wider eine formalsprachliche (grammatische) oder pragmatische Progression (nach Sprechabsichten) fasst Zimmermann (1989) zusammen.
Bei dem Problem „grammatikalische vs. funktionale Progression" handelt es sich wohl um ein künstliches Dilemma, da Form und Funktion in der Sprache zwei Seiten ein und derselben Medaille sind: die Form zu lernen ist nur insofern sinnvoll, als damit eine kommunikative Funktion realisiert werden kann; und um eine Funktion zu realisieren, benötigt man stets sprachliche Formen. Zimmermann (1989: 109) formuliert folglich als Synthese: „Der Kurs schreitet in einem zyklischen Verfahren von allgemeineren zu spezielleren, von den in den Anwendungssituationen am meisten benötigten zu den weniger wichtigen Funktionen voran und gleichzeitig, parallel dazu, von üblicheren, einfacheren zu gewählteren, schwierigeren sprachlichen Realisierungen."

1.4 Progression

Die Frage der Progression ist nicht eindimensional zu lösen, es handelt sich vielmehr um ein zweidimensionales Problem: das der Zuordnung und das der Anordnung.

Zuordnung (→ 1.3)

	Redeintentionen	Situationen	Themen	Textsorten
Wortschatz Redemittel Grammatik – Morphologie – Syntax – Textgrammatik				

Abb. 1.9: Sprachliche Mittel und inhaltlich-pragmatische Faktoren der Kommunikation

Wo auch immer man die Prioritäten bei der Progression setzt, in jedem Fall müssen die inhaltlich-pragmatischen Faktoren der Kommunikation und die sprachlichen Mittel in einer der Sprachwirklichkeit entsprechenden Weise aufeinander bezogen werden (Abb. 1.9). Vorrangig sind dabei folgende Fragen zu entscheiden:

- Wie lassen sich Themen, Situationen, Sprechhandlungen und Textsorten einander zuordnen? Diese Frage lässt sich nicht zwingend entscheiden, denn grundsätzlich kann man in jeder Situation alles sagen; man kann beim Bäcker nicht nur über Brot, sondern auch über Politik, Kinderkriegen oder Verkehrsprobleme sprechen. (Dadurch unterscheidet sich menschliche Kommunikation von der der meisten Tiere, bei denen die geäußerten Signale fest an bestimmte situative Bedingungen gebunden sind.) Allerdings gibt es bestimmte Wahrscheinlichkeiten: An einem Fahrkartenschalter werden in den meisten Fällen Informationen über Reiseverbindungen oder Fahrkartenpreise eingeholt bzw. gegeben, in einem Bekleidungsgeschäft wird Gefallen/Missfallen ausgedrückt, nach dem Preis/der Qualität gefragt usw. Auf der Basis solcher Zusammenhänge lassen sich durchaus didaktische Entscheidungen begründen.
- Zu welchen Themen bzw. Situationen passt welcher Wortschatz? Auch diese Frage lässt sich mit Hilfe von Wahrscheinlichkeiten beantworten.
- Welche grammatischen Strukturen lassen sich welchen Sprechintentionen zuordnen (oder umgekehrt)? Hier gibt es oft sehr viele Möglichkeiten, und zwingende didaktische Entscheidungen sind selten. So kann man die Sprechhandlung „Vermutung" auf sehr verschiedene Weise sprachlich ausdrücken, z.B.: *Er kommt wohl nicht. – Er wird nicht kommen. – Vermutlich kommt er nicht. – Er wird wohl nicht kommen. – Ich nehme an, dass er nicht kommt. – Er dürfte kaum kommen. – ...*

Hier bietet es sich an, im Sinne einer zyklischen Progression vom Einfachen zum Komplexeren fortzuschreiten, bestimmte Sprechhandlungen im Verlauf eines Kurses wieder aufzugreifen und in ihren sprachlichen Realisierungsmöglichkeiten zyklisch zu erweitern. Dabei kann gezielt die Möglichkeit genutzt werden, bestimmte Funktionen anhand einfacher Formen einzuführen und somit früh verfügbar zu machen, z.B.:

Funktion:	'über Zukünftiges sprechen'	
Form 1 (früh):	Präsens	*Ich komme morgen auch.*
Form 2 (später):	Futur, Verbklammer:	*Ich werde morgen auch kommen.*
Funktion:	'Vermutung ausdrücken'	
Form 1 (früh):	Präsens + *wohl/vermutlich*	*Er kommt wohl nicht. / Vermutlich kommt er nicht.*
Form 2 (später):	Futur (+ *wohl*) annehmen, dass ...	*Er wird nicht kommen. / Er wird wohl nicht kommen.* *Ich nehme an, dass er nicht kommt.*
Form 3 (spät):	*dürfte* (+ *wohl*)	*Er dürfte (wohl) kaum kommen.*

Grammatische Regularitäten geben sprachlichen Äußerungen zunächst eine bestimmte Form; wie diese Beispiele zeigen, drücken sie auch bestimmte Funktionen aus. Meist kann eine sprachliche Form verschiedene Funktionen ausdrücken, umgekehrt kann eine Funktion durch sehr unterschiedliche sprachliche Formen realisiert werden. Diese komplexen Zusammenhänge zwischen Form und Funktion spielen für die Progression eine besonders wichtige Rolle.

- Welcher Wortschatz ist grammatikalisch geeignet? D.h. welches grammatische Potenzial hat der Wortschatz und wie soll es berücksichtigt werden? Soll man z.B. die Verben *geben* oder *schenken* erst in Verbindung mit dem Dativ einführen oder, was durchaus möglich wäre, schon vorher (*Sie schenkt Maria ein Buch*)?

„Die Pragmalinguistik liefert als didaktisches Instrument ein 'praktisch-nützliches' Ordnungsschema, das die durch systemlinguistische Analyse ermittelten sprachlichen Kategorien 'ausfiltert' und unter funktionalen Gesichtspunkten neu ordnet. Daraus ergibt sich, dass die Pragmalinguistik die Systemlinguistik als Grundlage der Planung des fremdsprachlichen Unterrichts nicht ablöst [...], sondern ergänzt. Daraus ergibt sich auch, dass nicht nur die formalsprachliche Komponente (wie man etwas auf Englisch 'richtig' sagt), sondern auch die funktionale (was man mit den sprachlichen Mitteln an Absichten, Bezügen ausdrücken kann und welche Wirkungen man dabei erzielt) bewusst gemacht werden müssen". (Neuner 1979: 107) Insgesamt müssen also die verschiedenen Teilbereiche zunächst in einem mehrdimensionalen Raster aufeinander bezogen werden, wie z.B. im Lehrwerk „Stufen International 1", Lektion 8 (Abb. 1.10).

Lektion/Themen	Situationen/Texte/Redemittel	Phonetik	Grammatik	Infotext/ Aktivitäten
Mobil zum Ziel Mobilität im Stadtverkehr, Fahrrad contra Auto, Orientierung in der U-Bahn, Verkehrsmittel früher und heute, Benzinpreis und Umwelt	**Sprachliche Handlungen:** Vergleichen, Bewerten, Auffordern, Ermahnen, Sich rechtfertigen, Häufigkeit ausdrücken (*immer → nie*), Komposita verstehen **Textsorten:** Sachtext (Erlangen – Stadt der Zukunft), Szene, Öffentliche Information, Dialog, Bericht, Lexikontext (Mobil früher und heute), Interview (Benzinpreis) **Interpunktion:** . / ? / , / : / „ " /, Kommaregeln (I)	1. Wortakzent (IV) 2. Laut und Schrift (III): Buchstabenkombinationen und ihre Aussprache (Konsonanten)	Nebensätze (I): *weil*, Modalverben (II): *dürfen, können, müssen, wollen,* Dativ: Artikelwörter und Pronomen, Perfekt (II): regelmäßige/ unregelmäßige, trennbare/untrennbare Verben *ja – nein – doch*	Informationstext: Wirtschaft in **D A CH** Aktivitäten: Projekte, Arbeit mit Informationskarten, Spiele und Aufgaben, Gestik–Mimik, Gespräch mit Lunija

Abb. 1.10: STUFEN INT. 1: 6 (D A CH – Deutschland, Österreich, Schweiz)

Die Zusammenhänge zwischen den einzelnen Teilbereichen in dieser Lektion können an diesem Ort nicht eingehender erörtert oder gar mit der Lösung in anderen Lehrwerken verglichen werden. Aber auch ohne einen Blick in die Lektion selbst lassen sich viele der hier gewählten Zusammenhänge gut nachvollziehen, z.B.:
– „Thema – sprachliche Handlungen": Im Zusammenhang mit dem Thema ergeben sich viele Möglichkeiten zum Vergleichen und Bewerten.
– „Thema – Textsorten": Dieses Thema kann innerhalb zahlreicher Textsorten abgehandelt werden, u.a. die genannten wie Sachtext, öffentliche Information, Bericht, Interview.
– „Sprachliche Handlungen – Grammatik": Bewertungen, Ermahnungen, Rechtfertigungen werden oft begründet (*weil*-Sätze); Vergleiche zwischen früher und heute erfordern die Verwendung einer Vergangenheitszeitform (hier: Perfekt); beim Vergleichen können auch Modalverben verwendet werden (*mit dem Fahrrad kann man ... – mit dem Auto dagegen muss man ... usw.*)
– „Thema – sprachliche Handlungen – Grammatik": Ähnliche Zusammenhänge ergeben sich auch, wenn man die Themen berücksichtigt, z.B. *„Fahrrad contra Auto"*: Vergleichen, Bewerten (*weil*-Sätze, Modalverben); *„Erlangen – Stadt der Zukunft", "Mobil früher und heute"*: Vergleichen, Vergangenheitstempora (Perfekt) usw.
– „Sprachliche Handlungen – Textsorte": In Sachtexten und Lexikonartikeln kommen verstärkt Komposita vor (Komposita verstehen); in Szenen und Dialogen kann man – je nach Gegenstand der Kommunikation – jemanden ermahnen oder auffordern; in einem Bericht können Vergleiche und Bewertungen vorgenommen werden usw.

1.4 Progression

Anordnung

Neben der Zuordnung besteht als zweites Problem die zusammenhängende Anordnung/Progression der verschiedenen Bereiche. Dabei sind Zuordnung und Anordnung nicht zwei getrennte aufeinander folgende Schritte, sondern sie beeinflussen sich gegenseitig.

		PROGRESSION			
▲ Themen/Wortschatz (T/W)		T/W1 →	T/W2 →	T/W3 →	...
Z U O R D N U N G	Situationen/Wortschatz (S/W)	S/W1 →	S/W2 →	S/W3 →	...
	Sprechabsichten/Redemittel (S/R)	S/R1 →	S/R2 →	S/R3 →	...
	Grammatik (G)	G1 →	G2 →	G3 →	...
▼ Textsorten (TS)		TS →	TS →	TS →	...

Abb. 1.11: Progressionsmodell

Letztlich gibt es „verschiedene Progressionen, die aufeinander zu beziehen sind ... Inhalte, Sprechintentionen, Textsorten, kommunikative Fertigkeiten und sprachliche Formen gehen in ein Raster mehrdimensionaler Art ein, der sowohl die Grundlagen des Lehrplans wie des täglichen Unterrichts bestimmen muss" (Edelhoff 1979: 153).

2 Gedächtnispsychologische und psycholinguistische Aspekte des Fremdsprachenlernens

Das Lehren von Fremdsprachen setzt Einsichten in die mentalen Mechanismen des Lernens voraus. Man muss wissen, wie Menschen lernen, um begründet Unterrichtsverfahren entwickeln und einsetzen zu können. Derzeit „konkurrieren" zwei Forschungsrichtungen als psychologische Bezugsdisziplinen der Fremdsprachendidaktik: die kognitive Psychologie und die Fremdsprachenerwerbsforschung. Die kognitive Psychologie hat detaillierte Modelle der mentalen Informationsverarbeitung ausgearbeitet, die auch für das Erlernen einer fremden Sprache von grundlegender Bedeutung sind. Die Fremdsprachenerwerbsforschung beschäftigt sich speziell mit dem natürlichen und gesteuerten Prozess des Fremdsprachenlernens; aus den zahlreichen empirischen Forschungsergebnissen und den vielen konkurrierenden Hypothesen und Modellen (Bausch/Kasper 1979, Vogel 1990, Ellis 1994) lassen sich bislang jedoch nur sehr allgemeine Aussagen über „bessere Lehrverfahren" ableiten.
In diesem Kapitel referiere ich Forschungsergebnisse der kognitiven Psychologie und der Fremdsprachenerwerbs-Forschung, die ein eher allgemeines wichtiges Hintergrunds- und Basiswissen für den Fremdsprachenlehrer darstellen, und beziehe sie auf den Fremdsprachenunterricht. Auf speziellere Aspekte werde ich im weiteren Verlauf der Darstellung jeweils gesondert eingehen. Die beiden Kapitel stehen ziemlich unverbunden nebeneinander, was durchaus den derzeitigen Stand der wissenschaftlichen Diskussion widerspiegelt.

2.1 Gedächtnispsychologische Grundlagen

Die grundlegende Struktur des Gedächtnisses lässt sich recht gut am Beispiel des Telefonierens veranschaulichen. Beim Telefonieren stehen uns zwei unterschiedliche Quellen für die gewünschte Telefonnummer zur Verfügung: eine externe Quelle, z.B. das Telefonbuch, und eine interne, das Gedächtnis. D.h. wir nehmen die Telefonnummer entweder mittels unserer Sinnesorgane auf, oder wir aktivieren sie aus unserem Langzeitgedächtnis. Erst wenn dies geschehen ist, wählen wir. Während des Wählens befindet sich die Telefonnummer in unserem Arbeitsgedächtnis (auch Kurzzeitgedächtnis genannt). Wir sagen sie vor uns hin, lesen sie ab, sie ist uns in diesem Augenblick mental präsent.

| TELEFON-BUCH | Wahrnehmung über Sinnesorgane → | **ARBEITS-GEDÄCHTNIS** | ← Aktivierung | LANGZEIT-GEDÄCHTNIS |

Im Arbeitsgedächtnis befinden sich u.a. all diejenigen Informationen, auf die aktuell die Aufmerksamkeit gerichtet ist und die mental aktiviert sind. Das Arbeitsgedächtnis hat also etwas mit bewusster Kontrolle und Aufmerksamkeit zu tun.

| NEUE INFORMATION | Assimilation → | LANGZEIT-GEDÄCHTNIS |

Beim Lernen werden neue Informationen – z.B. eine Telefonnummer – in die Informationsstruktur des Langzeitgedächtnisses eingegliedert. Beim Sprachenlernen müssen zwei Prozesse der Informationsverarbeitung in der kognitiven Struktur (= das mentale System der Informationsverarbeitung und -speicherung) unterschieden werden: *Erwerb von Wissen* und *Entwicklung von Können*. Wie wichtig diese Unterscheidung ist, weiß jeder Autofahrer: Wer auch noch so viele Bücher über Autofahren gelesen hat, alle Verkehrsregeln kennt und oft als Beifahrer das Verhalten des Fahrers beobachtet hat, *weiß* wahrscheinlich recht gut, wie man Auto fährt; er *kann* es aber dennoch nicht. Er hat ein Wissen, das nicht das entsprechende Verhalten „Autofahren" steuern kann. Damit das der Fall ist, muss sein Wissen eine andere Form annehmen: es muss verhaltensrelevant werden, d.h. zu Können werden. Auch beim Sprachenlernen ist erworbenes Wissen – z.B. Kenntnisse von Wortschatz, Grammatik oder sozialen Verhaltensnormen – nur dann nützlich, wenn man es beim Kommunizieren aktivieren und anwenden kann. D.h. fremdsprachliches Wissen gewinnt seine Berechtigung dadurch, dass es für das Können verfügbar ist. Beide Aspekte, Wissenserwerb und Könnensentwicklung, gilt es im Folgenden zu beachten.

Die Frage nach den lernpsychologisch günstigen Bedingungen des Fremdsprachenlernens, nach Wissenserwerb und Könnensentwicklung in der Fremdsprache, setzt Einsichten in die grundlegenden Organisationsprinzipien der kognitiven Struktur voraus.

2.1.1 Zur Organisation des Gedächtnisses

Nach den heute in der kognitiven Psychologie diskutierten Gedächtnismodellen (Modell der Verarbeitungstiefe, multimodales Gedächtnismodell – Zimmer 1988; Engelkamp 1990) ist das Gedächtnis in verschiedene Subsysteme untergliedert, sodass ein und dieselbe Information in unterschiedlicher Form in den verschiedenen Subsystemen gespeichert werden kann – z.B. das Wort *schwimmen*:
- Zum einen ist *schwimmen* als begriffliche Einheit (Bedeutung 'schwimmen') im semantischen Gedächtnis (s.u.) gespeichert.
- Zum anderen kann das Wort in verschiedenen sensorisch-motorischen Subsystemen Eintragungen haben:
  – als Lautbild in der akustischen Modalität, zusammen mit einem sprechmotorischen Programm;
  – als Schriftbild in der graphischen Modalität, zusammen mit einem schreibmotorischen Programm;
  – als Vorstellungsbild in der ikonischen Modalität (optische Vorstellung der Handlung);
  – als Handlungsmarke mit einem motorischen Programm (d.h. die Handlung Schwimmen selbst).
- Schließlich werden externe und interne Parallelinformationen mitgespeichert, z.B. Eintragungen für Affekte oder für Merkmale der Lernsituation.

Einen Eindruck von der Vieldimensionalität der Abspeicherung vermittelt Abb. 2.1:

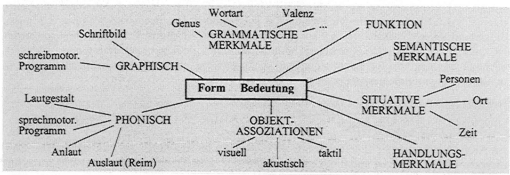

Abb. 2.1: Dimensionen der Speicherung sprachlicher Einheiten (nach Peuser 1978: 126)

Behalten ist in diesem Modell der multimodalen Verarbeitung eine Funktion des Verarbeitungsprozesses; auf je mehr Arten Informationen verarbeitet worden sind, in desto mehr Subsystemen werden sie gespeichert und desto höher ist ihre Verarbeitungstiefe. Die Gedächtnisleistung hängt also von der Qualität der Einbindung in die Informationsstruktur des Gedächtnisses ab, diese von den Prozessen, wie die Informationen aufgenommen und verarbeitet werden. Entscheidend ist demnach, was man mit dem Lernstoff macht und auf wie viele verschiedene Arten man damit umgeht, z.B.:
– Durch Lesen (Aktivierung der graphischen Repräsentation) lernt man weniger gut als durch Schreiben (Aktivierung der graphischen Repräsentation sowie eines schreibmotorischen Programms).
– Durch Hören (akustische Repräsentation) lernt man weniger gut als durch Sprechen (akustische Repräsentation sowie sprechmotorisches Programm). D.h. durch Selbsttun lernt man besser als durch rein rezeptives Aufnehmen.
– Durch rein verbale Erklärungen (konzeptuell-begriffliche Repräsentation) lernt man weniger gut als durch eine bildgestützte verbale Erklärung (konzeptuelle sowie visuell-ikonische Repräsentation).

Begrifflich-konzeptuelles Gedächtnis

Dieses Teilsystem der kognitiven Struktur wird auch semantisches Gedächtnis genannt; hier sind Informationen in Form von Begriffen gespeichert. Das semantische Gedächtnis wird in der kognitiven Psychologie als ein Netzwerk verstanden, d.h. als ein System von begrifflichen Knoten (Konzepten), zwischen denen assoziative Verbindungen bestehen; es handelt sich also um ein Netz von Relationen. Behalten und Erinnern hängt von der Menge der (syntagmatischen, paradigmatischen, konnotativen usw.) Assoziationen innerhalb des Netzwerks ab. Je dichter eine Einheit in das mentale Netzwerk eingebunden ist, desto besser ist sie gespeichert. Die mit einer Eintragung assoziativ verbundenen Knoten (andere Begriffe) bilden Abrufreize, über die eine Aktivierung, d.h. Erinnern, möglich ist. „Je besser eine Information in das mentale Netz eingebunden ist, umso mehr Pfade führen zum Ziel und umso sicherer wird die Information erinnert." (Zimmer 1988: 152)

Die Einbindung in das mentale Netz hat einen quantitativen und einen qualitativen Aspekt. Quantitativ ist die *Assoziationsdichte* entscheidend für die Einbindung innerhalb des mentalen Netzwerks. Der qualitative Aspekt betrifft den *Ort der Einbindung*, d.h. die verschiedenen Bezugssysteme der mentalen Eintragungen. Ähnlich wie Bücher in eine große Bibliothek, so sind auch Wörter in unser Gedächtnis eingeordnet. Würde man die Bücher einer Bibliothek nach Farben ordnen, so wäre das möglicherweise unter ästhetischen, kaum aber unter Benutzer- und Verwendungsaspekten der Bibliothek angemessen. Ähnlich verhält es sich mit dem Gedächtnis. Man kann sich mentale Bedeutungsfelder als „Vernetzungsschwerpunkte" (*clusters*) vorstellen. Der Begriff 'Schraubenzieher' z.B. ist bei den meisten Menschen besonders dicht in einen mentalen Vernetzungsschwerpunkt eingebunden, zu dem andere Werkzeugbegriffe gehören, auch Handlungen wie 'bauen', 'drehen', 'reparieren' usw.; dagegen dürften kaum assoziative Verbindungen zwischen 'Schraubenzieher' und Begriffen wie 'schmackhaft', 'Tee', 'ernähren' vorhanden sein.

Allerdings ist das semantische Netzwerk je nach soziokulturellen und individuellen Gegebenheiten unterschiedlich organisiert (→ 3.1.1). Jemand, dem einmal sein bester Schraubenzieher in einen Teetopf gefallen ist, wird sehr wohl assoziative Verbindungen zwischen 'Schraubenzieher' und 'Teetopf' speichern (zusätzlich wird er den Vorfall in seinem episodischen Gedächtnis speichern; Engelkamp 1990), sodass die Aktivierung des einen Wortes die des anderen begünstigt.

Hat man eine Information vergessen oder erinnert man sich nicht mehr an etwas, so muss das nicht bedeuten, dass eine mentale Eintragung zu schwach geworden oder gar gelöscht ist. Vergessen heißt sehr oft, keinen Zugang zu einer Information zu haben – sei es, weil sie schlecht eingeordnet ist, weil ein falscher Abrufreiz vorhanden ist oder weil der Zugang anderweitig blockiert ist. Dann *wissen* wir etwas, doch wir *erinnern* uns gerade nicht (*Es liegt mir auf der Zunge*). Erinnern bedeutet so gesehen, Zugang zu einer Information zu haben. Erinnert man sich z.B. nicht mehr an den Namen einer bestimmten Person, so kann es helfen, sich der Situation zu vergegenwärtigen, in der man sie kennengelernt hat. Die zusammen mit dem Namen gespeicherten situativen Parallelreize können den Zugang zu dem Namen selbst ermöglichen.

Fehlende Erinnerung kann einen weiteren Grund haben. Je nach Art des Zugangs unterscheidet man in der kognitiven Psychologie zwischen dem Wiedererkennungsgedächtnis und dem Abrufgedächtnis. Die Informationen, die im Abrufgedächtnis gespeichert sind, müssen wir aus uns heraus selbst aktivieren; dabei laufen im Gedächtnis aktive Suchoperationen ab. Zu den Informationen im Wiedererkennungsgedächtnis haben wir einen leichteren Zugang, da wir sie nur auf eine Vorlage beziehen müssen; d.h. es muss lediglich geprüft werden, ob eine vorgegebene Information (ein Reiz) im Gedächtnis eine Entsprechung hat, d.h. vorhanden ist, oder nicht. Für das Abrufgedächtnis werden die relationalen Informationen als besonders wichtig erachtet, da sie die Pfade darstellen, auf denen man zu einem Knoten findet; somit ist für das aktive Abrufen die möglichst vielseitige Vernetzung und multimodale Speicherung von Informationen wichtig. Für das Wiedererkennungsgedächtnis hingegen scheinen die itemspezifischen Informationen selbst zu genügen, d.h. die Information, die ein Begriff selbst trägt; hier muss lediglich geprüft werden, ob eine einem Reiz entsprechende Information im Gedächtnis vorhanden ist oder nicht (Zimmer 1988). Zwischen beiden Teilen des Gedächtnisses gibt es einen erheblichen Kapazitätsunterschied, und die Grenzen sind fließend; eine Information kann (durch häufige bzw. seltene Aktivierung) vom Wiedererkennungs- ins Abrufgedächtnis übergehen und umgekehrt.

Wer eine Sprache lernt, erweitert nicht nur sein Wissen (z.B. explizites Regelwissen); er muss vor allem ein neues Verhalten erwerben, ein Können (z.B. die Fähigkeit, Regeln bei der Sprachverwendung weitgehend unbewusst anzuwenden). Der Unterscheidung zwischen Wissen und Können/Fertigkeit entspricht die in der kognitiven Psychologie getroffene Unterscheidung zwischen deklarativem und prozeduralem Wissen (im Sinne des weiten Wissensbegriffs der kognitiven Psychologie – Anderson 1983; Kasper 1984; Portmann 1991: 28ff.). *Deklaratives Wissen* ist Wissen um Fakten, Daten, Ereignisse, ein „mehr 'statisches' Wissen, das sich auf Faktizität bezieht (wissen, *dass*)" (Kasper 1984: 134). *Prozedurales Wissen* ist ein dynamisches Handlungswissen, die Fähigkeit, „etwas auf eine bestimmte Weise zu tun" (Portmann 1991: 41), also „wissen, *wie*"; es handelt sich dabei um mentale Programme, die unser Verhalten steuern. Diese Unterscheidung ist jedem Fremdsprachenlehrer bestens bekannt, denn oft können seine Schüler bestimmte sprachliche Regeln erklären, sie aber beim Kommunizieren nicht anwenden (z.B. Verbendstellung im deutschen Nebensatz). Beim Fremdsprachenlernen können u.a. die folgenden deklarativen und prozeduralen Wissensbestände unterschieden werden:

deklaratives Wissen
- sprachliches Regelwissen
- landeskundliches Wissen
- Wissen um Textsorten und Kommunikationskonventionen
- Wissen um Lernstrategien

prozedurales Wissen
- Sprachproduktionsverfahren
- Sprachrezeptionsverfahren
- Kommunikationsstrategien
- Lernstrategien

Deklaratives Wissen hat man oder man hat es nicht, man kann es plötzlich erwerben, und es kann durch Mitteilung aufgebaut werden; prozedurales Wissen kann man in unterschiedlichem Ausmaß haben, und man erwirbt es allmählich, denn sein Erwerb erfordert Übung. Deklaratives Wissen ist oft ein explizites Wissen, während prozedurale Programme meist automatisch ablaufen. Prozedurales Wissen liegt Verhalten und Fertigkeiten (*skills*) zugrunde; es handelt sich dabei nicht nur um motorische Fertigkeiten, sondern ebenso um mentale (z.B. Kopfrechnen). Fertigkeiten setzen sich aus Teilfertigkeiten auf verschiedenen Ebenen und mit verschiedenen Regelsystemen zusammen, z.B. pragmatische, syntaktische, morphologische, phonologische; sprachliches kommunikatives Handeln setzt prozedurales Wissen auf jeder dieser Ebenen voraus. Weiterhin handelt es sich bei Fertigkeiten um kontrollierte Prozesse, die durch die interne Planungskontrolle und die externe Ausführungskontrolle (z.B. in Form der Partnerreaktion) eine Rückkoppelung erhalten (Portmann 1991).

2.1.2 Lernen

Damit Informationen nicht schnell wieder vergessen werden (wie oft Telefonnummern), ist es wichtig, dass sie sich eine Zeit lang im Arbeitsgedächtnis befinden. Entscheidend für das Lernen ist das Wiederholen bzw. Üben in einem sehr allgemeinen Sinn, d.h. das Zirkulieren der zu lernenden Informationen im Arbeitsgedächtnis.

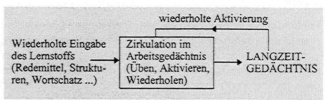

Abb. 2.2: Einfaches Lernmodell

- Dabei muss der Lernstoff in sich strukturiert und geordnet werden, d.h. es müssen Assoziationen innerhalb des Lernstoffs selbst geschaffen werden. Die dabei entstehenden assoziativen Vernetzungen stellen gegenseitige Behaltensstützen dar, und sie begünstigen eine geordnete und assoziationsreiche Ablagerung im Gedächtnis.
- Weiterhin müssen die Teile der Wissensstruktur aktiviert werden, in die das neue Lernmaterial eingebunden werden soll; durch gemeinsames Zirkulieren im Arbeitsgedächtnis werden

assoziative Verbindungen zwischen bereits gelerntem und dem neuen Lernmaterial aufgebaut und die gemeinsame Ablagerung vorbereitet.

Abb. 2.3: Erweitertes Lernmodell

Das Arbeitsgedächtnis ist „die entscheidende Schaltstelle sowohl zwischen Informationsaufnahme und -speicherung als auch zwischen gespeicherter Information und ihrer Wiedergabe." (Kruppa 1983: 77) Der neue Lernstoff muss in sich gut strukturiert dargeboten werden – nicht in Form beziehungslos aneinander gereihter Fakten, sondern angeordnet in Kategorien (Clustern) und sinnvollen Zusammenhängen, sodass gemeinsame Bezüge und verbindende Prinzipien erkennbar werden; das stellt eine Voraussetzung für eine gute Assimilation in die vorhandene Wissensstruktur dar. Der Lernstoff muss weiterhin möglichst intensiv zusammen mit bereits Gelerntem geübt werden, sodass ein dichtes Assoziationsnetz zu verschiedenen Kontexten, Inhalten, Situationen usw. entsteht und der Lernstoff in verschiedene Bezugssystemen des Gedächtnisses verankert wird. Lernstoff muss also „elaborativ" verarbeitet werden, was eine „Anreicherung" oder „Erweiterung der Reizrepräsentation um zusätzliche Information" zur Folge hat (Zimmer 1988: 151). Mit der Einbindung in das Gedächtnis muss aber auch eine Abgrenzung des Lernmaterials verbunden sein, damit es nicht zu homogenen Ähnlichkeitshemmungen kommt (Rohrer 1978: 19f.). D.h. der individuelle Charakter der Lerneinheiten (z.B. Wörter) muss herausgearbeitet werden, das Material muss distinktiv gemacht und von ähnlichem Lernmaterial abgegrenzt werden. Das gilt insbesondere in den Fällen, in denen es zu Verwechslungen kommen kann (z.B. bei lautähnlichen Wörtern).

In der Gedächtnispsychologie wird zwischen rein mechanischem und inhaltlichem Wiederholen (*rehearsal*) unterschieden, wobei der bessere Behaltenseffekt inhaltlicher Zirkulation eindeutig nachgewiesen ist. Deshalb ist darauf zu achten, dass das Lernmaterial im Arbeitsgedächtnis nicht rein mechanisch zirkuliert (formale Verarbeitung), sondern inhaltlich-bedeutungsvoll (semantische Verarbeitung). Der Lernstoff sollte möglichst bedeutungshaltig sein, denn bedeutungsvoller Lernstoff kann sinnvoll in das semantische Netzwerk des Gedächtnisses eingeordnet werden. Bedeutungshaltigkeit heißt, dass zwischen den zu lernenden Informationen ein semantischer (z.B. thematischer oder situativer) Zusammenhang besteht und dass Beispiele, Bilder, Begleitinformationen usw. den Lernstoff veranschaulichen. Isolierter Lernstoff, Lernstoff ohne erkennbare Nutzanwendung bzw. ohne Bezug zu früherem Lernstoff ist „bedeutungsarm", denn er kann nicht in sinnvollen Bezügen abgelagert werden.

Die Vermittlung einer Sprache ist immer an Inhalte gebunden, und oft besteht sprachliches Lernen darin, Assoziationen zwischen Form und Inhalt (z.B. beim Wortschatz) oder zwischen Form und Funktion (z.B. bei Syntax und Morphologie) zu schaffen. Aus diesem Grund sollte auch bei vorwiegend formbezogenen Unterrichtsaktivitäten, wie z.B. der Festigung morphologischer oder syntaktischer Strukturen, der Bedeutungs- und Handlungsaspekt nicht vernachlässigt werden und stets ein inhaltlich-thematischer oder situativer Zusammenhang erkennbar sein.

In manchen Kulturkreisen spielt traditionell das rein mechanische Auswendiglernen – z.B. für eine Prüfung – eine wichtige Rolle, oft begünstigt durch die Prüfungsanforderungen einer wortwörtlichen Reproduktion des Lernstoffs. Da rein mechanisch Gelerntes nicht in die Informationsstruktur des semantischen Gedächtnisses eingeordnet werden kann, kann man sich erfahrungsgemäß schon nach sehr kurzer Zeit nicht mehr daran erinnern; zusätzlich besteht die Gefahr, dass man das so Gelernte nicht verstanden hat (was die andere Seite derselben Medaille ist). An sinnvoll gelerntem, d.h. semantisch aufgenommenen und deshalb verstandenen Lernstoff erinnert man sich hingegen wesentlich länger. „Das Wesentliche eines sinnvollen Lernprozesses ist, dass in Symbolen ausgedrückte Ideen in einer gezielten und inhaltsbezogenen Weise (nicht wortgetreu) mit dem in Verbindung gebracht werden, was der Lernende bereits weiß." (Ausubel u.a. 1980: 65)

Die Konkretheit des Lernmaterials, d.h. das Verbundensein mit sinnlicher Wahrnehmung, ist dabei ein zentraler Faktor für das Lernen. Konkretheit eines Stimulus hat zu tun mit Vorstellbarkeit und Visualisierbarkeit. Zunehmende Konkretheit weisen z.B. folgende vier „Realisierungen" von *Haus* auf (Sperber 1989: 77): a: die rein verbale Beschreibung eines Hauses; b: das Foto eines Hauses; c: das Modell eines Hauses; d: das Haus selbst. Konkretheit hat eine stark positive Korrelation zur Behaltensleistung. Auch abstrakte Lernstoffe wie z.B. Grammatik können durch Einbettung, Beispiele, Visualisierung usw. konkretisiert und dadurch besser lernbar vermittelt werden. Konkretheit trägt auch zur Verständlichkeit bei (→ 3.2.2.1), und Verständlichkeit des Lernstoffs ist eine notwendige Voraussetzung dafür, dass etwas längerfristig in die Informationsstruktur des Gedächtnisses eingegliedert werden kann.

Konzentrierte, gerichtete (selektive) Aufmerksamkeit ist eine weitere Voraussetzung für eine sinnvolle und feste Verankerung neuer Informationen im Gedächtnis. Dabei wird die Aufmerksamkeit auf die wichtigen Elemente des Lernstoffs gerichtet, und es werden die Regionen im Gedächtnis aktiviert, in die der Lernstoff eingegliedert werden soll. Aus diesem Grund sollten dem Lernenden die Lernziele bekannt und die Bedeutung des Lernstoffs einsichtig sein. Wenn das sprachliche und inhaltliche Vorwissen aktiviert wird, wenn allgemeinere Aspekte des Lernstoffs, größere Zusammenhänge usw. (die oft schon bekannt sind) zuerst dargeboten werden, so erleichtern diese Ankerbegriffe (*advance organizers* – Ausubel u.a. 1980) die sinnvolle Einordnung in die Informationsstruktur des Gedächtnisses. Die Angabe von Lernzielen und Lerninhalten, die Aktivierung des Vorwissens, das Anknüpfen an Bekanntes, das Wecken von Neugierde und einer positiven Erwartungshaltung fördern die Lernbereitschaft. „Unbekannt = feindlich = Stress" (Vester 1978: 141). Eine plötzliche Konfrontation mit fremdem (und deshalb oft als schwer empfundenem) Lernstoff kann hingegen Stress auslösen; Stress verhindert Lernen, aber „Neugierde kompensiert 'Fremdeln'" (ebd.: 141).

Wie oben dargestellt, ist Behalten eine Funktion der Verarbeitungsprozesse. Wichtig ist die Art des Übens und Wiederholens, d.h. was der Lerner mit den zu lernenden Informationen macht. Da die Verarbeitungstiefe entscheidend für das Behalten und Abrufen ist, kommt es darauf an, Assoziationen mit immer mehr und verschiedenen Gedächtnisinhalten aufzubauen und unterschiedliche Wahrnehmungskanäle einzubeziehen, sodass der Lernstoff möglichst tief verarbeitet wird. Der Lernstoff sollte also über möglichst viele Eingangskanäle angeboten, verarbeitet und eingeprägt werden; je mehr Sinneskanäle am Lernprozess beteiligt sind, in desto mehr Modalitäten wird der Lernstoff verankert (multiple Verarbeitung und Speicherung), vor allem:

- semantische Verarbeitung, d.h. Aufbau möglichst vieler und unterschiedlicher paradigmatischer, syntagmatischer, referenzieller, konnotativer Assoziationsnetze (→ 3.1.1);
- akustische und sprechmotorische Verarbeitung durch Hören und intensives (sinnvolles) Sprechen;
- graphische und schreibmotorische Verarbeitung durch Lesen und intensives (sinnvolles) Schreiben;
- ikonische Verarbeitung durch den Einsatz optischer Medien (Bilder, Stimuli für Übungen ...).

Entscheidend sind letztlich eigene Aktivitäten mit dem zu lernenden Material (z.B. es selbst erarbeiten, es anwenden); aktives Erarbeiten und aktiver Umgang mit dem Lernstoff führen zu besseren Lernergebnissen als ein rein rezeptives (passives) Aufnehmen.

Sehr wichtig für das Behalten ist schließlich der „emotionale Zugang zum Lernstoff" („Das Deutschmobil 1", Lehrerhandbuch: 5). Lernstoff, der mit Emotionen verbunden und für den Lerner subjektiv bedeutsam ist, weckt Interesse und Aufmerksamkeit und wird besser gelernt als emotional neutraler Lernstoff. Im Unterricht muss daher stets versucht werden, Themen, Situationen, Inhalte von Texten, Übungen usw. derart auf die Lernenden zu übertragen, dass sie den Lernstoff auf sich und ihre Lebenswelt beziehen und individuell bedeutungshaltige Aussagen machen können. (Dass emotional positiv besetzter Lernstoff leichter behalten wird, zeigt die Alltagserfahrung. Die meisten Telefonnummern vergessen wir gleich wieder, auch wenn wir sie schon oft gewählt haben; die Telefonnummer einer persönlich wichtigen Person, z.B. eines/r neuen Freundes/in, lernt man hingegen oft schon durch einmaliges Hören oder Lesen.)

2.1 Gedächtnispsychologische Grundlagen

Aus all dem ergeben sich gleichermaßen Anforderungen an Lehrwerke wie an die Unterrichtsgestaltung. Der Lernstoff sollte in verschiedenen Modalitäten vorliegen, damit beim Lernen die verschiedenen modalen Subsysteme des Gedächtnisses aktiviert werden. Ein Lerntext z.B. (das ist ein Text, der das sprachliche Material enthält, das für die aktive Spachverwendung gelernt werden soll; → 5.2.1) sollte im Lehrwerk sowohl in akustischer Form als Hörtext als auch in graphischer Form als Lesetext vorliegen sowie durch eine anschauliche bildliche Darstellung visualisiert sein. Desgleichen sollte ein Lehrwerk Übungen und Lernaufgaben enthalten, die ein „multimodales" Bearbeiten und Einüben des Lernstoffs ermöglichen. Lernen sollte möglichst mit „realen Begebenheiten" verbunden sein: das schafft nicht nur authentische Äußerungsanlässe und stimuliert kommunikatives Verhalten; reale Bezüge sind bedeutungsvoll und wecken deshalb Emotionen, was das Lernen und Behalten fördert.

Im Zusammenhang mit einem „ganzheitlichen" Lernen, das nicht nur über den Intellekt läuft, sondern alle Sinne miteinbezieht, wird in der fachdidaktischen Literatur des öfteren auf die Ergebnisse der neurophysiologischen und neuropathologischen Hirnforschung Bezug genommen. Demnach übernehmen bei den meisten Menschen die linke und die rechte Hemisphäre der Großhirnrinde (Cortex) unterschiedliche Funktionen bei der Verarbeitung eingehender Informationen (Jakobson 1990; Rohrer 1990). Es wird davon ausgegangen, „dass die linke Hälfte hauptsächlich mit Hilfe von Sprache denkt, versteht, lernt, behält, wiedererkennt und abruft, während die rechte nahezu sprachlos ist und hauptsächlich sensorisch, d.h. nichtsprachlich versteht, denkt, behält und sich mitteilt." (Rohrer 1990: 13) In der linken Hemisphäre, die Informationen linear-sequenziell verarbeitet, scheinen eher regelgeleitete logische und analytische Prozesse abzulaufen; sie ist die sprachlich dominante Hemisphäre, sodass bei linkshemisphärischen Störungen (Verletzungen, Infarkten usw.) die sprachsystematischen rezeptiven und produktiven Fertigkeiten, d.h. die regelgeleiteten phonologischen, morphosyntaktischen, lexikalisch-semantischen Prozesse, stark reduziert sind (Aphasien). Die rechte Hemisphäre scheint hingegen Informationen mehrkanalig, räumlich-simultan und ganzheitlich-assoziativ zu verarbeiten; wo es um Kreativität und Phantasie geht, um räumlich-visuelle Orientierung, Bildliches und Musikalisches, scheint die rechte Hemisphäre dominant zu sein. Bei der sprachlichen Kommunikation werden z.B. morphosyntaktische Prozesse der linken Hemisphäre zugeordnet, während Aspekte wie globale Einschätzung einer kommunikativen Situation, nonverbales Verhalten, Prosodie usw. rechtshemisphärisch lokalisiert werden (Edmondson/House 1993: 97ff.).
In der Fachdidaktik wird aus diesen Erkenntnissen gelegentlich die Forderung abgeleitet, beim Sprachenlernen stärker die rechte Gehirnhälfte zu berücksichtigen, z.B. durch eine stärkere Verwendung von Bildern, Farben, Gestik, Rhythmik oder Musik, durch stärkere Berücksichtigung individuell-assoziativer und individuell-kreativer Prozesse usw. Derartige Elemente spielen z.B. in der Suggestopädie eine wichtige Rolle, und sicherlich waren sie im traditionellen Sprachunterricht zu lange unterrepräsentiert. Man sollte sich dabei allerdings nur mit Vorbehalt auf die Asymmetrie der Großhirnhemisphären berufen, denn die empirischen Befunde werden in der einschlägigen Forschung kontrovers diskutiert und scheinen Gegenstand eigenwilliger Interpretationen und Adaptionen zu sein (vgl. Heeschen/Reischies 1990; List 1995a/b). Deshalb darf die linke sprachdominante Hemisphäre nicht unterbewertet werden. „Sie betrifft nicht nur die Syntax als den Prototyp der sequenziellen Struktur der Sprache, sondern regelt auch die lexikalischen, morphologischen und diskursiven Organisationen, ebenso wie das komplizierte System von Sprechausführung und Sprachentschlüsselung" (List 1995a: 30).

Das Bisherige betrifft nicht nur den Erwerb deklarativen Wissens, es stellt auch eine wichtige Bedingung für seine Integration in verhaltenssteuernde (prozedurale) mentale Programme dar; eine gute Verankerung des Lernstoffs ist Voraussetzung für seine Aktivierung und die Entwicklung sprachlichen Könnens. Darüber hinaus gilt es, unter fertigkeitspsychologischen Gesichtspunkten einige spezielle Aspekte der Könnensentwicklung zu berücksichtigen.
Prozedurales Wissen wird durch praktisches Handeln aufgebaut; „*prozedurales Lernen vollzieht sich nur, indem man eine Fertigkeit ausübt; man lernt durch Handeln*" (Anderson 1983: 79). Ähnlich formuliert Butzkamm (1989: 79) als „fundamentales Lerngesetz: ... die Zielhandlung selbst, die ganzheitliche Leistung muss immer wieder ausgeführt werden". Das ist „Voraussetzung dafür, dass die Teilfertigkeiten in wirklich sinnvoller Manier automatisiert und proceduralisiert werden können" (Portmann 1991: 56). Im Unterricht sollten die Lernenden aus diesem Grund so oft wie möglich die Gelegenheit erhalten, authentisch oder doch der Realität angenähert (simuliert) zu kommunizieren.
Komplexe Fertigkeiten wie die sprachlichen setzen sich aus Teilfertigkeiten zusammen, z.B. die Fertigkeit Schreiben: sich auf den Adressaten einstellen; inhaltliche und formale Zusammenhänge in einem Text herstellen; syntaktisch korrekt formulieren; ein textsortenangemessenes Register verwenden; Wortformen normgerecht orthographisch schreiben; Buchstaben/Wörter graphomotorisch realisieren, d.h. niederschreiben; Satzzeichen (Punkte, Kommas ...) normge-

recht setzen usw. Eine komplexe Fertigkeit kann folglich dadurch gefördert werden, dass ihre Komponenten (Teilfertigkeiten) bewusst gemacht, isoliert geübt und durch Ausüben allmählich in unbewusstes Können überführt (prozeduralisiert) werden.
Teilfertigkeiten sollten unter Bedingungen geübt werden, die der Verwendungssituation möglichst nahe kommen; es sollte
- beim Üben stets ein pragmatischer und inhaltlicher Zusammenhang erkennbar sein (Einbettung);
- wo immer möglich im Textzusammenhang (und nicht in Form von isolierten Einzelsätzen) geübt werden;
- der Zusammenhang mit der Zielfertigkeit erkennbar sein (Schreiben, Hörverstehen ...).

Teilfertigkeiten müssen jedoch immer wieder in die Zielfertigkeit eingebunden und im Rahmen der komplexen Fertigkeit ausgeübt werden. Unterrichtsphasen, in denen Wortschatz, Redemittel, Grammatik, Vertextung, Aussprache usw. erklärt und geübt werden, müssen also immer wieder in Phasen münden, in denen diese Teilfertigkeiten als Bestandteile eines komplexen sprachlichen Verhaltens, d.h. einer Zielfertigkeit, auftreten.

Für den Erwerb einer komplexen Fertigkeit, wie sie das Beherrschen einer fremden Sprache darstellt, kann Einsicht, d.h. explizites deklaratives Wissen über die Fertigkeit, nützlich sein. „Je weniger die zu erwerbenden Fertigkeiten mit naturgegebenen Lebensbedingungen des Menschen verwurzelt sind [wie z.B. im Sprachunterricht – g.st.], desto mehr wird auch der Intellekt an ihrem Erlernen beteiligt ... Es wird kaum eine Fertigkeit ausgebildet, bei der gänzlich auf Erklärungen verzichtet würde. Jeder Meister des Hoch- oder Weitsprungs hat heute seinen Trainer, der nicht nur Übungspläne aufstellt, sondern auch analysiert und erklärt ... worin genau die Fertigkeit besteht, wie sie sich zusammensetzt, wie sie zustande kommt. *Beim Erwerb komplexer Fertigkeiten ist Erklären immer mitbeteiligt, also praktisch universal.*" (Butzkamm 1989: 77f.) Erklären wie auch Üben können sich auf isolierte Teilfertigkeiten oder auf die komplexe Zielfertigkeit beziehen. Ist die komplexe Fertigkeit einmal erworben, kann das entsprechende deklarative Wissen verloren gehen. (Auch der Muttersprachler könnte nur wenige der Regeln erklären, denen er beim Kommunizieren folgt.)

Auf einen häufigen didaktischen Fehler im Fremdsprachenunterricht weist Zimmer (1988: 156) hin: „*Vielfach wird deklaratives Wissen vermittelt, um Prozeduren zu lehren. Mit dem Wissen dass liegt aber noch kein Ausführungswissen vor*" (kursiv g.st.).

2.2 Zum Beitrag der Fremdsprachenerwerbs-Forschung

Wie lernen Menschen eine fremde Sprache? Die naive Antwort auf diese Frage lautet: „Nach den Gesetzmäßigkeiten des 'Nürnberger Trichters'."

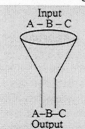

Nach diesem Modell erhält der Lerner einen bestimmten Input „A-B-C" z.B. an Grammatik, Wortschatz und Redemitteln, und wenn er nur „richtig" lernt, d.h. den Lernstoff wiederholt, viel übt, Hausaufgaben macht usw., ist das Ergebnis seiner Bemühungen ein entsprechender Output „A-B-C". Mit anderen Worten: Was unterrichtet wird, kann der Lerner auch lernen und in Können umsetzen. Dieser Theorie folgen wohl die meisten Fremdsprachenlehrer, auch Tests bzw. Prüfungen beruhen sehr oft darauf.

Nun zeigt schon ein kurzer Blick auf den Muttersprachenerwerb, dass diese Theorie zumindest dort nicht zutrifft, denn in den ersten Lebensjahren unterscheiden sich fast alle Äußerungen kleiner Kinder von dem Input, den sie von ihren Eltern und anderen Bezugspersonen bekommen. Vergleichbares gilt für Kinder, Jugendliche oder Erwachsene, die ohne Unterricht (ungesteuert, natürlich) in fremdsprachiger Umgebung eine zweite Sprache lernen; die meisten ihrer Äußerungen weichen stark von den sprachlichen Modellen ihrer zielsprachlichen Umgebung ab.

2.2 Zum Beitrag der Fremdsprachenerwerbs-Forschung

Fremdsprachenunterricht unterscheidet sich vom natürlichen Fremdsprachenerwerb allerdings in wesentlichen Punkten, denn der Erwerbsprozess wird durch gezielte Eingriffe intentional gesteuert, u.a. durch die Auswahl und Anordnung des Lernstoffs, metasprachliche Erklärungen, explizites Feedback, Üben, Wiederholen, die Forderung nach Korrektheit. Phänomene wie die,
- dass alle Lernenden vieles als Output sprachlich äußern, was sie so niemals als Input bekommen haben (dieser Teil des Outputs wird „Fehler" genannt),
- dass Fremdsprachenlerner selbst von dem Teil des Inputs (z.B. Wortschatz, Strukturen, Redemittel usw.), der erklärt und intensiv geübt wird, nur relativ geringe Ausschnitte aktiv verwenden,

werden als vermeidbar betrachtet – vorausgesetzt, der Lernende lernt und übt ausreichend und ist nicht gerade sehr unbegabt für fremde Sprachen.
Die heute diskutierten Forschungsergebnisse und Theorien widersprechen diesem Modell des Fremdsprachenlernens radikal. Ich referiere im Folgenden einige zentrale Aspekte dieser Theorien, wobei ich die äußerst differenzierten Ergebnisse sowie die zahlreichen „Hypothesen" hier nur sehr vereinfacht wiedergeben kann. Mein Ziel ist kein Überblick über die Fremdsprachenerwerbs-Forschung; ich möchte vielmehr auf einige Aspekte hinweisen, die es dem Lehrer ermöglichen, fremdsprachliches Lernen und Können etwas angemessener zu beurteilen.

2.2.1 Einige Ergebnisse der Fremdsprachenerwerbs-Forschung

Nach allem, was heute über den Fremdsprachenerwerb bekannt ist, verläuft der Lernprozess nicht ungeordnet oder gar chaotisch, sondern nach bestimmten Regelhaftigkeiten. Die Fremdsprachenerwerbs-Forschung verfolgt das Ziel, diese Regelhaftigkeiten zu erkennen und zu erklären: Wie verläuft der Prozess? Warum verläuft er so, wie er verläuft?

2.2.1.1 Lernersprachen
Es wird heute weithin akzeptiert, dass beim Prozess des Spracherwerbs zwei Arten von Regelhaftigkeiten unterschieden werden können: synchronische und diachronische (Abb. 2.4 – Ellis 1994: 41ff.).
- synchronische: Das Sprachverhalten eines Lerners ist zu jedem Zeitpunkt des Spracherwerbs strukturiert und regelgeleitet, d.h. er verfügt über eine eigene „Lernersprache" LS (Interlanguage).

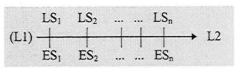

Abb. 2.4: Synchronische und diachronische Aspekte der Lernersprache

- diachronische: Der Spracherwerb verläuft überindividuell in bestimmten Schritten (Entwicklungsstadien ES), die mit bestimmten Variationen alle Lernenden durchlaufen; man spricht in diesem Zusammenhang von natürlichen Erwerbssequenzen („a 'natural' sequence of development"; Ellis 1986: 8).

Synchronischer Aspekt: Zur Struktur der Lernersprache
Analysen von Leneräußerungen haben ergeben, dass diese nicht chaotisch sind, sondern eigenen Gesetzmäßigkeiten folgen. Das zeigt sich z.B. daran, dass lernersprachliche Äußerungen systematisch Strukturen enthalten, die nicht mit den Strukturen der angestrebten Zielsprache identisch sind, z.B. typische, immer wieder auftretende Fehler. Systematische Fehler „legen schlüssig dar, dass Lerner nicht einfach zielsprachliche Regeln auswendig lernen und sie anschließend in ihren eigenen Äußerungen reproduzieren. Sie zeigen, dass Lerner auf der Grundlage des Inputs ihre eigenen Regeln bilden" (Ellis 1986: 9).
Das lernersprachliche Regelsystem trägt sowohl Züge der Muttersprache (L1) als auch der Zielsprache (L2), aber auch eigene unabhängige Merkmale, die weder in L1 noch in L2 vorkommen. Es ist produktiv, d.h. es steuert das Sprachverhalten des Lerners, und wenn man es kennt, können Leneräußerungen vorhergesagt werden. Die jeweiligen nicht zielsprachengerechten lernersprachlichen Interimsstrukturen hängen nur zum Teil von der Muttersprache des Lernen-

den ab, denn viele Strukturen treten bei allen Lernenden einer Zielsprache unabhängig von ihrer Muttersprache auf.

Lernersprachen (Interimssprachen) sind instabil: Sie sind *transitorisch*, d.h. es handelt sich um „Übergangssprachen", die sich bei ausreichendem Sprachkontakt in Richtung auf die zielsprachliche Norm hin verändern. Sie sind *variabel*, d.h. es ist möglich, dass der Lerner zu einem bestimmten Erwerbszeitpunkt verschiedenen Regeln folgt (Ellis 1994: 119ff.). Den lernersprachlichen Äußerungen können z.B. variable Kontextregeln zugrunde liegen: So stellten die von Felix beobachteten Kinder zu einem bestimmten Zeitpunkt des Deutscherwerbs systematisch die Negation bei der Kopula und bei Modalverben hinter das Verb, bei Vollverben jedoch vor das Verb (s.u.). Auch situative Variationen treten auf. So wurde festgestellt, dass Lerner in eher formellen Äußerungssituationen partiell anderen Regeln folgen als in eher informellen, ebenso in der gesprochenen und geschriebenen Sprache oder in bzw. außerhalb des Unterrichts. Der Grund dafür liegt u.a. darin, dass Kontrollmechanismen (Monitor) jeweils unterschiedlich funktionieren, und die Aufmerksamkeit z.B. in formellen Situationen stärker auf die sprachliche Form gerichtet ist als in informellen Situationen. Solche Phänomene kennen alle Sprachlehrer; ihnen ist in der Regel jedoch nicht bewusst, dass ihre Schüler im freien Gespräch nicht einfach chaotisch falsch sprechen, sondern ebenfalls regelhaft entsprechend den Regeln ihrer augenblicklichen Lernersprache.

Diachronischer Aspekt: Zur Abfolge der Erwerbsschritte
Zahlreiche Forschungsergebnisse weisen darauf hin, dass die Strukturen einer Fremdsprache nicht willkürlich oder – abhängig von äußeren Umständen – in je unterschiedlicher Reihenfolge gelernt werden, sondern dass es überindividuelle Erwerbssequenzen gibt, denen alle Lernenden unabhängig von ihrer Muttersprache folgen. Für einige Bereiche der Sprache sind Erwerbssequenzen ziemlich gut nachgewiesen, z.B. für die Negation, bei der die folgenden Erwerbsschritte festgestellt wurden, die mehr oder weniger alle Lernenden durchlaufen (Felix 1982: 20ff; L1 – Englisch, L2 – Deutsch):

Stadium I	holophrastisch	*nein*
Stadium II	satzextern	*nein kaputt* ['nicht kaputt']
		nein helfen ['du sollst nicht helfen']
		nein spielen Katze ['wir spielen nicht mit der Katze']
Stadium IIIa	satzintern	*ich nein essen* ['ich esse das nicht']
		ich nein schlafen ['ich schlafe nicht']
Stadium IIIb	vor Vollverb	*nein, du nicht kommt*
		ich nicht essen mehr
	sonst	*das ist nicht kaputt*
		nein, ich will nicht mehr
Stadium IV		*ich esse das nicht*
		er kommt heute nicht

Mit interferenzbedingten Variationen sind parallele Erwerbssequenzen bei verschiedenen Zielsprachen (Deutsch, Englisch) und bei Lernern verschiedener Ausgangssprachen (Deutsch, Englisch, Französisch, Norwegisch, Spanisch, Taiwanesisch) festgestellt worden; auch beim Muttersprachenerwerb wurden ähnliche Erwerbssequenzen beobachtet. Der Fremdsprachenerwerb kann folglich nicht als Imitieren und Reproduzieren vorgegebener Äußerungen oder gelernter Regeln aufgefasst werden. Es zeigt sich vielmehr, „dass der gesamte Lernvorgang gewissermaßen einer inneren Systematik folgend abläuft, dass diese nur begrenzt zu beeinflussen ist und dass Lerner sich die Zielsprache erschließen und dabei nicht nur passiv das Gehörte auf sich wirken lassen, sondern es aktiv, sogar kreativ umsetzen." (Wode 1988: 17)

Im Fall der Negation handelt es sich um Schritte beim Erwerb *einer* Struktur; die bisherigen Untersuchungsergebnisse weisen aber darauf hin, dass auch die verschiedenen Strukturen einer Zielsprache trotz individueller Unterschiede in einer global gültigen überindividuellen Reihenfolge erworben werden. Im Heidelberger Projekt „Pidgin Deutsch", wo der Deutscherwerb italienischer und spanischer Arbeitsimmigranten untersucht wurde, fand man u.a. die folgende Erwerbsreihenfolge beim Verbalkomplex (s. rechts; 135ff., Zusammenfassung 197ff.):

Verbalkomplex:
1. Äußerungen ohne Verb
2. einfache Verben
3. Kopula
   Modalverben
4. Auxiliar
5. komplexere Verbkonstruktionen

Diese Beispiele zu überindividuellen Erwerbssequenzen zeigen, dass der Lernvorgang stark durch lernerinterne endogene Faktoren gesteuert wird, nämlich durch die Art und Weise, wie der kognitive Apparat („Sprachverarbeiter" – Klein 1987) den sprachlichen Input verarbeitet. Vor allem eine durch den Input nicht vorgegebene Reihenfolge sowie das systematische und überindividuelle Vorkommen von Strukturen, die im Input nicht vorhanden sind, weisen auf den „Eigenbeitrag" des Lerners, d.h. auf das Wirken endogener Faktoren, hin. Die Gesetzmäßigkeiten, nach denen unser kognitiver Apparat funktioniert, bestimmen, wie das exogen präsentierte Lernmaterial verarbeitet und gespeichert wird. Die Lerner rekonstruieren aktiv und kreativ die Struktur der Zielsprache; da die mentalen Lernprozesse aufgrund der kognitiven Ausstattung des Menschen überindividuell ähnlich verlaufen, ergeben sich ähnliche Erwerbssequenzen und ähnliche Lernersprachen: „Fremdsprachenlerner erwerben fremdsprachliche Kenntnisse in einer festen Ordnung infolge einer Prädisposition, Sprachdaten auf eine höchst spezifische Art zu verarbeiten." (Ellis 1986: 42)

2.2.1.2 Sprachverarbeitung, Input und Intake

Das Lernen einer fremden Sprache setzt sprachlichen Input voraus; d.h. um zielsprachliche Daten aufnehmen und verarbeiten zu können, muss der Lerner der Zielsprache ausgesetzt sein. Er kann jedoch nicht alles, was ihm an L2-Daten angeboten wird, auch sogleich verarbeiten und lernen; das würde seine mentalen Kapazitäten überfordern. Es findet vielmehr eine selektive Aufnahme und Verarbeitung des Inputs statt. Der Lerner fokussiert seine Aufmerksamkeit unbewusst auf bestimmte Elemente des Inputs (Strukturen, Wörter ...), während er andere vernachlässigt. Diese Daten, die er aufnimmt und lernend verarbeitet, werden „Intake" genannt.

Man geht heute davon aus, dass Lerner aufgrund endogener kognitiver Sprachverarbeitungsprinzipien erst zu einem bestimmten Zeitpunkt, d.h. zu einem bestimmten Entwicklungsstadium, bestimmte Strukturen verarbeiten können; d.h. es müssen erst bestimmte Strukturen ABC erworben sein, damit der mentale „Sprachverarbeiter" andere Strukturen DEF verarbeiten kann. Obwohl jeder Fremdsprachenlerner z.B. von Anfang an intensiv dem gesamten Bereich der Flexionsmorphologie ausgesetzt ist, wird diese erst relativ spät gelernt; offensichtlich kann sie trotz des quantitativ hohen Inputs zu einem früheren Zeitpunkt nicht verarbeitet werden. Ein interner mentaler Mechanismus filtert aus den Sprachdaten die aus, für die der Lernende aufnahmebereit ist (vgl. das Kapitel über „kritische Regeln" bei Klein 1987). Strukturen werden so gelernt, „dass nach und nach einzelne Charakteristika des zielsprachlichen Inputs herausgefiltert und anschließend zu den Zielstrukturen reintegriert werden." (Wode 1988: 81) Man interpretiert diese Dekomposition des Inputs und seine Reintegration in die Lernersprache als einen kontinuierlichen Prozess, in dessen Verlauf der Lerner (weitgehend unbewusst) Hypothesen über die Zielsprache bildet, diese testet, überprüft, modifiziert und somit seine Lernersprache in Richtung auf die Zielsprache weiterentwickelt; „jede Stufe in der Entwicklung stellt sich als Umgestaltung eines zuvor variablen Systems in ein neues variables System dar" (Ellis 1986: 97).

Prinzipien, denen die Sprachverarbeitung bei Lernenden mit nur elementaren Fremdsprachenkenntnissen folgt, nennt Klein (1987: 93f.), z.B.:
- „Stelle Elemente, die gegebene Informationen ausdrücken, vor solche, die neue Informationen ausdrücken ('Prinzip der zunehmenden kommunikativen Dynamik')".
- „Stelle Elemente, über die etwas gesagt wird, vor solche, die über jene etwas aussagen ('Prinzip der Thema-Rhema-Gliederung')"
- „Stelle Elemente, die ihrer Bedeutung nach zusammengehören, möglichst nah zusammen ('Prinzip der semantischen Konnektivität')"
- „Stelle Elemente mit stärker funktionaler Bedeutung einheitlich vor (oder einheitlich hinter) ihnen entsprechende Elemente mit stärker lexikalischer Bedeutung ('Prinzip der einheitlichen Serialisierung')"
- „Stelle orientierende Elemente (Ortsangaben, Zeitangaben, Modalangaben) an den Anfang der Äußerung ('Prinzip der Orientierung')"

Darüber hinaus werden Lernstrategien wie Übergeneralisierung und Simplifizierung von Strukturen, Transfer aus der Muttersprache u.a. angewendet.

Neben dem Input beeinflussen weitere Faktoren den Prozess des Spracherwerbs. So muss der Lerner ausreichend viele Möglichkeiten haben, die zu lernende Sprache zu verwenden. (Eine Fertigkeit lernt man vor allem dadurch, dass man sie ausübt!) Wenn das Sprachenlernen ein Prozess ist, bei dem der Lernende (unbewusst) Hypothesen über die fremde Sprache bildet, überprüft, modifiziert und dadurch weiterentwickelt, so ist dafür nicht nur Input, sondern rückgekoppelte sprachliche Interaktion erforderlich. Das Feedback, das der Lerner aus den Reaktionen seiner Kommunikationspartner erhält, hilft ihm dabei, seine Hypothesen über die Struktur der Fremdsprache zu modifizieren und weiterzuentwickeln (Abb. 2.5, modifiziert nach Wode 1988: 45; vgl. Edmondson/House 1993: 248ff.).

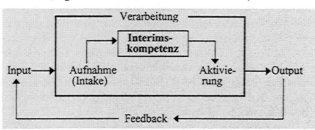

Abb. 2.5: Modell der Sprachverarbeitung beim Spracherwerb

Der Erwerbsprozess verläuft somit im interaktionistischen Wechselspiel zwischen endogenen Lerner- und exogenen Umgebungsfaktoren. Für die rezeptive und produktive Sprachverwendung wird die Interimskompetenz aktiviert. Der Lerner nimmt einen Teil des Inputs auf (Intake), den er mittels endogener Mechanismen verarbeitet, was zu Veränderungen in seiner Interimskompetenz führt. Wenn das Feedback als Teil des Inputs weiterverarbeitet wird, so hat es ebenfalls einen Einfluss auf die Entwicklung der Interimskompetenz (Ellis 1994: 243ff.).

2.2.1.3 Zum Einfluss der Muttersprache

„Lerner übertragen ihr sprachliches Wissen aus zuvor gelernten Sprachen in die neue Zielsprache. Dieser Vorgang heißt *Transfer*, sein Produkt *Interferenz*." (Wode 1988: 97) Der Einfluss der Muttersprache auf den Prozess des Fremdsprachenlernens ist in der Vergangenheit sehr unterschiedlich eingeschätzt worden. So herrschte in der Frühzeit der fremdsprachenbezogenen kontrastiven Linguistik die Meinung, dass ein Zusammenhang zwischen Kontrast und Fehler bestehe: bei großem Kontrast zwischen mutter- und zielsprachlicher Struktur träten Interferenzen auf, d.h. muttersprachlich bedingte Fehler in der Zielsprache, bei geringem Kontrast sei dagegen nicht mit Interferenzfehlern zu rechnen; eine kontrastive Analyse der beteiligten Sprachen könne demzufolge Fehler und Lernschwierigkeiten vorhersagen. Dies konnte in der Folgezeit allerdings nicht bestätigt werden: vorhergesagte Fehler traten nicht auf, und gerade ähnliche Strukturen erwiesen sich als sehr interferenzanfällig (proaktive Ähnlichkeitshemmungen). Darüber hinaus wurde das linguistische Kontrastivitätskonzept insgesamt mit dem Argument in Frage gestellt, dass es nicht möglich sei, von linguistisch beschriebenen Kontrasten zwischen Sprachsystemen auf mentale Prozesse beim Sprachenlernen zu schließen.

Inzwischen herrscht aufgrund zahlreicher empirischer Untersuchungen eine wesentlich differenziertere Auffassung über das Phänomen des muttersprachlichen Einflusses auf den Fremdsprachenerwerb (Wode 1988; Ellis 1994: 299ff.). Es hat sich gezeigt, dass kontrastive Analysen bestimmte Phänomene der Lernersprache im Nachhinein erklären, sie jedoch kaum vorhersagen können (abgesehen vielleicht von der Aussprache). Die Gleichsetzung von Sprachdistanz zwischen L1 – L2 und Lernschwierigkeit bzw. Fehlerhäufigkeit entspricht den empirischen Gegebenheiten nicht. Damit Interferenz entsteht, d.h. L2-Strukturen durch L1-Strukturen substituiert werden, muss es eine „kritische Ähnlichkeit" zwischen beiden Strukturen geben. Zudem scheinen verschiedene sprachliche Bereiche unterschiedlich anfällig für Transfer zu sein. Transfer beim Lauterwerb erfolgt systematisch, alle Bereiche des Lautsystems sind stark transferanfällig; Bedingung ist auch hier eine kritische Ähnlichkeit der betreffenden Laute (Wode 1988: 205f.). Auch im Bereich des Wortschatzes treten viele Interferenzen auf. Relativ resistent scheint hingegen die Morphologie zu sein; hier konnten nur sehr wenige Einflüsse aus der Muttersprache nachgewiesen werden. Daneben spielt die Erwerbssituation eine wichtige Rolle. Beim natürlichen L2-Erwerb kommen im Wesentlichen die gleichen transferbedingten Fehlertypen vor wie beim schulischen Fremdsprachenerwerb; allerdings tritt in gesteuerten Lernsituationen mehr Transfer auf als beim ungesteuerten Spracherwerb.

Transfer wird heute in der Forschung als eine Strategie betrachtet, die der Lernende meist unbewusst anwendet, um die fremde Sprache zu lernen und in ihr zu kommunizieren („sowohl um die L2-Daten in eine Form zu bringen, in der sie gespeichert werden können, als auch um das bereits gespeicherte Wissen anzuwenden"; Ellis 1986: 37). Transfer kann sich auch indirekt z.B.

dadurch auswirken, dass der Lernende bestimmte Strukturen vermeidet oder beim Erwerb auf bestimmten Strukturen beharrt.

2.2.1.4 Steuerungsmöglichkeiten durch Fremdsprachenunterricht

Fremdsprachenunterricht unterscheidet sich vom natürlichen Fremdspracherwerb dadurch, dass der Spracherwerbsprozess durch gezielte Eingriffe intentional gesteuert wird – z.B. durch
- die Auswahl und Anordnung des Inputs (Progression);
- verschiedene Arten an Input: neben fremdsprachigen objektsprachlichen Äußerungen zusätzlich metasprachliche Erklärungen, z.B. von grammatischen Regularitäten;
- eine Intensivierung des Inputs in Form von Üben und Wiederholen;
- bestimmte Anforderungen an den Output, z.B. Korrektheit, Beschränkung auf vermittelte Elemente und Strukturen;
- ein intensives explizites Feedback, insbesondere die Bewertung von Lerneräußerungen sowie die Korrektur und Therapie von Fehlern.

Fremdsprachenunterricht beruht weitgehend auf der Annahme, dass der angebotene Input aufgrund gezielter Steuerungsmaßnahmen direkt in Output überführt werden kann; d.h. es wird vorausgesetzt, dass sich der kognitive Lernprozess dem didaktisch-methodischen Vermittlungsprozess anpasst und dass der angebotene Lernstoff auch gelernt werden kann (Übereinstimmung von Vermittlung und Erwerb). Wie dargestellt, besteht hierbei ein direkter Widerspruch zu der von der Fremdsprachenerwerbs-Forschung vertretenen Auffassung, „dass jene Fähigkeiten, die Lerner unter natürlichen Bedingungen für das Meistern einer Sprache aktivieren, auch im Fremdsprachenunterricht zur Verfügung stehen und dort auch tatsächlich wirksam werden." (Wode 1988: 16) Die zentralen Einsichten,
- „dass sich Lerner die Zielsprache aus dem sprachlichen Input, den sie registrieren, *kreativ* erschließen",
- „dass Lerner dabei auch sprachliche Strukturen entwickeln, die nicht aus der Sprache ihrer Umgebung entnommen sein können",
- „dass die Vorgänge, die sich während des Lernvorgangs im Gedächtnis abspielen, *nicht bewusst* gesteuert bzw. steuerbar sind",
- dass der Input partiell unterschiedlich verarbeitet wird (je nach L1 oder Lernertyp; → 9.2.4),

gelten somit auch für den fremdsprachlichen Unterricht. „Der Sprachverarbeiter hat einen bestimmten Zugriff, gegen den man nicht ankann." (Klein 1987: 64) Pointiert bezeichnet Klein unterrichtliches Fremdsprachenlernen als den „Versuch, einen natürlichen Prozess zu domestizieren." (ebd.: 31)

Man versteht nun leicht, warum Fehler (allgemeiner: ein von zielsprachlichen Normen abweichendes sprachliches Verhalten) so vollkommen unterschiedlich bewertet werden. Für Lehrer sind Fehler etwas Negatives, die anzeigen, dass der Schüler nichts gelernt hat. In der Forschung besteht gerade in diesem Punkt Einigkeit: Fehler liefern „Evidenz für den aktiven Beitrag des Lerners zum Fremdspracherwerb" (Ellis 1986: 54), sie werden geradezu als „Wegweiser zum endogenen Verlauf des Sprachlernprozesses" betrachtet (Ellis 1986: 53). Beiden Auffassungen liegen unterschiedliche Ansichten über die Natur des Lernprozesses zugrunde.

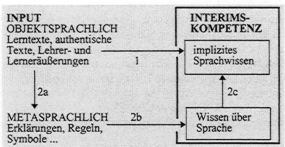

Abb. 2.6: Sprachverarbeitung beim Fremdsprachenlernen. 1: natürliche Sprachverarbeitungsmechanismen, 2a: Bewusstmachung, 2b: bewusstes Lernen, 2c: Verarbeiten durch Üben und Anwenden

Es ist davon auszugehen, dass im unterrichtlichen Vermittlungsprozess zumindest zwei Arten der Sprachverarbeitung zu berücksichtigen sind: zum einen Lernprozesse, die von der Eigendynamik der natürlichen kognitiven Sprachverarbeitungsmechanismen gesteuert werden und die gegen Eingriffe relativ resistent sind, zum anderen „alternative Mechanismen, die abgesehen vom Lernen einer Sprache möglicherweise auch für andere Arten des Lernens verantwortlich sind." (Ellis 1986: 49) Das Modell Abb. 2.6 stellt einige wichtige Zusammenhänge in vereinfachter Form dar (Edmondson/House 1993: 267ff.; Ellis 1990: 180ff.). Im Fremdsprachenunterricht können zumindest zwei Arten der Inputverarbeitung unterschieden werden: Ein Teil des objektsprachlichen Inputs wird ungesteuert und unkontrolliert über natürliche Spracherwerbsmechanismen zu implizitem Sprachwissen verarbeitet (Verarbeitung 1). Der gesteuerte Input wird hingegen ausführlich erklärt, geübt, wiederholt, korrigiert usw., d.h. er wird intentional vermittelt, bewusst aufgenommen und nach und nach mental verarbeitet und automatisiert (Verarbeitung 2a – 2b – 2c).

Die Interimskompetenz setzt sich zumindest aus zwei Komponenten zusammen: unterrichtlich (mehr oder weniger) automatisierte Sprache und aufgrund natürlicher Erwerbsmechanismen erworbene Sprache einerseits (implizites Sprachwissen), metasprachliches explizites Regelwissen andererseits. Unklar ist bislang, wie die verschiedenen Arten der Sprachverarbeitung zusammen wirken. „Wie kann intuitiv Gelerntes Eingang in Reflexionen über Sprache und sprachliche Regeln finden, und wie kann in formalen Lehrverfahren angebotener Input zu intuitivem Lernen führen? Beide Fragen harren noch einer überzeugenden Beantwortung" (Wode 1988: 316).

Im Sprachunterricht werden sehr stark bewusste kognitive Mechanismen aktiviert, indem Erklärungen durch Lehrer und Lehrbuch beim Lerner ein extensives Wissen über Sprache aufbauen; derartige Mechanismen spielen beim natürlichen Fremdsprachenerwerb hingegen eine eher geringe Rolle. Das obige Inputmodell zeigt jedoch, dass der unterrichtliche Lernprozess bei weitem nicht so kontrolliert verläuft, wie Lehrer es normalerweise annehmen, da viel Input unkontrolliert über die natürlichen Spracherwerbsmechanismen aufgenommen wird; das wird bislang kaum ins unterrichtliche Kalkül gezogen. „Die entscheidende, z.Zt. noch nicht geklärte Frage ist dabei, ob beide Arten zu lernen einander ergänzen, ob die eine die andere überspielt oder ob es zu einem Konflikt kommt, der den Lerner möglicherweise behindert." (Wode 1988: 16) Es spricht allerdings vieles dafür, im Unterricht beide Lernwege zu fördern: den natürlichen, der authentische Kommunikation und natürliche Interaktion voraussetzt (→ 9.1), und den bewussten, der über Einsicht in Form und Funktion der Fremdsprache führt (Ellis 1992).

Die Interimskompetenz, die sich aufgrund natürlicher Erwerbsmechanismen entwickelt, erweitert sich in einem „zweidimensionalen" Erwerbsprozess: der Prozess hat eine quantitative (Zunahme an Elementen und Strukturen) und eine qualitative Dimension (zunehmende Annäherung an die zielsprachliche Norm). Der unterrichtlich intendierte Lernprozess zielt hingegen auf einen eindimensionalen Erwerbsprozess, denn es sollen immer mehr direkt normgerecht verwendete Elemente und Strukturen gelernt werden. Ob letzteres allerdings funktioniert, ist in Bezug auf die Spontansprache sehr zweifelhaft.

Das Grundproblem des unterrichtlichen Sprachlernprozesses lautet also: Wie verhalten sich Selbststeuerung (natürliche menschliche Sprachlernfähigkeit) und Fremdsteuerung (unterrichtliche Unterweisung) zueinander? Inwieweit können endogene Gesetzmäßigkeiten exogene dominieren bzw. umgekehrt? Diese Frage impliziert weitere:
- Wie verhalten sich unterrichtliche Progression und „natürliche Progression" zueinander? Was passiert mit Strukturen, die vermittelt werden, für die der Lernende nach der „natürlichen Progression" aber noch nicht bereit ist (z.B. die Flexionsmorphologie bei Anfängern)? Können sie trotzdem verarbeitet, d.h. gelernt werden? Kann man sie über Erklären und Üben in implizites Sprachwissen überführen (automatisieren)?
- Was geschieht mit expliziten Sprachkenntnissen, z.B. erklärten und gelernten Grammatikregeln? Sind sie verhaltensrelevant, d.h. kann explizites Sprachwissen kommunikatives Verhalten steuern? (Es handelt sich hier um das Tausendfüßler-Problem: Könnte ein Tausendfüßler einen Schritt vorankommen, wenn er seine Bewegungen bewusst koordinieren müsste?)
- Überfordern wir die Lernenden, wenn wir von ihnen zugleich kommunikatives Verhalten und Korrektheit verlangen? Ist dies möglicherweise ein Widerspruch in sich?

Diese Fragen lassen sich heute nicht endgültig beantworten, sie werden in der Forschung aber intensiv diskutiert (vgl. Butzkamm 1989; Ellis 1986, 1990, 1994; Felix 1982). Unbestritten ist, dass Schüler im Unterricht nur partiell das lernen, was sie eigentlich lernen sollen. Vor allem die Spontansprache, deren Form der Lerner wenig kontrollieren kann, weicht stark von den vermittelten Regularitäten ab; kontrolliertes sprachliches Verhalten (Übungen, geschriebene

2.2 Zum Beitrag der Fremdsprachenerwerbs-Forschung

Sprache, stärker gesteuerte Textproduktion) dagegen gleicht stärker den vermittelten zielsprachlichen Normen. Man kann deshalb annehmen, dass bei spontaner mitteilungsbezogener Kommunikation ein Sprachsystem aktiviert wird, das vor allem durch natürliche Erwerbsmechanismen aufgebaut und das von der unterrichtlichen Steuerung eher indirekt beeinflusst wird; bei stark kontrollierter Sprachproduktion hingegen dürften stärker die unterrichtlich vermittelten Sprachkenntnisse wirksam werden. Das betrifft vor allem die Morphosyntax, deren Erwerb am stärksten nach spracherwerblichen Eigengesetzlichkeiten zu verlaufen scheint. Wie bzw. in welchem Ausmaß der unterrichtliche Vermittlungsprozess den stets wirksamen natürlichen Erwerbsprozess beeinflusst, wird in der Forschung intensiv diskutiert (Ellis 1994; → 3.2.1).

Eine empirische Untersuchung zum Erwerb der Negation im Deutschunterricht durch polnische Schüler (Sadownik/Vogel 1991: 18 Schüler, Alter 15, Beobachtungszeitraum: 8 Unterrichtsmonate, 1200 Belege zur Negation) kam zu dem Ergebnis, „dass der Input keinen direkten Niederschlag im lernersprachlichen Output findet. Während des gesamten Beobachtungszeitraums wird der Gebrauch der deutschen Negation geübt. Nicht zielgerechte Leräußerungen werden vom Lehrer korrigiert. Die Übungen und Korrekturen bleiben ohne erkennbares Resultat. Statt dessen verschwinden die Fehler zu einem bestimmten Zeitpunkt in der Entwicklung quasi wie von selbst." (165) „Die Entwicklungssequenz entspricht in den wesentlichen Zügen derjenigen, die für den natürlichen L2-Erwerb des Deutschen gefunden wurde" (162). Individuelle Variation traten bei der Geschwindigkeit des Lernprozesses auf, nicht bei der Abfolge der Lernschritte.

Im Rahmen des Heidelberger Projekts „Uni-DaF" wurde unter anderem der Einfluss des Unterrichts auf das natürliche Sprachverhalten der Lernenden (Studenten) untersucht (Dietrich/Kaufman/Storch 1979). Es wurden folgende Strukturen analysiert, die im Unterricht intensiv behandelt worden waren: Akkusativformen des bestimmten/unbestimmten Artikels, die Stellung der Negation *nicht*, Relativsätze, Infinitiv mit *(um) zu*, adverbiale Nebensätze und präpositonale Gruppen, Nebensätze (Ergänzungs-, Adverbial- und Attributsätze). Als Datenbasis dienten ungezwungene Gespräche über Alltagsthemen, die mit den Lernern – fünf US-Amerikanern und zwei Japanern – ein Semester lang in wöchentlichem Abstand geführt wurden; diese Gespräche wurden aufgezeichnet und transkribiert. Insgesamt waren die Ergebnisse sehr uneinheitlich, unterrichtlich begründete Veränderungen in der Spontansprache (Vorkommenshäufigkeit und Korrektheit von Strukturen) konnten nur in sehr wenigen Fällen als wahrscheinlich betrachtet werden.

Die Frage Wodes (1974: 32), „ob unsere Kinder im Schulunterricht trotz oder wegen der angewendeten Lehrverfahren eine Sprache erwerben", klingt für Lehrer zwar äußerst provokativ, sie ist aber – zumindest für die Morphosyntax – bislang noch nicht eindeutig geklärt (die einschlägigen Forschungen referiert Ellis 1986, Kap. 9). Entsprechend stellt Mitchell (1985: 346) fest: „Aber der Zusammenhang zwischen Unterricht und der Unterrichtserfahrung des Lerners einerseits und dem L2-Lernprozess andererseits bleibt weitgehend im Dunkeln."

Die unterrichtliche Steuerung scheint vor allem auf die stärker kontrollierte Sprachproduktion der Lernenden zu wirken, während die Spontansprache vom Unterricht eher indirekt betroffen ist. Ihre Entwicklung scheint stärker von eigengesetzlichen endogenen Sprachverarbeitungsprozessen abzuhängen; das betrifft vor allem die Entwicklungsschritte, die Lerner beim Erwerb bestimmter Strukturen durchlaufen (Ellis 1992). Parallel unterscheidet Felix (1982) „sprachspezifische mentale Fähigkeiten" von „allgemeinen kognitiven Fähigkeiten", wobei der Unterricht stark auf letztere Bezug nehme. Einige Forscher haben daraus die Konsequenz gezogen, dass in unterrichtlichen und natürlichen Sprachlernsituationen unterschiedliche Lernprozesse ablaufen (unterrichtliches „Lernen/*learning*" vs. natürlicher „Erwerb/*acquisition*" – Krashen 1982), die zu unterschiedlichen Ergebnissen führen („reproduktive" vs. „kreative Kompetenz"; Felix 1982). Die damit aufgeworfenen Probleme werden in der Forschung allerdings immer noch sehr kontrovers diskutiert (→ 3.2.1).

2.2.2 Konsequenzen für den Fremdsprachenunterricht

Die Fremdsprachenerwerbs-Forschung (Erwerbsperspektive) hat für den Unterricht (Vermittlungsperspektive) sehr viele Fragen aufgeworfen, sie kann bislang jedoch kaum Antworten anbieten. Deshalb trifft noch heute Heuers Aussage von 1982 zu: „Soweit im Augenblick zu sehen ist, haben sich weder Unterricht noch Lehrmaterialien auf Grund des Konzepts der Lernersprache ... verändert." (Heuer 1982: 138) Und das, obwohl Forschungen zum natürlichen L2-Erwerb inzwischen als Grundlagenforschungen zum Fremdsprachenunterricht gelten.

Klein bezeichnet es ausdrücklich als einen Fehler, im Unterricht „die starke Eigendynamik der menschlichen Sprachverarbeitung und damit auch des Spracherwerbsprozesses nicht zu berücksichtigen." (Klein 1987: 66) Deshalb sollte das Unterrichtsgeschehen so organisiert sein, dass es den natürlichen Spracherwerbsmechanismen zuarbeitet; es dürfte pädagogisch unsinnig sein, Dinge vermitteln zu wollen, die der natürlich vorgegebenen endogenen Sprachlernfähigkeit zuwiderlaufen. Da „Lernprozesse durch die starke interne Struktur kognitiver Verarbeitung erheblichen Beschränkungen unterworfen sind, bedeutet dies, dass nicht alles zu jedem Zeitpunkt in beliebiger Art und Weise gelernt werden kann." (Felix 1985: 138) Auch wenn der derzeitige Stand der Forschung es kaum erlaubt, konkrete Handlungsanweisungen für den Fremdsprachenunterricht abzuleiten, so ist doch schon viel gewonnen, wenn der Lehrer einige grundlegende Dinge anerkennt – vor allem,

- dass Lerner den Input z.T. nach eigenen Prinzipien aktiv verarbeiten und dass sich diese natürlichen Sprachverarbeitungsprinzipien kaum unterdrücken lassen; d.h. der Lernprozess ist nur partiell steuer- und kontrollierbar;
- dass absolut unklar ist, wie die unterrichtlichen Vermittlungsprozesse, vor allem die kognitivbewusste Sprachverarbeitung und die natürliche „kreative" Sprachverarbeitung des Lerners, zusammenwirken;
- dass sich unterrichtlicher Input und Output nicht entsprechen; d.h. bestimmte Strukturen können nicht verarbeitet (Intake) oder nur „fehlerhaft" verwendet werden. Sprachenlernen ist nicht „alles oder nichts", sondern ein allmählicher tentativer Prozess der Annäherung an ein angestrebtes Verhalten;
- dass Fehler notwendige Bestandteile des Lernprozesses sind, ja oft anzeigen, dass Spracherwerb stattfindet (entwicklungsbedingte Fehler).

Der Lehrer „muss sich stärker der Tatsache bewusst werden, dass die Art und Weise, wie er seiner Überzeugung nach unterrichtet, nicht notwendigerweise der Art und Weise entspricht, wie Schüler lernen." (Butzkamm 1980b: 241)

Welche Konsequenzen ergeben sich aus all dem für den Fremdsprachenunterricht?

Unterstützung natürlicher Spracherwerbsmechanismen
- Die Lernenden sollten sehr viele Gelegenheiten erhalten, die Fremdsprache möglichst authentisch zu verwenden (auch mit Hilfen), um bestimmte sprachliche Mittel allmählich in die Spontansprache zu integrieren.
- Es sollten – dem jeweiligen Alter der Lernenden angemessen – kognitiv gestützte Lehrverfahren eingesetzt werden, die den Prozess der Hypothesenbildung fördern. Der natürliche fremdsprachliche Input dürfte im Unterricht als Basis für die Regelbildung (d.h. als Induktionsbasis) kaum ausreichen; wahrscheinlich können Einsichten in fremdsprachliche Regularitäten den endogenen Prozess der Hypothesenbildung stützen.
- Die Lerner sollten ermutigt werden, ihre fremdsprachlichen Kenntnisse (Hypothesen) bewusst produktiv zu „testen", d.h. auszuprobieren. Aus dem Feedback (Reaktion z.B. des Lehrers oder der Mitschüler) erhalten sie Hinweise auf die Korrektheit, Verständlichkeit oder Angemessenheit ihrer Äußerungen und somit auf den Stand ihrer Hypothesenbildung.

Der Lerner hat zwei weitere Möglichkeiten, die Regeln seiner Interimskompetenz zu überprüfen: einmal kann er gezielt auf den schriftlichen und mündlichen Input achten und seine Kenntnisse damit vergleichen; zum anderen kann er sich darum bemühen, vom Lehrer, einer Grammatik, Wörterbuch usw. Informationen über die Regularitäten der fremden Sprache zu erhalten (Tönshoff 1995b). Beide Lernstrategien sollte er gezielt anwenden.

Fehler
- Der Unterrichtende sollte je nach Sprachverwendungssituation unterschiedlich auf Fehler reagieren (→ 9.4). Insbesondere bei mitteilungsbezogenen bzw. spontansprachlichen Äußerungen dürfte eine hohe Fehlertoleranz angemessen sein, da Abweichungen von der Norm oft Ausdruck einer Interimskompetenz sind, die stark durch natürliche Erwerbsmechanismen beeinflusst ist. Das hat natürlich Folgen für die Bewertung sprachlicher Leistungen: Bei kommunikativen sprachproduktiven Leistungen sollte besonders in der gesprochenen Sprache stärker auf inhaltliche Verständlichkeit bzw. kommunikative Angemessenheit und weniger auf die formale Korrektheit geachtet werden.

- Entwicklungsbedingte Fehler stellen ein Durchgangsstadium dar; sie verschwinden, sobald die Basis für den Erwerb der entsprechenden Struktur gegeben ist.
- Möglicherweise ist es sinnvoll, im Unterricht stärker mit den auftretenden Fehlern zu arbeiten. Der Wert der Fehlerprophylaxe wird fragwürdig, sobald man anerkennt, dass viele Fehler unvermeidbar sind. Deshalb sollte man gezielt mit den auftretenden Fehlern arbeiten und den Lernenden mehr Gelegenheit geben, aus ihren Fehlern zu lernen. Eventuell lassen sich so bestimmte Erwerbsstadien in Richtung auf die angestrebte Zielkompetenz weiterentwickeln.

Zeitfaktor
Man sollte den Lernenden Zeit lassen. Der Weg von der Aufnahme des Inputs bis hin zu seiner normgerechten Verwendung in der Spontansprache ist lang; was beim ungesteuerten Fremdsprachenerwerb Jahre benötigt, lässt sich im Unterricht nicht in wenigen Tagen erreichen.

Kontrastivität
In den kontrastiv besonders anfälligen Bereichen – z.B. Aussprache, Wortschatz, Syntax (Wortstellung ...) oder auch pragmatische Aspekte der Sprachverwendung – können Lehrverfahren (Erklären, Üben), die Kontrastivität systematisch berücksichtigen und zu einer Trennung der Systeme beitragen, eventuell einen positiven Beitrag zur Weiterentwicklung von kontrastiv bedingten Interimsstrukturen bilden.

Interaktive Kommunikation
„Die meisten Forscher nehmen die Position ein, dass das Fehlen eines natürlichen Diskurses im Klassenzimmer das Sprachenlernen behindert." (Ellis 1990: 90) In Übereinstimmung damit plädiert Butzkamm (1989: 99) nach einer intensiven Diskussion der einschlägigen Forschung dafür, im Sprachunterricht „mehr als bisher auf die Karte der unbewussten Vernunft zu setzen", d.h. das Wirken natürlicher Spracherwerbsmechanismen zu akzeptieren und ihnen im Rahmen des Möglichen und bislang Bekannten zuzuarbeiten. Didaktische Konsequenz ist die Forderung, im Unterricht „ein Kommunikationssystem etappenweise aufzubauen, während man es schon gebraucht." (ebd.: 118) Dafür lassen sich zwei Begründungen geben: eine fertigkeitspsychologische, denn man erwirbt eine Fertigkeit vor allem dadurch, dass man sie ausübt, und eine erwerbspsychologische: „Ein kommunikativer Ansatz kann sich natürlichen Erwerbsprinzipien am besten anschmiegen." (ebd.: 118; ebenso Wode 1985)

2.3 Reflexion über Lernen

Im Fremdsprachenunterricht treffen oft drei „Lerntheorien" aufeinander: „naive" Theorien über Lernen im Allgemeinen und Fremdsprachenlernen im Besonderen auf Seiten der Lernenden, oft verbunden mit früheren (Fremdsprachen-)Lernerfahrungen sowie mit Einsichten in den eigenen Lernertyp; die auf eigenen Lehr- und Lernerfahrungen basierenden Theorien der Lehrenden, die je nach Stand der Aus- bzw. Fortbildung mit Erkenntnissen der wissenschaftlichen (Fremdsprachen-)Lerntheorie verbunden sind; schließlich die Theorien, auf denen das verwendete Lehrwerk basiert. Ohne Zweifel handelt es sich in vielen Fällen um sehr unterschiedliche Vorstellungen über Lernen, was jedoch im traditionellen Unterricht nicht thematisiert wird. Man kann sich jedoch leicht vorstellen, dass das im Erwachsenen-, zum Teil auch schon im Jugendlichenunterricht sehr schnell zu einem Verlust an Lernmotivation führen kann.

Wie in Kap. 1.2 „Lernerstrategien" dargestellt, gehen neuere fremdsprachendidaktische Ansätze davon aus, dass das Lernen selbst Gegenstand des Unterrichts sein sollte, um die Lernenden in die Lage zu versetzen, selbständiger zu lernen als bislang und den eigenen Lernprozess besser zu organisieren. Darüber hinaus kann das gemeinsame Nachdenken dazu beitragen, unterschiedliche Auffassungen über und Erfahrungen mit Lernen kennen zu lernen, sich darüber auszutauschen, neue Anregungen zu erhalten und somit insgesamt eine bessere Basis für das gemeinsame und zugleich individuelle Lernen im Unterricht zu schaffen.

Derartige Ansätze des Lerntrainings sind erst in ganz neuen DaF-Lehrwerken zu finden. Ich gebe hier zunächst ein Beispiel aus „Stufen International" wieder, in dem es um das allgemeine Thema „Lernprobleme und Lernorganisation" geht.

Lernprobleme und Lernorganisation
a) **Kreuzen Sie alles Zutreffende im folgenden Fragebogen an. Vergleichen Sie, und diskutieren Sie Unterschiede bei der Lernorganisation und bei Lernproblemen.**

1. Haben Sie Probleme beim Lernen?	Nein.	O	5. Wie lange lernen Sie täglich?	Bis zu 30 Minuten.	O
	Ja, ich arbeite sehr langsam.	O		Bis zu einer Stunde.	O
	Ich werde schnell müde.	O		Länger als eine Stunde.	O
	Ich kann mich nicht konzentrieren	O	6. Machen Sie beim Lernen Pausen?	Nein.	O
	Ich habe zu wenig Zeit.	O		Ja, alle 20–30 Minuten.	O
	Ich vergesse zu viel.	O		Ja, etwa jede Stunde.	O
2. Wann lernen Sie?	Nach dem Unterricht.	O	7. Wie oft wiederholen Sie?	Täglich.	O
	Zu festen Zeiten.	O		Alle 2–3 Tage.	O
	Zu verschiedenen Zeiten.	O		Einmal pro Woche.	O
3. Wo lernen Sie?	Zu Hause.	O	8. Haben Sie Angst, Fehler im Unterricht zu machen?	Nein.	O
	Im Institut.	O		Ja, oft.	O
	Überall (z.B. mit Karteikarten).	O		Ja, immer.	O
4. Wie lernen Sie?	Allein.	O			
	Mit Partner/in.	O			
	Mit Musik.	O			
	In absoluter Ruhe.	O			

b) **Lesen Sie den Kommentar.**
Zu 1: Fehlende Zeit und Vergessen sind meist die größten Probleme. Man kann oft mehr Zeit nutzen, als man glaubt. Man kann z.B. Lernstoff über den Kassettenrecorder wiederholen und dabei andere (Routine-)Arbeiten machen oder sich den Lernstoff auf Karteikarten schreiben und diese beim Warten an der Haltestelle, im Bus, beim Arzt usw. wiederholen. Durch besondere Lerntechniken kann man das Behalten verbessern, wenn man z.B. Abstraktes mit Konkretem verbindet, Assoziationen bildet usw. (→ Band 1, Lektion 6, S. 91)
Zu 2: Direkt nach dem Essen ist die ungünstigste Zeit zum Lernen („Ein voller Bauch studiert nicht gern."), ebenso gleich nach dem Unterricht, denn das Neue muss sich erst „setzen". Neben festen Lernzeiten kann man auch zwischendurch bei anderen Tätigkeiten ohne extra Zeit mit Karteikarten, Lernzetteln oder mit dem Walkman lernen.
Zu 3: Viele Menschen können an einem festen Arbeitsplatz am besten lernen. Wenn man aber auch andere Möglichkeiten nutzt, kann man viel Zeit sparen.
Zu 4: Gemeinsam lernen macht oft mehr Spaß. Finden Sie heraus, ob Sie allein oder zu zweit, mit oder ohne Musik besser lernen und behalten können. Lernpsychologen empfehlen für effektiveres Lernen Barockmusik, wie die Musik in „Gespräche mit Lunija".
Zu 5 und 6: Es ist nicht sinnvoll, wenn man zu lange oder unter Stress lernt. Man behält dann manchmal überhaupt nichts und vergisst sogar schon Gelerntes wieder. Man sollte vielmehr den Lernstoff in kleinere Portionen aufteilen, einen Zeitplan machen und öfter Pausen einplanen. Sinnvoll ist es auch, zum Aufwärmen mit leichteren Aufgaben anzufangen und zwischen schriftlichen und mündlichen Aufgaben zu wechseln.
Zu 7: Wiederholung (am besten täglich) ist die Basis für alles Lernen. Erst nach mindestens dreimaliger Wiederholung ist – je nach Lerntyp und Art des Lernstoffs – eine Information im Langzeitgedächtnis gespeichert (→ Band 1, Lektion 8, S. 124).
Zu 8: Angst und Stress blockieren den Lernprozess. Man sollte über diese Angst in der Gruppe sprechen. Fehlermachen ist ein normaler Teil des Lernprozesses.
c) **Sammeln Sie weitere Lernprobleme, und geben Sie sich gegenseitig Tipps für die Lernorganisation.**

Abb. 2.7: STUFEN INT. 2: 45

Diese Reflexion über Lernen und Lernprobleme spricht ein weites Spektrum von Themen an. Dabei sollen die Lernenden zunächst in Einzelarbeit über ihren individuellen Lernprozess nachdenken und sich Lernprobleme vergegenwärtigen. Die eigentlich wichtige Phase ist dann das gemeinsame Nachdenken in der Gruppe, das durch den „Kommentar" zu den Fragen 1 bis 8

2.3 Reflexion über Lernen

unterstützt wird. Anschließend sollen sich die Lernenden über weitere Lernprobleme und über Erfahrungen damit austauschen.

Der „Kommentar" zu den Fragen beinhaltet, sprachlich einfach und inhaltlich nachvollziehbar ausgedrückt, einige wichtige lernpsychologische Erkenntnisse; darüber hinaus gibt er den Lernenden auch ganz praktische Tipps, z.B. dazu, wie sie ihre Zeit für das Lernen und Wiederholen besser nutzen können. Das Thema der Angst, Fehler zu machen, wird am Ende angeschnitten. Möglicherweise hat sich bis dahin eine gruppendynamische Atmosphäre ergeben, die es den Betroffenen erlaubt, über dieses Problem zu sprechen, und vielleicht ist damit schon ein erster Schritt getan, es zu überwinden.

Derartige Gespräche zwischen den Lernenden und zwischen Lernenden und Lehrenden werden oft nicht nur dazu beitragen, dass einzelne Lerner ihr Lernverhalten weiterentwickeln; genau so wichtig dürfte es sein, dass dadurch in der Gruppe eine Atmosphäre der Offenheit und des gegenseitigen Vertrauens entsteht, was sich günstig auf den Lernerfolg auswirken kann.

Für den lernerorientierten Unterricht wird es als wichtig angesehen, dass die Lernenden Einblicke in ihren individuellen Lernstil gewinnen und besser verstehen, was für ein Lerntyp sie sind. Dieser Punkt spielt in der fachwissenschaftlichen Diskussion der letzten Jahre eine wichtige Rolle (→ 9.2.4). Die folgende Aufgabe zum Nachdenken über den eigenen Lernstil ermöglicht den Lernenden differenzierte Einsichten in ihre Lernerpersönlichkeit.

Das menschliche Gehirn.
Das menschliche Gehirn hat zwei Hälften, eine linke und eine rechte. Jede Gehirnhälfte hat besondere Funktionen. Bei vielen Menschen ist eine von beiden Seiten dominant: Die einen denken eher „analytisch", die anderen denken eher „global". Die einen wollen alles genau verstehen; die anderen sind zufrieden, wenn sie die wichtigen Punkte verstehen. Die einen interessieren sich mehr dafür, wie etwas funktioniert; die anderen erfinden gern ..."
Wollen Sie wissen, zu welchem Lerner-Typ Sie gehören?

a) Wie ist es für Sie? Kreuzen Sie an.

O Ich verstehe viel besser, wenn ich einen Text lese.
O Ich habe oft Probleme mit der deutschen Aussprache.
O Ich bin nicht zufrieden, wenn ich noch Fehler mache.
O Ich interessiere mich für die grammatischen Aspekte.
O Ich möchte die wörtliche Übersetzung von einem Wort kennen.
O Ich will einen Text immer ganz verstehen und alle neuen Wörter und Ausdrücke lernen.
O Ich sage lieber gar nichts, wenn ich nicht sicher bin, dass es richtig ist.
O Ich lerne etwas gut, wenn ich genau verstanden habe.

O Einen neuen Text höre ich lieber zuerst.
O Ich finde meine Aussprache schon ganz gut.
O Mir ist es egal, wenn ich Fehler mache.
O Ich denke nicht oft an die Grammatik.
O Mich interessiert die bildliche Bedeutung von Wörtern und Ausdrücken.
O Wenn ich bei einem Text die wichtigen Punkte verstanden habe, möchte ich lieber mit einem neuen Text arbeiten.
O Wenn ich etwas sagen will, versuche ich es, so gut ich kann.
O Ich lerne etwas gut, was mir Spaß macht.

b) Lernstrategien: Vorteile (+), Nachteile (–)
Vergleichen Sie.

	1. Der „analytische" Lerner	2. Der „globale" Lerner
+	Er lernt alles im Detail	......
–	......	......

Abb. 2.8: SUCHE 1: 115f.

Während es bei der Reflexion Abb. 2.7 um verschiedene Aspekte und Probleme des Lernens geht, wird hier eine spezielle Frage thematisiert: die des analytischen und globalen (Fremdsprachen-)Lerntyps. Diese Unterscheidung wird auf die unterschiedliche Funktionsweise der beiden Großhirnhemisphären bezogen (→ 2.1.2). Die Lernenden sollen hierbei nicht nur zwei Lerntypen kennen lernen, was ihnen ermöglicht, den eigenen Lernstil damit zu vergleichen; sie sollen darüber hinaus beide Lernstile vergleichen und differenziert bewerten. Das mag keine ganz einfache Aufgabe sein, bietet den Lernenden aber die Möglichkeit, die damit verbundenen Fragen und Unklarheiten eingehend zu diskutieren (in sprachlich homogenen Kursen in der Muttersprache, in heterogenen Kursen so gut wie möglich auf dem erreichten Sprachniveau). Aus dem gemeinsamen Nachdenken werden sich für die einzelnen Lerner genügend Anregungen ergeben, das eigene Lernverhalten weiterzuentwickeln.

Sicherlich ist es von Vorteil, wenn in einem Lehrwerk ab und zu innegehalten wird und Anstöße zum Nachdenken über Lernen und Kommunikation gegeben werden. Neben den Anregungen für die Lernenden werden solche gemeinsame Reflexionsphasen auch zur Weiterentwicklung des Lehrverhaltens der Lehrenden und des gemeinsamen Lernverhaltens in der Klasse führen. Ein solcher Prozess lässt sich natürlich auch ohne Anstöße im Lehrwerk durch den Unterrichtenden selbst in Gang setzen, z.B.:

- Jeder Lerner hat einige Karteikarten vor sich. Nach einer Phase des Nachdenkens schreibt er auf jede Karte entweder einen Lerntipp, den er aufgrund einer positiven Lernerfahrung geben kann, oder ein Lernproblem, das er hat. Anschließend tauschen sich die Lernenden in Kleingruppen über ihre Lerntipps und Lernprobleme aus; dabei ergänzen sie die Karten mit neuen Tipps. Anschließend werden die Karten an die Tafel geheftet – zunächst die Karten zu einem bestimmten Lernproblem und anschließend die Karten mit Lerntipps zu diesem Problem. Beim Gespräch im Plenum kann auch der Lehrer seine Erfahrungen und sein Fachwissen einbringen. Anschließend werden die Karten zum nächsten Lernproblem an die Tafel geheftet usw. Auf diese Art lässt sich erkennen, wo die größten Lernprobleme in der Klasse liegen, und man kann gemeinsam darüber nachdenken, wie sie sich lösen lassen.
- Der Lehrer kann selbst Erfahrungen und Fachwissen zum Thema Lernen und Lernprobleme mit einbringen – z.B. dadurch, dass er ein Papier mit Lerntipps vorlegt, das die Grundlage für eine Diskussion in der Klasse darstellt.
- Bei Fortgeschrittenen kann man von einem Fachtext zum Thema Lernen/Fremdsprachenlernen/Lernprobleme ausgehen; dann bietet sich ein direkter Bezug zur Gruppe von selbst an, und man kann auf verschiedene Art zur Reflexion über das eigene Lernverhalten in der Gruppe kommen, z.B.:
  – Mit welchen der im Text angesprochenen Themen/Probleme haben die Lernenden eigene Erfahrungen? Wie gehen sie damit um?
  – Welche Lernprobleme haben die Lernenden, die im Text nicht angesprochen werden?
  – Haben sie mit den im Text vorgeschlagenen Lerntipps und Hilfen eigene Erfahrungen? Welche?
  – ...

3 Voraussetzung: Die sprachlichen Mittel

3.1 Wortschatz

„Eigentlich sollte es sich ja inzwischen herumgesprochen haben, dass die Grammatik sehr viel weniger wichtig für die Kommunikation ist als die Kenntnis eines relevanten Wortschatzes. Ich kenne nicht eine einzige Gesprächssituation, die wegen grammatischer Unsicherheit oder Unkenntnis zusammengebrochen wäre, wohl aber sehr viele Fälle, wo Kommunikation wegen unbekannter Wörter nicht zustande kam." (Freudenstein 1992: 544f.)

3.1.1 Dimensionen des Wortschatzes

In der Sprachwissenschaft werden zwei Arten von Wörtern unterschieden (Blanke 1973; Brekle 1972): einerseits die offene Klasse der *Inhaltswörter* (lexikalische Morpheme, Lexeme), vor allem Verben, Nomen, Adjektive, die sich auf Vorgänge, Gegenstände, Sachverhalte in der Welt beziehen; zum anderen die geschlossene Klasse der *Funktionswörter* (grammatische Morpheme), z.B. Artikel, Präpositionen, Konjunktionen, die im Satz die Beziehungen zwischen den sprachlichen Einheiten regeln. Wenn im Folgenden von „Wortschatz" die Rede ist, so sind damit die Inhaltswörter der Sprache gemeint, die lexikalischen Morpheme mit den Nomen, Verben und Adjektiven als den wichtigsten Gruppen.

Die Wörter einer Sprache (sprachliche Zeichen) haben eine Form-/Ausdrucksseite, d.h. ihre akustische bzw. orthographische Gestalt, und eine Inhaltsseite, ihre Bedeutung. Sprachen unterscheiden sich nicht nur auf der Formseite voneinander (dt. *Haus*, engl. *house*, franz. *maison*, ital. *casa*, griech. σπιτι), sondern auch in der Bedeutung der einzelnen Wörter (Blanke 1973: 60f.; Scherfer 1985: 425ff.), z.B.:

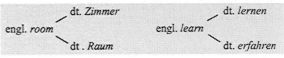

Die Linguistik unterscheidet verschiedene *Bedeutungsdimensionen des Wortschatzes*, die die Beziehungen der Wörter untereinander sowie ihre Beziehung zur Realität (Welt) betreffen; diesen Bedeutungsdimensionen entsprechen assoziative Vernetzungen der Wörter im Gedächtnis.

- **referenzielle Dimension**: Sprachliche Zeichen verweisen auf die Welt, sie haben eine Referenz in der Welt. Die Wörter *Abendstern* und *Morgenstern* haben einen unterschiedlichen sprachlichen Inhalt (Bedeutung), sie haben aber dieselbe außersprachliche Referenz, nämlich den Planeten Venus. Zwischen dem sprachlichen Ausdruck und den Referenten in der Welt besteht keine direkte Beziehung (nur bei lautmalenden Wörtern ist diese tendenziell vorhanden), sodass ein und derselbe Referent (z.B. Schiff) in verschiedenen Sprachen durch unterschiedliche sprachliche Ausdrücke bezeichnet wird.

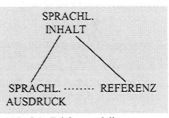

Abb. 3.1: Zeichenmodell

Die referenzielle Funktion des Wortschatzes betrifft die angemessene Verwendung sprachlicher Zeichen in ihrem Bezug auf die außersprachliche Wirklichkeit. Eine sprachlich korrekte Äußerung wie *Der Berg dort ist hoch* kann referenziell durchaus unangemessen sein – z.B. wenn es sich bei dem Gegenstand, auf den referiert wird, um einen 15 Meter hohen Hügel handelt. Die Äußerung *Guten Morgen!* hat, mittags um 13 Uhr geäußert, eine falsche Referenz in Bezug auf die Wirklichkeit und ist deshalb nicht angemessen.

- **syntagmatische Dimension**: Als die syntagmatische Dimension sprachlicher Zeichen werden die Beziehungen der Wörter untereinander, ihr Miteinander-Vorkommen in der Abfolge der Äußerung, bezeichnet. Die syntagmatische Dimension hat einen syntaktischen und einen semantischen Aspekt:

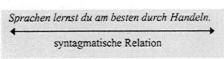

Der *syntaktische* betrifft z.B. die Valenz des Verbs: *lernen* (s.o.) erfordert 2 Ergänzungen, eine Nominativergänzung (*du*) und eine Akkusativergänzung (*Sprachen*). Auch die Satzgliedstellung und die Anordnung der Wörter innerhalb eines Syntagmas (*der seit drei Wochen in der Eiger-Nordwand vermisste Bergsteiger aus München*) zählt zu den syntagmatisch-syntaktischen Phänomenen.

Parallel gibt es syntagmatische Bedeutungsbeziehungen (Valenzen); so ist z.B. *lernen* aufgrund seiner Bedeutung mit *Sprache, Wort, Zahlen* usw. als Objekt der Handlung kompatibel, nicht aber mit *Haus, Möbel, Schönheit* usw.

- **paradigmatische Dimension**: Unter der paradigmatischen Dimension sprachlicher Zeichen versteht man die Beziehung zu alternativen Zeichen. Paradigmatische Wortfelder konstituieren sich aus semantisch zusammengehörenden Wörtern, z.B. das Wortfeld 'GEBÄUDE': *Schloss, Haus, Villa, Hütte* ...; zwischen den Wörtern in paradigmatischen Wortfeldern bestehen semantische Bedeutungsbeziehungen wie Synonymie (*Schlips – Krawatte*), Über- bzw. Unterordnung (*Gebäude – Haus*), Gegensatz (*groß – klein*) usw.

  Ich möchte ein Schloss / ein Haus / eine Villa / eine Hütte ... kaufen.

- **konnotative Dimension**: Unter der konnotativen Dimension des Wortschatzes versteht man das mit Wörtern verbundene mentale Assoziationsfeld („assoziative" und „emotionale Bedeutung" bei Blanke 1973). Die konnotative Bedeutung hat individuelle, gruppenspezifische und kulturspezifische Aspekte; den kulturspezifischen Aspekt demonstrieren Bohn/Schreiter (1996) anhand des Wortes *Wohnen*, zu dem deutsche und russische Studierende die folgenden unterschiedlichen Assoziationsfelder notierten:

Abb. 3.2: Assoziogramm zu *Wohnen* (Bohn/Schreiter 1996: 166)

- **kontrastive Dimension**: In den genannten vier Dimensionen unterscheidet sich der Wortschatz von Sprache zu Sprache. Unter didaktischen Aspekten ist deshalb die kontrastive Dimension des Wortschatzes besonders wichtig, d.h. die Unterschiede und somit häufig auch Fehlerquellen zwischen den Wörtern der Muttersprache der Lernenden und der Zielsprachen; diese Dimension kann besonders in sprachlich homogenen Lernergruppen mit Gewinn berücksichtigt werden.

3.1.2 Gedächtnispsychologische Aspekte der Wortschatzarbeit

Aus den Erkenntnissen der kognitiven Psychologie sowie aus den soeben dargestellten linguistischen Zusammenhängen ergeben sich einige wichtige Grundsätze für die Wortschatzarbeit im Unterricht (ausführlich → 2.1).

Während der Einführung und Einübung müssen neue Wörter über verschiedene Kanäle dargeboten und aufgenommen werden, sodass sie möglichst tief, d.h. vieldimensional und multimodal, in den verschiedenen Subsystemen des Gedächtnisses verankert werden: als Laut- und Schriftbild, sprech- und graphomotorisch, semantisch, bildlich-ikonisch, textlich und referenziell durch Handlungen und eine variable situative und

Lernen durch	Behalten	Vergessen
Hören	20%	80%
Sehen	30%	70%
Hören u. sehen	50%	50%
Sprechen	70%	30%
Hören, sehen u. handeln	90%	10%

Abb. 3.3: Lernen über verschiedene Kanäle

sprachlich-kontextuelle Einbettung. Das ermöglicht den Zugriff auf die Wörter über unterschiedliche Kanäle. Wichtig ist also das, „was man mit den Wörtern macht und auf wie viel verschiedene Weisen man mit ihnen arbeitet" (Schouten-van Parreren 1990: 14). Man lernt Wortschatz am besten „durch selbst Tun, Sehen, Hören, Sprechen und durch Erklärungen ... [und – g.st.] eigenes Handeln" (Scherfer 1989: 6; vgl. zu Abb. 3.3 Bohn/Schreiter 1996, „Stufen International 1").

Während der Einführung und Einübung sollten die Wörter in Kontexte oder Situationen eingebettet sein, die eine lernerbezogene affektive Bedeutsamkeit des Lernstoffs herstellen. Durch das Üben muss zunächst eine feste Assoziation zwischen Wortform und Wortinhalt geschaffen werden; weiterhin muss der Wortschatz dabei in paradigmatischen, syntagmatischen, referenziellen und konnotativen assoziativen Vernetzungssystemen im Gedächtnis verankert werden. Durch variables Üben und Anwenden müssen nicht nur innerhalb des neuen Wortschatzes Assoziationen entstehen; es müssen ebenfalls Teile des bereits gelernten Wortschatzes aktiviert werden, sodass der neue Wortschatz möglichst vielfältig in die bestehende lexikalische Wissensstruktur eingebunden wird. Wortschatz sollte nicht abstrakt-isoliert, sondern in verschiedenen sprachlichen, thematischen und situativen Kontexten eingeführt und geübt werden, weil „alles, was Beziehungen zwischen Wörtern und/oder Bedeutungen stiften kann, positive Auswirkungen auf das Wortschatzlernen hat" (Scherfer 1995: 230).
Lernhilfen sind alle Faktoren und Bedingungen, die sinnvolle Assoziationen stiften, denn nur Sinnvolles wird gut im Gedächtnis assimiliert: der sprachliche Kontext (ganzheitliche Äußerungen), situationsbezogenes Einführen und Üben, visuelle Hilfsmittel (Bilder steigern die Behaltensleistung), Objekte, aktives Handeln der Lernenden. All das trägt dazu bei, Wortschatz für die aktive Sprachverwendung im Langzeitgedächtnis zu verankern.

3.1.3 Wortschatzarbeit im Unterricht

Unter didaktisch-methodischen Aspekten verdienen beim Wortschatz die folgenden Bereiche besondere Aufmerksamkeit:
1. die Auswahl und Anordnung des Wortschatzes
2. die Einführung des Wortschatzes und, damit eng verbunden, die Bedeutungserschließung (Semantisierung)
3. das Einüben des Wortschatzes (vor allem des aktiven Mitteilungswortschatzes) und seine Verankerung im Langzeitgedächtnis
4. die Aktivierung des Wortschatzes für die Sprachverwendung
5. der kontrastive Aspekt, d.h. der Aufbau des fremdsprachlichen semantischen Systems bei gleichzeitiger Ablösung vom muttersprachlichen Bedeutungssystem

Ich gehe im Folgenden vor allem auf die Punkte 2, 3 und 4 ein; zu Punkt 1 siehe → 1.3 und 1.4, zu Punkt 5 siehe knapp → 3.1.3.1.

Das Ziel der Wortschatzarbeit „besteht in der Aneignung eines dauerhaften, schnell abrufbaren, disponibel verknüpfbaren und korrekt anwendbaren Wortschatzbesitzes, der auf die Realisierung von relevanten Kommunikationsabsichten und die Bewältigung bestimmter Themen und Kommunikationssituationen abgestimmt ist." (Autorenkollektiv 1986: 146) Wenn es das Lernziel des Unterrichts ist, Texte angemessen verstehen und produzieren zu können, bedeutet das in Bezug auf den Wortschatz, während des Lesens oder Hörens eines Textes den erforderlichen Wortschatz für das Verständnis der Textaussage verwerten und Wortschatz beim Sprechen oder Schreiben angemessen verwenden bzw. geschickt umschreiben zu können. Abstrakte Wortschatzkenntnisse sind kein Lernziel des DaF-Unterrichts, z.B. die Fähigkeit, die Bedeutung isolierter fremdsprachlicher Wörter in der Muttersprache wiedergeben zu können.

3.1.3.1 Einführen und Verstehen des Wortschatzes
Neuer Wortschatz wird im Sprachunterricht im Kontext (Texte, Situationen, Handlungen, thematische Zusammenhänge) eingeführt und erschlossen. Das erleichtert das Verstehen, fördert die Bildung assoziativer Verbindungen innerhalb des Wortschatzes und ist eine wichtige Voraussetzung für eine gute Verankerung im Gedächtnis. Das Einführen und Verstehen neuen

Wortschatzes kann aus diesem Grund nicht unabhängig von der Textarbeit und vom Textverstehen gesehen werden (→ 5.2, 4).
Jegliche Wortschatzarbeit beginnt mit dem Verstehen der neuen Wörter. Die Schüler sollten bei der Bedeutungserschließung möglichst aktiv mit dem neuen Wortschatz umgehen, z.B. die Bedeutung unbekannter Wörter aus dem Kontext erschließen, erschlossene Bedeutungen anhand des Wörterbuchs/Glossars überprüfen, Wortbildungen analysieren (→ 3.3) usw. Ein aktiver Umgang der Schüler mit dem neuen Lernstoff fördert das Behalten. Als besonders lernfördernd wird das selbständige Erschließen neuer Wörter betrachtet, „da mit dieser Aktivität Verbindungen zwischen der Wortform einerseits und dem Kontext und den Kenntnissen des Lernenden andererseits zustande kommen. Raten bietet deshalb viele Möglichkeiten, um Wörter in sinnvolle Gedächtnissysteme einzubetten." (Schouten-van Parreren 1990: 14)
Ungeachtet dessen kommt der Semantisierung durch den Lehrer in bestimmten Unterrichtssituationen ein wichtiger Stellenwert zu. Die folgenden Techniken der Bedeutungserklärung sind im DaF-Unterricht üblich bzw. möglich:

Nonverbale Semantisierung
Eine vor allem bei Anfängern und im Unterricht mit Kindern häufige Art der Semantisierung ist die durch nonverbale Mittel, durch „Hinweisdefinitionen" (Vielau 1975), wodurch ein direkter Bezug zur realen Welt (Referenz) oder zu einer vermittelten Realität (z.B. einem Bild) hergestellt wird. Bei der *Demonstration* wird auf Objekte in der Lernumgebung verwiesen – Objekte, die der Lehrer vor allem im Kinderunterricht oft auch mitbringt. Zur Demonstration eignen sich besonders konkrete Objekte (*Buch, Tisch, Hand* ...), auch Eigenschaften von Dingen (*rot, rund, groß* ...). Durch Vorspielen oder Simulieren können Handlungen und Situationen dargestellt werden (*öffnen, begrüßen, aufstehen* ...), und durch den Einsatz von Gestik und Mimik lassen sich auch emotionale Zustände ausdrücken (*lachen, erschrecken, Langeweile* ...).

Visuelle Medien bieten in vielen Unterrichtssituationen eine günstige Möglichkeit, unbekannte Wörter anschaulich zu semantisieren. Bilder (auch in Lehrbüchern), Bildwörterbücher (z.B. im Kinderunterricht), eine Skizze an der Tafel oder projiziert über OHP können nicht nur einzelne Wörter (Körperteile, Möbel ...), sondern ganze Aussagen semantisieren (Abb. 3.4b; letzteres wird in der audio-visuellen Methode angestrebt – vgl. Neuner/Hunfeld 1992).

Abb. 3.4: Semantisierung durch Bilder. **a)** STUFEN INT. 1: 49; **b)** DT.BITTE 1: 12

Die Methoden der nonverbalen Semantisierung lassen sich, zumal bei etwas schauspielerischem Talent des Lehrenden, besonders im Anfängerunterricht (und auch bei Kindern) mit Gewinn einsetzen, wo konkrete situationsbezogene Themen überwiegen (Kommunikation in Situationen); aber auch bei Fortgeschrittenen können sie immer wieder benutzt werden.

3.1 Wortschatz

Verbale Semantisierung in der Fremdsprache
Dem Lehrer stehen zahlreiche Möglichkeiten zur Verfügung, unbekannte Wörter in der Fremdsprache zu erklären, vor allem:

- *Einbettung in einen semantisierenden Kontext*; dabei kann der Lerner aufgrund seines allgemeinen Weltwissens die Bedeutung eines unbekannten Wortes erschließen.

erobern:	*Cäsar eroberte Gallien*
Monat:	*Ein Monat hat 30 oder 31 Tage*
münden:	*Der Neckar mündet in den Rhein*

Der semantisierende Kontext kann auch typische Situationen darstellen, z.B.:

s. bedanken:	*Du hast Namenstag. X schenkt dir ein Buch. Was sagst du? „Danke!" Du bedankst dich.*
helfen:	*Wenn jemand etwas nicht alleine kann oder ein Problem hat, dann helfe ich ihm.*
Brille:	*Wenn du schlecht siehst, brauchst du eine Brille.*

Wie sehr der Kontext die Bedeutung und die Bedeutungserschließung steuert bzw. determiniert, zeigt das Beispiel *blirren* (Abb. 3.5; Heyd 1991: 98): Die Bedeutung von *blirren* wird in jedem der folgenden Beispiele eindeutiger, da sie durch den zunehmend expliziten Kontext stärker determiniert wird.

1. *Die Männer blirrten ihn.*	3. *Die Bankräuber blirrten ihn an die Heizung.*
2. *Die Bankräuber blirrten ihn.*	4. *Die Bankräuber nahmen ein Seil und blirrten ihn an die Heizung.*

Abb. 3.5: nach Heyd 1991: 98

- Oft kann eine *Paraphrase*, d.h. eine Umschreibung der Bedeutung mit anderen Worten (die der Lernende natürlich kennen muss), ein unbekanntes Wort erklären.

bekommen:	*Peter gibt mir das Buch; ich bekomme das Buch von Peter* (durch Gesten unterstützt)
grell:	*so hell, dass es blendet / den Augen weh tut*

Es ist günstig, wenn die Paraphrase in einen erläuternden Kontext eingebettet ist, z.B.:

Urlaub:	*Man arbeitet ungefähr 11 Monate im Jahr, aber einen Monat muss man nicht arbeiten, da hat man frei. Diese Zeit ist der Urlaub.*

Eine spezielle Form der Paraphrase ist die Definition, die aus dem Überbegriff und dem charakteristischen differenzierenden Merkmal besteht, z.B. *Schimmel – weißes Pferd.*

- Eine ökonomische Art der Semantisierung besteht in der Angabe von Wörtern, die in einer bestimmten *logisch-semantischen paradigmatischen Bedeutungsbeziehung* zu dem unbekannten Wort stehen:

  – Angabe *untergeordneter Wörter* als Beispiele:

Getränk:	*Tee, Wein, Bier, Kaffee, Milch ...*
Tier:	*Krokodil, Elefant, Kakadu, Känguru ...*

  – Angabe von Synonymen, d.h. von bedeutungsgleichen oder bedeutungsähnlichen Wörtern:

Schlips – Krawatte	*Gedanke – Idee – Einfall*
etw. durcheinander bringen – etw. in Unordnung bringen	

Die Frage, ob es Synonyme im strengen Sinn überhaupt gibt, kann man didaktisch wohl vernachlässigen, sofern durch die Semantisierung ein erstes Verständnis erreicht wird; der genaue Bedeutungsumfang eines Wortes klärt sich ohnehin erst nach und nach durch intensives Üben und Verwenden in variablen Kontexten. Dabei gilt es zu berücksichtigen, dass sich Bedeutungen erst im Kontext realisieren (monosemierende Funktion des Kontextes), z.B. das Wort *Interesse*:

Interesse	'Vorteil':	*Das ist in deinem Interesse.*
	'Aufmerksamkeit':	*Das Interesse des Hörers richtete sich auf ...*
	'Wichtigkeit':	*Das ist ohne jedes Interesse.*

Bei Wörtern mit mehreren klar unterschiedenen Bedeutungen oder Bedeutungsvarianten (Homonymie, Polysemie), von denen in einem Kontext aber nur eine konkret realisiert ist, muss der Lehrer von Situation zu Situation entscheiden, wie weit er die Bedeutungserklärung fasst und welche Bedeutungen/Bedeutungsaspekte er berücksichtigt.

- Angabe von Wörtern mit *gegensätzlicher Bedeutung* (Antonyme), z.B.: *Profi – Amateur, gut – schlecht, groß – klein ...*
- Bei der *Reihung* von Wörtern wird die Bedeutung eines Wortes durch den Ort innerhalb einer geordneten Wortfolge geklärt.

immer – meist – oft – manchmal – selten – nie
Sonntag – Montag – Dienstag ...

- Auf Parallelen beruht die Semantisierung bei der *Analogie* (Dreisatz) oder bei der *Gleichung*:

Analogie: *Mensch – Mund*   Gleichung: *ein Kilogramm hat 1000 Gramm*
            Vogel – Schnabel   *ein Zentner hat 50 Kilogramm*

- Semantisch durchsichtige Komposita und Ableitungen können durch ihre *Wortbildungsstruktur* semantisiert werden (→ 3.3), z.B.: *eiskalt – kalt wie Eis, besteigen – steigen auf, Kellertreppe – Treppe, die in den Keller führt ...*
- Bei verwandten Sprachen oder bei Internationalismen kann oft auf graphische oder lautliche Entsprechungen zwischen fremdsprachlichem und muttersprachlichem Wort zurückgegriffen werden, z.B. engl. *house* – dt. *Haus*, franz. *minute* – dt. *Minute* usw.

Diese Auflistung der Semantisierungstechniken sagt nichts darüber aus, welches Wort man unter welchen Bedingungen wie semantisieren soll. „Welches Erklärungsverfahren das in einer speziellen Unterrichtssituation optimale ist, kann offensichtlich nur auf Grund der genauen Kenntnis dieser Situation entschieden werden." (Doyé 1975: 52) Faktoren können z.B. sein: das Wort selbst, seine kontextuelle Einbindung, die Unterrichtssituation (d.h. Unterrichtsgegenstand, Lehrphase, Schüleraktivitäten), das Sprachniveau der Schüler (Doyé 1975). Eine empirische Untersuchung hat ergeben, dass Lehrer bei Anfängern und jüngeren Schülern (Klasse 5, 6) stark zu Demonstration und Einbettung in typische Kontexte neigen, dass bei fortgeschrittenen und älteren Schülern zusätzlich immer stärker logische Bezüge (Definition u.a.) verwendet werden (Doyé 1975). Bei der Frage nach der angemessenen Art der Semantisierung muss man allerdings berücksichtigen, dass bei Wortschatzerklärungen oft mehrere Semantisierungstechniken parallel verwendet werden, die sich gegenseitig stützen und ergänzen; z.B. bei *Brille*:

verbal: *– Wenn du schlecht siehst, brauchst du eine Brille.*
            – Martin und Ilona tragen eine Brille, sie sehen nicht gut.
nonverbal: *– Lehrer kneift die Augen zusammen.*
            – Er zeigt auf seine eigene oder eine andere Brille oder hält eine Brille in die Luft.

Eine Semantisierung muss eindeutig und verständlich sein und bei den Schülern zu einem klaren Verständnis führen, denn Verständlichkeit ist Voraussetzung für gutes Lernen; nur Verstandenes kann sicher in die mentale Wissensstruktur eingebunden werden (Rohrer 1978; Scherfer 1985). Hierin liegt aber eines der Hauptprobleme von Semantisierungen. Oft haben die Lerner eine zu geringe sprachliche Kompetenz, um verbale fremdsprachige Semantisierungen eindeutig verstehen zu können. Erschwerend kommt hinzu, dass verbale Semantisierungen meist nur im flüchtigen Medium der gesprochenen Sprache gegeben werden, was das Verstehen zusätzlich erschwert. Selbst nonverbale Semantisierungen, z.B. mittels optischer Medien, sind oft nicht eindeutig (Vielau 1975). Deshalb neigen viele Lerner dazu, nach einer Hinweisdefinition oder einer verbalen fremdsprachigen Semantisierung das entsprechende muttersprachliche Äquivalent zu verbalisieren, gleichsam als Kontrolle, ob sie das Wort auch richtig verstanden haben.

Lübke (1975) hat in Schulklassen auf Deutsch und Französisch u.a. die folgenden authentischen verbalen Semantisierungen überprüft:
1. *Wenn ... ist, fahren viele Autos auf der Straße. (Verkehr)*
   korrekt: 29 von 78 – falsch verstanden wurde u.a.: 'Feierabend, Wochenende, schönes Wetter ...'
2. *Der kleine Jacques gehorcht immer seinen Eltern; er ist ... (gehorsam)*
   korrekt: 52 von 78 – falsch verstanden wurde u.a.: 'artig, brav, ...'
3. *Der Gegensatz von ... ist sich etwas ausleihen. (verborgen, verleihen)*
   korrekt: 40 von 75 – falsch verstanden wurde u.a.: 'zurückgeben, s. nichts leihen, schenken ...'

4. *Il y a 28 élèves dans la classe, dont 16 garçons, c'est la moitié.*
   moitié korrekt: 64 von 75 – falsch verstanden wurde u.a.: 'gemischte Klasse, Mitschüler, Minderheit, Gleichberechtigung ...'

Anhand der verschiedenen verbalen Semantisierungstechniken konnte Lübke zeigen, dass grundsätzlich die Gefahr der mangelnden Verständlichkeit bzw. Eindeutigkeit der Erklärung und des mangelnden Verstehens durch die Schüler besteht. Er kam zu dem Ergebnis, „dass einsprachige Vokabelerklärungen nicht zu klaren Ergebnissen, sondern immer wieder zu Fehldeutungen führen, dass sie sprachlich nicht zu bewältigen sind (auch nicht von den Fleißigen und Sprachbegabten), dass sie zum Herumraten verleiten" (Lübke 1975: 31).

Als Lehrer sollte man sich des Problems der Eindeutigkeit und Verständlichkeit fremdsprachiger Semantisierungen stets bewusst sein. In sprachlich homogenen Klassen lässt es sich relativ leicht durch den Einsatz der Muttersprache lösen. In heterogenen Klassen trägt es zur Verständlichkeit bei, wenn Wortschatzerklärungen schriftlich gegeben werden (z.B. an der Tafel) und wenn der Lehrer die Schüler zur Kontrolle auf das Glossar bzw. Wörterbuch verweist.

Zweisprachige Semantisierung

Wenn Fremdsprachenlerner in der Schule oder als Erwachsene eine fremde Sprache lernen, verfügen sie bereits über ein gefestigtes muttersprachliches System. In der Fachdidaktik wird heute anerkannt, dass die Muttersprache „*als ausgebildete Sprach-Denk-Kompetenz das Bezugssystem darstellt, von dem aus ein zweites Sprachsystem mit Erfolg beherrscht werden kann.*" (Digeser 1983: 236) Die Muttersprache ist beim Erlernen einer Fremdsprache auf vielfache Weise beteiligt, und die Forschung hat gezeigt, dass Transfer aus der Muttersprache auf allen sprachlichen Ebenen auftritt und auch bei Reflexion über Sprache eine wichtige Rolle spielt (z.B. Butzkamm 1989; Königs 1991; Wode 1989). „Im fremdsprachlichen Lernprozess muss man also immer mit der Existenz einer 'Übersetzungsbrücke' rechnen, die den fremdsprachlichen Lernprozess mehr oder minder stark beeinflusst." (Wilss 1981: 300) Am auffälligsten erscheint der Beitrag der Muttersprache überall dort, wo muttersprachliche Elemente oder Strukturen fehlerhaft in der Fremdsprache verwendet werden (Interferenzfehler) – besonders auffällig bei der Aussprache („typischer Akzent"), aber auch beim Wortschatz, der Syntax und der Pragmatik (→ 2.2.1.3).

Das Dogma der strikten Einsprachigkeit im Fremdsprachenunterricht geht auf die audio-linguale Methode zurück. In dieser Sprachlehrmethode, die auf der behavioristischen Lerntheorie beruhte, glaubte man dem Problem der Interferenz dadurch begegnen zu können, dass man die Muttersprache gänzlich aus dem Unterricht ausschaltete. Dadurch werde im Lerner ein eigenständiges, von der Muttersprache unabhängiges fremdsprachliches System gleichsam 'ab ovo' aufgebaut, in das neue fremdsprachliche Elemente ohne den Umweg über die Muttersprache und folglich ohne negative muttersprachliche Einflüsse (Interferenz) direkt eingegliedert würden. „Im Allgemeinen wird man lieber eine Klasse über die Bedeutung eines Wortes, dessen Aussprache sie gerade gelernt hat, im Unklaren lassen, als dass man zur Übersetzung greift." (Lado 1971: 166) Konditionierung durch „Stimulus-Reaktions-Lernen", „Verstärkung" und „Wiederholung" galt als die Wunderwaffe zum Ausschalten der Muttersprache (Beile 1979; Rivers 1964; Wilkins 1972). Da die audio-linguale Methode einschließlich ihrer lernpsychologischen Grundlagen heute in den meisten Punkten als überholt angesehen wird, ist auch der strikten Einsprachigkeit ihre ursprüngliche Begründung entzogen.

In der Fachdidaktik sieht man das Problem des Einsatzes der Muttersprache inzwischen sehr differenziert, zumal neuere psychologische und psycholinguistische Forschungsergebnisse nicht gegen den Einsatz der Muttersprache zu sprechen scheinen (Königs 1991; Wode 1985). So wird einerseits der gezielte Einsatz der Muttersprache in bestimmten Bereichen des Unterrichts als nützlich und lernfördernd betrachtet, andererseits fehlt jedoch bislang eine Didaktik für die Verwendung der Muttersprache im fremdsprachlichen Unterricht. Aussagen wie „So einsprachig wie möglich, so zweisprachig wie nötig" (Quetz u.a. 1981: 99ff.) zeugen eher von Verlegenheit, als dass sie eine brauchbare didaktische Handlungsanweisung darstellen würden.

Auch im speziellen Fall der Semantisierung wird das Dogma der Einsprachigkeit in der Fachliteratur schon seit langem kritisiert (z.B. Butzkamm in zahlreichen Arbeiten; Preibusch/Zander 1971; Scherfer 1985, 1989; Vielau 1975); dennoch geistert es immer noch in den Köpfen vieler Fremdsprachenlehrer, wenn auch mehr als (angebliches) Postulat der Fachdidaktik denn als verhaltenssteuernde Maxime für den eigenen Unterricht. Muttersprachliche Äußerungen oder gar Unterrichtsphasen werden somit oft von dem schlechten Gewissen des Lehrers begleitet, etwas Falsches zu tun.

Die Begründung, die Butzkamm (1973, 1980a) für den Einsatz zweisprachiger Unterrichtsverfahren gegeben hat, soll hier sehr verkürzt in Bezug auf den Wortschatz wiedergegeben werden. Da die Muttersprache das mentale Bezugssystem für die neu zu lernende Fremdsprache darstellt, sollte man im Unterricht dasselbe tun, was auch der Lerner mental tut: gezielt an die Muttersprache anknüpfen. „Beim Erwerb einer Fremdsprache kann die Muttersprache (oder eine andere Sprache, die man schon beherrscht) als wirksame Vermittlungsinstanz fungieren." (Butzkamm 1989: 22) Auch wenn man die Muttersprache als notwendiges Zwischenglied beim Lernen anerkennt, so besteht das Ziel des fremdsprachlichen Lernens darin, „dass eine direkte Assoziation zwischen Ideen, Vorstellungen oder kommunikativen Impulsen und der Fremdsprache geschaffen werden muss." (Butzkamm 1980a: 120) Es geht also darum, die Muttersprache als vermittelndes Zwischenglied (und somit auch sprachliche Interferenzen) gezielt „herauszuüben". Butzkamm unterscheidet in diesem Zusammenhang zwischen der „Aneignungsphase" und der „Ausübungsphase" des Sprachenlernens; die Muttersprache soll in der sprachbezogenen Aneignungsphase aufgegriffen, verwertet und „herausgeübt" werden, sodass sie in der mitteilungsbezogenen Ausübungsphase als mentales Zwischenglied nicht mehr störend in Erscheinung tritt. Das *Ziel* „spontane Kommunikation in der Zielsprache ohne Vermittlung der Muttersprache" schließt nicht aus, dass auf dem *Weg* dorthin eben diese Muttersprache als Hilfe einbezogen wird. Der Einsatz der Muttersprache in der Aneignungsphase hat darüber hinaus eine unterrichtsökonomische Funktion, nämlich Zeit zu gewinnen für die einsprachige kommunikative Ausübungsphase, die trotz neuerer Lehrwerke im Unterricht sehr oft zu kurz kommt.

Zusätzlich zu dieser Begründung, die die Verwendung der Muttersprache generell betrifft, werden in der Literatur insbesondere die folgenden speziellen Argumente für den Einsatz der Muttersprache bei der Semantisierung vorgebracht:

- Die Semantisierung in der Fremdsprache ist oft unzuverlässig, da die Lernenden die Bedeutung der unbekannten Wörter erschließen bzw. erraten müssen (Lübke 1972; Preibusch/Zander 1971; Vielau 1975). Der Bezug auf die Muttersprache durch Angabe eines muttersprachlichen Äquivalents ist eindeutiger und führt zu einem besseren Verständnis; klares Verstehen ist aber eine elementare Voraussetzung für die Verankerung fremdsprachlicher Wörter im mentalen Lexikon.
- Fremdsprachige Bedeutungserklärungen sind oft umständlich und zeitaufwendig, die muttersprachliche Semantisierung ist dagegen ökonomischer. Man sollte die Zeit, die man so gewinnen kann, für anwendungsbezogene Kommunikation in der Fremdsprache nutzen (Butzkamm 1980a).
- Die Lernenden greifen unvermeidlich auf das muttersprachliche Begriffssystem zurück. „Es war deshalb ein Irrtum zu glauben, man könne die Begriffsbildung, die in der Muttersprache stattgefunden hat, bei der fremdsprachlichen Bedeutungserschließung (im Semantisierungsprozess) auf so einfache Weise noch einmal nachvollziehen. Vielmehr ist es umgekehrt so, dass der gesteuerte Fremdsprachenerwerb das Begriffssystem der Muttersprache immer schon voraussetzt, und gerade auch dann, wenn er einsprachig verfährt. Man verlässt sich dabei nämlich immer auf die Fähigkeit des Lernenden, auf sein muttersprachliches Bedeutungssystem zurückzugreifen und daraus Schlüsse auf dasjenige der Fremdsprache zu ziehen" (Quetz u.a. 1981: 93). Entsprechend besteht bei den Lernern in der Regel das Bedürfnis, sich der Fremdsprache über die Muttersprache anzunähern (Scherfer 1989). Das zeigt sich z.B. darin, dass die Lernenden bei einsprachigen Semantisierungen meist nach einem entsprechenden muttersprachlichen Wort suchen (Quetz u.a. 1981) oder auf zweisprachige Vokabellisten zurückgreifen. Meistens sind sie erst zufrieden, wenn sie den entsprechenden muttersprachlichen Ausdruck gefunden bzw. verbalisiert haben. „Für den Lernenden ist die Bedeutungsvermittlung mithin zunächst schon dann befriedigend abgeschlossen, wenn es ihm gelungen ist, das fremdsprachliche Wort mit einem muttersprachlichen zu verbinden." (Quetz u.a. 1981: 93)
- Die Semantisierung in der Fremdsprache benachteiligt vor allem schwächere Lernende (Preibusch/Zander 1971).

3.1 Wortschatz

- Empirische Untersuchungen zur ein- und zweisprachigen Semantisierung zeigen, dass zweisprachige Verfahren zumindest nicht weniger lernfördernd sind als einsprachige; einige Ergebnisse deuten auf eine Überlegenheit zweisprachiger Verfahren hin (Butzkamm 1980a; Scherfer 1985).

Ein häufig vorgebrachtes Argument gegen die zweisprachige Semantisierung lautet, dass bei muttersprachlichen Bedeutungserklärungen falsche Bedeutungen vermittelt werden, da die in beiden Sprachen gegebenen Äquivalente normalerweise nicht übereinstimmen. Abgesehen davon, dass dies für einsprachige Semantisierungen ebenfalls zutrifft, ist mit Scherfer (1989: 7) Folgendes zu betonen: „In der Wortschatzarbeit sollte die Erkenntnis berücksichtigt werden, dass beim Vokabellernen von einem relativ vagen Verstehen und Verarbeiten der zielsprachlichen Bedeutung (ausgehend von der Muttersprache über ein Interimslexikon ...) zu einem immer genaueren Erfassen der Bedeutung fortgeschritten wird, das dann auch konnotative und soziokulturelle Komponenten umfasst." Die Lernenden müssen zunächst über einen klaren Bedeutungskern verfügen, an dem sie sich orientieren können; der eigentliche Bedeutungsumfang und funktionelle Radius des neuen Wortes stellt sich erst nach und nach im Verlauf des Übens und Verwendens ein (gegebenenfalls gestützt durch kontrastive Verfahren). Damit verbunden ist die Ablösung vom muttersprachlichen und die Integration in ein sich entwickelndes fremdsprachliches Bedeutungssystem (Butzkamm). Dem einmaligen Akt der Semantisierung kommt also nicht der entscheidende Stellenwert zu, der ihm oft zugeschrieben wird.

Die neueren Entwicklungen in der Didaktik des Textverstehens verringern den Stellenwert der Semantisierung, denn bei der Textarbeit sollen die Lernenden die Bedeutung unbekannter Wörter möglichst selbständig erschließen. Hinzu kommt, dass in Unterrichtsphasen zum Lese- oder Hörverstehen oft nur globales oder selektives Verstehen angestrebt wird, wodurch die Notwendigkeit zur Semantisierung aller Wörter entfällt (→ 4.2, 4.3).

Als weiteres Argument gegen die muttersprachliche Semantisierung wird vorgebracht, dass die Semantisierung in der Zielsprache „echte mitteilungsbezogene Kommunikation" (Digeser 1983: 238) darstellt; deshalb seien solche Phasen didaktisch für den Unterricht sehr wichtig. „Die natürliche Erklärungssituation wie im fremdsprachigen Land führt zu einer ebenso natürlichen Lernmotivation: Der Lerner bemüht sich wie im englischsprachigen Land um die Sinnerschließung." (Digeser 1983: 237) Dieses Argument sollte man ernst nehmen, es spricht jedoch nicht unbedingt dafür, alle der oben erwähnten Schwierigkeiten fremdsprachiger Semantisierungen in Kauf zu nehmen. „Solche [einsprachigen – g.st.] Verfahren helfen immer in der direkten Kommunikation mit zielsprachigen Partnern. Sie sind nützliche Strategien zur Bewältigung kommunikativer Schwierigkeiten, und sie gehören zu den Verhaltensweisen, die es erlauben, im Kontakt mit zielsprachigen Partnern die entsprechende Sprache weiterzulernen" (Scherfer 1985: 424). Fraglich bleibt, ob das, was als kommunikative Verhaltensstrategie nützt, auch stets dem unterrichtlichen Sprachenlernen dient.

Wenn man sich dem Thema „Einsprachigkeit oder Einsatz der Muttersprache bei der Semantisierung" ausschließlich unter Nützlichkeitsaspekten nähert und sich mit der Regel „So einsprachig wie möglich, so zweisprachig wie nötig" (Quetz 1981: 99ff.) nicht zufrieden gibt, muss man sich mit der folgenden Frage auseinandersetzen: In welchen Unterrichtssituationen und unter welchen Bedingungen könnten einsprachige Semantisierungen möglicherweise mehr, in welchen weniger sinnvoll sein? Dazu einige wenige Überlegungen.

Eine möglichst kurze muttersprachliche Semantisierung kann überall dort sinnvoll sein, wo die Gefahr besteht, dass eine ausführlichere fremdsprachige Semantisierung die Aufmerksamkeit der Lernenden vom eigentlichen Unterrichtsgeschehen ablenkt. Das dürfte z.B. in Kognitivierungsphasen oder in vielen Übungsphasen der Fall sein. Wenn während einer Grammatik- bzw. Ausspracheübung oder einer Dialogeinübung (Phonetisierung, → 5.2.2.2.1) ein unbekanntes Wort zu klären ist, so dürfte eine möglichst knappe und leicht verständliche muttersprachliche Semantisierung angemessen sein, die die Aufmerksamkeit der Lerner nicht vom eigentlichen Unterrichtsgegenstand ablenkt. Bei der Textarbeit hingegen oder bei Hör-/Leseverstehensphasen, wo das Verstehen an sich eine wichtige Rolle spielt, könnten auch etwas ausführlichere fremdsprachige Semantisierungen angemessen sein, da es sich um inhaltlich gleichgerichtete Aktivitäten handelt und die Aufmerksamkeit der Lernenden bereits auf semantisches Dekodieren fokussiert ist. Auch in Phasen mitteilungsbezogener fremdsprachiger Kommunikation, in denen sich die Frage nach einem unbekannten Wort aus der Lehrer-Schüler- oder Schüler-Schüler-Kommunikation ergibt, wird man auf eine deutsche Frage nach einem deutschen Wort auch auf Deutsch antworten, da dies dem natürlichen kommunikativen Verhalten entspricht.

Ökonomie und maximale Verständlichkeit bei Anerkennung der Tatsache, dass die Muttersprache mental nicht ausgeschaltet werden kann, sind weitere wichtige Kriterien für fremdsprachige Semantisierungen. Bei einsprachigen Semantisierungen muss sich der Lehrer grundsätzlich der Gefahr bewusst sein, dass die Lerner seine Semantisierung nicht oder falsch verstehen – auch in den Fällen, in denen er optimale Verständlichkeit für gesichert hält. Insbesondere dann, wenn der Lehrer nicht sicher ist, ob er ein Wort gut in der Fremdsprache erklären kann (was nicht nur bei Anfängern vorkommt), sollte er eine direkte muttersprachliche Semantisierung erwägen. Er sollte vermeiden, bei Nichtverstehen immer neue „Versuche" zu starten, denn meist läuft es doch auf das muttersprachliche Wort hinaus, dann allerdings verbunden mit viel Zeitverlust. In heterogenen Klassen sollten die Lerner auf die Gefahr des falschen Verstehens hingewiesen und grundsätzlich aufgefordert werden, die im Unterricht semantisierten Wörter noch einmal im Glossar oder im Wörterbuch nachzuschauen. Letztlich muss der Lehrer entscheiden, ob sich der zeitliche Aufwand lohnt, der mit fremdsprachigen Semantisierungen oft verbunden ist – oder ob diese Zeit nicht sinnvoller für mitteilungsbezogene freiere Unterrichtsphasen (oder für Wortschatzübungen) genutzt werden sollte. Alles spricht dafür, die Semantisierung zügig, ökonomisch und klar/verständlich vorzunehmen und die dabei gewonnene Zeit zum Üben des Wortschatzes und für Phasen mitteilungsbezogener Kommunikation zu verwenden.

Wahrscheinlich sind bei Bedeutungserklärungen in der Fremdsprache „Mischsemantisierungen" sinnvoll. Sobald die Lerner die Bedeutung verstanden haben, sollten sie das entsprechende muttersprachliche Wort äußern (Quetz u.a. 1981), sodass das Verständnis gesichert ist. Das gilt vor allem für homogene Klassen. Tendenziell dürften fremdsprachige Semantisierungen bei Jugendlichen und Kindern auf größere Verständnisschwierigkeiten stoßen als bei Erwachsenen; darüber hinaus zeigen Forschungsergebnisse, dass fremdsprachige Semantisierungen gerade die lernschwachen Schüler benachteiligen (s.o.).

Nach Scherfer (1995: 230) wird „das Vokabellernen in syntaktischen Kontexten allgemein sehr positiv eingeschätzt, da auf diese Weise die Wörter in den 'natürlichen Einheiten' ihres kognitiven und kommunikativen Gebrauchs gelernt" werden. Scherfer spricht sich folglich für zweisprachige Vokabellisten aus, die eine kontextuelle Einbettung mit muttersprachlicher Erklärung verbinden, z.B. Abb. 3.6:

das Picknick, -s machen	Sie machen Picknick.	Están merendando al aire libre / (Am.) están haciendo picknick.
das Essen, -	Frau Wolter macht das Essen.	La Sra. Wolter hace la comida.
fertig	Das Essen ist fertig.	La comida está lista.
die Familie, -n	Das ist Familie Lang.	Esta es la familia Lang.
warm	Der Tag ist sehr warm.	El día es muy caluroso.
das Ei, -er	Sie hat Eier, Butter und Käse.	Tiene huevos, mantequilla y queso.
arbeiten	Herr Lang arbeitet.	El señor Lang trabaja.
der Brief, -e	Er schreibt einen Brief.	Escribe una carta.
küssen	Er küsst Frau Lang.	Besa a la Sra. Lang.
schlafen	Michael schläft.	Miguel duerme.

Abb. 3.6: DT.AKT. 1 Glossar Spanisch: 15

Wenn der Wortschatz mit solchen Vokabellisten gelernt wird, so entstehen nicht nur assoziative Verbindungen zum muttersprachlichen Wortschatz, sondern ebenfalls zu einem typischen fremdsprachigen Kontext.

3.1 Wortschatz

Wortschatzarbeit sollte in der Anfangsphase „zweisprachig und kontrastiv-erklärend sein, vom bewussten Gebrauch zum automatisiert richtigen Gebrauch (von der Zweisprachigkeit zur Einsprachigkeit) führen: dies macht nur explizit und damit beeinflussbar, was implizit ... beim Zweitsprachenlernen ohnehin vorgeht." Vielau (1975: 261) Die Autoren, die den Einsatz der Muttersprache befürworten (z.B. Butzkamm in zahlreichen Arbeiten; Scherfer 1985: 421ff.; Vielau 1975), treten dafür ein, Unterschiede zwischen dem muttersprachlichen und dem fremdsprachlichen Bedeutungssystem aufzuzeigen und Letzteres gezielt von Ersterem abzulösen, z.B. auch durch zweisprachige kontrastive Übungen.

Eine *kontrastive Erklärung* kann ein möglichst einfaches Schema sein, das durch eindeutige Beispiele konkretisiert wird, z.B. Abb. 3.7:

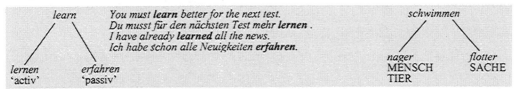

Abb. 3.7: Beispiel für kontrastive Wortschatzerklärungen

Solchen möglichst einfachen kontrastiven Erklärungen, die natürlich nur einen ersten Schritt darstellen, können gezielte einsprachige oder direkt kontrastive zweisprachige Differenzierungsübungen folgen wie z.B. die Übersetzungsübung Abb. 3.8. Natürlich darf sich das Üben des zielsprachlichen Wortschatzes nicht auf solche kontextlosen zweisprachigen Übungen beschränken (s.u.); sie können aber ein erster Schritt sein, um die Muttersprache als „verbindendes Zwischenglied" von der Fremdsprache zu trennen.

– At school we didn't learn useful things.
– Yesterday we learned the news of your journey.
– I didn't learn how she succeeded in winning the prize.
– ...

Abb. 3.8: Kontrastive Übersetzungsübung

3.1.3.2 Einüben und Behalten des Wortschatzes

Grundsätzlich ist jede bedeutungshaltige Übung (→ 5.4.1) auch eine Wortschatzübung, da sie Wortschatz aktiviert und seine Zirkulation im Arbeitsgedächtnis bewirkt. Gegenstand dieses Abschnitts sind spezielle Wortschatzübungen, die direkt auf die Verankerung und Verwendung des Wortschatzes abzielen. Wortschatzübungen haben einen kognitiv-mentalen und einen kommunikativen Aspekt: Zum einen soll der fremdsprachliche Wortschatz möglichst tief im Gedächtnis verankert sowie möglichst dicht und vieldimensional ins Assoziationsnetz des semantischen Gedächtnisses eingebunden werden (kognitiv-mentaler Aspekt); weiterhin muss der Bedeutungsumfang und der funktionale Verwendungsradius der Wörter eingegrenzt werden, sodass sie in der mündlichen und schriftlichen Kommunikation möglichst angemessen verwendet werden können (kommunikativer Aspekt). Entsprechend unterscheidet Scherfer (1989, 1995) zwischen kognitiven und situativ-pragmatischen Wortschatzübungen.

In der Fachdidaktik wird zwischen dem produktiven (aktiven) *Mitteilungswortschatz* und dem rezeptiven (passiven) *Verstehenswortschatz* unterschieden (→ 1.1.2). Diese Unterscheidung hat Konsequenzen für die Wortschatzarbeit im Unterricht. Das intensive Üben in variablen Kontexten und Situationen, eine dichte Einbindung in das mentale Assoziationsnetz und die möglichst multimodale Verankerung ist besonders für den Mitteilungswortschatz wichtig, der über aktive Suchprozesse abgerufen wird (→2.1.1). Der sog. *potenzielle Wortschatz*, zu dem die durch Wortbildungsregularitäten gebildeten Wörter gehören, wird aufgrund seiner besonderen Merkmale didaktisch und auch linguistisch als eigener Bereich betrachtet (→ 3.3).

3.1.3.2.1 Kognitive Wortschatzübungen

Kognitive Wortschatzübungen sind oft vorkommunikative Übungen, in denen Wörter nach paradigmatischen, syntagmatischen oder konnotativen Kriterien systematisiert werden. Die Gliederung kann nach (morphologischen) Wortfamilien oder nach semantischen Wort- bzw. Sachfeldern vorgenommen werden, nach verschiedenen paradigmatischen Beziehungen (Gegensatz, Über- und Unterordnung, Synonymie ...) oder nach syntagmatischen Bedeutungsbeziehungen (z.B. Verb + semantisch mögliche Ergänzungen). Viele dieser Übungen entsprechen bestimmten Formen des begrifflichen Denkens wie z.B. Analogie, Gegensatz, Über-/Unterordnung usw. Dabei wird der Wortschatz in strukturierte Wortfelder eingebunden, und es werden mentale Strukturierungsprinzipien aktiviert, von denen angenommen werden kann, dass sie den Erwerb und die Speicherung in sinnvollen semantischen Bezügen fördern (Rohrer 1985).

Übungen auf der Basis paradigmatischer Relationen

Synonymie (gleiche oder ähnliche Bedeutung)

a) Was ist ähnlich?		b) Welches Wort passt wo?
a) *schlank* O *lang* O *dünn* O *rund*	b) *hübsch* O *schön* O *jung* O *sympathisch*	*rothaarig sein – richtig sein – lustig sein – sparsam sein – sehr gut aussehen – verheiratet sein – dumm – gesund – selten – reich sein – Sorgen ...*
c) *nett* O *sympathisch* O *attraktiv* O ...	d) ...	a) nicht interessant – _____ b) unruhig – _____ c) nicht intelligent – _____ d) ein Ehepaar sein – _____ e) schön sein – _____ f) ...

Abb. 3.9: a) THEMEN 2 AB: 6; **b)** THEMEN 2 AB: 7

In diesen Übungen Abb. 3.9 wird der Wortschatz nicht nur unter bedeutungsähnlichen Aspekten systematisiert, sondern die semantisch nah beisammen liegenden Wörter werden zugleich voneinander differenziert.

Antonymie (gegensätzliche Bedeutung)

Was findet man gewöhnlich bei anderen Menschen positiv oder negativ? Ordnen Sie die Wörter (– / +). Schreiben Sie dann das Gegenteil dazu.			
a) *attraktiv* b) *nett*	c) *langweilig* d) *höflich*	e) *sympathisch* f) *freundlich*	g) *pünktlich* h) *dumm*	i) *zufrieden* j) *nervös*
–	+	–	+
a) _____		f) _____	
b) _____		g) _____	
c) _____		h) _____	
d) ...			

Abb. 3.10: THEMEN 2 AB: 58

Bei dieser Übung müssen die Schüler zwei Klassifikationen vornehmen: zunächst die objektbezogenen 'Eigenschaften von Menschen', die auch den semantischen Zusammenhalt des vorgegebenen Wortfeldes herstellen und individuelle Zuordnungen erlauben (kann eventuell ohne ein detailliertes Verständnis der Adjektive durchgeführt werden); anschließend die Angabe der Antonyme, was ein genaues Verständnis der Adjektive voraussetzt. Auch in der Übung Abb. 3.11 sollen nicht einfach Gegensatzpaare genannt werden. Dadurch, dass die Aussagen zwei Menschentypen zugeordnet sind, verliert die Übung den abstrakt-sprachlichen Charakter, und der Wortschatz bzw. die Aussagen erhalten eine mögliche funktionelle Zuordnung.

Der Optimist sagt:	Der Pessimist sagt:
1. Deutsch ist leicht! 2. Ich verstehe viel. 3. Ich lerne schnell. 4. Ich spreche gut Deutsch. 5. Zwei Kilometer? Das ist nah. 6. Schnell Deutsch lernen – das ist möglich.	*Deutsch ist* _____ _____ _____ _____ _____

Abb. 3.11: STUFEN INT. 1: 33

Zugehörigkeit zu einem paradigmatischen Wort- und Sachfeld:
Bei der Übung Abb. 3.12 muss der Lernende das gemeinsame Merkmal der Wörter erkennen, z.B. bei a) 'zum Trinken', aber *Suppe* = 'zum Essen'. Die Aktivierung der gemeinsamen

3.1 Wortschatz

Merkmale fördert die zusammenhängende Speicherung der Wörter. In Übung Abb. 3.13 sind die Oberbegriffe vorgegeben, der Lerner soll die Wörter aber selbst gruppieren und notieren; dabei werden verschiedene Speichermodalitäten aktiviert (die graphische, graphomotorische, ikonische), was sich positiv auf das Behalten auswirken dürfte. Diese Übung hat zudem einen referenziellen Sachbezug (das Kaufhaus), wodurch sie an Realitätsnähe gewinnt.

Was passt nicht?
a) *Kaffee – Tee – Milch – Suppe – Mineralwasser*
b) *Braten – Hähnchen – Gemüse – Kotelett – Steak*
c) *Glas – Flasche – Stück – Tasse – Kaffee*
d) ...

Abb. 3.12: THEMEN 1 AB: 32

---

3. In welcher Abteilung eines Kaufhauses findet man folgende Waren?
die Blumenvase,-n, das Brot,-e, das Bügeleisen,-, der Fußball,¨-e, die Pfanne,-n, das Gummiband,¨-er, das Heft,-e, der Jogginganzug,¨-e, das Kartenspiel,-, der Knopf,¨-e, die Kochplatte,-n, der Kugelschreiber,-, das Messer,-, das Poster,-, die Puppe,-n, das Regal,-e, der Salat,-e, die Sandale,-n, der Sessel,-, der Stiefel,-

Bitte setzen Sie ein:

3. Obergeschoß	
Elektrogeräte	*Kochplatte,* _____
Möbel	_____
2. Obergeschoß	
Spielwaren	_____
Sportartikel	_____
1. Obergeschoß	
Schuhwaren	_____
Geschenkartikel	_____
Erdgeschoß	

Abb. 3.13: STUFEN 2: 133

Solche Übungen werden auch bei Fortgeschrittenen durchgeführt. Übung Abb. 3.14 ermöglicht mehrfache Zuordnungen, was individuelle Lösungen erlaubt (z.B. kann *Miete* den Kategorien *Bank* oder *Unkosten* zugeordnet werden) und zugleich einen authentischen Sprechanlass darstellt, wenn die Lernenden ihre Zuordnung begründen.

Vokabelsalat
Ordnen Sie die Vokabeln den folgenden Themen zu:

die Miete, -n   *das Girokonto, -konten*   *die Bankleitzahl*   *der Wechsel, -*
das Erdöl   *die Braunkohle*   *die Postleitzahl*   *der Streik, -s*
der Mutterschaftsurlaub *das Porto*   *die Überstunde, -n*   *die Investition, -en*
die Adresse, -n   *das Gehalt, ¨-er*   *der Akkord*   *das Eisen*
der Empfänger,   *der Urlaubsanspruch,, ¨-e* *das Kupfer*   *die Kreditzinsen*
die Lagerhaltung   *die Überweisung, -en*   *die Anschrift, -en*   *der Kurs, -e*
...   *...*   *...*   *...*

Gewerkschaft: _____
Bank: _____
Rohstoffe: _____
Unkosten: _____
Korrespondenz: _____

Abb. 3.14: MITTELST.DT.: 134

Im Bereich des Wortschatzes sind zwei Aspekte von grundlegender Bedeutung: Systematisierung und Differenzierung (Egger 1994). So sind die Übungen Abb. 3.9 (insbes. a) auch Differenzierungsübungen, da hier z.T. semantisch nah beisammen liegende Wörter voneinander unterschieden werden. Auch bei der Differenzierungsübung Abb. 3.15 werden Wörter mit ähnlicher Bedeutung voneinander abgegrenzt; die Wörter sind in typische Kontexte eingebettet, wodurch die Lernenden Einsichten in ihren Gebrauch gewinnen können.

Maschine, Gerät, Apparat oder Instrument?
1. *Hier gibt es Elektrogeräte.*
2. *Der Chirurg prüft seine* _____
3. *Stell das Radio* _____ *an!*
4. *Sie sitzt gerade an ihrer Schreib* _____
5. *Sein Rasier* _____ *ist entzwei.*
6. *Funktioniert Ihr Foto* _____ *nicht mehr?*
7. ...

Abb. 3.15: WÖRT.Z.WAHL: 58

Wortschatz kann natürlich auch im Rahmen komplexerer Relationsnetze geübt werden, z.B. Übung Abb. 3.16. Wird kein derartiges lexikalisches Ordnungsschema vorgegeben, so können die Lernenden bei solchen Klassifikationsübungen auch individuelle Bedeutungsnetze aufbauen,

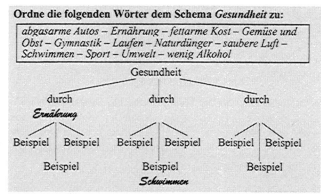

Ordne die folgenden Wörter dem Schema *Gesundheit* zu:

abgasarme Autos – Ernährung – fettarme Kost – Gemüse und Obst – Gymnastik – Laufen – Naturdünger – saubere Luft – Schwimmen – Sport – Umwelt – wenig Alkohol

Abb. 3.16: Übung zu semantischen Relationen (nach Rohrer 1985: 598ff.)

die anschließend Grundlage mündlicher oder schriftlicher Äußerungen sein können, z.B.: das Schema zusammenhängend wiedergeben, es begründen, mit der Lösung anderer vergleichen usw. Rohrer (1985) gibt weitere Beispiele für kognitive Klassifikationsübungen, z.B. das Ordnen von Wörtern nach gemeinsamen begrifflichen Klassifikationsmerkmalen.

Ein weiteres Beispiel für semantische Klassifikationsübungen gibt Abb. 3.17. In Übung 1 sollen die Lerner die vorgegebenen Wörter *Dach, Fluss, Hut, Milch, Regen, Schirm, Stahl, Stein, Zahn* in drei Gruppen je zu drei Wörtern ordnen und dabei das jeweils gemeinsame semantische Merkmal herausfinden. Einfacher ist Übung 2, wo die Merkmale vorgegeben sind, sodass die Lernenden lediglich die entsprechenden Wörter zuordnen müssen. Solche Übungen haben einen hohen Lerneffekt, da sie mit intensiven kognitiven Aktivitäten verbunden sind und die Wörter in ein dichtes mentales semantisches Beziehungsgeflecht eingeordnet werden.

	Dach, Fluss, Hut, Milch, Regen, Schirm, Stahl, Stein, Zahn	
Übung 1	Merkmal	**Übung 2**
a) _____	_____	a) Schutz: _____
b) _____	_____	b) flüssig: _____
c) _____	_____	c) hart: _____

Abb. 3.17: Semantische Klassifikationsübungen (nach Rohrer 1985: 596ff.)

Mündliche Reihenübungen („Kofferpackspiel") werden gern dazu eingesetzt, paradigmatische Wort- und Sachfelder aufzubauen und dabei den entsprechenden Wortschatz zu festigen, z.B. Übung Abb. 3.18:

Welche Möbel gehören in ein Wohnzimmer?
S1: *In ein Wohnzimmer gehört ein Esstisch.*
S2: *In ein Wohnzimmer gehören ein Esstisch und Stühle.*
S3: *In ein Wohnzimmer gehören ein Esstisch, Stühle und ein Wohnzimmerschrank.*
S4: *In ein Wohnzimmer gehören ein Esstisch, Stühle, ein Wohnzimmerschrank und Teppiche.*
S5: ...

Abb. 3.18: „Kofferpackspiel"

Auf diese Art kann der Wortschatz für viele Sachbereiche aktiviert und eingeübt werden, z.B.:
• *Was kann man im Supermarkt einkaufen?*
• *Sie machen eine Reise. Was packen Sie in den Koffer?*
• *Du gehst in die Schule. Was kommt in die Schultasche?*
• ...

Übungen auf der Basis syntagmatischer Relationen

Übungen zu syntagmatischen Bedeutungsbeziehungen lassen sich anhand verschiedener lexikalischer Kategorien durchführen, z.B. „Nomen+Verb" oder „Adjektiv+Verb" wie in Abb. 3.19, Übung a und b.
Übung c bewegt sich innerhalb einer bestimmten semantischen Relation, nämlich 'Behälter für Lebensmittel'; dabei werden die Wörter innerhalb eines semantischen Zusammenhangs eingeübt und zugleich voneinander differenziert (*Dose, Becher ...*). Durch derartige Übungen werden syntagmatische Assoziationen zwischen lexikalischen Einheiten aufgebaut, was eine wichtige

3.1 Wortschatz

Voraussetzung für die Verwendung der Wörter in der linearen Abfolge der Rede darstellt (Hausmann 1993).

a) Was passt?

dunkel – ruhig – billig – scharf – kalt – hässlich – gemütlich – bequem – modern – fett – frisch – schön – sauer – neu – warm – praktisch – süß – schnell – zentral – teuer – langsam – alt – laut

a) Auto: *bequem, schnell,* _____
   Wohnung: _____
   Kuchen: _____
   Fleisch: _____
   Hotel: _____
   Möbel: _____
   ...

b) *billig* → wohnen   ___ → essen
   ... →   ... →
   ___ → fahren   ___ → sprechen
   ... →   ... →

b) Was passt zusammen? Bilden Sie Beispielsätze.

		a) kochen	b) lernen	c) machen	d) studieren	e) sprechen	f) schreiben	g) lesen	h) hören
A	Briefe								
B	Chemie								
C	Deutsch								
D	ein Buch								
E	einen Dialog								
F	die Küche								
G	essen								
H	Kaffee	X							

c) Was passt?

		a) Öl	b) Waschmittel	c) Joghurt	d) Wein	e) Zucker	f) Cola	g) Saft
A	Glas							
B	Dose	X						
C	Flasche	X						
D	Becher							
E	Packung							

Abb. 3.19: a) THEMEN 1 AB: 54; **b)** THEMEN 1 AB: 45; **c)** THEMEN 1 AB: 33

Kognitive Wortschatzübungen müssen sich nicht notwendigerweise innerhalb einer bestimmten semantischen Beziehung bewegen; innerhalb einer Übung kann auch eine Klassifikation nach unterschiedlichen Bedeutungsdimensionen verlangt werden, vgl. die Übungen Abb. 3.20.

a) Ergänzen Sie.
a) *kommen – aus / wohnen –*   *in*
b) *wohnen – Wohnort / heißen –*   *Name*
c) *Henkel – Name / Mechaniker –* _____
d) *Deutsch – lernen / Chemie –* _____
e) *spanisch – sprechen / Kuhn –* _____

b) Was passt?
c) ...
d) *Abend – Abendbrot / Mittag –* _____
e) *Steak – Hauptgericht / Eis –* _____
f) *Forelle – Fisch / Kotelett –* _____

Abb. 3.20: a) THEMEN 1 AB: 15; **b)** THEMEN 1 AB: 32

Die Form dieser Übungen beruht auf Analogieschlüssen, wobei verschiedene semantische Relationen verwertet werden, z.B.: syntagmatische (*kommen aus / wohnen ...*, *Spanisch sprechen / Kuhn ...*), paradigmatische der Über- bzw. Unterordnung (*Henkel – Name / Mechaniker – ...*, *Steak – Hauptgericht / Eis – ...*) und auch Wortbildungsbeziehungen (*Abend – Abendbrot / Mittag – ...*).

Übungen zur referenziellen Funktion des Wortschatzes

Es handelt sich hierbei um vorkommunikative Übungen, in denen Assoziationen zwischen Wörtern und der Realität aufgebaut werden. In Übung Abb. 3.21 werden Wörter Bildern zugeordnet, die für die Referenz in der realen Welt stehen; die Aktivierung des visuell-ikonischen Subsystems des Gedächtnisses trägt zudem zu einer verbesserten Speicherung der sprachlichen Einheiten bei und erhöht den Behaltenseffekt (→ 2.1).

2. Was machen die Leute? Schreiben Sie.

arbeiten, aufräumen, ~~aufstehen~~, Briefe schreiben, bedienen, einkaufen, essen, fernsehen, kochen, flirten, fotografieren, Fußball spielen, Musik hören, tanzen, Tischtennis spielen, trinken, schlafen, schwimmen, spazierengehen, lesen

a) *aufstehen*   d) _____   g) _____   j) _____

Abb. 3.21: THEMEN 1 AB: 41

Der referenzielle Bezug kann auch auf andere Art hergestellt werden. In der folgenden Übung Abb. 3.22, die sich im Rahmen eines Wortfeldes bewegt, sollen die Wörter bestimmten verbal beschriebenen Situationen der außersprachlichen Wirklichkeit zugeordnet werden; zugleich wird in diesen verbalen Beschreibungen Wortschatz desselben Wortfeldes verwendet.

Bitte schreiben Sie die passenden Wörter an den Rand, und verdecken Sie sie bei späteren Wiederholungen

Hausmann, Lebensgefährten, Trauschein, Ehepaar, Scheidung, Trennung, Heiratsantrag

1. *Wenn ein Mann um die Hand einer Frau anhält, dann macht er ihr einen ...*
2. *Wenn ein Priester eine Ehe geschlossen hat, dann sind Mann und Frau ein ...*
3. *Wenn Mann und Frau auf dem Standesamt geheiratet haben, bekommen sie einen ...*
4. *Wenn der Mann den Haushalt führt, dann ist er ...*
5. *Wenn ein Mann und eine Frau unverheiratet zusammenleben, dann bezeichnen sie sich als ...*
6. *Wenn Eheleute nicht mehr zusammenleben, aber noch verheiratet sind, nennt man das ...*
7. *Wenn ein Gericht eine Ehe rechtlich beendet, nennt man das ...*

Abb. 3.22: STUFEN 3: 80 (Ausschnitt)

Übungen zur konnotativen Vernetzung

Übungen zur konnotativen Vernetzung des Wortschatzes spielen im Unterricht eine wichtige Rolle, da sie den Lernenden die Möglichkeit bieten, innerhalb eines vorgegebenen Rahmens (z.B. *gemütlich* in Übung Abb. 3.23) eine individuelle Bedeutungsstruktur aufzubauen und zu festigen. Die individuellen Zuordnungen stellen zugleich einen interessanten (eventuell interkulturellen) Äußerungs- und Diskussionsanlass dar (→ 5.2.2.1 Assoziogramm). In dieser Übung wird der individuelle Aspekt schon durch die Übungsanweisung betont: *„Was ist 'gemütlich' für Sie?"* In Aufgabe 2. werden die Wörter und Ausdrücke direkt in die Sprachausübung überführt;

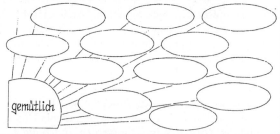

Abb. 3.23: SPR.BR. 1 AB 8/15: 83

zu diesem Zweck werden bestimmte Redemittel zur Verwendung (d.h. Einübung) vorgeschlagen. Im Verlauf eines sich hierbei ergebenden Gesprächs kann die soziokulturelle Bedeutung des deutschen Wortes *Gemütlichkeit* geklärt werden (→ 8.2).

3.1 Wortschatz

3.1.3.2.2 Situativ-pragmatische Übungen

Situativ-pragmatische Wortschatzübungen bereiten direkter auf die Sprachverwendung vor, d.h. auf das Aktivieren und Abrufen des Wortschatzes in der mündlichen und schriftlichen Kommunikation; dabei wird die „Bindung der Wortschatzarbeit an die Lösung von Kommunikationsaufgaben und -absichten" angestrebt (Autorenkollektiv 1986: 147). Die Lernenden können den Wortschatz mehr oder weniger frei auswählen, sie formulieren freier oder sprechen bzw. schreiben im Rahmen von Texten. Einübung und gesteuerte übende Verwendung sind hier nicht getrennt, das Üben des Wortschatzes ist mit dem Üben anderer sprachlicher Bereiche (Morphosyntax, Vertextung usw.) verbunden. Bei diesen Übungen stehen der referenzielle und der syntagmatische Aspekt im Zentrum der Übung. Es handelt sich nicht mehr um Einzelwortübungen, sondern um Textübungen mit dem Schwerpunkt auf dem Wortschatz, die direkter als kognitive Wortschatzübungen die Überführung sprachlicher Mittel in Können und ihre Integration in eine Fertigkeit zum Ziel haben (→ 5.4, 6.2, 6.3).

Abb. 3.24: THEMEN 1 AB: 42

Bei dieser Übung wird der Wortschatz in Sätzen verwendet, zwischen denen ein inhaltlicher Zusammenhang besteht (den Tagesablauf einer Person beschreiben) und die durch die Bilder einen direkten situativ-referenziellen Bezug aufweisen; neben dem Wortschatz werden auch andere Phänomene wie die Uhrzeit oder die Satzklammer geübt. Hier lässt sich gut eine Vertextungsübung anschließen, bei der die Lernenden die Einzelsätze in einen zusammenhängenden Text umformen (→ 6.3.4.2).

Auch die lexikalische Lückenübung Abb. 3.25, die aus kleinen Mini-Dialogen besteht, übt Wortschatz ein und bereitet zugleich auf die Kommunikation vor.

Was passt wo?

selbständig	Unfall	Antwort	Ausland		gefährlich	anstrengend	selbst
	Tier	wechseln	tragen	Angst		zufrieden	

a) ○ Ist der große Hund _____?
   • Nein, du musst keine _____ haben.
b) ○ Kannst du oft ins _____ fahren?
   • Nein, mein Chef fährt immer _____.
c) ○ Warum haben Sie Ihre Stelle _____?
   • Ich hatte einen _____ und konnte die schwere Arbeit nicht mehr machen.
d) ○ Bist du mit deiner Stelle _____?
   • Ja, ich verdiene gut und kann _____ Arbeiten.
e) ○ Ist deine Arbeit sehr _____?
   • Ja, ich bin Möbelpacker und muss immer schwere Möbel _____.
f) ...

Abb. 3.25: THEMEN 2 AB: 21

Bei der Übung Abb. 3.26 wird der situative Zusammenhang durch den Realitätsbereich „öffentliche Verkehrsmittel" hergestellt; dabei ist der Wortschatz in Äußerungen eingebettet, die die Lernenden bei der Benutzung öffentlicher Verkehrsmittel verwenden können. Die Bilder tragen dazu bei, den Realitätsgehalt der Übung zu erhöhen.

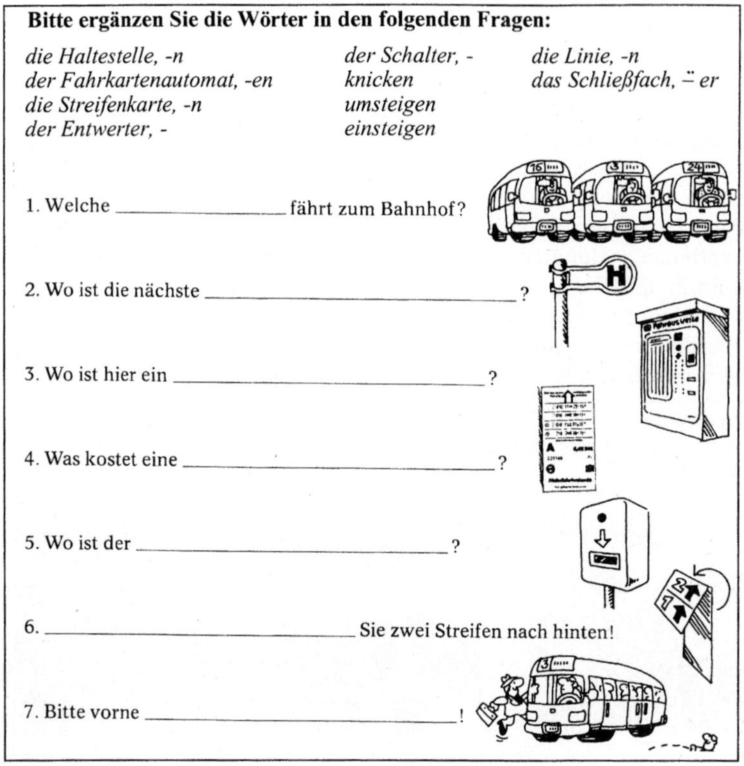

> **Bitte ergänzen Sie die Wörter in den folgenden Fragen:**
>
> die Haltestelle, -n	der Schalter, -	die Linie, -n
> der Fahrkartenautomat, -en	knicken	das Schließfach, ⸚ er
> die Streifenkarte, -n	umsteigen
> der Entwerter, -	einsteigen
>
> 1. Welche _____ fährt zum Bahnhof?
>
> 2. Wo ist die nächste _____?
>
> 3. Wo ist hier ein _____?
>
> 4. Was kostet eine _____?
>
> 5. Wo ist der _____?
>
> 6. _____ Sie zwei Streifen nach hinten!
>
> 7. Bitte vorne _____!

Abb. 3.26: STUFEN 1: 72

Der Übergang von situativen bzw. pragmatischen Wortschatzübungen zum Fertigkeitstraining (bei freierer Wahl des Wortschatzes) ist fließend, wie folgendes Beispiel – es handelt sich um eine Übung zum mündlichen Ausdruck – zeigt: Die Lernenden erfinden in einer Kettenübung eine Geschichte zu einem bestimmten Thema; z.B.: *Ein Tag in meinem Leben*. Jeder Lerner äußert reihum einen Satz und setzt den bisherigen Text fort. Bei dieser Übung muss – durch das Thema bedingt – ein bestimmter Wortschatz verwendet werden, der im Verlauf der Übung gefestigt wird. Wie bei jeder freieren Übung spielen dabei neben dem Wortschatz auch andere Aspekte der Sprache eine Rolle, z.B. Syntax und Satzanschlüsse (Vertextung).

3.1.3.3 Aktivierung des Wortschatzes

Wortschatzübungen zielen darauf ab, dass den Lernenden die benötigten lexikalischen Einheiten für das produktive Sprachverhalten zur Verfügung stehen. Meist dauert es jedoch ziemlich lange, bis die gespeicherten Wörter auch während der freien Sprachproduktion aktiviert werden können. Deshalb müssen im Unterricht immer wieder methodische Verfahren angewendet werden, die Teile des Wortschatzes aktivieren und seine Verwendung stimulieren. Das fördert auch die Verankerung im Gedächtnis, weil der Wortschatz im Rahmen sinnvollen sprachlichen Handelns verwendet wird. Ich gehe an dieser Stelle nur kurz auf einige Verfahren der Wortschatzaktivierung ein; weitere Verfahren werden in Zusammenhang mit der Förderung der produktiven Fertigkeiten dargestellt (→ 6.2, 6.3).

Schon kognitive lexikalische Speicherübungen können Anlass für Lerneräußerungen sein, bei denen der jeweilige Wortschatz verwendet werden muss (vgl. auch oben Abb. 3.23). Hier kann die folgende Übung durchgeführt werden:

Schritt 1 (EA): Die Lernenden erstellen individuell ein Assoziogramm zu einem bestimmten Stimuluswort, z.B. *Meer*. Sie notieren ihr Assoziogramm auf OHP-Folie.

Schritt 2 (PL): Die Lerner stellen ihr Assoziogramm vor und erklären es. Dabei wird automatisch der mit dem Stimuluswort assoziativ verbundene Wortschatz, der in das Assoziogramm eingegangen ist, verwendet.

Je nach Stimuluswort kann diese Übung unter interkulturellen Aspekten sehr interessant sein und einen anregenden Sprechanlass darstellen.

3.1 Wortschatz

Variante: Es werden Wörter vorgegeben, die die Lernenden individuell gruppieren; anschließend stellen sie ihre Gruppierung vor und begründen sie.

Jede themengebundene Äußerung (Stellungnahme, Diskussion, Bericht usw.) erfordert die Verwendung eines bestimmten semantisch zusammenhängenden Wortschatzes. Wortschatz lässt sich jedoch auch direkter durch bestimmte Steuerungstechniken aktivieren, wie das nebenstehende Beispiel Abb. 3.27 für den Englischunterricht „This morning everything went wrong" zeigt.

Stimulus:	*This morning everything went wrong.*
	– I didn't hear the ...
	– The lift ...
	– My car ...
	– All the traffic lights ...
	– The level crossing were all ...
	– At the station I couldn't find a ...
	– ...

Abb. 3.27: Wortschatzübung (Rohrer 1985: 609)

Werden solche Übungen freier durchgeführt, so handelt es sich um eine direkte Förderung der produktiven Fertigkeiten, z.B. des mündlichen Ausdrucks (vgl. Übung Abb. 3.28). In Form einer Reihenübung versprachlichen die Lernenden einen entsprechenden Tagesablauf (eventuell mit vorher aktiviertem Wortschatz), wobei auf den Zusammenhang zwischen den einzelnen Aussagen (Vertextung) geachtet werden sollte.

S1: *Heute ist alles schiefgelaufen. Am Morgen habe ich den Wecker nicht gehört und deshalb verschlafen.*
S2: *Dann bin ich ins Bad gegangen, aber es gab keine Seife und Zahnpasta.*
S3: *Da ich spät dran war, hatte ich keine Zeit zu frühstücken und meinen Kaffee zu trinken.*
S4: ...

Abb. 3.28: Reihenübung (g.st., im Anschluss an Übung Abb. 3.27)

Auch Assoziogramme eignen sich sehr gut als Grundlage für produktives Sprachverhalten (→ 6.2, 6.3). Der Vorteil liegt darin, dass in ein Assoziogramm das kollektive sprachliche Wissen einer Klasse eingehen kann, wodurch Defizite einzelner Schüler ausgeglichen werden; darüber hinaus erweist es sich motivationspsychologisch als positiv, wenn die Lernenden gelegentlich mit ihrem eigenen inhaltlichen und sprachlichen Wissen weiterarbeiten und nicht ausschließlich mit Vorgaben des Lehrbuchs.

Der Lehrende kann auch – eventuell themengebundene – Ausdrücke und Wörter vorgeben und ihre Verwendung in der produktiven mündlichen oder schriftlichen Sprachausübung stimulieren. Beispiel: Erfinden einer Geschichte anhand von Wortkarten.

Schritt 1 (GA): Jede Gruppe bekommt einen Satz Wortkarten; die Aufgabe besteht darin, mit Hilfe der Wörter eine Geschichte zu erfinden und die Geschichte stichwortartig zu skizzieren. Die Wörter können frei gewählt sein, sich an einer vorgegebenen Geschichte orientieren o.ä., z.B.:

glücklich	Traum	Planet	Reise	schneeweiß	Herz	Schloss	der Unbekannte
unsichtbar	Zeit	Rose	...				

Schritt 2 (GA): Die Gruppen tragen ihre Geschichten vor. Anschließend wird die beste Geschichte durch Abstimmung festgestellt.

Oft bietet es sich an, einen Text in Bezug auf den themengebundenen Wortschatz auszuwerten (z.B. Wörter/Ausdrücke herausschreiben und Wortfelder erstellen, gruppieren usw.) und diesen Wortschatz in die Sprachproduktion der Lernenden zu überführen. Wird im Kurs zuvor ein Assoziogramm erarbeitet, so werden durch die folgende lexikalische Textauswertung die Ausdrucksmöglichkeiten der Lernenden direkt erkennbar erweitert (→ 5.2.2.1).

Auf weitere Techniken, die zwischen Einüben und Verwenden stehen und die einen bestimmten Wortschatz aktivieren, kann ich hier nur hinweisen, z.B.:
- Paralleltexte schreiben (→ 6.3)
- situative oder thematische Dialogvariation (→ 6.2.3.1)
- bildgesteuerte Sprachverwendung (→ 7.2.2)

3.2 Grammatik

Mit dem Wort „Grammatik" wird u.a. bezeichnet: 1. die immanente Struktur sprachlicher Äußerungen ('langue'); 2. die dem Sprachverhalten zugrunde liegende mentale Realität, die „mentale Grammatik" ('Kompetenz'); 3. die linguistische Beschreibung sprachlicher Strukturen, d.h. eine Theorie über eine bestimmte Sprache; 4. ein Grammatikbuch als Ergebnis einer Sprachbeschreibung. Aus der Unterscheidung zwischen 1. und 3. erklärt sich, dass es verschiedene Beschreibungen (und Grammatiken des Typs 4) desselben Phänomens „Grammatik der deutschen Sprache" gibt. In der Linguistik werden je nach theoretischer Ausrichtung unterschiedliche Bereiche zur Grammatik gezählt: In der generativen Transformationsgrammatik (und in Nachfolgetheorien) umfasst die Grammatik auch phonologische oder semantische Regularitäten. Die Fremdsprachendidaktik zählt zur Grammatik – in Anlehnung an die traditionelle Grammatik – die Syntax und die Morphologie; aber auch bestimmte semantische Phänomene, z.B. die Funktionen der Modalverben oder der Präpositionen, werden in Lehrwerken unter „Grammatik" subsumiert.

3.2.1 Zur Legitimation von Grammatikunterricht

In der Fremdsprachendidaktik wird die Frage nach dem Wert bzw. Unwert grammatischer Erklärungen für das Sprachenlernen sehr kontrovers diskutiert. Dabei handelt es sich durchaus nicht um ein rein akademisches Problem, wie es auf den ersten Blick erscheinen mag:
– Die Erfahrung, z.B. aus dem altsprachlichen Unterricht, zeigt, dass Grammatikkenntnisse nur sehr indirekt an aktive Sprachbeherrschung gebunden sind. Auch wer alle Regeln und Ausnahmen der lateinischen Grammatik aufsagen kann, dazu noch über einen großen Wortschatz verfügt, könnte im Rom Cäsars nur mit großen Schwierigkeiten seinen Alltag rein sprachlich organisieren.
– Viele Menschen, z.B. Einwanderer oder Berufstätige, die für einige Jahre in fremdsprachiger Umgebung leben und arbeiten, lernen eine zweite Sprache ohne grammatische Erklärungen. Sie beherrschen nach einiger Zeit die fremde Sprache, ohne sich – und darin gleichen sie Muttersprachensprechern – der Regularitäten bewusst zu sein, denen sie beim Kommunizieren folgen. Butzkamm (1989: 84) spricht hier vom „Wunder der Grammatik", das darin besteht, dass wir sehr komplexe Sätze und Texte äußern können, ohne die Regeln zu kennen, denen wir dabei folgen.

Es ist also durchaus sinnvoll, sich ein paar Gedanken über den Wert von Grammatikerklärungen zu machen, zumal das Thema seit vielen Jahren an Aktualität nichts eingebüßt hat.

Der Wert grammatischer Erklärungen ist in der Fremdsprachendidaktik seit langer Zeit umstritten. In den 60er und 70er Jahren wurden einige groß angelegte empirische Projekte durchgeführt, die untersuchten, ob automatisierende oder kognitivierende Unterrichtsverfahren zu einem besseren Lernergebnis führen. Die Ergebnisse der verschiedenen Untersuchungen zeigten kein einheitliches Bild, aber es zeichneten sich folgende Tendenzen ab:
- Bei Lernenden ab 14 Jahren (möglicherweise schon zwischen 10 – 13) sind bewusstmachende Methoden effektiver als ausschließlich automatisierende.
- Mit zunehmendem Alter nimmt der Vorteil bewusstmachender Verfahren zu.
- Günstig ist die Bewusstmachung in der Muttersprache.
- Bei schwach begabten Lernenden sind automatisierende Verfahren günstiger, bei mittel und hoch begabten dagegen bewusstmachende Verfahren.

„Zusammenfassend gilt, dass auch oder gerade in einem kommunikativen Fremdsprachenunterricht, in dem die situations-, themen- oder sprechaktbezogene Strukturierung des sprachlichen Materials dominiert, als notwendiges Komplement eine an der Form orientierte Inventarisierung und Organisation sprachlicher Strukturen erforderlich ist. Grammatik ohne Kommunikation – das ist unbestritten – stellt kein angemessenes Lernziel für den Fremdsprachenunterricht dar. Kommunikation ohne Grammatik – das bleibt zu ergänzen – macht den Fremdsprachenunterricht unökonomisch und weitgehend ineffizient." (Kleineidam 1986: 54 – die einschlägigen Forschungen werden u.a. in folgenden Untersuchungen dargestellt und diskutiert: Beile 1979; Digeser 1983; Stiefenhöfer 1986; Wienold 1973; Zimmermann 1977)

Eine Legitimation grammatischer Erklärungen muss sich vor allem mit den Einsichten auseinandersetzen, die die empirische Fremdsprachenerwerbs-Forschung über den Prozess des Sprachenlernens gewonnen hat (→ 2.2.1). Heute steht fest, dass der Lerner den sprachlichen Input nicht passiv aufnimmt, sondern ihn aktiv verarbeitet und in seine fremdsprachliche Wissensstruktur integriert. Sprachenlernen wird als ein kontinuierlicher kreativer Prozess des Bildens, Testens und Revidierens von Hypothesen über die Regularitäten der fremden Sprache verstanden.

3.2 Grammatik

Dieser Prozess dauert auch bei intensiven Sprachkontakten sehr lange; konkrete Manifestation dieses Prozesses ist die sich entwickelnde Interimssprache des Lerners.

So gesehen haben Grammatikerklärungen die Funktion, den Trial-and-error-Prozess des Bildens, Überprüfens und Revidierens von Hypothesen über die zu erlernende Sprache zu unterstützen; durch Grammatikerklärungen soll das Bilden korrekter Hypothesen gefördert und dem Bilden falscher Hypothesen entgegengewirkt werden. Ohne Grammatikerklärungen müsste der Lerner, wie beim ungesteuerten Spracherwerb, aus dem Input die zugrunde liegenden Regularitäten selbst erschließen. Das dauert schon beim natürlichen Fremdsprachenerwerb, d.h. bei einer großen Menge von Sprachkontakten und Input, sehr lange. Im Fremdsprachenunterricht haben die Lerner aber nur eine sehr schmale „Induktionsbasis", d.h. sie haben nur wenig sprachlichen Input und keine ausreichenden Möglichkeiten zu aktiver Sprachverwendung, um erfolgreich Hypothesen formulieren, testen und revidieren zu können. (Selbst in der audio-lingualen Methode, wo der Input streng nach grammatischen Aspekten strukturiert und somit – zumindest theoretisch – eine günstige Induktionsbasis vorhanden war, hat der Prozess der zielgerechten Hypothesenbildung nur unzulänglich funktioniert; vgl. Rivers 1964; Carrol 1966.) Grammatische Erklärungen im Fremdsprachenunterricht haben also wesentlich die Funktion, diesen Prozess abzukürzen und zu beschleunigen. Damit erhält die grammatische Kognitivierung eine spracherwerbliche Begründung; sie kann umso wirkungsvoller eingesetzt werden, desto mehr über die beim natürlichen und gesteuerten Spracherwerb ablaufenden mentalen Prozesse bekannt ist.

Andererseits gilt es zu berücksichtigen, dass bei den meisten Lernenden eine Diskrepanz zwischen ihrem expliziten Regelwissen und der Fähigkeit besteht, dieses Wissen anzuwenden. Vieles von dem, was Lernende in grammatischen Aufgaben korrekt „lösen" (z.B. in Lücken- und Umformübungen), beherrschen sie bei freieren kommunikativen Aufgaben und in der Sprachanwendung nur sehr unzulänglich (man denke nur an die Satzgliedstellung oder die Adjektivendung im Deutschen). „Eine sprachliche Struktur verstehen ist etwas anderes, als sie kommunizierend zu gebrauchen" (Butzkamm 1989: 104). Dieses Phänomen wird darauf zurückgeführt, dass Lerner über unterschiedliche Wissensbestände verfügen, die sie jeweils unter bestimmten Bedingungen aktivieren (→ 2.2).

Die Unterscheidung zwischen verschiedenen Arten lernersprachlichen Wissens hat eine einflussreiche Tradition. In den 60er Jahren kam eine Diskussion um die Aktualisierung von Lernresultaten, den Transfer, in Gang, die den Fremdsprachenunterricht stark beeinflusste. Eine wichtige Rolle spielten dabei die Forschungen des holländischen Lernpsychologen van Parreren, der zwischen zwei getrennten mentalen Systemen unterschied: dem, das durch Erklärungen und Bewusstmachung entsteht, und einem zweiten davon verschiedenen, das beim Kommunizieren aktiviert wird. „Der Erwerb von Sprachwissen vollzieht sich in Lernprozessen, in denen Handlungsstrukturen entstehen, die eine ganz andere Beschaffenheit aufweisen als diejenigen, die während des Sprechens funktionieren. Die korrekte Formulierung einer Regel der Grammatik und die vollständige Aufzählung der dazu gehörenden Ausnahmefälle ist hinsichtlich des Aufbaus des psychologischen Verhaltens (d.h. hinsichtlich der Handlungsstruktur) etwas ganz anderes als die praktische Verwendung der Fremdsprache." (Parreren: 1972: 125)

Hier ist gedächtnispsychologisch formuliert, womit sich Fremdsprachenlehrer tagtäglich konfrontiert sehen: dass ihre Schüler beim freien Kommunizieren vieles falsch machen, was sie in Grammatikübungen korrekt lösen und wozu sie die Regel aufsagen können. „Die durch die grammatischen Regeln gebildeten Gedächtnisspuren befinden sich in einem System, das normalerweise von dem getrennt ist, das wirksam wird, wenn aufgrund eines sprachlichen oder situativen Reizes Sprachmaterial aktualisiert wird. Wenn also bei einem Sprechanlass ein Gedanke for-

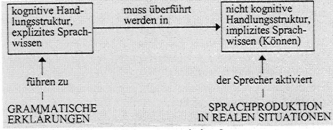

Abb. 3.29: Transfermodell des grammatischen Lernens

muliert wird, dann ist die Chance, dass das in einem anderen Spurensystem befindliche Regelwissen aktualisiert und damit dem Sprechen dienstbar gemacht wird, gering" (Zimmermann 1972: 99f.); geübte Fremdsprachensprecher sprechen „ohne Zwischenschaltung jeglichen Wissens über die Fremdsprache" (Parreren 1972: 126). Daraus ergibt sich die Forderung, „eine kognitive Handlungsstruktur aufzubauen und diese allmählich in eine nicht kognitive zu überführen." (Zimmermann 1972: 100; Abb. 3.29)

Aus der Einsicht heraus, dass grammatisches Regelwissen (deklaratives Wissen → 2.1.1) in implizite kommunikative Handlungskompetenz (prozedurales Wissen) überführt werden muss, entwickelte Zimmermann Ende der 60er Jahre sein einflussreiches Lehrphasenmodell (→ 5.1). Auch die Überlegungen zu Übungsabläufen, wie sie in neueren Lehrwerken verwirklicht sind, haben hier ihren Ausgangspunkt (→ 5.4.2).

Der Zusammenhang zwischen explizitem Sprachwissen und Sprachkönnen und, damit verbunden, die Möglichkeit, kognitiv-einsichtige Lernresultate durch Üben in sprachliches Können zu überführen, wird heute in der Forschung sehr kontrovers diskutiert (→ 2.2.1 – Ellis 1986: Kap. 9, 1990: Kap. 6/7; Edmondson/House 1993: 261ff.). Ausgelöst wurde diese Diskussion durch Krashens Unterscheidung zwischen natürlichem Erwerb (*acquisition*) und unterrichtlich gesteuertem bewusstem Lernen (*learning*) sowie den damit verbundenen Implikationen (Krashen 1981, 1982, 1989). „*Erwerb* ist ein unterbewusster Prozess, der mit dem Prozess, der beim Erstsprachenerwerb abläuft, in allen wichtigen Aspekten identisch ist ... *Lernen* ist bewusstes Wissen oder 'Wissen über' Sprache." (Krashen 1989: 8). Lernen und Erwerb führen, so Krashen, zu getrennten Sprachsystemen; „unsere Geläufigkeit beim fremdsprachigen Handeln beruht auf dem, was wir erworben, nicht auf dem, was wir gelernt haben" (Krashen 1981: 99); d.h. nur erworbenes (implizites) Wissen kann in spontaner Kommunikation eingesetzt werden, gelerntes (explizites) Wissen ist hingegen nicht verhaltensrelevant. „Lernen ist nur als Monitor verfügbar" (Krashen 1981: 99), es kann aber nicht den Erwerb eines automatisierten Sprachkönnens fördern; „Lernen geht nicht in Erwerben über" (Krashen 1982: 83). Krashen stellt somit die Möglichkeit in Frage, in unterrichtlichen Sprachlernsituationen eine spontane Kommunikationsfähigkeit zu erlangen.

Damit ist – nach der audio-lingualen Methode in den 50er und 60er Jahren – der Wert grammatischer Erklärungen innerhalb kurzer Zeit zum zweiten Mal grundsätzlich in Frage gestellt. Auch wenn viele Fremdsprachenlerner – abhängig von Lernertyp, Unterricht, kommunikativen Anforderungen – die fremde Sprache nur stockend und stark kognitiv-planend verwenden, so wird doch die Transferfähigkeit kognitiver Lernresultate stets als gegeben vorausgesetzt. „Jede grammatische Erklärung setzt schon voraus, dass es möglich ist, im Gespräch alle Regeln gleichsam wieder zu vergessen und sich ganz auf das Thema und den Partner zu konzentrieren. Nur dann hat sie ihren Zweck erfüllt, wenn sie wieder aus dem psychischen Geschehen herausfällt, wenn die ineinander greifenden Funktionsketten des Sprechens um diese Komponente verkürzt werden." (Butzkamm 1989: 81)

Butzkamm (z.B. 1982, 1989) hat des Öfteren darauf hingewiesen, dass im Fremdsprachenunterricht „sprachliche Einsichten in das unbewusste Handlungswissen eingebunden werden" können (Butzkamm 1989: 104). In direkter Auseinandersetzung mit der These Krashens weist Butzkamm auf die Möglichkeit vielfältigen Zusammenspiels unbewusster und bewusster mentaler Prozesse hin, und er betont, dass explizites Sprachwissen durch einen „Gestaltwandel" in zunehmend automatisiertes Können überführt werden könne. Wissen sei nicht nur als Monitor tätig, sondern auch „am Aufbau der Fertigkeit beteiligt ... um schließlich mit den entstehenden größeren Funktionskreisen unterhalb der Bewusstseinsebene zu verschmelzen" (ebd.: 103). Es handelt sich hier um „das Absinken bewusster Einsichten ins Unbewusste" (ebd.: 102), was auch beim Erlernen komplexer Kunstfertigkeiten wie z.B. Klavierspielen der übliche Verlauf ist. Der damit verbundene Gestaltwandel wird durch intensives Üben und Verwenden bewirkt. Dass das ursprüngliche Wissen „im Endpunkt der gekonnten Ausführung nicht mehr auffindbar ist, schließt also ein Mitwirken am Aufbau der Fertigkeit nicht aus." (ebd.: 103)

Viele einflussreiche Fremdsprachendidaktiker und -psychologen haben den Wert grammatischer Bewusstmachung für das Fremdsprachenlernen betont. Nach Beljajew (1972) bilden sich Fähig-

3.2 Grammatik

keiten schneller und leichter heraus, wenn man das Warum und Wie begreift. „Man muss die Lernenden vom bewussten Erkennen der sprachlichen Besonderheiten fremdsprachlicher Rede zur Entwicklung der entsprechenden Fähigkeiten führen ... auf keinen Fall darf man den Lernenden diese Kenntnisse vorenthalten." (87f.) In Absetzung von der audio-lingualen Methode haben sich schon in den 60er Jahren Rivers (1964; sie betont die bessere Transferfähigkeit kognitiver Lernresultate) und Carrol (1966) in einflussreichen Arbeiten für grammatische Bewusstmachung eingesetzt (vgl. auch Hecht 1982, Bd. 1: 109ff.).

Bei dem Ansatz der Automatisierung expliziten Grammatikwissens kann sich die Fremdsprachendidaktik auf die kognitive Psychologie berufen. Nach Engelkamp (1990) kann Wissen Handlungen bewusst in Gang setzen und steuern. „Kontrollierte [d.h. bewusst gesteuerte – g.st.] und automatische Handlungen spielen in der Regel so zusammen, dass die Fähigkeit zu kontrolliertem Verhalten den Erwerb von automatischem Verhalten ermöglicht ... Manches automatische Verhalten wäre ohne die Fähigkeit zu kontrolliertem Verhalten nicht möglich ... [denn] viele Skills lassen sich nur im Kontext kontrollierten Handelns erwerben." (2) Automatisches Verhalten kann jedoch auch direkt entstehen. Im Zusammenhang mit automatischen und kontrollierten Prozessen der Informationsverarbeitung schreibt Engelkamp: „Kontrollierte Prozesse lassen sich durch viel Üben automatisieren" (31); als Beispiele erwähnt er die motorische Seite des Autofahrens oder Bewegungsabläufe beim Hochleistungssport.

Das Problem der Überführung grammatischer Kenntnisse in sprachliche Handlungskompetenz betrifft zwei Bereiche: die grammatische Bewusstmachung und das Übungsgeschehen.
- Im Zusammenhang mit der grammatischen Bewusstmachung stellt sich die Frage, welche Form grammatische Erklärungen und Darstellungen haben sollen, die sich möglichst leicht in Können überführen lassen. Das ist die Frage nach den Anforderungen an eine pädagogische Grammatik, worauf ich in den folgenden Abschnitten eingehe.
- Es stellt sich aber auch die Frage nach dem Transfer als Unterrichtsphase selbst, d.h. nach den Anforderungen an Grammatikarbeit, Übungen und Übungsabfolgen, durch die das Sprachwissen in anwendungsbezogenes Können überführt wird; diese Fragen werden in Kapitel 5 eine wichtige Rolle spielen.

3.2.2 Pädagogische Grammatik

„Eine pädagogische Grammatik stellt die Eigentümlichkeiten (Regularitäten) einer Sprache nicht um ihrer selbst willen, sondern für Sprachlernzwecke dar ... Eine Darstellung sprachlicher Formen, Strukturen und Funktionen, die das Erlernen und Behalten (Lernertätigkeiten also) so gut wie nur irgend möglich provoziert, fördert, unterstützt, gewährleistet – eine solche Darstellung nennen wir pädagogische Grammatik." (Schmidt 1987: 3) Zur pädagogischen Grammatik als Lernergrammatik zähle ich im Folgenden alle schriftlichen Beschreibungen und Darstellungen, die dem Lernenden gezielt grammatische Informationen vermitteln – auch Tafelanschriebe oder vom Lehrer vorbereitete OHP-Folien mit grammatischen Informationen. Die folgenden Ausführungen zu diesem Thema zielen u.a. darauf ab, den Lehrer für die Form eigener spontaner oder vorbereiteter grammatischer Darstellungen zu sensibilisieren.

Zimmermann (1977, 1979) unterscheidet vier Arten didaktischer Grammatiken: die lehrwerkunabhängige und die lehrwerkbezogene Lehrergrammatik, die „lehrwerkunabhängige Nachschlaggrammatik für den Lerner" und die „lehrwerkbezogene Lerngrammatik". Grammatiken für den Lerner werden *Lernergrammatiken* oder *pädagogische Grammatiken* genannt.

An pädagogische Grammatiken (PG) werden die folgenden allgemeinen Anforderungen gestellt (Kleineidam 1986; Krumm 1979; Schmidt 1982b):
- Eine PG ist eine „Resultatsgrammatik, insofern sie ... Ergebnisse einfach konstatierend präsentiert." (Kleineidam 1986: 16)
- Eine PG ist eine normative Grammatik, d.h. eine bestimmte zielsprachliche Norm wird ausgewählt und erhält Vorbildcharakter.
- Eine PG wählt eklektisch aus verschiedenen linguistischen Modellen aus und verwertet das, was für das Sprachenlernen nützlich ist; sie benutzt aber auch spezielle didaktische Grammatikmodelle wie z.B. die Signalgrammatik (→ 3.2.2.2).
- Eine PG berücksichtigt lernpsychologische Einsichten und psycholinguistische Erkenntnisse zum Fremdsprachenlernen.
- Eine PG stellt nur einen bestimmten Ausschnitt der Zielsprache dar; die Auswahl orientiert sich an curricularen Vorgaben.

- Eine PG des Typs 4 hat eine Progression und berücksichtigt den Lernfortschritt; sie baut auf bereits Gelerntem auf und verbindet Neues mit bereits Bekanntem.
- Eine PG sollte kontrastiv orientiert sein, d.h. auf Sprachvergleichen und kontrastiven Fehleranalysen beruhen.

„Der Einsicht, dass zur Zeit keine für die Konzeption einer umfassenden Fremdsprachengrammatik hinreichenden Erkenntnisse über den Sprachlernprozess und die Struktur der Lernergrammatik ... existieren, steht die praktische Notwendigkeit gegenüber, solche Fremdsprachengrammatiken, die modernen Ansprüchen genügen, abzufassen." (Kleineidam 1986: 14)

3.2.2.1 Verständlichkeit und Lernbarkeit

Eine grammatische Darstellung ist eine modellhafte Abbildung der Realität „Sprache". Pädagogische Grammatiken haben das Ziel, die komplexe Realität „Sprache" möglichst *einfach* darzustellen. „Unter 'Vereinfachung' als einer genuinen *lernpsychologischen Kategorie* wird ... die Art und Weise der Auswahl, Anordnung und Präsentation grammatischer Formen, Strukturen und Funktionen verstanden, die das Erlernen der Sprache qua Einsicht in die Form-, Struktur- und Funktionseigentümlichkeiten einer Sprache 'einfacher' machen" (Schmidt 1986: 227). Für die Präsentation der Grammatik nennt Schmidt drei Kriterien (Schmidt 1987): „Verstehbarkeit, Behaltbarkeit und Anwendbarkeit". Die Grammatik sollte 1. in möglichst verständlicher Form eingeführt werden (auch in Bezug auf die Abstraktionsfähigkeit der Lernenden); sie sollte 2. in einer möglichst einprägsamen Form eingeführt werden, sodass sie leicht zu behalten ist; schließlich sollten 3. die grammatischen Regularitäten so dargestellt werden, dass sie sich beim Üben und in der Kommunikation gut anwenden lassen.

Substantiv: Nominativ Plural				
-e	¨-e	-en	-n	-er
Tisch -e	Stühl -e	Tageslicht-	Name -n	...
Lineal -e	Würst -e	projektor -en	Lampe -n	
Brot -e	Händ -e	Portion -en	Land-	
Stück -e	Häls -e	Ohr -en	karte -n	
Paar -e	Bäuch -e	Schmerz -en	Tasse -n	
Arm -e	Brüst -e	Entzündung -en	Flasche -n	
Kni -e			Dose -n	
Bein -e			Zigarette -n	
Tag -e			Zigarre -n	
Dom -e			Auge -n	
			Lippe -n	
			Name -n	

Abb. 3.30: DT.AKT. 1: 40

Diese drei Kriterien entsprechen den drei Lernschritten „Verstehen – Lernen/Behalten – Anwenden"; sie hängen eng miteinander zusammen, sind aber nicht identisch. Verständlichkeit ist eine notwendige, aber keine hinreichende Bedingung dafür, dass etwas gut gelernt werden kann. Die nebenstehende Tabelle der nominalen Pluralendungen (Abb. 3.30) ist sicherlich gut verständlich, aber in dieser Form ist der Stoff wohl nur mit relativ großem Aufwand lernbar (wobei offen bleibt, ob das überhaupt beabsichtigt ist); über die Anwendbarkeit lässt sich zunächst nur spekulieren. Lernbarkeit und Anwendbarkeit hängen natürlich noch von anderen Faktoren ab als von einer verständlichen Darstellung, z.B. von der Komplexität eines grammatischen Phänomens oder vom kontrastiv bedingten Zugang.

An die Verständlichkeit und Lernbarkeit von Lernergrammatiken lassen sich folgende Anforderungen stellen (Dahl/Weis 1988; Zimmermann/Wißner-Kurzawa 1985; vgl. auch das einflussreiche „Hamburger Verständlichkeitsmodell" von Langer u.a. 1987):

1. Pädagogisch-grammatische Darstellungen sollten sprachlich einfach und dem Sprachniveau der Lerner angemessen sein, d.h. ein-

Grammatische Erklärung	Versuch einer Vereinfachung
Die Formveränderungen des Nomens aufgrund ihrer [!] Funktionen im Satz werden mit dem Fachwort Deklination bezeichnet. (Eppert 1988: 136)	Nomen haben im Satz verschiedene Funktionen; deshalb verändern sie ihre Form. Diese Formveränderung nennt man Deklination.

Abb. 3.31: Vereinfachung einer grammatischen Erklärung

fache Wörter (wenig und einfache Terminologie) und syntaktisch einfache Sätze enthalten (eher Verbalstil im Aktiv als Nominalstil und Formulierungen im Passiv). Das gilt für das gedruckte Wort in Lehrbüchern und Grammatiken ebenso wie für das gesprochene Wort des Lehrers. Auf eine gewisse Terminologie können verbale grammatische Erklärungen nicht verzichten (vgl. die vereinfachte Version in Abb. 3.31: *Nomen, Satz, Funktion, Deklination*), doch kann man sich dabei um eine sparsame Verwendung bemühen (vgl. auch Abb. 3.33 1. und 3.).

2. Pädagogisch-grammatische Darstellungen sollten knapp und prägnant sein, sich auf das Wesentliche konzentrieren und nicht abschweifen. Weniger ist oft verständlicher und leichter lernbar (vgl. Abb. 3.32a und 3.32b).

> **Der Infinitiv als Objekt**
> Einige Verben können **als Objekt im Satz einen Infinitiv mit der Präposition** *zu* annehmen. Damit wird die Handlung, die der Infinitiv beschreibt, selbst zum Objekt des Satzes. Dies ist aber <u>nur</u> möglich, wenn das Subjekt der Infinitivhandlung (d.i. also der Täter) vorher genannt wurde. Es gibt hierfür zwei Möglichkeiten:
> **1. Das Satzsubjekt ist gleichzeitig auch Subjekt der Infinitivhandlung**
>   *Ich* wünsche, *bald nach Hause zu gehen.* (*Was* wünsche ich? *Ich* wünsche, dass *ich* bald nach Hause gehen kann.)
>   ...
> **2. Ein Objekt des Satzes ist gleichzeitig Subjekt der Infinitivhandlung**
>   Das Subjekt der Infinitivhandlung kann aber immer nur eine Person sein!
>   Ich habe *meinem Freund* geraten, *in der Schule Deutsch zu lernen.* (*Was* hast du deinem Freund geraten? – *Mein Freund soll* in der Schule Deutsch lernen.)
>   ...
> **Beachten Sie! Die Handlung kann nur im Infinitiv stehen, wenn das Subjekt dieser Handlung vorher im Satz genannt wurde.** Wenn die Handlung ein eigenes Subjekt hat, gebraucht man den Objektsatz mit der Konjunktion dass:
>   Ich wünsche, dass du bald nach Hause gehst. (*Was wünsche ich?*)
>   ...

Abb. 3.32a: SCH/GR 2: 87

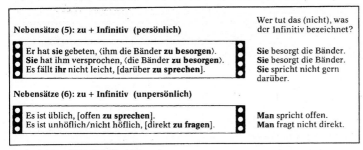

Abb. 3.32b: SPR.BR. 1: 192

Bei dem Punkt „Kürze – Prägnanz" ist zu unterscheiden zwischen Lehrmaterialien für lehrergesteuerten Unterricht und solchen für Selbstlerner. Lernergrammatiken für Selbstlerner dürfen nicht zu knapp sein, sie brauchen eine gewisse Ausführlichkeit und Redundanz, um verständlich zu sein. Im lehrergesteuerten Unterricht können pädagogische Grammatiken hingegen knapp und prägnant sein, da die schriftliche Darstellung in der Regel durch zusätzliche Beispiele konkretisiert und durch den Lehrenden paraphrasiert und ergänzt wird.

3. Pädagogisch-grammatische Darstellungen sollten konkret und anschaulich sein. Rein verbale Erklärungen (wie in Abb. 3.32a) oder stark linguistisch orientierte Strukturdarstellungen sind oft zu abstrakt und deshalb schwer verständlich; gut gegliederte Tabellen und Schemata mit mnemotechnisch leicht eingängigen Zeichen, Symbolen und Farben können die Verständlichkeit wesentlich erhöhen. Die Beispiele sollten sich auf konkrete Situationen und Kontexte beziehen, in denen das zu erklärende sprachliche Phänomen vorkommt (→ 5.3.2).
Die folgenden drei Darstellungen desselben grammatischen Phänomens (Abb. 3.33; Ausschnitt aus der Adjektivflexion) sind unterschiedlich anschaulich und konkret; die abstrakte verbale „Regel" 1 dürfte wesentlich schlechter zu verstehen und auch zu lernen sein als die stärker schematische Darstellung 2 und die knappe verbale Darstellung 3.

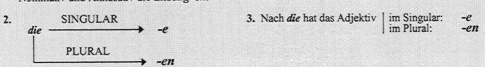

Abb. 3.33: Drei Formen der Regeldarstellung

> Infinitivkonstruktionen mit *zu* haben nie ein Subjekt. Sie werden nur dann verwendet, wenn das fehlende Subjekt im Hauptsatz (als Subjekt oder Objekt) genannt wird.
>
> *Ich hoffe, die Prüfung zu bestehen.*   *Ich rate dir, eine Pause zu machen.*
> *Ich hoffe: Ich bestehe die Prüfung.*   *Ich rate dir: Du machst eine Pause.*
>
> Vergleiche dagegen Nebensätze mit *dass*:
>
> *Ich hoffe, dass er die Prüfung besteht.*   *Ich freue mich, dass du mir hilfst.*
> *Ich hoffe: Er besteht die Prüfung.*   *Ich freue mich: Du hilfst mir.*

Abb. 3.34: Grundstruktur der Infinitivsätze (nach ZERT.DAF: 11)

Verbale Erklärungen (wie in Abb. 3.32a) lassen sich auf das unbedingt Notwendige reduzieren, wenn sie von Strukturschemata ergänzt werden, die die wichtigen grammatischen Aspekte illustrieren; dadurch kann die Anschaulichkeit und somit die Verständlichkeit wesentlich erhöht werden (Abb. 3.34).

Nicht nur eine zu ausführliche verbale Formulierung kann die Verständlichkeit grammatischer Darstellungen erschweren; auch eine zu starke (linguistische) Abstraktion oder der Anspruch, alle relevanten Aspekte explizit darzustellen, können zu Lasten der Verständlichkeit gehen.

In der nebenstehenden Darstellung des Korrelat-*es* (Abb. 3.35) enthält ein an sich gut verständliches syntaktisches Grundschema sehr viele Informationen, abstrakte Symbole und Abkürzungen; man muss das Schema sehr genau studieren, um die Regularitäten für den Gebrauch von *es* zu verstehen. Als Lernhilfe im Sinne eines leicht speicherbaren kognitiven Schemas dürfte eine solche Darstellung kaum geeignet sein.

Abb. 3.35: STUFEN 3: 91

4. Pädagogisch-grammatische Darstellungen sollten gegliedert, geordnet und übersichtlich sein. Das betrifft die äußere Erscheinungsform und auch die Art, wie der innere Zusammenhang des Phänomens dargestellt ist. Die äußere Form sollte die innere Systematik widerspiegeln.

a) Partizip II (1): Regelmäßige Verben

Infinitiv		Partizip II	
lében	⁻ en	gelébt	ge ⁻ t
ántworten	⁻ - en	geántwortet	ge ⁻ - et
ergänzen	⁻ - en	ergänzt	- ⁻ t
vórstellen	⁻ - en	vórgestellt	⁻ ge - t
studíeren	- ⁻ en	studíert	- ⁻ t

Partizip II (2): Unregelmäßige Verben

Infinitiv	Partizip II	
schreiben	geschrieben	ge~en
lesen	gelesen	ge - en
státtfinden	státtgefunden	⁻ge~en
vergléichen	verglichen	- ⁻ en
sitzen	gesessen	ge~ſen
wissen	gewußt	ge~t

b)

	schwache Verben		starke Verben	
	ge	t	ge	en
	ge kauf	t	ge gang	en
	ge sag	t	ge sung	en
	ge wart	e t	ge lauf	en
	... ge		... ge	
ein	ge kauf	t	aus ge gang	en
zu	ge sag	t	mit ge sung	en
an	ge meld	e t	weg ge lauf	en
...		t		en
	verkauf	t	entgang	en
	bewohn	t	erfund	en
	zerhack	t	belauf	en
	studier	t		
	musizier	t		

Abb. 3.36: Zwei Darstellungen des Partizips Perfekt; **a)** SPR.BR. 1: 60

3.2 Grammatik

Die obigen zwei Tabellen Abb. 3.36 stellen das Partizip Perfekt unterschiedlich gegliedert dar; während b durch die Art der Darstellung die strukturellen Parallelitäten bei der Bildungsweise hervorhebt, wird dieser Aspekt in Darstellung a vernachlässigt. Da b Zusammenhänge zwischen den unterschiedlichen Bildungsweisen des Partizips II darstellt, dürfte es verständlicher und somit auch leichter lernbar sein.

Abb. 3.37: SCH/GR G: 89

Auch die Darstellung der Adjektivflexion Abb. 3.37 beschränkt sich nicht auf die (geordnete und gegliederte) Auflistung von Einzelphänomenen, sondern es werden verbindende Prinzipien und Zusammenhänge, d.h. eine Systematik, aufgezeigt, die zusätzlich in Form eines etwas abstrakteren Schemas hervorgehoben werden. Die Darstellung ist sicherlich leichter zu erfassen als viele didaktische Versuche zur Adjektivflexion in neueren Lehrwerken (s.u.).

Das Wesentliche kann auch in Form einer einfachen verbalen Regelformulierung zusammengefasst werden. Durch die Angabe eines Merksatzes, der im Lehrbuch das Paradigma der Adjektivflexion ohne Artikelwort ergänzt (Abb. 3.38), wird die Menge der zu lernenden Informationen reduziert. Während der Lerner hier lediglich eine Regel und eine Ausnahme lernen muss, müssten bei einer rein paradigmatischen Auflistung 24 Einzelfälle gelernt werden (z.B. in DT. AKT 1: 106). Die Einsicht in Zusammenhänge verbessert hier die Verständlichkeit und Erlernbarkeit wesentlich. Lernerleichternd dürfte es sich auch auswirken, wenn Zusammenhänge zwischen verschiedenen grammatischen Phänomenen aufgezeigt werden.

Die Adjektive haben die **gleiche** Endung wie der bestimmte **Artikel**. Im **Genitiv Singular** haben die Adjektive bei **maskulinen** und **neutralen** Nomen statt **-es** die Endung **-en**.

Abb. 3.38: SCH/GR G: 104

Abb. 3.39: SPR.BR. 1: 73

Das ist z.B. bei der Satzklammer üblich (Abb. 3.39), wo trennbare Verben und komplexe Prädikate mit zwei Verbteilen (Perfekt, Passiv, Vollverb+Modalverb usw.) als Ausprägungen ein und desselben Phänomens „Satzklammer" dargestellt werden. Die Lerner können dabei verschiedene Phänomene auf ein und dasselbe sprachliche Prinzip zurückführen und Einsichten in

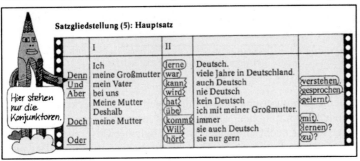

Abb. 3.40: STUFEN 1: 114

übergreifende Strukturen der Zielsprache gewinnen. Dass in diesem Bereich viele sinnvolle Möglichkeiten zu wenig genutzt werden, zeigt das Beispiel Abb. 3.40, wo morphologische Zusammenhänge zwischen Artikel, Personalpronomen und Artikel als Pronomen dargestellt sind.

5. Pädagogisch-grammatische Darstellungen sollten die für das Verständnis wichtigen Einzelaspekte eines komplexen Phänomens möglichst einfach, anschaulich und übersichtlich wiedergeben. Die folgenden zwei Darstellungen der Relativsätze stellen beide die verschiedenen strukturellen Aspekte dieses grammatischen Phänomens dar, jedoch in sehr unterschiedlicher Form und unterschiedlich ausführlich (Abb. 3.41a und b).

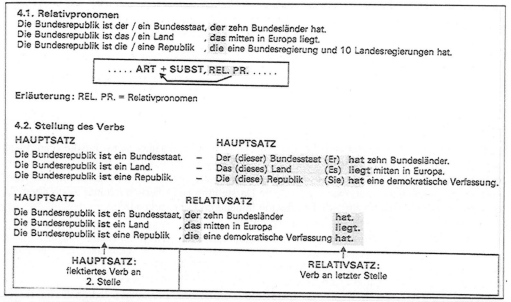

Abb. 3.41a: DT.AKT. 1: 108

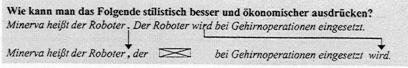

Abb. 3.41b: STUFEN INT. 2: 93

Hier gilt es zu überlegen, was eine grammatische Darstellung eigentlich bezweckt. Für Selbstlerner, die über keine zusätzlichen Informationen verfügen, mag eine explizitere Darstellung angemessen sein. Für den Klassenunterricht hingegen wird möglicherweise die einfachere Darstellung Abb. 3.41b angemessener sein, da sie leichter durchschaubar ist, durch Beispiele ergänzt und ergänzend im Unterricht erklärt wird (vgl. dazu auch → 5.3.4, wo auf einige Aspekte der Regelfindung bei Relativsätzen eingegangen wird).

An diesem Vergleich lässt sich ein grundsätzliches Problem der grammatischen Bewusstmachung aufzeigen: Es besteht in der Fachdidaktik zwar theoretisch Einigkeit über die Anforderungen an die Form pädagogisch-grammatischer Darstellungen. Wie diese Anforderungen aber in der Praxis realisiert werden sollen, darüber gehen die Meinungen weit auseinander; die Beispiele Abb. 3.41a und b zeigen das sehr deutlich. D.h. es lässt sich derzeit letztlich nicht begründet entscheiden, warum eine bestimmte grammatische Darstellung einer anderen vorzuziehen ist bzw. warum nicht. Der einzelne Lehrer muss hierbei selbst die Entscheidung treffen.

6. Pädagogisch-grammatische Darstellungen sollten das Wesentliche hervorheben. Das kann durch Einrahmen, Unterlegen, Unterstreichen, Farben, verschiedene Schrifttypen, Zeichen wie z.B. „ ! " usw. geschehen (→ 5.3.4; vgl. oben Abb. 3.30, 3.41b). Die Unterscheidung zwischen

3.2 Grammatik

Wesentlichem und weniger Wesentlichem, z.B. Regel und Ausnahme, sollte auch an der äußeren Form erkennbar sein.

3.2.2.2 Anwendbarkeit

Nach Hecht/Green (1989: 574) ist Kompetenz unter fremdsprachlicher Sicht „ein Repertoire von expliziten oder impliziten Grammatikinformationen, das – im Sinne einer mentalen Grammatik – zur *Anwendung* dieses Wissens befähigt." Damit stellt sich sogleich die Frage, welche Form der pädagogisch-grammatischen Darstellung für die Anwendung, d.h. für die Überführung ins Können, günstig ist (→ 2.2.1, 3.2.1).

Die Möglichkeit, explizites Grammatikwissen in verhaltensrelevantes implizites Sprachwissen (Können) zu überführen, hängt von verschiedenen Faktoren ab, u.a. von natürlichen Spracherwerbsmechanismen (→ 2.2), von den Gelegenheiten zu kommunizieren, vom Übungsgeschehen – aber auch von der Form, in der das Grammatikwissen dem Lernenden präsentiert wird: „Nur bestimmte Formen des Sprachwissens können in diesem Zusammenhang tatsächlich etwas leisten ... Welche Arten von Sprachwissen hier nützlich sind, ist eine wichtige Frage, die nur durch systematische, didaktisch-psychologische Untersuchungen beantwortet werden kann." (Parreren 1972: 126) Wie wenig geklärt diese Frage bislang ist, zeigt ein vergleichender Blick in verschiedene Lehrwerke, wo dieselben Grammatikphänomene zum Teil äußerst unterschiedlich dargestellt sind (vgl. auch die obigen Beispiele Abb. 3.41a/b). Aus der Diskussion verschiedener „Kognitivierungsmodi" in der Fachliteratur ergeben sich Kriterien für die Anwendbarkeit grammatischer Regeln (Zimmermann 1977).

Als ungünstig werden zumeist *verbal formulierte Regeln* betrachtet, die nach Hecht/Green (1989: 586) „nicht genügend funktional, d.h. handlungsanweisend" sind. Parreren fordert Darstellungen, die „zu der sprachlichen Realität, die sie abbilden, eine geringere Distanz aufweisen als verbale Grammatikregeln" (Parreren 1975: 125). Hieraus ergeben sich zwei wichtige positive Kriterien für pädagogische Grammatiken:
• Es sollte eine geringe psychologische Distanz zwischen Modell und Original, d.h. zwischen grammatischer Darstellung und der sprachlichen Wirklichkeit, bestehen.
• Die grammatische Darstellung sollte „handlungsanweisend" sein.

Dass ausführliche verbale Grammatikerklärungen nicht immer leicht verständlich und lernbar sind, zeigt das obige Beispiel Abb. 3.32a. Das andere Extrem, nämlich die grundsätzliche Vermeidung auch von einfachen Merksätzen und Zusammenfassungen, kann allerdings auch nicht befriedigen, da kurze Merksätze und Formulierungen zentraler Aspekte grammatischer Phänomene das Verständnis wesentlich erleichtern können (vgl. das obige Beispiel der Adjektivflexion bei Nullartikel, Abb. 3.38). Eine grundsätzliche Ablehnung verbaler Regelerklärungen übersieht zudem, dass auch nichtverbale pädagogische Grammatikdarstellungen im Unterricht vom Lehrer verbal erläutert und paraphrasiert werden (→ 5.3.4).

Obwohl in der Literatur der Wert *paradigmatischer Tabellen* bezweifelt wird, spielen solche Darstellungen in Lehrwerken noch immer eine wichtige Rolle. Paradigmen sind zwar übersichtlich und gut verständlich, weisen aber „eine zu große Distanz zum aktuellen Sprachgebrauch auf." (Parreren 1975: 122) Das Beispiel links zeigt das Problem: Sprache im Vollzug hat einen linear-syntagmatischen Verlauf (*...der Mann ... er ...*), während Paradigmen anders gerichtete Assoziationsketten aufbauen (*ich, du, er, sie ...*).

Sowohl bei metasprachlichen Regeln als auch bei Paradigmen stellt sich das Problem der *Terminologie*. Trotz der weithin akzeptierten Forderung, die Terminologie in pädagogischen Grammatiken auf das unbedingt Notwendige zu beschränken, entsprechen viele neuere DaF-Lehrwerke diesem Postulat nicht. Es ist vielmehr eine extensive Verwendung linguistischer Termini festzustellen, mit denen die Lernenden auch in der Muttersprache nur zum Teil vertraut sein dürften (z.B. die Terminologie der Valenzgrammatik: „Situativergänzung", "Subsumptivergänzung", „Qualitativergänzung" u.ä.).

Signalgrammatik

Als „anwendungsfreundlich" werden sprachnahe Darstellungen betrachtet, die eine geringe psychologische Distanz zur linearen sprachlichen Äußerung aufweisen, „*processing rules*, die den Schüler bei der Sprachproduktion leiten sollen" (Hecht/ Green 1989: 586). Sprachnahe Darstellungen lassen sich verwenden „als konkrete Strukturmodelle, die durch die Wörter eines Satzes gefüllt werden können. Auf diese Art wird die Kluft zwischen Kognition und Handeln, zwischen dem Verstehen einer grammatischen Struktur und ihrem Gebrauch, verkleinert." (Parreren 1975: 125; vgl. auch Schneider 1978: 238ff.) Derartige Ansätze werden in einigen Lehrwerken z.B. im Bereich der Syntax realisiert; dabei bildet die pädagogisch-grammatische Darstellung selbst den Rahmen, innerhalb dessen geübt wird – z.B. Abb. 3.42. Die Übung schließt direkt an die Form der grammatischen Darstellung an. Es handelt sich hier um eine „Aktivität, die mit Einsicht in die zu bewältigenden Sprachstrukturen verbunden ist" (Parreren 1975: 121) und die darauf abzielt, die Kluft zwischen Bewusstmachung und sprachlichem Handeln zu verringern.

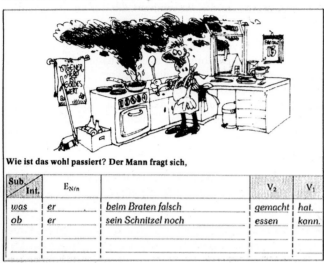

Abb. 3.42: STUFEN 3: 93

Einen wichtigen Ansatz, „die Diskrepanz zwischen Wissen und Können zu überwinden" (Zimmermann 1977: 130), stellt die von Zimmermann entwickelte *Signalgrammatik* dar. Signalgrammatische Regeln sind Anweisungen, die Elemente der sprachlichen Äußerung mit grammatischen Strukturen verbinden. Signalgrammatische Regeln haben die Form

$$... X ... \longrightarrow ... Y ...$$

In der syntagmatischen Kette ist ein Element X Signal für das Auftreten eines Elements oder einer Struktur Y (vgl. Zimmermann 1972, 1977: 123ff.). Lernpsychologisch zielen signalgrammatische Darstellungen darauf ab, beim Lerner eine enge assoziative Verbindung zwischen dem grammatischen Signal X und der Struktur Y herzustellen. Zimmermann gibt u.a. die folgenden englischen und französischen Beispiele (1972: 100f.; 1977: 123ff.):

SIGNAL		REAKTION	SIGNAL		REAKTION
now	⟶	he's | going / talking / sleeping	every week / day / very often	⟶	he | goes / talks / sleeps
if	⟶	went	il faut que	⟶	je prenne / j'aille / je mette
PLÖTZLICHER EINFALL	⟶	I'll | watch televison / go and see Henry			

Signalgrammatische Regeln haben das gemeinsame Vorkommen von sprachlichen Elementen zur Voraussetzung. Sie zielen auf den Aufbau kognitiver Schemata ab, die die lineare Abfolge sprachlicher Äußerungen abbilden und dadurch ihrem Anspruch nach eine psychologisch geringe Distanz zwischen Wissen und Können aufweisen. Für das Deutsche hat u.a. Strauss (1979: 40ff.) mit direktem Bezug auf die Signalgrammatik den folgenden Vorschlag gemacht:

WUNSCH BEI VOLLVERB ⟶ *Würde* + *gern* + Infinitiv

3.2 Grammatik

Nach Zimmermann ist die Signalgrammatik „anschaulich, konkret, unkompliziert und einprägsam. Sie indiziert nur die wesentlichen, unbedingt notwendigen Komponenten der kognitiven Verhältnisse. Sie stellt unmittelbarer und eindringlicher dar als die ausführlich formulierte Regelgrammatik ... Der entscheidende Vorteil ist lernpsychologischer Natur: Das regelgrammatische Wissen befindet sich ... in einem Gedächtnisspurensystem, das von dem Spurenschatz, der beim Sprechen abgerufen wird, getrennt ist. So kommt es, dass beim Sprechen an die Regel nicht gedacht wird, was dann zu fehlerhaften Äußerungen führen kann. Die *signal*grammatische Steuerungsinstanz hingegen ist ein sprachlicher oder gedanklicher oder situativer Auslöser, der im Sprechakt selbst präsent ist; hier kann eine Einflussnahme tatsächlich erfolgen. Das Wort *'yesterday'* oder auch einfach der vorsprachliche Gedanke 'Vergangenes' wirkt beim Sprechen als Signal, das die (zumeist) gedankliche, vorsprachliche Reaktion 'Vergangenheitsform' hervorruft." (Zimmermann 1971: 65f.)

Abb. 3.43: Adjektivflexion signalgrammatisch

Signalgrammatische Darstellungen haben in DaF-Lehrbücher bislang kaum Eingang gefunden (auch wenn die Terminologie das in einigen Fällen suggeriert). Ein grammatisches Kapitel des Deutschen, das meist paradigmatisch dargestellt wird, obwohl es lineare Zusammenhänge aufweist, ist die Adjektivdeklination. Die mögliche Eignung für eine signalgrammatische Darstellung beruht darauf, dass die Endung des Artikelworts als Signal für die Endung des Adjektivs fungiert (Abb. 3.43). Die Adjektivflexion lässt sich so nach Bedarf in Einzelregeln zerlegen, was eine kleinschrittige Progression ermöglicht (z.B. parallel zu kasuellen Verbergänzungen). Der Darstellung müssten sich parallel strukturierte Übungen anschließen, die diese kleinen kognitiven Schemata allmählich automatisieren und in Können überführen.

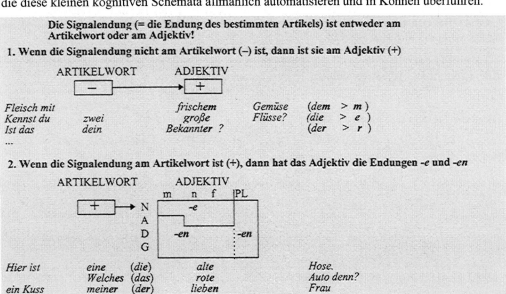

Abb. 3.44: Grundregeln der Adjektivflexion auf signalgrammatischer Basis

Die Darstellung der elementaren Adjektivdeklination Abb. 3.44 kombiniert signalgrammatische Elemente mit einfachen verbalen Erläuterungen; sie stellt die Funktion der Artikelendung in der nominalen Gruppe dar (vgl. Storch 1991, 1992; „Mit Erfolg zum Zertifikat": 8f.; eine ähnliche Darstellung, die auch die Funktion der Endung des bestimmten Artikels in der nominalen Gruppe aufzeigt, findet sich in „Die Suche 1", Arbeitsbuch: 180).
Die syntagmatische Form der Darstellung und die Explikation der Beziehung zwischen den Endungen spiegeln die sprachlichen Gegebenheiten direkt wider; so gesehen ist das Modell (die grammatische Darstellung) dem Original (sprachliche Äußerung) strukturell ähnlich. Andererseits stellen die Generalisierungen „Signalendung" sowie „Adjektivendungen" ein stark kognitiv-abstraktes Element dar, das einer intensiven Automatisierung durch Üben bedarf. Dieses kognitive Element lässt sich dadurch verringern, dass die komplexe Regel (die mit wenigen Ausnahmen zu komplettieren wäre), nach und nach eingeführt und ergänzt wird (z.B. Einführung anhand der einzelnen kasuellen Ergänzungen wie in „Sprachkurs Deutsch").

3.2.3 Grammatikübungen

Grammatikübungen wurden lange Zeit als die wichtigsten Übungen des Fremdsprachenunterrichts betrachtet, und der Übungsteil manch traditioneller Lehrbücher beschränkte sich weitgehend auf reine Grammatikübungen. Älteren Lehrwerksgenerationen lag die Auffassung zugrunde, die angestrebte Kommunikationsfähigkeit in der Fremdsprache werde sich gleichsam automatisch einstellen, wenn die Lernenden nur intensiv genug die Grammatik der fremden Sprache beherrschten – sei es bewusst durch Einsicht in die sprachlichen Regularitäten (kognitiviert: Grammatik-Übersetzungs-Methode), sei es unbewusst durch intensives Üben (automatisiert: audio-linguale Methode). Inzwischen geht man davon aus, dass Grammatikübungen allein nicht ausreichen, um die Kommunikationsfähigkeit in der Fremdsprache zu erreichen (→ 1, 5.3), und dass die Zielfertigkeit selbst intensiv geübt werden muss. Wie die neuere fachdidaktische Diskussion zeigt, kommt der Grammatik als Teilbereich der Zielfertigkeit jedoch ein wichtiger Stellenwert zu, und deshalb findet man auch in neueren DaF-Lehrwerken zahlreiche Übungen zu den verschiedenen grammatischen Phänomenen.

Die traditionellen Übungstypen werden heute noch verwendet, wenn auch oft in neuem Gewand. Während grammatische Strukturen früher in Form isolierter Einzelsätze geübt wurden, weisen die Übungen in neueren Lehrwerken meist einen situativen oder thematischen Zusammenhalt auf; oft wird im Textzusammenhang und nicht im Rahmen isolierter Einzelsätze geübt (→ 5.4). Bei den folgenden Beispielen stelle ich zum Teil Übungen aus einem älteren und aus einem neueren Lehrwerk gegenüber.

Lückenübungen: In Übungssätzen/-texten müssen „grammatische Lücken" ausgefüllt werden, z.B. Verbformen, Adjektivendungen, Präpositionen usw.

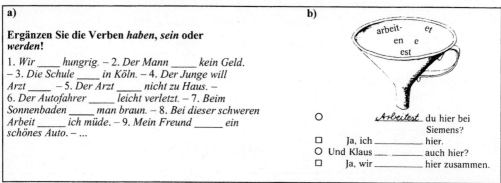

Abb. 3.45: **a)** SCH/GR 2: 66; **b)** THEMEN 1 AB: 15

Lückenübungen eignen sich besonders für morphologische (aber auch lexikalische) Lerngegenstände. Es handelt sich um kognitive Übungen, bei denen explizite Grammatikkenntnisse der

3.2 Grammatik

Lernenden aktiviert werden; Nachdenken, Überlegen, Nachschlagen sind typische Aktivitäten während der Durchführung. Durch Lückenübungen lässt sich überprüfen, ob die Lernenden grammatische Regularitäten durchschauen; dabei wird vor allem die Fähigkeit geübt, in kognitiv dominierten Lernsituationen das grammatische Phänomen formrichtig anzuwenden.

Bei **Formationsübungen** (Konstruktionsübungen) müssen aus sprachlichen Einzelelementen (Wörtern, Syntagmen) größere sprachliche Einheiten, meist Sätze, gebildet werden (Abb. 3.46).

---
a) **Bilden Sie Sätze im Perfekt!**
1. *helfen, d- Kinder, d- Lehrer;* 2. *schreiben, ich, ein Brief, meine Schwester;* 3. *geben, Karl, d- Heft, sein Freund;* 4. *abfahren, d- Zug, um 5.15 Uhr;* 5. *anbieten, Herr Braun, eine Zigarette;* 6. *beginnen, d- Unterricht, um 9.30 Uhr;* 7. *finden, du, Geld, auf d- Straße;* 8. *halten, d- Zug, in Bonn, 3 Minuten;* ...

b) **Unordnung**

[Bild von durcheinander geratenen Wortkärtchen, nummeriert 1–8:
1. Klein. Herr Groß ist
2. ist Telefon 2. Stock rechts. im Das
3. hier Bibliothek? keine es Gibt
4. von Beruf
5. Lehrerzimmer uns das Bei Stock. 3. im ist
6. verstehe das. ich jetzt
7. Neben ist dem die Eingang Anmeldung.
8. Bilder! Vergl- bitte Sie]

Abb. 3.46: a) SCH/GR 1: 45; b) SPR.BR. 1: 32

Diese stark kognitiven Übungen eignen sich für einfachere syntaktische Phänomene (in a zusätzlich mit morphologischen Lücken). Geübt wird dabei die Fähigkeit, bewusst korrekte sprachliche Einheiten zu konstruieren.

Kognitive Übungen wie die bislang dargestellten sind dadurch charakterisiert, „dass sie dem Schüler ein abstraktes Verständnis darüber abverlangen, wie das grammatische System funktioniert." (Rivers 1978: 224) Eine interessante Form des kognitiven Übens stellen „operatorische Übungen" dar (Zimmermann/Wißner-Kurzawa 1985: 32f.), bei denen die Lernenden ihren sprachlichen Reaktionen eine metasprachliche Begründung hinzufügen, z.B.:

L: *Es ist März. Peter plant seinen Urlaub. Der Schwarzwald gefällt ihm besonders gut.*
S: *Er will in den Schwarzwald fahren.*
  Man fragt *wohin?*, also hat *in* einen Akkusativ.

Umformungsübungen (Transformationsübungen): In den Übungssätzen muss eine Ausgangsstruktur in eine Zielstruktur umgeformt werden. Klassisches Beispiel ist die Umformung von Aktiv- in Passivsätze oder bei weiter Fortgeschrittenen die Umformung von erweiterten Partizipialattributen (Linksattributen) in Relativsätze (Rechtsattribute) bzw. umgekehrt (Abb. 3.47).

---
a) Beispiel: *Er schreibt einen Brief. (Was geschieht mit dem Brief?) Der Brief wird geschrieben.*
1. *Peter kauft einen Anzug.* 2. *Der Briefträger bringt einen Brief.* 3. *Die Angestellte des Reisebüros bot dem Herrn mehrere Reisen an.* 4. *Das Reisebüro hat die Fahrkarten bestellt.* 5. *Es hat auch die Ausflüge organisiert.* 6. *Fritz hat das Zimmer bezahlt.* 7. *Man hat den Dieb beobachtet.* 8. *Man hat mir meinen Wagen gestohlen.* 9. *Man hat mir nicht geantwortet.* 10. ...

b) **Partizipialattribut und Relativsatz**
Das „Partizipialattribut", das Sie in den folgenden Sätzen finden, entspricht einem Relativsatz und kommt besonders häufig in der geschriebenen Sprache vor. Sie müssen es zunächst hauptsächlich lesen und verstehen können. Prüfen Sie sich selbst, indem Sie die unterstrichenen Teile des Satzes in einen Relativsatz mit *werden-* oder *sein-*Passiv umwandeln.
  Beispiel: *Wir legen den Fisch in den auf 250 Grad vorgeheizten Backofen.*
  Wir legen den Fisch in den Backofen, der auf 250 Grad vorgeheizt ist.

> 1. Bewährt hat sich <u>das nach Bircher-Benner benannte</u> Bircher-Müsli.
> 2. Dr. Fritz empfiehlt Vollkornbrot mit Butter und <u>einer nicht mit Konservierungsmittel behandelten</u> Marmelade.
> 3. Das <u>dann servierte Essen</u> muss Auge und Geruchsinn gleichermaßen erfreuen.
> 4. Der <u>schön gedeckte</u> Tisch <u>im behaglich hergerichteten</u> Essraum gehört ebenfalls zur Kochkunst.
> 5. ...

Abb. 3.47: a) SCH/GR G: 138; **b)** WEGE (neu) AB: 146

Bei diesen Übungen werden syntaktische Strukturen umgeformt, im vorliegenden Fall auf eine stark kognitiv-bewusste Art; aufgrund des Wiederholungseffekts tragen diese Übungen auch zur Automatisierung der jeweiligen Strukturen bei. Ein wesentlicher Unterschied zwischen beiden Übungen besteht darin, dass Übung b einen thematischen Zusammenhang (Lektionsthema) aufweist und in der Anweisung sowohl Angaben zur Verwendung (geschriebene Sprache) als auch zum Lernziel (Verstehen der Struktur beim Lesen) gemacht werden.

Erweiterungsübungen: Es wird ein Ausgangssatz erweitert, der dadurch in seiner Struktur komplexer wird. Ein typisches Beispiel ist die Eingliederung eines Nebensatzes in einen übergeordneten Hauptsatz (Abb. 3.48). Es handelt sich hierbei um eine Auto-

> *Es klingelte an der Tür. Eva war noch nicht fertig.*
> *Als es an der Tür klingelte, war Eva noch nicht fertig.*
>
> **a.** Es klingelte an der Tür. Eva war noch nicht fertig. **b.** Der Dirigent hob den Stab. Herr Kreuzer sah sich um. **c.** Die Sinfonie war vorbei. Herr Kreuzer ging zum Ausgang. **d.** Die Besprechung war vorbei. Manfred räumte das Konferenzzimmer auf.

Abb. 3.48: DT. 2000 1: 136

matisierungsübung; der Lernende soll sich durch die Wiederholung allmählich an die Strukturen gewöhnen, sodass er sie mit der Zeit, ohne viel nachzudenken, automatisch äußern kann.

Wann	gingen Sie	gestern	in ... Fabrik?	Ich	ging um ...	in ...
	kamen	heute	aus ... Büro?		kam	aus ...
			zu ... Essen?			zu ...
			von ... Schule?			von ...
			nach Haus?			nach ...

Abb. 3.49: DAF (neu) 1A: 118

Zu den „klassischen" Übungen gehört die **Substitutionstafel** (Satzschalttafel), bei der die syntaktische Struktur weitgehend vorgegeben ist (Abb. 3.49, 3.50). Die Lernenden müssen hier aus den Vorgaben sinnvolle Kombinationen auswählen und diese gegebenenfalls ergänzen (wie in 3.49), wobei im zweiten Fall (Abb. 3.50) wesentlich komplexere morphosyntaktische und lexikalische Entscheidungen zu treffen sind.

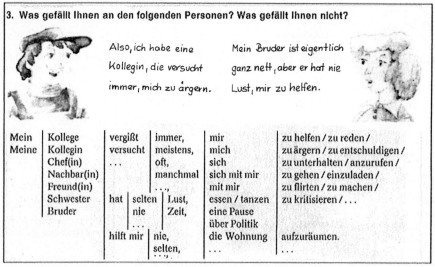

Abb. 3.50: THEMEN 2: 61

3.2 Grammatik

Beide Übungen zielen auf die Automatisierung bestimmter Satzstrukturen; die zweite Übung weist durch den inhaltlichen Zusammenhang („*Was gefällt Ihnen an den folgenden Personen? Was gefällt Ihnen nicht?"*) eine kommunikative Ausrichtung auf, während die erste (Abb. 3.49) eine reine Grammatikübung ist, was schon die Überschrift ausdrückt („*Bilden Sie Fragen und Antworten"*). Substitutionstafeln sind meistens keine rein formalen Übungen (wie z.B. Übung Abb. 3.52a), da semantisch sinnvolle Aussagen gebildet werden müssen.

Bei **Ersetzungs-** oder **Substitutionsübungen** werden ein oder mehrere Elemente innerhalb eines Strukturmusters variiert (Abb. 3.51; das englische Beispiel aus Brooks 1973: 150; S – Stimulus, R – Reaktion). Nach Rohrer (1978: 64) sind Substitutionsübungen „für alle sprachlichen Elemente, die auf nichtkognitive Weise zwecks Reproduktion gelernt werden müssen, in gedächtnispsychologischer Sicht eine hervorragende Speichertechnik".

S: *Wir haben eine Zeitung gelesen.*	S: *She dropped her glove.*
R: *Wir haben eine Zeitung gelesen.*	R: *She dropped her glove.*
S: *Roman*	S: *watch*
R: *Wir haben einen Roman gelesen.*	R: *She dropped her watch.*
S: *kaufen*	S: *he*
R: *Wir haben einen Roman gekauft.*	R: *He dropped his watch.*
S: *Julia*	S: *lost*
R: *Julia hat einen Roman gekauft.*	R: *He lost his watch.*
S: *...*	S: *they*
	R: *They lost their watches.*
	S: *...*

Abb. 3.51: Substitutionsübungen

Formbezogene Übungen, die darauf abzielen, Strukturen zu automatisieren, werden im Anschluss an die Terminologie der audio-lingualen Methode *pattern drills* (auch: Strukturübungen) genannt; dabei soll durch Wiederholung ein bestimmtes Strukturmuster (*pattern*) automatisiert werden (→ 7.2). *Pattern drills* können unterschiedliche formale Veränderungen aufweisen, z.B. Erweiterungen wie Abb. 3.47, Substitutionen wie 3.51 oder Umformungen wie 3.52a.

a) **Bitte antworten Sie *Ich weiß nicht, ...*:**		b) **Suchen und finden**
Wann kommt er?	*Ich weiß nicht, wann ...*	*Wo ist denn die Wurst?* – *In der Küche natürlich!*
Wohin geht er?	*Ich weiß nicht, ...*	
Was macht sie?	*Ich weiß nicht, ...*	*Wo ist denn die Zahnpasta?* ...
Warum schreibt sie nicht?	*Ich weiß nicht, ...*	*Wo ist denn der Wein?*
Wie lange bleibt er?	*Ich weiß nicht, ...*	*Wo ist denn mein Pyjama?*
Was hat er gesagt?	*Ich weiß nicht, ...*	*Wo ist denn mein Abendkleid?*
Wo bleiben sie denn?	*Ich weiß nicht, ...*	*Wo ist denn die Gartenbank?*

Abb. 3.52: a) DAF (neu) 1A: 118; b) SPRK.DT. (neu) 2: 71

Strukturübungen haben oft die Form eines minimalen Dialogmusters, wodurch ein Zusammenhang mit dem dialogischen Sprechen hergestellt wird – z.B. die Übungen Abb. 3.48, 3.50 oder 3.52b. In der Übung Abb. 3.52b spielt auch der Bedeutungsaspekt eine wichtige Rolle, da der Lernende selbst eine zum Stimulus semantisch passende Reaktion finden muss (→ 5.4).

a)	a) ○ *Ich kann meinen Hut nicht finden. Liegt er hier?*	~ *Hier ist keiner./Hier liegt einer, aber das ist meiner. Ihrer/deiner liegt dort.*
	b) ○ *Ich kann meine Handschuhe nicht finden. Liegen sie hier?*	~ *Hier sind keine./Hier liegen welche, aber das sind meine. Ihre/deine liegen dort.*
	Und jetzt Sie bitte: *Regenschirm, Jacke, Kleid, Hemden ...*	
b)	**Ja, nein, doch?**	
	1. *Haben Sie eine Fahrkarte?* 4	_____, *hier bitte*
	2. *Haben Sie eine Fahrkarte?* 6	_____, *noch nicht.*
	3. *Hast du keine Fahrkarte?* 6	_____, *wo gibt es die?*
	4. *Hast du keine Fahrkarte?* 4	_____, *natürlich.*
	5. *Hat der Zug keine 2. Klasse?* 4	_____, *da vorn.*
	6. *Hat der Zug eine 2. Klasse?* 4	_____, *gleich hier.*
	7. *Hat der Zug eine 2. Klasse?* 6	_____, *dieser nicht.*
	8. *Hat der Zug keine 2. Klasse?* 6	_____, *das ist ein TEE-Zug.*

Abb. 3.53: a) SPR.BR. 1: 95; b) STUFEN 1: 91

Morphosyntaktische Strukturen werden in neueren DaF-Lehrwerken meist nicht isoliert eingeübt; die meisten Übungen sind kontextualisiert, und es besteht ein enger thematischer Zusammenhang zu einem Lektionstext bzw. -thema (Abb. 3.53). Durch die situative oder thematische Einbettung gehen auch inhaltliche und pragmatische Aspekte in das Übungsgeschehen mit ein, sodass die Funktion des grammatischen Übungsgegenstands in der Kommunikation erkennbar ist. Dadurch wird die Mittlerfertigkeit „Grammatik" an die Zielfertigkeit „Kommunikation in der Fremdsprache" angebunden (→ 5.4) und die Verwendung der Grammatik in der Kommunikation direkt vorbereitet. So auch in Übung Abb. 3.54 (Grammatik „Präsens"), wo die Funktion der Personalformen des Verbs grammatisch eingeübt und das grammatische Phänomen direkt in die Fertigkeit „Sprechen" überführt wird.

Abb. 3.54: STUFEN 1: 33

3.3 Wortbildung

Wortbildung spielt im Wortschatz des Deutschen eine äußerst wichtige Rolle, und die Bildung neuer Wörter aus existierenden sprachlichen Elementen stellt einen der produktivsten und kreativsten Prozesse in der deutschen Sprache dar. In der didaktischen Literatur wird Wortbildung auch unter dem Thema „potenzieller Wortschatz" behandelt – potenziell, weil die Kenntnis der Wortbildungskonstituenten das Verstehen oder Bilden eines neuen (eben „potenziellen") Wortes erlaubt, das den Regularitäten der deutschen Wortbildung entspricht: Wer *Keller* und *Treppe* kennt, tut sich mit dem Wort *Kellertreppe* nicht mehr schwer.

In „Das Zertifikat Deutsch als Fremdsprache" (313ff.) wird der Wortbildung neben den syntaktischen Strukturen und dem Wortschatz ein wichtiger Platz eingeräumt. Die Wortbildungsliste umfasst wichtige Wortbildungstypen der deutschen Nomen (N), Verben (V), Adjektive (ADJ) und anderer Wortarten, z.B. (ADV – Adverb, P – Präposition):

KOMPOSITA		ABLEITUNGEN	
N+N	*Benzinpreis, Gehaltskonto ...*	V-*ung*	*Abmeldung, Warnung, Heizung ...*
ADJ+N	*Kurzarbeit, Rotwein ...*	V-*er*	*Vermieter, Anfänger, Läufer ...*
V+N	*Bratwurst, Liegestuhl ...*	N-*in*	*Chefin, Ärztin ..*
ADV+N	*Innentasche, Rückwärtsgang ...*	N-*chen*	*Häuschen, Hemdchen, Höschen ..*
P+N	*Nebenraum, Gegenwind ...*		

un-	*unähnlich*	*voll-*	*vollautomatisch*	*-frei*	*angstfrei*	*-reich*	*fischreich*
über-	*überdeutlich*	*teil-*	*teilmöbliert*	*-voll*	*hoffnungsvoll*	*-los*	*arbeitslos*
aller-	*allerwichtigste*	*-lich*	*beruflich*	*-bar*	*unbezahlbar*	*-wert*	*liebenswert*
halb-	*halbautomatisch*	*-ig*	*einstündig*	*-arm*	*alkoholarm*		

Auch im Wortschatz von DaF-Lehrwerken spielen Wortbildungen von Anfang an eine wichtige Rolle. So kommen nun in Lektion 1 des Lehrwerks „Sprachbrücke" u.a. die folgenden Wörter vor (PF – Präfix, SF – Suffix):

N von V:	*Anmeldung, Anrede, Anfänger, Übung*
N + N:	*Grammatiklehrerin, Sprachinstitut, Konversationskurs, Familienname, Sprachlabor, Entscheidungsfrage, Wörterbuch*
PF + V:	*Wiedersehen*
V von N:	*buchstabieren, telefonieren, unterrichten*
SF -*er*:	*Techniker,*
SF -*in*:	*Lehrerin, Sekretärin, Dozentin, Technikerin, Ärztin, Verkäuferin*

3.3 Wortbildung

Die folgenden Wörter gehören zum „potenziellen Wortschatz" von Lektion 1, d.h. lassen sich aus den vorkommenden Wörtern bilden:

V: *anfangen, anmelden, anreden, dozieren, fragen, entscheiden, kaufen, lehren, melden, reden, sehen, sprechen, üben, verkaufen, wiedersehen*

N: *Buchstabe, Kauf, Technik, Telefon, Unterricht, Verkauf; Hörer, Leiter, Leser, Raucher, Sprecher ...; Benutzung, Entschuldigung, Erklärung, Leitung, Schreibung, Vorstellung, Wiederholung ..*

N + N: *Anfängerkurs, Anfängerunterricht, Biologiebuch, Biologiestudent, Deutschbuch, Deutschkurs, Institutsdirektor, Institutssekretärin, Sprachkurs, Sprachlaborleiterin, Technikkurs, Telefonbuch, Telefonauskunft ...*

V + N: *Hörübung, Lerntechnik, Lesebuch, Schreibheft, Schreibübung, Spieltisch, Sprechübung ...*

Die Beispiel zeigen, dass das Wortbildungspotenzial des Wortschatzes von der ersten Lektion eines Deutschkurses an sehr groß ist – und somit auch die Möglichkeit, ab der ersten Unterrichtsstunde Wortbildung zu betreiben. Obwohl dieser Bereich der Sprache eine wichtige Möglichkeit darstellt, den Wortschatz und somit das Ausdrucksvermögen der Lernenden auf eine sehr ökonomische Art zu erweitern, werden die damit verbundenen Möglichkeiten in den meisten DaF-Lehrwerken nicht ausgeschöpft.

3.3.1 Grundlagen

Ich führe zunächst einige Grundbegriffe ein, deren Kenntnis für den Umgang mit Wortbildung im Unterricht nützlich ist.

Eine Wortbildung ist ein „Morphemgefüge" (Erben 1983: 24), d.h. ein morphologisch komplexes Wort, z.B.: *be-schreib(en), sinn-lich, sinn-los, Wort-bild-ung, Augen-blick, be-sitz(en), Jung-geselle, Universität(s)-verwalt-ung(s)-leit-er-in*. Die Wortbildungslehre analysiert die Wortbildungen der deutschen Sprache und versucht, Einsichten in die Regularitäten für die Neubildung von Wörtern zu gewinnen. Es lassen sich morphologische, syntaktische und semantische Regularitäten unterscheiden (Erben 1983: 35ff.), z.B. *Holzhütte*:

MORPHOLOGISCH	SYNTAKTISCH		SEMANTISCH
NOMEN+NOMEN	ATTRIBUTIV:	– *Hütte aus Holz*	MATERIAL
		– *Hütte für Holz*	ZWECK

Eine rein morphologische Klassifizierung kann nicht zwischen motivierten und unmotivierten Wortbildungen unterscheiden. *Junggeselle* und *Rotwein* z.B. haben die morphologische Struktur „ADJ+N", aber nur *Rotwein* ist motiviert, d.h. lässt sich semantisch auf seine Konstituenten *rot* und *Wein* zurückführen

Die Unterscheidung zwischen motivierten (*Italienreise, verfaulen, arbeitslos*) und nicht motivierten Wortbildungen (*Augenblick, Junggeselle, freundlich*) ist äußerst wichtig, weil nur motivierte Wortbildungen Muster bilden und produktiv sind. Viele motivierte Wortbildungen verlieren mit der Zeit ihre Motivation (z.B. *Jungfrau*, das ursprünglich 'junges adeliges Fräulein' bedeutete – Fleischer 1982; Polenz 1973).

Zwischen den Konstituenten von Wortbildungen bestehen bestimmte Beziehungen (s.o. *Holzhütte*). Einer morphologischen Struktur können verschiedene wortbildungsinterne syntaktische Strukturen entsprechen, z.B.:

V+N	– *Animierdame*:	'Dame, die$_{NOMINATIV}$ jdn. animiert' (auch: *Hängebrücke, Tanzgruppe* ...)
	– *Leihwagen*:	'Wagen, den$_{AKKUSATIV}$ man jdm. leiht' (auch: *Kaugummi, Schlagsahne* ...)
	– *Badewanne*:	'Wanne, in der$_{PRÄPOSITIONAL}$ man badet' (auch: *Waschtag, Bohrmaschine* ...)

Ebenso kann ein morphologisch und syntaktisch gleiches Muster unterschiedliche semantische Strukturen beinhalten, z.B.:

– morphologisch:	VERB+NOMEN			
– syntaktisch:	NOMEN, RELATIVPRON$_{PRÄPOSITIONAL}$ ... VERB			
– semantisch:	*Badewanne*	LOKAL	– *in*	('Wanne, in der man badet')
	Fahrweg	LOKAL	– *auf*	('Weg, auf dem man fährt')
	Wanderziel	DIREKTIONAL	– *zu*	('Ziel, zu dem man wandert')
	Waschtag	TEMPORAL	– *an*	('Tag, an dem man wäscht')
	Bohrmaschine	INSTRUMENTAL	– *mit*	('Maschine, mit der man bohrt')

Wortbildungen, die nach denselben sprachlichen Regularitäten gebildet sind, bilden ein Wortbildungsmuster. Hier spielen morphologische, syntaktische und semantische Aspekte zusammen – z.B.: *trinkbar, essbar* ...
– morphologisch: VERB+SUFFIX *-bar*
– syntaktisch: das Verb ist transitiv und passivfähig, Subjektbezug bei passivischer Paraphrase ('etwas kann getrunken werden')
– semantisch: 'KÖNNEN'

Durch den Prozess der Wortbildung verändert sich der syntaktische oder semantische Status eines Wortes, z.B. Wortartenwechsel: *laufen > Läufer, schön > verschönern;* Valenzveränderung: *schenken*+DAT+AKK > *verschenken*+AKK+*an, warten auf > erwarten*+AKK; Wechsel der Wortart, verbunden mit Valenzveränderung: *besuchen*+AKK >*Besuch bei, begegnen*+DAT > *Begegnung mit*; semantisch: *nehmen > entnehmen* ('aus'), *geschickt > ungeschickt* (antonymisch), *steigen > besteigen* ('auf').

Wortbildung spielt auch für die Textstruktur eine wichtige Rolle, denn oft werden semantische Zusammenhänge innerhalb von Texten durch Wortbildungsbeziehungen hergestellt, z.B.:

> ... *Manche glauben, in Allensbach eine Idylle gefunden zu haben, weil die* Ruhe *und die harmonische* Ausgeglichenheit *der Landschaft sie selbst* ruhig *und* ausgeglichen *werden lässt* ...
> (Das freundliche Allensbach, Verkehrsamt Allensbach)
>
> *Seit es Menschen auf der Erde gibt, sind sie gezwungen, die Natur zu* verändern, *um ihr Leben zu erhalten. Unter günstigen geographischen und klimatischen Bedingungen bleiben diese* Veränderungen *gering* ...
> (Iring Fetscher, zit. nach „Arbeit mit Texten": 86)

Unter Sprachlehr- und -lernaspekten ist Wortbildung ein schwieriger Bereich, da es viele Irregularitäten und Polyfunktionalitäten gibt. Nicht-Muttersprachler können nur schwer zwischen motivierten und teil- bzw. unmotivierten Wortbildungen unterscheiden. Selbst im Kontext dürfte oft nicht zu erkennen sein, dass die Bedeutung von *Jungfrau* und *besitzen*, anders als bei *Rotwein* und *besteigen*, nicht auf die Basiskonstituenten zurückgeführt werden kann. Aber auch motivierte Wortbildungen haben eigene Bedeutungsnuancen, z.B. *Raucher* hat oft den Aspekt 'gewohnheitsmäßig'; und nicht jede große Stadt ist auch eine Großstadt.

Eine weitere Schwierigkeit besteht darin, dass Wortbildungsmittel in sehr verschiedenen Funktionen vorkommen können, z.B. *ver-*:

> – 'WERDEN' deadjektivisch: *verfaulen,* s. *verjüngen,* s. *vergrößern* ...
> – 'MACHEN' deadjektivisch: *veranschaulichen, verstärken* ...
> – 'WERDEN' denominal: *vernarben, verdampfen* ...
> – 'WERDEN/LOKAL' denominal: *verschimmeln, vereisen* ...
> – 'UNZUGÄNGLICH MACHEN/HANDLUNG' deverbal: *verschrauben, verschließen* ...
> – 'UNZUGÄNGLICH MACHEN/MITTEL' denominal: *vergittern, verkorken* ...
> – 'UMKOMMEN' denominal: *verhungern, vergiften* ...
> – 'AUFHÖREN' deverbal: *verblühen, verhallen* ...
> – 'WEG' deverbal: *verrutschen, verdrängen* ...
> – 'FALSCH' deverbal: s. *verhören,* s. *verzählen* ...
> – 'VERBRAUCHEN' deverbal: *vertelefonieren, versaufen* ...
> – 'ZEIT VERTUN' deverbal: *verträumen, verschlafen* ...

Umgekehrt können verschiedene Präfixe und Suffixe in derselben Funktion vorkommen, z.B. bei den kausativen (verursachend) deadjektivischen Verben *zu* ADJ *machen*: *leer-en, be-frei-en, er-möglich-en, ver-anschaulich-en, zer-kleiner-n, blond-ier-en, steril-isier-en*. Obwohl nur wenige Regularitäten für die Verteilung der verschiedenen Affixe erkennbar sind (z.B. *-isieren* bei Fremdwörtern), ist sie doch nicht willkürlich, vgl. **vermöglichen, *beleeren, *erfesten, *kleinigen* (* – nicht korrekt). Hier liegt eine Mischung aus regelhaften und nicht regelhaften (idiosynkratischen) Erscheinungen vor:

– regelhaft: Wortklassenwechsel ADJEKTIV > VERB mit Akkusativergänzung; Bedeutung 'ADJEKTIV machen'
– nicht regelhaft: Verteilung der Wortbildungsaffixe (mit wenigen systematischen Fällen)

3.3 Wortbildung

Das Regelhafte kann gelernt und geübt werden; für das Irreguläre müssen die Lernenden im produktiven Bereich nach und nach ein Sprachgefühl entwickeln (*'vermöglichen'* klingt merkwürdig, *'befreien'* habe ich vielleicht schon einmal gehört.).
Probleme bereiten einem DaF-Lernenden auch die zahlreichen Systemlücken; wie soll er z.B. wissen, dass von *treu, echt, böse* keine Verben der Zustandsveränderung abgeleitet werden können, weder **vertreuen* ('treu werden') noch **echtigen* ('echt machen'); oder dass es neben *Läufer, Raucher, Fahrer* nicht **Kocher* oder **Bauer* als Agens-Nominalisierungen von *kochen* bzw. *bauen* gibt? Unregelmäßigkeiten bestehen weiterhin beim Umlaut, denn trotz gleicher Ablautreihe der Basisverben werden Nomen oft unterschiedlich gebildet:

a – ä – ie – a: *Bläser, Empfänger*   aber: *Anhalter, Berater*
a – ä – u – a: *Bäcker, Träger*   aber: *Fahrer, Tieflader*

Auch bei den Fugenelementen gibt es Unregelmäßigkeiten, z.B.: *Landhaus – Land*s*mann – Land*es*farben – Länd*er*spiel, Eigelb – Ei*er*schale*.

3.3.2 Didaktische Folgerungen

Aufgrund der genannten Schwierigkeiten sollten die Lernziele im Bereich der Wortbildung nicht zu hoch angesetzt werden.
- Der Bereich der Wortbildung sollte von Anfang an systematisch in den Unterricht einbezogen werden, wobei die Lernziele bei Anfängern vor allem im rezeptiven und reproduktiven Bereich liegen. Die Lernenden sollen Wortbildungen verstehen und bei leichten, stark besetzten Mustern ein Gefühl für mögliche Analogiebildungen entwickeln.
- Wortbildungen aus stark besetzten und wichtigen Mustern sollten in den Lehrmaterialien oft vorkommen (in Texten, Übungen usw.), sodass die Lernenden ein Gefühl für das Phänomen Wortbildung und für „mögliche Wörter" des Deutschen gewinnen.
- Bereits eingeführte Wörter sollten in Übungen und Texten als Konstituenten von Wortbildungen vorkommen und dadurch implizit wiederholt werden. Das dient neben der Wiederholung auch der Erweiterung des Wortschatzes und sensibilisiert für das Phänomen Wortbildung.
- In Wortbildungsübungen sollten sehr produktive und stark besetzte Muster geübt werden. Die meisten der Wortbildungen, die der Muttersprachler oft als Fertigwort abruft und nicht mehr neu bildet, sind für den Fremdsprachenlerner neu. D.h. das Wortbildungspotenzial ist für den Fremdsprachenlerner wesentlich höher als für den Muttersprachler. Bei produktiven (synthetischen - s.u.) Übungen muss das Problem der Irregularitäten berücksichtigt werden.
- Didaktisch lassen sich u.a. die folgenden zwei Aspekte unterscheiden: der reihenbildende regelhafte Aspekt, der in synthetischen und analytischen Reihenübungen anhand von motivierten Wortbildungen geübt werden kann (→ 3.3.3); der rezeptive Aspekt beim Textverstehen, wo auch Teilmotivation eine Verstehenshilfe für im Kontext eingebundene Wortbildungen darstellen kann (→ 3.3.4).
- Aufgrund des syntaktischen, semantischen und textuellen Potenzials von Wortbildungen sollte dieser wichtige Bereich der Sprache in engem Zusammenhang mit anderen Lerngegenständen des Unterrichts behandelt und geübt werden.

3.3.3   Wortbildungsübungen

3.3.3.1   Explikative Übungen
Bei der Wortbildung kann zwischen explikativen Übungen und isolierten Wortübungen unterschieden werden. Explikative Übungen beruhen auf der Beziehung zu einem Paraphrasenausdruck, wodurch der Zusammenhang mit den Wortbildungskonstituenten erkennbar wird. Die Wortbildung ist das Explikandum, ein Paraphrasenausdruck o.ä., der die Konstituente(n) des komplexen Wortes enthält, ist das Explikat.

Explikandum:	*Kellertreppe*	*eiskalt*	*verfaulen*
Explikat:	*Treppe, die in den Keller führt*	*kalt wie Eis*	*faul werden*

Es lassen sich analytische und synthetische explikative Übungen unterscheiden. In Form von explikativen Übungen können viele Wortbildungsmuster geübt werden;

	STIMULUS →	LERNERREAKTION
ANALYTISCH	... trinkbar ...	→ ... kann ... trinken ...
	... Italienfahrt ...	→ ... Fahrt nach Italien ...
SYNTHETISCH	... kann ... trinken ...	→ ... trinkbar ...
	... Fahrt nach Italien ... →	... Italienfahrt ...

die Übungen selbst können eine sehr unterschiedliche Form haben, z.B. die Form von nicht kontextualisierten Paraphrasenübungen (Abb. 3.55; → 3.2.3 „Transformationsübungen").

1 Ehepaar Weber hat keine Kinder. > Es ist kinderlos. Frau Weber hat seit einem Jahr keine Arbeit. > Sie	ebenso:	arbeitslos, erfolglos, planlos, gedankenlos, sinnlos ...
2 Mein Kleiner hat immer Hunger! > Er ist immer hungrig. Er hat meist auch viel Durst! > Er ...	ebenso:	durstig, kräftig, mutig, eilig, bärtig, rothaarig ...
3 ... ein Fenster vergittern > ein Fenster mit einem Gitter sichern einen Brief versiegeln > einen	ebenso:	versiegeln, verriegeln vermauern, verstöpseln ...

Abb. 3.55: Beispiele für explikative Wortbildungsübungen

Die Übungen 1 und 2 ließen sich schon bei Anfängern einsetzen, denn es handelt sich um geläufige Adjektive, die sich leicht bilden lassen. Bei Übung 3 (für Fortgeschrittene) werden die Lerner nicht nur für eine bestimmte Wortbildungsstruktur sensibilisiert, sondern das Bilden von Paraphrasen dient auch der Förderung des Ausdrucks. Eine explikative Transformationsübung ist auch Übung Abb. 3.56, wo Nominalisierungen auf einen verbalen Ausdruck zurückgeführt werden; die Übung weist durch den Bezug auf einen Lehrbuchtext einen inhaltlichen Zusammenhang auf.

Formen Sie bitte die folgenden nominalen Ausdrücke in verbale Ausdrücke um!
Sie fordern ...   Die Politiker sollen ...
den Schutz der Umwelt   _die Umwelt schützen_
die Humanisierung der Arbeitswelt _____
die Vermeidung von Kriegen _____
den Schutz der Wälder _____
die Schaffung neuer Arbeitsplätze _____
die Entgiftung der Abwässer _____

Abb. 3.56: SPR.BR 2 AB 1/5: 53

Explikative Wortbildungsübungen lassen sich leicht in dialogischer Form durchführen, vgl. die Übungen Abb. 3.57:

1 Den Wein kann man ja kaum trinken! → Ich finde auch, dass er kaum ~~trinkbar~~ ist. Und das Steak! Das kann man ja nicht essen! → Ich finde auch, dass ...	erkennbar, essbar, genießbar, fahrbar ...
2 Haben Sie goldene Ringe? → Nein, ~~Ringe aus Gold~~ führen wir nicht. Haben Sie silberne Halsketten? → Ja, ... führen wir.	hölzern, seiden, silbern, gläsern ...
3 Müllers machen eine Schifffahrt. → Was machen Müllers? ~~Eine Fahrt mit dem Schiff~~? Und Webers planen eine Italienreise. → Was planen Webers? Eine ...? ...	Weltreise, Nachtflug, Autofahrt, Mondspaziergang

Abb. 3.57: Beispiele für dialogische Wortbildungsübungen

Bei diesen Übungen ist ein minimales Dialogmuster die Übungseinheit; dadurch wird tendenziell die diskursive Funktion der Äußerungen erkennbar (→ 6.2.3.1), z.B. 'negativ beurteilen – zustimmen' (1) oder 'informieren – ungläubig nachfragen' (3). Die Übungen lassen sich situativ einbetten, z.B. 1 'Im Restaurant', 2 'In einem Geschäft', wodurch ein Zusammenhang mit einer Lektionssituation oder einem Lektionsthema hergestellt und die Übung thematisch in das Unterrichtsgeschehen eingebunden werden kann.

Authentischer Kommunikation nähert sich die folgende Rätselübung an (Abb. 3.58), die mit einfachen Redemitteln schon bei Anfängern durchgeführt werden kann; für ihre Reaktion müssen die Lernenden die korrekten Zahlen und Maßeinheiten zuordnen.

3.3 Wortbildung

– *Wie hoch ist die Zugspitze?* | *Sie hat eine Höhe von ...*
| *Ihre Höhe beträgt ...*
| *Sie ist ... hoch.*

– *Wie lang ist der Rhein?*
– *Wie groß ist ...*

2961 – 1330 – ...
Meter – Kilometer – Quadratkilometer ...

Abb. 3.58: Beispiel für eine dialogische Rätselübung

Schließlich lassen sich die Übungen auch so gestalten, dass die Textfunktion der Wortbildung erkennbar wird, z.B. Abb. 3.59:

1. *Marianne ist ziemlich krank. Zum Glück ist ihre Krankheit nicht gefährlich.*
   Unser Lehrer ist ziemlich dumm. Seine _____ ist kaum zu ertragen.
   Frau Weiß ist sehr berühmt. ...
   ...
2. *Die Studenten versammelten sich um 18 Uhr. Die Versammlung dauerte drei Stunden.*
   Der Ausschuss beriet das Thema intensiv. Nach Ende der _____ wurde eine Erklärung abgegeben.
   Das Flugzeug landete um 17 Uhr. Nach der _____ ...
   ...

Abb. 3.59: Beispiele für Übungen zur Textfunktion von Wortbildungen

In der Regel findet man derartige Übungen in DaF-Lehrwerken für die Mittelstufe. Es handelt sich dabei um Umformungsübungen zu bestimmten syntaktischen Phänomenen, z.B. „erweitertes nominales Linksattribut – Relativsatz" (*der seit sechs Stunden vermisste Bergsteiger – der Bergsteiger, der seit sechs Stunden vermisst wird*), „adverbialer Nebensatz – präpositionale Gruppe" oder „komplexe nominale Gruppe – Subjekt-/Objektsatz" (Abb. 3.60).

a) **Auch die folgenden Sätze werden Sie besser verstehen, wenn Sie die unterstrichenen Teile in Nebensätze umwandeln ... Man kann das z.B. so machen:**
   Die Vielzahl der neuen Erkenntnisse verlangte ferner eine gründliche Neubearbeitung und Ergänzung der alten Texte. → *Die Vielzahl der neuen Erkenntnisse verlangte ferner, dass die alten Texte gründlich neu bearbeitet und ergänzt wurden.*
   1. *Der erforderliche Platz wurde durch Streichung überholter Begriffe und Verwendung einer kleineren Druckvorlage gewonnen.* (Was wird aus *durch*?)
   2. *Ohne die Mitarbeit zahlreicher Spezialisten wäre die Bewältigung des großen Zuwachses an neuen Erkenntnissen und Erfahrungen nicht möglich gewesen.* (Sie brauchen ein *es* im Hauptsatz)
   3. *Eine Reihe von Änderungen konnte noch kurz vor Erscheinen dieser Auflage eingearbeitet werden.*
   4. ...

b) **Trotz geringer Mittel** *entstanden schon im Altertum erstaunliche Werke.*
   (Präposition *trotz* + Nomen = Hauptsatz)
   Obwohl *nur geringe Mittel* **vorhanden waren**, *entstanden schon im Altertum ...*
   (Konjunktion *obwohl* + Verb = Nebensatz)
   Formen Sie die präpositionalen Fügungen in Nebensätze um.
   1. *Seit Beginn der industriellen Revolution vor etwa 200 Jahren schritt die technische Entwicklung schnell voran.* (seit/seitdem)
   2. *Bei positiver Betrachtung der Technik kommt man zu dem Schluss, dass mit ihrer Hilfe ein alter Traum der Menschheit in Erfüllung geht.* (wenn)
   3. *Durch den Einsatz der Technik ist unser Lebensstandard zweifellos gestiegen.* (indem/weil)
   4. ...

Abb. 3.60: a) WEGE (neu): 187; b) MITTELST.DT. AB: 79

Diese Transformationsübungen lassen deutlich den engen Zusammenhang zwischen Wortbildung und Syntax erkennen. Dabei wird die analytische (d.h. verbale) Form, in die die nominale umgeformt werden soll, als die einfachere betrachtet. In Übung a wird darüber hinaus der rezeptive Charakter der Übung als Verstehenshilfe betont.

Trotz der Vorgaben des „Zertifikats Deutsch als Fremdsprache" (s.o.) und der engen Verbindung zur Grammatik (s.u.) enthalten Grundstufenlehrwerke nur selten explikative Übungen. Dass sie jedoch schon auf diesem Niveau mit Gewinn eingesetzt werden können, zeigt neben den obigen Beispielen (Abb. 3.57, 3.58, 3.59 u.a.) die folgende Übung Abb. 3.61.

Kleine Drillübung
Antworten Sie bitte reihum wie im Beispiel:

Was ist ...
– eine unvergleichliche Schönheit?

Das ist ...
– eine Schönheit, die man mit nichts vergleichen kann.

– ein unbelehrbarer Mensch – unentbehrliche Hilfe – ein unverwechselbares Aussehen – ein unerklärlicher Vorgang – ein unbewohnbarer Planet – eine denkbare Lösung – bewegliche Figuren – eine missverständliche Erklärung – eine unlösbare Aufgabe – eine undankbare Aufgabe – ...

2. Bilden Sie bitte aus den folgenden Sätzen **Nominalgruppen mit** dem entsprechenden **Adjektiv**! Schreiben Sie die Nominalgruppen in eine Tabelle!

Diesen Vorgang kann man nicht erklären.
Das Wasser kann man nicht trinken.
Diese Geschichte ist nicht zu glauben.
...

Dieses Kind ist schwer zu erziehen.
Das Material lässt sich gut formen.
Ihren Mut kann man mit nichts vergleichen.

-bar	-lich
untrinkbares Wasser	*ein unerklärlicher Vorgang*

Abb. 3.61: SPR.BR. 2 AB 6/10: 60

Bei dieser Übung werden nicht nur Wortbildungsregularitäten geübt; zugleich werden die regelhaften Fälle (*unentbehrliche Hilfe – Hilfe, die man nicht entbehren kann*) von nicht regelhaften differenziert (*undankbare Aufgabe – Aufgabe, die unangenehm ist / schwer zu lösen ist*). Auch im zweiten Teil stehen nicht die Regularitäten für die Neubildung im Vordergrund (*-lich* ist in dieser Funktion nicht mehr produktiv, und bei den existierenden Adjektiven lässt sich die Verteilung von *-bar* und *-lich* kaum in Regeln fassen), sondern die Entwicklung eines Sprachgefühls für bereits existierende Bildungen.

Formen der Bewusstmachung wie bei der Grammatik (Schemata, Tabellen, Symbole usw.; → 3.2.2, 5.3.4) findet man im Bereich der Wortbildung selten; Abb. 3.62 gibt ein Beispiel für die Darstellung der Genusregularitäten bei Komposita:

Abb. 3.62: STUFEN INT. 1: 73

Das Üben von Grammatik, Wortschatz und Ausdruck im Zusammenhang mit Wortbildung
In explikativen Wortbildungsübungen kann das wortbildungsinterne syntaktische und semantische Potenzial dafür genutzt werden, den Bereich Wortbildung gezielt an das grammatische und lexikalische Übungsgeschehen im Unterricht anzubinden. Auch wenn das bislang im Grundstufenunterricht nur selten geschieht, bietet es sich für alle Niveaustufen des DaF-Unterrichts gleichermaßen an.

Vgl. die bisherigen Übungen, z.B.: Negation *kein*, prädikatives Adjektiv (Abb. 3.55), attributiver Genitiv (Abb. 3.56), Modalverb *können*, *dass*-Sätze, verschiedene Präpositionen (Abb. 3.57), verschiedene Nebensätze (3.60), Relativsatz (Abb. 3.61).

Die folgenden Übungsbeispiele in Abb. 3.63 z.B. verbinden Wortbildung mit dem Üben von Passiv, Perfekt und Partizip Perfekt.

Bilden Sie das Passiv mit untrennbaren Verben (Partizip ohne – *ge* –)

Beispiel: *die Unterstreichung des Satzes*
der Satz wird unterstrichen

1. die Übersetzung der Rede 2. die Überbrückung der Schlucht 3. der Überfall auf die Bank 4. die Übergabe des Lösegelds 5. die Unterdrückung des Volkes 6. die Übertreibung der Geschichte 7. ...

3.3 Wortbildung

> **Bilden Sie Sätze im Perfekt mit trennbaren Verben (Partizip mit – ge –)**
> Beispiel: *die Unterbringung im Hotel*
> *Man hat ihn im Hotel untergebracht*
> 1. *die Umkehr aus der Sackgasse* 2. *der Untergang des Römischen Reiches* 3. *die Übereinstimmung der Ansichten* 4. *das Überhandnehmen der Kriminalität* 5. *der Umtausch der Ware* 6. ...

Abb. 3.63: MITTELST.DT.: 111

Beispiele für Grammatikstrukturen und Wortbildungsmuster, die beim Erstellen von Übungen einander zugeordnet werden können.

ADJEKTIVDEKLINATION
eine Dunkelhaarige ...   *– eine, die dunkle Haare hat, ...*
   – eine mit dunklen Haaren ...
der Schwarzbärtige ...   *– der mit dem schwarzen Bart ...*
   – der Mann mit schwarzem Bart ...

ERGÄNZUNGSSÄTZE MIT *dass*
... sieht die Verschmutzung ...   *– ... sieht, dass ... verschmutzt ist*
   – ... sieht, dass ... schmutzig ist
... freut sich über die Schönheit ...   *– ... freut sich, dass ... so schön ist*

PASSIV
Ist das Wasser trinkbar? – Ja, das wird sogar gern getrunken.
Sind die Fische hier essbar. – Ja, die werden sogar gern gegessen.

ZUSTANDSPASSIV
... eine handbemalte Vase ...   *– ... sie ist von Hand bemalt ...*
... eine schneebedeckte Wiese ...   *– sie ist mit Schnee bedeckt ...*

MODALVERB *können*
... das verständliche Buch ...   *– ... man kann es gut verstehen ...*
... die unlösbare Aufgabe ...   *– ... man kann sie nicht lösen ...*

VERGLEICH
... ein schneeweißer Pullover ...   *– ... weiß wie Schnee ...*
... eiskaltes Bier ...   *– ... kalt wie Eis ...*

RELATIVSATZ
... Apfelbaum ...   *– ... Baum, der Äpfel trägt ...*
... Ferienhaus ...   *– ... Haus, in dem man die Ferien verbringt ...*

INFINITIVSATZ mit *um zu*
... die Waschmaschine ...   *– um die Wäsche zu waschen ...*
... der Wäschetrockner ...   *– um die Wäsche zu trocknen ...*

GENITIV
... Autofahrerin ...   *– ... Fahrerin des Autos ...*
... Hauskäufer ...   *– ... Käufer des Hauses ...*

AKKUSATIV
Wurstesser ...   *– ... isst die/eine Wurst*
Weintrinker ...   *– ... trinkt den Wein*

VERBVALENZ
Besuch bei ...   *– ... besuchen AKK ...*
warten auf ...   *– ... erwarten AKK ...*
lieben AKK ...   *– ... s. verlieben in ...*
schenken DAT+   *– ... beschenken AKK*
  AKK   *– ... verschenken AKK*

VERBFLEXION
... -esser ...   *– ... isst / aßen / aß ...*
... -fahrer ...   *– ... fährt / fahren / fuhr ...*

PRÄPOSITIONEN
... Italienfahrt ...   *– ... Fahrt nach Italien ...*
... Mondflug ...   *– ... Flug zum Mond ...*
... Eislauf ...   *– ... Lauf auf dem Eis ...*
... Waldweg ...   *– ... Weg im Wald ...*
... Nachtflug ...   *– ... Flug in der Nacht ...*
... leberkrank ...   *– ... krank an der Leber ...*
... eisbedeckt ...   *– ... bedeckt mit Eis ...*

Berücksichtigt man bei Wortbildungsübungen derartige Zusammenhänge mit der Grammatik, so werden zwei Fliegen mit einer Klappe geschlagen: Zunächst wird ein grammatisches Phänomen geübt; dadurch aber, dass Wortbildungen im Stimuluselement verwendet werden und es sich um explikative Übungen handelt, die die Wortbildungsstruktur durchsichtig machen, wird auch der Bereich Wortbildung jeweils intensiv mitgeübt. Derartige Übungen sollten auf allen Stufen des DaF-Unterrichts wesentlich häufiger eingesetzt werden.
Ähnlich lässt sich Wortbildung auch mit dem Üben von Wortschatz und Ausdruck verbinden. Dazu eignen sich z.B. Paraphrasenübungen wie die folgenden.

> **1.**
> *Was ist Winterkleidung? – Kleidung, die man im Winter trägt.*
> *Was ist ein Weinglas? – ein Glas, aus dem man Wein trinkt.*
> parallel: *Schmuckdose (Schmuck aufbewahren), Kellertreppe (in den Keller führen), Brotfabrik (... herstellen), Zeitungsjunge (... austragen), Waldblume (... wachsen), Parkbank (... stehen), Höhlenmensch (... wohnen), Straßentheater (... stattfinden), Hausschuh (... tragen), Gemeindewald (... gehören), Richtungsschild (anzeigen) ...*

2.
Was kann man mit einem Dosenöffner tun? – Damit kann man Dosen öffnen.
Was macht man mit einer Bohrmaschine? – Damit bohrt man Löcher.
parallel: *Staubsauger, Waschmaschine, Kühlschrank, Spülmaschine ...*

Abb. 3.64: Wortbildungsübung zur Förderung des sprachlichen Ausdrucks

Setzt man Wortbildungen im Zusammenhang mit der Förderung des Ausdrucks ein, so können auch unmotivierte Bildungen vorkommen; der Fokus des Übens liegt dann nicht mehr so sehr im Bereich Wortbildung (wie bei Abb. 3.65a), sondern bei der Ausdrucksfähigkeit und beim Verständnis (3.65b).

a)   **Wie sagen Sie kürzer?**
   Beispiel: *eine besondere Behandlung – eine Sonderbehandlung*
   1. *das einzelne Kind* 2. *das vordere Teil* 3. *die höchste Geschwindigkeit* 4. *das mindeste Alter* 5. *der hintere Ausgang* 6. *der innere Hof* 7. *die äußere Welt* 8. *die gesamte Zahl* 9. *das halbe Jahr ...*

   Wie heißt das Gegenteil?
   Beispiel: *Ist das nicht eine Nebensache? – Nein, das ist die Hauptsache.*
   1. *Ist das der Haupteingang?* 2. *Wollen Sie ein Doppelzimmer?* 3. *Bedeutet das blaue Schild eine Höchstgeschwindigkeit von 50 km/h?* 4. *Haben wir heute Halbmond?* 5. *Gehen wir durch die Vordertür?* 6. *Befinden Sie sich auf dem Hinflug?* 7. *Kommt jetzt eine Rechtskurve?* 8. ...

b)   **3.** Verdeutlichen Sie bitte die Bedeutung der folgenden Adjektive mit Hilfe von Umschreibungen! Manchmal haben die Adjektive übertragene Bedeutung. Wie wird in Ihrer Muttersprache ausgedrückt, was im Deutschen mit dem Suffix *-los* ausgedrückt wird?
   Beispiel: *farblos: ein farbloser Mensch ≠ ein Mensch ohne Farbe*, sondern *ein unbedeutender, uninteressanter Mensch*

   zeitlos – fraglos – lautlos – herzlos – sprachlos – ereignislos – taktlos – lieblos – endlos – geistlos – stillos – kulturlos – charakterlos – freudlos

   Finden Sie noch mehr Adjektive mit dem Suffix *-los?*

   4. Was ist ...
   – *ein ungelernter Arbeiter*   – *eine ungeschickte Bewegung*   – *ein ungelöstes Problem*
   – *eine unerhörte Geschichte*   – *eine unbedachte Äußerung*   – *unerledigte Post*
   – *eine unerhörte Liebe*   – *ein unerwünschtes Kind*   – *...*

Abb. 3.65: a) MITTELST.DT.: 12; b) SPR.BR. 2 AB 1/5: 105

Die Beispiele zeigen einige Möglichkeiten auf, Wortbildung mit dem Üben von Grammatik, Wortschatz oder Ausdrucksvermögen zu verbinden. Es ist dies zum einen eine Frage der Übungsökonomie, denn fast alle Lehrerinnen und Lehrer klagen über Zeitdruck; durch eine gezielte Anbindung an Unterrichtsgegenstände, die ohnehin geübt werden müssen, lässt sich das Übungsgeschehen um den Aspekt Wortbildung bereichern, ohne dass zusätzliche Unterrichtszeit beansprucht wird. Aber auch aus sprachlichen Gründen ist eine solche Anbindung günstig: Sie schafft Einsichten in Wortbildungsstrukturen und fördert dadurch das Gefühl für Bildungsregularitäten in diesem wichtigen Bereich der deutschen Sprache.

3.3.3.2   Nicht-explikative Übungen, Spielübungen

Zahlreiche weitere Übungsmöglichkeiten bieten nicht-explikative Übungen, bei denen isoliert Einzelwörter kombiniert (Komposita) oder Wörter durch Präfigierung bzw. Suffigierung abgeleitet werden. Viele Lehrwerke üben Wortbildung vorwiegend in dieser Form (vgl. Abb. 3.66 und 3.67). Bei diesen Übungen sollen die Lernenden vorgegebene

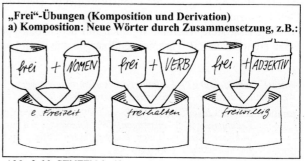

Abb. 3.66: STUFEN 3: 49

3.3 Wortbildung

Wörter kombinieren bzw. nach ihren Wortschatzkenntnissen bzw. ihrem Sprachgefühl selbst Parallelbildungen finden. Solche Übungen vermitteln einen direkten Einblick in das enorme Wortbildungspotenzial der deutschen Sprache, und die Lernenden werden dazu angehalten, diese Möglichkeiten kreativ auszuprobieren.

Aus zwei mach eins!
Bilden Sie bitte zusammengesetzte Wörter! Schauen Sie im Wörterbuch nach, wenn Sie nicht sicher sind, ob es das Wort auch wirklich gibt, oder fragen Sie Ihre Lehrerin/Ihren Lehrer.

UMWELT — FRAGEN VERSCHMUTZUNG
         ANGST PLÄNE KATASTROPHE   ZUKUNFTS
         CHANCEN BELASTUNG SCHUTZ

         MARKT STUDIEN GESCHÄFT LEBEN
REISE   FERIEN HUNDERT URLAUB LICHT TAUSEND   — JAHR
         GANG ERHOLUNG GEBURT

...

Abb. 3.67: SPR.BR. 2 AB 1/5: 67

Stärker vorstrukturiert ist die Übung Abb. 3.68.

Wortschatz: Wortbildung

1. *-igkeit -keit -heit -lichkeit*
Wie heißen die Substantive? Schreiben Sie bitte auch die Artikel!

müde: _____   *sachlich:* _____
beliebt: _____   *echt:* _____
gemütlich: _____   *ordentlich:* _____
bequem: _____   *deutlich:* _____

2. Schreiben Sie bitte das **Gegenteil**!

ordentlich _____   _____   *unbeliebt*
_____ *unorganisiert*   *modern* _____
echt _____   *gemütlich* _____
bequem _____   _____   *unbekannt*

3. **Fremde Wörter** in der deutschen Sprache: Wie heißen die Adjektive?

Individuum: _____   *organisieren:* _____   *Intellekt:* _____
Funktion: _____   *Ironie:* _____   *Repräsentation:* _____
Optimismus: _____   *Interesse:* _____

Unterstreichen Sie bitte die Adjektivendungen!

Abb. 3.68: SPR.BR. 1 AB 8/15: 62

Diese Übungen zielen darauf ab, die Lernenden für verschiedene Wortbildungsmöglichkeiten der deutschen Sprache zu sensibilisieren: Suffixe bei deadjektivischen Nomen (1.), das Negationspräfix *un-* (2.) und Suffixe bei denominalen Adjektiven von Fremdwörtern (3.). Während den Lernenden zu 1. Regeln für die Verteilung der einzelnen Suffixe und somit für Neubildungen vermittelt werden können, ist dies für 3. allerdings wesentlich schwieriger; hier können lediglich die verschiedenen Suffixe aufgelistet werden, die Lerner müssen die abgeleiteten Wörter letztlich aber kennen, um die Übung durchführen zu können. Die Fähigkeit, neue Wörter abzuleiten (aus der Lernersicht) dürfte hier kaum das Lernziel sein.

Dass sich Wortbildung gut mit Wortschatzarbeit verbinden lässt, zeigen die Übungen Abb. 3.69; vor allem bei Übung b tritt der spezielle Wortbildungsaspekt (Üben innerhalb eines Musters, nur motivierte Fälle) in den Hintergrund, im Zentrum der Übung steht das morphologische Wortbildungspotenzial einzelner Verben.

---

a) **Ergänzen Sie das richtige Bestimmungswort.**

Beispiel: *Lesen Sie bitte den Text im Lehrbuch auf Seite 41.*

1. *Die Geschichte vom „tapferen Schneiderlein" finden Sie bestimmt in einem _____buch.*
2. *In diesem _____buch gibt es wunderbare Rezepte für italienische Gerichte.*
3. *Früher hat man seine Erlebnisse in einem _____buch niedergeschrieben. Vielleicht kommt das wieder in Mode.*

> 4. In ein _____ buch trägt man alle Ausgaben für den Lebensunterhalt ein.
> 5. Oh, du meine Güte! Auf meinem _____ buch sind nur noch 10,33 DM.
> 6. Führen Sie auch _____ bücher? Ich suche ein Buch für meinen zehnjährigen Neffen.
> 7. Staatsmänner tragen ihre Namen meist in das _____ buch der Stadt ein.
> 8. Ich suche ein _____ buch über Anatomie.
> 9. ...
>
> b) „hören" (ab-, er-, ge-, her-, über-, sich um-, (sich) ver-, weg-, zu-)
> 1. Der Hund _hört_ auf den Namen „Waldi".
> 2. Der Spion wurde gefasst, weil die Polizei anfing, seine Telefongespräche _____.
> 3. Wem _____ das Buch? Ist das deins?
> 4. Wenn Kinder in der Schule eine Fremdsprache lernen, sollte man regelmäßig die Vokabeln _____.
> 5. ...

Abb. 3.69: a) MITTELST.DT. AB: 24; **b)** MITTELST.DT. AB: 42

Bei der Konstruktion von Wortbildungsübungen können auch Systemzusammenhänge berücksichtigt und semantisch nah beisammen liegende Muster im Zusammenhang geübt werden, z.B.:

> 'viel ... haben':   abwechslungsreich, einflussreich, ruhmreich – sehnsuchtsvoll, gefühlvoll, ahnungsvoll ...
> 'wenig haben':   fischarm, geräuscharm, fettarm, koffeinarm ...
> 'nicht/kein haben':   herrenlos, mühelos, waffenlos; fieberfrei, sorgenfrei; luftleer, menschenleer ...

Eine Übung dazu könnte etwa folgendermaßen durchgeführt werden (Abb. 3.70): Die Lernenden bilden aus den vorgegebenen Konstituenten Adjektive, die sie den Nomen zuordnen. Die kleinen Kontexte (Nomen) steuern das Lernerverhalten leicht und helfen bei der Bildung angemessener Wörter.

> **Bilden Sie Wörter, die zu den Nomen passen.**
>
> – eine _abwechslungsreiche_ Party
> – der _____ Mann
> – eine _____ Managerin
> –   _____ Milch
> – der _____ Kranke
> – ein _____ See
> – ein _____ Mensch
> –   _____ Papier
> – eine _____ Straße
> – ...

Abwechslung – Mühe – Ahnung – Ruhm	arm
Einfluss – Koffein – Fett – Luft – Fieber	frei
Menschen – Fisch – Gefühl – Geräusch	leer
Sehnsucht – Holz – Sorge – Waffe – Wald	los
	reich
	voll

Abb. 3.70: Wortbildungsübung

Spielübungen
Viele Spielübungen lassen sich einfach auf den Bereich der Wortbildung übertragen; das sei hier kurz anhand einiger Beispiele aufgezeigt.

Silbenrätsel. Aus vorgegebenen Silben sollen Wortbildungen gebildet werden, die in die Lücken vorgegebener Sätze passen. Zu finden ist ein Lösungswort (Abb. 3.71).

> – Mit einer ... kämmen sich vor allem Frauen. (4)
> – Mit einem ... kann man einfach seine Briefe aufmachen. (10)
> – Wer nicht gerne mit der Hand schreibt, braucht unterwegs eine ... (3)
> – Damit kann man Orangen oder Äpfel schälen. (7)
> – Das zieht man im Schwimmbad, am Meer usw. an. (4)
> – ...
>
> ba – brief – bür – de – haar – ho
> – ma – mes – ne – ner – obst –
> öff – rei – schi – schreib – se – se
> – ser – ste – ...

Abb. 3.71: Silbenrätsel als Wortbildungsübung

Das Lösungswort besteht aus den in Klammern angegebenen Buchstaben der gefundenen Wortbildungen.

Memoryspiele lassen sich sehr gut als Wortbildungsübungen verwenden. Im folgenden Beispiel müssen zwei Karten gezogen werden, die ein sinnvolles Kompositum ergeben. Um gültig zu sein, muss das Kompositum korrekt gebildet werden (z.B. *Fahrrad*, nicht **Fahrenrad*).

3.3 Wortbildung

schreiben	baden	fahren	wohnen	reiten	kochen	lesen	...
waschen	Maschine	Karte	Lampe	Heft	Topf	Zimmer	Pferd

Auch **Dominospiele** eignen sich sehr gut für Zwecke der Wortbildung. Allerdings muss darauf geachtet werden, dass es für jeden Dominostein (d.h. für jede Wortbildungskonstituente) nur eine Verbindungsmöglichkeit gibt, sonst geht das Spiel nicht auf.

... : Alkohol	ismus : Wein	Glas : Rechen	Heft : be	steigen : ...

3.3.4 Wortbildung und Textverstehen

Bei explikativen Reihenübungen werden vor allem Wortbildungen geübt, die stark besetzten produktiven Mustern angehören und deren Motivation regelhaft ist, d.h. die sich reihenbildend aus den Konstituenten und der Struktur der Wortbildungen erschließen lässt. Im Bereich „Wortbildung und (Text-)Verstehen" steht nicht der reihenbildende Aspekt im Vordergrund, sondern das analytische Verstehen einzelner Wortbildungen, die in einen Kontext (Textzusammenhang) eingebunden sind. Gegenstand sind nicht nur motivierte, sondern auch teil- oder metaphorisch motivierte Bildungen, sofern sie kontextuell erschlossen werden können. Dabei ergeben sich verschiedene Verstehensprobleme:

- Die Bedeutung von motivierten Wortbildungen ergibt sich nicht immer aus der Wortbildungsstruktur selbst, sondern Wortbildungen sind oft sprachliche Reduktionsformen, deren Interpretation Weltwissen bzw. Kontextwissen voraussetzt – z.B. (nach Wilss 1986: 234f.): *luftgefährdete Gebiete* 'Die Luftverschmutzung ist in bestimmten Gebieten besonders groß und deswegen eine Gefahr für die dort lebenden Menschen'; *werbeverpackter Würfelzucker* 'die Verpackung des Würfelzuckers enthält eine Werbeaufschrift'; *scheckheftgepflegtes Auto* 'das Auto ist nach den im Scheckheft angegebenen Inspektionsnormen gewartet worden und deshalb gepflegt'.
- Kontextwissen ist auch in all den Fällen erforderlich, in denen Wortbildungen mehrfach motiviert sind bzw. motivierte und unmotivierte Bedeutungsvarianten haben, z.B. *Mondflug* 'Flug des Mondes'/'Flug zum Mond'; *Holzhütte* 'Hütte aus Holz'/'Hütte für Holz'; *versilbern* 'mit Silber überziehen'/'mit etw. einen großen Gewinn erzielen'; *farblos* 'ohne Farbe, farbneutral'/ 'unscheinbar' (Mensch).

Die Unterscheidung zwischen motivierten und teil-/unmotivierten Wortbildungen im Verstehensbereich ist sehr wichtig, denn es besteht die Gefahr, dass teil- oder unmotivierte Wörter als motiviert verstanden werden. Die Lernenden müssen deshalb ein Bewusstsein dafür entwickeln, dass Wortbildungen gleicher äußerer Form eine unterschiedliche Bedeutung haben können und dass nur ein Teil der morphologisch komplexen Wörter durchsichtig ist, während die anderen gesondert analysiert werden müssen (*Handschuh, Großmutter, erkennen, ...*). Es sollten deshalb Erschließungsübungen durchgeführt werden wie z.B. die Übungen Abb. 3.72.

a) **Welches Wort passt nicht?**

  Beispiel: *Auf dem Kirschkuchen liegen Kirschen*
  Auf dem Apfelkuchen liegen Äpfel.
  Aber: *Auf dem Hundekuchen liegen keine Hunde.*

  a) *Lederschuh* b) *Milchflasche* c) *Wurstbrot* d) *Kinderwagen* e) *Schinkenwurst*
  Leinenschuh *Saftflasche* *Käsebrot* *Krankenwagen* *Leberwurst*
  Bergschuh *Babyflasche* *Pausenbrot* *Leiterwagen* *Bockwurst*

b) **Definition von Begriffen:**
  Bitte versuchen Sie, die folgenden Begriffe mit Hilfe eines Relativsatzes zu definieren! Was ist

  eine Wegwerfgesellschaft – ein Schrebergarten – eine Ellenbogengesellschaft – ein Selbstbedienungsladen – eine Zweidrittelgesellschaft – eine Mitfahrzentrale – eine wilde Ehe – eine Tagesmutter ...

c) **Was stellen Sie sich darunter vor?**
1. In jeder Sprache gibt es Wörter, die ein wenig seltsam sind. Wenn man sie hört, stellt man sich manchmal etwas ganz anderes darunter vor, als sie tatsächlich bedeuten. Im Deutschen passiert das oft bei zusammengesetzten Wörtern. Was stellen Sie sich zum Beispiel unter einem *Obstmesser* vor? Man kann zum Beispiel sagen:

Unter einem OBSTMESSER *stelle ich mir einen Mann vor, der Obst misst.*
Schreiben Sie bitte!
_____ PLATZREGEN _____
_____ SCHUHLÖFFEL _____
_____ WINDHOSE _____
_____ AUGAPFEL _____
_____ SPASSVOGEL _____
_____ NASENBEIN _____

Abb. 3.72: **a)** MITTELST.DT. AB: 13; **b)** SPR.BR. 2 AB 1/5: 104; **c)** SPR.BR 1 AB 8/15: 83

Übung 3.72c, die sehr direkt (und humorvoll) für den Aspekt der Durchsichtigkeit bzw. Nicht-Durchsichtigkeit von Komposita sensibilisiert, stellt einen schönen Anlass für kreative Nonsens-Äußerungen dar.

Da Kommunikation nicht in Form von Einzelwörtern verläuft, ist es sinnvoll, derartige Verstehensübungen als Teil des Textverstehens durchzuführen und die kontextuelle Einbindung für das Verstehen zu nutzen; z.B. bei der Differenzierung von motivierten und un-/teilmotivierten Bildungen (Abb. 3.73).

Herzlich willkommen heißen Sie die deutsch-schweizerischen Nachbarstädte Konstanz und Kreuzlingen zu ihrem gemeinsamen Seenachtfest am Samstag, dem 14. August 1993. Das beliebte Bodensee-Sommerfest an den Ufern der Konstanzer Bucht besitzt eine lange Tradition und wird jedes Jahr zu einem Erlebnis. Geboten wird ein ebenso abwechslungsreiches wie familienfreundliches Musik- und Unterhaltungsprogramm, eine Ruderregatta sowie Ballonstarts und Fallschirmabsprünge. Auf der Marktstätte gibt es einen Töpfermarkt. Ein halbstündiges Feuerwerk beider Städte wird zum Höhepunkt des Festes. Teil des Seenachtfestes 1993 ist auch das Konstanzer Stadtgartenfest (11. – 15. August 1993) im Park am See mit Musik, Kinderprogramm und Spezialitäten ... Das Festgelände entlang der Seestraße sowie der Stadtgarten, das Hafengebiet und das Gelände Klein-Venedig kann am 14. August 1993 ab 10 Uhr nur mit einer Eintrittsplakette betreten werden ... (aus einem Werbeprospekt der Stadt Konstanz)

Was bedeuten die unterstrichenen Ausdrücke?

ein familienfreundliches Programm ist ein Programm,
– das zu Familien freundlich ist
– das für jeden in der Familie etwas bietet
– bei dem es Familien gut geht

ein beliebtes Fest ist ein Fest,
– das von vielen Menschen geliebt wird
– zu dem viele Menschen gerne gehen
– das die Liebe zum Thema hat

ein abwechslungsreiches Musik- und Unterhaltungsprogramm ist
– ein Musik- und Unterhaltungsprogramm mit viel Abwechslung
– ein Programm, bei dem Musik und Unterhaltung abwechseln
– ein Programm mit Musik und Unterhaltung, das reich an Abwechslung ist

Abb. 3.73: Kontextuelle Wortbildungs-Erschließungsübung

Mit solchen Übungen werden die Lernenden dafür sensibilisiert, dass Wortbildungen oft nicht vollständig aus ihren Teilen verstanden werden können und dass der Kontext herangezogen werden muss, um die genaue Bedeutung zu erschließen.

Im Zusammenhang mit der Textarbeit liegt es nahe, Parallelbildungen zu den im Text vorkommenden Wortbildungen erarbeiten zu lassen (→ 5.2.2.2.3), vgl. die Übungen Abb. 3.74:

Was für *Programme* kennen Sie? Bilden Sie parallele Wörter.
*Musik*_____ programm   halb- *stündig*
*Unterhaltungs*_____   ...
..._____   _____

Welche *Feste* gibt es, welche nicht?
Abschieds-, Bier-, Garten-, Hör-, Regen-, Stadt-, Stuhl-, Uni-, Wein-, Weihnachts-, ...

Abb. 3.74: Übungen zu Parallelbildungen

3.3 Wortbildung

Kontextuelle Erschließungstechniken sind auch in den Fällen wichtig, in denen der Lerner nur eine Konstituente einer Wortbildung kennt; oft reicht nämlich das Verständnis einer Konstituente aus, wenn sich mit Hilfe des Kontextes die Gesamtbedeutung ungefähr erschließen lässt, z.B.:

> *In Hamburg stehen zur Zeit 3000 Eigentumswohnungen leer – sie warten auf einen Käufer. Ebenfalls in Hamburg gibt es 10000 Obdachlose – sie warten auf eine menschenwürdige Unterkunft. In Hamburg und anderswo in der Bundesrepublik leben rund 500000 Bürger wegen der Zustände auf dem 'freien Wohnungsmarkt' statt in einer richtigen Wohnung in Holzbaracken, alten Kasernen und anderen Notunterkünften. In diese Asyle sind sie von den Sozialbehörden eingewiesen worden.*

Abb. 3.75: ARB.M.TEXTEN: 59

Wortbildungen, von denen nicht alle Konstituenten verstanden werden müssen, sind u.a.:
– *Eigentumswohnungen*: Für die Gesamtaussage des Textes (kursorisches Lesen → 4.2) ist es nicht erforderlich, dass die Konstituente *Eigentum* verstanden wird.
– *Obdachlose*: Die Bedeutung des Wortes lässt sich aus dem Kontext und aus der Bedeutung von *-los* ('etwas nicht haben') erschließen.
– *Holzbaracken*: Die Bedeutung 'Gebäude/etwas zum Wohnen aus Holz' lässt sich aus dem Kontext (*leben ... in*) und der Bedeutung von *Holz* erschließen.
– *eingewiesen*: Hier trägt die Funktion von *ein-* ('Richtung in') zum Verständnis bei, auch wenn das ganze Wort nicht verstanden wird.

Durch entsprechende Übungen können die Lernenden erkennen, dass es zum Textverständnis oft nicht erforderlich ist, jeden Bestandteil einer Wortbildung zu verstehen, und dass der Kontext beim Erschließen unbekannter Konstituenten helfen kann (→ 4.2.1.2).
Bei polyfunktionalen Wortbildungsmitteln können im Fortgeschrittenenunterricht Differenzierungsübungen eingesetzt werden, z.B. Übung Abb. 3.76:

Das Präfix *er-*
Drei wichtige Bedeutungen des Präfixes *er-* sind:
– machen zu (1)   – werden zu (2)   – durch eine oft im Grundwort angegebene Tätigkeit etwas erreichen (3)
Übung: Füllen Sie die folgende Tabelle aus. Beachten Sie dabei bitte: Wenn Sie das Wort nicht kennen, wird Ihnen besonders die Unterscheidung zwischen den Bedeutungen (1) und (2) Schwierigkeiten bereiten. Bevor Sie ein Wörterbuch zu Hilfe nehmen, versuchen Sie, Sätze zu bilden. Falls Sie das mit einem *er-* präfigierte Kompositum mit einem Akkusativobjekt verbinden können, liegt die Bedeutung von (1) oder (3) vor.

Verbum mit Präfix *er-*	Bedeutung des Präfixes *er-* (1)/(2)/(3)	von welchem Wort abgeleitet?	andere Wörter der Wortfamilie?
erwärmen			
erfragen			
erkalten			
ermüden			
erarbeiten			
ermäßigen			
erzwingen			
erschließen			

Abb. 3.76: WEGE (neu) AB: 216f.

Diese Übung zielt darauf ab, die Lernenden für verschiedene Funktionen des Präfixes *er-* zu sensibilisieren und die verschiedenen Funktionen voneinander zu differenzieren. Es ist allerdings fraglich, ob letzteres gelingt, da die Bedeutung isolierter Wörter nur schwer erschlossen werden kann, z.B. bei den nur teilmotivierten *ermäßigen* oder *erschließen*. Deshalb dürfte es sinnvoller sein, derartige rezeptive Differenzierungsübungen kontextuell durchzuführen, sodass wie in der Kommunikation auch der Kontext als Verstehenshilfe fungieren kann und die Lernenden die verschiedenen Funktionen im Kontext zu differenzieren lernen; vgl. Abb. 3.77:

Was bedeuten die unterstrichenen Verben mit der Vorsilbe *ver-* genau? Achten Sie auf den Kontext!	
Herr X hat einen Spaziergang im Wald gemacht, aber er hat sich verlaufen. Erst nach mehreren Stunden hat er den Rückweg nach Hause gefunden. *– er ist sehr lange gelaufen* *– er hat nicht mehr gewusst, wo er ist* *– er hat den Weg sofort gefunden*	*Y wohnt in München, seine Freundin in Hamburg. Sie vertelefonieren jeden Monat viel Geld, denn beide wollen oft miteinander sprechen.* *– sie telefonieren jeden Monat miteinander* *– sie geben viel Geld für Telefonieren aus* *– ein Telefon kostet sie viel Geld*
Frau A wollte gestern früh um 7 Uhr aufstehen, aber sie hat verschlafen. Deshalb hat sie den Zug verpasst. *– Frau A hat länger geschlafen, als sie wollte* *– Sie hatte keine Lust, um 7 Uhr aufzustehen, und hat deshalb weitergeschlafen.* *– Sie war um 7 Uhr wach, aber noch sehr müde.*	*Jedes Jahr verhungern in den armen Ländern der Welt viele Menschen.* *– sie sterben an Hunger* *– sie haben nicht so viel zu essen* *– sie haben großen Hunger*

Abb. 3.77: Übung zur Differenzierung der Funktionen von *ver-*

3.4 Phonetik und Orthographie

Die Aussprache ist ein wichtiger Bereich einer fremden Sprache, denn Sprachkenntnisse werden oft nach der Stärke des Akzents beurteilt. An der Aussprache erkennt man „den Ausländer" zuerst; eine gute Aussprache wird sozial positiv bewertet, bei schlechter Aussprache besteht die Gefahr der Diskriminierung. Darüber hinaus kann eine mangelhafte Aussprache die Verständlichkeit einer Äußerung und somit die Kommunikation wesentlich behindern. Ähnliches gilt für die Orthographie. Zwischen beiden Bereichen bestehen enge Zusammenhänge, denn oft stellen Ausspracheschwierigkeiten auch kritische Bereiche in der Orthographie dar.

3.4.1 Phonetik

Beim Erlernen einer fremden Sprache lassen sich Interferenzen aus der Muttersprache nicht vermeiden (Wode 1988). Während jedoch bei der Syntax oder Semantik die muttersprachlichen Strukturen „nur" mental verfestigt sind, kommt bei der Aussprache zusätzlich die Verfestigung der artikulatorischen Bewegungsmuster hinzu. Die Artikulationsabläufe der Muttersprache sind derart automatisiert, dass sie beim Sprechen in der Fremdsprache wirksam bleiben und eine abweichende Aussprache überhaupt nicht vermeidbar ist („typischer Akzent"). Aus diesem Grund kann sich der Artikulationsapparat auch nur ganz allmählich auf die neuen fremdsprachlichen Gegebenheiten umstellen; Abweichungen bei der Aussprache sind äußerst hartnäckig, und sie lassen sich nur durch intensives Üben beheben.

Die Schwierigkeiten setzen aber schon mit dem Hören ein. Der mit der Fremdsprache nicht vertraute Lerner bezieht die wahrgenommenen fremdsprachlichen Laute und Lautfolgen auf sein muttersprachliches Lautsystem, das wie ein Filter wirkt und die Wahrnehmung stark beeinflusst. So kommt es, dass fremdsprachliche Lauteigenschaften bzw. Lautunterschiede oft nur schwer wahrgenommen werden können und bestimmte Laute mit solchen der Muttersprache identifiziert werden. Die falsche auditive Wahrnehmung verhindert dann eine korrekte Artikulation.

Aussprachschulung sollte, wo immer möglich, auf einer kontrastiven Fehleranalyse beruhen, denn dadurch lassen sich Übungsgegenstände und Übungsschwerpunkte genau bestimmen. Für den Lehrer sind kontrastiv-phonetische Kenntnisse wichtig, weil sie Voraussetzung für eine kontrastive Bewusstmachung von Ausspracheschwierigkeiten, für Techniken der Lautbildung und eine angemessene phonetische Korrektur sind (Storch 1994).

Eine wichtige Rolle spielt auch das Vorbild der Lehrersprache, denn trotz des Einsatzes akustischer Medien dominiert der Lehrer sehr stark die unterrichtliche Kommunikation (→ 9.1.1). Weist nun die Lehrersprache selbst starke phonetische Abweichungen auf, so hat sie einen zusätzlichen negativen Einfluss auf die bereits abweichende Schüleraussprache. Im Unterricht mit Erwachsenen wirkt sich weiterhin erschwerend aus, dass ab einem bestimmten Alter die fremde Aussprache nur noch mit großen Schwierigkeiten und oft nur eingeschränkt erworben werden kann (Wienold 1973; Wode 1988).

3.4 Phonetik und Orthographie

Allerdings sind die didaktischen Bedingungen der Ausspracheschulung wesentlich günstiger als in den meisten anderen Bereichen der Sprache. Während die Anzahl der Fehlertypen in der Morphosyntax, Lexik oder Pragmatik nur schwer einzuschätzen ist – zweifellos sind es sehr viele –, lassen sich die typischen und auffälligen Ausspracheprobleme in der Regel an zwei Händen abzählen. (Das dürfte zumindest für verwandte Sprachen wie z.B. die indoeuropäischen gelten.) Man kann diesen Bereich also quantitativ recht gut in den Griff bekommen. Darüber hinaus handelt es sich um gut erklärbare Fehler, denn da Ausspracheschwierigkeiten in der Regel direkt auf muttersprachlichen Interferenzen beruhen, kann eine kontrastive phonetische Analyse die Fehlerursache meist aufdecken.

Im Neugriechischen (Gr.) gibt es keinen *ü*-Laut [y/ʏ], und Griechen neigen dazu, den *ü*-Laut als [i] oder [u] auszusprechen. Eine kontrastive phonetische Analyse zeigt, warum das so ist (± LR = Lippenrundung; VORNE/HINTEN = Zungenposition). Im Gr. gibt es den vorderen ungerundeten *i*- und den hinteren gerundeten *u*-Laut. Will ein Grieche den *ü*-Laut aussprechen, so hat er zwei „Möglichkeiten": entweder er artikuliert vorne, kann dort aber die Lippen nicht runden und spricht [i]; oder er rundet die Lippen, kann das aber nur bei hinterer Zungenposition und spricht folglich [u].

	VORNE −LR	VORNE +LR	HINTEN +LR
Dt.	i / ɪ	y / ʏ	u / ʊ
Gr.	i		u

Abb. 3.77a: LR - Lippenrundung

Bei der Aussprache kann man also in sprachlich homogenen Gruppen sehr gezielt und begründet vorgehen, sofern entsprechende kontrastive Unterrichtsmaterialien vorhanden sind. In heterogenen Gruppen (wie meist im Inland) wird man hingegen nicht so gezielt auf die Ausspracheschwierigkeiten der einzelnen Lerner eingehen können.

Ausspracheschulung ist vor allem bei Anfängern wichtig, da die Aussprache „Grundbedingung der Kommunikationsfähigkeit ist. In dieser Hinsicht ist jeglicher Anfängerunterricht zuerst und in erster Linie Phonetikunterricht ... Eine zu Beginn vernachlässigte Aussprache ist nachträglich schwer zu korrigieren." („Sprachbrücke 1", Lehrerhandbuch: 27) Im Anfangsunterricht sollten also nicht nur schwerpunktmäßig spezielle Ausspracheübungen durchgeführt werden, sondern man sollte bei allen mündlichen Lerneräußerungen auf die Aussprache achten, insbesondere auch beim Erarbeiten und Einüben von Lerntexten (→ 5.2.2.2.1): „Im Anfangsunterricht sind ... alle *mündlichen* Übungen *Aussprache*übungen." (ebd.: 28)

3.4.1.1 Grundlagen der Ausspracheschulung

Gegenstand der Ausspracheschulung sind der segmentale Bereich (Laute, Lautkombinationen) und der suprasegmentale Bereich (Wortakzent, Satzakzent, Intonation, Sprechrhythmus). Als Lernziel wird eine gute Verständlichkeit mündlicher Äußerungen angestrebt, sodass die Kommunikation durch die Aussprache nicht behindert wird. Dabei ist die zielsprachliche Norm Vorbild, jedoch kaum ein realistisches Lernziel. Aber natürlich gilt: „So richtig es ist, dass akzentfreie Aussprache ein selten erreichtes Fernziel ist, so wichtig ist es andererseits, den Weg zu diesem Fernziel nicht dem Zufall zu überlassen." (Ortmann 1984: 7)

Ausspracheschulung beruht wesentlich auf den Prinzipien Kontrast, Einbettung, Imitation, Wiederholung.

- **Kontrast.** Die Ausspracheschwierigkeiten werden meist im Kontrast geübt und korrigiert, vor allem:
  - interlinguale Kontraste zwischen muttersprachlichen und fremdsprachlichen Einheiten, durch die sie substituiert werden – z.B. dt. [tʰ] durch engl. [d] im Auslaut bei
    engl. *hand* [hænd] – dt. *Hand* [hantʰ]
  - intralinguale Kontraste zwischen fremdsprachlichen Einheiten, deren Diskrimination den Lernern schwerfällt – z.B.
    [e:] – [ɛ]   *Tee – kennen*
    [s] – [Σ]   *Tasse – Tasche*
  - Kontraste zwischen falscher Schüleraussprache und modellgerechter fremdsprachlicher Aussprache – z.B.
    Nicht [nɪxt], *sondern* [nɪçt].

Alle drei Kontrasttypen können bei der phonetischen Korrektur eingesetzt werden, und auf Lautkontrasten beruhen die meisten phonetischen Übungen im segmentalen Bereich.

- **Einbettung.** Es werden keine isolierten Laute geübt, sondern anhand von Wörtern, Syntagmen, Sätzen oder kleinen Texten werden segmentale und suprasegmentale Einheiten zugleich geübt, wenn auch jeweils mit unterschiedlichem Schwerpunkt („Prinzip der Integration"; Ehnert 1996).
- **Imitation.** Ausspracheschulung beruht wesentlich auf der Imitation von sprachlichen Modellen (Kassette, Lehrer, Video). Besonders Anfänger sollten im Ausspracheunterricht nichts sprechen, was sie nicht vorher gehört haben. Wichtig ist der Einsatz von Kassetten, damit sich die Lernenden an einem authentischen Modell der fremden Sprache orientieren können.
- **Wiederholung.** Aussprache muss sehr intensiv geübt und wiederholt werden, da die motorischen Artikulationsabläufe stark muttersprachlich geprägt (d.h. verfestigt) sind und nur schwer und ganz allmählich auf die der Zielsprache umgestellt werden können.

Intensives Hören ist die Voraussetzung jeglicher Ausspracheschulung. Die Identifikation und Diskriminierung der kritischen sprachlichen Einheiten ist Voraussetzung für Sprechübungen. „Die Lautproduktion wird wahrscheinlich viel stärker auditiv als artikulatorisch kontrolliert ... Solange der Laut nicht korrekt gehört worden ist, kann er nicht korrekt reproduziert werden, es sei denn durch Zufall" (Léon 1966: 59).

Bei der Ausspracheschulung stellt sich das Problem der Progression auf eine ganz besondere Weise: „Während der Lernende auf dem Gebiet der Lexik oder der Grammatik Schritt für Schritt mit den Problemen vertraut gemacht wird, wirft man ihn in Bezug auf das Lautsystem 'ins Wasser', denn schon nach wenigen Stunden ist er genötigt, alle Laute zu artikulieren, weil Lexik und Grammatik dies erfordern." (Rausch/Rausch 1991: 73) Daraus ergeben sich zwei parallele Strategien für das Üben:
– Bei Texten und Übungen, in denen ja grundsätzlich das gesamte Lautspektrum vorkommen kann, müssen schon bei Anfängern tendenziell alle wichtigen Aussprachschwierigkeiten zugleich berücksichtigt werden, damit sich keine schwerwiegenden Aussprachefehler verfestigen.
– Die gezielte Förderung spezieller Aussprachephänomene sollte hingegen einer bestimmten Progression folgen. Es sollte mit den phonetisch auffälligen sowie phonologisch relevanten (funktionalen) Lauten begonnen werden, d.h. mit dem Teil der Aussprache, der das Verstehen besonders erschwert (z.B. die Unterscheidung zwischen langen und kurzen Vokalen im Deutschen, vgl. *Beet – Bett, Miete – Mitte*). Erst wenn dieser Bereich einigermaßen beherrscht wird, sollte zu den weniger auffälligen Aussprachschwierigkeiten und zu phonetischen Varianten übergegangen werden (Léon 1966).

Im Anfängerunterricht, wo nur sehr wenig Wortschatz für spezielle Phonetikübungen im segmentalen Bereich zur Verfügung steht, können Familiennamen und Eigennamen, geographische Namen (Städte, Flüsse usw.), Firmen- und Produktnamen, aber auch der große Bereich internationaler Wörter als Einzelwörter oder innerhalb sprachlich einfacher Sätze eingesetzt werden.

3.4.1.2   Übungstypen

Übungen zur auditiven Wahrnehmung und Diskriminierung
Phonetisch korrektes Sprechen setzt eine korrekte Perzeption (Wahrnehmung) der fremdsprachlichen Lautketten und Intonationsverläufe voraus. Deshalb beginnt die Ausspracheschulung im DaF-Unterricht jeweils mit Hörübungen zu segmentalen bzw. suprasegmentalen Phänomenen. Wichtiger Gegenstand im segmentalen Bereich sind Laute, deren Diskriminierung den Lernenden Schwierigkeiten bereiten und die deshalb im direkten Kontrast zueinander geübt werden müssen.

Bei den *Hör-Diskriminationsübungen* Abb. 3.78 enthalten die Übungswörter Laute, deren Unterscheidung den Lernenden schwer fällt: [e: – i: – ø: – ɛ:] in Übung a, [s – ʃ] in b. Während in a Laut- und Schriftbild einander zugeordnet werden müssen, handelt es sich bei b um eine

3.4 Phonetik und Orthographie

a) Welches Wort hören Sie?

1 a	☐ *leben*	4 a	☐ *wiegen*	7 a	☐ *Herr*
b	☐ *lieben*	b	☐ *wegen*	b	☐ *hör!*
2 a	☐ *dir*	5 a	☐ *lesen*	8 a	☐ *ihr*
b	☐ *der*	b	☐ *lösen*	b	☐ *er*
3 a	☐ *See*	6 a	☐ *Bär*	9 a	☐ *Räder*
b	☐ *Sie*	b	☐ *Bier*	b	☐ *röter*

b) Sie hören Wörter mit [s] (z.B. *Masse*) oder mit [ʃ] (z.B. *Masche*). Kreuzen Sie an, was Sie hören.

	[s]	[ʃ]		[s]	[ʃ]
1	☐	☐	6	☐	☐
2	☐	☐	7	☐	☐
3	☐	☐	8	☐	☐
4	☐	☐	9	☐	☐
5	☐	☐	10	☐	☐

Abb. 3.78: a) SPRK.DT. (neu) 2: 53; b) KONTRAST: 83

reine Hörübung. Derartige Übungen fördern die Fähigkeit der Lernenden, Aussprachephänomene, deren Diskriminierung ihnen schwer fällt, akustisch voneinander zu unterscheiden. Eine ähnliche Höraufgabe haben die Lernenden in Übung Abb. 3.79, wo sie identische Wörter identifizieren und von lautähnlichen Wörtern unterscheiden sollen. Sie hören jeweils drei Wortpaare und sollen die identischen Wortpaare erkennen.

Die Lernenden hören
1. schon/schon – schön/schon – schön/schön
2. lesen/lösen – lösen/lesen – lesen/lesen
3. ...

Bitte machen Sie ein X, wo Sie ein Wort zweimal hören:

1	2	3	4	5
☐☐☐	☐☐☐	☐☐☐	☐☐☐	☐☐☐

Abb. 3.79: STUFEN 1: 151

Hör-Diskriminationsübungen können auch anhand von Sätzen durchgeführt werden, die sich nur in ein oder zwei Lauten unterscheiden (Reinke 1995); die Lernenden hören jeweils einen von zwei schriftlich vorliegenden Sätzen und geben an, welchen sie gehört haben, z.B. *Du liebst Bücher – Du liest Bücher, Du gießt Blumen – Du gibst Blumen*. Es dürfte allerdings nicht ganz leicht sein, genügend phonetisch und syntaktisch ähnliche Wörter zu finden, um so genau die kritischen Laute voneinander zu unterscheiden.
Für Laut-Diskriminationsübungen eignen sich sehr gut *Komposita*, deren Konstituenten jeweils die schwer zu unterscheidenden Laute enthalten, z.B. [iː – eː] *Tiefsee*, [p – b] *Postbote*, [s – ʃ] *Wasserflasche* usw. In der entsprechenden Übung hören die Lernenden die Komposita *Wasserflasche, Flaschenhals, Meeresfisch, Weißwäsche, Ostergeschäft* ..., und sie sollen erkennen, ob [ʃ] in der ersten oder zweiten Konstituente vorkommt (KONTRAST: 84).

Bei *Hörübungen zu suprasegmentalen Merkmalen* geht es darum, den Wortakzent, Satzakzent oder den Intonationsverlauf (die Satzmelodie) zu erkennen bzw. zu markieren.

Wortakzent (VI): Mehrsilbige Wörter
a) Markieren Sie bei den folgenden Wörtern den Wortakzent mit Bleistift. Hören Sie sie dann von der Kassette, und korrigieren Sie. Schreiben Sie die Wörter anschließend in die richtige Spalte unten.

erhoben, unzufrieden, einiges, längeren, breitere, natürlichen, Augenblick (2 Möglichkeiten!), *aussehen, entschuldige, Unbescheidenheit, bestrafen, unzufrieden, weiterleben, Erinnerung, Ermahnung*

Wortakzent						
•			•			•
unzufrieden						
...						

b) Verdecken Sie die Übersicht und lesen Sie die Wörter in a) mit richtigem Wortakzent.
c) Welche Faustregel für den Wortakzent bei langen mehrsilbigen Wörtern gibt es?

Abb. 3.80: STUFEN INT. 2: 125

Die Übung Abb. 3.80 zum Wortakzent verläuft in einer Abfolge, die über diese spezielle Übung hinaus allgemein wichtig ist: Zunächst wird das Vorwissen der Lernenden aktiviert, anschließend kontrollieren die Lerner sich selbst. Sie schreiben die Wörter dann in die entsprechenden Spalten, was eine bewusste regelgeleitete Aktivität ist, die zugleich einen Übungseffekt hat (a). Nun wird erneut geübt, was bislang erarbeitet wurde (b), und anschließend versuchen die Lerner, mit Hilfe der selbst erstellten Liste eine Regularität für die Position des Wortakzents herauszufinden (c).

> **Bitte hören Sie, und zeichnen Sie Intonationspfeile und Satzakzent ein.**
> A: *Guten T<u>a</u>g*, → *ich heiße Th<u>a</u>vi.*↓ *Und d<u>u</u>?* ↑
> B: *Ich heiße M<u>ü</u>ller.* ↓
> A: *Ist Müller dein V<u>o</u>rname?* ↑
> B: *Nein,* → *mein Vorname ist M<u>a</u>nfred.* ↓ *Ich bin Manfred M<u>ü</u>ller.*↓ *Und ist Thavi dein V<u>o</u>rname?* ↑
> A: *Ja,* → *r<u>i</u>chtig.* ↓ *Mein Familienname ist Santiph<u>o</u>ne.* ↓
>
> **Abb. 3.81:** nach Meunmany/Schmidt 1995

In Übung Abb. 3.81 zeichnen die Lernenden, wie hier vorgegeben, die Intonationspfeile und den Satzakzent ein. Das setzt natürlich voraus, dass diese Phänomene bekannt und bereits geübt worden sind. In Abb. 3.82 wird auf eine verständliche und einprägsame Art und Weise ein Grundprinzip der suprasegmentalen Struktur des deutschen Satzes bewusst gemacht und geübt: die Position des Hauptakzents am Ende des Mittelfeldes.

Satzakzent (IV)
a) **Hören Sie, und markieren Sie den Hauptakzent wie im Beispiel. Hören Sie dann noch einmal, und sprechen Sie nach.**

	Mittelfeld	
1. *Ich habe*	*Br<u>o</u>t*	*gekauft.*
2. *Ich habe*	*Brot und Br<u>ö</u>tchen*	*gekauft.*
3. *Ich habe*	*Brot und Brötchen im S<u>u</u>permarkt*	*gekauft.*
4. *Ich habe*	*Brot und Brötchen im Supermarkt „m<u>i</u>nipreis"*	*gekauft.*
5. *Ich habe*	*Brot und Brötchen im Supermarkt „minipreis" am G<u>oe</u>the-Platz*	*gekauft.*

Abb. 3.82: STUFEN INT. 2: 36

Die Darstellung wird nach einer anschließenden Übung durch die folgende knappe Erklärung ergänzt: „Das Wort mit der wichtigsten Information hat den Hauptakzent. Dieses Wort steht meist am Ende des Mittelfeldes."

Sprechübungen
Die klassische phonetische Übung ist die Wortpaarübung, bei der ähnliche Wörter, die sich durch kritische Laute voneinander unterscheiden, differenziert werden. Die Lernenden hören die Wörter von Kassette und sprechen sie nach (oft mit dem Schriftbild als Stütze), z.B. Abb. 3.83.

a)	**Bitte sprechen Sie**					b)	**Bitte sprechen Sie**			
a	*lesen*	*lösen*	c	*schön*	*Schnee*		*du*	*tu*	*du*	*tu*
	sehen	*Söhne*		*hören*	*sehen*		*Dur*	*Tour*	*Dur*	*Tour*
	Heer	*hören*		*Öl*	*Mehl*		*Seide*	*Seite*	*Seide*	*Seite*
	Meer	*mögen*		*Löwe*	*Leben*		*Lieder*	*Liter*	*Lieder*	*Liter*
							Dach	*Tag*	*Dach*	*Tag*
b	*der*	*die*	d	*Tee*	*spät*		*dir*	*Tier*	*dir*	*Tier*
	Leber	*lieber*		*nehmen*	*Käse*		*danken*	*tanken*	*danken*	*tanken*
	mehr	*mir*		*lesen*	*wählen*		*Boden*	*Boten*	*Boden*	*Boten*
	See	*Sie*		*denen*	*Dänen*					

Abb. 3.83: a) SPRK.DT. (neu) 2: 52; **b)** SPRK.DT. 2: 101

Solche Übungen sollten außer den Übungslauten möglichst keine anderen Ausspracheschwierigkeiten enthalten, sodass sich die Lernenden ganz auf den Übungsgegenstand konzentrieren können. Die Übungen werden kassettengestützt als Hör-Lese-Sprech-Übungen oder als reine Lese-Sprech-Übungen durchgeführt, wobei in letzterem Fall der Sprechphase eine reine Hörphase vorausgehen sollte.

Ausspracheübungen zur Artikulation werden nicht nur im Rahmen von Einzelwörtern bzw. Wortpaaren durchgeführt, sondern der jeweilige phonetische Übungsgegenstand ist zunehmend in größere sprachliche Einheiten eingebettet; dadurch wird er in variablen lautlichen Umgebungen verwendet, eingebettet in die Prosodie der Rede. In der Reihenübung Abb. 3.84 sollen die Lernenden rhythmisch und intonatorisch parallele kleine „phonetische Verse" sprechen; das wiederholte rhythmisch-intonatorische Sprechen zielt auf eine Intensivierung des Übungseffekts ab (geübt wird das schwache End-*e* [ə] und das silbische *r* [ɐ]).

> **Lesen Sie rhythmisch.**
> *alle diese jungen Männer*
> *keiner dieser alten Trinker*
> *alle diese jungen Esser*
> *keiner dieser alten Sänger*
> *alle diese jungen Fahrer*
>
> **Abb. 3.84:** KONTRAST: 78

3.4 Phonetik und Orthographie

Wo ist der Zoo? – *Der Zoo?*
+ *Ja, der Zoo.*

Wo ist der Zoo?
Wo ist der Kobold?
Wo ist der Ober?
Wo ist der Floh?
Wo ist der Opa?

Abb. 3.85: AUSSPRSCH.DT.: 40

Im Rahmen größerer sprachlicher Einheiten bewegen sich auch dialogische Ausspracheübungen, die die Übungslaute und ihre kritischen Kontrastlaute gehäuft enthalten (Abb. 3.85). Durch die dialogische Form ist eine direkte Anbindung an die Sprechfertigkeit gegeben. Damit die Lernenden auch auf die Realisation der suprasegmentalen Einheiten achten, sind in diesen Übungen oft die Intonationskurve und der Satzakzent angegeben. Neuere Lehrwerke enthalten daneben spezielle Sprechübungen zum Satzakzent und zur Satzintonation; in „Stufen International" z.B. ist die Arbeit an den Lektionsdialogen direkt mit dem Einüben von Satzakzent und Satzintonation verbunden (Abb. 3.86). Das entspricht dem heute vertretenen Ansatz in der didaktischen Phonetik, wonach dem suprasegmentalen Bereich als dem eigentlich primären die zentrale Rolle bei der Ausspracheschulung zukommt.

1. △ Entschuldigung, (→) ist der Platz frei? (↑)   △ Entschuldigung, (→) ist hier frei? (↑)
2. ○ Ja, natürlich . (↓) Sind Sie aus Frankreich ? (↑)   ○ Ja, bitte . (↓) Bist du Französin ? (↑)
3. △ Ja. (↓)   △ Ja. (↓)
4. ○ Sie sprechen aber schon gut Deutsch . (↓)   ○ Dein Deutsch ist aber schon gut . (↓)
5. ○ Bitte nicht so schnell ! (↓)   ○ Bitte langsam ! (↓)
6. △ Ihr Deutsch ist schon sehr gut. (↓)   △ Dein Deutsch ist schon sehr gut. (↓)
7. ○ Oh, (→) finden Sie ? (↑) Vielen Dank. (↓)   ○ Oh, (→) wirklich ? (↑) Danke sehr . (↓)
8. △ Sprechen Sie auch Englisch? (↑)   △ Sprichst du auch Englisch? (↑)
9. ○ Ja, (→) etwas . (↓)   ○ Ja, (→) ein bißchen . (↓)

Abb. 3.86: STUFEN INT. 1: 32

Bei der Vermittlung suprasegmentaler Merkmale werden nicht nur Intonationsverläufe von Sätzen eingeübt; es können auch die Zusammenhänge zwischen Intonation und Redeabsicht bzw. Satztyp vermittelt werden wie in Übung Abb. 3.87. Bislang gibt es allerdings nur wenige Lehrwerke, die derart detailliert und auch kognitiv-bewusstmachend auf die suprasegmentalen Phänomene eingehen. Die Methodik der Ausspracheschulung befindet sich in diesem Bereich noch in ihren Anfängen.

Intonation (IV). Intonation im einfachen Satz
a) Hören Sie, und setzen Sie in den folgenden Sätzen die Intonationspfeile (→, ↓, ↑)

Ich war im Hamburg. ( )   Aussage
Das ist ja interessant! ( )   Ausruf
Wo wohnen Sie jetzt? ( )   sachlich neutrale Informationsfrage
...
Studierst du hier? ( )   Frage
Bist du aus Korea ( ) *oder aus Japan?*   Alternative Frage (1. Teil)
...
Hallo, ( ) *(wie geht's?)*
Linda, ( ) *(kommst du mit?)*   Anrede/Kontaktwörter
Entschuldigung, ( ) *(ist hier noch frei?)*

Abb. 3.87: STUFEN INT. 1: 151

Neuf-Münkel/Roland (1991: 99ff.) schlagen vor, das laute Vorlesen von Texten durch das Eintragen suprasegmentaler Merkmale vorbereiten zu lassen: Wort mit Satzakzent = doppelt unterstreichen; Wort mit Nebenakzent: = einfach unterstreichen; Wortakzent = Akzent/Punkt; Intonationsverlauf = Intonationspfeile nach oben, unten, waagrecht; auch Markierung von zusammenhängenden Wortgruppen.

Aussspracheübungen können oft an andere Unterrichtsaktivitäten angebunden werden, sodass das phonetische Üben stärker in den Gesamtunterricht integriert ist. So wie die dialogische Aussspracheübungen Abb. 3.81 und 3.85 oben der Sprechfertigkeit zuzuordnen sind, fördert Übung Abb. 3.88 das Verstehen der Umgangssprache mit ihren Lautelisionen, Wortreduktionen usw.; durch den Vergleich mit der Normalschrift werden die Eigenarten der gesprochenen Umgangssprache erkennbar. Die Übung setzt Vertrautheit mit der phonetischen Lautschrift voraus.

Satzphonetik I
Bitte hören Sie genau zu: Welche der zwei Äußerungen in phonetischer Umschrift passt zu dem Satz in Normalschrift rechts? Schreiben Sie jeweils „1" oder „2" in das Kästchen.

a) 1. vas hasdn viːdɐ	2. vas hatən viːdɐ	☐ Was hast du denn wieder?
b) 1. kœn zə ma vaʁtn	2. kansdə ma vaʁtn	☐ Kannst du mal warten?
c) 1. voheɐ kɔmtən	2. voheɐ kɔmtiən	☐ Woher kommt ihr denn?
d) 1. vilsdn ma seːn	2. vilsdəs ma seːn	☐ Willst du es mal sehen?
e) 1. van mʏstɪən geːn	2. van mʊsən geːn	☐ Wann müsst ihr denn gehen?
...		

Abb. 3.88: STUFEN 3: 196

Durch die Verwendung der phonetischen Umschrift (API – alphabet phonétique international, IPA = international phonetical alphabet) lässt sich manche phonetische Unklarheit vermeiden, und die Lernenden werden zugleich auf den selbständigen Umgang mit Wörterbüchern vorbereitet. In der Regel dürfte es ausreichen, wenn die Lernenden die phonetische Umschrift verstehen können.

Bei den sprachlichen Mitteln lässt sich das phonetische Üben gut mit dem Bereich Wortbildung verbinden, z.B. in Übungen Abb. 3.89.

a) Bilden Sie zusammengesetzte Wörter.

Kirchen	Blech
Nacht	süchtig
Koch	Dach
Kuchen	Zeichen
Schach	Bereich
Märchen	Schicht
Macht	Archiv
Blech	Buch
Licht	Reich
Rauch	Wächter

b) Bilden Sie Komposita und ergänzen Sie die fehlenden Wörter.

a) Ein See _im_ Gebirge *ist ein Gebirgssee*
b) Eine Schere ___ Papier
c) Ein Riss ___ Sehne
d) Ein Lehrer ___ Biologie
e) Guter Wind ___ Segeln
f) Die Tiefe ___ Meeres
g) Eine Ehe ___ Liebe
h) Ein Beet ___ Zwiebeln
i) ...

Abb. 3.89: a) KONTRAST: 97; b) KONTRAST: 61

Die beiden Konstituenten der Komposita enthalten die kritischen Übungslaute; durch die Weiterarbeit – z.B. die Auflösung in Paraphrasen oder Parallelbildungen in a (*Kirchendach, Kirchgang, Kirchenbau, Kirchenfenster* ...) – wird die Aussspracheübung direkt in eine Wortbildungsübung überführt (→ 3.3).

Die Vermittlung der Aussprache wird oft als eine trockene und langweilige Angelegenheit betrachtet. Angesichts der Übungsvielfalt auch in diesem Bereich des DaF-Unterrichts gilt diese Einschätzung heute jedoch nicht mehr. Selbst Spielübungen haben inzwischen Eingang in den Phonetikunterricht gefunden. Bei der Übung Abb. 3.90 z.B. sollen die Lerner in Partnerarbeit aus den vorgegebenen Buchstaben so viele Wörter wie möglich mit *ch* bilden; nach Ermittlung der Sieger werden die Wörter gelesen und anschließend nach ihrer Aussprache – [ç] oder [x] – klassifiziert; daraus leiten die Lernenden abschließend die Regel für die Distribution von [ç] und [x] im Deutschen ab.

Bilden Sie aus den Buchstaben so viele Wörter wie möglich mit *ch*.
a, e, i, ch, m, n, s, t
machen, Teich ...
Abb. 3.90: KONTRAST: 66

Kontrastive Übungen
Aufgrund des gemeinsamen indoeuropäischen Ursprungs und der griechisch-lateinischen abendländischen Kulturtradition gibt es in den europäischen Sprachen einen relativ großen gemeinsamen Fundus phonetisch ähnlicher Wörter. Das kann vor allem in sprachlich homogenen Lerngruppen für die Ausspracheschulung fruchtbar gemacht werden (Rohrer 1978; Wilkins 1972).

3.4 Phonetik und Orthographie

In der folgenden kontrastiven Übung wird der Übungslaut, das lange geschlossene [o:], im direkten Kontrast zum muttersprachlichen (griechischen) kurzen offenen [ɔ] eingeführt. Mit zweisprachigen Kontrastübungen in Form von muttersprachlichen und deutschen Wortpaaren (Abb. 3.91a) kann das jeweilige Ausspracheproblem direkt kontrastiv situiert, geübt und seine Ursache bewusst gemacht werden. Dabei werden in bekannten Wörtern die neuen fremdsprachlichen Laute, in diesem Fall [o:], auf bekannte muttersprachliche bezogen. Lernpsychologisch dürfte es ein großer Unterschied sein, ob der neue Laut [o:] und der Kontrast zu [ɔ] in Wortpaaren wie a) oder b) eingeführt wird (die Lautwerte sind nicht Teil der Übungen):

a) Rose – Rosse   b) μοδα [mɔða] – Mode
   Wogen – wollen   τονος [tɔnɔs] – Ton
   ...   ...

Zweisprachige Übungen zielen darauf ab, im direkten Kontrast den muttersprachlich geprägten Wahrnehmungsfilter für anders geartete Hörmuster zu sensibilisieren und es den Lernenden zu erleichtern, diese perzeptiven Unterschiede durch Nachsprechen in entsprechende Artikulationsabläufe umzusetzen, z.B. nebenstehend beim Phänomen der sog. Auslautverhärtung im Deutschen für Muttersprache Englisch. Ein wichtiger Nebeneffekt solcher Übungen besteht darin, dass die Lerner auf diese Art für Fremdwörter im Deutschen bzw. für lautähnliche Wörter in Mutter- und Fremdsprache sensibilisiert werden und im Verlauf eines Aussprachekurses ihren (Verstehens-)Wortschatz erweitern. Eine solche Übung kann zunächst als Wortschatzübung (die muttersprachlichen Entsprechungen finden; Abb. 3.91a) und danach als Ausspracheübung durchgeführt werden. Bei Fortgeschrittenen kann mit Wörtern (weiter-)gearbeitet werden, die phonetisch schwieriger sind oder das Wortbildungspotenzial berücksichtigen, z.B. beim Übungslaut [o:] (Abb. 3.91b):

hand – Hand
land – Land
found – fand
sand – Sand
wind – Wind
...

Notieren Sie das entsprechende griechische Wort!

_____ – Episode   _____ – Symbol
_____ – Mode   _____ – Telefon
_____ – Dosis   _____ – Chor
_____ – Europa   _____ – Periode
_____ – Oper   _____ – Dialog
_____ – Ton   _____ – Diplom
_____ – ...

Abb. 3.91a: KONTRAST: 47

- *Epilog, Geologe, Symptom, Diagnose, Mikroskop, Astrologe, Hypnose, Archäologe, Monopol ...*
- *anatomisch, biologisch, dämonisch, zoologisch, philologisch, hypnotisch, melancholisch, elektronisch, gynäkologisch, mikroskopisch, erotisch ...*
- *Geologe – Geologie – geologisch, Demagoge – Demagogie – demagogisch, Biologie – Biologe – biologisch ...*

Abb. 3.91b: KONTRAST: 47

Eine weitere (indirekt) kontrastive Übungsmöglichkeit besteht darin, typische Aussprachefehler und deren potenzielle kommunikative Konsequenzen zu thematisieren, z.B. in Form kleiner Dialoge, die mögliche aussprachebedingte Missverständnisse enthalten (Abb. 3.92). Den Lernenden wird hierbei bewusst, dass sich durch eine mangelhafte Aussprache manchmal die Bedeutung einer Aussage verändert, was zu Störungen bei der Kommunikation führen kann. Sofern die Lernenden ihre Ausspracheschwierigkeiten und ihre typischen Fehler kennen, wird eine solche Übung mit viel „Engagement", z.B. mit einer übertrieben abweichender Aussprache, durchgeführt, was das Bewusstsein für das Ausspracheproblem erhöhen dürfte.

Sprechen Sie diese kleinen Dialoge. Worauf beruht das Missverständnis?

Du kannst mir beim Spülen helfen!   – *Beim Spielen! Prima!*
Sieh, die weiße Küste!   – *Weiße Kiste? Wo?*
Wie findest du meine Hüte?   – *Welche Hütte?*
Kaufen wir vier Stühle?   – *Vier Stiele? Wofür?*
...

Abb. 3.92: KONTRAST: 43

3.4.1.3 Phonetische Korrektur und Lautanbildung

Die Lehrenden sollten im Unterricht ein möglichst „normales" Deutsch sprechen, d.h. sie sollten bereits im Anfängerunterricht vermeiden,
– zu langsam zu sprechen, damit die Schülerinnen und Schüler sich von Anfang an an ein normales (natürlich auch nicht zu schnelles) Aussprachetempo gewöhnen;
– didaktisch verzerrt zu sprechen; d.h. sie sollten in ihrer normalen Unterrichtssprache die kritischen Ausprachephänomene nicht überbetonen – z.B. lange Laute nicht übermäßig dehnen oder stimmlose Verschlusslaute nicht zu stark aspirieren.
Das Lehrermodell sollte möglichst normal klingen und keine didaktische Karikatur des Deutschen sein. Andererseits muss der Lehrer beim phonetischen Üben und bei der phonetischen Korrektur Techniken und methodische Verfahren einsetzen, die eine vorbeugende bzw. korrigierende Wirkung haben und dem Schüler gezielt helfen, schwierige Laute zu bilden und fehlerhafte Lautbildungen zu korrigieren. Die folgenden Verfahren lassen sich dabei einsetzen:

A. Übungslaute lassen sich durch Reduktion aus einem Satz isolieren, z.B. [e:] aus *Geh den Weg!* (AUSSPRSCH.DT.: 7). Dabei ist es wichtig, die neuen Laute und Lautkombinationen zunächst in einfache lautliche Umgebungen einzubetten, sodass sich die Lerner ganz auf den Übungsgegenstand konzentrieren können und nicht durch weitere Lautbildungsprobleme abgelenkt werden; das gilt auch für den suprasegmentalen Bereich.

Geh den Weg!
[ge:] [de:n] [ve:k]
[ge:] [de:] [ve:]
[de:] [de:][de:]
[ʔe:] [ʔe:][ʔe:]

B. Die phonetische Korrektur längerer sprachlicher Einheiten sollte man vom Syntagma- oder Satzende aus durchführen (*backward build-up*-Technik, Abb. 3.93; → 5.2.2.2.1), also etwa *Ich habe schöne Hüte.* (rechts). In „Ausspracheschulung Deutsch." (8) wird eine ähnliche Technik vorgeschlagen, nämlich den Satz vom Hauptakzent her aufzubauen, der im Deutschen meist gegen Ende des Mittelfelds liegt.

S: *Ich habe schöne Hüte.*
 (mit falscher Aussprache)
L: *Hüte*
S: ...
L: *schöne Hüte*
S: ...
L: *habe schöne Hüte*
S: ...
L: *Ich habe schöne Hüte.*
S: ...

C. Das phonetische Modell kann unverändert wiederholt werden (d.h. mit normaler Aussprache). Dem entspricht das Vorgehen bei der Arbeit mit Kassetten zur Ausspracheschulung, bei denen das Modell stets identisch wiederholt wird. Diese Technik setzt voraus, dass der Lernende bereits erste Einsichten in die Aussprache der Zielsprache besitzt, denn er muss erkennen können, in welchen Punkten sich das Modell von seiner abweichenden Aussprache unterscheidet.

Abb. 3.93: Korrekturaufbau

D. Der Unterrichtende kann die kritischen Merkmale betonen, sodass der Schüler die kritischen Aussprachephänomene besser identifizieren und nachahmen kann, z.B.:
 – Überdehnung der Länge [::] bei geschlossenen langen Vokalen
  [le::bən] *leben* oder [ʀo::zə] *Rose*
 – „abgehacktes" Sprechen [ʔʔ], um den Knacklaut hervorzuheben
  [ʔʔan ʔʔaenəm ʔʔaltən ʔʔaoto:] *an einem alten Auto*
 – übertriebene Aspiration bei stimmlosen Verschlusslauten
  [p^{hh}ɔst^{hh}] *Post*, [k^{hh}an] *kann* usw.

Diese Korrekturtechnik wird man verstärkt bei Anfängern einsetzen, die sich der neuen Aussprachephänomene noch wenig bewusst sind, aber natürlich auch bei Fortgeschrittenen mit hartnäckigen Ausspracheschwierigkeiten.

E. Der Lehrer kann die abweichende Schüleraussprache imitieren. Diese Technik setzt Lernende voraus, die mit den phonetischen Gegebenheiten der Zielsprache einigermaßen vertraut sind; dadurch kann der Schüler seine Abweichungen selbst erkennen und bewusster korrigieren.

F. Anfänger und weniger weit Fortgeschrittene wird man allerdings direkter auf ihre fehlerhafte Aussprache hinweisen: Der Lehrer kann die falsche Schülerversion wiederholen und sie dann direkt mit dem korrekten Modell kontrastieren – z.B.
 Nicht [ʊmˈveːk], *sondern* [ˈʊmveːk].
Dadurch kann der Schüler seine eigenen Auspachefehler direkt mit dem korrekten Modell vergleichen und seine Abweichungen davon erkennen.

G. Das fremdsprachliche Aussprachephänomen kann bei der phonetischen Korrektur dem kritischen muttersprachlichen gegenübergestellt werden – z.B. bei den Verschlusslauten:
 Englisch sagt man [hænd], *deutsch aber* [hant^h].
Dem Schüler wird dadurch bewusst, worauf sein Fehler beruht und worin der Unterschied zwischen der muttersprachlichen und der zielsprachlichen Lautbildung besteht.

H. Bei einigen Aussprachephänomenen ist eine Korrekturtechnik nützlich, die man „Betonungstechnik" nennen könnte. Dabei wird der Wortakzent stark überbetont, sodass parallel eine folgende Position im Wort an Tonstärke verliert. Dadurch kann ein Laut abgeschwächt oder ganz eliminiert werden, z.B.:

3.4 Phonetik und Orthographie

- *Vater* *[faːtɛʀ]: Eine starke Betonung auf [aː] schwächt die Endsilbe ab, was die korrekte Aussprache [faːtɐ] fördert.
- *singen* *[zɪŋɡən]: Durch starke Betonung von [ɪ] wird die Endsilbe von *[zɪŋɡən] abgeschwächt, was die Eliminierung von [g] begünstigt.

Diese Technik kann natürlich auch im suprasegmentalen Bereich eingesetzt werden.

I. Eine Lautbildungs- und Korrekturtechnik, die besonders bei Vokalen geeignet ist, könnte man „Gleittechnik" oder „Diphthongtechnik" nennen. Diphthonge sind Gleitlaute von einem Vokal zu einem anderen, z.B. [ae] *weich* oder [ao] *Haus*. Spricht man einen Diphthong, z.B. [ao], ganz langsam aus, so kann man beim kontinuierlichen Übergang von [a] zu [o] über einen weiteren Laut gleiten, nämlich über das offene [ɔ]. Warum das so ist, zeigt das Vokalviereck (Abb. 3.94). Mit der zunehmenden Veränderung des Öffnungswinkels verlagert sich der Laut bei zunehmender Lippenrundung nach hinten:

Zungen-position	Kiefer-winkel	VORNE −LR	+LR	HINTEN +LR
OBEN	GESCHLOSSEN	iː ɪ	yː ʏ	uː ʊ
↑	HALB GESCHL.	eː	øː	ə oː
↓	HALB OFFEN	ɛ	œ	ɐ ɔ
UNTEN	OFFEN			a

[a] → [ɔ] → [o]
OFFEN   HALB OFFEN   HALB GE-
                     SCHLOSSEN

Abb. 3.94: Vokalviereck (LR – Lippenrundung)

Diese Technik lässt sich in all den Fällen anwenden, in denen beim Gleiten ein schwieriger Vokal passiert wird, z.B. das geschlossene [eː] *Tee*. Lernende aus Sprachen, in denen es nur die vorderen Vokale [i/ɪ] und das offene [ɛ] gibt, artikulieren das geschlossenen [e] entweder zu geschlossen oder zu offen (Fehlertendenz zu [i/ɪ] oder zu [ɛ]). Da [e] zwischen zwei bekannten Vokalen liegt, eignet es sich gut für diese Technik, denn beim Diphthong vom geschlossenen [i/ɪ] zum offenen [ɛ] gleitet man automatisch über das geschlossene [e]. Zunächst spricht der Lehrer den Übergang von [i/ɪ] zu [ɛ] langsam vor, und die Schüler sprechen nach. Dann wird beim Gleiten zunehmend der Zwischenlaut [e] hervorgehoben, also „[i] → [e] → [ɛ]". Schließlich wird [e] isoliert – also „[i] → [e]". Es schließen sich Ausspracheübungen an, die den Gleitschritten entsprechen, z.B. „[viː] – [veː] – [vɛː]". Diese Technik lässt sich u.a. auch beim geschlossenen [o], bei den *ü*-Lauten (zwischen *u* und *i*) oder den *ö*-Lauten (zwischen *o* und *e*) anwenden.

[viː] – [veː] – [vɛː]
[viː] – [veː] – [vɛː]
[viː] – [veː] – [vɛː]

J. In der Literatur werden zahlreiche spezielle Techniken für den suprasegmentalen Bereich und für die „Anbildung" von Lauten beschrieben (Slembek 1986; Frey 1993; Fremdsprache Deutsch 1995; Ehnert 1996), z.B.:
- *ü*-Laut: Vom *i*-Laut ausgehen, dann die Lippen runden.
- *f*-Laut: Die Schneidezähne auf die Unterlippen legen, dann durch den Mund ausatmen.
- aspirierte stimmlose Verschlusslaute: ein brennendes Streichholz vor den Mund halten; bei der Lautbildung wird das Streichholz ausgepustet.

Solche Techniken des Anbildens setzen bei den Lehrenden natürlich Kenntnisse in artikulatorischer Phonetik voraus.

Die Lernenden sollten bei der Ausspracheschulung auch gruppenweise sprechen (Sprechen im Chor). Gerade wenn es sich um Anfänger handelt, kann man auch Jugendliche und Erwachsene beim phonetischen Üben gemeinsam artikulieren lassen. Das erhöht die Übungsintensität (jeder spricht zugleich); darüber hinaus ist es für manche Lerner psychologisch günstig, wenn sie in der Gruppe zunächst ihre anfänglichen Artikulationsschwierigkeiten verbergen können. Bei Übungen, bei denen jeweils ein Einzelschüler spricht, können die Mitschüler zur Intensivierung des Übungsgeschehens leise, kaum hörbar, mitartikulieren. Weiterhin dürfte es günstig sein, die Lernenden gelegentlich auf Kassette aufzunehmen, damit sie ihre Aussprache distanziert und objektiver hören und beurteilen können (Frey 1993).

3.4.2 Orthographie

Bekanntlich bestehen zwischen Aussprache und Schrift enge Zusammenhänge, und erfahrene DaF-Lehrer wissen, dass orthographische Fehler oft dort auftreten, wo auch ein Ausspracheproblem besteht. Lernende, in deren Muttersprache z.B. nicht zwischen langen und kurzen Vokalen unterschieden wird, tun sich nicht nur mit der Vokallänge beim Sprechen schwer, sondern haben erfahrungsgemäß auch Probleme bei der orthographischen Umsetzung von Wörtern mit langen und kurzen Vokalen (Radisoglou 1986). Folglich sollten Aussprache und Rechtschreibung in engem Zusammenhang unterrichtet werden. Neuere Lehrbücher führen z.B. in den Ausspracheteilen zusammen mit den einzelnen Übungslauten zugleich deren Buchstabenwerte ein.

a) t
Das t schreibe ich: **t** (Tee)
oder **tt** (hatte)
oder **th** (Theater)
oder **dt** (Stadt)
oder am Ende des Wortes
d (Geld)

d
Das d schreibe ich: **d** (du)
oder **dd** (Pudding)

b)

sch	st		ch			
[ʃ]	[ʃt]	[st]	[ç]	[x]	[ʃ]	[k]
schön	Stadt	Semester	ich	Buch	charmant	Charakter
Tasche	Student	Fenster	rechts	auch	Chef	Chaos
Tisch	verstehen	Post	Bücher	acht	Chance	sechs

Abb. 3.95: a) SPRK.DT. 2: 101; b) STUFEN 1: 146

Eine systematische Vermittlung der Orthographie kann mit der Bewusstmachung der Zusammenhänge zwischen Laut und Schrift beginnen (vgl. Abb. 3.95). Dabei lassen sich Analyseübungen einsetzen, in denen die Lerner Texte, Sätze oder Einzelwörter nach lautlichen und graphischen Eigenschaften klassifizieren (vgl. Abb. 3.96).

a) Ordnen Sie die folgenden Wörter zu:
Bohnen – doppelt – Fahrer – Frucht – hielten – kennen – Kerze – lassen – leben – Lehrer – mir – Mist – Moos – Porsche – Rache – roter – rudern – Ruhe – Saal – siehe – stumm – Tal – Teer – Tier – ...

VOKAL + 1 KONSONANT	VOKAL + DEHNUNG	DOPPEL- VOKAL	VOKAL + 2/3... KONSONANTEN
	Bohnen		

In welchen Fällen werden die Vokale lang gesprochen, in welchen kurz?

b) **Welche der folgenden Wörter werden mit [t], welche mit [d] ausgesprochen? Notieren Sie!**
Licht, Stadt, Räder, Wind, Pudding, Stein, Matte, Ladenburg, Boden, Bodman ...

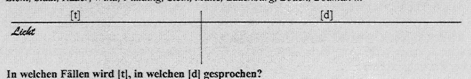

In welchen Fällen wird [t], in welchen [d] gesprochen?

Abb. 3.96: Laut-Schrift-Zuordnungsübungen

Durch solche analytischen Gruppierungs- und Klassifikationsübungen werden Regeln für die Zusammenhänge von Laut- und Schriftbild vermittelt und eingeübt. Material zur Herstellung solcher Übungen enthält jeder Aussprachekurs.

Übungen zur Orthographie und zum Verhältnis Lautbild – Schriftbild sollten, wie auch Übungen zur Aussprache, schwerpunktmäßig bestimmte Laute/Lautgruppen bzw. Buchstaben/Buchstabenkombinationen zum Gegenstand haben. In der Übung Abb. 3.97 haben die Lernenden die Aufgabe, bestimmte phonetische Kontrastpaare in das graphische Medium umzusetzen.

3.4 Phonetik und Orthographie

Die Lernenden hören Wortpaare:
1. schon – schön   3. hört – fährt   5. töte – Tote
2. lesen – lösen   4. Söhne – sehen

Bitte hören Sie, und schreiben Sie die Wörter:

1	2	3	4
			...

Abb. 3.97: STUFEN 1: 151

Beim *orthographischen Lückendiktat* (als Übungsdiktat) erhalten die Lernenden den schriftlichen Diktattext mit Lücken, die dem Übungsgegenstand entsprechen; der Lehrer diktiert den ganzen Text, dabei füllen die Lerner die Lücken aus. Die Lücken werden so gewählt, dass spezielle Bereiche der Rechtschreibung bzw. bestimmte Laut-Schrift-Zusammenhänge geübt werden, z.B. *s – ss – ß* bei Übung Abb. 3.98a, oder *u – ü – i* bei Übung 3.98b, ganz unter dem Aspekt einer kontrastiv bedingten Ausspracheschwierigkeit. Jeder Lerntext kann auf diese Art zum Lückendiktat gemacht werden; dabei wird der Lernstoff weiter gefestigt, und es werden zugleich bestimmte Laut- bzw. Schriftschwerpunkte geübt.

a) **S, ss oder ß**
   1. Hallo, grü____ dich! 2. Wo e____en wir heute? 3. Ich möchte Pizza e____en. 4. Okay, die e____e ich auch gern. 5. Und du, Je____ica? 6. I____t du auch Pizza? 7. Wo i____t denn hier eine Pizzeria? 8. In der Flu____stra____e. 9. Da i____t man sehr gut. 10. Wo i____t denn die Flu____stra____e? 11. Das wei____t du nicht? 12. Etwa drei Minuten von hier, nicht weit vom Fu____ballstadion.

b) **Hören Sie die Wörter und ergänzen Sie die fehlenden Buchstaben i, u oder ü.**
   a) L____ste   b) Ger____cht   c) bek____nden   d) versp____ren   e) unbek____mmert
   f) gem____stert   g) Unget____m   h) M____stst____ck   i) vers____ndigen   j) ...

Abb. 3.98: a) STUFEN INT. 1: 49; b) KONTRAST: 40

Diktate werden oft als Tests zur Kontrolle der Rechtschreibung durchgeführt, sie eignen sich aber auch sehr gut als Rechtschreib*übungen*. Diktate stellen sehr komplexe Anforderungen: der Lerner muss Wort für Wort das Lautbild erkennen, die Bedeutung des Gehörten verstehen (Detailverstehen), das Gehörte aus dem Medium der gesprochenen Sprache umkodieren und es niederschreiben. Aus diesem Grund sollten Diktate, auch Lückendiktate, kurz sein; weiterhin sollten die Lernenden die Bedeutung des Diktierten verstehen können.

Eine komplexere Übung zum Verhältnis von Umgangssprache, phonetischer Umschrift und Normalschrift ist Übung Abb. 3.99. Die Lernenden haben die Aufgabe, einen umgangssprachlichen Dialog, den sie hören und in Lautschrift vor sich haben, in Normalschrift zu transkribieren. Die Schwierigkeit besteht darin, dass sich die Spracheinheiten und die Schreibeinheiten nicht entsprechen, da beim Sprechen Wörter zusammengezogen werden, die getrennt als Einzelwörter geschrieben werden (Kontamination), Laute ausfallen, die geschrieben werden (Elision) usw. Die Lerner werden durch eine solche Übung, die die Kenntnis der phonetischen Umschrift voraussetzt, für die Eigenarten beider Modalitäten sensibilisiert.

Satzphonetik II. Bitte hören Sie zunächst den Dialog. Übertragen Sie dann beim zweiten Hören die phonetische Umschrift in Normalschrift, und ergänzen Sie die „fehlenden" Laute.

A. vas hasdəem voxənɛndə gəmaxt

B. çatə nə aɪnla:duŋ baɪ nɛ dɔytʃn fami:liə

A. na da hastə ja ʃœn dɔytʃ prɛçn kœn

B. ....

zu Abb. 3.99: Die Lernenden hören:

A. *Was hast du am Wochenende gemacht?*
B. *Ich hatte eine Einladung bei einer deutschen Familie.*
A. *Na, da hast du ja schön Deutsch sprechen können.*
B. *...*

Abb. 3.99: STUFEN 3: 197

Abschließend nenne ich stichwortartig noch einige Übungsmöglichkeiten zur Orthographie. Bei orthographischen Übungen werden neben der Rechtschreibung meist auch andere Lerngegenstände mitgeübt, vor allem natürlich der Wortschatz.
- Auf das *Lückendiktat* habe ich oben bereits hingewiesen (Abb. 3.98); es ist nicht sehr zeit- und korrekturaufwendig, und es lässt sich sehr unterschiedlich variieren, z.B.:
  – Spezielle Lücken zur Laut-Buchstaben-Beziehung (s.o.)
  – Von jedem Wort fehlt der erste Buchstabe, sodass die Groß- und Kleinschreibung geübt wird.
  – Es fehlen vor allem orthographisch schwierigere Wörter, die zum Lernstoff gehören und die so eingehend geübt werden können.
  – Die Lücken betreffen orthographische Phänomene, die aufgrund einer Fehlersammlung des Lehrers als besonders fehleranfällig bekannt sind.
  Beim Lückendiktat handelt es sich stets um ein Diktat, d.h. der Lehrer liest *den ganzen Text* vor; die Lernenden ergänzen aber nur die Lücken.

Häussermann/Piepho (1996) plädieren dafür, Diktate möglichst variabel durchzuführen und auch bei den äußeren Bedingungen abzuwechseln: „Es ist aber keineswegs nötig und sinnvoll, dass Sie immer selbst diktieren. Schülerinnen und Schüler können einander in Partnerarbeit oder in Kleingruppen diktieren. Das weitaus interessanteste Modell ('Lernen durch Lehren') ist aber: Schülerinnen / Schüler diktieren im Plenum." (44) Das erhöhe nicht nur „die Wachsamkeit und Spannung", sondern übe auf den Diktierenden einen sachlich begründeten Druck aus, sich um eine möglichst korrekte Aussprache zu bemühen (zum Korrigieren → 9.4.2).

- Als orthographische Übung kann man die Lerner Wörter, Sätze oder kleine Texte abschreiben lassen. Dadurch wird neben der Rechtschreibung auch die graphomotorische Seite des Schreibens geübt, z.B. im Kinderunterricht oder bei Lernern mit einem anderen Schriftsystem wie Arabern, Russen u.a.
- Die Lernenden können kleine Lesetexte mit orthographischen Fehlern (oder falscher Zeichensetzung) selbst korrigieren; dabei sollten sie den Text zunächst inhaltlich lesen und verstehen, und erst anschließend sollte die Aufmerksamkeit auf die Rechtschreibfehler gelenkt werden.

Viele Spielübungen zum Wortschatz üben zugleich die Orthographie der Wörter, z.B.:
- Bei der Spielübung Abb. 3.100a sollen die Lernenden aus den vorgegebenen Buchstaben möglichst viele Wörter bilden; nach Ermittlung der Sieger werden die Wörter nach ihrer Aussprache – Vokal im Wortakzent 'LANG' oder 'KURZ' – klassifiziert und anschließend gelesen. Aus der Klassifikation kann die Regel für den Zusammenhang von Laut- und Schriftbild abgeleitet werden. Die Wörter können auch aus den Buchstaben eines vorgegebenen Wortes gebildet werden (Abb. 3.100 b).

a) Bilden Sie aus den Buchstaben so viele Wörter, wie Sie kennen.

| a, e, i, o | *Mitte* |
| h, m, n, r, s, t | *Test* , ... |

b) Bildet aus den Buchstaben des Wortes *Wohnzimmertisch* so viele Wörter wie ihr kennt. Zeit: 5 Minuten

Abb. 3.100: Spielübungen zur Orthographie

- Die Lernenden erhalten „Wörter" mit den Buchstaben in falscher Reihenfolge, z.B. *tebe, bdeegiln* ...; sie sollen die richtigen Wörter erkennen und notieren (*Beet, lebendig* ...). Durch diese Übung wird das Schriftbild von Wörtern gefestigt.
- Ein Schüler denkt sich ein Wort aus und schreibt den Anfangsbuchstaben an die Tafel; der jeweils nächste Schüler setzt mit „seinem" Wort, an das er denkt (im Beispiel in Klammer), fort und schreibt einen weiteren Buchstaben usw. (Abb. 3.101).

	schreibt	denkt
S1:	S	(Stein)
S2:	So	(Sonne)
S3:	Sor	(Sorge)
S4:	...	

Abb. 3.101: Rätselübung

- Kreuzworträtsel, Silbenrätsel, „Galgenmännchen" und zahlreiche andere Spielübungen, die man leicht in der einschlägigen Literatur findet.

Alle diese Übungen festigen das Schriftbild von Wörtern und tragen somit direkt zur Förderung der Rechtschreibung bei.

4 Textverstehen: Die Förderung der rezeptiven Fertigkeiten

4.1 Psychologische und didaktische Grundlagen des Textverstehens

Die Szene ist hinreichend bekannt: Die Bücher werden geöffnet, und der Lehrer fordert einen Schüler auf, den ersten Satz eines neuen Abschnitts oder Kapitels zu lesen. Nach der Klärung unbekannter Wörter und Konstruktionen wird der Satz übersetzt; grammatische Fragen werden geklärt und Übersetzungsalternativen besprochen. Ist der Lehrer mit dem Ergebnis zufrieden, bearbeitet ein anderer Schüler den zweiten Satz nach dem gleichen Schema. Es folgt der nächste Satz ... Am Ende des Abschnitts – vielleicht nach 25 bis 30 Minuten – versucht der Lehrer, mit den Schülern ein Gespräch über das Gelesene zu führen, doch in der Klasse herrscht betretenes Schweigen; nur der Klassenprimus hat etwas anzumerken. Die anderen Schüler haben nichts verstanden, was wiederum der Lehrer nicht versteht. Die Stunde geht weiter mit dem ersten Satz des nächsten Abschnitts ...
So verlief meist unser altsprachlicher Unterricht, z.B. die Lektüre von Caesar oder Cicero im Lateinunterricht, aber oft wurden auch im neusprachlichen Unterricht englische oder französische Texte nach dem gleichen Schema erarbeitet. Irgendetwas muss damals schief gelaufen sein: obwohl wir jedes Detail lasen, besprachen und übersetzten, verstanden wir nur sehr wenig, oft auch gar nichts. Darum soll es im Folgenden gehen: die Gründe zu erkennen, warum wir bei der oben skizzierten Methode der Texterarbeitung nichts verstanden, und die Grundlagen einer effektiveren Art des Textverstehens in der Fremdsprache darzustellen.

4.1.1 Psychologische Grundlagen

Beim Verstehen wirken zwei Faktoren zusammen: Umweltreize (ein Ausschnitt aus der Wirklichkeit) und das verstehende Subjekt (seine kognitive Struktur). „Wahrnehmung ist der Ort, an dem sich Kognition und Wirklichkeit treffen" (Neisser 1979: 18 – ich unterscheide hier nicht zwischen Wahrnehmung und Verstehen, vgl. Hörmann 1980). Eine einfache Theorie des Verstehens könnte etwa so lauten: „Die Umweltreize determinieren das Verstehen." In einem Zimmer steht eine Vase mit einer weißen Rose auf einem Tisch (Umweltreiz), und jeder, der sich in dem Raum aufhält (das verstehende Subjekt), nimmt diesen Umweltreiz auf dieselbe Art als eine Vase mit einer weißen Rose wahr.
Bereits die Alltagserfahrung zeigt, dass diese Theorie falsch ist: Wie ist es möglich, dass sich einer über die Rose freut, ein anderer dagegen traurig wird, ein Dritter bemerkt, dass die Rose schon leicht welk ist, ein Vierter dagegen, dass in der Vase Wasser fehlt. Wie kommt es, dass manch einer die Vase mit der Rose gar nicht wahrnehmen wird oder die Blume für eine Nelke hält? Das Zusammenwirken von Kognition und Wirklichkeit ist offensichtlich komplexer, wie auch das folgende Beispiel zeigt.

Kurz entschlossen betrat sie das Restaurant. Eine halbe Stunde später fühlte sie sich schon viel wohler und verließ mit einem knappen Gruß zum Ober die gemütliche Gaststube.

Der Leser dieser Zeilen versteht wesentlich mehr, als die Worte ausdrücken. Er versteht z.B., dass die Frau in dem Restaurant gegessen hat, dass sie sich zuvor einen Platz an einem Tisch gesucht, beim Ober bestellt und der Ober ihr das Essen gebracht hat. Er „versteht" auch, dass der Ober für seine Tätigkeit bezahlt wird, dass er, falls er verheiratet ist, möglicherweise ein etwas ungeregeltes Familienleben hat, da er abends lange arbeiten muss usw. All das weiß der Leser, obwohl es in der Äußerung selbst nicht enthalten ist; „im Vorgang des Verstehens schafft der Hörer diese Informationen." (Hörmann 1980: 27) Mit den Worten Butzkamms (1989: 45): „Wer Texte versteht, versteht schon immer mehr als Texte." (i.O. hervorgeh.)
Das Gleiche gilt für Verstehenslücken: „Hören wir in Deutschland im Radio 'Schwerer xxxx auf der A 45', dann ergänzen wir nicht nur ganz automatisch das Wort 'Unfall', sondern auch, dass die A 45 eine besondere Art von Straße ist, dass auf ihr Autos zumeist mit hoher Geschwindigkeit fahren, dass hier eine Fahrt ihr gewaltsames Ende gefunden hat und dass dabei nicht nur ein paar Kratzer am Blech entstanden, sondern wahrscheinlich auch Menschen verletzt worden sind." (Solmecke 1992b: 7)
Die Informationen, die wir im Akt des Verstehens schaffen, sind in den obigen Beispielen Informationen, die uns unser allgemeines Weltwissen zur Verfügung stellt. Wir wissen eben, was ein Restaurant ist und was man dort normalerweise macht. Der kleine Text aktiviert potenziell all

die Informationen, die in unserem Gedächtnis im Zusammenhang mit *Restaurant* gespeichert sind. Wir alle tragen (aufgrund unserer Biographie und der damit verbundenen Erfahrung) eine mentale Repräsentation von Welt in uns. Dieses kognitive Modell enthält das gesamte Wissen, das wir im Verlauf unseres Lebens aufgenommen, verarbeitet und gespeichert haben. Nach einer heute viel zitierten Theorie ist dieses kognitive Modell der Welt, unser Wissen, in Form sog. *Schemata* gespeichert. Ziel der Schematheorie ist es, „die Organisation und kognitive Repräsentation menschlichen Wissens zu beschreiben und Aussagen über das Wirksamwerden dieses Wissens vor allem im Verstehensprozess zu machen." (Stiefenhöfer 1986: 32)

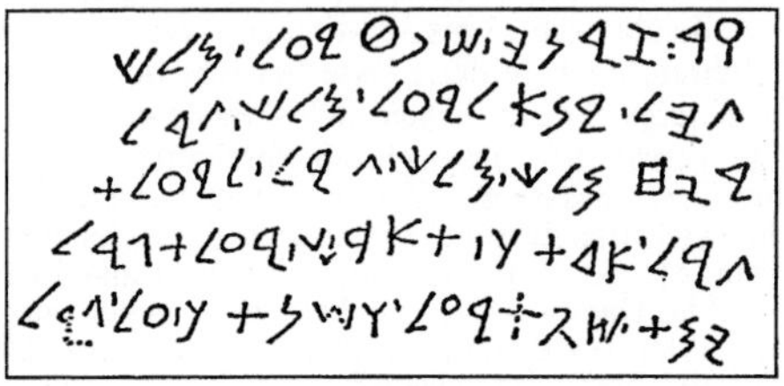

Abb. 4.1: Semitische Inschrift (Bodmer: 5)

Die meisten Leser werden die Zeichen in Abb. 4.1 als Schriftzeichen identifizieren, auch wenn sie nicht wissen, um was für eine Schrift es sich handelt. Das ist möglich, weil sie eine kognitive Repräsentation, ein Schema 'Schrift' gespeichert haben, das wesentlich allgemeiner ist als das Schema einer konkreten Schrift, das es uns aber erlaubt, bestimmte Objekte als Schriften zu identifizieren. Schemata sind hierarchisch strukturiert; das Schema 'lateinische Schrift' ist Teil des Schemas 'Schrift'. „Ein Schema ist eine Organisationseinheit des Wissens im Gedächtnis, in der aufgrund von eigenkulturellen Erfahrungen typische Zusammenhänge eines Realitätsbereichs aufgenommen sind. Ein Schema vereinigt Konzepte über Gegenstände, Zustände, Ereignisse und Handlungen in einer Wissensstruktur. Dieses Wissen lässt sich auch als Netzwerk abbilden. Während jedoch im Text ein Netzwerk in der Sprache erstarrt, 'festgeschrieben' ist, spricht man im Gedächtnis von aktiven semantischen Netzwerken, da in ihnen auch Prozesse und Operationen ablaufen." (Neuner 1985a: 15)

Ein Schema kann nicht nur durch Umweltreize aktiviert werden; wenn ich mich auf eine Situation vorbereite, z.B. ein Buch lesen will, so aktivieren meine Erwartungen entsprechende Schemata. Dass unsere Erwartungen das Verstehen beeinflussen, ist eine allbekannte Erfahrung. Wer erwartet, dass in der Bibel ausschließlich religiöse und heilige Texte stehen, wird sich bemühen, „Das Hohe Lied Salomos" als einen solchen Text zu verstehen; ohne diese Erwartung wird man diesen Text eher als eine erotische Liebesdichtung lesen. Wie Schemata den Prozess des Verstehens mitgestalten und wie die Interaktion zwischen kognitiver Struktur (Schemata) und Umweltreizen verläuft, soll ein weiteres Beispiel veranschaulichen (nach Westhoff 1984: 10).

Will man diese Zeichen verstehen, so muss man die Daten ergänzen, d.h. Informationen schaffen. „Wir erfassen im Vorgang des Verstehens nicht nur Information, wir schaffen auch Information, nämlich jene Information, die wir brauchen, um die Äußerung in einen sinnvollen Zusammenhang stellen zu können" (Hörmann 1980: 27). Mit der ersten Wahrnehmung setzt sogleich das Bemühen um Verstehen ein, d.h. das Bemühen, „einen sinnvollen Zusammenhang" herzustellen. Der Verstehensprozess ist darauf gerichtet, die unvollständigen Daten auf Schemata unserer kognitiven Struktur zu beziehen und sie aktiv zu vervollständigen. Das verläuft etwa folgendermaßen: Es handelt sich wohl um geschriebene Sprache, um Buchstaben oder Teile von Buchstaben; d.h. es wird ein Schema „Sprache/Schrift" aktiviert. Es könnten koptische, kyrillische, hebräische, lateinische Buchstaben sein (so die Vorschläge in verschiedenen Fortbildungsveranstaltungen). Vielleicht handelt es sich auch um ein deutsches Wort. Bis hierher ist das Zusammenspiel von Daten und Wissen noch relativ einfach, es läuft noch nicht sehr zielgerichtet ab. Doch jetzt beginnen bewusstere Such- und Erkundungsprozesse: Der erste Buchstabe kann *V/v*, *W/w*, *N* sein, der drittletzte *t*, *h*, *l*. Ist der erste *V/v*, *W/w* oder *N*, so ist der zweite mit großer Wahrscheinlichkeit ein Vokal, möglicherweise *o*, *ö* oder *e*; der vierte dürfte ein *s* sein, der sechste wohl ein *e* ... Im Arbeitsgedächtnis laufen sehr bewusste und aktive Prozesse ab, bei denen versucht wird, in einem ständigen Hin und Her zwischen Daten und Wissen die Daten zu ergänzen, parallel dazu das Wissen zu erweitern und mit einem besseren Wissen die Daten erneut zu prüfen. Der Verstehende versucht, „die ihn umgebende

4.1 Psychologische und didaktische Grundlagen

Welt sozusagen durch die Worte der Äußerung hindurch intelligibel zu machen." (Hörmann 1980: 27) Das Bemühen um Verständnis endet in dem Augenblick, da dies gelungen ist, d.h. eine subjektiv befriedigende Deutung vorliegt.

Der Prozess des Verstehens kann jetzt genauer charakterisiert werden: Es handelt sich um ein wechselseitiges Zusammenspiel von datengesteuerten und wissensgesteuerten mentalen Aktivitäten. In der kognitiven Psychologie werden erstere auch als „aufsteigende" Prozesse (*bottom-up-processing*) und letztere als „absteigende" Prozesse (*top-down-processing*) bezeichnet. Das folgende Modell stellt einige wichtige der beim Verstehen ablaufenden Prozesse im Zusammenhang dar.

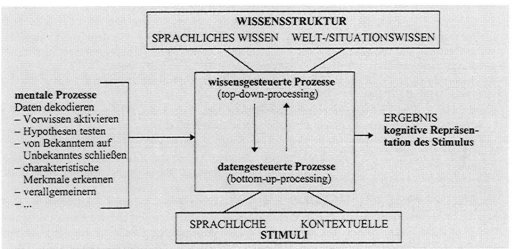

Abb. 4.2: Verstehensmodell (nach Wolff 1990: 616)

Im Verlauf des Verstehensprozesses aktivieren die Daten Ausschnitte (Schemata) der kognitiven Struktur (aufsteigende Prozesse); von den Schemata werden Informationen an die Daten herangetragen und überprüft (absteigende Prozesse), wodurch die mentale Repräsentation des Stimulus verändert wird, d.h. der Verstehensprozess voranschreitet. Der Prozess verläuft wie „eine sich in die Höhe schraubende Spirale" (Butzkamm 1989: 41). Vorangetrieben wird er durch äußerst aktive mentale Prozesse wie relevante Wissensbestände aktivieren, Hypothesen testen und revidieren, Wahrgenommenes verallgemeinern, charakteristische Merkmale suchen usw. „Mit jedem Umlauf steigt die Spirale an, nimmt das Verstehen zu" (ebd.: 41). Die bisherigen Überlegungen zeigen deutlich, dass den sog. „rezeptiven Fertigkeiten" ein äußerst aktives und produktives Verhalten zugrunde liegt und dass Verstehen „ein schöpferischer, konstruktiver Vorgang" ist (Hörmann 1980: 27).

Die aktivierten Wissensstrukturen, d.h. die Schemata, erfüllen verschiedene Funktionen (Binkley 1981; Solmecke 1993: 22):
- Sie sind in einem elementaren Sinn Voraussetzung jeglichen Verstehens, denn ohne ein entsprechendes Schema (z.B. 'lateinische Schrift') kann man Daten zwar wahrnehmen, nicht aber sie genauer verstehen (z.B. einen geschriebenen deutschen Text).
- Sie erlauben es, Informationen zu antizipieren bzw. Hypothesen über mögliche Informationen zu bilden.
- Weiterhin ermöglichen sie es, nicht wahrgenommene, verstandene oder ausgedrückte Informationen zu erschließen bzw. zu rekonstruieren und Verstehenslücken zu schließen („Inferenz" – Rickheit/Strohner 1990).
- Schließlich bilden sie die Voraussetzung dafür, dass Verstandenes in die kognitive Struktur eingeordnet wird, sodass sie auch eine Erinnerungshilfe darstellen und Vergessenes zu rekonstruieren erlauben.

Verstehen ist ein interaktiver Prozess zwischen Daten und kognitiver Struktur. Wenn wir in der Lage sind, unvollständige Daten zu verstehen, so bedeutet das streng genommen, dass vollständige, nicht lückenhafte Daten redundant sind. Unter einem gewissen Aspekt sind all diejenigen Informationen redundant, die wir ergänzen (inferieren) können, da ja die Daten auch ohne diese Informationen verstanden werden.

In der kleinen Fabel von H. Arntzen Abb. 4.3a fehlen wichtige Informationen. Dennoch kann man den Text verstehen, da man die Textlücken fast automatisch durch sein aktiviertes Wissen ergänzt.

> *Der Wolf kam zum ... Da entsprang ...*
> *Bleib nur, du störst ..., rief ...*
> *Danke, rief ..., ... habe im Äsop gelesen.*
>
> **Abb. 4.3a:** Fabel mit Lücken

– *Der Wolf kam zum ...*: Nach *kommen zum* erwarten wir eine Richtungsergänzung.
– *Da entsprang ...*: Es muss eine Nominativergänzung folgen. Aufgrund unseres Wissens über die literarische Gattung Fabel muss es sich um ein Tier handeln, das vor dem Wolf wegläuft, wahrscheinlich ein schwächeres Tier, vielleicht ein Lamm, da Wolf und Lamm in Fabeln oft gemeinsam vorkommen.
– *Bleib nur, du störst ...*: Wegen der Logik wird eine Negation folgen.
– *rief ...*: es fehlt *der Wolf*.
– *Danke, rief ...*: Das Tier aus der ersten Zeile spricht hier.
– *... habe im Äsop gelesen.*: Logisch, aber auch sprachlich fehlt *ich*.

> *Der Wolf kam zum Bach. Da entsprang das Lamm.*
> *Bleib nur, du störst mich nicht, rief der Wolf.*
> *Danke, rief das Lamm zurück, ich habe im Äsop gelesen.*
>
> **Abb. 4.3b:** Fabel ohne Lücken (H. Arntzen)

Wie das Beispiel zeigt, ist dieser Text unter dem Aspekt der Leser-Text-Interaktion sehr redundant, da er mehr Informationen enthält, als zum Verstehen erforderlich sind. Das hat eine wichtige Konsequenz: Um einen Text zu verstehen, braucht man nicht alle Daten gleichermaßen aufzunehmen und vollständig zu dekodieren. In der Tat hat die Leseforschung gezeigt, dass sich die Augen beim Lesen nicht kontinuierlich, sondern in Sprüngen fortbewegen und nur an bestimmten „Fixationspunkten" Halt machen. Der Grund liegt vor allem darin, dass die übersprungenen Textteile durch die aktivierten Schemata ergänzt werden bzw. unbewusste Hypothesen über den Textverlauf eine Buchstabe-für-Buchstabe- bzw. Wort-für-Wort-Dekodierung überflüssig machen.

Eine wichtige Rolle spielen dabei auch die der Sprache immanenten Redundanzen selbst, aufgrund derer viele Informationen mehrfach ausgedrückt werden. Der Satz *Werdet ihr morgen kommen?* enthält u.a. die folgenden Redundanzen:
– Information 'Zukunft': *werdet + morgen*
– Information '2. Person Plural': *ihr + -et*
– Information 'Frage': Verb-Erststellung + Fragezeichen bzw. Frageintonation

Beim sprachlichen Verstehen werden also zwei Arten von Redundanzen wirksam: die in der Sprache selbst vorkommenden Redundanzen sowie all das, was wir aufgrund unseres sprachlichen und sonstigen Wissens an einen Text herantragen können und was den Text im Prozess des Verstehens „redundant macht". Klein (1984: 123ff.) nennt folgende Arten von Informationen und Wissen, die beim sprachlichen Verstehen eine Rolle spielen:

- **Sprachwissen:** als Voraussetzung, Äußerungen in einer bestimmten Sprache zu tun und zu verstehen;
- **Äußerungsinformation:** „jene Information, die dem Wortlaut der Äußerung selbst gemäß den Regeln der betreffenden Sprache zu entnehmen ist" (ebd.: 123);
- **Kontextinformation:** „all jene Information, die Sprecher und Hörer in der jeweiligen Situation anderweitig verfügbar ist" (ebd.: 123); Klein unterscheidet drei Arten von Kontextinformationen:
  – *Weltwissen:* enzyklopädisches Wissen, auch Wissen über (kulturspezifische) soziale Verhaltensnormen;
  – *Situationswissen:* Informationen, die durch (visuelle, akustische ...) Wahrnehmung aus der Kommunikationssituation gewonnen werden;

- *Vorgängerinformation:* Informationen aus vorhergehenden sprachlichen Äußerungen und Kontexten.

Die Kontextinformation verändert sich beständig, da Äußerungsinformationen zu Kontextinformationen einer folgenden Äußerung werden. Wie Sprachwissen und Kontextinformationen beim Verstehen der Äußerungsinformation wirken, zeigen die folgenden Beispiele.

- *Martin hat heute Geburtstag.* Äußerungsinformation: Über eine Person Martin wird ausgesagt, dass sie an dem Tag, da der Satz geäußert wird, ihren Geburtstag feiert. Um das Wort *heute* genauer zu verstehen, braucht man das Situationswissen, wann diese Äußerung getan wurde.
- *Es ist schade, dass Hans morgen nicht ...* Die Äußerungsinformation dieses Satzes lässt sich nicht rekonstruieren; das Sprachwissen kann syntaktische Informationen ergänzen (es fehlt ein Verb am Ende des Teilsatzes), aufgrund des unspezifischen Kontextes nicht aber semantische.
- *Dieses Jahr fliegen wir für vier Wochen auf die Kanarischen Inseln.* Das Weltwissen eines Mitteleuropäers ergänzt die Äußerungsinformation derart, dass es sich wahrscheinlich um eine Ferienreise handelt.
- *Könnte ich bitte ... haben.* Die Äußerungsinformation lässt sich je nach Situationswissen unterschiedlich rekonstruieren:
  – Situation Bäcker: *ein Brot, ein Stück Kuchen ...*
  – Situation Kaffeetrinken: *eine Tasse Tee/Kaffee, die Milch ...*
  – Situation Schule: *dein Buch, dein Heft ...*
- *Dann machen wir es eben morgen.* Die Äußerungsinformation *es* wird je nach Vorgängerinformation unterschiedlich konkretisiert: *die Wohnung putzen, etwas im Lexikon nachschauen, die Wand tapezieren ...*

Aus all dem ergeben sich wichtige Konsequenzen für das fremdsprachliche Verstehen. Fremdsprachenlerner haben aufgrund eines eingeschränkten Sprachwissens oft Schwierigkeiten, die Äußerungsinformationen zu erfassen. Sie müssen deshalb ganz gezielt ihr Kontextwissen einsetzen, um die Verstehensschwierigkeiten bei der Äußerungsinformation zu kompensieren.

4.1.2 Folgerungen für die Didaktik des Textverstehens

„In erster Linie befindet sich der Fremdsprachenanwender (und immer auch -lerner) in der Situation, verstehen zu müssen, obwohl er nichts versteht. Fremde Sprache, sei sie gelesen, gehört oder gehört – gesehen, kommt auf ihn zu, und er muss sich verstehend behaupten. Dieses Verstehen-zum-Überleben (*survival*) ist dem Schwimmen im tiefen Wasser vergleichbar, wo es darauf ankommt, den Kopf über Wasser zu halten und Land zu gewinnen." (Edelhoff 1985: 9)
„Verstehen-zum-Überleben" bezeichnet die Situation, in der sich jeder Fremdsprachensprecher außerhalb des Klassenzimmers befindet: Er ist gezwungen, fremdsprachige Texte „ohne Hilfe zu verstehen und das Verstandene zum Ausgangspunkt bzw. zur Grundlage außersprachlichen Verhaltens oder eigener Textproduktion zu machen." (Solmecke 1992b: 4f.) Damit ist exakt das Lernziel des Textverstehenstrainings im Fremdsprachenunterricht bezeichnet.
Die Verstehensschwierigkeiten von „Fremdsprachenanwendern" (Solmecke 1993: 34ff.) beruhen wesentlich auf ungenügender Sprachbeherrschung, doch damit sind nicht alle Gründe genannt. Fremdsprachenlernende neigen zu einem stark datengesteuerten (aufsteigenden) Verstehen, sie „kleben" an den Wörtern und mit Vorliebe an denen, deren Bedeutung ihnen unbekannt ist. D.h. die Wissenssteuerung (absteigende Prozesse) ist oft zu schwach ausgeprägt, sodass sie ihr „Verstehenspotenzial" nicht ausschöpfen können und oft weniger verstehen, als sie könnten. Zwei Gründe scheinen dafür verantwortlich zu sein: Offenbar ist es schwierig, die in der Muttersprache (weitgehend unbewusst) ablaufenden Rezeptionsverfahren auf den fremdsprachlichen Verstehensprozess zu übertragen. Darüber hinaus begünstigt der Fremdsprachenunterricht selbst eine aufsteigende datengesteuerte Annäherung an Texte, weil immer noch viel zu selten wissensgesteuerte Verstehensstrategien vermittelt, sondern Texte meist Wort für Wort und Satz für Satz erarbeitet werden.

Strategien
Seit einigen Jahren nimmt der Begriff der 'Strategie' einen zentralen Stellenwert in der fremdsprachendidaktischen Diskussion ein. Strategien gehören zum prozeduralen Wissen (→ 2.1.1), es handelt sich um kognitive Verfahren und Vorgehensweisen, die (auch) beim Kommunizieren und Sprachenlernen ablaufen. Es werden u.a. folgende Arten von Strategien unterschieden (ausführlicher → 1.2):
- Sprachverarbeitungsverfahren (Produktions- und Rezeptionsverfahren)
- Diskurs- und Kommunikationsverfahren
- Lernverfahren

Die intensive Beschäftigung mit Strategien hat ihre Ursache in der seit längerer Zeit zu beobachtenden Verlagerung des didaktischen Schwerpunkts vom Lehrer hin zum Lerner als dem Subjekt des Lernprozesses. Dabei wird angestrebt, „die Beeinflussung und Steuerung kognitiver Handlungen beim Lernenden im Laufe des Lehr-/Lernprozesses zunehmend von den Außenfaktoren (Lehrer, Medien etc.) auf und in den Lerner zu verlagern" (Stiefenhöfer 1986: 115). In diesem Zusammenhang sind u.a. Sprachverstehensstrategien Gegenstand intensiver Forschungen gewesen. Ziel dieser Forschungen ist, Einsicht in die beim Textverstehen ablaufenden Prozesse zu gewinnen und diese für das fremdsprachliche Verstehen fruchtbar zu machen.

Wenn das Lernziel der rezeptiven Fertigkeiten in der Fähigkeit besteht, fremdsprachige Texte ohne Hilfe zu verstehen, so müssen den Lernern Methoden vermittelt werden, wie sie sich einem fremdsprachigen Text nähern können und welche Möglichkeiten sie haben, trotz aller Schwierigkeiten die wichtigen Textaussagen zu verstehen. D.h. es müssen ihnen Strategien des Textverstehens vermittelt werden. Derartige Verstehensstrategien sind oben bereits erwähnt worden, z.B. Hypothesenbildung und -überprüfung, Verallgemeinern, Abstrahieren, Inferieren (Bilden neuer Informationen in einem Kontext, z.B. Schließen von Text- bzw. Verstehenslücken), Unterscheidung von wichtigen und weniger wichtigen Textinformationen. Dass solche Strategien vermittelt und für das fremdsprachliche Verstehen fruchtbar gemacht werden können, konnte in empirischen Untersuchungen zum Leseverstehen nachgewiesen werden (Stiefenhöfer 1986; Westhoff 1987).

Ich gehe hier zunächst auf einige allgemeine didaktische Konsequenzen für die Förderung des fremdsprachlichen Textverstehens ein, die in den folgenden Kapiteln in Bezug auf das Hör- und Leseverstehen vertieft und konkretisiert werden.

Von Bekanntem ausgehen und es für das Erschließen von Unbekanntem nutzen
Es ist wichtig, sich auf all das zu konzentrieren, was man versteht, und (zunächst) alles zu vernachlässigen, was man nicht (gleich) versteht. Das ist Grundvoraussetzung jeglicher Förderung von Verstehensstrategien, die darauf abzielen, verstandene Textteile für das Verstehen der Textaussage zu nutzen.

nicht	*Unterstreicht alle Wörter, die ihr nicht versteht.*
sondern →	*Unterstreicht alle Wörter, die ihr versteht.*
nicht	*Die Überschrift besprechen wir, wenn ihr alles verstanden habt.*
sondern →	*Die Überschrift besprechen wir jetzt gleich, damit sie euch beim Verstehen hilft.*

Die Lernenden sollten sich einem fremdsprachigen Text so nähern, dass sie das fehlende sprachliche Wissen so gut wie möglich durch ihr Kontextwissen ausgleichen. Zu diesem Zweck sollten intensiv wissensgesteuerte absteigende Verstehensstrategien vermittelt werden. Damit die Lerner ihr Wissen (die relevanten „Schemata") aktivieren und an den Text herantragen können, müssen sie alle verfügbaren Informationen nutzen, die die textrelevanten Schemata aktivieren können, z.B.: Texteinbettung (*Wo steht ein solcher Text?*); Bild(er) zum Text; Überschrift, Titel, Unter-/Zwischentitel; Textsituation; Textsorte; Kommunikationspartner. D.h. vor dem eigentlichen Lesen oder Hören eines Textes sollten die Lernenden möglichst viele Informationen aktivieren, die sie dann in Form von wissensgesteuerten Prozessen an den Text herantragen und in der Interaktion mit dem Text für das Verstehen verwerten können.

Für aufsteigende datengesteuerte Verstehensprozesse sollten zunächst alle Textteile verwendet werden, die ohne Schwierigkeiten verstanden werden oder von denen zu erwarten ist, dass sie relativ leicht zu verstehen sind. Zu letzteren gehören oft Zahlen, Eigennamen, geographische Begriffe (Städte, Länder ...), internationale Wörter (Fremdwörter im Deutschen), Produktbezeichnungen (*VW, Telefunken ...*), Zeitangaben usw. Die Lernenden sollten derartige Textstellen verwerten, sie zu „Inseln des Verstehens" ausbauen und diese Verstehensinseln für das Verstehen der Gesamtaussage nutzen.

Die Lerner müssen also lernen, zwei Mengen von Textelementen für das Verstehen zu nutzen: Hinweise, die es erlauben, ihr Vorwissen zu aktivieren und es an den Text heranzutragen; und

Elemente, die Inseln des Verstehens darstellen und in einem aufsteigenden Prozess zur Erweiterung des Textwissens beitragen. Das Ziel der Leser/Hörer-Text-Interaktion liegt vor allem darin, von Bekanntem und Verstandenem auf Unbekanntes bzw. Unverstandenes zu schließen, z.B.
- Hypothesen über den Textinhalt zu prüfen, z.B. aus der Situationskenntnis Hypothesen über den Inhalt eines Gesprächs;
- Textlücken zu schließen, z.B. nicht verstandene Textteile oder Wörter zu erschließen;
- Textinhalte zu antizipieren, z.B. aus dem bisherigen Textverlauf auf folgende Textteile zu schließen.

Das Textverstehen verläuft so in Form einer Interaktion von aktivierten Schemata und Inseln des Verstehens, von wissensgesteuerten absteigenden und datengesteuerten aufsteigenden Verstehensprozessen.

Verstehensziele setzen
„Wir liefern uns dem Text nicht aus, sondern nutzen ihn, soweit wir ihn brauchen." (Solmecke 1992b: 8) D.h. wir nähern uns Texten mit einem bestimmten Verstehensziel, und davon hängt die Qualität des Verstehens ab. Meist bestimmen die Textsorte und die Verstehensabsicht des Lesers /Hörers, was man verstehen muss bzw. verstehen will (Solmecke 1993: 25ff.). *Textsorte*: Ein Fahrplan wird meist nur äußerst selektiv gelesen, d.h. man sucht sich aus einer sehr großen Menge von Informationen ganz gezielt einige wenige heraus; eine Gebrauchsanweisung oder ein Kochrezept hingegen erfordern ein sehr detailliertes Verständnis des gesamten Textes. *Verstehensabsicht*: Wer ein neues Rezept zum ersten Mal kocht, wird es sehr detailliert zu verstehen versuchen. Vielleicht will man aber auch nur wissen, ob für ein Gericht ein bestimmtes Gewürz erforderlich ist; in diesem Fall reicht es, den Text zu überfliegen und selektiv auf ein Detail zu achten. Kaum jemand liest die ganze Zeitung gleich intensiv: bei den politischen Nachrichten streben viele nur einen globalen Überblick an, bestimmte Artikel im Sportteil lesen sie hingegen sehr ausführlich und detailliert. „In Abhängigkeit von Verstehensabsicht und Text hören [und lesen – g.st.] wir so extensiv wie möglich und so intensiv wie nötig." (Solmecke 1992b: 5) Das Ziel des Verstehens besteht darin, eine subjektive Verstehensabsicht zu befriedigen. Die Lernenden müssen also Verstehensziele formulieren oder Fragen an einen Text stellen, die ihrem Interesse bzw. ihrem Informationsbedürfnis entsprechen (Westhoff 1991a).

Verschiedene Ebenen des Verstehens berücksichtigen
In der Fremdsprachendidaktik werden oft drei Ebenen des Verstehens unterschieden: globales, selektives und detailliertes Verstehen. Diese Begriffe, die nicht genau definiert sind, meinen etwa Folgendes:
Globalverstehen: Worum es in einem Text inhaltlich geht, d.h. die zentralen Inhaltspunkte; auch die bekannten W-Fragen: Kommunikationspartner (*Wer schreibt/spricht mit wem?*), Thema (*Worüber?*), Kommunikationssituation (*Wo?/Wann?*), kommunikatives Ziel (*Wozu?*), Textsorte usw. Es handelt sich also um die pragmatischen Bedingungen des Textes und den Inhalt auf einer allgemeinen Ebene (→ 1.1.3).
Selektives Verstehen: Damit ist eine mittlere Ebene des Textverstehens gemeint; einem Text werden entsprechend der Verstehensabsicht gezielt bestimmte Informationen entnommen; oft handelt es sich einfach um die wichtigsten Textinformationen. Im Unterricht wird bei authentischen Verstehenstexten oft ein selektives Verstehen in diesem Sinne angestrebt.
Detailverstehen: Wort-für-Wort-Verständnis; alle Aussagen des Textes werden bis auf die Ebene des Einzelwortes verstanden. Bis ins Detail werden vor allem Lerntexte erarbeitet, aber auch bestimmte Textsorten bei Verstehenstexten (s.o.).
Die Lernenden müssen erkennen, dass bei vielen Texten ein Wort-für-Wort-Verständnis nicht erforderlich ist. Das muss im Unterricht immer wieder thematisiert und begründet werden, denn Fremdsprachenlerner sind oft nur daran gewöhnt, Texte Wort für Wort zu erarbeiten. Die Schüler müssen sich deshalb schon früh an den Umgang mit Texten gewöhnen, bei denen sie nicht jedes Wort oder jede Aussage verstehen, denn das entspricht der normalen Kommunikationssituation in einer fremden Sprache (oft übrigens auch in der Muttersprache).

Textarbeit

Die bisherigen Ausführungen haben Konsequenzen für die Textarbeit, und zwar gleichermaßen für den Umgang mit Verstehenstexten und Lerntexten. *Generell sollte sich die Textarbeit von den höheren Ebenen des Textes zu den niedrigeren Ebenen hin bewegen* (Abb. 4.4).

Die Unterscheidung zwischen Verstehens- und Lerntexten (Solmecke 1992b) ist vor allem im Anfangsunterricht sehr wichtig. Lerntexte werden aus didaktischen Gründen bis ins Detail erarbeitet, denn ihr Stoff soll für die aktive Sprachverwendung erarbeitet und eingeübt werden. Verstehenstexte werden hingegen eingesetzt, um die Fertigkeit „Textverstehen" zu fördern. Hier hängt es, wie oben dargestellt, von der Textsorte und den subjektiven Verstehensabsichten ab, welche Verstehensziele jeweils angestrebt werden.

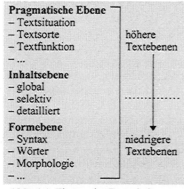

Abb. 4.4: Ebenen der Textarbeit

- Verstehen auf höheren Textebenen erleichtert das Verstehen auf niedrigeren Textebenen. So können die Lernenden beim wissensgesteuerten Verstehen aufgrund des unmittelbaren Kontextes und ihrer anderen Text- bzw. Weltkenntnisse unbekannten Wortschatz und Verstehenslücken für das Textverständnis selbständig erschließen. Das ist bei einer umgekehrten (aufsteigenden) Vorgehensweise nur schwerlich möglich.
- Beginnt die Textarbeit auf den höheren Ebenen des Textes, so kann auf einer beliebigen Ebene mit dem Verstehen bzw. der Textarbeit aufgehört werden – z.B. beim selektiven Textverstehen. Nur so ist es überhaupt möglich, schon bei Anfängern anhand von authentischen Texten das Verstehen zu fördern.
- Eine „absteigende" Textarbeit führt zu einem didaktisch erwünschten Unterrichtsverlauf. Dabei lassen sich gut die Aktivitäten „Verstehen" und „Lernen" trennen (vgl. S. 157ff.), und die formbezogene Arbeit an der Grammatik (bei Lerntexten) erhält den ihr angemessenen Stellenwert. Da neue grammatische Strukturen nur selten das Textverstehen behindern, ist es günstig, die Grammatik erst dann zu behandeln, wenn sie in der Abfolge der Texthierarchie an der Reihe ist. Zieht man die Grammatikphase vor, dann besteht die Gefahr, dass die Textarbeit zu stark „grammatikalisiert" wird. Zudem begibt man sich der Möglichkeit, die Schüler die Grammatik selbständig anhand des Textes erarbeiten zu lassen (→ 5.3.3). Textverstehen kann also sehr oft als eine Aktivität durchgeführt werden, die die semantische und pragmatische und weniger die Formseite der Sprache betrifft.

Absteigende Textarbeit kann im Rahmen eines Drei-Phasen-Modells der Textarbeit durchgeführt werden (→ 5.2.2):

Drei-Phasen-Modell der Textarbeit bei Verstehenstexten

1. **Aktivierungsphase/Hinführungsphase** (Vorbereitung des Textverstehens)
   - Aktivierung des Vorwissens
   - Formulierung von Verstehenszielen
   - Aktivierung von Verstehensstrategien

2. **Verstehensphase(n)**
   Ein oder mehrere „Verstehensdurchgänge", die spiralförmig zu einem zunehmend tiefen Textverständnis führen.
   - Anwendung von Verstehensstrategien
   - Einsatz von Verstehensaufgaben

3. **Anschlussphase(n)**
   - kommunikative Anschlussaktivitäten; z.B. themengebundene Schüleräußerungen, eventuell vorbereitet durch Einführen und Üben von Redemitteln (→ 5.2.2.2.1/3)
   - selektive sprachbezogene Textauswertung, z.B. Wortschatz (→ 5.2.2.3)

Abb. 4.5: Phasenmodell der Textarbeit bei Verstehenstexten

Verstehen und Lernen
Bei der Textarbeit sollten Verstehen und Lernen (Erarbeiten, Üben) deutlich getrennten Unterrichtsphasen zugewiesen werden. „Da unser Arbeitsgedächtnis, in dem sowohl die zum Verstehen als auch die zum Behalten notwendigen Operationen ablaufen, naturgemäß begrenzt ist, geht jedes Mehr an Behalten grundsätzlich auf Kosten des Verstehens." (Solmecke 1992b: 9) Textverstehen sollte weitestgehend anhand von *authentischen Texten* durchgeführt werden, denn die Lernenden müssen auf den Umgang mit fremdsprachigen Originaltexten vorbereitet werden; die „Anwendbarkeit des Gelernten in realen Lebenssituationen" (Westhoff 1991a) stellt einen wichtigen Grundsatz für die Textauswahl dar. Authentische Texte (z.B. bestimmte Textsorten) beinhalten auch kulturspezifische Elemente, mit denen die Lerner vertraut werden müssen. Teilkomponenten der komplexen Fertigkeit Verstehen können hingegen auch außerhalb eines authentischen Textzusammenhangs in speziellen Übungen gefördert werden.

Die *Progression* kann beim Textverstehen in mehreren Richtungen voranschreiten: Einmal können mit steigender Sprachbeherrschung zunehmend schwierige Texte eingesetzt werden; zum anderen lassen sich die Anforderungen an das Verstehen dadurch erhöhen, dass schwierigere Verstehensziele angestrebt werden, d.h. ein und derselbe Text je nach Verstehenszielen unterschiedlich detailliert dekodiert wird (Solmecke 1992b). Schließlich sollten die Lernenden mit zunehmender Sprachbeherrschung bessere und komplexere Entschlüsselungstechniken (Verstehensstrategien) anwenden können.

Fehler bei Verstehensübungen
- Die Lernenden d.h. ohne Formulierung von Verstehenszielen und ohne Stimulierung durch Verstehenstechniken, einem Verstehenstext aussetzen; das fördert die Einstellung, alle Textinformationen als gleich wichtig zu betrachten und den gesamten Text im Detail zu dekodieren.
- Die Gewohnheit, auf Unbekanntes hinzuweisen und sich vor allem auf das zu konzentrieren, was die Lernenden noch nicht verstehen. Der Hinweis auf Unbekanntes und Nicht-Verstandenes entmutigt die Lerner und fördert Wort-für-Wort-Strategien, um „noch besser zu verstehen". Eine adäquate Förderung des Textverstehens ermutigt die Schüler, da sie erkennen, dass sie trotz geringer fremdsprachlicher Kenntnisse schon relativ viel verstehen können.
- Verstehenstexte Wort für Wort bzw. Satz für Satz erarbeiten.
- Schriftliche Verstehenstexte laut lesen lassen (→ 5.2.2.2.2).
- Die oft anzutreffende Einstellung von Lehrern, die anhand von Verstehenstexten *überprüfen* möchten, was ihre Schüler (schon) verstehen; diese Lehrer *fördern* und üben das Textverstehen meist jedoch nicht; d.h. sie überprüfen etwas, was sie gar nicht vermittelt haben! Die Förderung des Verstehens muss deutlich von der Überprüfung des Textverstehens getrennt werden. Beides geschieht mit unterschiedlicher Zielsetzung und unterschiedlichen Methoden.

Das eingangs erwähnte Beispiel aus dem altsprachlichen Unterricht kann nun genauer charakterisiert werden: Das Verstehen war weitgehend datengesteuert. Der Text wurde Satz für Satz bearbeitet, und bei jedem Satz ging der Weg vom Buchstaben/Laut über die Grammatik zur Bedeutung. Erst am Ende wurde versucht, aus den Einzelsätzen eine Gesamtbedeutung zu erschließen. Es liefen fast nur datengesteuerte aufsteigende Prozesse ab, textrelevante Schemata und wissensgesteuerte absteigende Prozesse konnten kaum aktiviert werden. Die Verarbeitungskapazität des Gedächtnisses war überfordert, da in ein und derselben Unterrichtsphase Verstehen und Lernen angestrebt wurden (s.o.). Deshalb konnten die Details nicht behalten und zu einer Gesamtbedeutung integriert werden; es waren auch keine übergeordneten Schemata aktiviert, denen die verstandenen Teilbedeutungen hätten zugeordnet werden können.

4.2 Leseverstehen

Leser haben Zeit. Die Textinformation ist nicht flüchtig wie bei gesprochener Sprache, sie ist dem Leser vielmehr beständig präsent, sodass er sich ohne Zeitdruck auf einen geschriebenen Text konzentrieren kann. Lesetexte eignen sich aus diesem Grund sehr gut zur Vermittlung und Einübung von Verstehensstrategien, und das Leseverstehens-Training ist somit auch eine gute Vorbereitung auf das Hörverstehens-Training.

Bei einem schriftlichen Text hat der Leser/Lerner alle Informationen in ihrem räumlichen Neben- und Miteinander vor sich. Er braucht den Text nicht linear zu lesen, sondern kann innerhalb des Textes springen: von Abschnitt zu Abschnitt, von Zwischenüberschrift zu Zwischenüberschrift, vom Textanfang zum Textende und umgekehrt usw. Der Leser muss sich weniger dem Text anpassen als der Hörer, der dem linearen Ablauf der Rede verstehend folgen muss. Leseverstehen ist deshalb stärker vom Gesamttext her möglich als Hörverstehen, es kann in Form eines „räumlichen Verstehensprozesses" verlaufen (allmähliches Auffüllen eines „Textpuzzles", Piepho 1985); das „lineare Wort-für-Wort-Lesen, zu dem das laute Vorlesen verführt, ist nicht die normale Form der Texterschließung." (Piepho 1985: 32; → 5.2.2.2.2) Da der Leser nicht unter Zeitdruck steht, können verschiedene Teilhandlungen (z.B. Hypothesen über Textinhalt bilden, Konzentration auf das Bekannte, Schließen von Verstehenslücken) und Verstehensebenen (z.B. global, selektiv) sukzessive abgearbeitet werden. Die beständige Präsenz des Lesetextes ermöglicht eine relativ hohe Datensteuerung des Verstehensprozesses, da sich der Lernende den Text gezielt sprachlich erschließen kann. Das birgt die Gefahr in sich, dass absteigende wissensgesteuerte Prozesse vernachlässigt werden.

Aus den genannten Gründen lassen sich schriftliche Texte leichter dekodieren als Hörtexte. Didaktisch bedeutet das, dass sie inhaltlich und sprachlich komplexer sein können als diese. Je nach Textsorte kann das Totalverständnis angestrebt werden (wie auch bei Lerntexten), was für auditive Verstehenstexte kein sinnvolles Verstehensziel darstellt. Geschriebene Sprache ist zudem sorgfältiger geplant und formuliert; anders als spontane gesprochene Sprache stimmt sie mit der vermittelten Regelgrammatik und dem expliziten Sprachwissen der Lernenden überein, was gelegentlich das Verstehen erleichtern mag.

In der Literatur werden verschiedene „Lesestile" unterschieden, die zu einer unterschiedlichen Tiefe des Textverstehens führen, insbesondere (Autorenkollektiv 1986; Lutjeharms 1988; Piepho 1985; Stiefenhöfer 1986):

- **überfliegendes Lesen:** Lesen, um einen ersten globalen Überblick über einen Text zu erhalten und zu erkennen, worum es inhaltlich geht;
- **orientierendes Lesen:** Lesen mit dem Ziel zu erfahren, ob etwas über ein bestimmtes Thema oder einen Sachverhalt in einem Text steht, ob ein Text für den Leser relevante oder interessante Informationen enthält usw.;
- **kursorisches Lesen:** Lesen, um die wesentlichen Aussagen eines Textes zu erfassen; dabei will man aus wenigen Daten möglichst viel über einen Text erfahren;
- **selektives Lesen:** Lesen, um in einem Text bestimmte Informationen zu finden;
- **totales Lesen:** Lesen mit dem Ziel, den Inhalt eines Textes möglichst vollständig zu erfassen.

Der jeweils angemessene Lesestil hängt von der Textsorte und der Leseintention ab (→ 4.1.2).

Gegenstand dieses Kapitels ist das Lesen als *Zieltätigkeit*, d.h. Informationsentnahme aus einem Text durch Lesen. Im Unterricht kommt weiterhin dem Lesen als *Mittlertätigkeit* eine wichtige Rolle zu. In dieser Funktion dient Lesen dem Lernen, dem Erwerb fremdsprachlicher Kenntnisse (z.B. sprachlicher Mittel wie Wortschatz), und es ergänzt direkt andere Arten des Lernens, z.B. Lernen durch Sprechen oder durch schriftliches Üben. Lesen als Zieltätigkeit ist vor allem synthetisch orientiert: „Es wird vorwiegend kommunikativ-pragmatisch und semantisch gesteuert und verläuft ... vor allem ganzheitlich" (Autorenkollektiv 1986: 261); Lesen als Mittlertätigkeit ist dagegen weitgehend analytisches Lesen, wobei die Aufmerksamkeit auf die sprachliche Form gerichtet ist. Die dem Leseverstehen angemessene Art des Lesens ist das stille Lesen; lautes Lesen (Vorlesen) erfordert das Umkodieren vom graphischen ins phonische Medium incl. der sprechmotorischen Realisierung sowie eine Konzentration auf alle Einzelheiten des Textes. Dadurch wird die Aufmerksamkeit des Lesenden stark vom Inhalt abgelenkt und der Prozess des Verstehens behindert (→ 5.2.2.2.2).

Leseverstehens-Phasen lassen sich gut in lernergesteuerten Sozialformen wie Partnerarbeit oder auch Gruppenarbeit durchführen. „Eine stets frontale, d.h. fremdgelenkte Beschäftigung mit Texten und Informationseinheiten vernachlässigt die Interaktion der Schüler untereinander und

4.2 Leseverstehen

mit den Text- und Wortinhalten ... Die Sinnentnahme und die Sinnzuschreibung im Umgang mit Fremdsprache und fremdkulturellen Zeugnissen werden fachgerecht nicht durch Vermittlung Wissender und unter Konkurrenzdruck, sondern durch Formen zwangfreien sozialen Lernens gefördert und entwickelt." (Piepho 1995: 203).

Wie oben ausführlicher dargestellt, besteht Verstehen aus der Interaktion zweier entgegenlaufender Prozesse: einer absteigenden wissensgesteuerten Verarbeitung und einer aufsteigenden datengesteuerten Verarbeitung (→ 4.1.1). Ich gehe im Folgenden zunächst auf Übungsmöglichkeiten für vorwiegend absteigende, anschließend für vorwiegend aufsteigende Prozesse ein; es handelt sich hierbei sowohl um isolierte Übungen zu einzelnen Teilfertigkeiten (Komponentenübungen) als auch um integrierte Übungen zum Textverstehen. Abschließend stelle ich kurz einige Techniken zur Steuerung des Verstehensprozesses durch den Unterrichtenden dar.

4.2.1 Leser-Text-Interaktion I: Wissensgesteuerte Prozesse

Die Förderung wissensgesteuerter Verstehensprozesse geht von der Voraussetzung aus, „dass die Verstehbarkeit eines Textes zu einem wesentlichen Teil darauf beruht, dass er Wissen versprachlicht, das, zumindest in Teilen, beim Leser schon vor der Lektüre vorhanden ist." (Stiefenhöfer 1986: 300) Je mehr Wissen der Leser aktiviert, desto weniger Informationen muss er dem Text selbst entnehmen; korrekt aktiviertes Wissen macht das Verstehen zum Wiedererkennen. „Wenn die zu rezipierenden Inhalte das Wissen des Lernenden bestätigen, müssen sie 'nur' identifiziert und rekonstruiert werden." (Autorenkollektiv 1986: 265) Didaktisch gilt es, das entsprechende Wissen für das Verstehen nutzbar zu machen, sodass der Lerner es an den Text heranträgt und auf verschiedenen Textebenen Textinformationen antizipiert. Grundsätzlich soll sich der Lerner einem Text unter der Einstellung eines Lesers und nicht der eines Lerners nähern. Deshalb muss der Unterricht „Neugierde und Interesse an Sachverhalten wecken, Vorwissen abrufen und organisieren, sodass Textsignale (Überschrift, Bilder, Wörter) auf Erwartungsmuster treffen und Antworten, Bestätigungen, Vermutungen und Assoziationen versprechen, die zuvor ausgelöst worden sind." (Piepho 1985: 32)

4.2.1.1 Wissensgesteuerte Strategieübungen auf höheren Textebenen

Voraussetzung für die Schaffung einer Leseabsicht und die Aktivierung des Leserwissens sind Einsichten in die pragmatischen Bedingungen und den globalen Inhalt eines Textes. Eine angemessene Annäherung an einen Text stellen allgemein gültige, übertragbare Fragen dar, z.B.:

- *Wo findet man einen solchen Text?*
- *Wer hat diesen Text geschrieben?*
- *An wen richtet sich dieser Text?*
- *Was für eine Textsorte liegt vor?*
- *Welche Funktion hat dieser Text?*
- *Worum geht es in diesem Text?*

Erste Antworten auf diese Fragen erhält man oft schon, wenn man auf die Textumgebung und auf Strukturmerkmale eines Textes achtet, z.B.:
- Bei einem Zeitungstext: In welchem Teil der Zeitung steht der Text? Sportteil, Politik ... Welche Texte stehen in seiner Umgebung?
- Gibt es Textteile, die den Text illustrieren und die Textaussage konkretisieren? Bilder, Statistiken, Tabellen usw.
- Welche hervorgehobenen Textstellen vermitteln Informationen über den Text? Titel/Überschrift, Untertitel, Zwischenüberschriften, Fett-/Kursivdruck usw.

Aufgrund derartiger Informationen erhält ein Lernender relativ schnell einen Überblick über die allgemeinen pragmatischen Textbedingungen und über den globalen Textinhalt. Auf dieser Basis kann er sich eine Leseintention bilden (*Was interessiert mich an dem Text?*), das relevante Kontextwissen aktivieren, Hypothesen zum Textinhalt bilden und überprüfen oder gezielt nach bestimmten Informationen im Text suchen. Wie derartige Verstehensprozesse didaktisch geübt werden können, ist Gegenstand der nächsten Abschnitte.

Pragmatische Situierung eines Textes.

Es ist wichtig, dass die Lernenden für den Aspekt der pragmatischen Situierung von Texten sensibilisiert werden, da diese oft eine wesentliche Vorbedingung für das Verstehen darstellt. Bei der Übung Abb. 4.6 können sie erkennen, dass die Einsicht in pragmatische Textbedingungen (hier *Welche Funktion haben diese Texte an einem bestimmten Ort?*) oft mehr zum Verständnis beiträgt als der Versuch, den Text Wort für Wort zu lesen.

Abb. 4.6: ZERT.DAF: 63

Bei vielen Textsorten (z.B. bei vielen Gebrauchstexten), beantwortet sich die Frage nach den pragmatischen Bedingungen eines Textes und nach dem globalen Inhalt von selbst, da der Leser über ein „Textschema" (Textsortenwissen) verfügt, das ihn die Textsorte sowie deren Funktion und globalen Inhalt erkennen lässt, z.B. bei Textsorten wie Fahrplan, Zeitungsannoncen (Heirats- oder Wohnungsannonce), Telefonbuch, Speisekarte, Postkarte, Fahrplan, bei vielen offiziellen Brieftypen usw. Die angemessene Lesehaltung bildet sich hier von selbst, da die Textsorte klar die Leseabsicht bestimmt. Solche Texte müssen im Unterricht unter zwei Aspekten behandelt werden: Es müssen die Aspekte der Textsorte vermittelt werden, die dem fremdkulturellen Leser den Umgang mit den Texten erleichtern, z.B. die Form einer deutschen Speisekarte. Weiterhin müssen wichtige textsortenspezifische sprachliche Mittel eingeführt werden, z.B. bei einer Wohnungsannonce Abkürzungen wie *Kü., Balk., Gar.* für *Küche, Balkon, Garage.*

Bildung einer Leseintention

Da sehr viele Lerner an das Wort-für-Wort-Lesen fremdsprachiger Texte gewöhnt sind, müssen sie allmählich dahin geführt werden, beim fremdsprachlichen Lesen eine natürliche Lesehaltung einzunehmen, ähnlich wie beim muttersprachlichen Lesen. Dazu können Übungen beitragen, die ihnen bewusst machen, dass das Interesse an einem Text wesentlich den Lesestil beeinflusst.

Schritt 1 (PA): Die Lernenden ordnen Überschriften von Zeitungs- bzw. Zeitschriftenartikeln (z.B. aus Jugendzeitschriften, je nach Alter) vorgegebenen inhaltlichen Bereichen zu.

1. Hat das Buch noch eine Zukunft?	2. Wahlkampf für die Jugend	3. Steffi Graf: „Warum ich so gern in Wimbledon spiele"
4. Neues vom Alternativ-Tourismus	5. Schon wieder Bank überfallen	6. Für alle Fans: Madonna auf Deutschlandtournee
7. Jugendarbeitslosigkeit: Muss man in Zukunft noch für die Ausbildungsplätze bezahlen?	8. Einen Monat lang Abenteuer zwischen Nordsee und Alpen: Das Tramper-Monats-Ticket	9. Die Meteorologen fragen: Steht uns in den Jahrhundertsommer bevor?
10. Junge Leute heute: „Wir sind ein Paar, wollen aber nicht zusammenleben"	11. Neue Statistik: Immer mehr Ehen gehen zu Bruch.	12. Rauschgift in der Schule

Politik	Sport	Werbung	Kultur	Vermischtes
			1	

Schritt 2 (EA): Jetzt überlegen sich die Lernenden, wie sehr sie die einzelnen Texte interessieren und wie intensiv sie sie lesen wollten.

4.2 Leseverstehen

	Mich interessiert(en) an dem Text			
	die wichtigsten Informationen	(eine) ganz bestimmte Info(s)	alles	gar nichts
Text 1	X			
Text 2				
Text 3				
...				

Schritt 3 (PL): Die Lerner begründen ihre unterschiedlichen Leseintentionen; dabei werden die Konsequenzen für das Lesen thematisiert, nämlich dass man nicht nur in der Muttersprache, sondern gerade auch in der Fremdsprache Texte je nach Interesse und Intention unterschiedlich intensiv liest.

Schritt 4 (PA/PL): Anhand von zwei Texten vergleichen die Lernenden je nach persönlichem Interesse (s. Schritt 2) zwei verschiedene Lesestile.

Durch diese Übung sollen die Lernenden erkennen, dass eine natürliche Lesehaltung, die bei muttersprachlichen Texten automatisch eingenommen wird, auch bei fremdsprachigen Texten erforderlich ist, da sie Voraussetzung für ein angemessenes Verständnis authentischer fremdsprachiger Texte ist und zudem das Verstehen erleichtert.

Erste inhaltliche Orientierung
Anhand bestimmter Textmerkmale (Textsorte, Überschrift, Hervorhebungen, Bilder u.a.) können Leser eine erste Orientierung über einen Text gewinnen und Hypothesen über den Textinhalt bilden. Bei der Übung Abb. 4.7 können die Lernenden erkennen, dass die Überschrift es ihnen oft ermöglicht, Hypothesen über den Textinhalt zu bilden, was eine wichtige Voraussetzung für gezieltes Lesen und zugleich eine konkrete Verstehenshilfe darstellt. Solche Übungen sollten in Partnerarbeit durchgeführt werden, damit die Lernenden ihre jeweilige Wahl miteinander besprechen können.

1. GEISTERFAHRER NACH 15 KILOMETERN GESTOPPT
   a) *Ein junger Mann lief 15 Kilometer, um mit der Geisterbahn auf dem Münchener Oktoberfest zu fahren.*
   b) *Ein Autofahrer fuhr auf der Autobahn in die falsche Richtung und stellte eine große Gefahr dar, bis die Polizei ihn stoppte.*
   c) *Ein Autofahrer, der zu viel getrunken hatte, fuhr 15 Kilometer, bis er einen Unfall hatte.*
2. FRANZÖSISCH FÜR DEN HAUSGEBRAUCH - ZEHNJÄHRIGE SOLLEN IN GASTFAMILIEN MITREDEN KÖNNEN
   a) *In vielen deutschen Familien wird nur Französisch gesprochen.*
   b) *Es sollte möglichst nur innerhalb von Familien Französisch gesprochen werden.*
   c) *Zehnjährige Schüler lernen Französisch, damit sie sich in französischen Familien unterhalten können.*
...

Abb. 4.7: ZERT.DAF: 73f.

Fragengeleitetes Textverstehen
Eine Leseintention kann der Lernende dadurch aufbauen, dass er konkrete Fragen an einen Text stellt, die auf das Erfassen bestimmter Textinformationen abzielen und dadurch den Verstehensprozess steuern.

Schritt 1 (GA): Die Schülerinnen und Schüler erhalten die folgenden Überschriften zu zwei Zeitungsmeldungen (DT.AKT. 2: 98):

Polizei rätselt über Identität des Mannes, der sich nur „Willi" nennt. Unbekannter verschenkte 10000 Mark.	Vermögen geerbt und verschenkt. Rätsel um unbekannten Wohltäter gelöst.
(Titel vom 12.6.)	(Titel vom 20.6.)

Sie überlegen sich, welche Fragen sie an die entsprechenden Texte haben, d.h. was sie an den Texten interessiert und welche Informationen die Texte wahrscheinlich enthalten.

Schritt 2 (PL): Die Fragen werden im Plenum gesammelt, z.B.:

Wer ist der Mann? – Warum verschenkte er das Geld? – Wie haben die Menschen auf sein Verhalten reagiert? – Was ist jetzt mit dem Mann los? – ...

Schritt 3 (PA): Die Schüler erhalten die Texte (Abb. 4.8) und überprüfen, ob sie Antworten auf ihre Fragen enthalten (die entsprechenden Textstellen unterstreichen oder Stichwörter notieren). Bei der Besprechung wird die Frage thematisiert, warum bestimmte Textinhalte wahrscheinlicher vorkommen als andere.

München – Ein etwa 22jähriger Mann, der nicht weiß, woher er kommt, gibt der Kripo in München und Augsburg seit vier Wochen Rätsel auf. Fest steht: Der Unbekannte hat in München 8000 Mark an Passanten verschenkt und 2000 Mark in einen Opferstock geworfen. Niemand weiß, woher das Geld stammt. *„Willi" wurde in der Zwischenzeit entmündigt und in das Bezirkskrankenhaus Kaufbeuren eingewiesen. Wer er aber wirklich ist, konnte immer noch nicht geklärt werden. Deshalb bittet die Münchner Polizei um Hinweise unter der Telefonnummer 089/2141.*	*München/Augsburg – Das Geheimnis um den namenlosen Wohltäter, der in München mehrere tausend Mark in 500-Mark-Scheinen für die Ärmsten verteilte, ist gelüftet. Der Spender ist ein 24jähriger Chemie-Student aus Mühlheim an der Ruhr. Er wurde inzwischen entmündigt und vorläufig in einem Krankenhaus in Kaufbeuren untergebracht.* *Inzwischen wurde auch festgestellt, dass der „Wohltäter" Gerd T. heißt und seit Anfang Mai in Mühlheim vermisst wurde. Die Eltern des Vollwaisen, der bei der Familie eines Onkels lebt, hatten ihrem Sohn ein erhebliches Vermögen hinterlassen, aus dem er gelegentlich größere Summen verschenkte.*
(Nachricht vom 12.6.)	(Nachricht vom 20.6.)

Abb. 4.8: DT.AKT. 2: 98

Eine solche Verstehensübung fördert zielgerichtetes Lesen und Verstehen. Den Lernenden soll dabei bewusst werden, dass es den fremdsprachlichen Verstehensprozess erleichtern kann, wenn sie sich einem Text mit bestimmten Fragen nähern und im Text Antworten auf diese Fragen suchen. In diesem Fall können sie ihre Aufmerksamkeit selektiv auf bestimmte Textinformationen richten und brauchen sich nicht undifferenziert auf jedes Detail zu konzentrieren. (Variante: In Schritt 1 werden statt der Überschriften die Textanfänge vorgegeben.)

Hypothesengesteuerter Leseprozess

Das hypothesengesteuerte Lesen sollte im DaF-Unterricht intensiv gefördert werden. Hierbei bilden die Lerner aufgrund bestimmter Textmerkmale (bei den Texten Abb. 4.8 sind es die Überschriften) Hypothesen über den Textinhalt; die Hypothesenbildung kann durch Leitfragen stimuliert werden, z.B.: *Wer ist der Mann wohl? / Warum verschenkt er das Geld? / Wie reagieren die Menschen? / Woher hat er das Geld? / Was ist jetzt mit dem Mann los? / ...* Die Hypothesen der Lerner steuern den Verstehensprozess, d.h. beim Lesen vergleichen sie ihre Hypothesen mit dem Textinhalt.

Bei vielen Texten kann man aufgrund der Überschrift oder anderer Textmerkmale (Bild, Statistik, Hervorhebungen ...) Textinformationen antizipieren. Die selbst formulierten Hypothesen steuern dann den Leseprozess, und sie erleichtern zugleich das Verstehen, denn bei korrekten Hypothesen muss der Lerner den entsprechenden Textinhalt nicht aktiv dekodieren, sondern nur wiedererkennen. Auch falsche Hypothesen erleichtern im Kontrast zum eigentlichen Textinhalt

4.2 Leseverstehen

das Verstehen. Insgesamt braucht der Text nicht Wort für Wort dekodiert zu werden, sondern nur soweit, wie es für das Überprüfen der Hypothesen erforderlich ist.

Für das Antizipieren von Textinhalten ist u.a. die Frage wichtig, welche Aussagen der Leser in einem bestimmten Text erwartet. Die folgende Übung sensibilisiert für diesen Aspekt des Textverstehens. Die Lerner sollen dabei entscheiden, welche Aussagen ein bestimmter Text wahrscheinlich enthält bzw. welche nicht.

Schritt 1 (PA): Welche der folgenden Aussagen könnte in einem Text mit der Überschrift „Neues vom Alternativ-Tourismus" („Stufen 3": 73) stehen, welche nicht?

1. Viele knüpfen intensive Kontakte zur Bevölkerung. – 2. Auf Mallorca wächst viel Obst und Gemüse. – 3. Wegen der schlechten Situation in den Schulen streiken Lehrer und Schüler gemeinsam. – 4. Die Entwicklung der Großstädte verläuft immer chaotischer. – 5. Die Kontakte zur Bevölkerung beschränken sich höchstens auf Quartiersuche und Einkäufe. – 6. Die meisten Einheimischen leben direkt oder indirekt vom Tourismus. – 7. Griechenlands wirtschaftliche Entwicklung verläuft trotz vieler Hilfen durch die EG langsam. – 8. Hier ist die Familie noch intakt, und die ganze Großfamilie wohnt unter einem Dach. – 9. Sie ignorieren oft die Landessitten und bringen z.B. keine Gastgeschenke mit. – 10. So ist es kein Wunder, dass der Tourismus kaum etwas zur Völkerverständigung beitragen kann. – ...

eher wahrscheinlich	eher unwahrscheinlich
8	

Schritt 2 (PA): Der Text wird verteilt (Abb. 4.9), und die Lernenden vergleichen ihre Zuordnung aus Schritt 1 mit dem Text und besprechen sie.

Der „Alternativ-Tourismus" ist längst nicht so alternativ, wie sein Name. Die meisten jugendlichen Rucksackreisenden erleben unterwegs kaum mehr, als jene „müden Neckermänner", wie sie die Pauschalurlauber so gern verspotten. – Das haben Psychologen vom „Arbeitskreis Ferntourismus" der Universität Köln herausgefunden.
Erstes Fazit: Die Individual-Touristen reisen zwar viele tausend Kilometer, aber am Ziel „bleiben sie dann mit sich oder ihren Partnern allein". Die Kontakte zur Bevölkerung beschränken sich höchstens auf Quartiersuche und Einkäufe. – Immer wieder fanden die Forscher das gleiche Bild: da sitzen die jungen Leute am Strand, lesen Bücher und führen vielleicht Tagebuch.
Und auch die Kommunikation untereinander ist beschränkt: Man tauscht Erfahrungen aus, wo es den besten Fruchtsalat oder die preiswertesten Pensionen gibt.
Kaum jemand will sich auf die Lebensformen und Eigenheiten der Einheimischen einstellen. Auf der anderen Seite setzen die Globetrotter herzliche Gastfreundschaft bei der Bevölkerung voraus, aber sie ignorieren dabei oft die Landessitten und bringen z.B. keine Gastgeschenke mit.
So ist es kein Wunder, daß der Tourismus kaum etwas zur Völkerverständigung beitragen kann. Im Gegenteil, die Vorurteile der Bevölkerung verstärken sich allen Touristen gegenüber. Eine Chance sehen die Forscher nur, wenn sich Reisegruppen, aber auch Individual-Touristen, vorher mit dem Besuchsland intensiv beschäftigen und wenn sie sich allem Fremden offen nähern.

Abb. 4.9: STUFEN 3: 73

Schritt 3 (PL): Die Ergebnisse werden im Klassengespräch besprochen; dabei wird besonders darauf eingegangen, warum bestimmte Zuordnungen wahrscheinlicher sind als andere.

Diese Übung fördert das Antizipieren von möglichen Textinhalten; der Lerner wird darauf aufmerksam gemacht, dass er schon einiges über den Inhalt eines Textes weiß, bevor er ihn gelesen hat, und dass dieses Vorwissen das Textverstehen erleichtert.

Variante: Es werden Sätze aus verschiedenen Texten vorgegeben, die die Schüler den Überschriften (oder sehr knappen Inhaltsangaben) dieser Texte zuordnen.

Voraussagetext

Eine Übung zum hypothesengeleiteten Textverstehen auf der Textebene ist der „Voraussagetext" (nach Westhoff 1987: 119ff.). Die Lerner erhalten den ersten Teil eines Textes (z.B. einer Erzählung oder eines Märchens) und formulieren Hypothesen über den Verlauf der Geschichte. Dann wird der nächste Abschnitt gelesen, und die Hypothesen werden modifiziert, präzisiert, z.T. neu gebildet usw. Das geht so weiter bis zum letzten Abschnitt.

> **Madrisa. Eine Geschichte aus den Alpen.**
> In Graubünden lebte einmal ein Bauer – im Sommer oben in den Bergen, im Winter unten im Dorf. Es kam ein Jahr, da war im Herbst noch so viel Heu übrig, dass der Bauer allein ins Dorf hinunterzog. Sein Sohn aber blieb mit dem Vieh oben auf der Alp und kam nur manchmal ins Dorf herunter, wenn er keine Vorräte mehr hatte. (1)
> Als der Sohn einmal längere Zeit nichts von sich hören ließ, da machte sich sein Vater Sorgen, es könnte ihm etwas passiert sein, denn seine Vorräte hätten eigentlich schon verbraucht sein müssen. Trotz des kalten Winters stieg er deshalb auf die Alp, um nachzusehen, ob alles in Ordnung sei. Der Schnee war tief, das Gehen kostete viel Mühe. Es war schon spät am Abend, als er oben ankam. Er traf seinen Sohn eben beim Füttern und sah gleich, dass noch genug Vorräte da waren. (2) „Wie kommt es", fragte er seinen Sohn, „dass das Heu nicht weniger geworden ist in der langen Zeit? Und unsere Kühe sind so schön und geben Milch wie mitten im Sommer!" „Pst, Vater, sei leise!", gab der Junge zur Antwort. „Dort, sie hat das getan." Und er wies auf seine Schlafstelle hin. (3) Da lag ein Mädchen und schlief, und ihre langen herrlichen Haare hingen über das Bett hinunter und reichten bis zum Boden. „Das ist meine Madrisa, sie bringt Pflanzen aus dem Wald mit, die mischt sie unter das Salz und gibt es dem Vieh. Und darum sind die Kühe so gut genährt, darum ist auch noch so viel Heu da und so viel Milch und Käse." (4)
> Der Bauer sah seinen Jungen erstaunt an: „Aber ... wer ist sie denn, deine Madrisa?" Da wachte die Fremde auf und stand langsam von der Schlafstelle auf. Mit einem traurigen Blick auf den Bauern sagte sie: „Warum musstest du kommen und uns stören? Es wäre besser gewesen, wenn ich zusammen mit deinem Sohn euer Vieh hätte versorgen dürfen bis zum Frühling, wenn es wieder hinausgeht auf die Wiesen. (5) Aber du bist gekommen, und nun muss ich zurückgehen in den Wald. Lebt wohl!" Der Wind öffnete die Tür, das Mädchen ging hinaus und war verschwunden. Sooft der Junge im nächsten Sommer, als er wieder das Vieh hütete oben auf der Alp, nach seiner Madrisa rief und nach einem Zeichen von ihr suchte, es war umsonst. Kein Mensch hat sie je wieder gesehen. (6)

Abb. 4.10: LERNZ.DT. 2: 135

Schritt 1 (EA/PL): Der erste Abschnitt des Textes (Abb. 4.10) wird verteilt und still gelesen; eventuell werden Fragen zu wichtigen Inhaltspunkten geklärt.

Schritt 2 (PA): Die Schüler besprechen jetzt, wie die Geschichte wohl weitergeht; dabei sollen sie vor allem auf die Textstellen achten, die auf den Fortgang der Geschichte hinweisen könnten.

Schritt 3 (PL): Die Hypothesen zum Fortgang der Geschichte werden gesammelt und besprochen.

Schritt 4 (PA): Anschließend lesen die Schüler den zweiten Abschnitt der Geschichte. Danach besprechen sie die bisherigen Hypothesen, präzisieren und verändern sie oder stellen neue Hypothesen über den Fortgang der Geschichte auf.

Schritt 5 (PL): Die Hypothesen an der Tafel werden modifiziert und ergänzt.

Schritt 6 (PL): Nun wird der dritte Abschnitt gelesen ... usw.

Diese Verstehensübung fördert das hypothesengeleitete und somit zielgerichtete Verstehen. Durch diese Übung werden die Lernenden dafür sensibilisiert, dass der Verstehensprozess in einer beständigen Interaktion zwischen Text und Leser verläuft und dass mit zunehmendem Textwissen (Vorgängerinformation) kommende Textinformationen präziser antizipiert werden können. Die Lerner müssen bei dieser Übung vor allem auf die Textmerkmale achten, die es ihnen erlauben, Aussagen über den weiteren Verlauf der Geschichte zu machen.

In der Literatur zur Vermittlung von Strategien im Fremdsprachenunterricht (z.B. Verstehensstrategien) wird betont, dass nicht nur das Üben, sondern vor allem auch das Bewusstmachen und Durchdenken von Strategien die spätere Anwendung fördert (Stiefenhöfer 1986; Westhoff 1987, Wolff 1990). D.h. es wird als besonders wichtig betrachtet, dass die Lernenden nach der Bearbeitung eines Verstehenstextes in Gruppenarbeit oder im Plenum über ihre Strategien, Vorgehensweisen, mentalen Prozesse usw. reflektieren und sich diese bewusst machen. Stiefenhöfers (1986) und Westhoffs (1987) empirische Untersuchungsergebnisse weisen darauf hin, dass ein derartiges reflektierendes Strategietraining den Lernerfolg verbessern kann. Stiefenhöfer (1986: 129) empfiehlt folglich für die Vermittlung von Strategien, „den Unterricht stark bewusstmachend anzulegen, das heißt dem Lerner, soweit dies beim derzeitigen Kenntnisstand möglich ist, die einzelnen Elemente der von ihm zu erwerbenden, bzw. zu übenden kognitiven Handlung in ihrer Struktur und ihrer Interdependenz zu verdeutlichen." Aus diesem Grund ist es sehr wichtig,
- dass den Lernern der Sinn der jeweiligen Übung bzw. Strategie bewusst gemacht wird;

4.2 Leseverstehen

- dass die Lerner gemeinsam in Partner- oder Gruppenarbeit Verstehensstrategien erproben und besprechen;
- dass während der Auswertung im Klassengespräch die Punkte besonders thematisiert werden, die bei der jeweiligen Verstehensstrategie besonders beachtet werden müssen.

In Anlehnung an Gal'perins Lernmodelle der in verschiedenen Stufen verlaufenden Herausbildung mentaler Handlungen wird erwartet, dass die äußeren materiellen Handlungen (die Strategieübungen) über die Zwischenstufe der bewusstmachenden Verbalisierung (verbale Handlung) in eine automatisch ablaufende innere mentale Handlung überführt werden können (Stiefenhöfer 1986: 9ff.; Westhoff 1987: 69ff.).

Weitere Übungsmöglichkeiten zu vorwiegend hypothesengesteuerten Verstehensstrategien:
Assoziogramm. Anhand des Titels/Themas eines Textes, eines Bildes zu einem Text o.ä. wird ein Assoziogramm erstellt (→ 5.2.2.1), das textrelevante Schemata bzw. wichtigen Wortschatz aktiviert, eine Leseintention aufbaut und den Verstehensprozess erleichtert.
Textinformationen gewichten. Nachdem die Lerner sich eine Leseintention gebildet haben und das Globalverständnis gesichert ist, markieren sie im Text die Informationen, die man verstehen muss, um entsprechend der Leseintention bestimmte Fragen an den Text beantworten zu können. Sie sollen also in Bezug auf die Leseintention zwischen wichtigen und unwichtigen Textinformationen unterscheiden (Stiefenhöfer 1986).
Wortschatz einschätzen. Nach der Bildung einer Leseintention und der Sicherung des Globalverständnisses markieren die Lernenden im Text die Wörter, die man unbedingt verstehen muss, um entsprechend der Leseintention bestimmte Fragen an den Text beantworten zu können. Sie sollen also in Bezug auf die Leseintention die Schlüsselwörter erkennen (Stiefenhöfer 1986).

4.2.1.2 Übungen zur Antizipation und zum hypothesengeleiteten Leseverstehen unterhalb der Textebene

In der Didaktik des Leseverstehens sind viele Übungsformen entwickelt worden, die Teilfertigkeiten des Verstehens in Form von Komponentenübungen fördern und einen Beitrag zur Entwicklung des Leseverstehens leisten (z.B. Stiefenhöfer 1986; Westhoff 1987, 1991a). Es befinden sich darunter auch Übungsformen, die zur Bildung von Schemata auf der Ebene der Sprachform beitragen, z.B.:
– *Gestern habe ich mir____* Wahrscheinlich folgen in diesem Satz eine Akkusativergänzung und ein Partizip Perfekt.
– *cht* ist kein möglicher Anfang eines deutschen Wortes.
– *ver___ngen*: in die Lücke passt nach den Regeln der deutschen Phonotaktik nur ein Vokal, kein Konsonant.

Stiefenhöfer (1986: 201ff.) unterscheidet (vgl. auch Westhoff 1987):
- Übungsformen, die die Schemapräzisierung auf der Buchstaben- und Wortformenebene fördern (Lautverbindungen, Wortformen, Graphemkollokationen), z.B.:
  – ein Wort dadurch finden, dass man die Buchstaben errät, aus denen es gebildet ist (Galgenspiel)
  – aus den Buchstaben eines vorgegebenen Wortes möglichst viele andere Wörter bilden
  – Kreuzworträtsel
  – Buchstabenlücken in Sätzen/Kurztext ergänzen
- Übungsformen, die die Schemapräzisierung auf der syntaktischen Ebene fördern, z.B.:
  – mögliche syntaktische Fortsetzungen zu Satzanfängen finden
  – syntaktisch passende Satzanfänge und Satzenden verbinden
  – Sätze erraten (= Galgenspiel mit Wörtern)
  – Lückensätze oder -text ergänzen, dabei aus syntaktisch variablen Mehrfachvorgaben auswählen, z.B.
    Kannst du mir_____, warum das nicht klappt?
    a. *erklärst*   b. *erklären*   c. *Erklärung*

Übungen wie diese fördern die Schemabildung auf der Buchstaben-, Wortformen- und Syntaxebene. „Mehr Sicherheit über den Verlauf der Struktur bedeutet, dass weniger Merkmale pro Texteinheit [zum Erkennen der Struktur – g.st.] ausreichen." (Westhoff 1987: 43) Es handelt sich dabei jedoch nicht um fertigkeitsspezifische Übungsformen, sondern um Übungen, die auch andere Fertigkeiten, insbesondere den schriftlichen Ausdruck, fördern. Aus diesem Grund gehe ich hier auf solche Übungen nicht ein und beschränke mich auf Übungen, die direkt auf das Verstehen (Sinnerschließung) abzielen.

Konnektoren

Einen wichtigen Stellenwert für das Verstehen nehmen Konnektoren ein. Konnektoren sind Kohäsionselemente auf einer mittleren satzübergreifenden Textebene, die inhaltlich-logische Zusammenhänge innerhalb eines Textes explizieren. So können zwischen den beiden Sachverhal-

– *Obwohl es regnet,* – *Weil es regnet,* – *Immer wenn es regnet,* – *Wenn es regnet,* – *...*	*gehen wir spazieren.*

Abb. 4.11: Funktion von Konnektoren

ten 'Es regnet' und 'Wir gehen spazieren' unterschiedliche semantische Beziehungen bestehen, die durch Konnektoren verdeutlicht werden (Abb. 4.11). Konnektoren vereinfachen also das Textverstehen, und entsprechende Übungen sind deshalb für die Förderung des Textverstehens sehr wichtig, z.B. Abb. 4.12. Dabei können die Konnektoren auch in einem Schüttelkasten vorgegeben sein.

aber – als – weil – nachdem – dass – als – bevor – wenn – und

> **Auf dem Schulweg**
>
> Sie stand auf. (wenn, da, als) sie sich im Bad waschen wollte, merkte sie (ob, dass, nachdem) das Wetter kalt war. Der Wind, (der, die, wo) durch das alte Fenster drang, machte eigenartige Geräusche. Ihre Mutter war eine Stunde vorher zur Arbeit gegangen. (nachdem, bevor, als) ihr Vater vor einem Jahr starb, nahm ihre Mutter ihr einziges Kind Gülçin zu sich nach Deutschland. Gülçin hatte sich zuerst sehr gefreut, (dann, aber trotzdem) nach einiger Zeit merkte sie, (dass, die, wie) es in Deutschland doch nicht so schön war, (wie, wenn, obwohl) die Leute in der Türkei erzählten. Sie sah auch, (da, damit, dass) ihre Mutter und viele andere Familien wie sie sehr viel arbeiten mussten ...

Abb. 4.12: ZERT.DAF: 72

Konnektoren ermöglichen es darüber hinaus, Textinformationen zu erschließen bzw. Hypothesen über den weiteren Textverlauf zu bilden, z.B.: *Da ..., zog sie sich warm an*. Es kann also das Verstehen von schwierigen Textstellen erleichtern, wenn man auf diese wichtigen Wörter achtet. In den Übungen Abb. 4.13 und 4.14 sollen die Lernenden die angefangenen Sätze ergänzen und dabei vor allem auf die Konnektoren achten (Übung Abb. 4.14 bewegt sich inhaltlich innerhalb eines Themas, z.B. einer gerade behandelten Lektion).

> 1. *Wir gingen dann zusammen auf die Straße. Obwohl es regnete,* _____
> *Nach zehn Minuten waren wir dann bis auf die Haut nass.*
> 2. *Der Vater machte Karl schwere Vorwürfe, als er das Schulzeugnis sah. Schließlich sagte er: „Entweder du lernst* _____
> 3. *Die Mutter rief Sabine noch zu: „Zieh deinen Wintermantel an, damit* _____ *„Es ist doch gar nicht kalt draußen!" erwiderte Sabine. Und schon war sie auf der Straße.*
> 4. *Er trainiert jeden Tag zwei Stunden, um sich auf die Olympiade vorzubereiten. Trotzdem* _____
> 5. ...

Abb. 4.13: ZERT.DAF: 65

> 1. *Er lernte sehr intensiv für den Test; trotzdem ...*
> 2. *Sie war eine sehr intelligente und fleißige Schülerin; deshalb ...*
> 3. *Er hatte im Zeugnis nur schlechte Noten, weil ...*
> 4. *Turnen war sein Lieblingsfach, aber ...*
> 5. *Die Schule machte ihr keinen Spaß, obwohl ...*
> 6. ...

Abb. 4.14: Erschließungsübung

Konnektorenübungen können natürlich auch als Grammatikübungen mit dem Schwerpunkt auf der Syntax durchgeführt werden. Als Verstehensübungen werden sie jedoch unter rein semantischen Aspekten durchgeführt, z.B. mit der Konsequenz, dass die Lernenden in sprachlich schwierigen Fällen fehlende Textstücke in der Muttersprache ergänzen können.

Für das Erfassen des Textzusammenhalts sind auch Übungen wichtig, bei denen Bezüge innerhalb eines Textes erkannt werden sollen (→ 6.3.4.1; Abb. 6.46).

Erschließen von Textinformationen aus dem Kontext

Nicht nur Konnektoren erlauben das Erschließen von Textlücken; der Text insgesamt stellt eine zusammenhängende semantische Struktur dar, die viele Redundanzen aufweist und genügend Hinweise auf vorhergehende oder folgende Textteile enthält (→ 4.1.1). Eine Übung zur Erschließung unbekannter Textteile kann wie folgt durchgeführt werden:

Schritt 1 (PA): Nach dem Überfliegen des Textes (Abb. 4.15 – Ziel: Globalverständnis) erhalten die Lerner die Aufgabe, sich zu überlegen, welche Informationen wahrscheinlich in den Lücken stehen. Sie werden darauf hingewiesen, besonders auf den Kontext zu achten.

> *Der „Alternativ-Tourismus" ist längst nicht so alternativ, wie sein Name. Die meisten jugendlichen Rucksackreisenden* _____ *. Das haben Psychologen vom „Arbeitskreis Ferntourismus" der Universität Köln herausgefunden.*
> *Erstes Fazit: Die Individual-Touristen reisen zwar viele tausend Kilometer, aber* _____ *. Die* _____ *beschränken sich höchstens auf Quartiersuche und Einkäufe. – Immer wieder fanden die Forscher das gleiche Bild: da sitzen die jungen Leute am Strand, lesen Bücher und führen vielleicht Tagebuch. Und auch* _____ *ist beschränkt: Man tauscht Erfahrungen aus, wo es den besten Fruchtsalat oder die preiswertesten Pensionen gibt.*

4.2 Leseverstehen

> *Kaum jemand _____ ; auf der anderen Seite setzen die Globetrotter herzliche Gastfreundschaft bei der Bevölkerung voraus, aber sie ignorieren dabei oft die Landessitten und bringen z.B. keine Gastgeschenke mit.*
> *So ist es kein Wunder, daß _____ beitragen kann. Im Gegenteil, die Vorurteile der Bevölkerung verstärken sich allen Touristen gegenüber. Eine Chance sehen die Forscher nur, wenn sich Reisegruppen, aber auch Individual-Touristen, vorher _____ und wenn sie sich allem Fremden offen nähern.*

Abb. 4.15a: STUFEN 3: 73

Schritt 2 (PA): Anschließend erhalten die Schüler die fehlenden Textteile (Abb. 4.15b), ordnen sie den Lücken im Text zu und vergleichen ihre eigenen Hypothesen (Schritt 1) mit der Version des Textes. Abschließend werden die Ergebnisse in der Gesamtgruppe besprochen.

> am Ziel bleiben sie dann mit sich oder ihren Partnern allein – mit dem Besuchsland intensiv beschäftigen – erleben unterwegs kaum mehr, als jene „müden Neckermänner", wie sie die Pauschalurlauber so gern verspotten – der Tourismus kaum etwas zur Völkerverständigung – Kontakte zur Bevölkerung – will sich auf die Lebensformen und Eigenheiten der Einheimischen einstellen – die Kommunikation untereinander

Abb. 4.15b: Fehlende Textteile von Text Abb. 4.15a

Bei der komplementären Übung erschließen die Lernenden sprachlich schwierige Textteile, mit Hilfe des Kontextes. Eine solche Übung fördert kontextuelle Verstehensstrategien; sie lenkt die Aufmerksamkeit der Lerner auf die Textstellen, die sie verstehen, und weist sie darauf hin, bei der Erschließung schwieriger Textstellen den Kontextes einzubeziehen.
Ein hoher Stellenwert kommt Übungen zu, die die Fähigkeit fördern, die Bedeutung unbekannter Wörter aus dem Kontext zu erschließen (Röhr 1993). Wörter sind für den normalen Sprachteilhaber die greifbaren Objekte einer Sprache, sie sind für ihn die grundlegenden sprachlichen Bedeutungseinheiten, und sie sind nicht zuletzt wichtige Lernobjekte des Unterrichts. Wortbedeutungen lassen sich im Kontext oft mit Hilfe des Weltwissens erschließen, vgl. Übung Abb. 4.16. Da wir wissen, in welchen „wunderschönen" Gebäuden Prinzessinnen üblicherweise (in Märchen) leben, ist im ersten Satz wahrscheinlich *Schloss* zu ergänzen; im zweiten

> – *Die Prinzessin lebte in einem wunderschönen ...*
> – *Du, ich bin in Eile. Kannst du mir bitte helfen, den Reißverschluss ...*
> – *Gestern haben wir auf unserem Ausflug ein tolles ... gesehen.*

Abb. 4.16: Erschließen von Bedeutungen aus dem Kontext

Satz fehlt wahrscheinlich *aufmachen* oder *zumachen*, das sind die Verben, die man am ehesten mit dem Wort *Reißverschluss* assoziiert; im letzten Beispiel hingegen kann die Textlücke wegen des unspezifischen Kontextes nicht erschlossen werden.
In der folgenden Didaktisierung wird das Erschließen unbekannter Wörter aus dem Kontext geübt. Die Wortschatz-Erschließungsübung stellt den dritten Schritt einer zunehmend ins Detailverständnis gehenden inhaltlichen Erarbeitung des Textes dar.

Schritt 1 (EA/PA): Nach dem Überfliegen des Textes Abb. 4.17 (Ziel: Globalverständnis) erhalten die Lernenden die Aufgabe herauszufinden, worauf sich die Zahlen im Text beziehen. Bei diesem zweiten Verstehensdurchgang, der zum Verstehen aller wichtigen Textinformationen führt, handelt es sich um eine datengesteuerte Verstehensstrategie (→ 4.2.2).

Schritt 2 (PA): Nachdem das Textverständnis gesichert ist (Besprechung der Ergebnisse), erhalten die Lernenden die Aufgabe, die Bedeutung der unterstrichenen Wörter zu erschließen und dabei besonders auf den Kontext zu achten.
Bei der Besprechung müssen insbesondere die Kontextelemente thematisiert werden, die das Erschließen der jeweiligen Wortbedeutung ermöglichen.

> **Scheidungsrate bei 35 Prozent**
> **Immer mehr Ehen gehen zu Bruch**
>
> *In der Bundesrepublik gehen immer mehr Ehen zu Bruch. Das geht aus der jüngsten Veröffentlichung des Kölner Bundesverwaltungsamtes im Staatsanzeiger (6/1987) hervor. Betrug die Scheidungsrate in den Jahren 1960 zehn Prozent und 1970 rund 17 Prozent, so <u>stieg</u> sie inzwischen <u>auf</u> 35 Prozent. Die veröffentlichte Statistik <u>bezieht sich auf</u> die Jahre 1983 bis 1985. Danach gingen 1985 rund 365000 Paare*

> *aufs Standesamt. In etwa jeder zehnten Ehe war ein Ausländer mit von der Partie. Auffallend ist dabei die deutlich höhere Zahl der Ehen zwischen einer deutschen Frau und einem ausländischen Mann: rund 16000. Deutsche Männer und ausländische Frauen finden dagegen seltener zusammen: rund 10000mal.*
> *Im selben Jahr registrierte das Amt fast 130000 Scheidungen. Damit steht fest, dass etwa jede dritte Ehe wieder gelöst wird. Aus dem Rahmen fallen die Lebensbünde zwischen deutschen Frauen und ausländischen Männern: 45 Prozent dieser Ehen wurden 1985 wieder geschieden. Am dauerhaftesten erweisen sich die Ehen zwischen Ausländern: nur jede fünfte geht zu Bruch. Über die Ursachen der rapide steigenden Scheidungsrate macht das Bundesverwaltungsamt keine Angaben.*

Abb. 17: STUFEN 3: 109

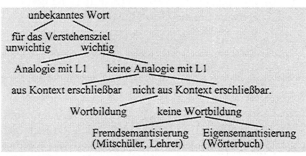

Beim Lesen neigen Fremdsprachenlerner viel zu schnell dazu, die Bedeutung unbekannter Wörter zu erfragen oder im Wörterbuch nachzuschlagen. Das nebenstehende Diagramm (Abb. 4.18) gibt wichtige Hinweise auf einen angemesseneren Umgang mit unbekannten Wörtern beim Leseverstehen. Erst nach dem Einsatz verschiedener Erschließungstechniken sollte das Wörterbuch benützt werden (bei Eigenarbeit des Lerners) oder das Wort durch einen Mitschüler bzw. den Lehrer erklärt werden (nach Stiefenhöfer 1986: 235; → 3.1, 3.3; bei Häussermann/Piepho 1996: 83f. eine Übung).

Abb. 4.18: Zum Umgang mit unbekannten Wörtern

Solche kontextuellen Erschließungsübungen zielen darauf ab, die Aufmerksamkeit der Lernenden vom unbekannten Einzelwort weg hin auf die Aussage des Kontextes zu lenken. Dabei sollte zuvor das Verständnis auf einer höheren Textebene gesichert sein, denn nur wer die wichtigsten Textaussagen verstanden hat, verfügt über das erforderliche Textwissen, um einzelne Wortbedeutungen erschließen zu können.

4.2.2 Leser-Text-Interaktion II: Textgesteuerte Prozesse beim Leseverstehen

Wenn im einleitenden Kapitel 4.1 sowie bei den bisherigen Übungsbeispielen die Wissenssteuerung im Vordergrund stand, so findet das seine Berechtigung darin, dass im DaF-Unterricht lange Zeit datengesteuerte aufsteigende Verstehensprozesse das Leseverstehen bestimmten und wissensgesteuerte Verstehensstrategien erst in neueren Lehrwerken ansatzweise vermittelt werden; auf diesem Gebiet ist also einiges nachzuholen. Der Eindruck wäre jedoch falsch, Verstehensstrategien seien ausschließlich wissensgesteuert und datengesteuerte Prozesse würden diese lediglich unterstützen. Wissensgesteuerte Prozesse werden schließlich durch Textdaten aktiviert, und jeder Text enthält Teile, die der Lerner versteht und die er in aufsteigender Verarbeitung für das Verstehen der Gesamtaussage als „Verstehensinseln" nutzen wird. Im Folgenden gehe ich deshalb auf stärker datengesteuerte Verstehensstrategien ein.

Dem traditionellen didaktischen Vorgehen, den Schwerpunkt beim Textverstehen vor allem auf unbekannte Wörter und Textteile zu legen (*Welche Wörter versteht ihr nicht?*), stellt die heutige Didaktik des Textverstehens genau das entgegengesetzte Verfahren entgegen: *Konzentriere dich auf all das, was du verstehst: Einzelwörter, Syntagmen, Sätze, Textteile.* Diese Verstehensstrategie findet ihren direkten Niederschlag in der folgenden Didaktisierung eines Verstehenstextes im Anfängerunterricht.

Schritt 1 (EA): Nach dem Überfliegen des Textes (Abb. 4.19 – Ziel: Globalverständnis) erhalten die Schülerinnen und Schüler den Arbeitsauftrag, alle Wörter und Textstellen zu unterstreichen, die sie direkt verstehen (d.h. alle bekannten Wörter), und die unterstrichenen Textteile anschließend zusammenhängend zu lesen.

> *Trampen ist leicht, Trampen ist billig, Trampen macht Spaß. Du lernst viele Leute kennen und kannst mit ihnen deutsch sprechen. Viele Deutsche können auch Englisch. Aber besser ist es, man spricht deutsch. Das finden die Leute sehr gut. Am bequemsten und am schnellsten reisen Tramper auf den Autobahnen. Ich warte immer auf den Parkplätzen der Raststätten. Die haben Tag und Nacht geöffnet. Dort machen*

4.2 Leseverstehen

> viele Leute eine Pause, und oft fahren sie sehr weit. Am besten fragt man die Leute direkt: "Ich möchte nach Stuttgart. Fahren Sie vielleicht auch nach Stuttgart? Können Sie mich mitnehmen?" Es ist nicht sehr einfach, Leute so direkt zu fragen. Aber das lernt man schnell.
> Nicht alle nehmen gern Tramper mit. Besonders Frauen über 30, Familien mit Kindern und ältere Leute sagen oft "nein". Wichtig ist: Du mußt immer nett und sauber aussehen und nicht viel Gepäck haben. Dann wartest du bestimmt nicht lange. Besonders Lastwagenfahrer nehmen gern Tramper mit. Denn sie fahren oft allein und sehr weit und möchten deshalb gern mit Leuten sprechen. Man kann übrigens auch nachts trampen. Dann wartet man zwar länger, hält aber ein Fahrer, dann fährt er meistens sehr weit.
> Hat man Zeit, kann man auch auf der Landstraße trampen. Das ist viel interessanter als auf Autobahnen, denn man lernt auch die Kleinstädte, Dörfer und Landschaften in der Bundesrepublik kennen. Man braucht dann aber gute Straßenkarten. ...

Abb. 4.19: THEMEN 1 AB: 63

Schritt 2 (PL): Bei dem Versuch, das Verstandene mündlich wiederzugeben; erkennen die Lernenden, dass sie in dieser Phase (ohne vorherige Worterklärungen) bereits wichtige Textinformationen verstanden haben.

Schritt 3 (PA): Die Schüler lesen den Text jetzt erneut und versuchen, die nicht unterstrichenen Stellen mit Hilfe der verstandenen (unterstrichenen) Textteile zu erschließen. Dabei markieren sie die Textstellen, die sie zu ihrer Deutung veranlasst haben. Erschließen lassen sich u.a. *Lastwagenfahrer, geöffnet, Landstraße, Raststätte, Gepäck, Landschaften* ...
Bei der Besprechung müssen die Kontextelemente thematisiert werden, die das Erschließen der unbekannten Wörter ermöglichen.

Jeder Text enthält viele Elemente, die oft relativ leicht zu verstehen sind und die für das Gesamtverständnis verwertet werden können: Zahlen, Eigennamen, geographische Angaben, internationale Wörter (meist lateinischen, griechischen oder englischen Ursprungs), Zeitangaben, Produkt- und Firmennamen (*VW, Siemens*) usw. Eine wichtige datengesteuerte Verstehensstrategie besteht darin, auf solche Textelemente zu achten und sie für das Verstehen der Gesamtaussage zu nutzen.

Der Text Abb. 4.20 enthält Zahlen, geographische Namen und Eigennamen, deren Interpretation zum Verständnis der wichtigsten Textaussagen führt.

geographische Begriffe:	*Buenos Aires, argentinisch, Puerto Madryn, Chubut*
internationale Wörter:	*Gouverneur, Provinz*
Eigennamen:	*Carlos Maestro*
Zahlen:	*24: Feuerwehrmänner (= Brandbekämpfer)*
	zwischen elf und 18: Alter
	vier: Frauen
	1400: Kilometer (km)

Bei der folgenden Didaktisierung dieser Zeitungsmeldung werden diese Textelemente, zwischen denen bestimmte inhaltliche Zusammenhänge bestehen, für das Verstehen verwertet.

Schritt 1 (PL): Anhand der Überschrift werden im Klassengespräch Fragen an den Text formuliert, z.B.: *Wo ist das passiert? Wie viele Tote gab es?* Dadurch entsteht eine Leseintention.

Schritt 2 (PA): Die Schülerinnen und Schüler erhalten den Text (Abb. 4.20) mit der Aufgabe, alle Eigennamen, geographischen Begriffe, internationalen Wörter und Zahlen aus dem Text auf ein Arbeitsblatt zu notieren. Danach notieren sie, worauf sich die Zahlen jeweils beziehen (s. nächste Seite, Aufgabe 1 und 2).

> **Feuerwehrmänner fallen Steppenbrand zum Opfer**
> *Buenos Aires (dpa) – Ein heftiger Steppenbrand hat in der Nähe der argentinischen Hafenstadt Puerto Madryn das Leben von 24 Feuerwehrmännern gefordert. Unter den Opfern befanden sich nach Angaben des Gouverneurs der Provinz Chubut, Carlos Maestro, auch mehrere Jugendliche im Alter zwischen elf und 18 Jahren und vier Frauen, die zur Freiwilligen Feuerwehr der Stadt gehörten. Das Feuer war am Freitag etwa 1400 Kilometer südlich von Buenos Aires ausgebrochen und hatte sich rasch ausgebreitet. Die 24 Brandbekämpfer gerieten durch plötzlich umspringende Winde in die tödliche Falle. Die Ursache des Feuers ist noch nicht bekannt.*

Abb. 4.20: Zeitungsmeldung aus der „Süddeutschen Zeitung"

1. Notiere alle geographischen Begriffe	internationalen Wörter	Eigennamen	Zahlen

2. *Schreibe zu den Zahlen die Wörter, auf die sie sich beziehen.*

3. *Wo ist das passiert? Wie viele Tote gab es?*

Schritt 3 (PA): Anschließend unterstreichen die Schüler im Text die Wörter aus der Überschrift und beantworten dann die Eingangsfragen: *Wo ist das passiert?, Wie viele Tote gab es?* (Aufgabe 3).
Bei der Besprechung sollten die angewandten Strategien thematisiert werden: Wörter aus der Überschrift im Text suchen; auf Zahlen achten und sie verstehen, auf internationale Wörter, geographische Begriffe, Eigennamen usw. achten und ihren Beitrag zur Textaussage erkennen.

Weitere Textelemente, auf die man durch Übungen anhand geeigneter Texte die Aufmerksamkeit der Lernenden lenken sollte, sind z.B. Zeitangaben, verneinte Angaben, betonte Angaben (mit *vor allem, sehr, besonders* ...) usw.
Eine weitere Strategie der datengesteuerten Texterschließung besteht in der Verwertung von Schlüsselwörtern (Kernwörtern), d.h. den zentralen Inhaltswörtern in einem Text (oben z.B. *Feuer* und *Opfer*). Oft reicht es für das Verstehen der wichtigsten Textaussagen, sich auf all das zu konzentrieren, was in einem Text im Zusammenhang mit den Schlüsselwörtern gesagt wird – vgl. Abb. 4.21:

Tankwart überfallen
Räuber tarnte sich mit Maske eines Greises
Getarnt mit einer Faschingsmaske, die ein Greisengesicht darstellt, und bewaffnet mit einer Pistole hat ein Unbekannter am Montagabend gegen 22 Uhr die Shell-Tankstelle an der Bodenseestraße überfallen und beraubt. Der mittelgroße, grauhaarige Mann, dessen Alter wegen der Maske nicht zu schätzen war, hat den 18-jährigen Hilfstankwart bedroht und die Einnahmen verlangt.
Da sich in der Kasse nur etwa tausend Mark befanden, ließ sich der enttäuschte Räuber auch den Tresor öffnen, der allerdings leer war. Dann sperrte der Unbekannte den Tankwart in einen Nebenraum und flüchtete. Dem 18jährigen gelang es erst nach einiger Zeit, sich zu befreien und die Polizei zu rufen. Die Fahndung blieb erfolglos.
Der Unbekannte trug zur Tatzeit eine braune Kordhose, einen blauen Stoffmantel, grauen Hut mit breiter Krempe und einen Regenschirm. Die Polizei bittet um Hinweise. *tom*

1. Suchen Sie die zwei wichtigsten Schlüsselwörter und notieren Sie sie.
   Schlüsselwort A: _____ B: _____
2. Unterstreichen Sie alles, was über die beiden Schlüsselwörter gesagt wird.

Abb. 4.21: ZERT.DAF: 71

Zu den mehr datengesteuerten Verstehensstrategien gehört weiterhin die Fähigkeit, wichtige Textinformationen zu erkennen und sie von weniger wichtigen zu unterscheiden. Mögliche Übungen dazu sind:
- Die wichtigen Textinformationen unterstreichen bzw. stichwortartig notieren.
- Die komplementäre Übung: alle unwichtigen Textinformationen wegstreichen, sodass man zu den Kerninformationen eines Textes gelangt. Auf diese Art erhält man auch Informationen darüber, an welcher Stelle in einem Text die wichtigen Informationen stehen. Bei vielen Texten (z.B. Zeitungstexten) stehen sie oft im ersten Satz eines jeden Abschnitts, z.B. auch in dem Text „*Neues vom Alternativ-Tourismus*" oben (Abb. 4.9). Es muss also die folgende Lesestrategie vermittelt und geübt werden: *Lies den ersten Satz eines jeden Abschnitts und überfliege den Rest des Textes.*
- In einem Text alle Wörter aus der Überschrift suchen und unterstreichen lassen (auch in Wortbildungen); danach die sprachliche Umgebung der unterstrichenen Wörter einbeziehen und für das Verstehen der wichtigsten Textaussagen verwerten (vgl. Übung Abb. 4.21).

4.2.3 Steuerung des Lesens durch den Lehrer

Bislang war in diesem Kapitel von Verstehensstrategien und ihrer Förderung die Rede; dieser Bereich sollte im Zentrum der Verstehensschulung stehen, denn er zielt auf die selbständige Texterschließung durch die Lerner ab. Im Folgenden gehe ich noch kurz darauf ein, wie der Lehrer (bzw. das Lehrbuch) *den Verstehensprozess steuern* kann. Die Unterscheidung zwischen Verstehensstrategien und Steuerung des Verstehens ist sehr wichtig. Verstehensstrategien sind Vorgehensweisen, wie man sich einem unbekannten Text nähern kann, um ihn selbständig zu erschließen (Selbststeuerung des Verstehensprozesses). Techniken zur Steuerung des Verstehens hingegen haben die Funktion, die Aufmerksamkeit des Lerners auf wichtige inhaltliche Stellen eines Textes zu lenken bzw. von unwichtigen abzulenken (Fremdsteuerung des Verstehensprozesses). Der Einsatz von Steuerungstechniken signalisiert dem Lerner: *Konzentriere dich auf die Verstehensaufgabe, die kannst du lösen. Alles andere brauchst du nicht zu verstehen.* Die wichtigsten Techniken, durch die der Lehrer das Textverstehen steuern kann, sind:
- Leitfragen zum Textinhalt
- Übertragen von Textinformationen in ein vorgegebenes Inhaltsraster (→ 5.2.2.2.2)
- Multiple-choice-Aufgaben zum Textinhalt
- Richtig-falsch-Aufgaben zum Textinhalt
- Einsatz eines vereinfachten „Filtertextes" zur Vorentlastung (Zuordnen von Aussagen des Filtertextes zu den Aussagen des authentischen Textes, → 5.2.2.1)
- Vorgegebene (vereinfachte, verallgemeinerte) Aussagen bzw. Informationen den entsprechenden Textteilen zuordnen (d.h. *Wo steht das im Text?*, → 4.3.3.2)

(Zu weiteren Techniken vgl. „Sprachbrücke 1", Lehrerhandbuch: 31.)

Solche Verstehensaufgaben können zwei sehr unterschiedliche Funktionen haben:
1. Sie können das *Verstehen steuern*, d.h. den Lerner durch das Dickicht eines schweren authentischen Textes führen, indem sie seine Aufmerksamkeit auf bestimmte Textteile lenken. Dabei stellen Verstehensaufgaben eine Verstehenshilfe dar, da sie das selektive Verstehen fördern (z.B. Beschränkung auf die wichtigsten Textaussagen) und den Verstehensprozess begrenzen (auf das, was die Lerner auch verstehen können). Aus diesen Gründen müssen Verstehensaufgaben *vor* der eigentlichen Verstehensphase verteilt werden.
2. Verstehensaufgaben können auch als *Kontrollaufgaben* das Verstehen kontrollieren. In diesem Fall haben sie Testcharakter. Der Lehrer will dadurch überprüfen, was die Lerner verstehen bzw. ob sie bestimmte Inhaltspunkte verstehen.

Die Unterscheidung zwischen Steuerung des Verstehens und Kontrolle des Verstehens ist sehr wichtig. Als es noch keine ausgearbeitete Didaktik des Textverstehens gab (bis in die 70er Jahre), näherten sich viele Lehrer einem Text fast nur unter dem Aspekt der Verstehenskontrolle: *Mal sehen, was meine Schüler schon verstehen.* oder: *Mal sehen, wer den Text nicht versteht!* Dabei wurde übersehen, dass man etwas nur sinnvoll kontrollieren kann, wenn man es zuvor auch unterrichtet und geübt hat. Das geschah jedoch normalerweise nicht oder nicht ausreichend.

In einem DaF-Unterricht jedoch, der die Verstehensleistungen der Lerner fördert und das Textverstehen gezielt übt, passt der Lehrer die Verstehensaufgaben dem Niveau der Lerner an, d.h. er lenkt das Verstehen so, dass die Schüler Texte erfolgreich verstehen können und ermutigt werden, zielsprachliche Texte zu lesen. Die Verstehensaufgaben haben die Funktion, das Verstehen zu erleichtern, von unwesentlichen oder zu schweren Textteilen abzulenken und die Aufmerksamkeit auf verstehbare wichtige Textteile zu lenken.

Techniken der Verstehenssteuerung haben im Unterricht ihre eigene Berechtigung, und sie können ergänzend und vorbereitend zur Vermittlung von Verstehensstrategien eingesetzt werden. Gelegentlich dürfte es z.B. sinnvoll sein, in einem ersten Verstehensdurchgang das Globalverständnis durch Verstehensaufgaben zu erreichen und anschließend in einem zweiten Verstehensdurchgang bestimmte Verstehensstrategien zu fördern, z.B. das Erschließen von Textteilen aus dem Kontext (oder umgekehrt). Vor allem bei jüngeren Lernern wird man das Verstehen stärker durch Verstehensaufgaben lenken, und erst mit zunehmendem Alter wird die Förderung von Verstehensstrategien überwiegen. Auch bei Anfängern in DaF kann man gesteuerte Verstehensübungen einsetzen, um die Lerner an den Umgang mit schweren Verstehenstexten zu gewöhnen und unerwünschten Lesegewohnheiten (z.B. linearem Wort-für-Wort-Lesen) entgegenzuwirken.

Nach dem heutigen Stand der fachwissenschaftlichen Diskussion ist jedoch vor allem die Förderung von Verstehensstrategien dazu geeignet, beim Lerner eine fremdsprachliche Verstehenskompetenz aufzubauen.

4.3 Hörverstehen

Hörverstehen und Leseverstehen haben viele Gemeinsamkeiten, die sich aus dem gemeinsamen Ziel „Informationsentnahme aus einem Text" ergeben (Solmecke 1993), z.B. Verstehen entsprechend einem Verstehensziel, Dekodieren auf verschiedenen Ebenen der Sprache, Verwendung von Kontextinformationen für das Verstehen (z.B. um Verstehenslücken zu schließen und Textinformationen zu antizipieren) usw. Viele methodische Verfahren, die im vorhergehenden Kapitel im Zusammenhang mit dem Leseverstehen erörtert wurden, lassen sich natürlich auch für die Förderung des Hörverstehens verwenden. Sie können zunächst anhand von Lesetexten geübt werden, bevor sie in Hörverstehensübungen eingesetzt werden (Desselmann 1983a). Spezielle Aspekte der Didaktik des Hörverstehens ergeben sich aus den Besonderheiten der gesprochenen Sprache, worauf ich in diesem Kapitel vor allem eingehe.

4.3.1 Grundlagen

Gesprochene Sprache existiert in der Zeit, sie ist flüchtig und irreversibel (nicht umkehrbar). Jede sprachliche Einheit (Laut, Wort, kleinere Sinneinheit) existiert lediglich im Augenblick ihrer Produktion bzw. Wahrnehmung, und zugleich hört sie auch schon wieder auf, materiell zu existieren. Aus diesem Grund sind Informationen, die nicht wahrgenommen bzw. verstanden werden, endgültig verloren. Der Verstehensprozess verläuft linear, und anders als beim Leseverstehen muss sich der Hörer der Struktur und der Geschwindigkeit des Textes anpassen.

Die Schwierigkeiten des Hörverstehens beruhen wesentlich auf der „flüchtigen" Existenzweise gesprochener Sprache, und der Fremdsprachenlerner ist mit der Komplexität des auditiven Verstehensprozesses oft überfordert. Aufgrund seiner beschränkten Fremdsprachenkenntnisse und, damit zusammenhängend, einer geringen fremdsprachlichen Verarbeitungskapazität im Arbeitsgedächtnis kann er nicht alle erforderlichen einlaufenden Daten dekodieren, „was zwangsläufig zu retardierenden Momenten im Verstehensprozess führt. Der Hörer bleibt im Sinnerfassen hinter dem Redefluss des Sprechers zurück." (Desselmann 1983a: 6) Das hat zur Folge, dass er nur einen Teil der neu einlaufenden Informationen wahrnehmen kann und Antizipationsprozesse fast ganz unmöglich werden. Das „Hinterherhinken" hinter dem Text dürfte ein typisches Merkmal auditiver fremdsprachlicher Verstehensprozesse sein. „Jedes Verweilen, jedes Zurückgehen des Hörers kann dazu führen, dass die Konzentration auf kommende Sinngruppen verhindert wird und diese deshalb verloren gehen. Umgekehrt können nicht rezipierte Texteinheiten das Verständnis von nachfolgenden erschweren oder gar verhindern." („Wege", LHB: 14)

Beim Hörverstehen müssen drei Perzeptions- und Verstehensprozesse unterschieden werden, die aufgrund der Linearität des Verstehens und der nur momentanen materiellen Existenz des Textes zugleich ablaufen:

- die Wahrnehmung und Dekodierung der jeweils gehörten Sinneinheiten;
- die Speicherung der dekodierten Sinneinheiten, d.h. ihre rückwärts gerichtete Integration in den bereits verstandenen und gespeicherten textuellen Sinnzusammenhang;
- die vorwärts gerichtete Antizipation noch nicht gehörter Informationen aufgrund des bisherigen Textwissens.

Dass wir beim Hören oft Teile einer Äußerung antizipieren, zeigt die alltägliche Erfahrung. So fallen wir unseren Gesprächspartnern ins Wort und unterbrechen sie, wenn wir aufgrund der vorhandenen Text- und Kontextinformationen bereits wissen, was sie sagen wollen.

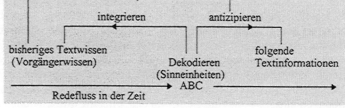

Abb. 4.22: Modell der auditiven Sprachverarbeitung

Die Aktivierung des Kontextwissens ist beim Hörverstehen besonders wichtig, denn das Dekodieren gesprochener Sprache ist wegen der Komplexität der parallel ablaufenden Verarbeitungsvorgänge sehr schwierig. Deshalb muss durch Inferieren (Schließen von Verstehenslücken) und Antizipieren die Verarbeitungskapazität des Gedächtnisses entlastet werden, die somit für andere Aktivitäten beim Verstehen verfügbar bleibt (Zimmer 1989; inferierte oder antizipierte Informationen braucht man nicht so genau zu dekodieren). Beim Lerner müssen also in Form von Strategieübungen absteigende wissensgesteuerte Prozesse gefördert werden, die den Dekodierprozess entlasten und das Verstehen erleichtern (Oakeshott-Taylor 1977). Der Einsatz von Kontextwissen und geeigneten Verstehensstrategien ermöglicht zudem die Kompensation zielsprachlicher Defizite. Ebenso wichtig sind allerdings dem auditiven Verstehensprozess angemessene didaktische Anforderungen: „Es dürfte u.a. den Gesetzen des Hörverstehensprozesses zuwiderlaufen, auf akkurate Detailbefragung hinzuzielen" (Dirven 1984: 33); bei Hörtexten sollte deshalb nur ein globales oder selektives Verstehen angestrebt werden.

4.3.2 Übungen zum Antizipieren

4.3.2.1 Antizipieren auf der Textebene

Gesprochene Sprache nimmt sehr oft direkt auf die Situation Bezug, in der sie geäußert wird (*dort drüben, Sie da, vorhin* ...); das trifft nicht nur für Gespräche zu, sondern oft auch für situativ bezogene monologische Rede (z.B. Fremdenführer). Gesprochene Sprache ist aus diesem Grund oft viel weniger explizit als geschriebene Sprache, die meist nicht auf ein gemeinsames kommunikatives Umfeld Bezug nimmt, da Schreiber und Leser über keinen gemeinsamen Kommunikationsraum verfügen.

Wie stark gesprochene Sprache auf die Sprechsituation Bezug nimmt, zeigt das folgende Beispiel. Eine (authentische) Äußerung wie *Ich stehe da drüben. Hoffentlich bin ich noch da.* wäre in einem geschriebenen Text nicht akzeptabel, und auch in der gesprochenen Sprache ist sie nur verständlich, wenn Sprecher und Hörer über ein gemeinsames Situationswissen verfügen. Diese Äußerung wurde beim Verlassen eines Hotels auf dem Weg zum Auto der Sprecherin getan. Nur das gemeinsame Situationswissen der Kommunikationspartner erlaubte es der Sprecherin, *mein Auto* durch *ich* zu substituieren, und ermöglichte es dem Hörer, diese Substitution ohne die geringsten Schwierigkeiten nachzuvollziehen. Eine an sich widersinnige Äußerung (Wieso kann ich zugleich hier und da drüben sein? Wieso kann ich sprechen und zugleich in Frage stellen, ob ich noch anwesend – da – bin?) gewinnt durch das gemeinsame Situationswissen der Kommunikationspartner eine eindeutige Interpretation; dem Hörer gelingt es ohne Schwierigkeiten, „die ihn umgebende Welt durch die Worte der Äußerung hindurch intelligibel zu machen." (Hörmann 1980: 27)

Das gemeinsame Wissen der Kommunikationspartner bestimmt die Form ihrer Äußerungen wesentlich und ist Voraussetzung für gegenseitiges Verstehen. Es handelt sich dabei um „die natürliche ... Erwartungshaltung von Kommunikationspartnern, die in aller Regel ein Vorverständnis über ihren Sprachkontakt erreicht haben, bevor dieser überhaupt beginnt." (Hüllen 1977: 30) Dieses gemeinsame Situations- und Vorgängerwissen (→ 4.1.1) darf man dem Lernenden bei der Hörverstehensschulung auf keinen Fall vorenthalten. Er muss sich vor dem eigentlichen Hörakt der Situation vergegenwärtigen, um ein vergleichbares Ausgangswissen wie die Kommunikationspartner des Hörtextes zu haben. Das Kontextwissen macht bestimmte sprachliche Handlungen und Inhalte wahrscheinlicher als andere, es ist gleichermaßen Voraussetzung und Hilfe für das Verstehen. Ziel des Unterrichts muss es sein, den Lernenden Strategien zu vermitteln, wie sie das entsprechende Vorwissen bei fremdsprachiger Kommunikation für das Verstehen nutzen können.

Im DaF-Unterricht werden kommunikative Situationen oft durch Situationsbilder dargestellt, z.B. Abb. 4.23. Dieses Bild klärt zunächst die außersprachliche Situation des kommunikativen Handelns, vor allem:
- Kommunikationspartner (KP): Wer spricht mit/zu wem? Welche Beziehung besteht zwischen den KP? In welcher Lage befinden sie sich?
- die raum-zeitliche Situierung: Wo ist das? Was geschieht gerade? Was ist eventuell vorher passiert? Wann ist das?

- das nonverbale Verhalten der KP: Was sagen Mimik, Gesten, Bewegungen im Raum usw. über die Situation oder über die Kommunikationspartner aus?

Das Bild stellt einen Teil des gemeinsamen Situationswissens der Kommunikationspartner dar; darüber hinaus lässt es einen konkreten Kommunikationsanlass erkennen: Der Betrunkene will offenbar Auto fahren. Sein nüchterner Begleiter hat die Intention, ihn vom Fahren abzuhalten, ihn zu warnen und ihm eventuell Alternativen vorzuschlagen. Die Intention des Betrunkenen dürfte sein, diese Warnungen zurückzuweisen und auf seinem Vorsatz zu bestehen. Äußerungen wie die folgenden sind wahrscheinlich:

Abb. 4.23: DT.AKT. 1: 79

- *Das ist gefährlich! – Das ist verboten! – Nimm doch ein Taxi! – Du darfst in diesem Zustand nicht fahren! – ...*
- *Lass mich! – Ich kann fahren! – Du, es geht schon! – Ich hab doch kaum was getrunken! ...*

Im Unterricht sollten die Lernenden durch ein Situationsbild, eine verbale Beschreibung der Situation oder auch durch einen ersten Hördurchgang zunächst Einblicke in die allgemeinen pragmatischen Bedingungen des Kommunikationsakts erhalten; mögliche Fragestellungen sind: *Wo hört man einen solchen Text normalerweise? Um welche Textsorte handelt es sich?, Welche Informationen sind in einem solchen Text zu erwarten bzw. worüber sprechen die an der Kommunikation Beteiligten? Wer kommuniziert mit wem? (Rollen, Beziehung) In welcher Situation findet die Kommunikation statt? An welches gemeinsame Vorwissen wird angeknüpft? Was ist der Kommunikationsanlass? Was ist das Kommunikationsziel? Welche sprachbegleitenden Signale (Gestik, Mimik, Tonfall, Blickrichtung, Geräusche ...) sind zu erkennen, und welche Funktion haben sie?*

Die Antwort auf diese Fragen erlaubt es dem Lerner, sein Kontextwissen zu aktivieren, sich eine Hörintention zu bilden (*Welche Informationen sind wichtig bzw. interessieren mich?*) und gezielt Hypothesen über den Inhalt abzuleiten (*Was äußern die an der Kommunikation Beteiligten möglicherweise?*). Der Lerner sollte zunächst alle Möglichkeiten ausnutzen, sein Kontextwissen an den Text heranzutragen und wissensgesteuerte absteigende Verstehensprozesse zu aktivieren. Im Unterricht kann das Kontextwissen mit Hilfe von Situationsbildern etwa folgendermaßen für den Verstehensprozess fruchtbar gemacht werden:

Situationsbilder und die entsprechenden – meist dialogischen – Texte sollten eine Einheit bilden, eine „Textsituation". Die Bilder ergänzen im Idealfall die Präsentationstexte nicht, sondern sind gleichwertiger Bestandteil einer kommunikativen Situation. „Das visuelle Element ist hier keine Illustration, keine 'Beigabe' mehr, sondern gibt mit dem Text zusammen die gewünschte Information, baut den Verhaltensraum und das Zeigefeld auf, in dem sinnvoller Sprachgebrauch möglich ist." (Eichheim/Wilms 1981: 110)

Schritt 1 (PL): Anhand eines Situationsbildes werden die kommunikative Situation und die Handlungselemente so weit wie möglich geklärt:

> *Wer kommuniziert mit wem? – Wo findet die Kommunikation statt? – Was geschieht, welche Handlungselemente sind erkennbar? (Was tut X?, Was hat Y vor? ...) – Worüber wird kommuniziert? – In welcher Absicht?*

Schritt 2 (PA/PL): Nach Klärung der Situation können Hypothesen über das konkrete kommunikative Handeln gesammelt werden: *Was können die Beteiligten in einer solchen Situation sagen?* Die Vermutungen der Lernenden werden schriftlich festgehalten (OHP, Tafel).

Schritt 3 (EA): Die Lerner hören den Text (eventuell zweimal) mit folgender Verstehensaufgabe: *Welche der Hypothesen aus Schritt 1 und 2 sind korrekt, welche nicht?*. Dazu machen sie sich Notizen. Die Ergebnisse werden anschließend in der Gesamtgruppe besprochen.

Wenn kein Situationsbild vorhanden ist, werden die Lernenden auf eine andere Weise in die kommunikative Situation eingeführt – z.B. dadurch, dass sie in einem ersten Hördurchgang ihre Aufmerksamkeit auf Merkmale der Situation richten (Abb. 4.24).

HV-Dialog: Das liebe Geld

1. Bitte hören Sie sich den Text zunächst einmal ganz an, kreuzen Sie die zutreffenden Antworten unten an und vergleichen Sie sie im Plenum:

a) Um was für ein Gespräch handelt es sich hier?	b) Wer spricht hier?	c) Wie verhalten sich die Redepartner?
Um eine Diskussion ☐	Vater und Tochter ☐	sachlich-neutral ☐
Um ein ernstes Gespräch ☐	Eheleute ☐	emotional ☐
Um einen Streit ☐	Mitglieder einer Wohngemeinschaft ☐	aggressiv ☐

Abb. 4.24: STUFEN 3: 103

Der folgende HV-Text für Anfänger (Abb. 4.25) ist aufgrund seiner schlechten Tonqualität und einer hohen Informationsdichte schwer zu verstehen. Damit er erfolgreich eingesetzt werden kann, müssen die Lernenden auch hier in einem ersten Hördurchgang Faktoren der Textpragmatik, vor allem die Textsorte, erkennen.

Verehrte Kundschaft! Beachten Sie bitte unsere heutigen Sonderangebote, auf die wir Sie gerne aufmerksam machen möchten. In unserer Fleisch- und Frischwarenabteilung bieten wir Ihnen an: Hähnchen, Handelsklasse A, circa 1100 Gramm, Stück 3 Mark 88. Außerdem: das halbe Pfund Butter 1 Mark 88; Leberwurst, 100 Gramm, 55 Pfennig; und ein Liter Frischmilch, Fettgehalt 3,5 Prozent, nur 88 Pfennig. Ihr Einkauf bei uns lohnt sich. Wir haben weitere Sonderangebote, die für Sie von Vorteil sind. Und für heute Abend nicht vergessen: die 0,7-Liter-Flasche Cognac für nur 15 Mark 98.

Abb. 4.25: DT.AKT. 1, Authentische Hörtexte: Lektion 2

Schritt 1 (PL): Nach Einführung der Situation *Supermarkt* (eventuell mittels einer OHP-Folie, die einen Supermarkt von innen zeigt) wird der Text (Abb. 4.25) ohne weitere Erklärung mit folgender Verstehensaufgabe einmal vorgespielt:

– *Was für eine Art von Text ist das?*
– *Welche Informationen interessieren den Käufer in einem Supermarkt an einem solchen Text?*

Schritt 2 (PL): Die Ergebnisse werden in der Klasse besprochen: Es handelt sich um eine Ladendurchsage, mit der die Kunden auf Sonderangebote aufmerksam gemacht werden. Aus der Besprechung der zweiten Frage entsteht das folgende Raster zur inhaltlichen Textauswertung (rechts):

Produkt	Menge	Preis

Schritt 3 (EA): Der Text wird jetzt zwei- bis dreimal gehört, wobei die Lernenden das Raster ausfüllen. (Die Wörter für die Lebensmittel sind in derselben Lektion eingeführt worden.)

Die Lernenden werden hier zunächst in die Textsituation versetzt, d.h. es wird das Situationswissen aktiviert, das ein Käufer in einer authentischen Supermarktsituation hat. Da der Text schwer zu verstehen ist, werden beim ersten Hören kaum Einzelheiten verstanden. Das Situationswissen ermöglicht es den Lernern aber, die Textsorte zu erkennen und daraus abzuleiten, welche Informationen in dem Text wichtig sind. Sie können also aufgrund ihres Situationswissens und ihrer Textsortenkenntnisse selbst das Verstehensziel formulieren (Schritt 2), was die Voraussetzung für selektives Hören in Schritt 3 darstellt.
Bei der Übung Abb. 4.26b wird die Aufmerksamkeit der Lernenden auf den Zusammenhang zwischen Ort, den jeweils angesprochenen Personen und der Art der wichtigen Textinformationen gelenkt. Derartige Zusammenhänge müssen den Lernern bewusst werden, denn oft kann man aus der Situation, in der ein Text zu hören ist, auf seinen Inhalt schließen (vgl. Abb. 4.26a).

Zwei Beispieltexte:

1. *Achtung Reisende mit der Lufthansamaschine LH 351 nach Djakarta, begeben Sie sich bitte zum Ausgang B14.*

2. *Wir begrüßen die zugestiegenen Fahrgäste im Intercity 515 Gutenberg. Den Fahrplan dieses Zuges und dessen Anschlüsse können Sie aus dem Informationsblatt „Ihr Zugbegleiter" ersehen, das an Ihrem Platz ausliegt. Weitere Auskünfte erteilt Ihnen gern das Intercity-Team. Wir wünschen Ihnen eine gute Reise.*

Abb. 4.26a: ZERT.DAF TH: 122

Wo werden die Texte gesprochen?

1. Sie hören jetzt fünf kurze Texte. Halten Sie die Kassette nach jedem Text beim Signalton an. Schreiben Sie, wo jeder Text gesprochen wird.
    a) _____ d) _____
    b) _____ e) _____
    c) _____

2. Spulen Sie die Kassette zurück. Hören Sie die Texte noch einmal und notieren Sie nach jedem Text die Antwort auf die beiden Fragen:

Welche Person wird in dem Text angesprochen?	Welche Informationen sind für diese Person(en) besonders wichtig?
a)	
b)	
c)	
d)	
e)	

Abb. 4.26b: ZERT.DAF: 92

Bei Hörtexten, die nicht direkt auf eine Sprechsituation Bezug nehmen (z.B. monologische themenbezogene Informationstexte wie viele Radiotexte), muss – ähnlich wie beim Leseverstehen – das Vorwissen der Lernenden aufgrund allgemeiner Informationen über den Text aktiviert werden (→ 4.2.1), z.B.:

- Thema des Textes: *Was weiß ich zum Thema?, Welche Informationen könnte ein Text zu diesem Thema beinhalten?*
- Textsorte: *Welche Art von Informationen sind in einem solchen Text zu erwarten (z.B. in einem Nachrichtentext)?*
- Textstruktur: *Ergibt sich aus der Textsorte eine bestimmte Textstruktur?*
    - z.B. Nachrichten: zuerst Überblick; danach bei jeder Einzelnachricht zentraler Stellenwert des ersten Satzes.
    - z.B. Vortrag: Themaerklärung, Gliederung, Einleitung ... Zusammenfassung.

Derartige Informationen aktivieren das Kontextwissen des Lerners, sodass er ein Hörziel formulieren (*Welche Informationen sind wichtig bzw. welche Informationen interessieren mich an diesem Text?*) und den Text mit möglichst viel Wissenssteuerung hören kann.
Der Zusammenhang von Textsorte und selektiver Informationsentnahme wird in der Übung Abb. 4.27a thematisiert.

Worüber wird gesprochen?

1. Lesen Sie bitte zuerst die Fragen.
    a) Wer spricht hier?
    b) Für wen spricht er? Für wen ist dieser Text?
    c) Wo wird dieser Text gesprochen?
    d) Wann wurde dieser Text gesprochen?

2. Hören Sie jetzt den Text. Achten Sie auch auf die Musik und andere Geräusche. Notieren Sie die Antworten auf die Fragen.
3. Spulen Sie die Kassette zurück. Hören Sie den Text ein zweites Mal.
4. Notieren Sie die Antworten auf die Fragen zum Inhalt. Über welche Themen informiert dieser Text? Welche Orte, Städte oder Länder werden genannt?

Themen	Orte, Städte, Länder

Beispieltext

Der verheerende Orkan, der in den vergangenen 24 Stunden über West- und Mitteleuropa gerast ist, hat mehr als 70 Todesopfer gefordert. In der Bundesrepublik kamen nach jetzt vorliegenden Angaben fünf Menschen ums Leben. Der Sturm mit Spitzengeschwindigkeiten von über 170 Stundenkilometern hinterließ eine breite Spur der Verwüstung. Besonders stark betroffen war der Süden Englands. Von dort werden allein mindestens 40 Tote gemeldet. In der aufgewühlten Nordsee gerieten mehrere Schiffe in Seenot, unter ihnen eine Fähre mit 130 Passagieren an Bord. Trotz des Drucks der Wassermassen hielten die Deiche in den Niederlanden und an den Küsten Norddeutschlands. In Hamburg hieß es, die Gefahr sei aber noch nicht gebannt ...

Abb. 4.27a: ZERT.DAF: 91   Abb. 4.27b: ZERT.DAF TH: 121f.

4.3 Hörverstehen

Der erste Hördurchgang dient zur pragmatischen Situierung des Textes; danach wird das selektive Verständnis angestrebt, wobei wenige Angaben (Themen – Orte, Städte, Länder) zum Erfassen der wichtigsten inhaltlichen Zusammenhänge ausreichen (vgl. den Beispieltext Abb. 4.27b). Der Text ist für den Adressatenkreis (Grundstufe) sehr schwer; die Verstehensstrategie, auf die kommunikative Situierung des Textes zu achten und Zusammenhänge zwischen den Themen der Meldungen und geographischen Begriffen herzustellen, führt aber zum Erfassen der wichtigsten Textinformationen.

Zur Arbeit mit Nachrichtentexten schlagen Keller/Mariotta (1992) schon für Anfänger einige Arbeitstechniken vor, die wissensgesteuerte Verstehensstrategien und selektives Verstehen fördern, u.a. die folgende Didaktisierung:

Schritt 1: Anhand von Beispieltexten erkennen die Lernenden die Textsorte (Gongzeichen, Uhrzeit, *Sie hören Nachrichten* usw.).

Schritt 2: Im Gespräch werden allgemeine übertragbare Verstehensziele geschaffen; dabei entsteht das rechts stehende Raster:

Schritt 3: Dieses gemeinsam erarbeitete Raster steuert nun den auditiven Verstehensprozess.

NACHRICHTEN			
Wer?	Wo?	Wann?	Sonstiges

Welchem Bereich ist die Nachricht zuzuordnen?
0 Krieg 0 Wirtschaft 0 Politik
0 Umwelt 0 Sport   0 ...

Zur Aktivierung wissensgesteuerter Verstehensprozesse können verschiedene weitere Techniken eingesetzt werden, z.B.:
- Mittels eines Assoziogramms (→ 5.2.2.1) das sprachliche und inhaltliche Vorwissen der Lernenden zum Thema das Hörtextes aktivieren; zugleich können auch Leitbegriffe zum Thema (Schlüsselwörter) und damit zusammenhängende Wortfelder aktiviert werden.
- Anhand des Textthemas Hypothesen über den Textinhalt formulieren; die Hypothesen der Lernenden lenken das Hörverstehen (→ 4.2.1.1).
- Sukzessive Antizipation bei Erzähltexten (→ 4.2.1.1, Abb. 4.10).

4.3.2.2 Antizipieren auf niedrigeren Textebenen während des Hörens

Jeder Hörtext enthält viele Informationen, die aufgrund des Kontextwissens (vor allem des Vorgängerwissens) erschlossen werden können. Alles, was der Hörer während des Hörens an Information antizipieren bzw. erschließen kann, setzt Aufmerksamkeit für andere Textstellen frei und entlastet das Arbeitsgedächtnis. In der Literatur werden hierzu verschiedene Übungen vorgeschlagen.

Bei Übungen zur Satzvervollständigung hören die Lernenden Satzanfänge (von Kassette, vom Lehrer) und vervollständigen die Sätze spontan. In der Übung Abb. 4.28 handelt es sich um Sätze zum Thema der gerade behandelten Lektion:

– *Weil in der kleinen Stadt Bonn viele Diplomaten und Studenten ein Zimmer suchen, ...*
– *Bei der Zimmersuche sind ausländische Studenten ...*
– *Die Zimmersuche wird noch schwieriger, wenn Sprachkenntnisse ...*
– *Wenn man gut gekleidet ist, ...*
– *Der Student wurde so oft von seinen Freunden auf seinem Zimmer besucht, ...*

Abb. 4.28: WEGE AB, Hörübungen (Text 10): 84

Die syntaktischen und semantischen Wahrscheinlichkeiten werden gegen Ende einer Äußerung zunehmend höher, da immer mehr Vorgängerinformationen den weiteren Äußerungsverlauf determinieren. Die Lernenden können bei solch einer Übung die Sätze in Anlehnung an Vorgaben im Lektionstext o.ä. fort-

- *Gestern war mein Kühlschrank fast leer, deshalb ...*
- *Vor dem Geschäft standen ...*
- *In dieses Geschäft gehe ich gern; denn ...*
- *Zuerst ging ich zu den Regalen, wo ...*
- *Bei der Butter stellte ich fest, daß die Preise ...*
- *An der Theke, wo Butter und Wurst verkauft wurden, standen ...*
- *Ich mußte ...*
- *Dann brauchte ich noch Gemüse. Ich wählte ...*
- *Mit meinem Wagen ging ich ...*

Abb. 4.29: Neuf-Münkel 1992: 32

setzen, sie können die Sätze aber auch frei vervollständigen. Voraussetzung ist lediglich, dass es sich um eine sinnvolle Fortsetzung handelt. Eine solche Übung kann auf einfacherem Niveau schon in der Grundstufe durchgeführt werden, z.B. Übung Abb. 4.29.

In der Antizipationsübung zu Abb. 4.30a beziehen sich die Satzanfänge auf ein Bild. Der Lehrer liest den Anfang der Aussagen vor, und die Lernenden vervollständigen die Aussagen möglichst spontan (Abb. 4.30b).

– *Die ist so braun. Sicher ...*
– *Die war bestimmt Skilaufen. Da ...*
– *Vielleicht hatte sie einen Unfall und ...*
– *Man muss immer ganz vorsichtig sein, dann ...*
– *Was ist der denn passiert? Ob die wohl ...?*
– *Hat die vielleicht ...*
– *...*

Abb. 4.30a: STUFEN 2: 163

Abb. 4.30b: Antizipationsübung zu Bild Abb. 4.30a

Wichtige Antizipationsstellen sind auch Konnektoren und andere sprachliche Elemente, die semantische Zusammenhänge zwischen Textteilen herstellen (➔ 4.2.1.2). Entsprechende Antizipationsübungen können so gestaltet werden, dass sie sich im Rahmen bestimmter semantischer Strukturen bewegen. Im Beispiel Abb. 4.31 z.B. ergänzen die Schüler eine passende semantisch gegensätzliche Aussage.

– *Er war kein guter Schüler, sondern ...*
– *Dieses Jahr fahren wir in den Ferien nicht weg, wir ...*
– *Ich habe keine Lust, heute Abend wegzugehen; ich ...*
– *Ich trinke keinen Alkohol, nur ...*
– *Mein Freund ist nicht verheiratet, er ist ...*
– *In der Sahara regnet es selten, meistens ...*
– *...*

Abb. 4.31: Antizipationsübung

Übungen zum Antizipieren haben beim Hörverstehen eine andere Funktion als beim Leseverstehen: Beim Leseverstehen geht es in erster Linie darum, sprachlich schwer zu verstehende Textteile aus dem Kontext zu erschließen. Das spielt beim Hörverstehen sicherlich auch eine wichtige Rolle, hinzu kommt aber ein anderer Aspekt, der beim Leseverstehen (ohne zeitlichen Druck) weitgehend entfällt: Alles, was der Lerner antizipieren kann, erfordert weniger Aufmerksamkeit beim Hören. Durch das Antizipieren wird Gedächtniskapazität eingespart, die somit für den direkten Prozess des Dekodierens zur Verfügung steht. Es ist wichtig, dass Übungen zum Antizipieren schnell durchgeführt werden, denn die Lernenden müssen sich daran gewöhnen, einem Hörtext zu folgen.

4.3.3 Speicherübungen

Wie eingangs dargestellt, laufen beim Verstehen gesprochener Sprache im Arbeitsgedächtnis sehr komplexe Prozesse ab:
- Zunächst müssen die sprachlichen Daten so lange im Arbeitsgedächtnis gespeichert werden, bis sie zu einer Sinneinheit dekodiert sind. Die Fähigkeit zur Speicherung sprachlicher Einheiten (Hörmerkspanne) ist in der Fremdsprache wesentlich geringer als in der Muttersprache, da die fremdsprachliche Sprachverarbeitung wesentlich mehr Aufmerksamkeit verlangt und deshalb die Kapazität des Arbeitsgedächtnisses stärker belastet.
- Weiterhin müssen die dekodierten Sinneinheiten in den bisherigen Text- und Verstehenszusammenhang eingebunden werden und mit diesem gemeinsam gespeichert werden (rückwärtsgewandte semantische Integration). Auch für die damit verbundenen mentalen Prozesse

4.3 Hörverstehen

verfügt das Arbeitsgedächtnis von Fremdsprachensprechern oft nicht über eine ausreichende Verarbeitungskapazität.
Bei diesem mentalen Prozess wählt der Hörer zudem aus, d.h. er speichert nur einen Teil der dekodierten Informationen. Es sollten also Übungen durchgeführt werden, die die Informationsreduktion bei fremdsprachigen Hörtexten gezielt üben.
Die genannten Prozesse können in Form sog. „Speicherübungen" (Neuf-Münkel 1989) gesondert geübt werden.

4.3.3.1 Übungen zur Erweiterung der Hörmerkspanne

Übungen zur Erweiterung der Hörmerkspanne zielen darauf ab, die spontane Behaltensleistung fremdsprachiger Rede zu erhöhen; dadurch bleiben mehr Redeteile zur direkten Dekodierung und Sinnerschließung verfügbar. In der Literatur werden sog. Erweiterungsübungen zur Erweiterung der Hörmerkspanne vorgeschlagen (Desselmann 1983b; Neuf-Münkel 1988, 1992).
In der Übung Abb. 4.32 spricht der Unterrichtende Sätze mit zunehmender Länge vor, die die Lernenden möglichst schnell und direkt nachsprechen.

> L: *Frau Müller hat eine Reise gemacht.*
> S: *Frau Müller hat eine Reise gemacht.*
> L: *Frau Müller hat letztes Jahr eine Reise gemacht.*
> S: *Frau Müller hat letztes Jahr eine Reise gemacht.*
> L: *Frau Müller hat letztes Jahr eine Reise nach Griechenland gemacht.*
> S: *Frau Müller hat letztes Jahr eine Reise nach Griechenland gemacht.*
> L: *Frau Müller hat letztes Jahr in den Herbstferien eine Reise nach Griechenland gemacht.*
> S: *Frau Müller hat letztes Jahr in den Herbstferien eine Reise nach Griechenland gemacht.*
> L: *Unsere sympathische Nachbarin, Frau Müller, hat letztes Jahr in den Herbstferien eine Reise nach Griechenland gemacht.*
> S: ...

Abb. 4.32: Erweiterungsübung

Die Übung darf nicht zu langsam durchgeführt werden, und es sollte auf die Intonation geachtet werden. Ist die Grenze der Hörmerkspanne erreicht, so können die Sätze allmählich wieder bis hin zum Ausgangssatz reduziert werden.
Bei einer Variante dieser Übungen schreiben die Schüler Sätze nieder, die sie gehört haben. Auch hierbei kommt es auf die Hörmerkspanne an, denn die Sätze müssen solange memoriert werden, bis sie notiert sind. (Wichtig ist, dass jeder Satz nur einmal vorgelesen wird.) In ihrer syntaktischen und lexikalischen Komplexität müssen die Sätze natürlich der Lernergruppe angepasst sein.
Auf die Erweiterung der Hörmerkspanne zielt eine Übung ab, bei der die Schüler zunächst mehrere kleine Sinngruppen nachsprechen und diese anschließend in Form einer komplexen zusammenhängenden Äußerung wiedergeben (Übung Abb. 4.33, für Anfänger). Der letzte komplexe Satz kann auch schriftlich fixiert werden.

> L: *Herr John ist Arzt.*
> S: *Herr John ist Arzt.*
> L: *Er hat eine eigene Praxis.*
> S: *Er hat eine eigene Praxis.*
> L: *Er arbeitet auch in einem Krankenhaus.*
> S: *Er arbeitet auch in einem Krankenhaus.*
> L: *Er wohnt in Hamburg.*
> S: *Er wohnt in Hamburg.*
> S: *Herr John ist Arzt; er hat eine eigene Praxis und arbeitet auch in einem Krankenhaus. Er wohnt in Hamburg.*

Abb. 4.33: Erweiterungsübung

4.3.3.2 Übungen zur Informationsreduktion

Dekodierte Sinneinheiten müssen im Verlauf des Hörprozesses mit dem bisherigen Textwissen verbunden werden. In den meisten Fällen speichert das Gedächtnis sprachliche Informationen allerdings nicht wörtlich, sondern sinngemäß; die Sprachform wird nicht mitgespeichert. Es werden auch nicht wahllos alle Informationen gespeichert, sondern es werden selektiv Informationen ausgewählt und für die Speicherung weiter verarbeitet. Nach Solmecke (1992b: 9) „geht es bei Texten, die man verstehen will, vor allem darum, den Behaltensanteil zu reduzieren. Das tun wir, indem wir die Inhaltsmenge des Textes durch Zusammenfassen reduzieren und dann speichern". „Textverstehen ist somit einerseits charakterisiert durch einen Prozess der Verallgemeinerung und Abstraktion, andererseits durch das ständige Vergessen von Elementen auf niedrigen Textebenen." (Oakeshott-Taylor 1977: 94) Dabei werden Informationen gewichtet und Wichtiges von weniger Wichtigem unterschieden, Aussagen vereinfacht und verallgemeinert, Informationen strukturiert und gegliedert usw. Diese Prozesse laufen beim muttersprachlichen Hören unbewusst ab; für den fremdsprachlichen Verstehensprozess müssen sie bewusst gemacht und geübt werden. Die Reduktion der Daten ist eine wichtige fremdsprachliche Verstehensstrategie, da die Lernenden oft nicht in der Lage sind, genügend dekodierte Daten zu speichern.

Bei der folgenden Übung Abb. 4.34 sollen komplexe Informationen auf die Kerninformationen reduziert und eine vereinfachte Version des Gehörten wiedergegeben werden.

> V: *Trotz intensiver Suche der Polizei konnte das gestohlene Auto nicht gefunden werden.*
> S: *Polizei fand Auto nicht*
> V: *Nach mehreren Monaten wurde das gestohlene Fahrzeug schließlich von Spaziergängern in einem abgelegenen Waldstück entdeckt.*
> S: *Auto nach Monaten in Wald gefunden*

Abb. 4.34: Reduktionsübung (V – Vorgabe)

Die Vorgabe sollte nur einmal relativ zügig vorgelesen werden, sodass die Lernenden dann möglichst schnell die zentralen Informationen wiedergeben müssen. Wenn solche Speicherübungen schriftlich durchgeführt werden, können die Lernenden Sinnzusammenhänge durch einfache Symbole wiedergeben – z.B..

> V: *Frau Müller hat letztes Jahr in den Herbstferien eine Reise nach Griechenland gemacht.*
> S: *Frau Müller > Reise nach Griechenland.*
> V: *Als nach dem Mittagessen das Wetter besser wurde, machten wir mit dem Fahrrad noch einen kleinen Ausflug an den Bodensee.*
> S: *Nach Mittagessen > Ausflug an Bodensee.*

Abb. 4.35: Reduktionsübung (V – Vorgabe)

Es können auch Übungen durchgeführt werden, bei denen die Lernenden vorgegebene verallgemeinerte und reduzierte Textinformationen einzelnen komplexeren Textteilen zuordnen; die Informationsreduktion wird hierbei stärker rezeptiv geübt (→ 4.2.3).

Schritt 1 (PA): Die Schülerinnen und Schüler erarbeiten die Aussagen Abb. 4.36a; dabei werden sprachliche Schwierigkeiten geklärt.

> 1. *Alle Lasten der Kindererziehung muss die Frau tragen.*
> 2. *Einerseits soll eine Frau nicht nur für die Kinder da sein, andererseits will der Mann selbst nicht nur halbtags arbeiten.*
> 3. *Es ist sehr gefährlich, in der heutigen Welt Kinder zu haben.*
> 4. *Mit Kindern endet die persönliche Freiheit.*
> 5. *Viele Deutsche wollen keine Kinder mehr. Es gibt immer weniger Deutsche.*

Abb. 4.36a: Zuordnungsübung

Schritt 2 (PA): Jetzt hören sie den HV-Text „*Bevölkerungsrückgang – die Ursachen*" (Abb. 4.36b - Ausschnitte) abschnittsweise und ordnen den einzelnen Abschnitten die Aussagen aus Schritt 1 zu (Abb. 4.36a).

> ...
> *Wir haben ein schönes Leben, mein Mann und ich. Im Winter gehen wir Ski laufen, im Sommer machen wir jedes Jahr eine große Reise. Wir haben einen großen Freundeskreis, mit dem wir an den Abenden und Wochenenden viel unternehmen. Ein Kind würde unser ganzes Leben ändern. Später vielleicht einmal, mit 28 fühle ich mich noch zu jung.*
> ...
> *Also ich will eine richtige Partnerin, mit der ich reden kann, und keine, die im Spinattopf versackt. Das ist doch einer intelligenten Frau nicht zuzumuten, über Jahre hinweg Kinder und Hausarbeit. Ich könnte ihr ja die Hälfte abnehmen? Ja, aber nur theoretisch. Was meinen Sie, was in meinem Betrieb los wäre, wenn ich sagen würde, ich will jetzt jahrelang halbtags arbeiten. Ich glaube auch nicht, dass mir das Spaß machen könnte.*
> ...

Abb. 4.36b: STUFEN 3, LHB: 156f.

Schritt 3 (PA): Anschließend bekommen die Schüler den Text in schriftlicher Form und kontrollieren ihre Zuordnung. Offene Fragen werden im Klassengespräch geklärt.

Varianten
1. Nach Schritt 2 kann der Text ein zweites Mal abschnittsweise gehört werden, wobei die Schüler den einzelnen Inhaltspunkten ergänzend weitere Informationen zuordnen, die sie verstanden haben.
2. Die Schüler erhalten für jeden Abschnitt zwei Aussagen, und sie müssen entscheiden, welche Aussage die wichtigsten Informationen enthält und welche die weniger wichtigen.

Bei dieser Zuordnungsübung werden die Lernenden dafür sensibilisiert, sich auf die wichtigen Textinformationen zu konzentrieren. Einen stärker aktiven Beitrag zur Informationsreduktion leisten die Lernenden, wenn sie die wichtigsten Textinformationen selbst zusammenfassen.

Schritt 1 (PL): Mit Hilfe der Überschrift *„Bevölkerungsrückgang – die Ursachen"* werden in Form eines Assoziogramms (→ 5.2.2.1) Gründe für die geringe Geburtenrate in den industrialisierten Ländern gesammelt und kurz besprochen.

Schritt 2 (EA): Der Text – ein Interview – wird einmal gehört, und die Schüler achten darauf, welche der Gründe aus Schritt 1 genannt werden und welche nicht.

Schritt 3 (PA): Nach der Besprechung wird der Text abschnittsweise vorgespielt, und die Schüler haben die Aufgabe, jeden Abschnitt (d.h. jeden Grund) in einem einfachen kurzen Satz zu formulieren.

Schritt 4 (PA): Die schriftliche Form des Interviews wird verteilt, und die Schüler verbessern bzw. korrigieren mit Hilfe des Textes ihre Ergebnisse von Schritt 3. Anschließend werden die Ergebnisse im Klassengespräch besprochen.

Hier müssen die Lernenden auf der Basis der verstandenen Textinformation sowie mit Hilfe des Assoziogramms selbst komplexe Informationen reduzieren. In Schritt 4 können sie nicht nur ihre Ergebnisse aus Schritt 3 verbessern, sondern auch Verstehenslücken ergänzen, sofern das für die Ausführung der Aufgabe erforderlich ist.

Meist können die Schüler anhand des schriftlich vorliegenden Textes die Lösungen von Verstehensaufgaben nach der Hörphase selbst kontrollieren und verbessern. Sie erkennen dabei falsch oder unvollständig verstandene Textteile wesentlich leichter als im phonischen Medium.

4.3.3.3 Übungen zur Informationseingliederung

Informationsreduktion ist eine wesentliche Bedingung dafür, dass Textinformationen gespeichert werden können. Beim Verstehen werden aber nicht isolierte Einzelinformationen gespeichert, sondern ein möglichst gut strukturiertes inhaltliches Sinnganzes. Die folgende Übung hat den sukzessiven Aufbau eines gut strukturierten inhaltlichen Textschemas und die Eingliederung von Textinformationen in dieses Schema zum Gegenstand.

Schritt 1 (PL): Nach kurzer Erörterung des Titels *„Jugend der 80er Jahre"* (*Worum geht es in dem Text wohl? Welche Aussagen kann man erwarten?*) wird der Text einmal ganz vorgespielt (Globalverständnis!).

Schritt 2 (PA): Der Text Abb. 4.37a (Ausschnitte) wird abschnittsweise gehört (5 Abschnitte); nach jedem Abschnitt notieren die Lernenden die zentrale Aussage in Form eines einfachen Satzes bzw. in Form von Stichwörtern.

Jugend der 80er Jahre (Kurzvortrag)
1. *Im Juni 1982 wurde vom Jugendwerk eines bekannten Unternehmens eine Studie veröffentlicht, die den Titel „Jugend 81" trägt. Diese Studie hat in der Öffentlichkeit ... dass vielleicht viele junge Menschen die Probleme der heutigen Zeit und ihre Schwierigkeiten klarer erkennen als manche Erwachsene.*
2. *Eines der wichtigsten Untersuchungsergebnisse ist, dass die Jugend '81 eine relativ düstere, pessimistische Sicht von der Zukunft hat. Weit über 3/4 der Befragten rechnen mit Kriegen, Rohstoffknappheit, Wirtschaftskrisen und Hungersnöten. Die Mehrzahl der Jugendlichen glaubt – im Gegensatz zu ihren*

> Eltern und Großeltern - nicht mehr daran, dass sich Geschichte zum Besseren hin entwickeln könne. Gerade diese skeptischen Jugendlichen sind aber bereit, sich für eine Sache, die sie für gut halten, zu engagieren ...
> 3. Die Skepsis der Jugendlichen hängt zusammen mit einer neuen Beurteilung von Technik und technischer Zivilisation. Technik wird vielfach nicht mehr als Möglichkeit für ein menschenwürdiges Leben begriffen, sondern als Gefährdung, als Unglück, das Mensch und Umwelt schädigt, wenn nicht zerstört.
> 4. Diese Abneigung gegen die technische Welt kommt sehr stark in den Wunschvorstellungen und Träumen der Jugendlichen zum Ausdruck. ... Die meisten der von den Jugendlichen genannten Traumorte liegen außerhalb der europäischen Zivilisation, im fernen Süden oder Norden ... Dabei bevorzugt ein großer Prozentsatz der Jugendlichen das Leben in einem sogenannten alternativen Raum ...
> 5. Man kann gewiß darüber diskutieren, ob alternatives Leben die großen Weltprobleme des 20. Jahrhunderts zu lösen vermag. Aber trotzdem ist zu fragen, ob die Gedanken und Vorstellungen der jungen Menschen nicht viel mehr, als dies jetzt geschieht, in politische und wirtschaftliche Entscheidungen mit einbezogen werden müssen.

Abb. 4.37a: WEGE AB: 259ff.

Schritt 3 (PA): Jetzt versuchen die Lerner, zwischen den einzelnen Textaussagen Zusammenhänge herzustellen und die inhaltliche Textstruktur schematisch darzustellen.

Schritt 4 (PL): Die Ergebnisse werden besprochen, und an der Tafel entsteht eine schematische Darstellung der inhaltlichen Textstruktur, z.B. (Abb. 4.37b).

Schritt 5 (PL): Beim erneuten Hören werden den einzelnen Punkten des Schemas weitere Informationen zugeordnet.

Abb. 4.37b: Inhaltliche Textstruktur des Textes Abb. 4.37a

Durch diese Übung zur Eingliederung und Speicherung von Textinformationen (hier auf Mittelstufenniveau) werden verschiedene Aspekte des komplexen Verstehensprozesses geübt:
– Informationsreduktion (Schritt 2)
– Entstehen einer inhaltlichen Textstruktur (Schritte 3/4)
– Eingliederung von Textinformationen in die Informationsstruktur des Textes (Schritt 5).
Wenn eine solche Verstehensübung zum ersten Mal durchgeführt wird, folgt nach Schritt 2 direkt die Plenumsphase (oben Schritt 4), in der die zentralen Aussagen sowie der Zusammenhang zwischen ihnen im Kurs gemeinsam erarbeitet werden.
Weitere Übungsmöglichkeiten zur Speicherung von Textinformationen:
- Gewichtung von Informationen, z.B. Erarbeiten von Haupt- und Nebeninformationen. Die Informationen eines Textes werden in Einzelaussagen vorgegeben. Die Lerner hören den Text und entscheiden anschließend, welche der Informationen für die Gesamtaussage wichtig sind und welche weniger wichtig. Aus den wichtigen Teilinformationen formulieren sie eine einfache Textzusammenfassung (→ 6.3).
- Einen HV-Text anhand von Notizen selbständig auswerten; das ist eine relativ schwierige Höraufgabe, da das Notizenmachen die Aufmerksamkeit vom Hörtext ablenken und die Gefahr besteht, dass Teile des Textes nicht wahrgenommen werden.

4.3.4 Datengesteuerte Verstehensprozesse

Wie beim Leseverstehen muss sich der Lerner auch beim Hörverstehen grundsätzlich auf alles konzentrieren, was er versteht. Verstandene Textteile setzen aufsteigende Prozesse in Gang, die zu „Verstehensinseln" erweitert und für das Verstehen der Gesamtaussage verwertet werden. Die Hörübung Abb. 4.38a „Anleitung zu einer Gymnastikübung" lenkt die Aufmerksamkeit der Lerner auf die Schlüsselwörter des Hörtextes (Abb. 4.38b – Ausschnitt). Für die Durchführung

4.3 Hörverstehen

der Übung sind das Verständnis der Körperteile und der damit auszuführenden Bewegungen erforderlich. Nach dem Erarbeiten der Schlüsselwörter (Schritte 1. – 3.) wird die Gymnastikübung entsprechend der pragmatischen Funktion des Textes durchgeführt.

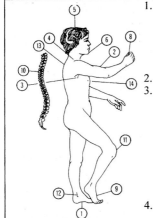

1. Sie hören eine Gymnastikübung. Die können Sie nur machen, wenn Sie die Schlüsselwörter verstehen. Das sind hier die Körperteile und die Bewegungen, die man damit ausführen soll.
Sehen Sie sich zuerst das Bild mit der Figur an und notieren Sie die Körperteile mit einem Pfeil. Was Sie nicht wissen, müssen Sie im Wörterbuch nachschlagen.
2. Hören Sie jetzt den Text. Achten Sie auf die Körperteile.
3. Spulen Sie die Kassette zurück und hören Sie noch einmal. Notieren Sie jetzt alle Verben, die Sie kennen und die eine Körperbewegung ausdrücken, neben dem richtigen Körperteil.

	Körperteile	Verben
1.	*Fußsohlen*	*aufsetzen*
2.	_____	_____
3.	_____	_____
...		

4. Spulen Sie die Kassette zurück und hören Sie den Text ein drittes Mal. Führen Sie die Gymnastikübung durch.

Abb. 4.38a: ZERT.DAF: 96f.

Textausschnitt

... und lassen die Arme sozusagen über die Stuhllehne nach hinten unten hängen. Wenn es geht, mit den Achseln über die Stuhllehne einhängen. Die Schultern noch weiter zurückziehen. Ganz locker hängen lassen, den Kopf etwas nach oben ziehen, das Kinn zur Decke ziehen. Und dann den Kopf gerade ziehen, die Arme nach vorne nehmen, die Schultern nach vorne nehmen. Und jetzt, rollend quasi vom Kopf beginnend, mit dem Oberkörper ganz nach vorne unten rollen, die Hände ziehen zu den Füßen bis zum Boden hin. Aber nicht mit Gewalt ziehen, sondern einfach den Oberkörper hängen lassen! Die linke Hand zieht zum linken Fuß, die rechte zum rechten. Und da bleiben Sie und lassen ausnahmsweise mal den Kopf hängen. Und dann greifen Sie mit beiden Händen zwischen den Füßen durch nach hinten unter den Stuhl ...

Abb. 4.38b: ZERT.DAF TH: 125f.

Generell gilt für Hörtexte all das, was auch für datengesteuerte Prozesse beim Leseverstehen gesagt wurde (→ 4.2.2), z.B.:
- Die Beachtung von geographischen Begriffen, Eigennamen, Zahlen, internationalen Wörtern, Firmen- und Produktnamen (*Siemens, Audi, VW ...*), Zeitangaben, verneinten Satzgliedern usw.
- Die Beachtung von betonten und hervorgehobenen Stellen, zusammenfassenden Aussagen, Anfängen von neuen Inhaltspunkten usw. (z.B. der erste Satz eines neuen Abschnitts, betonte Angaben mit *vor allem, sehr, besonders ...*, textstrukturierende Redemittel wie *Ich komme jetzt zu ...*).
- Die Beachtung von Konnektoren, weil sie es oft ermöglichen, Verstehenslücken zu schließen und Textinformationen zu antizipieren (→ 4.2.1.2) – z.B.:
Die Lerner hören den Text *„Gesundheit und Wetter"* (Abschnitt 2, Abb. 4.39) mit der folgenden Verstehensaufgabe: *Welche Konjunktionen/Wortgruppen können Sie feststellen, die das logische Verhältnis von Sätzen zueinander angeben?*

Etwa 30% der Mitteleuropäer leiden nach eigener Aussage zumindest zeitweise unter dem Wetter, vor allem unter Wetteränderungen. Dabei wäre es aber falsch anzunehmen, dass Wetter und auch Wetteränderungen krank machen. Im Gegenteil: Wetter und Klima können Reize ausüben, die der Gesunde sogar braucht. Aber der empfindliche oder geschwächte Organismus kann auf diese Reize negativ reagieren. Bei einem Kranken können sie zu einer Verschlechterung seines Zustands führen.

Abb. 4.39: WEGE (neu) AB: 268f.

Im Anschluss daran könnten die Lerner gesteuert eine Kurzversion des Textes rekonstruieren (mit oder ohne Vorgabe der Konnektoren):

> aber – allerdings – dabei – im Gegenteil – sogar
>
> *Viele Mitteleuropäer leiden unter Wetteränderungen. Wetteränderungen machen ... nicht nur krank. ...: sie können der Gesundheit ... nützen. Ein schwacher Organismus kann ... ... negativ reagieren ...*

Abb. 4.40: Gesteuerte Textrekonstruktion

Oft wird sprachliches Handeln auch von Geräuschen begleitet, die zum besseren Verstehen der Situation oder des Verhaltens der an der Kommunikation Beteiligten beitragen. Der Tonfall kann Informationen über die Stimmung von Personen und ihre Beziehung geben. Das, was die Lerner in ihrer Muttersprache automatisch tun, müssen sie beim fremdsprachlichen Verstehen oft bewusst einsetzen: derartige Faktoren für das Verstehen zu nutzen und dadurch mögliche sprachliche Schwierigkeiten zu kompensieren.

4.3.5 Steuerung des Verstehensprozesses durch den Lehrer

Beim Hörverstehen stehen für die Steuerung des Verstehensprozesses durch den Lehrer grundsätzlich dieselben Techniken zur Verfügung wie beim Leseverstehen (→ 4.2.3), z.B.:
- vorab Fragen zum Text stellen, die das Verstehen steuern;
- ein Raster vorgeben, das die Lerner mit Textinformationen füllen;
- Multiple-choice-Aufgaben;
- Richtig-Falsch-Aufgaben (*Steht das im Text: Ja oder nein?*);
- sprachlich vereinfachte Textinformationen den entsprechenden Textstellen zuordnen.

Zum Einsatz dieser Techniken sowie zur Unterscheidung zwischen Verstehensstrategie, Verstehenssteuerung und Verstehenskontrolle → 4.2.3.

4.4 Reflexion über Textverstehen

Die in diesem Kapitel dargestellten Verstehensstrategien stellen wichtige Unterrichtsgegenstände dar, die im Unterricht mit jugendlichen und erwachsenen Lernenden nicht nur geübt bzw. angewendet, sondern auch bewusst gemacht werden sollten. Obwohl die Lernenden über entsprechende Fähigkeiten beim Textverstehen in der Muttersprache verfügen, sind ihnen diese in der Regel nicht bewusst, weshalb sie bei fremdsprachigen Texten oft nicht angewendet werden. Ein derartiges explizites Strategiewissen fördert aber nicht nur den angemessenen (unterrichtlichen und außerunterrichtlichen) Umgang mit zielsprachlichen Hör- und Lesetexten, d.h. ein angemessenes kommunikatives Verhalten beim Verstehen, sondern es setzt die Lernenden darüber hinaus in die Lage, Verstehensschwierigkeiten durch den Einsatz zielgerichteter strategischer Vorgehensweisen bewusst zu begegnen.

Die derzeitige fachdidaktische Diskussion misst der Vermittlung und Reflexion von Lernerstrategien einen wichtigen Stellenwert zu (→ 1.2). Dabei wird im Sinne eines lernerorientierten Unterrichts gefordert, die Lernenden als Lernerpersönlichkeiten ernst zu nehmen und sie zur Reflexion über ihre individuellen Lernerstrategien anzuregen. Dieses Nachdenken wird in der Regel zu einem Austausch zwischen den Lernenden und einem gemeinsamen Nachdenken über individuelle Lernerfahrungen und Lernstile führen. Diese Reflexion sollte aber auch den Ausgangspunkt für das Bewusstmachen und Erproben neuer Strategien darstellen.
Einige neue DaF-Lehrwerke beinhalten bereits Aufgaben, Tipps und Diskussionsanreize zum Lernertraining. Anhand eines Beispiels zum Leseverstehen soll hier exemplarisch gezeigt werden, wie der Bereich „Reflexion über Lernerstrategien: Verstehensstrategien" im Unterricht durchgeführt werden kann. Jedoch muss Unterricht, der auf Lehrwerken ohne solche expliziten Reflexionsphasen zu Lernerstrategien beruht, auf die Diskussion und Reflexion von Strategien nicht verzichten, wie die Beispiele in diesem und in anderen Kapiteln deutlich zu machen versuchen (→ 1.2, 4.2, 4.3, 6.3).

4.4 Reflexion über Textverstehen

Lesen auf Deutsch

a) Beantworten Sie die Fragen und sammeln Sie die Antworten an der Tafel.

1. Warum lesen Sie hauptsächlich?
2. Wie entscheiden Sie, ob Sie ein Text interessiert?
3. Was machen Sie, wenn Sie der Text interessiert?
4. Was machen Sie, wenn Sie Wörter nicht verstehen?

Lesen auf Deutsch

5. Was für ein Wörterbuch benutzen Sie?
6. Was machen Sie mit den Worterklärungen?
7. Was machen Sie mit besonders wichtigen Textteilen?
8. Wie verarbeiten Sie den Textinhalt?

b) Lesen Sie die Fragen und Antworten, und kreuzen Sie alles Zutreffende beim Lesen auf Deutsch an.

1. **Warum lesen Sie hauptsächlich?**
   - Weil ich mich informieren will. ○
   - Weil ich etwas lernen will oder muss. ○
   - Weil es mir Vergnügen macht. ○

2. **Wie entscheiden Sie, ob Sie ein Text interessiert?**
   - Ich sehe mir die Illustrationen an. ○
   - Ich lese die Überschrift. ○
   - Ich lese grafisch Hervorgehobenes. ○
   - Ich lese den Namen des Autors / der Autorin. ○
   - Ich lese die Zusammenfassung. ○
   - Ich lese den Text schnell und oberflächlich. ○
   - Ich lese Teile von Anfang, Mitte und Ende. ○

3. **Was machen Sie, wenn Sie der Text interessiert?**
   - Ich lese ihn so, dass ich die wichtigsten Inhalte verstehe. ○
   - Ich lese ihn so, dass ich jedes Wort verstehe. ○

4. **Was machen Sie, wenn Sie Wörter nicht verstehen?**
   - Ich versuche, sie aus dem Kontext zu erschließen. ○
   - Ich versuche, die Bedeutung aus Wortteilen zu erschließen. ○
   - Ich sehe Schlüsselwörter nach. ○
   - Ich sehe alle unbekannten Wörter nach. ○
   - Ich lese weiter. ○

5. **Was für ein Wörterbuch benutzen Sie?**
   - Ein zweisprachiges. ○
   - Ein deutsch-deutsches. ○
   - Ein deutsch-deutsches für Ausländer. ○

6. **Was machen Sie mit den Worterklärungen?**
   - Ich versuche, sie mir zu merken. ○
   - Ich schreibe sie in den Text. ○
   - Ich schreibe sie in ein Vokabelheft. ○
   - Ich schreibe sie auf eine Karteikarte. ○

7. **Was machen Sie mit besonders wichtigen Textteilen?**
   - Ich markiere sie mit Bleistift. ○
   - Ich unterstreiche sie mit Markierstift. ○
   - Ich schreibe sie ins Heft. ○
   - Ich schreibe sie auf Karteikarten. ○

8. **Wie verarbeiten Sie den Textinhalt?**
   - Ich merke mir, was ich gelesen habe. ○
   - Ich mache mir Notizen. ○
   - Ich schreibe eine Zusammenfassung (z.B. auf Karteikarten) ○

c) Was haben Sie in b) nicht angekreuzt? Vergleichen und diskutieren Sie.

d) Tauschen Sie positive Erfahrungen mit Lese- und Verarbeitungsstrategien aus.

Abb. 4.41: STUFEN INT. 2: 81

Diese Reflexionen über das Lesen in der Fremdsprache gehen in a vom Ist-Zustand aus, wobei sich jeder einzelne Lernende ungesteuert und für sich alleine Gedanken über sein Leseverhalten in der deutschen Sprache machen soll. Dieser „Einstieg" ist sehr wichtig, da das Nachdenken über oft unbewusst ablaufendes Verhalten voraussetzt, dass man es sich zunächst vergegenwärtigt und bewusst macht. Das Sammeln der Antworten an der Tafel zeigt dem Lehrenden einen kollektiven Ist-Zustand des Kurses an, und er macht den Lernenden (wahrscheinlich) bewusst, dass bei einer so selbstverständlichen Sache wie dem Lesen sehr unterschiedliche Wege gegangen werden. Hierbei wird es bereits zu einem ersten Meinungsaustausch kommen. So vorbereitet, sollen die Lernenden in b ihr Leseverhalten nun gesteuert analysieren. Dabei wird – wie auch in a – ein breites Spektrum an Themen abgedeckt: Leseinteresse und Lesestil (1., 3.), Lesestrategien (2., 4., 7.), Einsatz von Hilfsmitteln (5.), Lesen und Lernen (6., 8.). Den vorgegebenen Antworten stehen jeweils verschiedene Möglichkeiten gegenüber, sodass jeder Lerner sein eigenes „Leseprofil" erstellen kann. Darüber hinaus bieten sie viele Ansatzpunkte für individuelles und gemeinsames Nachdenken über das Leseverhalten dadurch, dass oft eine ein-

deutige Antwort nicht möglich ist bzw. die Antwort *Das hängt davon ab* als angemessen erscheint, z.B.:
bei 3: Die Antwort hängt von der Textsorte und der Leseintention ab.
bei 4: Auch das kann stark von der Leseintention bzw. der Textsorte abhängen oder auch davon, ob man die unbekannten Wörter im Zusammenhang mit der konkreten Textaussage für wichtig hält oder nicht.
bei 6: Das wird stark davon abhängen, ob der Text als Verstehens- oder als Lerntext gelesen wird.

Auch wenn viele Lernende solche Zusammenhänge sicherlich nicht so klar artikulieren können, werden derartige Fragen und Probleme bei der anschließenden Diskussion c und d sehr wahrscheinlich thematisiert; bei Bedarf kann auch der Lehrer die Aufmerksamkeit auf bestimmte Punkte in b lenken.

Die Reflexion über das Lesen zielt darauf ab, dass die Lernenden ihr Leseverhalten in der Fremdsprache weiterentwickeln und, falls erforderlich, verbessern. Das geschieht durch Reflexion, gemeinsamen Austausch und Ernstnehmen der jeweiligen Lernerpersönlichkeit sowie der jeweiligen Vorerfahrungen und nicht durch den 'allwissenden Lehrer'. „Richtig verstandenes Lernertraining sieht den erwachsenen Lerner daher nicht als Tabula rasa, sondern die Beschäftigung mit dem Lernen möchte seine Erfahrungen je nach Bedarf thematisieren und ihm durch Kennenlernen weiterer Möglichkeiten die Chance zur Optimierung seiner Fertigkeiten eröffnen." (Dräxler 1996: 83; → 2.3) Diese Aussage gilt auch für jugendliche Lerner, vor allem dann, wenn Deutsch nicht die erste Fremdsprache ist.

5 Vom Verstehen zur Äußerung: Die Zusammenführung von sprachlichen Mitteln und Fertigkeiten

5.1 Lehrphasen

Lehrphasenmodelle stellen Planungseinheiten für den Fremdsprachenunterricht auf mittlerer Ebene dar (Planungseinheiten auf höheren Ebenen sind z.B. Lehrwerke oder Curricula für einen gesamten Sprachkurs); sie beschreiben idealiter den Verlauf des Lehrprozesses und beruhen auf gedächtnis- und kommunikationspsychologischen Annahmen. Alle Lehrphasenmodelle müssen die folgenden elementaren Erkenntnissen der Lernpsychologie berücksichtigen:
- Neuer Lernstoff muss zunächst aufgenommen werden.
- Der neue Stoff soll – als Ziel des Lernens und Lehrens – zusammen mit zuvor aufgenommenem Lernstoff aus dem Gedächtnis abgerufen und adäquat angewendet werden können.
- Da der neue Lernstoff beim Sprachenlernen nach seiner Aufnahme normalerweise nicht fest gespeichert ist und direkt angewendet werden kann, liegt zwischen Aufnahme und Anwendung die wichtige Phase des Übens (→ 2.1.2, 2.2.1.4).

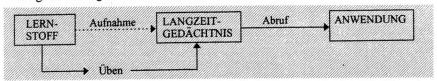

Analog lassen sich die folgenden drei allgemeinen Lehrphasen unterscheiden:
1. Sprachaufnahme: Aufnahme des neuen Lernstoffs (z.B. Textpräsentation, Texterarbeitung);
2. Sprachintegration: Verankerung des neuen Lernstoffs und Vorbereitung seiner Anwendung durch Üben;
3. Sprachanwendung: Freie Anwendung des Lernstoffs in simulierten und realen kommunikativen Situationen.

In diesen Ablauf greifen Bewusstmachungsphasen ein, in denen kommunikative Faktoren (*Wann sagt man 'du', wann 'Sie'? Wann sagt man 'Wie geht's?', wann nicht?*), Wortschatz, Grammatik, Ausspracheprobleme usw. erklärt werden. Erklärungs- und Bewusstmachungsphasen sind vor allem in den ersten beiden Lehrphasen anzusiedeln, denn in der dritten Phase wird ja – idealiter – die Verfügbarkeit des neuen Lernstoffs vorausgesetzt. Es ergibt sich also folgendes Modell (Zimmermann 1988):

Dieses allgemein gültige Grundmodell wird in der Unterrichtspraxis und in verschiedenen Lehrwerken unterschiedlich konkretisiert. In „Themen" wird es z.B. folgendermaßen weiter differenziert („Themen 1", Lehrerhandbuch: 18):

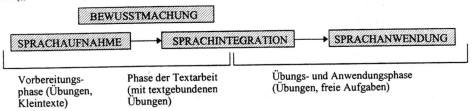

In der Vorbereitungsphase wird der Lernende in das Thema der Lektion eingeführt; dabei wird – anhand von Bildern und Kleintexten – u.a. wichtiger Wortschatz eingeführt, und es werden auf einfache Art neue Strukturen geübt. So vorbereitet, können dann komplexere Texte erarbeitet und textgebundene Anschlussübungen durchgeführt werden. Nach Erklärphasen zur Grammatik und weiteren Übungen wird der neue Stoff allmählich in freiere Aktivitäten überführt.

„Deutsch aktiv" sieht folgende Phasierung des Unterrichtsverlaufs vor („Deutsch aktiv" 1, Lehrerhandbuch: 8ff.):

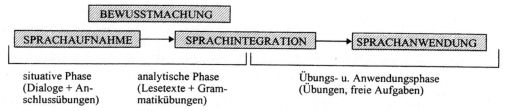

situative Phase   analytische Phase   Übungs- u. Anwendungsphase
(Dialoge + An-   (Lesetexte + Gram-   (Übungen, freie Aufgaben)
schlussübungen)   matikübungen)

Natürlich können solche Phasenmodelle den Unterrichtsverlauf lediglich in einer sehr allgemeinen Form darstellen. Da heutige Lehrbücher innerhalb einer Lektion verschiedene Handlungsstränge, Texte, Grammatikphänomene usw. beinhalten, können Phasenmodelle keinen gradlinigen Unterrichtsablauf modellieren; sie sind vielmehr als zyklische Modelle zu verstehen, deren einzelne Phasen wiederholt durchlaufen werden, etwa:

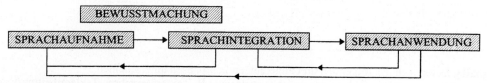

Der Unterricht kann z.B. in folgenden Phasen zyklisch ablaufen:

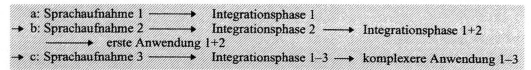

Grammatikalische Bewusstmachung kann dabei an unterschiedlichen Orten stattfinden, z.B. zu Beginn der Integrationsphasen 1+2 und 1 – 3, wenn das Üben in den Integrationsphasen 1 und 2 vorwiegend auf grammatischen Analogien beruht und keine Erklärungen erforderlich sind.

In einem der bekanntesten Lehrphasenmodelle, dem von Zimmermann (1972, 1988), ist die Sprachintegration in zwei Phasen unterteilt: Festigung und Transfer. Festigung meint Üben im Rahmen der ursprünglichen Präsentationssituation, Transfer meint Üben des Lernstoffs in neuen (minimalen) Situationen. Dieses Modell ist sehr einem situativen Ansatz verhaftet und wird der Anlage neuerer Lehrwerke nicht immer gerecht. Oft enthalten diese mehrere Präsentationstexte zu demselben Lernstoff, sodass der Transfer schon in der Präsentationsphase angelegt ist. Es ist jedoch wichtig, dass das Übungsgeschehen zunächst in den gleichen thematischen/situativen Kontext wie die Textpräsentation und erst danach in einen anderen Kontext eingebettet sein sollte (→ 5.4).

Diese allgemeinen einleitenden Anmerkungen zur Phasierung im Unterricht werden in den folgenden Kapiteln durch Überlegungen zur Struktur der Textphase, der Grammatikphase sowie der Übungsphase weiter verfolgt und im Detail konkretisiert.

5.2 Die Textphase: Zur Arbeit mit Lerntexten

Der Text ist die kommunikative Einheit der Sprache schlechthin, denn sprachliche Kommunikation vollzieht sich in Form von Texten. Sei es ein Buch, ein Brief, ein Gespräch, ein Witz oder der Hilferuf *Feuer!*: All das sind in sich relativ abgeschlossene kommunikative Ereignisse, sind Texte. Ein Text ist „eine begrenzte Folge von sprachlichen Zeichen, die in sich kohärent ist und die als Ganzes eine erkennbare Funktion signalisiert." (Brinker 1988: 17) Diese knappe Definition enthält sowohl den sprachsystematischen als auch den kommunikativen Aspekt von Texten. Unter sprachsystematischen Aspekten besteht ein Text aus einer Folge von syntaktisch und semantisch zusammenhängenden Sätzen, unter kommunikativen Aspekten hat ein Text als Ganzes eine bestimmte Funktion (Illokution).

5.2.1. Die Funktion von Texten im Unterricht

Der Text ist die zentrale sprachlich-kommunikative und didaktische Einheit des Fremdsprachenunterrichts: „Der Text im fremdsprachlichen Unterricht ist deshalb so bedeutend, weil er das eigentliche Vehikel des Fremdsprachenlernens ist. In Ermangelung der unmittelbaren Präsenz der Fremdsprache ist ihre Repräsentation und Vermittlung im fremdsprachlichen Klassenzimmer vonnöten ... Dabei ist fremdsprachlicher Text stets Mitteilung und Ansammlung von Sprachformen zugleich. Der Lernende entnimmt Informationen, Meinungen, Sachverhalte, Argumente – und zugleich erkennt er, wie diese in der fremden Sprache eingekleidet erscheinen." (Edelhoff (1985: 8) Der Text ist Ausgangspunkt und Ziel des Unterrichts, denn Texte werden verstanden und erarbeitet, damit die Lernenden – nach einer angemessenen Phase des Übens – in der Lage sind, neue und komplexere Texte als zuvor zu verstehen und zu produzieren. Unter kommunikativen Aspekten ist der Text im Fremdsprachenunterricht *Verstehens-* und *Äußerungsanlass*, denn die Lernenden sollen anhand von Texten die rezeptiven und die produktiven Fertigkeiten entwickeln und ausüben. Unter Lernaspekten dienen Texte als *Erarbeitungs-* und *Übungsanlass* für die fremdsprachlichen Mittel und Formen (Wortschatz, Redemittel, Grammatik ...), und in dieser Funktion sind sie auch Modelle für die fremde Sprache (Wackwitz 1970). Als Träger von Inhalten vermitteln Texte schließlich *landeskundliche Informationen*, die als Äußerungsanlass dienen oder als landeskundliches Wissen vermittelt werden (→ 8). Texte stimulieren also sowohl sprachbezogene Mittlertätigkeiten (Erarbeiten und Einüben sprachlicher Formen und Mittel) als auch mitteilungsbezogene Zieltätigkeiten (verstehen, sich äußern).
Unter didaktischen Aspekten lassen sich grob zwei Arten von Texten unterscheiden: *Lerntexte* und *Verstehenstexte* (→ 4.1.2; Solmecke 1992b, „Sprachbrücke 1", Lehrerhandbuch).

K: *Du, Bina, wann gehen wir endlich mal zusammen aus?* B: *Ich weiß nicht... Was schlägst du denn vor, Klaus?* K: *Sieh mal hier! Heute Abend um halb acht gibt es einen Film. Hast du dann Zeit?* B: *Was heute? Montag? Montags habe ich immer Sport.* K: *Schade! Aber morgen, am Dienstag, da gibt es einen Vortrag.* B: *Da geht es leider auch nicht. Dienstags gehe ich zum Chor.* K: *Hm, und übermorgen, am Mittwoch? Können wir nicht am Mittwochabend ins Theater gehen?* B: *Aber mittwochs ist doch Stammtisch!* K: *Ach ja. Und am Donnerstag?* B: *Da habe ich leider schon eine Verabredung.* K: *Am Freitag gibt es ein Konzert. Kannst du dann mitkommen?* B: *Ach, wie dumm! Am Freitag habe ich wieder keine Zeit.* K: *Das finde ich aber wirklich schade. Und wie ist es am Wochenende?* B: *Samstags und sonntags bin ich nie hier!* K: *Na, dann bis zum Sankt Nimmerleinstag!*	*Die soziale Frage ist heute kein nationales Problem mehr. Es genügt nicht mehr, die soziale Gerechtigkeit im eigenen Lande zu sichern. Wir haben nur eine Zukunft, wenn auch die ärmeren Völker dieser Erde eine Zukunft haben.* *Bisher haben die meisten Politiker zwar gesagt, dass die Welt jeden Tag enger zusammenwächst, aber gehandelt haben sie nicht danach. Internationale Zusammenarbeit (ohne die die Welt nicht überleben kann) muss man lernen.* *Auch Unternehmer und Arbeiter mussten erst lernen, vernünftig zusammenzuarbeiten. Sie mussten lernen, dass es im Interesse beider ist, wenn jeder sein Recht erhält. Ebenso müssen wir heute lernen, dass alle Völker dieser Erde ein Recht auf ein menschenwürdiges Dasein haben.* *Noch stehen wir ganz am Anfang. Wir müssen über unseren Lebensstil nachdenken. Wir müssen nachdenken über ganz neue Formen eines „solidarischen Lebens". Wir müssen es heute üben für die Welt von morgen – üben, ganz neu mit den Dingen umzugehen, mit Menschen, Zeit, Geld, Besitz. Die reichen Völker müssen beginnen, die Tatsache ernst zu nehmen, dass die Welt eine Einheit ist.*
Abb. 5.1a: SPR.BR. 1: 40 *Eine Verabredung*	Abb. 5.1b: SPRK.DT. 2: 173

Bei Text 1a handelt es sich um einen Lerntext, der in die Progression des Lehrbuchs eingebunden ist. Dieser Text wird im Unterricht bis ins Detail erarbeitet, und die Lernenden sollen seine sprachlichen Mittel im Verlauf des Unterrichts in ihr aktives, sprachproduktives Können eingliedern. Text 1b hingegen ist ein Verstehenstext, anhand dessen das Leseverstehen gefördert wird; für Detailverstehen oder gar aktive Sprachbeherrschung ist der Text auf diesem Lernniveau (zweite Hälfte Grundstufe) viel zu schwierig; er wird deshalb im Unterricht nur so weit behandelt, wie es für das Verstehensziel erforderlich ist (→ 4.2).

Verstehensanlass: Jeder Text muss zunächst verstanden werden: Lerntext 1a im Detail, Verstehenstext 1b eventuell in seinen wichtigsten Textaussagen (kursorisch; → 4.2). Textverständnis ist Voraussetzung für alle weiteren textgebundenen Aktivitäten. Für Text 1a nennt das Lehrerhandbuch die folgenden Unterrichtsschritte, die zum Verstehen führen: Hören des Textes, Verständnissicherung durch Fragen zum Text, Erklären der unbekannten Wörter, Eintragen wichtiger Informationen in ein Raster der Wochentage (vgl. rechts).

	Bina	Klaus
Montag		
Dienstag		
Mittwoch		
...		

Das Textverstehen von 1b wird durch zwei Aufgaben gesteuert, die auf das Erfassen der wichtigsten Textaussagen abzielen (→ 4.2.3). Die Lernenden sollen zunächst entscheiden, ob der Text bestimmte vorgegebene Aussagen enthält oder nicht (*Steht das im Text? Ja oder nein?*), z.B. *Die ärmeren Völker haben zu viele Rechte*. Anschließend sollen sie in einer Zuordnungsaufgabe dem Text vorgegebene Aussagen zuordnen (*In welchen Zeilen steht das?*), z.B. *Das Reden über internationale Zusammenarbeit nützt nichts, wenn man nicht danach handelt.*

Erarbeitungsanlass: Hier unterscheidet sich die Arbeit an beiden Texten in wesentlichen Punkten: Der Lerntext 1a wird bis ins Detail erarbeitet:
• Er wird (phonetisch) eingeübt und variiert.
• Er wird bei geöffnetem Buch laut gelesen.
• Der Wortschatz wird bis ins Detail erklärt.
• Mit Hilfe des ausgefüllten Inhaltsrasters (s.o.) wird der Dialog rekonstruiert.
• Die temporalen Ausdrücke im Text werden erarbeitet.
Für Text 1b ist lediglich eine Aufgabe zur selektiven sprachlichen Textauswertung vorgesehen: „*Bitte finden Sie die zusammengesetzten Nomen in dem Text und erklären Sie diese Nomen aus ihren Teilen.*" Eine weitergehende Texterarbeitung, z.B. grammatischer Strukturen oder der Lexik, ist nicht vorgesehen.

Übungsanlass: Im Anschluss an den Lerntext 1a ist (zusätzlich zum Einüben, Lesen und Reproduzieren des Dialogs) eine „Dialogvariation" zum Einüben der Redemittel vorgesehen (Abb. 5.2.); bei Text 1b wird keine entsprechende Festigungsübung durchgeführt.

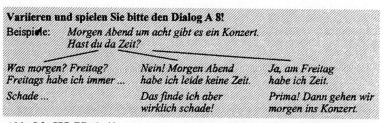
Abb. 5.2: SPR.BR. 1: 41

Äußerungsanlass: Zu beiden Texten werden kommunikative Anschlussaktivitäten vorgeschlagen. Für 1a ein Gespräch zum Thema *Ausflüchte, um nicht direkt 'nein' sagen zu müssen*, das durch einige Fragen im Lehrbuch stimuliert wird. Für 1b wird durch Fragen ein kritisches Gespräch über den Text angeregt, z.B.: *Urteilen Sie kritisch: Trägt unser Text etwas zur Lösung des Problems bei? Wenn ja, was? Wie viel?* Oft wird vor der Äußerungsphase eine Übungsphase eingeschaltet, in der die Lerner Redemittel einüben, die sie bei den anschließenden Äußerungen zum Text verwenden sollen (z.B. Redemittel zur Meinungsäußerung; → 5.2.2.2.3).

Die Arbeit mit Lern- und Verstehenstexten unterscheidet sich in etwa folgendermaßen: Lerntexte werden inhaltlich und sprachlich bis ins Detail erarbeitet, und der neue Lernstoff wird geübt. Verstehenstexte werden, abhängig von Textsorte und Verstehensziel, nur partiell inhaltlich bzw. sprachlich erarbeitet; normalerweise gibt es keinen speziellen neuen Lernstoff, der verbindlich geübt werden müsste (Wortschatz, Grammatik). Beide Arten von Texten stellen Äußerungsanlässe dar (Abb. 5.3).

5.2 Die Textphase: Zur Arbeit mit Lerntexten

	Lern- texte	Verstehens- texte
Verstehen	Detail	global, selektiv
Erarbeiten	total	partiell
Üben	+	–
Äußerung	+	+
Landeskunde	+	+

Abb. 5.3: Lern- und Verstehenstexte

Natürlich deutet dieses knappe Schema nur allgemeine Tendenzen an, zumal die Unterscheidung „Lern-/ Verstehenstexte" bei Fortgeschrittenen zunehmend an Bedeutung verliert. So stellen viele Anfängertexte des Typs „Alltagsdialog" keinen themenbezogenen Äußerungsanlass dar; diese Texte werden eingeübt und variiert, aber meist wird nicht über sie gesprochen. Freie inhaltliche Kommunikationsanlässe bilden vor allem Texte im Fortgeschrittenenunterricht, wo die Lernenden zunehmend über die sprachlichen Mittel und Fertigkeiten verfügen, sich inhaltlich zu einem Text zu äußern.

5.2.2 Die Phasen der Textarbeit

Anhand zweier Didaktisierungen von Lerntexten möchte ich zunächst die Struktur der Textphase genauer herausarbeiten; anschließend gehe ich genauer auf die einzelnen Teilphasen ein.

1

Schritt 1 (PL): Anhand des Situationsbildes (Abb. 5.4a) wird die Situation geklärt (*Wer? Wo? Gestik? Stimmung?* ...); dabei kann auch die Bedeutung einiger unbekannter Wörter geklärt werden (z.B. *Schild, Einfahrt*).

Schritt 2 (PL): Die Lernenden überlegen sich, was die Frau und der Mann wohl sagen. Daraus können sich kleine Dialoge entwickeln.

Schritt 3 (PL): Jetzt hören die Lernenden den ersten (unhöflichen) Dialog zweimal (Abb. 5.4b).

Abb. 5.4a: DT.AKT. 1: 81

- Können Sie nicht lesen?
- ○ Wie bitte?
- Warum parken Sie vor meiner Einfahrt? Hier dürfen Sie nicht parken! Da ist doch das Schild!

Abb. 5.4b: DT.AKT. 1: 81

- Hier dürfen Sie nicht parken!
- ○ Wie bitte?
- Das ist meine Einfahrt. Ich kann hier nicht raus. Ich warte schon eine Stunde.

Abb. 5.4c: DT.AKT. 1: 81

Schritt 4 (PL): Der Textinhalt wird wiedergegeben (fragengesteuert, → 9.3); dabei werden verbliebene inhaltliche Fragen geklärt; anschließend üben die Lernenden den Dialog phonetisch ein und reproduzieren ihn.

Schritt 5 (PL): Was sagen die beiden, wenn der Mann sich höflich verhält? Die Ideen der Lernenden werden an der Tafel gesammelt, und eventuell entsteht ein Musterdialog, den sie in Partnerarbeit miteinander spielen.

Schritt 6 (PL): Die zweite (höfliche) Version wird gehört (Abb. 5.4c) und kurz erarbeitet (s. Schritt 4).

Schritt 7 (PA): Nun öffnen die Lernenden die Bücher und skizzieren mit Hilfe der vorgegebenen Dialogbausteine (Abb. 5.4d), wie die Dialoge möglicherweise weitergehen.

Schritt 8 (PL): Die Partner stellen ihre Dialoge vor; dabei wird besonders auf den Aspekt „höflich – unhöflich" geachtet (Tonfall, Gestik ...).

zu Dialog Abb. 5.4b:
– Es tut mir ja auch leid!
– Das habe ich doch nicht gesehen!
– Ja, ja. Schon gut!
– Warum sind Sie so unhöflich?

Abb. 5.4d: DT.AKT. 1: 81

zu Dialog Abb. 5.4c:
– Ich komme aus Frankreich.
– Oh, das tut mir leid!
– Entschuldigen Sie! Das habe ich nicht gesehen.
– Ich fahre sofort weg.

Schritt 9 (PL): Es schließt sich eine Transferübung an; dazu wird eine OHP-Folie mit inhaltlichen Angaben zu den Transfersituationen projiziert (Abb. 5.5a, sprachlich heterogene Klasse). Der Unterrichtende spielt mit zwei Schülern ein Beispiel (Abb. 5.5b); anschließend wird die Übung durchgeführt, wobei ein dritter Schüler jeweils einleitend die Situation darstellt.

a) Athen am Meer – Schild: 'Baden verboten' – Tourist will baden
b) Toulon in Fußgängerzone – Schild: 'Für Autos verboten' – Tourist mit Auto
c) Sevilla auf Straße – Schild: 'Parken verboten' – Tourist will parken
d) ...

Abb. 5.5a: Transferübung

L Georg, du bist in Athen am Meer. Es gibt ein Schild 'Baden verboten'. Da kommt ein Tourist, der will baden. Was sagst du?
S1 Sie dürfen hier nicht baden. Das ist verboten?
L Kemal, du bist der Tourist. Was sagst du?
S2 Wie bitte?
L Georg?
S Das Wasser ist so schmutzig. Hier dürfen Sie nicht baden.
S2 Schade, wo kann ich baden?
S1 ...

Abb. 5.5b: Transferübung

In den Schritten 1 und 2 werden die Lernenden zum Text vorbereitend hingeführt. Die eigentliche Textphase ist in verschiedene Schritte gegliedert, vor allem die Hörphasen (3, 6) und die Einübungsphasen (4, 6 – 8); erst in Schritt 7 wird das Schriftbild eingeführt. Da es sich hier um zwei Präsentationstexte handelt (dieselbe Situation, einmal höflich und einmal unhöflich), kommt den Schritten 5 und 6 ein besonderer Status zu, denn der zweite Text stellt einen Transfer von der Situation „unhöfliche Partnerbeziehung" in die Situation „höfliche Partnerbeziehung" dar. Es handelt sich hier um offene Dialoge, d.h. die Lernenden sollen keine fertigen Dialogmuster einüben und reproduzieren, sondern sich an der Dialogerstellung selbst beteiligen und den Dialog entsprechend ihren eigenen Intentionen fortführen. Die Anschlussübung in Schritt 9 stellt einen Transfer in neue Situationen dar.

2

Schritt 1 (PA): Der Unterrichtende schreibt den Titel des Textes Abb. 5.6 an die Tafel: *Die 'Offenheit' der städtischen Gesellschaft*, und die Lerner besprechen in Partnerarbeit die beiden Fragen: *Was könnte mit 'Offenheit der städtischen Gesellschaften' gemeint sein? Was könnte im Gegensatz dazu eine 'geschlossene Gesellschaft' sein?* Anschließend tun sich jeweils zwei Kleingruppen zusammen und tauschen sich über ihre Ergebnisse aus.

Schritt 2 (EA): Die Lernenden lesen den Text still; dabei unterstreichen sie die Punkte, in denen der Text mit ihren eigenen Ideen (aus Schritt 1) übereinstimmt bzw. in denen er sich davon unterscheidet.

Die „Offenheit" der städtischen Gesellschaft
In der Stadt begegnet man täglich fremden Menschen, unbekannten Dingen und neuen Ideen. Die städtische Gesellschaft ist ihnen gegenüber „offen", sie nimmt sie auf.
Primitive Gemeinschaften schließen sich gegen ihre Umwelt ab. Sie sind misstrauisch gegen fremde Menschen und gegen neue Ideen. Die Stadt aber akzeptiert den Fremden. Sie versucht, ihn als jemanden, der gleichberechtigt ist, anzunehmen, einzugliedern. Sie ist offen für bisher unbekannte, fremde Einflüsse und für neue Möglichkeiten.
Dadurch sind Städte modern. In ihnen können Änderungen und Entwicklungen stattfinden. Die Zukunft hat hier einen festen Platz.

Abb. 5.6: STANDPUNKTE: 27

Schritt 3 (PL): Die Lernenden berichten jetzt über die Ergebnisse der Verstehensphase (Schritt 2). Im Verlauf der Besprechung lenkt der Lehrende die Aufmerksamkeit auch auf den landeskundlich interessanten Unterschied zwischen *Gesellschaft* und *Gemeinschaft*.

5.2 Die Textphase: Zur Arbeit mit Lerntexten

Schritt 4 (PA/PL): Die Lerner erhalten den Auftrag, stichwortartig all die Punkte aus dem Text zu notieren, die nach Ansicht des Autors typisch für „offene Gesellschaften" und „geschlossene Gemeinschaften" sind.

offene Gesellschaften	geschlossene Gemeinschaften
fremde Menschen	

Die Ergebnisse werden festgehalten (Tafel/OHP). Hierbei (sowie in Schritt 3) werden unbekannte Wörter semantisiert (eventuell *misstrauisch, eingliedern*).

Schritt 5 (GA): In dem Text wird die 'offene' städtische gegenüber der 'geschlossenen' (wohl auch ländlich-dörflichen) Gesellschaft ziemlich einseitig positiv bewertet. Der Text eignet sich deshalb zu einer weitergehenden Auseinandersetzung. In Gruppen bearbeiten die Lernenden dazu folgende Aufgabe: *Welche anderen Aspekte städtischer und nicht-städtischer (ländlich-dörflicher) Gesellschaften halten Sie für wichtig? Wie beurteilen Sie diese?*

Schritt 6 (PL): Die Ergebnisse der Gruppenarbeit werden stichwortartig festgehalten (Tafel, OHP); dabei wird die Auflistung aus Schritt 4 erweitert.

Schritt 7 (EA/PA): Die Lernenden überlegen sich nun, welche der bislang thematisierten inhaltlichen Punkte auf die soziokulturelle Realität ihres Heimatlandes zutreffen, und sie bereiten mit Hilfe der Stichwörter an der Tafel ein kleines Statement dazu vor; Thema: *Offene und geschlossene Strukturen in unserer Gesellschaft* (→ 6.2.4).

Schritt 8 (PL): Die Statements werden vorgetragen, und es schließt sich eine Diskussion zum Thema an, in deren Verlauf auch auf die Erfahrungen der Lernenden mit den Gegebenheiten in den deutschsprachigen Ländern eingegangen wird.

Schritt 1 führt die Lerner zum Text hin; daraus ergibt sich ein Arbeitsauftrag für die Lektüre des Textes (Schritt 2). Nach der Besprechung wird der Textinhalt gezielt ausgewertet, indem die Lerner das Wichtigste stichwortartig notieren (Schritt 4). Diese Phase hat einen sprachlichen (Lernen durch Niederschreiben) und einen inhaltlichen Aspekt (Verstehen, Vorbereitung der folgenden Phasen). In den Schritten 5 bis 8 wird eine inhaltliche Auseinandersetzung mit dem Text angestrebt: zunächst werden weitere Argumente inhaltlich und sprachlich erarbeitet (5, 6), anschließend die bislang gesammelten und erarbeiteten Punkte in die freie Sprachausübung überführt; die Notizen (Schritt 4 – Tafel/OHP) dienen dabei als sprachliche Stützen.

Beide Didaktisierungen folgen einem gemeinsamen Grundschema. Die Lernenden werden nicht direkt mit dem Text konfrontiert, sondern es geht eine Phase voran, in der sie auf den Text vorbereitet werden. Danach findet die eigentliche Textarbeit statt (Hören/Lesen, Einüben, Auswerten ...). Dem folgen Aktivitäten, die mit dem jeweiligen Text in einem sprachlichen oder inhaltlichen Zusammenhang stehen. Es lassen sich also grob drei Phasen der Textarbeit unterscheiden: die Hinführung zum Text, die eigentliche Textpräsentation und Arbeit am Text, die Anschlussphase (Abb. 5.7).

	Text 1	Text 2
1. Hinführung zum Text	Schritte 1, 2	Schritt 1
2. Eigentliche Textpräsentation und -erarbeitung	Schritte 3 – 8	Schritte 2 – 4
3. Anschlussphase	Schritt 9	Schritte 5 – 8

Abb. 5.7: Drei Phasen der Textarbeit

Beide Didaktisierungen nähern sich dem Text über die höheren Textebenen (→ 4.1.2); die Hinführungsphase bereitet auf das Textverstehen vor, und die Erstbegegnung mit dem Text betrifft Inhalt und Funktion des Textes, nicht niedrige Textebenen wie Sprachform, Einzelsätze usw.

Charakteristische Unterschiede zwischen beiden Didaktisierungen haben mit dem unterschiedlichen Niveau der Lernergruppen zu tun, bei denen diese Texte eingesetzt werden. Der erste Text, ein Anfängertext, wird intensiv sprachlich eingeübt; beim zweiten Text für Fortgeschrittene kann eine gewisse Geläufigkeit in der fremden Sprache vorausgesetzt werden, sodass eine imitativ-reproduktive Einübungsphase entfällt. Die Anschlussphase bei Text 1 orientiert sich relativ eng an den Textvorgaben des Lehrbuchs; es handelt sich um eine Transferübung in eine andere Situation, Modell sind die eingeübten Lehrbuchtexte. Die Anschlussphase des zweiten Textes verläuft wesentlich freier, da der Lehrbuchtext lediglich den Anlass für eine freiere mitteilungsbezogene Phase bildet. Auch darin liegt ein typischer Unterschied zwischen Anfängern und Fortgeschrittenen. Im Folgenden gehe ich genauer auf die drei Phasen der Textarbeit ein.

5.2.2.1 Techniken der Hinführungsphase

Zur Hinführungsphase (auch „Vorentlastungsphase" oder „Vorbereitungsphase" genannt) gehören alle auf den neuen Text bezogenen Aktivitäten, die durchgeführt werden, bevor die Lernenden den Text das erste Mal hören oder lesen. Diese Unterrichtsphase ist aus verschiedenen Gründen sehr wichtig:

- Die Schüler werden zum Thema des neuen Textes hingeführt; dabei werden vor allem die pragmatisch-kommunikativen Faktoren des Textes geklärt: die außersprachliche Situation bei dialogischen Texten (*Wer kommuniziert mit wem? Wo? Worüber?* ...); das kommunikative Umfeld bei Texten der geschriebenen Sprache (Textumgebung, Textsorte, Gegenstand des Textes ...). Dadurch wird beim Lerner ein Vorwissen aufgebaut, das ein zielgerichtetes Verstehen des Textes ermöglicht (→ 4).
- Während der Hinführungsphase kann das inhaltliche und sprachliche Vorwissen der Schüler in Bezug auf den neuen Text aktiviert werden. Dadurch wird nicht nur das Textverstehen vorbereitet, sondern es wird zugleich eine wichtige Voraussetzung für die Eingliederung des neuen Lernstoffs in die bestehende sprachliche Wissensstruktur geschaffen (→ 2.1).
- Falls erforderlich, wird der Text während der Hinführungsphase sprachlich vorentlastet; d.h. es wird der Wortschatz eingeführt, der für das Verständnis der wichtigsten Textinformationen beim ersten Hören oder Lesen unbedingt erforderlich ist (Schlüsselwörter).
- Die Hinführungsphase hat schließlich auch eine wichtige motivationspsychologische Funktion. Bei den Schülern soll eine Erwartungshaltung in Bezug auf den neuen Text geschaffen werden, und deshalb sind in dieser Phase Aktivitäten günstig, durch die ein Vorwissen aufgebaut und Interesse an dem neuen Text geweckt wird.

Von den zahlreichen methodischen Verfahren der Hinführungsphase können im Folgenden nur einige genauer dargestellt werden („Sprachbrücke 1", LHB: 30f.; Dahlhaus 1994: 52ff.).

Assoziogramm
Eine häufig verwendete Technik der Hinführungsphase ist das Assoziogramm. Zu einem Bild oder Schlüsselwort des Textes (z.B. *Urlaub*), zum Titel oder zu einer zentralen Textaussage (z.B. *Mein Bauch gehört mir!*) assoziieren die Lernenden frei, was ihnen dazu einfällt; ein Schüler notiert die Assoziationen um das Stimuluselement herum (Tafel, OHP), z.B.:

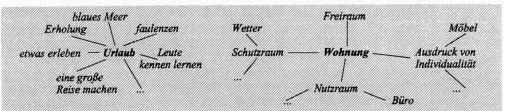

Ein Assoziogramm kann eine inhaltliche Struktur erhalten, indem inhaltlich zusammengehörende Wörter zusammen notiert werden, oder es kann vorstrukturiert sein und dadurch die Lernerreaktionen steuern, z.B. beim Beispiel *Wohnung*, wenn die vier Funktionen einer Wohnung (*Freiraum, Schutzraum* ...) vorgegeben sind (für Fortgeschrittene).

Mittels eines Assoziogramms lässt sich das inhaltliche und sprachliche Vorwissen der Lernenden zu einem Thema aktivieren. Dadurch, dass alle ihre Assoziationen einbringen, wird das kollektive Vorwissen des Kurses aktiviert, d.h. auch Wörter oder Ausdrücke, die Einzelne noch nicht gelernt oder wieder vergessen haben. Ein strukturiertes Assoziogramm ist dann besonders nützlich, wenn in einer späteren Unterrichtsphase damit weitergearbeitet wird – z.B. wenn es im Verlauf einer folgenden Textauswertung ergänzt oder im weiteren Unterrichtsverlauf für die Produktion eines Textes verwendet wird (→ 6.3.3).

Die Technik des Assoziogramms kann auf jedem Sprachniveau eingesetzt werden. Sie ist an sich allerdings nicht sehr „kommunikativ", denn meist erschöpfen sich die Beiträge der Lernenden in Einzelwörtern oder sehr kurzen Aussagen. Das kann bei Anfängern durchaus von Vorteil sein, da sich die Lerner so ohne ein größeres sprachliches Risiko äußern können. Die Assoziationen der Lernenden lassen sich aber leicht zu etwas längeren Äußerungen erweitern, wenn man im Klassengespräch Sondierungsfragen einsetzt (→ 9.3.), z.B. beim Thema *Urlaub* (Abb. 5.8.).
In ein Assoziogramm gehen Ideen und Gedanken der Lernenden ein, und oft wird damit weitergearbeitet. Das ist lern- und motivationspsychologisch natürlich günstiger, als wenn nur mit im Lehrbuch vorgegebenen Inhalten gearbeitet wird (→ 2.1.1, 10.3.1).

S1	*faulenzen*
L	*Wie sieht das denn aus?*
S1	*...*
S2	*eine große Reise machen*
L	*Wohin denn? Erzähl mal.*
S2	*...*

Abb. 5.8: Sondierungsfragen

Hypothesenbildung
Oft bietet es sich an, die Lernenden während der Hinführungsphase Hypothesen über den folgenden Text bilden zu lassen (→ 4.2, 4.3). Das kann z.B. anhand einer *Titelanalyse* geschehen. Der Unterrichtende schreibt den Titel des Textes an die Tafel, und aus den Hypothesen und Assoziationen der Schüler dazu ergibt sich ein auf den möglichen Textinhalt gerichtetes Gespräch (in PA oder GA). Sind die Überschriften inhaltlich etwas vage wie z.B.

| Die heimlichen Verführer | Rollenumkehrung | Die meisten haben Angst |

so werden wohl eher Hypothesen darüber formuliert, was hier gemeint sein könnte (*Wovon könnte der folgende Text handeln?*). Ist der Titel eindeutiger wie z.B.

| Die Freizeitgesellschaft | Stirbt das Dorf? | Sport oder Leichtsinn? |

so können die Lernenden in der Hinführungsphase schon Meinungen und Argumente zum Thema sammeln, die dann bei der späteren Textarbeit berücksichtigt werden können (*Welche konkreten Inhaltspunkte könnte der folgende Text enthalten?*).
Anhand eines *Situationsbildes* zu einem Dialogtext können Anfänger Hypothesen darüber formulieren, was die handelnden Personen in der dargestellten Situation wohl sagen (vgl. Schritt 2 zu Abb. 5.4a; → 4.3.2.1), ja sie können bereits einen Dialog schreiben, der dann mit dem Lehrbuchdialog verglichen wird. Die Hypothesenbildung kann auch anhand von Kernwörtern des folgenden Textes vorgenommen werden; dabei gibt der Lehrer wichtige Wörter des Textes vor, und die Lernenden versuchen, Zusammenhänge zwischen den Wörtern herzustellen, etwa: *Welcher Zusammenhang besteht zwischen diesen Wörtern? In dem folgenden Text sind diese Wörter wichtig. Worum geht es in dem Text wohl?* (→ 5.2.2.2.3).
Durch Hypothesenbildung entsteht bei den Lernenden ein Erwartungshorizont in Bezug auf den neuen Text, und in der Regel steuern die geäußerten Hypothesen auch das Textverstehen, indem die Lerner beim ersten Verstehensdurchgang darauf achten, welche ihrer Hypothesen korrekt waren und welche nicht (→ 4.2.1.1, 4.3.2.1).

Zuordnungstechnik
Eine weitere Methode, die Lernenden auf einen Text vorzubereiten, stellt die Zuordnungstechnik dar. Dabei werden einem Bild (z.B. einem Situationsbild), einem Schlüsselwort bzw. einer prägnanten Aussage des Textes vorgegebene Wörter/Ausdrücke zugeordnet (u.a. Schlüsselwörter des Textes) und die Zuordnung begründet – z.B.:

Welche der folgenden Wörter passen zu *Urlaub*, welche nicht? Begründen Sie Ihre Auswahl.
Erlebnis – faulenzen – lesen – Stress – kennen lernen – Freunde – alternativ – Einheimische – international – vorbereiten – Konkurrenz ...

Nachdem sich die Lernenden in Gruppenarbeit über die Frage: *Welche Wörter haben einen Zusammenhang mit „Urlaub", welche nicht?* ausgetauscht haben, werden im Klassengespräch die Ergebnisse vorgetragen; im Verlauf dieser Aufgabe können auch Schlüsselwörter des folgenden Textes semantisiert werden.

Text(re)produktion in der Hinführungsphase

Die bisherigen Beispiele zeigen, dass die Hinführungsphase eine Phase mit einem sehr produktiven Sprachverhalten der Lerner sein kann, ja dass die Lernenden in dieser Phase bereits eigene kleinere Texte erarbeiten können. Dazu noch einige Ideen und Techniken:
- Mit Hilfe von Wortkarten (mit wichtigen Wörtern des Textes) einen kleinen Text schreiben (beschreibend, narrativ oder dialogisch).
- Den Text, der in Form von Einzelsätzen vorgegeben wird (z.B. auf Satzkarten), vor dem ersten Hören bzw. Lesen konstruieren und mit dem Lehrbuchtext vergleichen.
- Bei Dialogen: aufgrund der Hypothesen über den Lehrbuchdialog zunächst einen Dialog schreiben und diesen anschließend mit dem Lehrbuchdialog vergleichen.
- Bei Dialogen: Die Hälfte der Schüler erhält die Dialogrolle A und ergänzt die Dialogrolle B, die andere Hälfte erhält die Dialogrolle B und erarbeitet A; anschließend innerhalb der Klasse und dann mit Lehrbuchdialog vergleichen (→ 5.2.2.2.1 *split dialogue*).

Bei einigen dieser Techniken wird bereits mit dem Präsentationstext gearbeitet; insofern stehen sie der nächsten Phase der Textarbeit nahe, der Präsentations- und Erarbeitungsphase.

Gelegentlich kann es sinnvoll sein, in der Hinführungsphase einen Einstiegstext zum eigentlichen Haupttext zu erarbeiten; es kann sich hierbei auch um einen Filtertext handeln, d.h. um eine vereinfachte und kürzere Version des Haupttextes (Abb. 5.9).

Studierende in der Bundesrepublik Deutschland

1.a) Vortext

An den Hochschulen in der Bundesrepublik Deutschland gibt es 1,37 Millionen Studierende (Wintersemester 1986/87). 37,9 Prozent von ihnen sind Frauen. Besonders beliebte Studiengebiete bei den Studentinnen sind Sprach- und Kulturwissenschaften. Der Frauenanteil bei den Studierenden steigt schon viele Jahre an. 5,6 Prozent kommen aus dem Ausland. Davon sind fast ein Drittel Studentinnen.

b) Bitte klären Sie die unbekannten Wörter aus a).

2.a) Haupttext

Knapp 38 Prozent der 1,37 Millionen zählenden deutschen Hochschulstudenten (Wintersemester 1986/87) sind Frauen. Ihre bevorzugten Interessengebiete sind Sprach- und Kulturwissenschaften. Die Studentinnen-Quote hat seit Jahren eine steigende Tendenz. Das Statistische Bundesamt in Wiesbaden ermittelte außerdem 5,6 Prozent Studierende mit einem Ausländerpass. Knapp ein Drittel von ihnen sind Studentinnen.

b) ...

c) Bitte unterstreichen Sie die wichtigen Wörter in a), (Vergleich im Plenum; Tafel/Folie) und schreiben Sie sie rechts neben den Text.

Abb. 5.9: STUFEN 2: 30

Die Technik, einen etwas schwierigen Text, z.B. einen Hörtext, durch einen (schriftlichen) Filtertext vorzuentlasten, entspricht durchaus den Gegebenheiten normaler Kommunikation, wo viele Informationen mehrmals durch verschiedene Textsorten und Medien aufgenommen werden, z.B. Nachrichten, die viele Menschen abends im Fernsehen sehen, am folgenden Morgen im Radio hören und anschließend noch in der Zeitung lesen.

5.2.2.2 Zur Durchführung der Präsentations- und Erarbeitungsphase

Die Phase der Texterarbeitung umfasst alle Aktivitäten, durch die Funktion, Inhalt und Form eines neuen Textes erarbeitet werden. Sie beginnt in dem Augenblick, da die Schüler den neuen Text das erste Mal hören oder lesen; die Übergänge zur Anschlussphase sind fließend.

Die Lerntexte im Anfängerunterricht sind normalerweise in einen genau definierten Stoffplan (z.B. „Zertifikat DaF") und in die Progression der Grammatik, Lexik, Redeabsichten, Situationen, Themen usw. eingebunden (→ 1). Jeder Lerntext realisiert eine bestimmte Konstellation dieser Faktoren zu einem bestimmten Punkt der Lehrbuchprogression; aus diesem Grund werden Lerntexte in der Regel bis ins Detail erarbeitet. Bei Fortgeschrittenen entfällt allmählich die Einbindung in einen verbindlich festgelegten Stoffplan sowie in eine strikte Progression. Die

Lektionen und Lektionstexte werden durch einen thematischen Schwerpunkt zusammengehalten, der Grundwortschatz wird im Rahmen der Lektionsthemen systematisch erweitert, und die grammatischen Schwerpunkte sind den einzelnen Themen relativ frei zugeordnet.

Die Erarbeitungsphase unterscheidet sich bei Anfängern und Fortgeschrittenen in wesentlichen Punkten. Bei Anfängern spielt das sprachliche Einüben des neuen Textes und seiner sprachlichen Mittel eine wichtige Rolle. Die Texte werden phonetisch eingeübt, Wort für Wort semantisiert und detailliert reproduziert. Viele Präsentationstexte werden in zwei Medien dargeboten, dem akustischen von Kassette und dem graphischen im Lehrbuch. Die intensive Texterarbeitung und -einübung soll zu einer ersten Vertrautheit und Geläufigkeit mit den neuen sprachlichen Mitteln führen. Bei Fortgeschrittenen spielt das sprachliche Einüben eine wesentlich geringere Rolle. Dafür kommt der sprachlichen und inhaltlichen Arbeit mit dem neuen Text ein höherer Stellenwert zu. Die Textreproduktion, sofern durchgeführt, ist stärker am Inhalt orientiert und weniger an der sprachlichen Form (wie bei Anfängern). In einer Lektion gibt es meist verschiedene Texte zu einem thematischen Schwerpunkt; diese Texte sind in Bezug auf das Präsentationsmedium (Hörtext, Lesetext) stärker getrennt, und die einzelnen Texte werden sehr unterschiedlich erarbeitet, z.B.: nur als Hörtext, nur als Lesetext, als Erarbeitungstext; selektives oder Detailverständnis; vorwiegend inhaltliche oder auch sprachliche Erarbeitung usw.

Die Textarbeit ist ein methodisch weit entwickelter Bereich der DaF-Didaktik; dem Lehrer stehen zahlreiche methodische Techniken zur Verfügung, die er je nach Textsorte, Erarbeitungsziel, Sprachniveau usw. variabel und in verschiedenen Kombinationen einsetzen kann. Im Folgenden kann ich nur auf einige Grundfragen der Textarbeit eingehen; viele weiterführende Hinweise und Anregungen finden sich in den Lehrerhandbüchern neuerer DaF-Lehrwerke.

5.2.2.2.1 Dialogische Anfängertexte

Das Sprechen in (Alltags-)Situationen spielt im Anfängerunterricht eine wichtige Rolle. Deshalb kommt dem methodisch variablen Umgang mit situativ eingebetteten dialogischen Texten bei Anfängern eine große Bedeutung zu (Abb. 5.10 – i.O. mit Situationsbildern).

Felix in Berlin

a) Dialog. Hören Sie

Felix sitzt im Café und wartet auf seinen Freund Mark.

- Entschuldigung, ist der Platz hier frei?
○ Ja, bitte.
- Danke.
○ Bist du Französin?
- Ja.
○ Was machst du denn hier?
- Ich lerne Deutsch.
○ Du sprichst aber schon ziemlich gut.
- Wie bitte? Nicht so schnell.
○ Du sprichst schon gut Deutsch.
- O ja, natürlich! – Guten Tag, bitte sehr, danke sehr, ich liebe dich, was kostet das, auf Wiedersehen. – Das ist alles.
○ Hm – sprichst du auch Englisch?
- Ja, ein bisschen.

Abb. 5.10: STUFEN INT. 1: 31

Schritt 1: Anhand des Situationsbildes oder einer Einführung durch den Lehrer / die Lehrerin wird die Situation geklärt, in die der Text eingebettet ist; im Anschluss daran machen die Lernenden Vorschläge, was man in solch einer Situation sagen könnte (→ 5.2.2.1).

Schritt 2 (PL): Die Lernenden hören den Dialog zweimal zusammenhängend.

Schritt 3 (PL): Auf Schüler- oder Lehrerfragen hin (*Worüber sprechen sie? Was sagen sie?* ...) geben die Lernenden alles wieder, was sie verstanden haben; dabei wird, sofern erforderlich, auch die Bedeutung wichtiger unbekannter Wörter geklärt.

Schritt 4 (PL): Der Dialog wird noch einmal zusammenhängend gehört; nun sollte ein gutes Gesamtverständnis erreicht sein.

Schritt 5 (PL): Jetzt, da die wichtigsten inhaltlichen Punkte verstanden sind, wird der Dialog (bzw. Teile davon) eingeübt. Die Lernenden hören – von Kassette oder vom Lehrer vorgesprochen – den Text in kleinen Sinneinheiten und üben ihn phonetisch ein; dabei wird vor allem auf die Aussprache und die Intonation geachtet; weiterhin ist wichtig, dass die Lernenden die Äußerungen möglichst in normalem Sprechtempo wiedergeben. In dieser Phase kann auch Chorsprechen eingesetzt werden.

L Entschuldigung, ist der Platz hier frei?	S1 Entschuldigung, ist der Platz hier frei?
	S2 Entschuldigung, ist der Platz hier frei?
	S3 Entschuldigung, ist der Platz hier frei?
L Ja, bitte.	S4 Ja, bitte.
L Entschuldigung, ist der Platz hier frei? – Ja, bitte.	S5 Entschuldigung, ist der Platz hier frei?
	S6 Ja, bitte.
	S7 Entschuldigung, ist der Platz hier frei?
	S8 Ja, bitte.
L Bist du Französin?	S9 ...

Schritt 6 (PL): Nach dem Einüben kann der Text noch einmal zusammenhängend gehört und anhand von Schüler- bzw. Lehrerimpulsen reproduziert werden.

Schritt 7 (EA): Nun öffnen die Lernenden ihre Lehrbücher und lesen den Text still, eventuell mit parallelem Hören.

Schritt 8 (PL): Jetzt (erst jetzt!) wird der Text laut gelesen – zunächst in kleineren Sinneinheiten, wobei die Lehrerin / der Lehrer als Modell vorliest; in dieser Phase können noch bestehende Verständnisschwierigkeiten geklärt werden.

Schritt 9 (PL/PA): Danach lesen die Lernenden den Text in Rollenverteilung – zunächst im Plenum, anschließend alle Schüler zugleich in Partnerarbeit. Dabei wird weiter die Aussprache geübt und der Zusammenhang zwischen Ton und Schriftbild gefestigt.

Schritt 10 (PL/PA): Abschließend reproduzieren die Lernenden den Text z.B. anhand eines Textverlaufsschemas (Klettergerüst), das gemeinsam erarbeitet werden kann (Abb. 5.11).

Schritt 11 (PA): Als Anschlussaktivität kann eine Dialogvariation durchgeführt werden. Die Lernenden schreiben einen ähnlichen Dialog; Situation: Kennenlernen in einem Restaurant/ Café, aber in einem sprachlich formellen Register. Dazu werden in der Klasse zunächst ein paar Ideen gesammelt, z.B.: formellere Sprachebene, d.h. *Sie* (nicht *du*); das höfliche *Entschuldigung* (Verwendung von Redemitteln aus vorhergehenden Lektionen). Die Dialoge werden anschließend vorgespielt.

Abb. 5.11: Klettergerüst

Kommentar:
- zu den Schritten 2, 4, 6: Der Dialog wird im authentischen Medium als Hörtext eingeführt.
- zu Schritt 2: Längere Texte können beim zweiten Hören auch in größeren Sinneinheiten präsentiert werden.
- zu Schritt 3: Die Fragen sind möglichst weit und allgemein gehalten, sodass die Lernenden ohne Druck das wiedergeben können, was sie verstanden haben und die Fragen nicht als Verstehenskontrolle auffassen, sondern als Sprechimpuls (→ 9.3).
- Falls in der Hinführungsphase noch nicht geschehen, sollte nach dem ersten Hören zunächst die pragmatische Situierung des Textes geklärt werden (*Wer mit wem? Wo? Worüber? ...*).

  Bei längeren oder sprachlich schwierigeren Hörtexten sollten Verstehensstrategien eingesetzt bzw. das Verstehen durch Verstehensaufgaben gesteuert werden. Dadurch wird die Aufmerksamkeit auf bestimmte Teile des Textinhalts gelenkt, die Lernenden werden nicht überfordert, und der Textinhalt kann in mehreren Verstehensdurchgängen erarbeitet werden (→ 4.2, 4.3).

- zu Schritt 5: Eine intensive Dialogeinübung ist bei Anfängern sehr wichtig. Ziel dieser Einübungsphase ist die Gewöhnung an die Artikulations- und Intonationsabläufe der fremden Sprache; zugleich werden Teile der neuen sprachlichen Mittel gelernt. Die Phase lässt sich dadurch intensivieren, dass nicht nur jeweils ein Schüler spricht, sondern alle Lerner „lautlos" (Subvokalisierung) oder sehr leise mitsprechen; auch Chorsprechen ist möglich.
- Ab Schritt 7 (nicht vor Schritt 5 – vgl. unten „Mitleseverfahren") wird das Schriftbild einbezogen. Durch das Lesen (Schritt 7, 8) werden Assoziationen zwischen Laut- und Schriftbild gefestigt, und die Verwendung zweier Medien erhöht den Lerneffekt für den neuen Lernstoff.

5.2 Die Textphase: Zur Arbeit mit Lerntexten

- zu den Schritten 8, 9: lautes Lesen, dazu unten → 5.2.2.2.2.
- zu Schritt 10: Das Dialoggeländer kann in der Anschlussphase für eine Dialogvariation weiter verwendet werden (→ 5.2.2., 5.2.2.3).
- zu Schritt 11: Im Lehrbuch folgen auf den Dialog verschiedene Transferübungen und -texte, bei denen die Lernenden die gerade eingeübten Redemittel verwenden sollen („*1. Da kommt Mark. Felix ...*") und durch die die Redemittel erweitert werden (Abb. 5.12).

1. Da kommt Mark. Felix stellt Mark vor. Wie geht es weiter? Sammeln Sie Redemittel.

Hier handelt es sich um eine Dialogvariation, ähnlich der oben in Schritt 11. Darüber hinaus werden im Lehrbuch zwei Textvarianten eingeführt (Abb. 5.12).

b) Varianten zu a). Was hören Sie? Kreuzen Sie an.

	A	B	
1.	△ Entschuldigung, (→) ist der Platz frei? (↑)	△ Entschuldigung, (→) ist hier frei? (↑)	
2.	○ Ja, natürlich . (↓) Sind Sie aus Frankreich ? (↑)	○ Ja, bitte . (↓) Bist du Französin ? (↑)	
3.	△ Ja. (↓)	△ Ja. (↓)	
4.	○ Sie sprechen aber schon gut Deutsch . (↓)	○ Dein Deutsch ist aber schon gut . (↓)	
5.	○ Bitte nicht so schnell ! (↓)	○ Bitte langsam ! (↓)	
6.	△ Ihr Deutsch ist schon sehr gut. (↓)	△ Dein Deutsch ist schon sehr gut. (↓)	
7.	○ Oh, (→) finden Sie ? (↑) Vielen Dank. (↓)	○ Oh, (→) wirklich ? (↑) Danke sehr . (↓)	
8.	△ Sprechen Sie auch Englisch? (↑)	△ Sprichst du auch Englisch? (↑)	
9.	○ Ja, (→) etwas. (↓)	○ Ja, (→) ein bißchen . (↓)	

Abb. 5.12: STUFEN INT. 1: 32

Mit diesen Textvariationen werden verschiedene Ziele verfolgt:
– Es werden neue Redemittel für die verschiedenen Sprechhandlungen des ursprünglichen Dialogs eingeführt, z.B. *... ist hier frei? Dein Deutsch ist aber schon gut ...*
– Es wird eine Variation des Partnerbezugs eingeführt (*Sie* statt *du*) mit den entsprechenden Redemitteln.
– Schließlich werden Satzakzent und Intonation für das phonetische Einüben bewusst gemacht und geübt: *Hören Sie die Varianten A und B, und sprechen Sie nach.* In diesem Fall bietet es sich natürlich an, die intensive phonetische Einübung (oben Schritt 5) anhand dieser Darstellungen durchzuführen.

Dieses ausführliche Schema der Dialogeinübung bei Anfängern muss natürlich den Umständen entsprechend variiert werden. So werden mit zunehmender Sprachbeherrschung die Phasen der Einübung und Reproduktion reduziert (die Schritte 5, 6, 8, 9) und allmählich durch Sprechen über den Dialog ersetzt, z.B. über interkulturelle Aspekte des sozialen und kommunikativen Verhaltens in Kennenlerngesprächen (→ 8.2).
Ich gehe im Folgenden auf einige Aspekte der Arbeit mit dialogischen Texten genauer ein und nenne weitere methodische Verfahren für diese Phase der Textarbeit.

Zur Wortschatzerschließung

- Unbekannter Wortschatz sollte erst dann erschlossen werden, wenn es notwendig, sinnvoll und hilfreich ist. Dabei ist zwischen den Schlüsselwörtern eines Textes und dem restlichen neuen Wortschatz zu unterscheiden. Die Schlüsselwörter, ohne die die wichtigsten Aussagen eines Textes nicht verstanden werden können, sollten beim ersten Hören oder Lesen eines Textes aus dem Kontext erschlossen werden oder bereits eingeführt sein. Die anderen neuen Wörter können im Verlauf der Texterarbeitung entsprechend der angestrebten Verstehensebene semantisiert werden (→ 3.1.3.1, 4.2.1.2).

- Unbekannter Wortschatz sollte im Rahmen des Möglichen von den Schülern selbst erschlossen werden, und Fragen zum Wortschatz sollte der Lehrer an die Schüler weitergeben.
- Die unbekannten Textwörter sollten grundsätzlich in ihrem Kontext semantisiert werden. Isolierte Wörter kann nur der Lehrer semantisieren, während im Textzusammenhang die Lerner einen Teil des unbekannten Wortschatzes selbständig erschließen können (→ 4.2); das geschieht besser anhand des graphischen Mediums als beim Hören.

Mitleseverfahren

Für die phonetische Texteinübung (Phonetisierung) bei Anfängern schlägt Butzkamm (1974, 1985) das sog. „Mitleseverfahren" vor. Die Textpräsentation und Texteinübung (Phonetisierung) von Dialogen vollzieht sich bei Anfängern meist ausschließlich im Medium der gesprochenen Sprache, und erst anschließend, beim Lesen des Dialogs, wird die geschriebene Form der Sprache eingeführt. Gegen dieses Verfahren sind Stimmen laut geworden, die dafür plädieren, das Schriftbild (meist der abgedruckte Text im Lehrbuch) schon während der Dialogeinübung, d.h. nach Beendigung der Verstehensphase, als Stütze für das Nachsprechen zu verwenden (Butzkamm 1974, 1985; Dodson 1976; Rivers 1964: 99ff.). Butzkamm nennt die folgenden Gründe für ein solches Vorgehen:

- Das Schriftbild hilft, den Lautstrom zu segmentieren und den Text besser zu verstehen. (Es hat auch eine entlastende Funktion, da die sprachlichen Redundanzen erhöht werden.)
- Es hilft beim Nachsprechen, da die Dialogteile oft zu lang bzw. zu komplex sind; d.h. es entlastet das Gedächtnis, sodass sich die Schüler ganz auf die Aussprache konzentrieren können.
- Das Schriftbild kann in Zweifelsfällen eine Artikulationshilfe sein.
- Schließlich aktiviert eine schriftgestützte phonetische Einübung einen zweiten sensorischen Aufnahmekanal (den optischen), sodass ein erhöhter Lerneffekt zu erwarten ist (→ 2.1.1).

Die Schrift soll während der phonetischen Einübung allerdings nicht primärer Stimulus für das Sprechen der Schüler sein, d.h. sie sollen nicht vorlesen. Die Schüler sprechen vielmehr das nach, was sie von der Kassette oder vom Lehrer hören, d.h. das akustische Modell ist der primäre Stimulus für die Schüler; der geschriebene Text dient lediglich als Hilfe und Stütze!

Backward build-up-Technik

Die Bildung oder die Korrektur längerer Äußerungen überfordert Anfänger oft, z.B. bei der Dialogeinübung. Hier ist die Technik des *backward build-up* (Black/Butzkamm 1977: 46) sehr nützlich, bei der die Äußerung vom Ende her gebildet wird (vgl. rechts). Dadurch entsteht ein Wiederholungseffekt, bei dem die späteren Teile der Äußerung eingeübt werden, sodass sie zunehmend weniger Aufmerksamkeit erfordern.

L: *aus Hamburg gekommen*
S: *aus Hamburg gekommen*
L: *gestern aus Hamburg gekommen*
S: *gestern aus Hamburg gekommen*
L: *Sie ist gestern aus Hamburg gekommen.*
S: *Sie ist gestern aus Hamburg gekommen.*

Textreduktion

Bei der Textreduktion handelt es sich um eine Form der Texteinübung. Der Text wird über OHP projiziert und rollenweise gelesen; vor jedem Durchgang werden mit einem gut deckenden Filzstift sinntragende Wörter oder Strukturwörter gelöscht (*XXXX*), sodass die Lernenden zunehmend mehr Textteile selbst rekonstruieren müssen.

1. Reduktion
- *Entschuldigung, XXXX der Platz hier frei?*
- ○ *Ja, bitte.*
- *Danke.*
- ○ *XXXX du Französin?*
- *Ja.*
- ○ *Was XXXX du denn hier?*
- *Ich XXXX Deutsch.*
- ○ *Du XXXX aber schon ziemlich gut.*
- *Wie bitte? Nicht so schnell.*
- ○ *...*

2. Reduktion
- *Entschuldigung, XXXX der XXXX frei?*
- ○ *Ja, XXXX.*
- *Danke.*
- ○ *XXXX du Französin?*
- *Ja.*
- ○ *Was XXXX du XXXX?*
- *Ich XXXX Deutsch.*
- ○ *Du XXXX aber schon XXXX.*
- *Wie bitte? Nicht XXXX.*
- ○ *...*

5.2 Die Textphase: Zur Arbeit mit Lerntexten

Bei dieser Technik, die sich gut zur Texteinübung eignet, kann der Dialog so weit reduziert werden, bis das Ergebnis einem Dialoggeländer entspricht (s.o.).

Textreproduktion
Der Dialog wird in Einzelsätzen auf Satzkarten verteilt, und die Lerner legen ihn nach. Das kann zu einem frühen Zeitpunkt der Textarbeit geschehen, z.B. nach dem ersten Hören, damit die Lernenden kontrollieren können, ob sie den Diskursverlauf erfasst haben. Danach wird der Dialog erneut gehört, und die Lerner vergleichen ihren Dialogverlauf mit dem Original.

Entschuldigung, ist der Platz hier frei?	*Ja, bitte.*	*Danke.*	*Bist du Französin?*	*Ja.*
Was machst du denn hier?	*Ich lerne Deutsch.*	*Du sprichst aber schon ziemlich gut.*		
Wie bitte? Nicht so schnell.	*Du sprichst schon gut Deutsch.*	*O ja, natürlich!*		
Guten Tag, bitte sehr, danke sehr, ich liebe dich, was kostet das, auf Wiedersehen.	*Das ist alles.*			
Hm – sprichst du auch Englisch?	*Ja, ein bisschen.*			

Die Lernenden können den Dialog auch mit Hilfe von Wortkarten rekonstruieren, auf denen die sinntragenden Wörtern stehen.

Reproduktion einer Dialogrolle

```
○ _____
● Ja, bitte.
○ _____
● Bist du Französin?
○ Was machst du denn hier?
● _____
○ Du sprichst aber schon ziemlich gut.
● _____
○ Du sprichst schon gut Deutsch.
● _____
○ Hm – sprichst du auch Englisch?
● _____
```

Die Lernenden erhalten eine Dialogrolle und ergänzen die andere (vgl. links). Diese Aufgabe kann nach dem Einüben des Dialogs durchgeführt werden, vor (oder anstelle) der abschließenden freieren Reproduktion. Dabei brauchen die Lernenden die fehlenden Dialogteile nicht wortwörtlich wiederzugeben, Varianten sind sogar nützlich; wichtig ist die Stimmigkeit des Dialogverlaufs.

Die fehlenden Dialogteile können auch als Einzelsätze vorgegeben werden; die Lernenden müssen sie dann so zuordnen, dass sich ein stimmiger Dialogverlauf ergibt.

Diese Technik des „split dialogue" (Bibic 1977) kann auch vor der eigentlichen Textpräsentation eingesetzt werden. Nach der Einführung in die Dialog-Situation wird die Klasse in zwei Gruppen geteilt: Gruppe 1 bekommt eine Dialoghälfte, Gruppe 2 die andere. In Partnerarbeit ergänzen die Schüler jeweils den fehlenden Teil ihres Dialogs. Anschließend lesen/spielen die Lerner ihren Dialog vor, vergleichen ihre Versionen zunächst untereinander und anschließend während der Präsentation mit der Lehrbuchversion (→ 5.2.2.1).

5.2.2.2.2 Nicht-dialogische Anfängertexte

Das ist Michael Wächter (22). Er ist Bankkaufmann von Beruf. Jetzt wohnt er noch bei seinen Eltern. Aber in zwei Wochen zieht er um. Dann hat er selbst eine Wohnung. Die Wohnung hat ein Wohnzimmer, ein Schlafzimmer, ein Bad, eine Küche und einen Flur. Das Schlafzimmer und die Küche sind ziemlich klein. Das Bad ist alt und hat keine Fenster. Aber das Wohnzimmer ist sehr schön und hell. Es hat sogar einen Balkon. Michael Wächter ist zufrieden.

Abb. 5.13a: THEMEN (neu) 1: 58 (i.O. mit Bild)

Es handelt sich hier um einen typischen Anfänger-Lerntext, der in die Lernprogression des Lehrwerks eingebunden ist und deshalb im Detail erarbeitet werden muss.

Schritt 1: Hinführung zum Text (eventuell anhand der Einstiegsseite 57); dabei kann auch eine einfache Wortschatz- bzw. Wortbildungsübung durchgeführt werden (Abb. 5.13b).

Wie heißen die Räume?

Wie heißt der Raum,
wo man arbeitet?   ~~Arbeitszimmer~~   *wo man schläft?* _____
wo man badet? _____   *wo man kocht?* _____
wo man isst? _____   *wo ...*

Abb. 5.13b: Wortschatz-/Wortbildungsübung (g.st.)

Schritt 2 (EA): Textpräsentation. Die Lernenden lesen den Text Abb. 5.13a still und bearbeiten dabei eine Verstehensaufgabe zur inhaltlichen Textauswertung.

Notieren Sie die wichtigen Informationen über Michael Wächter	seine neue Wohnung	
Alter: _____	Zimmer	wie?
Beruf: _____		
wohnen: _____		

Schritt 3 (PL): Nach der Besprechung liest die Lehrerin bzw. der Lehrer den Text in Sinneinheiten vor; dabei werden verbliebene inhaltliche Fragen geklärt (z.B. unbekannte Wörter). Anschließend lesen die Lernenden den Text still als Sinnganzes; sie sollten jetzt alle inhaltlichen Details verstehen.

Schritt 4 (PL): Nun wird der Text (oder Teile davon) laut gelesen: Der Unterrichtende liest einzelne Sinneinheiten vor, die Schüler lesen direkt anschließend und orientieren sich an dem gehörten Modell.

> L: *Das ist Michael Wächter (22). Er ist Bankkaufmann von Beruf.*
> S1: *Das ist Michael Wächter (22). Er ist Bankkaufmann von Beruf.*
> S2: *Das ist Michael Wächter (22). Er ist Bankkaufmann von Beruf.*
> S3: ...

Anschließend lesen die Schülerinnen und Schüler den Text (oder die eingeübten Teile) ohne Lehrermodell vor.

Schritt 5 (EA): Abschließend reproduzieren die Lernenden den Text anhand der Stichwörter zur inhaltlichen Textauswertung (Schritt 2).

Schritt 6 (EA): In der Anschlussphase können die Lernenden in einem kleinen Paralleltext schriftlich eine Wohnung beschreiben: ihre eigene, ihre Traumwohnung, die Wohnung ihrer Eltern, eine typische Wohnung in ihrem Land o.ä. Dafür werden zunächst die Redemittel für die Charakterisierung von Zimmern erweitert (möglichst mit bekanntem Wortschatz, vgl. rechts).

ein Zimmer ist	
sehr	*groß*
ganz	*klein*
ziemlich	*dunkel*
nicht sehr	*modern*
...	*...*

Auch Lerntexte im graphischen Medium (Lesetexte) müssen intensiv erarbeitet werden, da sie in die Lernprogression eingebunden sind. Kommentar:
- zu Schritt 2: Ein neuer Lesetext wird grundsätzlich still gelesen; das entspricht dem normalen Leseverhalten. Lautes Vorlesen durch die Schüler während der Erstbegegnung mit dem Text wäre viel zu schwierig und würde vom Inhalt ablenken (s.u. „Laut Lesen").
Die Verstehensaufgabe zur inhaltlichen Textauswertung steuert das Verstehen, denn die Aufmerksamkeit wird dadurch auf die wichtigsten Teile des Inhalts gelenkt (→ 4.2.3). Darüber hinaus sollen die Lernenden Teile des Textes (d.h. des Lernstoffs) durch das Niederschreiben weiter festigen.
Der Einsatz von Verstehensstrategien oder die Steuerung des Verstehens ist besonders bei längeren oder schwierigeren Texten wichtig, damit sich die Lernenden nicht von unbekannten Wörtern oder schwer zu verstehenden Textteilen ablenken lassen. Diese werden erst erschlossen, wenn die wichtigsten Textaussagen verstanden sind.

- zu Schritt 3: Inhaltliche Unklarheiten, unbekannte Wörter usw. werden anhand konkreter Textstellen geklärt. So können die Lernenden einen Teil der unbekannten Wörter oder Ausdrücke aus dem Kontext selbst erschließen.
- zu Schritt 4: Erst wenn das Detailverständnis gesichert ist (Schritt 3, 4), wird der Text auch laut gelesen, zunächst mit Orientierung am Lehrermodell. Es ist nicht sinnvoll, etwas laut zu lesen, was man (noch) nicht verstanden hat.
- zu Schritt 5: Die Reproduktion kann mündlich oder schriftlich durchgeführt werden; sie sollte sich am Inhalt und nicht am Wortlaut des Textes orientieren.

Laut Lesen
Das laute Vorlesen von Texten ist eine beliebte Aktivität im Fremdsprachenunterricht; der Wert des Vorlesens wird in der Fachliteratur allerdings stark angezweifelt (z.B. Solmecke 1993: 50ff.). Lautes Lesen erfordert eine Dekodierung des graphischen Mediums und seine Umsetzung in das phonische Medium; das ist besonders für Anfänger sehr schwierig, und meist werden Artikulation, Intonation und Sprechrhythmus dadurch stark beeinträchtigt. „Wir haben herausgefunden, dass lautes Lesen schädliche Auswirkungen auf die Entwicklung der Sprechfertigkeit des Lerners hat ... Aussprache und Intonation verschlechtern sich, sobald der Lehrer die Klasse auffordert, einen Text laut zu lesen." (Butzkamm 1985: 321) Weiterhin ist die Aufmerksamkeit des laut lesenden Lerners so sehr auf den Aspekt der De- und Umkodierung auf der Buchstaben- und Lautebene gerichtet, dass das eigentliche Ziel des Lesens, die Sinnentnahme, dabei schwerlich erreicht wird. „Lautes Lesen verdirbt m.E. die Textganzheit, die Informationsentnahme, das Verständnis und letztlich den pragmatischen Sinn dieser Tätigkeit" (Didaktilus 1991: 247), denn „es erzieht die Lernenden zu der verhängnisvollen Gewohnheit, sich Wort für Wort durch den Satz bzw. Text voranzuarbeiten, an Einzelheiten zu kleben, sich um das Ganze nicht zu kümmern und schließlich am Ende des Satzes schon wieder vergessen zu haben, wie dieser begann" (Solmecke 1993: 51). Aus diesen Gründen sollten Lernende Texte nur unter bestimmten Bedingungen laut lesen:
– Dialogische Hörtexte (Lerntexte) sollten erst dann laut gelesen werden, wenn sie schon phonetisch eingeübt sind und das Lautbild den Lernenden präsent ist.
– Lesetexte (Lerntexte) sollten erst nach der Textarbeit laut gelesen werden, wenn das Verständnis gesichert ist; der Lehrer sollte jeweils kleine Sinneinheiten als Modell vorlesen, die die Lerner dann „nachlesen". Lautes Lesen sollte *sinnhaftes Lesen* sein, d.h. ein Lesen, bei dem die Stimmführung dem Sinn des Gelesenen entspricht.
– Verstehenstexte sollten nicht laut gelesen werden. Diese Texte werden nur global oder selektiv erarbeitet, ein Detailverständnis wird nicht angestrebt (→ 4.2); es dürfte aber nicht sinnvoll sein, Lerner Texte laut lesen zu lassen, die nicht im Detail erarbeitet worden sind. Verstehenstexte sind zudem „schwere" Texte, was das laute Lesen zusätzlich stark erschweren würde.

Viele der methodischen Verfahren, die oben im Zusammenhang mit dialogischen Anfängertexten dargestellt sind, können auch bei nicht-dialogischen Texten eingesetzt werden, z.B.: Reproduktion des Textes anhand von Satzkarten oder eines Wortgeländers; den Text mit lexikalischen Lücken verteilen und die Lücken ausfüllen lassen (= zugleich eine Übung zum neuen Wortschatz); Zuordnungsübung von Satzanfängen und Satzenden des Textes. Eine vollständige Auflistung ist weder möglich noch sinnvoll. Letztlich hängt es von der Art des Textes selbst ab, wie man damit arbeiten kann; in der Regel bietet das Lehrbuch spezielle Aufgaben zur Arbeit mit den einzelnen Texten an.

5.2.2.2.3 Sachtexte bei Fortgeschrittenen
Bei Fortgeschrittenen steht nicht wie bei Anfängern das Einüben des Textes im Vordergrund der Erarbeitungsphase, sondern die intensive sprachliche und inhaltliche Arbeit an und mit dem Text. Im Folgenden zeige ich einige Möglichkeiten der Textarbeit bei Fortgeschrittenen auf.

Schritt 1 (PL): Im Klassengespräch beschäftigen sich die Lernenden mit der Frage, wovon der Text wohl handelt, der die folgenden Wörter enthält:

Krieg – Gewissen – töten – Aggressivität – Gesellschaft – Propaganda – friedfertig – menschliche Natur – Nationalstolz – Frieden – angeboren

Schritt 2 (GA/PL): Es werden Gruppen gebildet, die sich Fragen an den Text überlegen; diese Fragen werden anschließend im Plenum schriftlich festgehalten (OHP, Tafel), etwa:

– Ist Friede möglich?   – Was hat Nationalstolz mit Krieg zu tun?
– Wie kann man für Kriege Propaganda machen?   – Wie verhält sich das Gewissen im Krieg?
– ...

Schritt 3 (PA): Die Lernenden lesen den Text Abb. 5.14 in einem ersten Verstehensdurchgang unter folgenden Aspekten:
Partner 1: *Auf welche unserer Fragen gibt der Text eine Antwort, auf welche nicht?* (vgl. Schritt 2).
Partner 2: *Welche zusätzlichen Inhaltspunkte werden in dem Text behandelt?* (Schritt 1)
Anschließend tauschen sich die jeweiligen Partner über ihre Ergebnisse aus.

> **Aggression und Friedenssicherung**
> *Nur jemand, der psychologisch nicht aufgeklärt ist, kann formulieren, der Krieg sei die Fortsetzung der Politik mit anderen Mitteln. Der Krieg unterscheidet sich grundsätzlich von Politik. Der Krieg führt dazu, dass das menschliche Gewissen partiell außer Kraft gesetzt wird. Der Krieg erlaubt die Tötung von*
> 5 *Artgenossen bzw. er sucht sie herbeizuführen.*
> *Kriege können geplant werden, und sie werden geplant. Sie werden durch Rüstungen vorbereitet, durch eskalierende Drohungen eingeleitet. Wenn aber wirklich einmal der Krieg ausbricht, dann vollzieht sich eine Veränderung im psychischen Zustand derjenigen Menschen, die an ihm beteiligt sind. Die sonst vorhandene Hemmung des Menschen, Mitmenschen zu töten, fällt weg. Das Gewissen verliert seine tradi-*
> 10 *tionelle Kraft, „Halt" zu sagen. Das Gewissen wird durch Ideologien und Propaganda so verändert, dass es keinen Einspruch mehr dagegen erhebt, wenn nun ein ganzes Menschenkollektiv sich ohne alle Hemmungen asozial verhält: es wird geplündert, gefoltert, getötet. Unbesorgt werden Dinge getan, die im friedlichen Zustand zwar auch geschehen können, aber dann nur unter dem Widerspruch des Gewissens und unter der Drohung der Strafgesetze.*
> 15 *Über den Ursprung der menschlichen Aggressivität ist es bis heute zu keiner übereinstimmenden Auffassung in der Forschung gekommen. Es wird die Auffassung vertreten, der Mensch reagiere nur auf das feindselig, was die Gesellschaft ihm, dem Individuum, an Enttäuschungen und an Leid zufüge. Von Natur aus sei er jedoch friedfertig. Ich teile diese Auffassung nicht. Was ist das für eine Natur, die sich heute niemals endgültig durchgesetzt hat, da doch bis heute der Krieg offenbar unvermeidlich war. Wie kann*
> 20 *man sagen, dass der Mensch friedfertig ist, wenn in Wirklichkeit die Menschen von Generation zu Generation voller destruktiver Phantasien sind? Ist der Glaube an die gute Natur des Menschen nicht eine Illusion, die uns daran hindert, die psychische und soziale Realität des Menschen zu erkennen? Da scheint es mir besser zu sein, die Feindseligkeiten des Menschen gegen den Menschen als ein seelisches Bedürfnis zu erkennen, das jederzeit leicht geweckt werden kann. Ich sehe in der Aggressivität ein spezifi-*
> 25 *sches Merkmal des Menschen, und ich spreche der Gesellschaft und der Wissenschaft die Aufgabe zu, die Aggressivität des Menschen zu mildern und zu kontrollieren.*
> *...*

Abb. 5.14: ARB.M.TEXTEN: 33

Schritt 4 (PA/PL): *Welche Antworten gibt der Text? Was sagt der Autor zu den einzelnen Punkten?* In einem zweiten Verstehensdurchgang lesen die Lernenden den Text genauer und notieren stichwortartig das Wichtigste zu den einzelnen inhaltlichen Punkten des Textes. Bei der Auswertung im Plenum werden die Ergebnisse mit den entsprechenden Textstellen verglichen: *Wo steht das? Wie heißt das im Text?* Dabei können wichtige unbekannte Wörter semantisiert werden.

Schritt 5 (EA): Anschließend lesen die Lernenden den Text noch einmal im Zusammenhang. Sie sollten jetzt alle wichtigen Textaussagen verstehen.

Kommentar:
- zu Schritt 1, 2: In der Hinführungsphase wird das Vorwissen der Lerner zum Thema des Textes aktiviert; durch die gewählte Sozialform – Gruppenarbeit – soll eine intensive Beschäftigung mit der Aufgabe sichergestellt werden. Die Ergebnisse der Hinführungsphase bereiten direkt auf den ersten Verstehensdurchgang vor.
- zu Schritt 3: Der erste Lese-/Verstehensdurchgang zielt nur auf ein globales Textverständnis ab; die Lernenden sollen nur die einzelnen Themen verstehen, mit denen sich der Text auseinandersetzt.
- zu Schritt 4: In einem zweiten Verstehensdurchgang sollen die Lerner den Text inhaltlich auf die wichtigsten Aussagen hin auswerten. Bei der Besprechung wird direkt auf den Text Bezug genommen; dabei werden die für das Verständnis des Textes wichtigen Teile besprochen.
- zu Schritt 5: Durch die abschließende Lesephase sollen die Lernenden ein zusammenhängendes Textverständnis gewinnen.

5.2 Die Textphase: Zur Arbeit mit Lerntexten

Je nach angestrebtem Lernziel der Unterrichtseinheit kann nun stärker sprachbezogen oder fertigkeitsbezogen weitergearbeitet werden. Eine sprachbezogene lexikalisch-inhaltliche Weiterarbeit kann sich direkt auf den Textwortschatz beziehen, z.B.:

Schritt 6 (PA): Die Lernenden bilden Paare; jeder Partner bearbeitet in Einzelarbeit eine der beiden folgenden Aufgaben (zur Auswahl): Bei Aufgabe a handelt es sich um eine Übung zur Klassifikation des Textwortschatzes, bei Aufgabe b um eine Übung zur Bedeutungserschließung aus dem Kontext (5.15a/b).

a) Welche Wörter und Ausdrücke gehören zum Wortfeld *Aggression*, welche zu *Friede*? Ordnen Sie zu.

Aggression	Friede
Krieg	

Abb. 5.15a: Textbezogene Wortschatzübung

b) Suchen Sie im Text die Wörter A–T. a) Versuchen Sie zunächst, diese Wörter aus dem Kontext zu verstehen. b) Welche der Erklärungen 1–20 entsprechen den Wörtern A–T?

A	*aufgeklärt* (1)	1	*abschwächen, verringern*
B	*das Gewissen* (4)	2	*Ausgangspunkt, Herkunft, Entstehung*
C	*die Artgenossen* (5)	3	*Einbildung, (Selbst-)Täuschung*
D	*die Rüstung* (6)	4	*eine gefährliche Entwicklung fördern*
E	*eskalieren* (7)	5	*einen Gefangenen misshandeln*
F	*etw. bricht aus* (7)	6	*etw. Gefährliches beginnt unkontrolliert*
G	*die Hemmung* (9)	7	*Gefühl/Bewusstsein, dass man etw. notwendig braucht/tun muss*
H	*Einspruch erheben* (11)		
I	...	8	...

Abb. 5.15b: Textbezogene Wortschatzübung

Anschließend tauschen sich die jeweiligen Partner über ihre Ergebnisse aus und besprechen vorhandene Unklarheiten. Verbleibende Probleme können abschließend im Plenum geklärt werden.

Diese Aufgaben zielen auf die Erweiterung und Festigung des Wortschatzes ab; darüber hinaus führen sie zu einem detaillierteren Verständnis des Textes. Die anschließende Besprechung stellt einen authentischen Äußerungsanlass dar, bei dem sich die Lernenden gegenseitig ihre Ergebnisse erklären und gemeinsam Unklarheiten besprechen können.

Zur Wortschatzarbeit

- Bei der Besprechung und Erarbeitung des Textes sollten Ausdrucksalternativen gesammelt und gegeben werden; dadurch wird bereits bekannter Wortschatz aktiviert und der neue Wortschatz dichter in das mentale lexikalische Netz eingebunden (→ 2.1) – z.B.:

1	*aufgeklärt*	*– informiert, kritikfähig, vorurteilsfrei*
9	*Hemmung*	*– innere Barriere, psychisches Hindernis*
22	*Illusion*	*– Einbildung, Täuschung*
24	*spezifisch*	*– typisch, charakteristisch*
...		

- Bei der Wortschatzarbeit sollten die verschiedenen Dimensionen des Wortschatzes (→ 3.1) und auch Wortbildungsmöglichkeiten berücksichtigt werden. Im Zusammenhang mit den Wörtern *destruktiv*, *Rüstung* und *Hemmung* können z.B. die folgenden Tafelbilder entstehen (mit wichtigen Wortbildungszusammenhängen, mit Gegensatzpaaren und Beispielen):

destruktiv ↔	*konstruktiv*	*ein destruktives/konstruktives Verhalten*
Destruktion ↔	*Konstruktion*	*die Destruktion aller Werte / ein Konstruktionsplan*
konstruieren –		*ein konstruierter Fall*
Rüstung –	*Aufrüstung* ↔ *Abrüstung*	
rüsten –	*aufrüsten* ↔ *abrüsten*	
Hemmung – hemmen – gehemmt sein		*Mädchen gegenüber ist er etwas gehemmt,*
hemmungslos –		*hemmungslose Geldgier*
ungehemmt ...		

- Zur Wortschatzerweiterung und -festigung trägt es bei, wenn die Lernenden das Wortbildungspotenzial im Rahmen des Textwortschatzes erkunden – z.B. mit Übungen wie Abb. 5.16 und 5.17 (→ 3.3).

	Verb	Nomen	Adjektiv
psychologisch	–	*Psychologe*	–
s. unterscheiden			–
Tötung			
Propaganda			
friedfertig			–
...			

Abb. 5.16: Wortbildungsübung

Bilden Sie aus den folgenden Wörtern des Textes zusammengesetzte Wörter:

Aggression – Destruktion – Forschung – Friede –
Ideologie – Krieg – Politik – Propaganda

Aggressionspolitik, ...

Abb. 5.17: Wortbildungsübung

- Das Ausdrucks- und Formulierungsvermögen fördern Übungen, bei denen die Lernenden sprachliche Ausdrücke mit ihren eigenen Worten erklären bzw. paraphrasieren sollen, z.B.:

Geben Sie die Bedeutung der folgenden Textteile mit Ihren eigenen Worten wieder. Achten Sie auf den Kontext.

jemand, der psychologisch nicht aufgeklärt ist (2) _____
der Krieg führt dazu, ... (2/3) _____
das Gewissen wird partiell außer Kraft gesetzt (4) _____
Artgenossen (5) _____
...

Abb. 5.18: Übung zum Ausdruck

Die sprachbezogene Arbeit kann sich natürlich auch stärker in Richtung Grammatik bewegen. Üblich sind in der Mittelstufe textbezogene Umformungsübungen im Rahmen bestimmter grammatischer Strukturen, z.B. „Aktiv ↔ Passiv", „adverbiale präpositionale Gruppe ↔ adverbialer Nebensatz" (*bei ihrer Ankunft* ↔ *als sie ankam*), „erweitertes Linksattribut ↔ Relativsatz" (*die hier veröffentlichten Nachrichten* ↔ *die Nachrichten, die hier veröffentlicht wurden*) usw. Alternativ können Umformungen direkt anhand des Textes durchgeführt werden, z.B. Übung Abb. 5.19.

Wie kann man auch sagen? Drücken Sie die fehlenden Textteile anders aus.

2/3	*Nur* _____ *Mensch kann formulieren, der Krieg sei die Fortsetzung der Politik mit anderen Mitteln.*
6	*Kriege sind* _____ *und sie werden geplant.*
7/8	*Wenn aber wirklich einmal der Krieg ausbricht, verändert* _____ *Menschen.*
12–14	*Unbesorgt werden Dinge getan, die im friedlichen Zustand zwar auch geschehen können, wobei dann aber* _____ *und* _____ *mit Strafe drohen.*
19/21	*Wie kann man* _____ *sprechen, wenn in Wirklichkeit der Mensch von Generation zu Generation voller destruktiver Phantasien ist?*
21/22	*Ist es nicht eine Illusion,* _____ *zu glauben?*
...	

Abb. 5.19: Textbezogene Umformungsübung

Die Lernenden vergleichen ihre Ergebnisse nach Durchführung der Übung in PA, was einen authentischen Sprechanlass darstellt.
Es handelt sich hier um eine typische Aufgabe für Fortgeschrittene, die auf die Förderung der sprachlichen Ausdrucksfähigkeit abzielt; dabei werden verschiedene syntaktische Strukturen aktiviert, die die Lernenden schon kennen, die aber durch die fortgesetzte Aktivierung bei der Textarbeit nach und nach für das produktive Sprachkönnen verfügbar gemacht werden sollen.

Bewegt sich die textbezogene Weiterarbeit stärker in eine fertigkeitsbezogen-kommunikative Richtung, so bieten sich hierfür zahlreiche Möglichkeiten an, z.B.: Gespräch bzw. Diskussion zum Thema (z.B. *Kollektive Menschenverdummung: Führerkult, Nationalstolz, Rassismus im Kulturkreis der Lerner*), mündliche oder schriftliche Stellungnahme, schriftliche Textzusammenfassung, Rollenspiel (z.B. *Interview mit dem Autor des Textes*), Textsortenwechsel u.ä. Die Übergänge zur Anschlussphase sind natürlich fließend.

Textzusammenfassung

Bei einer Textzusammenfassung werden mehrere Dinge zugleich geübt. Die Lernenden schreiben zunächst einen zusammenhängenden Text und üben damit direkt die Schreibfertigkeit; darüber hinaus müssen sie zentrale Textinformationen von Nebeninformationen unterscheiden, was eine wichtige allgemeine Strategie für das Textverstehen darstellt; schließlich werden dabei Wortschatz und Ausdrücke des erarbeiteten Textes weiter gefestigt. Nach der Texterarbeitung (Schritte 1 – 5 oben) kann eine Textzusammenfassung in folgenden Unterrichtsschritten geschrieben werden (→ 6.3):

Schritt 1 (bzw. 6 – PL): Die Struktur des erarbeiteten Textes wird in Form einer Zuordnungsübung analysiert, z.B. mit folgendem Ergebnis (Tafelanschrieb):

1–6:	*These zum Verhältnis von Politik und Krieg*	22–24:	*Auffassung 1*
7–19:	*Begründung der These*	25–32:	*Argumente gegen Auffassung 1*
20–37:	*2 Auffassungen über die Ursachen der menschlichen Aggressivität*	33–36:	*Auffassung des Autors*
		...	

Schritt 2 (bzw. 7 – PA/PL): Die Lernenden suchen im Text die zentrale/n Aussage/n zu jedem der obigen Punkte (PA); die Ergebnisse werden im Klassengespräch verglichen und festgehalten, z.B. (Tafel, OHP):

- *Der Krieg ist die Fortsetzung der Politik mit anderen Mitteln.*
- *Im Krieg wird das menschliche Gewissen partiell außer Kraft gesetzt; ganze Menschenkollektive verhalten sich ohne alle Hemmung asozial: es wird geplündert, gefoltert, getötet.*
- *Ursprung der menschlichen Aggressivität*
- *Der Mensch ist von Natur aus friedfertig; er reagiert mit seiner Aggressivität auf die Enttäuschungen und das Leid, das die Gesellschaft ihm zugefügt hat.*
- *Die „Natur" des Menschen hat sich bislang noch nie durchgesetzt.*
- *Aggressivität ist ein spezifisches Merkmal des Menschen und ein seelisches Bedürfnis, das leicht geweckt werden kann.*
- *...*

Schritt 3 (bzw. 8 – PL): Im Kurs werden Redemittel eingeführt und besprochen, die die Lernenden für die Textzusammenfassung verwenden sollen, z.B.:

– *Im ersten Teil seines Vortrags widerspricht der Autor der These, ...*	– *Er lehnt die Meinung ab, ...*
– *Er begründet seine Auffassung, indem er zeigt, dass ...*	– *Als Argument führt er an, ...*
– *Anschließend kommt er auf ... zu sprechen.*	– *Er vertritt (vielmehr) die Auffassung, ...*
	– *...*

Schritt 4 (bzw. 9 – PA): Nun schreiben die Lerner die Textzusammenfassung; sie verwenden dazu die zuvor erarbeiteten Textaussagen (Schritt 2) und Redemittel (Schritt 3). Eine Vorübung könnte eine Textumformung zur indirekten Rede sein (vgl. Übung Abb. 5.20).

Setzen Sie den folgenden Text in die indirekte Rede.

Der Autor schreibt: „Es ist bis heute in der Forschung zu keiner übereinstimmenden Auffassung über den Ursprung der Aggressivität gekommen. Es wird die Meinung vertreten, der Mensch sei von Natur aus gut. Ich teile diese Auffassung nicht. Was ist das für eine Natur, die sich bis heute niemals endgültig durchgesetzt hat? Denn bis heute war der Krieg offenbar unvermeidlich. Ich sehe in dieser Auffassung eine Illusion, die uns daran hindert, ...

Abb. 5.20: ARB.M.TEXTEN: 40

Arbeit mit Redemitteln: Stellungnahme

Neben der Arbeit an Wortschatz/Ausdrücken und Wortbildung sollten Texte bei Fortgeschrittenen auch in Bezug auf charakteristische Redemittel ausgewertet werden. Im obigen Text drückt der Autor an einigen Stellen direkt seine eigene Auffassung aus, und er zitiert die Auffassung anderer:

– 'eigene Auffassung':	*Da scheint es mir besser zu sein, ... / Ich sehe in ...*
– 'Widerspruch':	*Ich teile diese Auffassung nicht ... / Was für eine Natur ... / Wie kann man sagen, ... / Ist der Glaube ... ?*
– 'Auffassung anderer':	*Es wird die Meinung vertreten, ...*

Hier können nach der Texterarbeitung (Schritt 1 – 5) Anschlussaktivitäten durchgeführt werden, bei denen die Lernenden mit Hilfe der Redemittel zu Aussagen des Textes Stellung nehmen. Die kurzen Statements sollen die folgende Struktur haben: 'Textaussage wiedergeben – Zustimmung /Ablehnung ausdrücken – Begründung'.

Schritt 1 (bzw. 6 – PA): Die Lernerinnen und Lerner bearbeiten in Partnerarbeit die folgende Aufgabe zur Textauswertung:

> 1. Mit welchen sprachlichen Mittel drückt der Autor seine eigene Ansicht aus?
> 2. Mit welchen sprachlichen Mittel gibt der Autor die Ansicht anderer wieder?
> 3. Mit welchen sprachlichen Mittel widerspricht der Autor der Ansicht anderer?

Schritt 2 (bzw. 7 – PL): Nach der Besprechung können im Klassengespräch die Redemittel erweitert und für die folgenden Stellungnahmen (Schritt 3, 4) strukturiert werden; dabei entsteht etwa folgendes Tafelbild:

In dem Text wird die	Meinung Ansicht	vertreten, ... zitiert, ...		Nach	Ansicht Meinung	des Autors ...
Ich teile diese	Ansicht Meinung Auffassung	(nicht)		Ich bin	auch nicht	dieser	Ansicht Auffassung Meinung
Ich kann mich dieser	Meinung Ansicht Auffassung	nicht anschließen				

Schritt 3 (bzw. 8 – EA): Jede Lernerin / jeder Lerner wählt jetzt drei Aussagen des Textes und notiert nach dem Schema „Textaussage wiedergeben – Zustimmung/Ablehnung äußern – Begründen" drei kurze Stellungnahmen. Dafür werden Redemittel verwendet, die in Schritt 2 erarbeitet wurden.

Schritt 4 (bzw. 9 – PA/PL): Zunächst tragen sich die Lernenden ihre Stellungnahmen in Partnerarbeit gegenseitig vor, und anschließend werden einige Stellungnahmen in der Klasse vorgetragen. Diese Phase wird allmählich in eine Diskussion überführt, indem die Lernenden direkt auf die Stellungnahmen ihrer Mitschüler reagieren.

Die obige Didaktisierung eines Sachtextes zeigt nicht nur exemplarisch einige Techniken der Textarbeit bei Fortgeschrittenen auf, sie demonstriert auch wichtige Unterschiede zur Textarbeit bei Anfängern. Bei Anfängern spielt das Einüben des Textes eine wichtige Rolle: direkt durch Nachsprechen, Lesen, Reproduzieren usw., indirekt durch gesteuerte Äußerungen, bei denen sprachliche Mittel des Textes verwendet werden müssen. Bei Fortgeschrittenen entfällt das direkte Einüben weitgehend, im Zentrum der Textarbeit stehen die inhaltliche bzw. sprachliche Auswertung des Textes sowie ausführlichere mündliche und schriftliche Äußerungen zum Text. Dadurch sollen zum einen wichtige sprachliche Mittel gelernt und allmählich ins produktive Sprachverhalten überführt werden, zum anderen soll dadurch gezielt die Kommunikationsfähigkeit gefördert werden.

5.2.2.3 Zur Durchführung der Anschlussphase

Mit der Textzusammenfassung und der Stellungnahme befindet man sich bereits mitten in der Anschlussphase der Textarbeit. In dieser Unterrichtsphase werden Aktivitäten durchgeführt, bei denen sprachlich oder inhaltlich mit einem erarbeiteten Text weitergearbeitet wird – z.B.:
- Transfer in andere Situationen, z.B. Dialog *Ausfahrt versperrt*, Schritt 9 (Abb. 5.4a–c) oder der Dialog *Ist der Platz hier frei* (Abb. 5.10), Schritt 11;
- Auseinandersetzung mit dem Textinhalt, z.B. *Die 'Offenheit' der städtischen Gesellschaft* (Abb. 5.6), Schritt 5–8;
- Textzusammenfassung schreiben, z.B. zu *Aggression und Friedenssicherung* (s.o.);
- Arbeit mit Redemitteln, z.B. *Aggression und Friedenssicherung*, Stellungnahme (s.o.);
- Interkulturelles Gespräch zum Textinhalt.

Kommunikativ orientierte Anschlussaktivitäten führen zur produktiven Sprachausübung und fördern direkt die Sprech- oder Schreibfertigkeit (→ 6.2, 6.3). Die Anschlussphase kann sich aber auch in eine eher sprachbezogene Richtung bewegen, z.B. das Erarbeiten von Wortfeldern oder morphosyntaktischen Strukturen. Ich gehe im Folgenden auf einige kommunikativ orientierte Aktivitäten der Anschlussphase ein und gebe dabei auch wieder einige Beispiele für den Bereich der Anfänger.

Rollenkarten / Handlungskarten

Mit Rollenkarten lässt sich das Thema eines Textes in den mündlichen Ausdruck überführen. Rollenkarten beschreiben zunächst die Situation, in die das sprachliche Handeln eingebettet ist, und geben dann inhaltliche Anweisungen für die Durchführung der sprachlichen Aufgabe, z.B. in Bezug auf den obigen Text *Aggression und Friedenssicherung* (Abb. 5.14; → 6.2.3.2).

A
Sie sind Radio-Journalist und wollen mit dem bekannten Psychologen Prof. Mitscherlich von der Universität Frankfurt ein Interview zum Thema *Menschliche Aggressivität und Kriege* durchführen. Begrüßen Sie Prof. Mitscherlich und stellen Sie ihn den Hörern vor. Fragen Sie dann Prof. M.
1. nach seiner Ansicht über den Ausspruch *Der Krieg ist die Fortsetzung der Politik mit anderen Mitteln*;
2. nach dem Unterschied zwischen Krieg und Politik;
3. nach dem Ursprung von Kriegen und der Manipulation des menschlichen Gewissens;
4. der Meinung der Wissenschaft über den Ursprung der menschlichen Aggressivität;
5. ...
Bedanken Sie sich abschließend für das Gespräch.
(Überlegen Sie sich zunächst, wie Sie Ihre Fragen formulieren wollen.)

B
Sie sind der bekannte Psychologe Prof. Mitscherlich und geben im Radio ein Interview. Beantworten Sie die Fragen des Reporters. Sie werden gefragt
1. zu dem Ausspruch *Der Krieg ist die Fortsetzung der Politik mit anderen Mitteln*;
2. nach dem Unterschied zwischen Krieg und Politik;
3. nach dem Ursprung von Kriegen und der Manipulation des menschlichen Gewissens;
4. nach der Meinung der Wissenschaft über den Ursprung der menschlichen Aggressivität;
5. ...
Machen Sie sich zunächst zu jedem Punkt ein paar Stichworte.

Rollenkarten lassen sich bei Anfängern wie auch bei Fortgeschrittenen einsetzen. Sie können das sprachliche Handeln durch die Art der Vorgaben mehr oder weniger stark steuern. Die obige Rollenkarte A könnte z.B. dadurch freier gestaltet werden, dass nur Hinweise zu den einzelnen Bereichen des Rolleninterviews gegeben werden:

A
Sie sind Radio-Journalist und wollen mit dem bekannten Psychologen Prof. Mitscherlich von der Universität Frankfurt ein Interview zum Thema *Menschliche Aggressivität und Kriege* durchführen. Begrüßen Sie Prof. Mitscherlich und stellen Sie ihn den Hörern vor. Stellen Sie Ihrem Interview-Partner Fragen zu den folgenden Bereichen:
Der Krieg ist die Fortsetzung der Politik mit anderen Mitteln. – Unterschiede zwischen Krieg und Politik – der Ursprung von Kriegen – die Manipulation des menschlichen Gewissens – der Ursprung der menschlichen Aggressivität – ...

Bedanken Sie sich abschließend für das Gespräch.
Überlegen Sie sich zunächst, wie Sie Ihre Fragen formulieren wollen; überlegen Sie sich auch weitere eigene Fragen.

Textvariation
Eine Technik, die bei Anfängern gern angewendet wird, ist die Textvariation; dabei werden Teile des Präsentationstextes verändert. Eine Dialogvariation kann z.B. gut anhand eines Dialoggeländers durchgeführt werden, in dem einige Stimuli für die Variationen vorgegeben sind, z.B. Abb. 5.21 (vgl. Dialog *Ist der Platz hier frei?* Abb. 5.10, Schritt 10, 11). Nach einigen derart gesteuerten Dialogen (die gut in Partnerarbeit durchgeführt werden können) können die Lernenden einen ähnlichen Dialog mit eigenen Ideen freier gestalten.

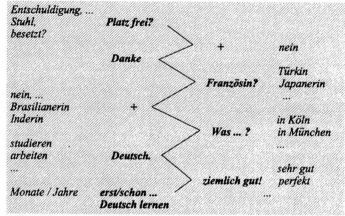

Abb. 5.21: Gesteuerte Dialogvariation

Weitere Möglichkeiten der Textvariation:
- Die Lernenden geben dem Dialog ab einem bestimmten Punkt eine neue inhaltliche Wende; sie bereiten den neuen Teil in PA vor und präsentieren ihn dann der Klasse.
- Sie bereiten eine Fortsetzung zu einem offenen Dialog vor.
- Ein Text wird dadurch variiert, dass sein Inhalt aus der Perspektive verschiedener beteiligter Personen wiedergegeben wird – z.B. ein Unfall: aus der Perspektive der direkt Beteiligten, eines Polizisten, eines unbeteiligten Passanten usw. (→ 6.2.3.2: Konflikt *Lautes Singen beim Baden*).

Paralleltext – Alternativtext
- Bei der Produktion eines Paralleltextes kann der Textinhalt in die Perspektive des Lerners überführt werden und dieser sich über seine eigene Erfahrungswelt äußern – z.B.: Präsentationstext *Beschreibung einer Wohnung*, Paralleltext *Beschreibung der eigenen Wohnung* bzw. *einer Traumwohnung* (→ Text Abb. 5.13, Schritt 6). Ein Paralleltext kann sich sprachlich relativ eng an der Vorlage (dem Präsentationstext) orientieren, sodass die neu eingeführten sprachlichen Mittel weiter verwendet und geübt werden; er kann sich aber auch relativ locker an einen Präsentationstext anlehnen (→ 6.3.5.2).

Textsortenwechsel
Beim Textsortenwechsel wird ein Text in eine andere Textsorte überführt, z.B. ein dialogischer Text in einen beschreibenden/erzählenden Text umgeschrieben bzw. ein erzählender/berichtender Text „dialogisiert" (→ 6.2.3.1, 6.3.5.5; Beispiele bei Häussermann/Piepho 1996: 331f.).

5.2.3 Zusammenfassung: Einige Prinzipien der Textarbeit
Lerntexte bei Anfängern sind in eine relativ strenge Progression eingebunden (→ 1.3), und die zu lernenden sprachlichen Mittel stellen ein allgemein verbindliches Minimum für alle Bereiche der Sprache dar. Aus diesem Grund müssen die Lerntexte bei Anfängern im Detail erarbeitet werden. Bei Fortgeschrittenen entfällt diese strenge Unterscheidung zwischen Lern- und Verstehenstexten, und die Texte sind nicht so streng in eine Progression eingebunden. Das ermöglicht einen variableren Umgang mit den einzelnen Texten.

5.2 Die Textphase: Zur Arbeit mit Lerntexten

1. Im DaF-Unterricht werden Texte erarbeitet, damit die Lernenden – nach einer angemessenen Phase des Übens – in der Lage sind, neue Texte und komplexere Texte als zuvor zu verstehen und zu produzieren. Unter didaktischen Aspekten sind Texte zuerst und vor allem kommunikative Einheiten; als solche beinhalten sie eine bestimmte Mitteilung und drücken bestimmte Absichten aus bzw. haben bestimmte kommunikative Ziele. Die Funktion der lexikalischen, syntaktischen, morphologischen, orthographischen usw. Textphänomene besteht darin, die Textaussage zu realisieren.

2. Entsprechend sollten Texte im Unterricht behandelt werden: Dem Lernenden sollte ein neuer Text stets als kommunikative Einheit begegnen. Die Erstbegegnung mit dem Text, d.h. das erste Hören bzw. stille Lesen des Textes, sollte kommunikativer Natur sein und auf das (partielle) Verständnis von Inhalt und Funktion des Textes abzielen. D.h. beim ersten Hören oder Lesen sollte die Aufmerksamkeit des Lerners nicht auf die sprachlichen Mittel (lexikalische, syntaktische usw. Phänomene) gerichtet sein.

3. Das Textverstehen sollte sich vom inhaltlich-funktionalen Verstehen hin zum lexikalisch-grammatischen Detailverstehen bewegen, nicht umgekehrt (→ 4.1.2). Ein Text sollte erst dann detailliert erarbeitet werden, wenn der Gesamttext als kommunikative Einheit (seine Aussagen und Funktion) verstanden ist. D.h. es sollte nur das formal erarbeitet werden, was zuvor inhaltlich erarbeitet wurde. (Es werden allerdings öfters Texte inhaltlich erarbeitet, ohne dass sie anschließend sprachbezogen erarbeitet werden, z.B. Verstehenstexte, Texte als Äußerungsanlass.) Texte werden nicht erarbeitet, um das abstrakte Sprachwissen der Schüler zu vermehren. Die formale Spracharbeit am Text dient stets einem inhaltlich-funktionalen Zweck.

4. Ausgeschlossen sollten Formen der Textarbeit sein, bei denen ein Text bei der Erstbegegnung Satz für Satz gehört bzw. gelesen und besprochen wird. Eine solche methodische Vorgehensweise verhindert das Erfassen des Textinhalts (→ 4.1).

5. Das bislang Gesagte setzt voraus, dass die Lernenden bei der Erstbegegnung mit einem Text in der Lage sind, die wichtigsten Textinformationen zu verstehen (Globalverständnis). Zu diesem Zweck müssen gegebenenfalls Verstehensstrategien eingesetzt werden (→ 4.2, 4.3), oder der Text wird vorentlastet (z.B. durch die Einführung von Schlüsselwörtern).

6. Die Schülerinnen und Schüler sollten von der ersten Unterrichtsstunde an daran gewöhnt werden, Texte zu hören bzw. zu lesen, die sie nicht im Detail verstehen. Sie sollten daran gewöhnt sein, bei der Erstbegegnung mit einem Text keine Fragen nach unbekannten Wörtern oder Strukturen zu stellen. Sie sollen vielmehr auf die Gesamtaussage des Textes achten, Verstehensstrategien anwenden oder bestimmte Verstehensaufgaben lösen (→ 4.2, 4.3).

7. Die Erstbegegnung mit einem neuen Text sollte in dem der Textsorte gemäßen Medium erfolgen: dem phonischen bei Dialogen, Rundfunkdurchsagen usw., dem graphischen bei Briefen, Lebensläufen usw. Wird ein Text in zwei Medien präsentiert (wie bei dialogischen Lerntexten im Anfangsunterricht), so sollte das der Textsorte angemessene Medium vorangehen (z.B. Dialogtexte bei Anfängern: zuerst hören, erst später lesen).

8. Wird ein Text in zwei Medien in der Reihenfolge „akustisches – graphisches Medium" präsentiert, sollte das inhaltlich-funktionale (globale und selektive) Verstehen im akustischen Medium erfolgen. Falls (wie oft bei Lerntexten) ein lexikalisch-grammatisches Detailverständnis angestrebt wird, so sollte dies im graphischen Medium erarbeitet werden.

9. Die Erstbegegnung mit einem Text sollte in der Regel in einem und nicht kombiniert in zwei Medien erfolgen; beim ersten Hören eines Dialogtextes z.B. sollten die Lernenden den Text im Lehrbuch nicht mitlesen. Nach dem isolierten Hören bzw. Lesen, das auf das Textverstehen abzielt, kann der Text kombiniert in beiden Medien präsentiert werden, sofern der Lehrer das für sinnvoll und nützlich hält (→ Mitleseverfahren 5.2.2.2.1). Das kann z.B. bei etwas schwereren Hörtexten sinnvoll sein, wo nach den rein akustischen Verstehensdurchgängen das parallele Mitlesen die Selbstkontrolle des Hörverstehens erleichtert.

10. Die bisherigen Leitsätze gelten nur bedingt für typische traditionelle Lehrbuchtexte, deren Hauptfunktion darin besteht, möglichst viele Beispiele für neue Grammatikstrukturen zu transportieren. Solche „Texte" sollten im Unterricht nicht als kommunikative sprachliche Einheiten behandelt werden, sondern als Beispielsammlungen für Grammatik oder Wortschatz. Hierbei geht es dann auch erst nachgeordnet ums Verstehen. Man sollte den Schülern die Funktion dieser Texte bewusst machen, und sie müssen erkennen, dass authentische Texte in der Fremdsprache eine andere sprachliche Form haben. Im Unterricht können die Lernenden mit Hilfe des Lehrers eine authentischere Version erstellen (→ 9.1.2, Abb. 9.2).

5.3 Grammatikarbeit

Sprachbeherrschung ist dadurch charakterisiert, dass die sprachlichen Formen, somit auch die Grammatik, weitgehend unbewusst-automatisch geplant werden, während die Aufmerksamkeit auf den Inhalt und die Kommunikationssituation gerichtet ist (→ 1.1.4). Die Bedeutung der Grammatik liegt darin, dass sie den sprachlichen Mitteilungen eine äußere Form gibt. Explizites Grammatikwissen ist Mittlerwissen, ist also ein didaktisches Hilfsmittel; als solches hat grammatisches Wissen für das Sprachenlernen einen ambivalenten Status: einerseits ist es ein Hilfsmittel beim Sprachenlernen, denn es soll den Lernweg hin zur Kommunikationsfähigkeit in der Fremdsprache erleichtern und abkürzen (→ 3.2.1); andererseits ist Grammatikwissen ein Umweg, ein zusätzlicher Lernstoff, der nach Erfüllung seiner Funktion wieder vergessen werden kann, ja während des Kommunizierens vergessen werden sollte. Aus diesem Grund sind Grammatikkenntnisse auch kein Lernziel des DaF-Unterrichts; entscheidend ist das Können, nicht das explizite Wissen. Diesen ambivalenten Status gilt es stets zu bedenken, wenn über die Rolle der Grammatik und über Grammatikarbeit im Unterricht gesprochen wird.

Nach Zimmermanns (1984) Umfrageergebnissen nehmen im Fremdsprachenunterricht an deutschen Schulen Erklären und Üben von Grammatik 40 – 60% der Gesamtunterrichtszeit ein; 80% der Lehrer halten das für angemessen. Der Autor bemerkt dazu: „Die seit der Reformzeit Ende des 19. Jahrhunderts immer wieder beschworene 'dienende' Grammatik hat offensichtlich im konkreten Unterricht eine beherrschende Position." (ebd.: 40)

5.3.1 Grundlagen der Grammatikarbeit

Anhand eines Unterrichtsentwurfs zur Einführung eines Grammatikphänomens möchte ich einleitend einige Anforderungen an Grammatikarbeit im DaF-Unterricht skizzieren. (Nach: Goethe-Institut München, Projekt „Grammatik im Unterricht", Video Nr. 34: D. Macaire „Passiv Perfekt"; Alter der Schüler: 15 – 16, 5. Lernjahr; Schule: Gymnasium in Paris, Frankreich.)

Schritt 1 (PL): Nach einer kurzen Einführung hören die Schüler das Lied „0-Rhesus-Negativ" von Udo Lindenberg (Abb. 5.22).

Es war Mitternacht, ich ging spazieren,
da bemerkte ich,
ein Finstermann mit'm großen Hut
verfolgte mich,
und dann sprach er mich an,
schmatzend und mit knirschenden Zähnen:
„Ach, würden Sie wohl so freundlich sein
und Ihre Blutgruppe mal erwähnen?"

Ich dachte mir, das ist'n Vampir,
da muss man vorsichtig sein,
ich sagte: „Moment,
ich guck' mal eben in meinen Ausweis rein."
0-Rhesus-Negativ. Da verzog er sein Gesicht
und meinte: „So'n Mist,
ausgerechnet diese Sorte vertrag' ich nicht!"

Um ihn zu trösten, lud ich ihn ein
auf ein Glas Bier,
doch er meinte, das wär' für ihn kein Plaisier:
„Es muss schon dieser rote Spezialsaft sein.
Es gibt nur ein Getränk, das find' ich gut,
und das ist Blut!"

Wir unterhielten uns noch ganz prima
über Klima, Gott und die Welt,
und er erzählte mir von seinem Vampirleben
und dass es ihm gut gefällt,
er sagt': „Ich brauch' nicht zu malochen,
jeden Tag ins Büro zu laufen,
am Tag schlaf' ich in meinem Sarg,
und nachts geh' ich mich besaufen!"

5.3 Grammatikarbeit

> *Ja, wenn das so ist, möchte ich auch Vampir sein,*
> *da sagt' er: „Reichen Sie doch mal 'n Antrag*
> *beim transsilvanischen Prüfamt ein,*
> *dazu brauchen Sie aber vom Zahnarzt*
> *'n Tauglichkeitsschein,*
> *denn wenn die Beißer zu kurz sind,*
> *kommen Sie nie rein in unseren Verein!"*

Abb. 5.22: 0-Rhesus-Negativ (Udo Lindenberg; Text: *Mein Gespräch, meine Lieder*: 39)

Nachdem die Schülerinnen und Schüler wiedergegeben haben, was sie verstanden haben, wird der Text verteilt und das Lied ein zweites Mal gehört. Der Textinhalt wird anschließend anhand von Lehrerfragen relativ detailliert erarbeitet.

Schritt 2 (PL): Ein Journalist will einen Artikel über diese Nacht schreiben. *Wie kann die Überschrift lauten?* Aufgrund von Schülervorschlägen entsteht etwa folgendes Tafelbild (1), das anschließend durch allgemeine Überschriften über Vorkommnisse in einer Nacht erweitert wird (2).

1		2	
Mann	verfolgt	Mann	verfolgt
Vampir	gesehen	Vampir	gesehen
Blutgruppe	erfragt	Flugzeug	entführt
...		Bank	überfallen
		Terroristen	verhaftet
		...	

Schritt 3 (PL): Der Tafelanschrieb wird nun erweitert: *Wie lauten Sätze aus dem entsprechenden Zeitungsartikel?* Die Lehrerin gibt ein Beispiel vor, und die Lernenden komplettieren den Tafelanschrieb analog dazu.

... ein Mann	ist	verfolgt	worden
... ein Vampir	ist	gesehen	worden
... ein Flugzeug	ist	entführt	worden
... eine Bank	ist	überfallen	worden
... Terroristen	sind	verhaftet	worden
...			

Schritt 4 (PL): Auf die Frage *Wissen wir, wer das gemacht hat?* werden einige Beispiele an der Tafel erweitert:

... ein Mann	ist	von einem Vampir	verfolgt	worden
... ein Vampir	ist		gesehen	worden
... ein Flugzeug	ist	von Terroristen	entführt	worden
...				

Schritt 5 (EA): Die Lernenden bearbeiten nun eine Übung (auf Arbeitspapier):

Bilde Passivsätze (Passiv Perfekt)
– In der letzten Nacht / viel Blut und Bier / trinken
– In der letzten Nacht / ein Mädchen / grausam ermorden
– In der letzten Nacht / schlechte Nachrichten / Journalist / in der Zeitung verbreiten
– In der letzten Nacht / alle Fluggäste / Polizei / kontrollieren
– In der letzten Nacht / Dieb / Polizei / mitten auf der Straße / festnehmen
– ...

Schritt 6 (PL): Nachdem die Übung in der Klasse besprochen worden ist, werden die Regularitäten der neuen Struktur „Passiv Perfekt" anhand des Tafelanschriebs in einem gelenkten Gespräch in der Muttersprache besprochen.

Dieser Unterrichtsentwurf entspricht in vielen Punkten den Anforderungen, die die heutige DaF-Didaktik an Grammatikarbeit stellt. Ich gehe auf einige Punkte etwas ausführlicher ein.

1. Grammatik wird hier induktiv eingeführt, nicht deduktiv. Der *induktive* Weg geht von Beispielen aus (die einem Text oder, wie oben, einer Situation entnommen sein können; Schritt 2) und leitet von den Beispielen eine Regel ab (Schritt 6); induktive Grammatikarbeit bewegt sich zur Regel hin, es ist der Weg vom Konkreten (Text, Situation, Beispiele) hin zum Abstrakten (grammatische Regularität). Der traditionelle *deduktive* Weg geht hingegen von einer abstrakten grammatischen Regularität aus und bewegt sich über von der Regel abgeleitete Beispiele hin zum Üben. Nach Zimmermann (1977) kennzeichnet die Unterscheidung „induktiv – deduktiv" nicht nur unterschiedliche Lehrverfahren, sondern sie ist auch mit unterschiedlichen Arten der Erkenntnisgewinnung verbunden, z.B. wenn der induktive Weg methodisch als gelenktes Entdeckungslernen durchgeführt wird (→ 5.3.3).
Die Unterscheidung zwischen deduktiver und induktiver Grammatikeinführung (Desselmann 1969; Zimmermann, 1977, 1984) sollte inzwischen eher von historischem Interesse sein, denn im heutigen DaF-Unterricht wird eindeutig der induktive Weg bevorzugt (s.u.).

2. In der obigen Unterrichtsstunde wird Grammatik nicht abstrakt eingeführt, sondern „eingebettet": Das Lied bildet einen inhaltlichen Rahmen (*Was passiert in der Nacht?*), und der Bezug auf eine Textsorte (*Überschrift für eine Zeitungsmeldung* bzw. *Teile einer Zeitungsmeldung*) stellt die kommunikativ-funktionale Einbettung des neuen grammatischen Phänomens dar. *Grammatik im Vollzug*, d.h. die angemessene Verwendung der Grammatik in situativen und textuellen Zusammenhängen, ist ein zentrales Postulat der heutigen Fremdsprachendidaktik. Werden grammatische Phänomene derart innerhalb eines textuellen oder situativen Zusammenhangs eingeführt, so bleiben sie nicht abstrakt und isoliert, sondern ihre Verwendung und Funktion im kommunikativen Zusammenhang wird erkennbar, und sie können an sinnvolles kommunikatives Handeln angebunden werden. Voraussetzung ist eine induktive Grammatikeinführung, die von einem Text oder einer Situation ausgeht.

Bei einem induktiven Ansatz wird die Grammatik nach der pragmatischen und inhaltlichen Textebene erarbeitet (→ 4.1.2; Quetz u.a. 1981: 76), etwa:
- Hinführung zum Text
- Textverstehen und Semantisierung
- Texterarbeitung, eventuell Texteinübung, Textreproduktion und -variation
- (textgebundene) Analogieübungen mit den neuen Redemitteln und der neuen Grammatik
- (induktives) Erarbeiten der neuen Grammatik

Dabei steht der Text als kommunikative Einheit im Zentrum: mit einem Inhalt und mit neuen sprachlichen Mitteln (Redemittel, Wortschatz, Grammatik), die in situativer und sprachlich-kontextueller Einbettung erarbeitet werden. Beim deduktiven Weg besteht dagegen die Gefahr, dass das neue Grammatikphänomen abstrakt ohne Situations- oder Textbezug eingeführt wird.
Keine Lehrbuchlektion beginnt heute noch mit der Präsentation der neuen Grammatik. Das war früher durchaus anders, wie ein Blick in manch älteres Lehrbuch zeigt. Ein grammatischer Lektionsbeginn provoziert natürlich direkt den abstrakten grammatischen Einstieg in eine neue Lektion. In neueren Lehrbüchern verbietet sich ein solcher Lektionsbeginn quasi von selbst, denn die Texte müssen zunächst verstanden, erarbeitet und eingeübt werden, bevor die Einführung der Grammatik erfolgt (→ 5.2). Bei einem anderen Vorgehen besteht die Gefahr, dass der Unterricht künstlich grammatikalisiert wird und die kommunikative Ausrichtung auf der Strecke bleibt. Texte würden bei einer solchen Vorgehensweise ihres Inhalts und ihrer Funktion „beraubt" und zur Beispielsammlung für Grammatik degradiert.

3. Die Schülerinnen und Schüler sind in der obigen Stunde aktiv an der Erarbeitung des neuen grammatischen Phänomens beteiligt. Sie bilden eigene Beispiele (Schritt 2), komplettieren selbst die Strukturen (Schritt 3, 4) und üben das Phänomen (Schritte 3 – 5), bevor es als solches zusammenfassend thematisiert wird (Schritt 6). Es wird also eine breite Induktionsbasis für die abschließende Thematisierung der grammatischen Regularität geschaffen. In der fachdidaktischen Literatur wird es heute als motivations- und lernfördernd betrachtet, wenn die Lerner an der Hinführung zur neuen Grammatik und an ihrer Erarbeitung aktiv beteiligt sind (→ 5.3.3). Beim deduktiven Weg nehmen die Lernenden dagegen eine rezeptive Haltung ein, während der Lehrer das grammatische Phänomen erklärt. Da das Phänomen noch nicht bekannt ist, wird die Phase der Bewusstmachung wesentlich ausführlicher sein als beim induktiven Weg, und oft wird sie auch mit größeren Verständnisschwierigkeiten verbunden sein.

5.3 Grammatikarbeit

Der aktive Umgang mit dem neuen Lernstoff während der Einführungsphase hat einerseits lernpsychologische Vorteile, da die Lernenden in reiner Analogie selbst das neue Phänomen üben und dabei die Regularität in einem aktiven Prozess erkennen können. Es ist aber auch motivationspsychologisch günstig, wenn die Schüler eine neue Struktur verwenden, bevor sie erklärt ist. Grammatik wird dadurch subjektiv wie objektiv leichter, und die Lernenden können ein gewisses Selbstbewusstsein in Bezug auf die neue Sprache entwickeln.

4. Das neue grammatische Phänomen wird erst zu dem Zeitpunkt erklärt, da es für das weitere Unterrichtsgeschehen erforderlich und nützlich ist. „Eine systematische Grammatikarbeit sollte also im Allgemeinen erst dann erfolgen, wenn das entsprechende Grammatikphänomen bereits in einem Text oder einer Übung in probierender Weise im sprachlichen Zusammenhang angewendet wurde und so ein *Vorverständnis* hergestellt wurde, das eine Hypothese über das Funktionieren des entsprechenden Phänomens erlaubt." („Themen 1", Lehrerhandbuch: 29) Durch ein solches Vorgehen wird eine Induktionsbasis geschaffen, die die Hypothesenbildung der Lernenden unterstützt (→ 2.2).

Grammatikarbeit sollte so ins Unterrichtsgeschehen eingebettet sein, dass ihre Mittlerfunktion schon durch den Ort ihres Vorkommens erkennbar wird. Traditionelle Stundenanfänge der Art *Also bitte aufpassen, heute behandeln wir das Passiv! Ich schreibe das einmal an die Tafel.* sind nicht angemessen; abgesehen von anderen Schwächen (z.B. Gefahr einer kontextlosen abstrakten Darstellung sprachlicher Formen) verleiht ein solcher Einstieg der Grammatik eine Dominanz, die ihr von der Sache her nicht zusteht.

Bei einem deduktiven Weg, der mit abstrakten und komplizierten Erklärungen beginnt, entsteht bei den Lernern – anders als beim induktiven Vorgehen – leicht der Eindruck, dass Grammatik etwas sehr Schweres ist, was für abstrakte Grammatik ja auch stimmt.

5. Indem die Lehrerin gezielt an das grammatische Vorwissen der Schüler anknüpft (Partizip Perfekt), erfüllt sie eine wichtige didaktische Forderung an Grammatikeinführungen. Oft bietet es sich an, das relevante Vorwissen zunächst in Form einer Wiederholung aufzufrischen, z.B.

neuer Stoff	gezieltes Anknüpfen an
– Passiv Perfekt	Partizip II (*Mann verfolgt* – s.o.)
– Perfekt	Flexion von *haben/sein* oder Satzklammer (Modalverben, trennbare Verben)
– Adjektivflexion	Flexion bestimmter Artikel (→ 3.2.2.2)
– Reflexivpronomen	Personalpronomen im Akkusativ und Dativ
– ...	

Ein gezieltes Anknüpfen an das Vorwissen trägt wesentlich zur Verständlichkeit des neuen grammatischen Phänomens bei.

6. Die komplexe neue Struktur wird in einzelne Teilstrukturen zerlegt und diese nach und nach eingeführt (Schritte 2 – 3 – 4). Dadurch wird die Grammatik besser durchschaubar und das Verständnis der formalen Zusammenhänge erleichtert.

Mit den Punkten 1 bis 6 sind wichtige Grundsätze der unterrichtlichen Grammatikarbeit genannt. Damit sind zugleich die Punkte angesprochen, die man vermeiden sollte:
• eine neue Lektion (eine Unterrichtsstunde) mit abstrakter Grammatik beginnen;
• (abstrakte) grammatikalische Regelerklärungen in der Einführungsphase ohne situative oder kontextuelle Einbettung;
• viel Grammatikstoff (möglichst noch mit den Ausnahmen) auf einmal einführen (z.B. die gesamte elementare Adjektivflexion, das gesamte Perfekt, die gesamte Komparation usw.);
• viel Terminologie in der Einführungsphase verwenden;
• ein strenges, entmutigendes Korrekturverhalten in der Einführungsphase.

Für die obige Grammatikeinführung sind drei Aspekte charakteristisch: die Einbettung des grammatischen Phänomens, die Phase der Erarbeitung und die Phase der (zusammenfassenden) Darstellung und Systematisierung. Darauf gehe ich im Folgenden genauer ein.

5.3.2 Einbettung

Auch wenn Lehrbuchlektionen heute mit Texten und Situationen beginnen und somit neue grammatische Phänomene nicht abstrakt eingeführt werden, sondern die Einbettung in Lehrbüchern vorgegeben ist und sich der Lehrer daran orientieren kann, kommt man als Lehrender doch immer wieder in die Situation, eine Einbettung für neue grammatische Phänomene zu suchen (für die Einführung, für das Üben). Im Folgenden zeige ich einige praktikable Möglichkeiten und Ideen auf.

Konjunktiv 2
(Nach Goethe-Institut, Projekt „Grammatik im Unterricht", Video Nr. 24: H. Papadopoulou „Einführung Konjunktiv II, Irreale Bedingungssätze"; Alter der Schüler: 13 – 14, Ende des 2. Lernjahrs; Goethe-Institut Athen, Griechenland)

Schritt 1 (EA/PL): Jeder Schüler schreibt auf einen Zettel in großen Buchstaben eine Person, die er gerne sein möchte. Mögliches Ergebnis (je nach Alter):

Die Zettel werden an die Tafel gehängt, dazu die Vorgabe *Wer wäre gern ...?* geschrieben. Die Lehrerin erklärt, dass *Wer wäre gern ...?* dasselbe bedeutet wie *Wer möchte gern ... sein?*.

Schritt 2 Ratespiel (PL): In der Klasse wird ein Ratespiel durchgeführt, bei dem die Schüler sich gegenseitig fragen (s. rechts). Der jeweilige Schüler – hier Jannis – kann auch die Struktur verwenden, also *Richtig, ich wäre gern ...* oder *Falsch, ich wäre nicht gern ....*

S1:	*Wer wäre gern Einstein?*
S2:	*Jannis wäre gern Einstein.*
S1:	*Jannis?*
S3 (=Jannis):	*Richtig.*
S4:	*Wer wäre gern Tarzan?*
S5:	*...*

Schritt 3 (PL): Nun wird die eingeführte Struktur erweitert (irreale Bedingung).

S1: *Wenn Anna Einstein wäre, was könnte sie?*	S5: *Wenn Kostas Tarzan wäre, was hätte er?*
S2: *Sie könnte gut rechnen.*	S6: *Er hätte viele Tiere.*
S3: *Sie könnte gut Mathematik.*	S7: *Er hätte einen Elefanten.*
S4: *Sie könnte gut ...*	S8: *Er hätte eine Hütte.*

– Zuvor wird gesammelt und als Hilfe an der Tafel festgehalten, was die jeweilige berühmte Person (Einstein, Tarzan usw.) kann (konnte) bzw. hat (hatte).
– Die Fragestruktur *Wenn ... (Anna Einstein) wäre, was könnte/hätte sie/er?* wird an der Tafel vorgegeben.

Eine geradezu „individualpsychologische Einbettung" bietet ein Unterrichtsmitschnitt aus Schweden (vgl. Goethe-Institut, Projekt „Grammatik im Unterricht", Video Nr. 26: U. Tornberg „Konjunktiv II", Wiederholung): Die grammatische Struktur wird funktionell auf zwei Menschentypen bezogen: der Konjunktivmensch als Träumer und Idealist und der Indikativmensch als Jetzt-Mensch und Realist. Aus diesem Einstieg ergeben sich viele interessante Stundenverläufe für (nicht zu junge) Fortgeschrittene, z.B.:
– Die Lernenden charakterisieren sich selbst als Konjunktiv- bzw. Indikativmenschen (KM, IM) und stellen die Konsequenzen für ihr Leben dar.
– Die KM und IM aus der Klasse sprechen über Reiseträumziele, z.B.: KM: *Wenn ich könnte, würde ich nach ... fahren.* – IM: *Du kannst aber nicht, also ...*
– Die KM und die IM aus der Klasse schreiben Texte zu einem Thema (*Der heutige Tag, Die kommende Woche, Die nächsten Ferien ...*)

Komparation
Die bisherigen Einbettungen/Einführungen beruhen darauf, dass die Lernenden das grammatische Phänomen in Analogie zu einer Vorgabe selbst bilden. Je nach Alter und intellektuellem Niveau der Schüler kann die Vorgabe dabei mündlich oder schriftlich gegeben werden. Im folgenden Beispiel wird die neue Struktur schriftlich vorgegeben; da sie normalerweise verstan-

5.3 Grammatikarbeit

wird (die Schüler kennen Vergleiche aus der Lehrersprache), braucht sie zunächst nicht gesondert eingeführt zu werden (verändert nach: Lernspielekartei, Spiel C 3).

Schritt 1: Der Lehrer hat mehrere Sätze von Kärtchen mit Lücken wie folgt vorbereitet:

| ... ist größer als ... | ... spielt besser Fußball als ... | ... hat dunklere Augen als ... |
| ... läuft schneller als ... | ... hat längere Haare als ... | ... tanzt besser als ... |

Schritt 2 (PA): Je zwei Schüler bekommen einen Satz der Kärtchen. Sie suchen sich einen Mitschüler aus und beschreiben ihn indirekt im Vergleich zu den anderen Schülern – also (vgl. rechts; *sie – die Person*):

> Sie hat längere Haare als Julia.
> Sie ist kleiner als Maro.
> Sie ist größer als Jim.
> Sie läuft schneller als ...

Schritt 3 (PL): Die Lernenden beschreiben die gewählte Person, und ihre Mitschüler raten, um wen es sich wohl handelt. Wenn jemand vorgeschlagen wird, kann der Lehrende durch die Frage *Warum?* den Gebrauch der Struktur stimulieren – z.B. (vgl. rechts):

> S4: Es ist Carmen.
> S1: Richtig. Warum?
> S: – Sie ist nicht kleiner als ....
> – Carmen hat längere Haare als ...
> – Sie tanzt viel besser als ...

Die Einbettung eines grammatischen Phänomens kann auch direkt auf die Realität des Klassenzimmers Bezug nehmen wie in den beiden folgenden Beispielen.

Infinitiv mit „zu": Klassenrevolte

Schritt 1 (PL): Die Lehrerin / der Lehrer führt in die Situation ein und gibt dabei die Struktur „Infinitiv mit *zu*" anhand von Beispielen vor. Dabei entsteht das folgende Tafelbild (oder vorbereitete OHP-Folie):

Ich habe keine Lust,	zu schreiben!
Ich habe jetzt keine Zeit,	vorzulesen!
Es macht mir keinen Spaß,	ins Heft zu schreiben!
Ich finde es langweilig,	meine Hausaufgaben vorzulesen!
Wozu ist es gut,	
...	

Schritt 2 (PL): In der Klasse werden „Lehreranweisungen" gesammelt und schriftlich festgehalten (Tafel, OHP-Folie).

Schritt 3 (PL): Eine Schülerin / ein Schüler übernimmt die Lehrerrolle und gibt auf möglichst autoritäre Art Anweisungen; als Hilfe dient der Tafelanschrieb (Schritt 2). Die Mitschüler reagieren mit den vorgegebenen sprachlichen Mitteln und verwenden dabei den Infinitiv mit *zu*.

> L: Schreib jetzt!
> S1: Ich habe keine Lust zu schreiben.
> L: Mach das Buch auf!
> S2: Ich finde es langweilig, das Buch aufzumachen.
> L: Seid endlich ruhig!
> S3: Wozu ist es gut, ruhig zu sein?
> L: ...

Modalverben

Schritt 1 (PL): Der Lehrende setzt seine Brille ab, nimmt ein Buch in die Hand und versucht zu lesen; dabei sagt er: *Ich will lesen, aber ich kann nicht.*

Schritt 2 (PL): Analog zu dem Beispiel aus Schritt 1 reagieren die Lernenden auf Handlungen des Lehrers.

> L: Nimmt S1 das Buch weg.
> S1: *Ich will lesen, aber ich kann nicht.*
> L: Nimmt S2 den Kugelschreiber weg.
> S2: *Ich will schreiben, aber ich kann nicht.*
> L: Nimmt S3 die Tasche weg.
> S3: *Ich will Hausaufgaben machen, aber ich kann nicht.*
> ...
>
> L: Nimmt S1 das Buch weg und sagt: *Lesen Sie bitte.*
> S2: *Er will lesen, aber er kann nicht.*
> ...
> L: Nimmt S3 den Kuli weg und sagt: *Schreiben Sie bitte.*
> S4: *Sie soll schreiben, aber sie kann nicht.*
> ...

Das Klassenzimmer und die Lernsituation bieten viele Möglichkeiten, neuen Lernstoff real einzubetten. Oft kann man dafür auch Spiele abändern. Wichtig ist, dass es sich um Strukturen handelt, die durch Analogiebildung leicht reproduziert werden können, d.h. regelmäßige Fälle, keine unregelmäßigen; zugleich muss ein Bezug auf bekannte Strukturen vorhanden sein (z.B. auf trennbare Verben beim Infinitiv mit *zu* oben). Man sollte sich auch überlegen, ob man die Einbettung des Lehrbuchs für diese Phase in der Klasse verwenden bzw. variieren kann.

Wird eine neue grammatische Struktur während ihrer Einführung derart eingebettet, so erfüllt dies die wichtigsten Forderungen, die heute an Grammatikarbeit im Fremdsprachenunterricht gestellt werden (z.B. Funk/König 1991: 52ff.):

- „Lerner sprechen und handeln in einem sinnvollen Kontext als sie selbst und nicht als Lehrwerkfiguren" (Funk/König 1991: 53 – i. O. hervorgeh.).
- Grammatik ist kein isolierter Lerngegenstand, sondern die grammatischen Phänomene werden in einer typischen Verwendungssituation eingeführt, sodass ihre Funktion und ihre pragmatische Angemessenheit erkennbar werden (in Bezug auf Textsorte, Partnerbezug usw.). Grammatik dient dabei als Werkzeug für sprachliches Handeln (Grammatik im Vollzug).
- Die Lernenden produzieren nicht isolierte Sätze oder Wörter, sondern sinnvolle Äußerungen und Texte.
- Die neue Grammatik wird induktiv eingeführt, d.h. der Unterricht bewegt sich auf die Formulierung der Regel hin. Aus den sprachlichen Aktivitäten ergeben sich genügend reale Beispiele als Induktionsbasis für eine aktive Erarbeitung durch die Schüler und die abschließende Regelformulierung. Grammatische Terminologie ist zunächst nicht erforderlich, und auch das Korrekturverhalten sollte dem inhaltlichen Aspekt der Phase angemessen sein.

5.3.3 Erarbeitung

„Eine Vermittlung von Grammatik, die die Lerner aktiviert, ist sicher von Vorteil. Konkret: ein *induktives Verfahren*, bei dem *die Schüler die Regel selber entdecken*, ist einem deduktiven, bei dem der Lehrer die Regel vorgibt, vorzuziehen, u.a. weil – selbst Gefundenes besser behalten wird – selbst entdeckendes Lernen auch zum Abbau von Angst vor der 'unverständlichen' Grammatik beitragen kann." (Dahl/Weis 1988: 15)
„Grammatik, die die Lerner aktiviert", „die Regel selber entdecken", „selbst entdeckendes Lernen": diese Konzeption wird heute im Zusammenhang mit Grammatikarbeit immer wieder genannt (z.B. Dahl/Weis 1988; Funk/Koenig 1991). Als Begründung werden u.a. erhöhte Motivation und besseres Lernen durch Eigenaktivität („Generation-Effekt" – Zimmer 1988) genannt. Im Aufbau der Grammatikteile von Lehrwerken schlägt sich aktive Grammatikarbeit an den Stellen nieder, wo die Lernenden – meist auf der Basis von Situationen oder Texten – eigenständig grammatische Schemata, Tabellen und Paradigmen ausfüllen oder Regeln komplettieren sollen (z.B. Abb. 5.24, die Didaktisierung zu Abb. 5.26, Abb. 5.29).

Zimmermann (1984) hat bei seinen „Erkundungen zur Praxis des Grammatikunterrichts" von 70% der befragten 681 Fremdsprachenlehrer die Antwort bekommen, dass sie ihre Schüler die Regel selbst finden lassen (eventuell mit ihrer Hilfe). Eine Analyse von Unterrichtsstunden hat allerdings ergeben, dass dabei kein Entdeckungslernen, sondern „konstatierendes Erarbeitungslernen" stattfindet (65ff.); der Unterrichtende lenkt im Klassengespräch durch gezielte Fragen die Lerner auf Aspekte der Grammatik, die sie dann nur noch festzustellen (konstatieren) brauchen. Es handelt sich um Fragen des Typs (Beispiel „Perfekt"): *Wo stehen die beiden Verben? Welches Verb kann an zweiter Stelle stehen? Hat die zweite Verbform eine Endung wie das Adjektiv?* usw. Um eigenständige Erarbeitung durch die Schüler oder gar „selbst entdeckendes Lernen" handelt es sich hierbei sicherlich nicht.

5.3 Grammatikarbeit

Den Wert eines solchen fragengesteuerten Erarbeitungsunterrichts haben Grell/Grell (1983) vehement in Frage gestellt. Er sei zeitaufwendig und wenig ökonomisch; die Schüler lernten dabei nicht Neues, sondern würden nur Dinge reproduzieren, auf die sie durch die Lehrerfragen gelenkt würden; die Lehrerfragen seien Scheinfragen (da der Lehrer die Antwort genau wisse); der Unterrichtsverlauf sei starr, da er strikt auf ein bestimmtes Ziel zusteure. Grell/Grell (1983: 53) weisen auch auf eine andere Gefahr des Erarbeitungsunterrichts hin: „in vielen Unterrichtsstunden werden die Schüler vom Lehrer beinahe ununterbrochen nach Informationen ausgefragt, die sie eigentlich noch nicht haben können, weil sie sie ja erst lernen sollen." Sie plädieren für mehr informierenden Input durch den Lehrer und anschließende Lernaufgaben dazu.
Auch wenn das Fragen entwickelnde Verfahren keine zentrale Unterrichtsform des Fremdsprachenunterrichts ist, so scheint diese Unterrichtsform doch in verschiedenen Unterrichtsphasen – z.B. bei der Textarbeit („Gespräch/ Diskussion über den Text") oder auch der Grammatikarbeit – häufiger vorzukommen. Sie sollte jedenfalls sehr reflektiert eingesetzt werden.
Zimmermann (1984: 64) referiert weiterhin Forschungsergebnisse zum selbst entdeckenden bzw. induktiven/ deduktiven Lernen: danach schneiden Schüler mit niedrigen Lernleistungen bei darbietenden deduktiven Verfahren, Schüler mit besseren Lernleistungen bei selbst entdeckenden induktiven Verfahren besser ab; auch Faktoren wie Extrovertiertheit/Introvertiertheit, Neugierverhalten, Angst vor Versagen, Alter spielen eine Rolle. Insgesamt ergibt sich kein einheitliches Bild.
Ausführlich und sehr zurückhaltend äußern sich Ausubel u.a. (1980: 597ff.) zu den Möglichkeiten und zum Wert entdeckenden Lernens im schulischen Unterricht. Sie stellen einerseits fest, „dass die größere Anstrengung, Motivation, Erregung und Lebendigkeit, die mit dem selbständigen entdeckenden Lernen verbunden sind ... zu einem etwas besseren Lernen und Behalten führen" (608) können; selbst entdeckendes Lernen fördere auch Motivation und Selbstvertrauen (631ff.). Andererseits sei dieses Unterrichtsverfahren zeitaufwendig und unökonomisch, und es sei fraglich, ob die Ergebnisse den Zeitaufwand lohnen. Ausubel u.a. bezweifeln den Wert selbst entdeckenden Lernens vor allem da, wo es um Wissensübermittlung und Wissenseingliederung geht. Das ist aber bei der Grammatikarbeit der Fall.

Die Frage „selbst entdecken oder informieren" ist kein zentrales Problem des Fremdsprachenunterrichts, da er nicht in erster Linie auf Wissen, sondern auf Können abzielt. Grammatikwissen ist lediglich Mittlerwissen (s.o.); für die angestrebte Kommunikationsfähigkeit ist seine Eingliederung in fremdsprachliches Können entscheidend. Wenn sich das „Erarbeiten" auf einen reinen Denkprozess beschränkt, dessen Ziel die Einsicht in eine grammatische Regularität ist, so stellt sich in der Tat mit Ausubel u.a. (1980) die Frage, ob der damit verbundene Zeitaufwand zu rechtfertigen ist. Deshalb dürfte das fragegeleitete Erarbeiten von Grammatik im Frontalunterricht wenig ökonomisch sein. Ist die Erarbeitungsphase aber mit intensiven sprachlichen Aktivitäten verbunden, sodass das neue grammatische Phänomen während der Erarbeitung zugleich geübt wird, dann dürfte ein solches Vorgehen durchaus nützlich sein, da mit dem Erkenntnisgewinn ein *Übungseffekt* verbunden und ein erster Schritt in Richtung Können bzw. Automatisierung (Prozeduralisierung, → 2.1) getan ist.

„Entdeckendes Lernen" wird im Fremdsprachenunterricht in der Regel durch die Lehrenden vororganisiert und gelenkt sein. Es sollte zu einem gut strukturierten, assimilierbaren und transferfähigen Ergebnis führen, und das ist ohne die gut geplante Vororganisation und steuernde Vorgaben durch den Lehrer nicht zu erreichen (Ausubel u.a. 1980). Weiterhin sollte die Erarbeitung von strukturellen Zusammenhängen und Regelhaftigkeiten einfach sein und die Lernenden nicht überfordern (Schüler sind meist keine Linguisten!). Am Ende der Erarbeitungsphase und nach Vorstellung der Ergebnisse (bei Partner- oder Gruppenarbeit) sollte der Lehrer die Regel noch einmal zusammenhängend, klar strukturiert und verständlich an der Tafel oder über OHP zusammenfassen (→ 5.3.4).

Aktive Grammatikarbeit verläuft nach Funk/Koenig (1991) in den drei Schritten „Sammeln → Ordnen → Systematisieren". Zunächst müssen die Schüler genügend Beispiele für das zu erarbeitende grammatische Phänomen zusammentragen; falls dabei auf einen Text Bezug genommen wird, muss dieser genügend Beispiele enthalten. Danach müssen sie die Beispiele ordnen, z.B. nach Fällen gleicher syntaktischer oder morphologischer Struktur, nach regelmäßigen und unregelmäßigen Fällen o.ä. Schließlich muss das Ganze systematisiert werden, d.h. in eine zusammenhängende pädagogische grammatische Darstellung gebracht werden. Das Sammeln und Ordnen sollte in Partner- oder Gruppenarbeit durchgeführt werden, die abschließende Systematisierung im Plenum. Die methodischen Techniken, die ich im Folgenden vorstelle, möchte ich als „übendes gelenktes Erarbeiten" charakterisieren; d.h. sie zielen darauf ab, die Schüler gelenkt zur Erkenntnis von grammatischen Regularitäten zu führen, und das auf eine Art, bei der sie zugleich intensiv mit dem neuen Sprachmaterial umgehen, sodass ihr aktives Verhalten mit einem Gewöhnungs- bzw. Übungseffekt verbunden ist.

Sammeln und Ordnen: Beispiel Perfekt und Adjektivdeklination
Die Schüler schreiben aus einem Text die Beispiele für das neue grammatische Phänomen heraus und ordnen sie anschließend (nach gleicher Syntax, gleicher morphologischer Bildungsweise, nach regelmäßigen und unregelmäßigen Fällen o.ä.). Es ist günstig, wenn die Strukturen oder Formen auf kleine Zettel geschrieben werden, da sie dann gut geordnet werden können. Das Ordnen kann selbständig erfolgen, oder die Zettel werden einem vorgegebenen Schema zugeordnet. Das Ergebnis wird anschließend in der Klasse besprochen.

Schritt 1: Der Text Abb. 5.23 wird inhaltlich erarbeitet; eventuell schließt sich eine einfache Übung an, in der die Lernenden das Perfekt imitativ verwenden (→ 5.4.1).

Zwei Jahre war Atu Konga in Österreich.	Atu *hat* in Wien ein Zimmer *gemietet*
Sie *ist* im Februar 1980 aus Afrika *gekommen*.	und bei einer Familie *gewohnt*.
Zuerst *ist* sie in Graz *gewesen*,	Dort *hat* sie sich sehr wohl *gefühlt*.
dort *hat* sie einen Sprachkurs *gemacht*.	Abends *hat* sie manchmal *ferngesehen*.
Der Sprachkurs *hat* sechs Monate *gedauert*,	Aber oft *haben* Freunde sie auch *eingeladen*,
und Atu *hat* gut Deutsch *gelernt*.	Und sie *haben* zusammen Ausflüge *gemacht*.
Dann *ist* sie nach Wien *gefahren*.	Atu *hat* viele Österreicher kennen *gelernt*.
In Wien *hat* sie *studiert*.	1982 *hat* sie ihr Studium *beendet*
Sie war an der Universität.	Und *ist* nach Afrika *zurückgefahren*.
1980 *hat* sie ihr Studium *angefangen*.	Zwei Jahre *ist* sie im Ausland *gewesen*.
Es *ist* nicht leicht *gewesen*.	In dieser Zeit *hat* sie ihre Familie nicht *gesehen*.
Sie *ist* in Vorlesungen *gegangen*	Manchmal *hat* sie auch Heimweh *gehabt*.
und *hat* anfangs nur wenig *verstanden*.	Aber jetzt denkt sie oft an ihr Studium in Österreich.
Aber Kollegen *haben* ihr *geholfen*.	

Abb. 5.23: LERNZ.DT. 1: 146f. (i.O. mit Zeichnungen)

Schritt 2 (PA): Ein Teil der Klasse bekommt das Arbeitspapier 1 und überträgt die Formen des Partizip Perfekts, die in dem Text vorkommen, in das Schema (→ 3.2.2.1, Abb. 3.36). Einige Schüler bekommen das Arbeitspapier 2 und trennen die Partizip-Formen entsprechend den Hilfsverben *haben* und *sein*.

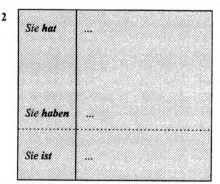

Darüber hinaus erhalten zwei Schüler die Aufgabe, im Text alle Verbformen zu unterstreichen und auf die Regularitäten der Syntax zu achten (*Wo stehen die Verben im Satz?*).

Schritt 3: Anhand der Ergebnisse werden die Regularitäten der Perfektbildung geklärt; dabei liegen die ausgefüllten Tabellen von Schritt 2 für alle Schüler sichtbar vor (z.B. können die beiden Schemata während der Besprechung als Tafelanschrieb entstehen, oder der Lehrer hat sie als OHP-Folien vorbereitet). Zu einem späteren Zeitpunkt des Unterrichts können die Schüler die Schemata mit weiteren Perfektformen ergänzen, die die in der Lektion folgenden Briefe enthalten („Lernziel Deutsch 1": 148f.).

5.3 Grammatikarbeit

Die Lernenden können die Partizip-Formen auch auf Kärtchen notieren und die Kärtchen nach Gruppen gleicher Bildungsweise sortieren (was natürlich ziemlich schwer ist) oder die Kärtchen den vorgegebenen Schemata 1 und 2 zuordnen.

Ein Vorgehen wie dieses führt bei den Lernenden zum einen zu strukturierten Einsichten in die Bildung des Perfekts; zum anderen ist es auch mit einem intensiven Übungseffekt verbunden, da die Verbformen aufgeschrieben werden und dabei intensiv im Arbeitsgedächtnis zirkulieren.

Eine interessante Erarbeitungs- und Übungsphase zur Adjektivflexion nach Nullartikel findet sich in „Stufen 3". Die Lernenden erarbeiten die grammatischen Regularitäten in mehreren Schritten selbst, indem sie Beispielwörter und Adjektivendungen in vorstrukturierte Listen und Schemata eintragen und dadurch zur Einsicht in die Regularitäten gelangen.

---

10 a) Unterstreichen Sie die Adjektive nach „Nullartikel", und tragen Sie für jeden Kasus jeweils 1 oder 2 vollständige Wörter in die Übersicht ein.

Bildhübsche LEHRERIN, 29 J., von liebreiz., natürl. Wesen, Frohnatur m. Herz u. Charme, anschmiegsam u. zärtl., gute Köchin, möchte ihre Zukunft mit ehrl. und treuem Lebenspartner teilen. Welcher Mann hat Mut und schreibt mir unter W 111 Carola

Bildschöner Jüngling, 28, 182, 75 sucht ebenso hübsche schl. jg. Dame bis 24 J. für Freizeitgest., Hobbies: Reisen, Wassersport, usw. Nur Bildzuschr. Mit Adressenang. Chiffre B 837360

UNTERNEHMERIN, 40 J., in besten Verhältn., jugendl., charm., temperamentv., lebensbejah., sucht trotz bitterer Enttäuschung neuen Anfang. Suche kein Vermögen, sond. ehrl. harmonische Zweisamkeit und gegenseitiges Verstehen. W 112 Inst. Carola

	Singular			Plural
	maskulin	neutral	feminin	
N			*bildhübsche*	
A				
D		*liebreizendem*		
G				

b) Bitte schreiben Sie die Adjektivendungen aus der Übersicht in a) in die folgende Übersicht, und vergleichen Sie sie mit den definiten Artikeln. Z.B.:

der	Mann
reich	er	Mann
das	Mädchen
blond	es	Mädchen

		Singular			Plural
		maskulin	neutral	feminin	
N		der	das	die	die
A		den	das	die	die
D		dem	dem	der	den
G		des	des	der	der

11 a) Heiratsanzeigen

1. Arm___ Poet sucht jung___ reich___ Frau. Bin ideal___ Mann für ein gemütlich___ Heim und weit___ Reisen.

2. Jung___ Mann in akademisch___ Beruf sucht hübsch___ intelligent___ Dame mit Interesse an klassisch___ Musik und sozial___ Problemen.

3. ...

Abb. 5.24: STUFEN 3: 99f.

Diese Lehreinheit mit den Schritten „Auswerten – Klassifizieren – Verallgemeinern – Regelfindung – Üben" verbindet aktiv erworbene Einsicht in grammatische Regularitäten mit intensivem Üben und stellt ein gutes Beispiel für motivierende und lernintensive Grammatikarbeit dar.

Textvergleich: Beispiel Passiv

Bei dieser methodischen Technik vergleichen die Lernenden einen Text in zwei Versionen miteinander: einmal mit und einmal ohne die neu einzuführende grammatische Struktur. Sie halten die Unterschiede fest, z.B. durch Markieren/Unterstreichen oder Herausschreiben, besprechen sie, notieren sich bestimmte Eigenschaften des grammatischen Phänomens und erarbeiten dabei die charakteristischen Merkmale einer neuen grammatischen Struktur weitgehend selbst. (Das Folgende in Anlehnung an Goethe-Institut, Unterrichtsdokumentation 1982, 140. Stunde.)

Schritt 1 (PL): Nach einer kurzen Einführung anhand eines Streckenplans „Hamburg – München" und der Überschrift *Der Zug von morgen* werden Einzelsätze, die die wichtigsten Aussagen des Textes vereinfacht enthalten (s. Schritt 2, Abb. 5.25a), inhaltlich erarbeitet.

Schritt 2 (EA): Die Lernenden erhalten ein Arbeitspapier, auf dem der Originaltext (Textsorte „Zeitungsartikel") und die inhaltlich erarbeiteten Sätze in ungeordneter Reihenfolge gegenübergestellt sind. In einem ersten Schritt sollen die Sätze den entsprechenden Textstellen zugeordnet werden. (Das Textverstehen ist durch Schritt 1 vorentlastet.)

a)
- *An diesem Projekt arbeiten drei Industriefirmen aus Bayern.*
- *Die Ergebnisse kennt man seit 1972/73.*
- *Die Fahrt über 900 km dauert nur 2 Stunden.*
- *Drei Jahre arbeiteten 30 Techniker an der Planung.*
- *Einen Prototyp der Bahn zeigten die Techniker schon 1971.*
- *Für diese Aufgabe bildete sich eine Arbeitsgruppe.*
- *Jetzt bauen die Techniker eine Teststrecke.*
- *Neuartige Elektromotoren treiben die Maschinen an.*
- *Techniker bauen eine Fernschnellbahn. Sie führt von Hamburg nach München.*

b)
Der Zug von morgen
Teststrecke für Fernschnellbahn wird vorbereitet.
In der Bundesrepublik wird eine Fernschnellbahn gebaut, die von Hamburg bis München reichen soll. Schon im Jahre 1969 wurde eine Arbeitsgruppe für dieses Projekt gebildet. Dreißig Techniker beschäftigten sich drei Jahre lang mit der Planung. Sie arbeiteten 145000 Stunden und brauchten 100000 Computerstunden. Ihre Ergebnisse wurden Ende 1972 veröffentlicht. Als erstes wird nun die Teststrecke gebaut. Drei Industrie-Firmen in Bayern arbeiten bereits seit Jahren an dieser Bahn, die für die 900 km lange Strecke nur zwei Stunden brauchen soll. Ein Prototyp wurde schon im Oktober 1971 gezeigt. Dieses Fahrzeug wird von neuartigen Elektromotoren angetrieben, die gleichzeitig auch als Bremsen verwendet werden ...

Abb. 5.25: **a)** Einzelsätze im Aktiv; **b)** Lehrbuchtext mit Passiv (DT.2000 2: 11)

Schritt 3 (PL): Bei der Besprechung werden noch verbliebene inhaltliche Fragen geklärt.

Schritt 4 (PA): Die Lernenden sollen nun den Zeitungsartikel (mit Passivstrukturen) mit den Einzelsätzen (im Aktiv) vergleichen, dabei die grammatischen Unterschiede unterstreichen und miteinander besprechen.

Schritt 5 (PL): Die Ergebnisse werden im Plenum besprochen (Hinweis auf die Textsorte und die Funktion der Struktur!) und die Charakteristika von Passivstrukturen durch Tafelanschrieb herausgestellt, etwa:

In der BRD	*wird*	*eine Fernschnellbahn*	*gebaut*
1969	*wurde*	*eine Arbeitsgruppe*	*gebildet*
Die Ergebnisse	*wurden*	*Ende 1972*	*veröffentlicht*
...			

Grammatische Lücken: Beispiel Steigerung

Bei dieser Technik bekommen die Schüler Karten, auf denen je ein Satz steht – ähnlich den Sätzen im Bezugstext. Die Sätze auf den Karten haben „grammatische Lücken", in denen Wörter/Ausdrücke fehlen, die das neue grammatische Phänomen darstellen. Mit Hilfe des Textes füllen die Lernenden die Lücken aus und ordnen die Karten anschließend entsprechend der Funktion und Formenbildung des neuen grammatischen Phänomens in Gruppen. Voraussetzung ist – und

5.3 Grammatikarbeit

das gilt auch für andere der hier besprochenen methodischen Techniken –, dass die Lernenden die jeweiligen Strukturen „verstehen", d.h. das Textverstehen durch die neue Grammatik nicht behindert wird. Diese Voraussetzung ist zumindest in der Grundstufe bei den meisten Strukturen gegeben, zumal die Lehrersprache von Anfang an vieles an Grammatik enthält, was erst nach und nach als expliziter grammatischer Stoff thematisiert wird. (Vgl. zum Folgenden: Goethe-Institut, Projekt „Grammatik im Unterricht", Video Nr. 18: R. Palaska, Komparation; Griechenland.)

Schritt 1: Der Text Abb. 5.26 wird inhaltlich erarbeitet (→ 5.2).

> **Rockissima, Rockissimo**
> Rocka ist Miss Universum. Sie ist das schönste Mädchen, das es im ganzen Universum gibt. Keine andere Frau ist so schön wie sie. Sie hat die längste Nase, eine Nase, die viel länger ist als jede andere Nase und mit der sie viel besser riechen kann als jede andere Frau.
> Sie hat auch die größten Augen – Augen, mit denen sie besser sehen kann als irgendein Mensch und mit denen sie sogar nach hinten sehen kann.
> Und dann ihre Arme. Sie sind viel dünner als Menschenarme, fast so dünn wie ein Bleistift. Ihr Bauch aber ist dick, deshalb ist Rocka fast so dick wie groß.
> Und dann ihre wunderbar kurzen Beine, die kürzer sind als alle Menschenbeine! Schön sind auch ihre Füße, die fast so lang (oder so kurz) sind wie ihre Beine.
> Das Beste aber ist ihre Hautfarbe, die so wunderbar blau ist, noch blauer als der Himmel. Nun sagen Sie selbst: Kennen Sie eine Frau, die so tiefblau ist? Das also ist Rocka, die Rocko liebt (und umgekehrt). Denn auch Rocko gibt es nur einmal!
> Niemand kann langsamer laufen als er, niemand kann kleinere Sprünge machen als er, niemand hat so wenig Kraft wie er.
> Rocko kann am längsten nichts tun und weniger arbeiten als alle anderen. Schließlich kennt er die langweiligsten Geschichten, bei denen man wunderbar schlafen kann ...

Abb. 5.26: DT.AKT. (neu) 1B: 91

Schritt 2 (PA): Die Lernenden erhalten Satzkarten mit „grammatischen Lücken" (je Kleingruppe 4–5 Karten). In Partnerarbeit suchen sie im Text die entsprechenden Textstellen und ergänzen die Lücken entsprechend den Vorgaben im Text.

Rocka ist _____ Mädchen im ganzen Universum.	Keine Frau ist ____ schön ____ sie.	Rockas Arme sind fast ____ dünn ____ Bleistifte.
Sie kann _____ riechen ____ jede andere Frau.	Niemand kann _____ laufen ____ Rocko.	Sie hat _____ Nase.

Die Lehrerin / der Lehrer bereitet währenddessen an der Tafel folgendes Schema vor:

... so schön wie ...	... weniger als ...	... am längsten ǀ von ... ... der Ärmste ǀ

Schritt 3 (PL): Die Ergebnisse der Partnerarbeit werden besprochen; die Lernenden heften die ausgefüllten (und eventuell korrigierten) Karten in das Schema an der Tafel und begründen ihre Zuordnung.

Schritt 4 (PL): Abschließend wird aus den Beispielen auf Karten an der Tafel eine zusammenfassende Systematisierung der Struktur entwickelt (oder vorbereitete OHP-Folie), etwa:

Keine ist	so	schön		wie	Rocka.	Niemand hat	so	dünne Arme		wie	Rocka
Rocka läuft		schneller		als	Rocko.	Keiner macht		kleinere Sprünge		als	Rocko
Rocko läuft	am	schnellsten	von		allen.	Er hat		die längste Nase	von		allen
...											

Satzstrukturen mit Wortkarten legen: Beispiel Modalverben
Nach der inhaltlichen Erarbeitung eines Textes erhalten die Lernenden Wortkarten, in denen das neue und im Text bereits rezeptiv aufgenommene grammatische Phänomen vorkommt und aus denen sie Sätze legen sollen. Die Sätze sollten sich wie auch im obigen Beispiel der „grammatischen Lücken" an den Text anlehnen. An den gelegten Sätzen lässt sich direkt die grammatische Struktur erkennen, wobei die strukturell wichtigen Aspekte durch Farben oder Fettschrift hervorgehoben sind.

Schritt 1: Zunächst wird der Text Abb. 5.27 inhaltlich erarbeitet (→ 5.2)

> **Die Deutsche Welle fragt: Warum lernen Sie Deutsch?**
> A: Meine Damen und Herren! 17 Millionen Menschen in 61 Ländern lernen Deutsch. Warum eigentlich? Meine Kollegen in aller Welt haben überall die Frage gestellt: Warum lernen Sie Deutsch? Hier eine Auswahl der Antworten. Eine Ärztin aus Kanada:
> B: Ich will im Urlaub nach Berlin und Wien fahren. Ich möchte dort gern mit den Menschen reden.
> A: Ein Geschäftsmann aus Ghana:
> C: Unsere Firma importiert sehr viel aus Deutschland. Ich brauche Deutsch für meine Karriere.
> A: Eine Schülerin aus Indonesien:
> D: Ich muss Deutsch lernen, denn Deutsch ist an meiner Schule Pflichtfach.
> A: Ein Student aus Japan:
> E: Ich will in München Musik studieren. Ich brauche Deutsch für mein Studium.
> A: Eine Psychologin aus Italien:
> F: Ich möchte deutsche Fachbücher im Original lesen.
> A: Andere Leute haben andere Gründe genannt: Sie wollen zum Beispiel mit einer Brieffreundin auf Deutsch korrespondieren, deutsche Literatur lesen oder mehr Geld verdienen. Viele Leute lernen Deutsch auch einfach zum Vergnügen.

Abb. 5.27: SPR.BR. 1: 70

Schritt 2 (PA): Nach der inhaltlichen Erarbeitung des Textes (sofern erforderlich, auch der Bedeutung der Modalverben) erhalten die Lernenden Wortkarten und ordnen diese in Partnerarbeit zu Sätzen. Die Sätze lehnen sich in Bezug auf Inhalt und sprachliche Form an den Text an. Die Wortkarten mit den Modalverben und den Vollverben unterscheiden sich von den anderen Wortkarten (Farbe, Fettschrift ...).

eine Frau	Fachbücher	auf Deutsch	Deutsch	nach Wien	eine Psychologin
im Urlaub	eine Schülerin	in der Schule	studieren	möchte	lesen	muss
in Deutschland	ein Japaner	fahren	lernen	will	will	...

Schritt 3 (PL): Bei der Besprechung der Ergebnisse werden die Wortkarten in geordneter Form an die Tafel geheftet; die dabei entstehende Struktur kann durch weitere bekannte Beispiele mit Satzklammer erweitert werden (trennbares Verb, Perfekt ... – je nach Progression des Lehrbuchs), z.B.:

POSITION 1	VERB TEIL 1		VERB TEIL 2
Eine Frau	will	im Urlaub nach Wien	fahren
Eine Schülerin	muss	in der Schule Deutsch	lernen
Ein junger Japaner	will	in Deutschland	studieren
Eine Psychologin	möchte	Fachbücher auf Deutsch	lesen
Sie	hat	früher Übersetzungen	gelesen
Sie	kommt	immer	mit

Gesteuerte Regelformulierung
Zur grammatischen Erarbeitung kann auch die Formulierung einer Regel gehören. In einigen neueren Lehrwerken findet man Aufgaben, bei denen die Lernenden – eventuell nach Aufgaben zum Sammeln und Ordnen oder auch anhand vorgegebener Beispielsätze – die Regularitäten mit Hilfe von Vorgaben selbst formulieren sollen.

5.3 Grammatikarbeit

Position	1 (Subj.)	2 Verb 1	3 Subj.			Ende Verb 2
1.	Peter	wartet		morgens 20 Min.	auf den Bus.	
2.	Morgens	hat	Peter	20 Min.	auf den Bus	gewartet.
3.	Wer	hat		morgens 20 Min.	auf den Bus	gewartet?
4.	Peter	steht		morgens meist	um 8 Uhr	auf.
...						
7. und	leider	soll	Peter	morgens 20 Min.	auf den Bus	gewartet haben.
8. weil	Peter			morgens meist	um 8 Uhr	aufstehen muss.
9. dass	Peter			morgens 20 Min.	auf den Bus	gewartet hat.

Ü 1 Welche Basisregeln erkennen Sie in den Sätzen 1. bis 9.? Ergänzen Sie!

R1 Das Subjekt steht entweder direkt _____ oder direkt _____ dem Verb.
R2 Im Nebensatz (8./9.) steht das Subjekt _____ der Konjunktion.
R3 Das Verb mit Personalendung (= Verb 1) steht an Position _____ (nicht bei Ja-Nein-Fragen: Satz 5./6.)
R4 Im Nebensatz steht das Verb _____
R5 Wenn das Verb mehrere Teile hat (Perfekt, Verb + Modalverb, Passiv, Verb mit trennbarer Vorsilbe – Satz 2./3./4./6./7.), steht Verb 2 _____
R6 Im Nebensatz stehen alle Verbteile _____

Abb. 5.28: ZERT.DAF: 56

Bitte ergänzen Sie die Übersicht: Die Tempora beim
werden-Passiv ← → *sein*-Passiv

	Vor dem Fest: Der Drache			Zu Beginn des Festes: Der Drache
Präs.	wird _____ angestrichen.		Präs.	ist _____ angestrichen.
Prät.	_____ angestrichen.		Prät.	_____ angestrichen.
Perf.	_____ angestrichen _____ .		Perf.	
Plus.-perf.	_____ angestrichen _____ .		Plus.-perf.	

c) Wie bildet man das
werden-Passiv? _____ + _____   *sein*-Passiv? _____ + _____

Beim *sein*-Passiv gibt es nur Präsens und Präteritum!

Abb. 5.29: STUFEN 4: 121 (Das Beispiel bezieht sich auf einen Lehrbuchtext)

In Abb. 5.28 sind in einem Schema geordnete Beispiele vorgegeben, und die Lerner ergänzen die verbalen Formulierungen der Regularitäten für die Satzgliedstellung. In Abb. 5.29 ergänzen die Lernenden ein grammatisches Strukturschema, und sie notieren in c die Bildungsweise auf einer allgemeineren und abstrakteren Ebene (*werden* bzw. *sein* + Partizip Perfekt).
Bei der Bewusstmachung kann auch eine Auswahl von falschen und richtigen Regeln zu einem grammatischen Phänomen vorgegeben werden, wobei die Lernenden die richtige(n) Regel(n) ankreuzen (Funk/König 1991: 125f.).

Der Wert solcher Übungen, bei denen die Lernenden selbst Regeln formulieren, ist lern- und sprachpsychologisch durchaus unklar. Wahrscheinlich werden die sprachlichen Regularitäten so besser gelernt, doch meist beruhen Probleme beim Fremdsprachenlernen wohl nicht auf mangelndem Regelwissen, sondern auf der mangelnden Fähigkeit, die Regularitäten beim sprachlichen Handeln anzuwenden (→ 3.2.1).

Üben zur Vorbereitung der Regelfindung

Anhand von Beispielen, die sich aus dem Text, einer Situation oder dem Unterrichtsgeschehen ergeben, werden mündliche oder schriftliche Analogieübungen durchgeführt; aus den Übungsbeispielen wird dann die Regel abgeleitet. Ein Beispiel für dieses Vorgehen ist der obige Unterrichtsentwurf „Passiv Perfekt" (→ 5.3.1).

Die Phase der Erarbeitung mündet in eine zusammenfassende verständliche Systematisierung der neuen Struktur. Diese ergibt sich oft direkt aus der Erarbeitung. Es kann jedoch auch vorkommen, dass der systematischen Regeldarbietung nicht immer eine ausführliche Erarbeitung durch die Lernenden vorangeht – z.B. wenn es sich um eine Wiederholung handelt, wenn sich die Umstände nicht für eine Erarbeitung eignen (die Struktur selbst, der Bezugstext, Zeitfaktor ...) und der Lehrer ein Phänomen selbst ableitet und darstellt.

5.3.4 Regeldarstellung: Elemente der Bewusstmachung

Grundsätzlich gelten für die Phase der Regeldarstellung bzw. Systematisierung alle diejenigen Anforderungen an pädagogisch-grammatische Darstellungen, die in Kap. 3.2.2 ausführlich konkretisiert und erörtert worden sind: Verständlichkeit, Lernbarkeit und Anwendbarkeit. Weiterhin sollten folgende Aspekte bedacht werden:
- In sprachlich homogenen Klassen ist zu überlegen, ob die Phase der Systematisierung nicht besser in der Muttersprache erfolgt. Das betrifft nicht nur die Schülerbeiträge, sondern auch die Lehrersprache (s.u.).
- Grammatische Erklärungen sollten grundsätzlich nie rein verbal gegeben werden; rein verbale Erklärungen im flüchtigen Medium der gesprochenen Sprache sind zu abstrakt, sie überfordern die Lernenden, erschweren das Verstehen und dürften zudem einen geringen Behaltenseffekt haben.

Während einer grammatischen Erklärphase können viele Elemente zusammenwirken und sich gegenseitig sinnvoll ergänzen; es sind dies vor allem sprachliche Elemente (Beispiele, Lehrersprache, Schülersprache, Sprachkarten, schriftliche verbale Regelformulierungen) und nichtsprachliche Elemente (Schemata und Tabellen, abstrakte Symbole, typographische Hervorhebungen, Farben, Visualisierungen durch konkrete Symbole, Bilder). Der koordinierte Einsatz dieser Elemente trägt nicht nur zur Verständlichkeit und Systematisierung bei, er motiviert die Schüler auch, da Medieneinsatz Abwechslung schafft. Ich bespreche diese Elemente kurz und illustriere sie anhand kleiner Beispiele.

Beispiele sind die Grundlage jeder grammatikalischen Erklärung. Die Beispiele sollten in einen textuellen oder situativen Zusammenhang eingebettet sein, inhaltlich einfach zu verstehen sein und die zu erklärende Struktur in ihren verschiedenen Erscheinungsformen enthalten. In einer pädagogischen Grammatik als Beispiel-Regel-Grammatik „sollte im Idealfall das Verhältnis von Beispiel und Regel so gestaltet sein, dass sich die Regelformulierung als evidenter Schluss aus einer exemplarisch ausgewählten und übersichtlich angeordneten Menge von Beispielen herleiten lässt. Beispiel und Regel haben unter lernpsychologischem Aspekt eine komplementäre Funktion: die verallgemeinernde Regel abstrahiert von dem Einzelfall der konkreten Äußerung, sie fördert damit die Einsicht in grammatische Zusammenhänge und dient als notwendige kognitive Stütze im Lernprozess; das Beispiel erleichtert das Verständnis der abstrakten Regel und veranschaulicht diese in der aktuellen Sprachverwendung." (Kleineidam 1986: 21)

Beispiele sollten also nicht durcheinander an die Tafel (oder auf die OHP-Folie) notiert werden, sondern bereits in Hinblick auf das Ziel der abschließenden Strukturdarstellung (Beispiele nach „Lernziel Deutsch 2": 34):

nicht so:
die Enkelkinder, auf die ich aufpasse
zwei Kinder, mit denen man gut spielen kann
ihr Mann, der seit einem Jahr krank ist
ihr Mann, den sie pflegen muss
ältere Frauen, die allein in einer Wohnung leben

sondern so:

die Enkelkinder,	*auf die*	*ich*	*aufpasse*
zwei Kinder,	*mit denen*	*man gut*	*spielen kann*
ihr Mann,	*der*	*seit einem Jahr krank*	*ist*
ihr Mann,	*den*	*sie*	*pflegen muss*
ältere Frauen,	*die*	*allein in einer Wohnung*	*leben*

Derart vorstrukturiert, lassen sich die Beispiele in einem zweiten Schritt leicht zu einer verallgemeinerten Darstellung erweitern, die die wichtigsten Zusammenhänge innerhalb des grammatischen Phänomens aufzeigt, etwa:

5.3 Grammatikarbeit

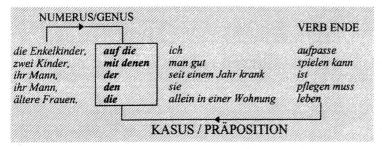

Mit *Sprachkarten* können Lernende und Lehrende Beispielsätze manipulieren (umformen, ergänzen ...) und dabei Strukturveränderungen veranschaulichen bzw. konkret nachvollziehen, z.B. das folgende Tafelbild mit handschriftlichen Elementen und Wortkarten:

Die *Lehrersprache* sollte in grammatischen Erklärphasen auf keinen Fall dominieren, sondern eher eine beigeordnete Funktion haben. Der Lehrer sollte die eigentliche pädagogisch-grammatische Darstellung mit einfachen Worten paraphrasieren, und er sollte wichtige Punkte verdeutlichen und mit Beispielen ergänzen (z.B. Aspekte, die nicht explizit dargestellt sind). Bei der knappen Darstellung der Nebensatzstruktur Abb. 5.30 sollte der Lehrende z.B. noch hinzufügen, dass bei Nebensätzen nach der Konjunktion in der Regel die Nominativergänzung folgt.

Abb. 5.30: DAF (neu) 1A: 160

Die Lehrersprache sollte weder zu knapp noch weitschweifend sein. Der Lehrer sollte möglichst einfach und verständlich sprechen, und er kann das Verständnis durch Verwendung der Muttersprache erleichtern.

Die vorliegenden Forschungsergebnisse zeigen in diesem Punkt eine ziemlich eindeutige Tendenz: Bewusstmachung in der Muttersprache führt zu besseren Ergebnissen als Bewusstmachung in der Fremdsprache; auch die Empfehlungen, die zu diesem Punkt in der fachdidaktischen Literatur gegeben werden, gehen ziemlich einhellig in Richtung Muttersprache (z.B. Zimmermann 1977, 1984). Von den durch Zimmermann (1984) befragten Lehrern erklärten über 50% die Grammatikregeln normalerweise auf Deutsch, ca. 30% tun dies nur bei leicht verständlichen Strukturen nicht. Über 80% der Schüler wünschten Grammatikerklärungen (überwiegend) auf Deutsch (Zimmermann 1984: 76). Ohne Zweifel sind grammatische Phänomene mitunter etwas schwierig zu verstehen, und deshalb sollte man (auch wegen der lernschwachen Schüler) das Verständnis nicht durch die Verwendung der Fremdsprache zusätzlich erschweren. „Es empfiehlt sich daher in den allermeisten Fällen, bei der Bewusstmachung grammatischer Regularitäten die Muttersprache zu verwenden." (Zimmermann 1984: 75f.)

Schülersprache: Die Schüler werden in grammatischen Erklärphasen vor allem Beispiele nennen; sie können aber auch Hypothesen über grammatische Regularitäten aufstellen oder die Regularitäten zusammenfassen (eventuell in der Muttersprache).

Schemata und Tabellen stellen den häufigsten Typ der grammatikalischen Darstellung in Lehrbüchern dar. Sie enthalten Beispiele in geordneter und systematisierter Form, wobei Symbole, Farben/Hervorhebungen, grammatische Terminologie usw. die wesentlichen Aspekte hervorheben, erklären sowie verallgemeinern. Die folgende Darstellung des Präteritums Abb. 5.31 ist gut gegliedert und übersichtlich. Das „Präteritumsignal" ist fett hervorgehoben und unterhalb der Tabelle noch einmal verallgemeinert dargestellt; auch die Personalendungen sind unterlegt und gesondert hervorgehoben. Dieses Paradigma bezieht konkrete Beispiele und verallgemeinerte Regularitäten verständlich und übersichtlich aufeinander.

Infinitiv		haben		sein	
Singular					
1. Person	ich	ha-tt-e	-e	war-–	-–
2. Person	du	ha-tt-est	-est	war-st	-st
3. Person	Sie er sie es	ha-tt-en ha-tt-e	-en -e	war-en war-–	-en -–
Plural					
1. Person	wir	ha-tt-en	-en	war-en	-en
2. Person	ihr	ha-tt-et	-et	war-t	-t
	Sie	ha-tt-en	-en	war-en	-en
3. Person	sie	ha-tt-en	-en	war-en	-en

-tt- ← (Präteritum signal) → war

Abb. 5.31: DT.AKT. (neu) 1A: 59

Verbale Regelformulierungen können auf kurze, einprägsame Art und Weise wichtige Aspekte eines grammatikalischen Phänomens verbal zusammenfassen und dadurch Schemata/Tabellen sinnvoll ergänzen, vgl. Abb. 5.32 (Abb. 5.29; → 3.2.2.1, Abb. 3.38; → 1.1.4, Abb. 1.4a):

Ergänzen Sie die Personalpronomen in der Übersicht.			
Nominativ	**V1**	**Dativ**	**Akkusativ**
Tobias	gibt	Linda	ein Messer.
Tobias	gibt	_____	eins.
Nominativ	**Akkusativ** (als Pronomen)	**Dativ**	**Akkusativ** (als Nomen)
Tobias	gibt	Linda	das Brot.
Tobias	gibt	ihr	das Brot.
Tobias	gibt	_____	Linda.
Tobias	gibt	_____	_____

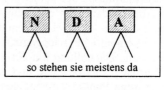

so stehen sie meistens da

Ist aber A kein Nomen mehr dann läuft es* vor dem Dativ her.

* als Personalpronomen

Abb. 5.32: STUFEN INT. 2: 39

Abstrakte Symbole, typographische *Hervorhebungen* und *Farben* können in Schemata und Tabellen wesentliche Aspekte eines grammatikalischen Phänomens betonen (vgl. Abb. 5.33). Sie können Parallelen verdeutlichen, inhaltliche Aspekte symbolisieren (Subjekt, trennbares Verb) und dadurch verbale Erklärungen (z.B. Terminologie) ersetzen. Diese Mittel sollten innerhalb eines Kurses durchgehend in derselben Funktion verwendet werden.

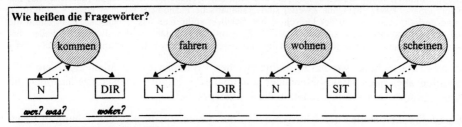

Abb. 5.33: STUFEN INT. 1: 104

In dieser Darstellung des Verbs und seiner Ergänzungen (Abb. 5.33) werden Symbole und Farben sparsam und verständlich verwendet: Der Kreis steht für das Verb (im Original gelb); davon abhängig stehen darunter in Rechtecken die Ergänzungen, die durch eine Abkürzung genauer charakterisiert werden (N – Nominativergänzung, DIR – Direktionalergänzung, SIT – Situativergänzung). Die Abhängigkeit der Ergänzungen vom Verb symbolisiert der vom Verb zur

5.3 Grammatikarbeit

Ergänzung gehende Pfeil. Der von der Nominativergänzung zum Verb gehende gestrichelte Pfeil symbolisiert, dass die Personalform des Verbs von der Nominativergänzung abhängt.

Man sollte mit derartigen Mitteln sparsam umgehen: „Ein Zuviel solcher drucktechnischen Mittel hebt ihren Zweck, die Betonung einer Information, praktisch auf." (Funk/Koenig 1991: 75)

Durch *konkrete Symbole* wird versucht, die Funktion des grammatikalischen Phänomens möglichst anschaulich und mnemotechnisch günstig zu visualisieren. Besonders die Lokal- und Temporalpräpositionen sind seit jeher Gegenstand derartiger Bemühungen.

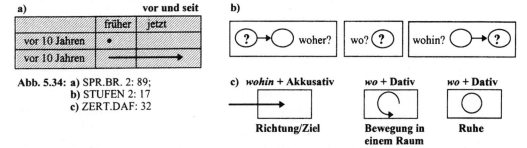

Abb. 5.34: a) SPR.BR. 2: 89;
b) STUFEN 2: 17
c) ZERT.DAF: 32

Einprägsam sind die folgenden Visualisierungen der Satzklammer (Schere, Schraubzwinge; Abb. 5.35a/c) und der Begriff wie auch das Symbol „Brückenwort" für den Konnektor *und*, der hier zwei Nomen oder Sätze verbindet (Abb. 5.35b). Wichtig ist, dass derartige konkrete Symbole innerhalb eines Lehrwerks bzw. Kurses gleich verwendet werden.

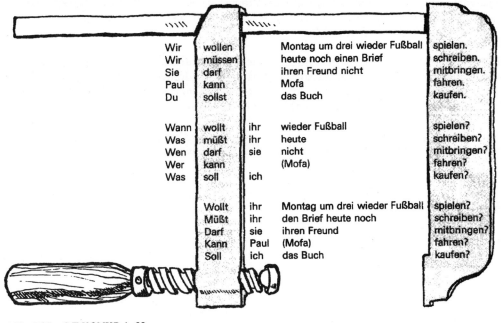

Abb. 5.35a: DT.KONKR 1: 82

Abb. 5.35b: STUFEN INT. 1: 58

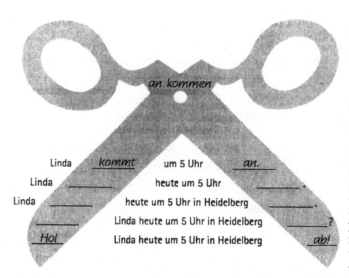

Abb. 5.35c: STUFEN INT. 1: 103

Diese konkreten Symbole lassen sich natürlich auch für andere Bereiche der Grammatik verwenden, so vor allem die Schere und die Schraubzwinge für alle grammatischen Phänomene mit zwei Verbteilen – z.B. Verben mit trennbaren Vorsilben, analytische Tempora (Perfekt, Plusquamperfekt, Passiv). Dabei werden die Lernenden durch die Form der Darstellung immer wieder daran erinnert, dass jeweils ein parallel strukturiertes grammatisches Phänomen vorliegt, was dem Verständnis dienen und den Behaltenseffekt erhöhen dürfte.

Optische Medien, z.B. Bilder, oder *reale Objekte* können während der Erklärphase zur Einbettung des grammatischen Phänomens beitragen oder die kommunikative Funktion des grammatikalischen Phänomens konkretisieren. Während der Erklärung der Wechselpräpositionen kann z.B. eine OHP-Folie gezeigt werden, die ein Zimmer darstellt; verschiebbare Gegenstände (als Schattenriss) können auf der Folie hin und her bewegt werden und so 'Lage' (*Wo?*) und 'Ortswechsel' (*Wohin?*) illustrieren.

Diese Auflistung zeigt einige der Möglichkeiten, grammatische Erklärungen anschaulich und verständlich zu gestalten. Rein verbale grammatische Erklärungen durch den Lehrer, zumal in der Fremdsprache, dürften keinen großen Lerneffekt haben; das flüchtige Medium der gesprochenen Sprache ist nicht sehr lernintensiv, und es besteht die Gefahr, dass verbale Erklärungen nicht oder falsch verstanden werden. Etwas schriftlich Fixiertes hingegen, und seien es nur wenige gegliedert an die Tafel geschriebene Beispiele, begleitet durch eine einfache Erklärung des Lehrers oder eines Schülers, dürfte wesentlich effektiver und verständlicher sein.

5.4 Üben

In einem gewissen Sinne könnte man das gesamte Unterrichtsgeschehen als Üben bezeichnen; in einer solchen Verwendung würde der Begriff 'Üben' allerdings inhaltlich entleert. Im Anschluss an Schwerdtfeger (1995b: 223) möchte ich 'Üben' deshalb eingrenzen auf „eine Handlung des Lernenden, in deren Verlauf er identische oder ähnliche Sachverhalte wieder und wieder lernt, um sie zu behalten und für den eigenen produktiven Umgang zur Verfügung zu haben." Üben ist demnach durch folgende Merkmale charakterisiert:

Leben lernen
1. Kinder müssen konsequent   *erzogen werden.*   (erziehen)
2. Kindern muss Disziplin und Ordnung   (beibringen)
3. Kinder müssen an Pünktlichkeit   (gewöhnen)
4. Es muss rechtzeitig mit der Erziehung zur Sauberkeit   (beginnen)
5. Kinder müssen zu Rücksichtnahme und Höflichkeit   (anhalten)
...
8. Kinder dürfen nur mit Liebe und Geduld   (behandeln)

Abb. 5.36a: STUFEN 4: 29

5.4 Üben

Beim Essen im Restaurant
Gina (G), Tom (T), Hassan (H), Kellner (K)
1. G: Könnt ihr _____ mal bitte das Salz geben?
2. T: Hier, Carlos, gib _____ !
3. H: Herr Ober, ich habe keine Gabel. Können _____ bitte noch eine bringen?
4. K: Einen Moment, ich bringe _____ sofort.
5. T: Und bringen _____ _____ dann auch gleich das Mineralwasser mit?
6. K: Mein Kollege bedient hier. Ich sage _____ gleich.

Abb. 5.36b: STUFEN 2: 84

- Üben ist eine gesteuerte Unterrichtsaktivität.
- Eine Übung hat einen eingrenzbaren Übungsgegenstand bzw. -schwerpunkt, der innerhalb einer Übung gleich bleibt. In Abb. 5.36a ist das die Passivstruktur mit Modalverben, die ein Gebot ausdrückt; in Abb. 5.36b sind es die Personalpronomen in den verschiedenen Kasus.
- Eine Übung besteht aus mehreren Teilen (Items), d.h. sie wird in mehreren „Durchgängen" durchgeführt; jeder Teil wird auf die gleiche oder ähnliche Art durchgeführt, wodurch sich ein Wiederholungseffekt ergibt (5.36a). Eine Übung kann auch so gestaltet sein, dass der Übungsschwerpunkt in einem „Durchgang" mehrmals verwendet werden muss (wie in 5.36b die Personalpronomen).
- Es gibt didaktisch bedingte Regeln für die Durchführung von Übungen; die Lernenden müssen sich an diese Regeln halten, damit der Übungsgegenstand auch geübt und das Übungsziel erreicht wird.

„Die Übung ist stark bindend. Die Inhaltsebene, die Ausdrucksebene und die Regelebene (was will ich sagen? wie sage ich es? welche Regel muss ich dabei beachten?) sind eng zusammengefügt. Das ist psycholinguistisch völlig ungewöhnlich: So sprechen wir nicht, so denken wir auch nicht. Sondern: Wir denken, und es stellen sich, falls wir sprechen sollen, unsere Sprachmittel automatisch ein. Im Fremdsprachenlernprozess muss mal dieser Vorgang da sein, dass ich diese drei Ebenen bewusst eng zusammenführe. Das ist geistig etwas jämmerlich, was da passiert. Sinnvoll ist das nur, wenn ich vorher gemerkt habe, ich möchte etwas ausdrücken, was ich noch nicht ausdrücken kann, und deswegen möchte ich es mal üben." (Häussermann/Piepho 1996: 196f.)

Üben im hier verwendeten Sinn ist eine Mittlertätigkeit, keine Zieltätigkeit; das Verhältnis von Üben und Lernziel ist „transitorisch ... d.h. keine Übung ist identisch mit der kommunikativen Leistung, für die sie vorbereiten soll." (Piepho 1978a: 18) „Jede Übung muss eine bestimmte für die Entwicklung der Sprachbeherrschung notwendige Funktion im Verlauf der verschiedenen Etappen des Lehr- und Lernprozesses aufweisen." (Brandt 1968: 404) Durch Üben bildet sich eine „Übergangsfertigkeit" heraus, „deren Beständigkeit und Disponibilität sich erst erweist, wenn der Schüler in einer realen oder simulierten Situation handelt." (Piepho 1978a: 18) Übungen können mitteilungsbezogene Komponenten enthalten und Kommunikation simulieren; sie stellen aber keine authentische Kommunikation dar. Aus diesem Grund werden Lerneräußerungen beim Üben anders bewertet als beim Kommunizieren (→ 9.4.1).

Das Übungsgeschehen im heutigen Fremdsprachenunterricht ist so vielfältig und variabel, dass jeder Versuch, es auch nur einigermaßen umfassend darzustellen, im vorliegenden Rahmen zum Scheitern verurteilt wäre. Hier geht es lediglich um zweierlei: Es werden zunächst einige Kriterien eingeführt, die es ermöglichen, Übungen zu charakterisieren und ihre Funktion im Lernprozess zu verdeutlichen. Weiterhin zielt dieses Kapitel darauf ab, einige Aspekte für die Anordnung von Übungen in Übungssequenzen zu erläutern und Hinweise für die Durchführung von Übungen zu geben.
- Ich gehe vor allem auf den Teil des Übungsgeschehens ein, in dem die anhand von Lerntexten dargebotenen und erarbeiteten sprachlichen Mittel in Übungssequenzen allmählich in die freie Sprachproduktion (Sprech-, Schreibfertigkeit) überführt werden.
- Es handelt sich nicht um fertigkeitsspezifische Übungen, insbesondere nicht um Übungen zur Förderung der rezeptiven Fertigkeiten (→ 4, 6). Die hier besprochenen Übungen sind insofern fertigkeitsübergreifend, als die Übungsgegenstände für die (vor allem) produktive Sprachkompetenz insgesamt wichtig sind und nicht spezifisch für nur eine Fertigkeit.
- Es handelt sich ebenfalls nicht um spezielle Übungen zu den sprachlichen Mitteln, also z.B. nicht um Aussprache-, Wortschatz- oder Wortbildungsübungen im engeren Sinn (→ 3).
Da es von der Sache her allerdings keine klaren Grenzen zwischen den verschiedenen Bereichen gibt, lassen sich Überschneidungen zu anderen Kapiteln nicht vermeiden (z.B. zu → 3.1.3.2 „Einüben und Behalten des Wortschatzes" oder zu → 3.2.3 „Grammatikübungen").

Die Überführung des Lernstoffs in verhaltensrelevante Gedächtnisinhalte (Können) soll dadurch erreicht werden, dass durch das Üben (→ 2.1)

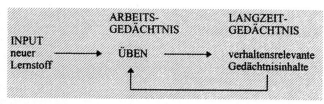

- der Lernstoff im Langzeitgedächtnis verankert wird: Durch die Zirkulation im Arbeitsgedächtnis entstehen Assoziationsbündel innerhalb des Lernstoffs selbst sowie zu bereits erworbenem Sprachwissen; der Lernstoff wird dadurch in die Informationsstruktur des Gedächtnisses eingeordnet. Je nach Art der Verarbeitung wird er dabei in mehreren Modalitäten gespeichert.
- der Lernstoff in kommunikatives Handeln eingebunden wird: Durch das Üben in geeigneten Übungssequenzen sowie durch Anwendung in authentischer sowie der Realität angenäherter Kommunikation wird der Lernstoff allmählich in Können (prozedurales Wissen) überführt, d.h. in die freie Verfügbarkeit im Rahmen einer Zielfertigkeit.

Neuere empirische Forschungen zum Zusammenhang von Üben und Sprachenlernen weisen darauf hin, dass der Lernprozess sehr vielschichtig und komplex abläuft und dass neuer Lernstoff, vor allem im Bereich der Morphosyntax, durch Üben nicht so direkt in Sprachkönnen überführt werden kann, wie oft angenommen (Ellis 1992: 101ff. stellt die einschlägigen Untersuchungen vor). Diese Ergebnisse stehen im Zusammenhang mit der Einsicht, dass die endogene Sprachverarbeitung gegen Eingriffe ziemlich resistent ist, d.h. sich auch durch Üben nur bedingt beeinflussen lässt (→ 2.2). Die Forschungsergebnisse weisen allerdings nicht in eine einheitliche Richtung, und es lassen sich derzeit kaum praktikable methodisch-didaktische Konsequenzen davon ableiten.

5.4.1 Kriterien zur Charakterisierung von Übungen

Übungen lassen sich nach sehr unterschiedlichen Kriterien klassifizieren; Übungstypologien versuchen, diese Kriterien aufeinander zu beziehen und in ein konsistentes System zu bringen. Dabei wird angestrebt
- Übungen unter lernpsychologischen und kommunikativen Aspekten zu klassifizieren;
- eine genaue Definition des Übungsziels, d.h. dessen, was der Schüler durch die Übung lernen soll;
- eine genaue Charakterisierung der Übungen in Bezug auf ihren Ort in einer Übungsabfolge;
- eine genaue Charakterisierung der Übungen in Bezug auf eine angestrebte Zielfertigkeit.

Es gibt zahlreiche Versuche, Übungen zu klassifizieren und in Form von Übungssystematiken oder Übungstypologien in ein zusammenhängendes, mehr oder weniger konsistentes System zu bringen – z.B.:
- Salistra (1962) unterscheidet zwischen vorbereitenden Übungen (formbezogene rezeptive, reproduktive und produktive Übungen) und Übungen zur Sprachausübung (rezeptive und produktive Übungen, bei denen der Schwerpunkt auf dem Inhalt liegt und Gedanken ausgedrückt werden).
- Chromecka (1968) unterscheidet zwischen Strukturübungen (die auf monologischen Redeeinheiten beruhen) und Dialogübungen; er differenziert beide Übungstypen weiter.
- Buscha/Specht (1970) unterscheiden zwischen Übungen zu den Sprachkenntnissen und Übungen zu den Sprachfertigkeiten (monologische und dialogische Reproduktionsübungen, Konversationsübungen).
- Eine parallele Unterscheidung trifft Brandt (1968), wobei Erfassungsübungen, Nachahmungsübungen und Variationsübungen der Aneignung und Festigung von Sprachkenntnissen dienen, während die Sprachtätigkeitsübungen zur Förderung der Fertigkeiten beitragen.
- Neuner u.a. (1983) unterscheiden vier Übungstypen: Stufe A: Entwicklung und Überprüfung von Verstehensleistungen, Stufe B: Grundlegung von Mitteilungsfähigkeit (Reproduktion der sprachlichen Form), Stufe C: Entwicklung von Mitteilungsfähigkeit (Übungen mit reproduktiv-produktivem Charakter), Stufe D: Entfaltung von freier Äußerung.

„In all diesen Versuchen wird die Übungstypologie als eine Sammlung von Übungen angesehen, die präzise zu den Lernzielen, denen sie zugeordnet sind, hinführen soll" (Schwerdtfeger 1995b: 224), insbesondere zum produktiven Sprachkönnen. Allerdings bleibt unklar, ob Übungen wirklich das leisten, was sie anstreben. Übungen sind nach lernpsychologischen und kommunikativen Gesichtspunkten konstruiert, die Erforschung ihrer Wirkung bezeichnet Schwerdtfeger (1995b) jedoch als ein Desiderat der Fremdsprachendidaktik. Beim derzeitigen Stand des Wissens muss Plausibilität oft begründetes Wissen ersetzen.

Hier kann keine ausgearbeitete Übungstypologie vorgelegt werden, das würde die Möglichkeiten dieser Arbeit überschreiten. Es sollen anhand konkreter Beispiele lediglich verschiedene

Kriterien dargestellt werden, die für das Verständnis von Gegenstand und Funktion von Übungen wichtig sind und die es ermöglichen, Übungen einzuschätzen. Nicht systematische Zusammenhänge stehen im Mittelpunkt, sondern die praktische Anwendbarkeit der Kriterien für die Einschätzung von Übungen. Bei den Kriterien handelt es sich nicht um sich ausschließende Aspekte, sondern Übungen beinhalten stets mehrere Aspekte.
- Die verschiedenen Kriterien bestehen nicht unabhängig voneinander, sondern sie bilden ein vielfältiges und mehrdimensionales Gewebe von Zusammenhängen und Abhängigkeiten.
- Das heißt auch, dass sich Übungen nicht eindeutig charakterisieren lassen, sondern oft einzelne Dimensionen in verschiedenem Ausmaß auftreten. Übungen erfüllen also meist mehrere Funktionen, ja es ist typisch für das Übungsgeschehen im heutigen DaF-Unterricht, dass in Form kontextualisierter Übungen verschiedene Komponenten der Zielfertigkeit geübt werden – z.B. Grammatikstrukturen und zugleich Sprechfertigkeit (z.B. Übung Abb. 5.38).
- Der genaue Gegenstand einer Übung (z.B. sprachlicher Bereich) lässt sich oft nur bestimmen, wenn bekannt ist, welcher Stoff bereits in vorangehenden Lektionen eingeführt und geübt wurde und welcher Stoff in der Lektion, in der die Übung vorkommt, neu eingeführt wird.

Sprachlicher Bereich: Fertigkeiten vs. sprachliche Mittel
Betrachtet man Übungen in DaF-Lehrwerken, so findet man viele Übungen, die entweder speziell die sprachlichen Mittel (Aussprache/Intonation, Wortschatz, Grammatik, Wortbildung, Orthographie) oder gezielt die Förderung der kommunikativen Fertigkeiten (Verstehen, Produzieren) zum Gegenstand haben.

Textaufbau
1. Nehmen Sie bitte den Text im Lehrbuch, S. 79!
   Antworten Sie kurz und schnell.
   a) Was ist Hans Klinger von Beruf? *Touristikeinkäufer*
   b) Wo arbeitet er? *In*
   c) Was sucht er in Lilaland? *Neue*
   d) Wer kommt mit ihm?
   e) Wie heißt die örtliche Reiseleiterin?
   f) Was muss sie für Herrn Klinger tun? *Ein Gespräch*

2. Schreiben Sie bitte einen Text! Benutzen Sie bitte die Antworten von 1!
   a) Hans Klinger
   b) Er
   c) und er _____ für _____
   d) _____ reist _____
   e) Lara Lenzi ist
   f) Sie

Abb. 5.37a: SPR.BR. 1 AB 1/7: 84f

Abb. 5.37a ist eine Übung zur Schreibfertigkeit, die sich auf einen Lehrbuchtext bezieht. Die Textproduktion wird in zwei Schritten gesteuert: zunächst müssen die Lernenden einfache Fragen zu dem Text beantworten, und anschließend schreiben sie mit Hilfe der Fragen, Antworten und eines vorgegebenen Textschemas den kleinen Text (Anfängerniveau). Dabei wird auch die Vertextung geübt (→ 6.3.4). Gegenstand der Übung Abb. 5.37b sind sprachliche Mittel, nämlich Perfekt und Pronominalisierung; die Übung ist der gesprochenen Sprache zugeordnet, d.h. sie soll mündlich durchgeführt werden. Ansonsten besteht eher ein indirekter Bezug zur Zielfertigkeit mündliche Kommunikation, da die Äußerungen nicht situativ eingebettet sind, keine Kommunikationspartner in bestimmten Rollen erkennbar sind und zwischen den Übungssätzen kein inhaltlich-thematischer Zusammenhang besteht (→ 6.2.2).

Antworten Sie bitte.
Beispiel:
Trink doch noch einen Kaffee! –
(Danke,) ich habe schon einen getrunken.
Aufgabe: 1. Iss doch noch ein Stück Kuchen! 2. Erzähl doch noch eine Geschichte! 3. Ruf doch mal Peter an! 4. Kauf doch mal eine Zeitung! 5. Warte doch noch 10 Minuten! 6. Rede doch noch mal mit Monika! 7. Frag doch noch mal am Kiosk: Vielleicht haben sie das Geld gefunden. 8. Mach doch mal Urlaub!

Abb. 5.37 b: DT.AKT. (neu) 1A: 89

Oft lassen sich Fertigkeitsübungen und Übungen zu den sprachlichen Mitteln nicht so klar voneinander abgrenzen, z.B. Übung Abb. 5.38:

> **Ergänzen Sie das Fragewort welch___, und antworten Sie.**
> 1. ..... Kleidungsstück finden Sie typisch deutsch/österreichisch/schweizerisch?   *Welches*
> 2. An ..... äußeren Details erkennen Sie oft Touristen aus D A CH in Ihrem Land?
> 3. An ..... Wochentag kann man in Deutschland nur bis 16 Uhr einkaufen?
> 4. An ..... Tagen sind die Geschäfte in D A CH geschlossen?
> 5. ..... Nahrungsmittel essen die Deutschen bzw. die Österreicher oder
>   Schweizer am meisten?

Abb. 5.38: STUFEN INT. 2: 76 (D A CH – Deutschland/Österreich/Schweiz)

Einerseits sollen in dieser Übung bestimmte sprachliche Mittel geübt werden (die verschiedenen Formen des Fragepronomens *welch-*); deshalb ist die Übung bei den Fragen auch stark gesteuert. Andererseits wird mit dieser Übung direkt die Sprechfertigkeit geübt – nicht nur, weil sie mündlich durchgeführt werden soll, sondern weil darin charakteristische Merkmale authentischer Kommunikation vorkommen: Die Übung bewegt sich im Rahmen eines landeskundlich-interkulturellen Themas, die Antworten können bzw. müssen frei gegeben werden und lösen zum Teil ein vom grammatischen Übungsgegenstand sich entfernendes Gespräch zwischen den Lernenden aus.

Ob man eine Übung mehr fertigkeitsorientiert oder sprachorientiert sieht, hängt oft auch davon ab, wie sie in der Klasse durchgeführt wird. Vom Platz im Lehrbuch und von der Art der Lücken her handelt es sich bei Übung Abb. 5.39 zunächst um eine Grammatikübung, in der der Akkusativ in temporaler Funktion geübt wird. Hier sollen aber nicht nur Lücken grammatisch korrekt gefüllt werden, denn die Übung ist deutlich der Zielfertigkeit „interaktive mündliche Kommunikation" zugeordnet. Es handelt sich um eine Übung, in der ein bestimmtes grammatisches Phänomen direkt in eine Fertigkeit eingegliedert werden kann bzw. soll. Die konkrete Funktion der Übung hängt jedoch stark davon ab, wie man im Unterricht damit arbeitet. Lässt man lediglich die Lücken ausfüllen und die Übung dann dialogisch lesen, so betont man den grammatischen Charakter; der Fertigkeitscharakter wird betont, wenn die Übung als dialogischer Text behandelt wird, der im Anschluss an die Lückenübung zusammenhängend reproduziert und variiert wird (→ 6.2.3.1).

> **Der Nächste bitte**
> Ergänzen Sie. Ärztin (∇), Patient (O)
> 1. ∇ *Was für Beschwerden haben Sie?*   O *Ich habe starke Rückenschmerzen.*
> 2. ∇ *Wie lange denn schon?*   O *Schon ungefähr ein___ Monat.*
> 3. ∇ *Hatten Sie diese Schmerzen
>   früher schon einmal?*   O *Ja, letzt___ Jahr im Sommer.*
> 4. ∇ *Nehmen Sie jetzt Medikamente?*   O *Ja, Schmerztabletten.*
> 5. ∇ *Und wie oft?*   O *Jed___ Abend eine Tablette.*
> 6. ∇ *...*

Abb. 5.39: STUFEN INT. 2: 90

Sprachliche Ebene: Form – Inhalt – Funktion
Übungen lassen sich danach unterscheiden, ob sie verstärkt auf die Form der Sprache, den Inhalt oder auf pragmatische Aspekte der Sprachverwendung abzielen.

> a) **Bitte antworten Sie mit „ja":**
>   *Müssen Sie jetzt gehen?*   Ja, ich ...
>   *Kann er heute kommen?*   Ja, er ...
>   *Wird es wohl regnen?*   Ja, ...
>   *Wollen Sie ihn fragen?*   Ja, ...
>   *Wird er noch kommen?*   Ja, ...
>   *Kann er hier bleiben?*   Ja, ...
>   *Muss er noch arbeiten?*   Ja, ...
>   *Wollen Sie mitfahren?*   Ja, ...
>   *Wird er noch anrufen?*   Ja, ...
>   *Können Sie ihn einladen?*   Ja, ...
>
> b) *Ich hätte gern ein Wörterbuch.*
>   → *Tut mir leid, wir haben keine Bücher.*
>   *Ich hätte gern einen roten Rosen.*
>   *Ich hätte gern einen Whisky.*
>   *Ich hätte gern eine 50-Pfennig-Briefmarke.*
>   *Ich hätte gern ein Wurstbrötchen.*
>   *Ich hätte gern eine Flasche Rotwein.*
>   *Ich hätte gern einen Kriminalroman.*
>   *Ich hätte gern ein Pils.*
>   *Ich hätte gern einen Kodak-Film.*
>   *Ich hätte gern eine 80-Pfennig-Briefmarke.*

Abb. 5.40: a) DAF (neu) 1A: 53; **b)** SPRK.DT. (neu) 1: 96

Übung Abb. 5.40a ist eine rein formbezogene Übung, in der die Wortstellung bei Sätzen mit Modalverben (Erst- und Zweitstellung des Verbs, Verbklammer) geübt wird. Der Bedeutungs-

5.4 Üben

aspekt ist dabei vollkommen untergeordnet, was sich daran zeigt, dass man die Übung durchführen kann, ohne den Inhalt der Übungssätze verstanden zu haben; es handelt sich um eine traditionelle reine Grammatikübung (Strukturübung; → 3.2.3). In Übung 5.40b spielt hingegen der Bedeutungsaspekt eine wichtige Rolle, denn bei ihrer Reaktion müssen die Lernenden die Oberbegriffe der jeweiligen Nomen finden, z.B. *Rosen – Blumen* oder *Whisky – (alkoholische) Getränke*. Darüber hinaus werden bestimmte Redemittel (Dialogroutinen) eingeübt: *Ich hätte gern ... – Tut mir leid, wir haben kein- ...*; dadurch erhält die Übung einen gewissen situativ-kommunikativen Bezug.

Du weißt nie, was du schenken sollst! Frage deine/n Freund/in.

∇ *Marianne hat Geburtstag.*	– *Marianne – hört gern Musik*
O *Hört sie gern Musik?*	– *Hans – mag Pflanzen und Blumen*
∇ *Ja*	– *Evi – zieht sich gern schick an*
O *Dann schenk ihr doch eine Kassette.*	– *Jens – sammelt Briefmarken*
	– *...*

Abb. 5.41: Beispiel für eine bedeutungshaltige Übung

Der Bedeutungsaspekt spielt immer da eine Rolle, wo der Lernende bei seiner Reaktion inhaltlich freier reagieren kann, d.h. wie z.B. in Übung Abb. 5.41 selbst einen inhaltlichen Zusammenhang herstellen kann. Diese Übung ist sowohl form- als auch inhaltsbezogen. Es wird innerhalb einer bestimmten Struktur geübt, die einen Ratschlag/Vorschlag ausdrückt (*Dann schenk ihr doch ...*), zugleich muss der Lernende inhaltlich angemessen auf den Stimulus reagieren (*Musik → Kassette*). Schließlich spielt bei dieser Übung aufgrund der situativen Einbettung auch die Funktion der Aussagen eine Rolle: 'Aussage und Ratlosigkeit ausdrücken (s. Überschrift) – Frage – Zustimmung – Vorschlag'.

Fragen und Antworten

1. *Was macht* __*du*__	*hier?*	S1	S2 S3	*Wir*	*studier en hier.*
2. *Was mach__ ____*	*hier?*	S1	S2		*studier__ Jura.*
3. *Was mach__ ____*	*hier?*	S	L		*____ Lehrer(in).*
4. *Was mach__ ____*	*hier?*	S1	S2 S3		*lern__ Deutsch.*
5. *Was mach__ ____*	*hier?*	L	S1 S2		*studier__ hier.*
6. *Was mach__ ____*	*hier?*	S1	S2		*____ Tourist.*

Abb. 5.42: STUFEN 1: 32 (S – Schüler, L – Lehrer)

In Übung Abb. 5.42 wird der Zusammenhang zwischen sprachlicher Form und Funktion eingeübt. Diese Anfängerübung differenziert die verschiedenen Verbformen, die für die Anrede im Deutschen erforderlich sind; dabei werden die Verbformen nicht rein formal, sondern entsprechend ihrer Funktion in der Kommunikation unterschieden (S – Schüler/Student, L – Lehrerin / Lehrer):

S1 → S2 S3	Ein Schüler fragt mehrere Mitschüler:	*ihr → wir*
S1 → S2	Ein Schüler fragt einen Mitschüler:	*du → ich*
S → L	Ein Schüler fragt den Lehrer:	*Sie → ich*
L → S1 S2	Ein Lehrer fragt mehrere Studenten:	*Sie → wir*

Die Lernenden sollen diese Übung also nicht nur grammatisch korrekt durchführen; sie sollen auch auf die Angemessenheit der jeweiligen sprachlichen Form achten. *Was machst du hier? – Ich bin Lehrerin.* wäre grammatisch korrekt, jedoch der Konstellation „S → L" funktional nicht angemessen.

Ein wesentliches Charakteristikum des Übungsgeschehens im heutigen DaF-Unterricht besteht darin, dass rein isolierte sprachbezogene (oder formbezogene) Übungen zu den sprachlichen Mitteln, die noch vor 25 Jahren das Übungsgeschehen in den Lehrwerken dominierten, immer mehr an Gewicht verlieren; diese Übungen werden gelegentlich *vorkommunikative Übungen* genannt. Übungen in neueren Lehrwerken sind zunehmend *kontextualisiert*, d.h. sie haben einen thematischen oder situativen Zusammenhang und sind dadurch direkter auf die Zielfertigkeit bezogen. Je mehr sich das Übungsgeschehen den Bedingungen realer Kommunikation annähert, d.h. je mehr Elemente realer Kommunikation in einer Übung berücksichtigt sind und je mehr sich das Übungsgeschehen an Mitteilung und Inhalt orientiert, desto stärker ist sie kommunikativ orientiert. Die Übungen Abb. 40a/b sind in diesem Sinn vorkommunikative Übungen, die Übung Abb. 41 kann man hingegen als stärker kommunikativ orientierte Übungen bezeichnen.

Dimension der Sprachbeherrschung: Bewusstheit – Geläufigkeit – Angemessenheit
Oft liegt der Übungsschwerpunkt auf einer Dimension der Sprachbeherrschung (→ 1.1.4).

Welche Antwort passt?
a) *Essen Sie gern Fisch?*
A *Nein, ich habe noch genug.*
B *Ja, aber Kartoffeln.*
C *Ja, sehr gern.*
b) *Was möchten Sie trinken?*
A *Eine Suppe bitte.*
B *Einen Tee.*
C *Lieber einen Kaffee.*
c) *Möchten Sie den Fisch mit Reis?*
A *Lieber das Steak.*
B *Ich nehme lieber Fisch.*
C *Lieber mit Kartoffeln.*
d) *Bekommen Sie das Käsebrot?*
A ...

Abb. 5.43a: THEMEN 1 AB: 37

Bitte schreiben Sie bei den Kasusergänzungen A für Nomen im Akkusativ und D für Nomen im Dativ sowie a, d für Personalpronomen im Akkusativ und Dativ rechts in die Übersicht.

				E_a	E_D/E_d	E_A
	Gina möchte		*das Brot.*			ε_A
	Tom gibt	*Gina*	*das Brot.*			
	Tom gibt	*ihr*	*das Brot.*			
	Tom gibt	*es*	*Gina.*			
	Tom gibt	*es*	*ihr.*			
aber:	*Tom gibt*	*Gina*	*ein Messer.*			
	Tom gibt	*ihr*	*eins.*			
	Tom, gib	*mir*	*das* *mal bitte!*			

Abb. 5.43b: STUFEN 2: 84

In der Übung Abb. 5.43a wird die diskursiv angemessene Verwendung bestimmter Redemittel geübt (Situation: Beim Essen), in 5.43b die grammatische Kategorisierung von Satzgliedern, um die Regularitäten der Satzgliedstellung von Dativ und Akkusativ im Mittelfeld bewusst zu machen. In beiden Fällen handelt es sich um Übungen mit einer stark kognitiven Komponente, wobei Übung b erfordert, „dass der Lernende erworbenes Wissen umsetzt" (Quetz u.a. 1981: 82). In b handelt es sich um explizites grammatisches Wissen, während die Lernenden in a pragmatisches Wissen aktivieren müssen, d.h. über die Funktion bestimmter Redemittel nachdenken müssen. Die Korrektheit der Lernerreaktion („Lösung") spielt bei solchen kognitiven Übungen eine wichtige Rolle!

Wann landet die Maschine?
→ *Sie ist schon gelandet.*
Wann startet die Maschine?
Wann kommt der Zug?
Wann kommt Mechthild?
Wann fährt der IC?
Wann kommt die Post?
Wann ...

Abb. 5.44: SPRK.DT. (neu) 1: 156

Bei den Übungen Abb. 5.37b, 5.40a (s.o.) und 5.44 sollen die Lernenden nicht (mehr) viel nachdenken; hier sollen vielmehr sprachliche Formen durch Wiederholung geläufig gemacht (automatisiert) werden. Übung Abb. 5.44 setzt voraus, dass der Übungsgegenstand, die Perfektformen der Verben, den Lernenden bekannt ist; sie sollen sie durch Wiederholen festigen und (weiter) automatisieren; Übung 5.40a kann hingegen ohne vorherige Bewusstmachung als Analogieübung durchgeführt werden. (Die 1. Pers. Sg. Präs. der Modalverben sollten die Lernenden von der Lehrersprache und von Lehrbuchtexten her kennen.) Durch automatisierende Übungen soll Sprache ins Unbewusste überführt und geläufig gemacht werden – unabhängig davon, ob eine Kognitivierung vorausgegangen ist oder nicht.

Übungen zur Geläufigkeit sollten möglichst flüssig und ohne viel Nachdenken über die Form der Sprache durchgeführt werden. Es wird ja gerade angestrebt, dass der Lernende nach einer Reihe solcher Übungen nicht mehr an die Form der Sprache denkt, wenn er ein bestimmtes sprachliches Phänomen verwendet. Korrektheit spielt hier, wie auch bei kognitiv orientierten Übungen, eine wichtige Rolle, damit keine falschen Automatismen entstehen.

5.4 Üben

Der Angemessenheit sprachlicher Äußerungen kommt in einem Unterricht, der sich als „kommunikativ" bezeichnet, ein hoher Stellenwert zu; Angemessenheit spielt eine umso wichtigere Rolle, je kommunikativer eine Übung orientiert ist. In der Übung Abb. 5.45 spielen pragmatische, inhaltliche und formale Aspekte eine Rolle:

Vor dem Kaufhaus!
G: *He Dieter, was machst du denn hier?*
D: *Ich bin im Kaufhaus gewesen.*
G: *Hast du dir was Interessantes gekauft?*
D: ...

(neu, alt, groß, klein, modern, elegant, lang, kurz, rot, blau, grün, weiß ...)

G: *Du hast doch schon ein ... ...!*
D: *Nein, d ... ist kaputt.*

Abb. 5.45: DT.BITTE 2: 29

- *pragmatisch*: Das Übungsgeschehen ist in eine Situation („*Vor dem Kaufhaus!*") eingebettet, und es lassen sich zwei Kommunikationspartner (als Freunde, Schulkameraden ...) identifizieren. Durch die Einbettung wird die kommunikative Funktion der jeweiligen Äußerungen deutlich, z.B. 'Überraschung ausdrücken' (*He Dieter, was machst du denn hier?*), 'sagen, was man gerade getan hat' (*Ich bin ...*), 'widersprechen' (*Nein, der ist kaputt!*).
- *inhaltlich*: Der Inhalt spielt zunächst dadurch eine Rolle, dass die beiden über ein konkretes Thema sprechen (Einkaufen). Die Bedeutung ist aber auch in dem Sinn wichtig, dass Bildstimuli versprachlicht und den Objekten passende Eigenschaften (Adjektive) zugeordnet werden müssen.
- *formal*: Es werden bestimmte sprachliche Formen geübt, u.a. die Adjektivendung und *der, die, das* als Pronomen.

Auch wenn in dieser Übung die sprachliche Form genau vorgegeben ist, wird man bei der Durchführung nicht auf einer wortwörtlichen Anlehnung an die Vorlage bestehen. Bei diesem simulierten Gespräch kommt es vielmehr darauf an, dass die Äußerungen der Lernenden die kommunikative Absicht (Sprechintention) angemessen wiedergeben und der Situation entsprechen. Es ist eher unwichtig, ob D sagt *Ich bin im Kaufhaus gewesen.* oder *Ich war im Kaufhaus.*, ob er sagt *Hast du dir was Interessantes gekauft?* oder *Und was hast du gekauft?* Wichtiger ist hingegen das *denn* in *He, Dieter – was machst du denn hier?* sowie eine entsprechende Intonation mit dem Satzakzent auf *du*, weil dadurch die Überraschung ausgedrückt wird. Es wäre sogar positiv, wenn die Lernenden die beiden letzten Äußerungen verändern, d.h. freier ausdrücken würden, z.B. (vgl. rechts):

> G: *Aber du hast doch schon ein ...!*
> D: – *Habe? Hatte! D... ist kaputt!*
> – *Ich hab' eben kein... mehr. D... ist kaputt!*
> – ...

Auf den – wenn auch beschränkten – kommunikativen Eigenwert dieser Übung wird man auch das Korrekturverhalten abstimmen: wegen leichterer Formfehler (z.B. **in Kaufhaus*) sollte der Unterrichtende das simulierte Gespräch nicht störend unterbrechen; sie lassen sich eventuell im Nachhinein korrigieren (→ 9.4.1). Wichtig ist vor allem, dass der Dialog angemessen und verständlich abläuft.
Ein eher freier Umgang mit der Vorlage entspricht dem Charakter solcher kommunikativ orientierten Übungen, da die Lernenden dadurch auf den freien Umgang mit der Zielsprache vorbereitet werden sollen.

Übungsmodalität Steuerung: gebunden – frei

Übungen können auf einer Achse mit den Polen „gebunden ... frei" angeordnet werden; diese Merkmale beziehen sich auf das Ausmaß, in dem die Lernerreaktion durch die Übung gesteuert wird. Ganz frei können Übungen allerdings nicht sein, denn eine Übung ist immer durch ein gewisses Maß an Steuerung charakterisiert.
Bei den Übungen Abb. 5.40a und 5.44 z.B. ist die Lernerreaktion streng determiniert, denn der Lernende muss auf eine bestimmte vorherbestimmte Art reagieren; tut er das nicht, so ist seine

Reaktion falsch. Bei den Übungen 5.46 hingegen hat der Lerner in seiner Reaktion eine gewisse Freiheit.

a. *Ich als Komponist wünsche mir, dass alle meine Lieder singen.*
b. *Ich als Maler wünsche mir, dass*
c. *Ich als Reitlehrerin*
d. *Ich als Friseur*
e. *Ich als Katze*
f. *Ich als Skilehrer*
g. *Ich als Schauspielerin*
h. *Ich als Autohändler*
i. *Ich als Dompteur*
k. *Ich als Maus*
l. ...

Reisegeld - wohin? Eine Statistik.
Achtung: DM = Deutsche Mark.
Man sagt: D-Mark.
1000 Millionen = 1 Milliarde
Aufgabe: Antworten Sie bitte:
Wie viel Geld haben die deutschen Touristen (im Jahr) 1983 wohin gebracht?
Beispiel:
Die deutschen Touristen haben (im Jahr) 1983 7 Milliarden 694 Millionen D-Mark nach Österreich gebracht.

Abb. 5.46a: SPRK.DT. (neu) 2: 181   **Abb. 5.46b:** SPR.BR. 1: 95

In Übung Abb. 5.46a ist die sprachliche Form vorgegeben (*Ich als ... wünsche mir, dass ...*), inhaltlich können die Lernenden jedoch frei reagieren. In Übung b sind die Lernerreaktionen durch die Statistik inhaltlich vorgegeben, die Inhalte können aber in unterschiedlicher Form versprachlicht werden, z.B.:

– *Die deutschen Touristen haben ... nach Österreich gebracht.*
– *Deutsche Touristen haben ... in Österreich ausgegeben.*
– *Deutsche Touristen haben ... in Österreich gelassen.*
– *Österreich hat ... von deutschen Touristen bekommen.*
– ...

Die Unterscheidung zwischen inhaltlicher und formaler Gebundenheit bzw. Offenheit beim Üben ist sehr wichtig. Da Kommunikation relativ frei verläuft, werden in neueren DaF-Lehrwerken zunehmend Übungen bevorzugt, die den Lernenden eine gewisse Freiheit bei ihren sprachlichen Reaktionen lassen. Besonders wichtig ist es, dass sie *inhaltlich* frei reagieren können, da sie so die Möglichkeit erhalten, eigene Ideen und Meinungen auszudrücken und sich authentisch zu äußern (darauf weisen besonders Häussermann/Piepho 1996 hin; dort, S. 133ff., auch Beispiele für entsprechende Grammatikübungen). Dass man in sprachlich vorgegebenen Mustern durchaus persönliche wichtige Aussagen machen kann, die wahrscheinlich eine anschließende Diskussion stimulieren, zeigen die beiden folgenden Übungen Abb. 5.47 und 5.48.

Liebe ist, wenn ... Schreiben Sie bitte!
Liebe ist,
wenn eine Frau _____
wenn _____
_____
_____
_____
_____
_____

Eine Frau küsst ihren Mann.
Ein Kind umarmt seine Großmutter.
Ein Vater erzählt seiner Tochter eine Geschichte.
Man hilft einem fremden Menschen.
–
–

Abb. 5.47: SPR.BR 1 AB 1/7: 104

Wozu?/Zu welchem Zweck?
1. *Was man so tut.*
Ergänzen Sie bitte! Wozu macht man das?
Beispiel: *Man lebt, um zu arbeiten.* (Oder etwa nicht?)

Man fotografiert, _____
Man geht ins Theater, _____
Man schreibt Briefe, _____
Man fährt in fremde Länder, _____
Man lernt eine Fremdsprache, _____

Sicher haben Sie noch mehr Vorstellungen darüber, wozu „man" etwas tut.
Schreiben Sie bitte! Sprechen Sie dann mit Ihrem Nachbarn/Ihrer Nachbarin! Was ist ihre/seine Meinung dazu?

Abb. 5.48: SPR.BR 1 AB 8/15: 91

5.4 Üben

Übungen „können dann eine lernproduktive Energie haben, wenn sie, von Item zu Item, sehr abwechslungsreich sind, wenn die Übenden die Situation voll akzeptieren und sich mit den Texten identifizieren können. Die Emotion, mit der die Schülerinnen und Schüler einsteigen, zieht die rationale Wachheit und Beweglichkeit mit ... Das Mechanische des historischen pattern drill (*drill* bedeutet bohren) ist hier natürlich ausgetauscht gegen den Kunstgriff der Überraschung." (Häussermann/Piepho 1996: 140)

Anforderungen von Übungen in Bezug auf mentale Operationen
Bei *rezeptiven* Übungen kommt der Lerngegenstand als Fertigelement im Stimulus, nicht aber in der Reaktion vor (Abb. 5.49; Übung Abb. 5.49a. bezieht sich auf einen vorhergehenden Text).

Wer hat was geschrieben?		Partizip II	Infinitiv
Sabine : *Ich will Fotomodell werden,*	*weil ich dann viel Geld verdiene.*	gespielt (haben)	~~spielen~~
.... :	*weil ich dann alle Sprachen verstehe.*	geholfen (haben)	
.... :	*weil ich dann oft im Fernsehen bin.*	gefallen (haben)	
.... :	*weil der Beruf ganz wichtig ist.*	gearbeitet (haben)	
.... :	*weil ich dann nicht ins Bett gehen muss.*	getrunken (haben)	
.... :	*weil ich dann viele Tiere habe.*	aufgeräumt (haben)	
.... :	*weil ich dann schöne Kleider habe.*	...	

Abb. 5.49: a) THEMEN 2: 23   **b)** THEMEN 1 AB: 94

Bei *imitativen* Übungen kann der Lernende den Lerngegenstand als Fertigelement aus dem Stimulus oder dem Beispiel übernehmen. In Übung Abb. 5.50 wird der neue grammatische Lerngegenstand, das Perfekt, in der Reaktion imitativ verwendet; wiederholt werden die Satzstruktur, die Flexion von *sein* und die Formen des Personalpronomens.

Sind Sie früher viel gewandert? – Oh ja, ich bin viel gewandert.
Sind sie früher viel gewandert? – Oh ja, sie sind viel gewandert.
Ist er früher viel gewandert? – Oh ja, er ist viel gewandert.

a. *früher viel gewandert* **b.** *früher oft ins Theater gegangen* **c.** *früher viel gereist* **d.** *früher oft ins Konzert gegangen* **e.** *im Winter oft Ski gefahren* **f.** *früher viel zu Fuß gegangen* **g.** *im Sommer oft nach Salzburg gefahren* **h.** ...

Abb. 5.50: DT.2000 1: 64

Bei *reproduktiven* Übungen (Analogieübungen) wird der Lerngegenstand in Analogie zu einer Vorgabe in der Übung gebildet; vgl. oben die Analogieübungen Abb. 5.40a und 5.48.
Bei *rekonstruktiven* Übungen orientiert sich der Lernende an einer Regelvorgabe; er „rekonstruiert" den Lerngegenstand gleichsam mit Hilfe einer Regel, Tabelle usw.; → Kap. 5.3, Abb. 5.24, Ü. 11.
Bei *konstruktiven* Übungen wird der Übungsgegenstand ohne Vorgaben bei gleichzeitiger innerer Differenzierung (z.B. unregelmäßig/regelmäßig) kreativ gebildet, z.B. Abb. 5.36a in Bezug auf die Partizipformen. *Kinder müssen ... werden (*Differenzierungsübungen haben das Ziel, mehrere sprachliche Phänomene innerhalb einer Übung voneinander abzugrenzen, z.B. die verschiedenen Anredeformen in Abb. 5.42 oder die Verwendung von *ja, nein, doch* in Abb. 3.53b.)

5.4.2 Zur Anordnung und Durchführung von Übungen

Anforderungen an Übungen
Das Ziel des Übens im DaF-Unterricht besteht darin, gezielt kommunikatives Handeln zu fördern und sprachliche Mittel für die Verwendung in der Kommunikation verfügbar zu machen. Im kommunikativ orientierten Fremdsprachenunterricht werden Übungen wesentlich danach bemessen, in welchem Ausmaß sie Elemente authentischer Kommunikation enthalten (vgl. z.B. Abb. 5.40a mit 5.45). Im Einzelnen werden an Übungen die folgenden Anforderungen gestellt:
- Übungen sollten nicht abstrakt „aus der Wirklichkeit losgelöst" (Westhoff 1991b: 206) sein, sondern einen thematischen oder pragmatisch-funktionalen Zusammenhang aufweisen, z.B. eine situative Einbettung (Abb. 5.36b, 5.45), einen textuellen Rahmen (Abb. 5.49) oder einen inhaltlich-thematischen Zusammenhang innerhalb der Übung (5.47). Übungen, die aus isolierten Einzelsätzen bestehen (Abb. 5.37b, 5.40a), werden heute seltener verwendet.
- Eine Übung sollte möglichst nicht nur die Form der Sprache betreffen, sondern sie sollte so gestaltet sein, dass die Lernenden für ihre Durchführung Inhalte verstehen und darauf reagieren müssen (Abb. 5.40b, 5.48). Übungen mit einem bedeutungsvollen Inhalt fördern die Abspeicherung im Langzeitgedächtnis (→ 2.1), und sie können als bedeutungshaltige Aussagen die Äußerungsbereitschaft der Lerner fördern.

- Eine Übung sollte so aufgebaut sein, dass eine spätere Verwendungsmöglichkeit erkennbar ist. Dies kann der direkte Zusammenhang mit einer Zielfertigkeit sein, oder der Inhalt kann anderweitig für den Lernprozess von Bedeutung sein.
- Die Sprache von Übungen sollte möglichst authentisch und der zielsprachlichen Verwendung angemessen sein.
- Übungen sollten inhaltlich möglichst interessant sein, z.B. den Lernenden ermöglichen, inhaltlich frei zu reagieren. Das gilt besonders für Übungen, deren sprachliche Form stark gesteuert ist (vgl. Abb. 5.46a, 5.47, 5.48; Häussermann/Piepho 1996: 133ff.)

Zur Anordnung von Übungen

In vielen Fällen soll durch Übungen explizites (deklaratives) Sprachwissen in Können (implizites prozedurales Wissen) überführt werden – z.B. grammatisches Regelwissen oder Wissen über die angemessene Verwendung von Redemitteln. Dieser Prozess erfolgt in gestuften Übungssequenzen, die eine schrittweise Annäherung an das kommunikative Lernziel anstreben. Am Ende steht idealiter die angemessene Verwendung der Lerngegenstände. Jede Übung hat innerhalb einer Übungssequenz ihren Ort und erfüllt eine bestimmte Funktion. Als generelles Prinzip für die Anordnung von Übungen kann gelten: Im Verlauf einer Übungssequenz nähern sich die Übungen zunehmend natürlichem kommunikativem Verhalten an. Daraus ergeben sich verschiedene Tendenzen für die Anordnung von Übungen:

- Isolierte Übungen zu Form, Inhalt oder Funktion der sprachlichen Mittel werden vor Übungen durchgeführt, die komplexer sind und mehrere Ebenen der Sprache zugleich üben. D.h. isolierte Übungen zu den sprachlichen Mitteln (Grammatik, Wortschatz, Redemittel ...; z.B. → 3.1.3.2., 3.2.3.) und zu fertigkeitsspezifischen Komponenten einer komplexen Fertigkeit (Komponentenübungen, z.B. → 6.2.5) sollten vor Übungen durchgeführt werden, die die Verwendung dieser sprachlichen Mittel und Komponenten in der Kommunikation erfordern.
- Vorkommunikative, vorwiegend sprachbezogene Übungen werden tendenziell vor kommunikativ-mitteilungsbezogenen Übungen (auch simulierten) eingesetzt. Zu Beginn einer Lern- bzw. Übungssequenz ist die Aufmerksamkeit des Lernenden noch stark auf die sprachlichen Mittel gerichtet (z.B. Syntax, Redemittel, Bedeutung der Wörter); im Verlauf der Übungssequenz, wenn die sprachlichen Mittel etwas beherrscht werden, spielen in den Übungen pragmatische Faktoren und die intendierte Mitteilung zunehmend eine wichtige Rolle.
- Stärker kognitiv orientierte Übungen (z.B. Abb. 5.43b) sollten relativ früh eingesetzt werden, nämlich bald nach der entsprechenden Bewusstmachungsphase. Es folgen Übungen, die den Lernstoff schrittweise in Können überführen, d.h. in Geläufigkeit und Angemessenheit bei der Verwendung (z.B. Abb. 5.45). Es dürfte einsichtig sein, „dass Übungen der Wissenskomponente nur Voraussetzung für Übungen in kommunikativen Fertigkeiten sein können" (Quetz u.a. 1981: 83).

Das Übungsgeschehen bewegt sich also tendenziell vom Kognitiv-Bewussten (Wissensübungen) hin zur automatisierten angemessenen Verwendung der Sprache (Abb. 5.51). „Der fremdsprachliche Regelerwerb gestaltet sich also idealiter als Prozess mit abnehmender Bewusstheit bis hin zur völligen Automatisierung." (Wißner-Kurzawa 1995: 233; Pauels 1995) Ein gewisses Ausmaß an Automatisierung der sprachlichen Mittel ist Voraussetzung dafür, dass der Lernende seine Aufmerksamkeit auf den Inhalt (die Mitteilung) und die Verwendung (Partner, Situation ...) richten kann.

Bewusstmachung →	Automatisierung →	Verwendung
korrekt	geläufig	angemessen
	korrekt	geläufig
		korrekt

Abb. 5.51: Tendenzieller Verlauf des fremdsprachlichen Spracherwerbs

- Gebundene, d.h. stark gesteuerte Übungen sollten relativ früh eingesetzt werden (Abb. 5.37b). Die starke Steuerung entlastet den Lernenden, er kann seine Aufmerksamkeit ganz auf den konkreten Übungsgegenstand richten, und seine Gedächtniskapazität wird nicht durch andere sprachliche Planungsprozesse überfordert. Im Verlauf einer Übungssequenz sollten die Übungen jedoch zunehmend freier werden – das betrifft sowohl den Inhalt als auch die sprachliche Form. Je weniger gesteuert eine Übung ist, desto mehr nähert sie sich authentischer Kommunikation an. Bei abnehmender Steuerung muss der Lernende zunehmend mehr Faktoren seines sprachlichen und kommunikativen Verhaltens planen, d.h. zunehmend komplexere mentale Aktivitäten durchführen.

- Übungen, die den gleichen thematischen bzw. situativen Zusammenhang aufweisen wie der entsprechende Bezugstext, sollten tendenziell vor Übungen durchgeführt werden, in denen der Lernstoff in einen anderen thematischen/situativen Zusammenhang eingebettet ist. In letzterem Fall handelt es sich um „Transferübungen" im Sinne Zimmermanns (1972).

Zur Durchführung von Übungen
Für die Durchführung von Übungen lassen sich die folgenden allgemeinen Hinweise geben:

- Den Lernenden sollten der Sinn und die Ziele einer Übung bekannt sein (→ 9.6, 10.3.5).
- Vor der eigentlichen Durchführung einer Übung sollte ihre Einbettung besprochen werden (Rollen, Ort, kommunikative Intention ...), damit für jeden Lerner der potenzielle kommunikative Rahmen des Übungsgeschehens erkennbar ist.
- Übungen sollten gut vorbereitet sein, sodass die Lerner wissen, wie sie die jeweilige Übung durchführen sollen (→ 9.6). Bei Übungen, die in Einzel-, Partner- oder Gruppenarbeit durchgeführt werden, müssen im Plenum klare Beispiele gegeben werden (L – S, S – S).
- Übungen erfordern ein deutliches Feedback, das auf den jeweiligen Übungsgegenstand sowie auf die Durchführung der Übung abgestimmt sein sollte (→ 9.4).
- Bei Übungen, die eine freie inhaltliche Reaktion erfordern (z.B. Abb. 5.46a, 5.47, 5.48; s. auch unten), ist es oft günstig, wenn die Lernenden in einer gesonderten Vorbereitungsphase ein paar Ideen sammeln können (z.B. sich Notizen dazu machen), damit sie bei der Durchführung der Übung ihre Aufmerksamkeit stärker auf den sprachlichen Übungsaspekt richten können.
- Auch beim Üben sollten die Lernenden, wo immer möglich, einen authentischen Grund haben, sich zu äußern. Das ist vor allem dann der Fall, wenn eine Übung inhaltlich offen ist und die Lerner sich in ihrer Reaktion „bedeutungsvoll" äußern können (vgl. Abb. 5.46a, 5.47, 5.48). Die folgenden Beispiele zeigen, dass sich viele Strukturübungen bedeutungsvoll durchführen lassen (strukturell gebundene, inhaltlich freie Lernerreaktionen; Göbel 1992: 134ff., Krumm 1989a: 22f., Piepho 1988: 390):

```
– Wenn ich viel Macht hätte, ...              – Ich habe noch nie in meinem Leben ...
– Die Welt wäre schöner, wenn ...             – Ich lerne Deutsch, weil ...
– ... wichtiger als ...                       – Wenn ich einmal erwachsen bin, ...
– Ich bin schon immer der Meinung, dass ...

– Ich weinte, als ..., bis ich jemanden traf, der ...
– Ich lachte, als ..., bis ich jemanden traf, der ...
– Ich ärgerte mich, als ..., bis ich jemanden traf, der ...
– Ich war traurig, als ..., bis ich jemanden traf, der ...
– Ich war glücklich, als ..., bis ich jemanden traf, der ...
```

Abb. 5.52: Beispiele für Stimuluselemente, die eine inhaltlich freie Lernerreaktion ermöglichen

Solche Übungen, die den Lernenden sinnvolle persönliche Aussagen ermöglichen, können das oft beklagte Inhaltsdefizit des Fremdsprachenunterrichts verringern. Weiterhin stellen sie einen Beitrag zur Binnendifferenzierung dar (Göbel 1992), da jeder Lerner sich um eine ihm entsprechende Reaktion bemühen kann. Leider findet man in den meisten Lehrwerken nur wenige derartige Übungen.

Interaktivität

Übungen sollten möglichst *interaktiv* durchgeführt werden (Westhoff 1991b), d.h. die Lerner sollten beim Üben miteinander interagieren. Die Bedeutung interaktiven Übens ist offensichtlich: Das Unterrichtsgeschehen läuft nicht mehr im Plenum zwischen dem Lehrer und den Schülern ab, sondern in Partner- oder Gruppenarbeit zwischen den Lernern selbst (wobei alle zugleich üben). Dies ist ein Schritt weg vom lehrerzentrierten Unterricht, und es erhöhen sich die Redeanteile der Lernenden und somit der Übungseffekt. Darüber hinaus bereitet Interaktivität beim Übungsgeschehen die Lerner besser auf die Interaktion realer Kommunikation vor. Wird Sprache – auch beim Üben – möglichst interaktiv gelernt, so erleichtert das ihre Aktivierung bei authentischer Kommunikation, zu deren wesentlichen Merkmalen die Interaktivität gehört.

Verschiedene interaktiv-kommunikative Handlungsrahmen für (Grammatik-)Übungen schlägt Bolte (1993) vor; dabei wird gezielt ein bestimmter sprachlicher Bereich geübt, zugleich stellt der Handlungsrahmen eine reale kommunikative Situation für die Verwendung des jeweiligen sprachlichen Bereichs dar. Bolte nennt die Handlungsrahmen *Quartett, Geheime Wahl* und *Wie gut kennst du deinen Partner?*; diese Formen der Übungsorganisation lassen sich auf viele Bereiche des Übens anwenden.

Bei der geheimen Wahl entsteht der Handlungsrahmen dadurch, dass die Lernenden (oft Partner in Partnerarbeit) vor der kommunikativen Phase eine geheime Wahl treffen, die im Verlauf des Übens durch den jeweils anderen Partner zu erraten ist. „Durch die geheime Wahl ... entsteht eine Informationslücke, die durch gezieltes Fragen in der Zielsprache seitens der Schüler zu schließen ist." (Bolte 1993: 16). Als Beispiel für die Handlungsrahmen *Geheime Wahl* und *Wie gut kennst du deinen Partner?* gibt Bolte (16ff.) die Übung *Wie sieht ihr / sein idealer Lebenspartner aus?*, bei der Modalverben geübt werden und über persönliche Vorlieben gesprochen wird (Abb. 5.53). Es handelt sich hierbei um eine interaktive Übung, für deren Durchführung der wiederholte Gebrauch der jeweiligen Strukturen und sprachlichen Mittel erforderlich ist. Aufgrund des kommunikativen Handlungsrahmens werden sich die Lernenden nicht starr an etwaige sprachliche Vorgaben halten, sondern die sprachliche Interaktion entsprechend ihrer Interessen und kommunikativen Absichten gestalten, was durchaus dazu führen kann, dass stärker gesteuerte Gesprächsphasen mit freieren abwechseln. Darin zeigt sich die Stellung zwischen gebundenen sprachbezogenen Übungen und freisetzenden kommunikativen Aufgaben (Häussermann/Piepho 1996: 195ff.).

Wie gut kennst du deinen Spielpartner?
Wie sieht ihr/sein idealer Lebenspartner aus?

1. Im Folgenden findest du eine Reihe von Eigenschaften. Soll der ideale Lebenspartner sie haben oder gerade nicht? Schreibe zunächst hinter jede Eigenschaft in Spalte (a) mit JA oder NEIN dein eigenes Idealbild. Geh die Liste dann noch einmal durch, und schreibe in Spalte (b) auf, wie nach deiner Vermutung das Idealbild deines Spielpartners aussieht. (Notiere schließlich in Spalte (c) jeweils eine Begründung dafür.)

Er / sie soll	(a) du meinst	(b) dein Spielpartner meint	(c) Begründung
– *ein bisschen sentimental sein*			
– *gerne in ein Lokal gehen*			
– *ein Discotyp/eine Discobiene sein*			
– *Karriere machen wollen*			
– *gut kochen können*			
– *sozial engagiert sein*			
– *schweigsam sein*			
– *musikalisch sein*			
– *sehr intelligent sein*			
– *emanzipiert sein*			
– *ein Auto haben*			
– ...			

2. Kontrolliere, ob du deinen Spielpartner richtig eingeschätzt hast, und führe dazu ein Gespräch mit ihm/ihr.

Abb. 5.53: Interaktive Übung mit „geheimer Wahl" (Bolte 1993: 17)

5.4 Üben

Bolte gibt das folgende authentische Beispiel dafür, wie die Übung im Unterricht mit Schülern durchgeführt wurde (incl. Fehler, beim zweiten Beispiel mit Begründung):

A (weiblich)	B (männlich)
Soll sie gut über Gefühle sprechen können?	Ja, das ist wichtig, wenn man Probleme hat.
Soll sie ziemlich schweigsam sein?	Eh nein, ich mag Mädchen, die viel reden.
Soll sie (Lachen), soll sie blond sein?	Nein, das ist nicht notwendig.

A (männlich)	B (männlich)
Eh, soll sie eine Discobiene sein?	Ja, ein bisschen, eh wieso?
Eh, du liebst auch gerne zu tanzen.	Hm, ja das klappt, ja, das stimmt, ja.
Eh, soll sie ziemlich schweigsam sein?	Nein, ich kann selber auch nicht eh ohne Stille (Lachen) eh ich kann nicht meine Klappe halten, he. Also, aber warum fragst du das?
Du bist auch ziemlich schweigsam.	Ja (Lachen), das weiß ich nicht, nee ...

Die Fragen werden mit Hilfe von Modalverben gestellt; die Antworten können frei gegeben werden, oder es werden bestimmte Redemittel vorgegeben, z.B.:

Frage: *Soll / muss / ...?*	
+	–
Das ist sehr wichtig.	*Das ist nicht so wichtig.*
Ja, unbedingt.	*Das soll / muss er/sie nicht sein.*
Das wäre gut.	*Das ist mir egal.*
...	...

Allerdings werden sich die Lernenden wegen der kommunikativen Einbettung der Übung und des daraus resultierenden natürlichen Gesprächsverhaltens nur bedingt an solche Redemittelvorgaben halten.

Viele thematisch zusammenhängende Übungen lassen sich in einen solchen kommunikativen Handlungsrahmen einbetten, sodass sich die Durchführung authentischer Kommunikation annähert, z.B. Übung Abb. 5.54. Auch wenn hier schon persönliche Vorlieben ausgedrückt werden, so kann die Übung durch das Verfahren der geheimen Wahl interessanter und interaktiver gestaltet werden. Es müssen lediglich inhaltliche Punkte vorgegeben werden, innerhalb derer die Partner dann ihre geheime Wahl treffen, z.B. bei *Essen: Fleisch, Gemüse, Suppe, ...*, bei *Trinken: Wein, Bier, Wasser, Limonade, Cognac ...* usw. Die Übung kann dann ähnlich wie das obige Beispiel Abb. 5.53 organisiert und durchgeführt werden.

Auskunft zur Person
Was trinken/essen/mögen Sie gern/lieber/am liebsten?
Was schmeckt/gefällt Ihnen gut/besser/am besten?
Was gefällt/schmeckt Ihnen nicht/noch weniger/am wenigsten?

Abb. 5.54: SPR.BR. 1: 131

Übungsmedium: schriftlich – mündlich

Übungen können im Medium der gesprochenen wie auch der geschriebenen Sprache durchgeführt werden, oft unabhängig von der Fertigkeit, der sie möglicherweise zugeordnet sind. Übung Abb. 5.42 z.B. ist eindeutig der Sprechfertigkeit zugeordnet, und doch dürfte es sehr sinnvoll sein, die Lücken in einem ersten Schritt schriftlich ausfüllen zu lassen; erst danach sollte die Übung dialogisch gelesen und in eine (mehr oder weniger gesteuerte) Reproduktion bzw. Variation überführt werden. Es handelt sich hier um eine relativ schwierige Frage, zu der Lehrmaterialien dem Lehrer nicht immer (und wenn, dann meist nicht begründet) Vorschläge machen. Die folgenden Hinweise beruhen vor allem auf gedächtnispsychologischen und linguistischen Überlegungen (vgl. auch Häussermann/Piepho 1996: 133ff.).

- Grundsätzlich kann man davon ausgehen, dass eine Übung, die in beiden Medien durchgeführt wird, zu besseren Lernergebnissen führt als eine Übung, die nur in einem Medium durchgeführt wird; im letzten Fall werden nämlich weniger Speichermodalitäten aktiviert als im ersten (→ 2.1.1). Dabei ist zu berücksichtigen, dass schriftliche Übungen sehr oft in der Klasse mündlich besprochen werden, wodurch auch mentale akustische Repräsentationen sowie sprechmotorische Programme aktiviert werden; mündliche Übungen werden hingegen nur selten auch schriftlich durchgeführt.

- Kognitiv orientierte Übungen (Abb. 5.42, 5.43) sollten, soweit es die Übung zulässt, eher schriftlich durchgeführt werden, da das langsamere schriftliche Medium kognitiv-bewussten Aktivitäten wie Nachdenken und Überlegen angemessen ist (→ 6.1).

- Übungen, die auf Geläufigkeit beim Sprechen abzielen (vgl. Abb. 5.36a, 5.37b), sollten eher mündlich durchgeführt werden, da die gesprochene Sprache das spontane Medium ist, bei dem es besonders auf die (sprachliche und sprechmotorische) Geläufigkeit bei der Produktion sprachlicher Formen ankommt. Die Lernenden werden hier stärker zu schnellen und somit weniger bewusst geplanten Reaktionen veranlasst.

- Die Durchführung einer Übung hängt auch stark von der Komplexität bzw. Schwierigkeit des Übungsgegenstands sowie vom jeweiligen Ort der Übung im Lernprozess ab. Übung Abb. 5.46a z.B. mag kurz nach der Einführung der Ergänzungssätze mit *dass* in der Grundstufe als mündliche Übung zu komplex sein, da die Lernenden ziemlich bewusst-kognitiv neben dem Inhalt auch die sprachliche Form planen müssen; bei fortgeschrittenen Lernern hingegen, bei denen die *dass*-Sätze schon weitgehend gefestigt sind, dürfte eine mündliche Durchführung angemessen sein, da die sprachliche Planung schon weitgehend automatisch verläuft.

- Bei etwas komplexeren (d.h. schwierigeren) mündlichen Übungen dürfte es oft sinnvoll sein, die Übungen schriftlich vor- oder nachzubereiten; besonders eine schriftliche Vorbereitung kann die mündliche Durchführung direkt fördern.

- Übungen, die klar erkennbar einer Zielfertigkeit zugeordnet sind (das sind oft kommunikativ orientierte Übungen), wird man tendenziell im Medium der Zielfertigkeit durchführen, z.B. die Übungen Abb. 5.37b oder 5.40b als mündliche Übungen, die Übung Abb. 5.37a als schriftliche. Bei Übungen wie Abb. 5.36b, 5.39 oder 5.42 dürfte es sinnvoll sein, den kognitiven Teil (die grammatischen Lücken ausfüllen) im Medium der geschriebenen Sprache, den fertigkeitsbezogenen Teil hingegen (Textreproduktion und -variation) im Medium der Zielfertigkeit (mündlich) durchzuführen.

6 Die Förderung der produktiven Fertigkeiten

6.1 Aspekte der Sprachproduktion

Die produktiven Fertigkeiten, d.h. die Sprech- und die Schreibfertigkeit, stellen sehr hohe Anforderungen an Fremdsprachenlernende. Beim Sprechen und Schreiben müssen alle sprachlichen Ebenen – von der pragmatisch-situativen Ebene (Adressat, Textsorte, kommunikatives Ziel, vorhergehende Äußerungen usw.) bis hin zur Laut- bzw. Buchstabenebene – detailliert geplant und auch sprech- bzw. graphomotorisch realisiert werden (→ 1.1). Der Prozess des Verstehens hingegen kann dann enden, wenn eine sinnvolle Bedeutungszuweisung stattgefunden hat. Das ist meist der Fall, bevor jedes einzelne Wort und jede Konstruktion dekodiert worden ist (→ 4.1); darüber hinaus entfällt die sprech- bzw. graphomotorische Realisierung. Wie der Prozess der Sprachproduktion verläuft, beschreiben psycho- oder neurolinguistische Sprachproduktionsmodelle (Blanken u.a. Hg. 1988; Blanken 1991; Portmann 1991: 272ff.). Sie isolieren Teilprozesse des komplexen kommunikativen Verhaltens und stellen das Nach- und Miteinander der verschiedenen Teilprozesse dar. Sprachproduktionsmodelle bestehen meist aus drei Ebenen: einer vorsprachlichen Planungsebene, einer sprachlichen Planungsebene und einer motorischen Ausführungsebene; weiterhin beinhalten sie eine Kontrollinstanz (Monitor), die die Planungs- und Ausführungsprozesse überwacht und eventuell Korrekturen initiiert.

1. *Vorsprachliche Planungsebene (pragmatisch-inhaltliche Ebene)*
   Planung der pragmatischen und inhaltlich-begrifflichen Struktur der intendierten Sprechhandlung – Berücksichtigung von Faktoren wie Sprechintention, Textsorte, Kontextinformationen (Weltwissen, Situationswissen, Vorgängerinformation → 4.1.1).
2. *Sprachliche Planungsebene*
   Einzelsprachliche Planung und Formulierung auf Laut-, Wort-, Satz- und Textebene; sie wird determiniert vom Output der vorsprachlichen Planungsebene. Die verschiedenen Teilprozesse betreffen u.a.
   – Aktivierung von Wortbedeutungen,
   – Aktivierung der phonematischen bzw. graphematischen Wortformen,
   – Linearisierung auf der Satz- bzw. Textebene,
   – Aktivierung suprasegmentaler Elemente,
   – morphologische und morphophonologische Prozesse.
3. *Ausführungsebene*
   Planung und motorische Ausführung der sprech- bzw. graphomotorischen Bewegungen.
4. *Monitor für die Planung und die Ausführung*

Schon diese allgemeinen und wenig detaillierten Hinweise lassen die Komplexität der bei der Sprachproduktion ablaufenden Prozesse erkennen. Fremdsprachenlernende haben dabei nicht nur das Problem der beschränkten fremdsprachlichen Kenntnisse und Fertigkeiten auf den Ebenen 2 und 3; aufgrund der Sprach- und Lernbezogenheit des Unterrichts richten sie im Unterricht ihre Aufmerksamkeit vor allem auf die sprachliche Planung bzw. Realisierung eben dieser Ebenen 2 und 3; damit ist die Kapazität des Arbeitsgedächtnisses oft schon erschöpft, sodass nur wenig Verarbeitungskapazität für die pragmatische und inhaltliche Planung bleibt. Beim Muttersprachler ist es genau umgekehrt: Er richtet seine Aufmerksamkeit auf die pragmatischen und inhaltlichen Aspekte des Kommunikationsaktes, während die sprachliche Planung vor allem beim Sprechen mehr oder weniger automatisch verläuft.

Zwischen gesprochener und geschriebener Sprache und den Bedingungen ihrer jeweiligen Produktion bestehen erhebliche Unterschiede. Vernachlässigt man die zahlreichen Zwischenformen und Übergänge und bestimmt man mündliches Sprachverhalten als dialogisch-interaktives Sprechen, schriftliches Sprachverhalten als monologisches Schreiben, so bestehen zwischen beiden Fertigkeiten u.a. die folgenden Unterschiede (→ 4.2, 4.3 in Bezug auf das Verstehen):

Produktion: Gesprochene Sprache wird spontaner und weniger formbezogen produziert als geschriebene Sprache. Beim Sprechen ist die Aufmerksamkeit auf die Kommunikationssituation, den Inhalt und die Angemessenheit der Äußerung gerichtet, die sprachlichen Formen werden hingegen weitgehend automatisch-unbewusst produziert; Geläufigkeit spielt sowohl bei der mentalen Planung als auch bei der sprechmotorischen Realisierung eine zentrale Rolle. Schreiben verläuft langsamer und reflektierter, und es ist mit einer tieferen und detaillierteren Planung verbunden; die Aufmerksamkeit ist auch relativ stark auf die sprachliche Form gerichtet (Korrektheit, Stil/Formulierung, Textsorte), und die sprachlichen Mittel werden bewusster verwendet. Schreiben ist das kognitiv-bewusstere Medium. „Schreiben ist ein Tun, das ich (im Gegensatz zum Sprechen) selbst vollständig kontrollieren kann. Während des Schreibens bin ich ja stets auch mein eigener Leser. Das schafft Raum zur größtmöglichen Klärung nicht nur der (grammatischen, textbezogenen usw.) Richtigkeit, sondern auch der inhaltlichen, z.B. gedanklichen Aussage." (Häussermann/Piepho 1996: 321)

Beim Sprechen teilen die Kommunikationspartner einen gemeinsamen Kommunikationsrahmen (Situation, Vorwissen ...). Gesprochene Sprache setzt diesen kommunikativen Rahmen voraus und verweist zugleich darauf; zusätzlich wird sie von nonverbalen Elementen begleitet. Die sprachlichen Äußerungen sind oft wenig explizit, da sie durch das gemeinsame Wissen der Kommunikationspartner entlastet werden. Durch den direkten Partnerbezug findet eine beständige Rückkoppelung statt, sodass Kommunikationsschwierigkeiten direkt behoben werden können. Geschriebene Sprache ist hingegen situationsunabhängig; die Kommunikationspartner verfügen über kein gemeinsames Situationswissen, es findet „zeitverschobene Kommunikation" (Portmann 1991: 238) statt. Während sich gesprochene Sprache stark auf den außersprachlichen Kontext bezieht, nimmt geschriebene Sprache auf den direkten sprachlichen Kontext Bezug. Deshalb muss der geschriebene Text wesentlich expliziter sein. „Stellt man beide Bereiche gegenüber, so lässt sich der mündliche oft als ein *Sprechen als* (Lehrer, Schüler, Fragesteller usw.) und ein *Sprechen mit* (einem Freund, einem Vorgesetzten) oder als *sprachliches Handeln in der Welt* umschreiben, während der schriftliche meist ein *Sprechen über*, ein *sprachliches Handeln in der 'sprachlich vermittelten' Welt* ist." (Dräxler 1996: 16f.)

Das gesprochene Wort ist irreversibel; einmal geäußert, kann es nur offen korrigiert werden. Das geschriebene Wort kann hingegen im Nachhinein korrigiert werden. Die Kontrolle des Geäußerten erfolgt beim Sprechen parallel, beim Schreiben ist sie im Nachhinein möglich. Dadurch ergeben sich unterschiedliche Anforderungen an die sprachliche und inhaltliche Planung.

Produkt: Wie bereits erwähnt, ist der schriftliche Text wesentlich expliziter als der mündlich geäußerte, da kein gemeinsamer Situationsbezug gegeben und keine unmittelbare Rückkoppelung (z.B. Nachfragen) möglich ist. „Die verwendeten Ausdrücke müssen allein durch das, was sie sprachlich bedeuten, Gemeintes transportieren. Dies erfordert Eindeutigkeit, Explizitheit und Organisation in der Darstellung" (Portmann 1991: 227). Hinzu kommen wesentlich höhere Ansprüche an die sprachliche Form: Das Produkt des Schreibens ist ein kohärenter Text, d.h. eine Folge zusammenhängender Sätze; die korrekte sprachliche Form spielt eine wichtige Rolle, und es existieren relativ hohe Normen bezüglich der Textsorte, Darstellungsform, der Verwendung der sprachlichen Mittel usw. Aus diesem Grund ist der geschriebene Text meist komplexer als der gesprochene; das betrifft die Art der syntaktischen Konstruktionen, die Satzlänge, die lexikalische und syntaktische Variation usw. Der gesprochene Text ist hingegen durch Abbrüche, Neuansätze, Planungswechsel, offene Korrekturen, Pausen usw. charakterisiert (Rath 1975); es kommt dabei weniger auf Korrektheit als auf das Erreichen des kommunikativen Ziels an.

Behaltenseffekt: Schreiben ist schließlich das lernintensivere Medium; der Behaltenseffekt ist aufgrund der intensiveren Planung und der mehrkanaligen Verarbeitung (visuell/graphisch, graphomotorisch, inneres Sprechen) höher als beim flüchtigen und spontanen Sprechen. Bohn (1989: 57) betont, „dass visuelle und schreibmotorische Eindrücke beim Lernen schneller und nachhaltiger wirken als andere", und er spricht in diesem Zusammenhang von der „gedächtnisbildenden Funktion" des Schreibens. Nach Bohn gilt das auch für die gegenseitige Stützung der Fertigkeiten: „Das Schreiben beeinflusst die Entwicklung des Sprechens positiv ... Der Einfluss

6.1 Aspekte der Sprachproduktion

des Schreibens auf Sprechvorgänge ist im Allgemeinen größer als umgekehrt" (Bohn 1996a: 111; vgl. Portmann 1991).

Aus dieser knappen Gegenüberstellung lassen sich einige allgemeine didaktische Konsequenzen für den Unterricht ableiten:
- Die Sprechfertigkeit, für die Spontaneität und Geläufigkeit eine sehr große Rolle spielen, fördert man vor allem, „indem man mehr das flüssige, vielleicht fehlerhafte Sprechen fördert als ein stockendes Sprechen, das durch ein ständiges Nachdenken über grammatische Regeln verursacht wird." (Neuf-Münkel/Roland 1991: 109) Beim Schreiben hingegen spielt neben der Angemessenheit auch die sprachliche Form und die Korrektheit eine größere Rolle.
- Folglich sollte man gesprochene und geschriebene Sprache tendenziell unterschiedlich bewerten und korrigieren (→ 9.4). Beim Sprechen liegt das Hauptgewicht auf Faktoren wie Angemessenheit, Verständlichkeit, Geläufigkeit, Erreichen des kommunikativen Ziels; in die Korrektur und Bewertung geschriebener Texte wird hingegen stärker die sprachliche Korrektheit einfließen.
- Aufgrund des hohen Behaltenseffekts des Schreibens sind beim Schreiben weniger Wiederholungen erforderlich als beim Sprechen. Lernaktivitäten, vor allem der Erwerb deklarativen Sprachwissens (Wortschatz, kognitive Grammatikübungen usw.; → 2.1.1), sollten stark über die geschriebene Sprache erfolgen. Insgesamt sollten Schüler viel schreiben; das gilt vor allem für sprachliche Aktivitäten, die mit Reflexion, Nachdenken und Bewusstheit verbunden sind. Schreiben dürfte sich auf das Sprachenlernen insgesamt sehr positiv auswirken.
- Die Förderung der produktiven Fertigkeiten geschieht weitgehend im Medium der Zielfertigkeit selbst. Da sich die Fertigkeiten aber gegenseitig stützen, ist es günstig, Schreiben durch Sprechen, insbesondere aber Sprechen durch Schreiben vorzubereiten.
- Beide Fertigkeiten müssen gezielt gefördert werden, wobei zur Förderung der Sprechfertigkeit auch das spontane und unvorbereitete Sprechen gehört; schriftliche Texte sollten hingegen stärker geplant und vorbereitet produziert werden.

Bei der Sprachproduktion kommt es aus der Sicht des Lernenden vor allem darauf an, „mit dem Wenigen, was man als Sprach-Fremder überhaupt erlernen kann, so viel wie irgend möglich zu tun ... Wesentliche Verhaltensweisen sind ein produktives Versuch-Irrtum-Verhalten und die Bereitschaft sich zu äußern, obwohl man 'es doch gar nicht kann'." (Edelhoff 85: 12) Der Lernenende soll, so Edelhoff weiter, nicht authentische Sprache produzieren, sondern „authentisch handeln". Diese Forderung gilt vor allem für die gesprochene Sprache; sie ist zu ergänzen durch die Notwendigkeit, die produktiven Fertigkeiten durch nicht-authentisches, methodisch geplantes Handeln gezielt zu fördern. Dabei müssen drei Wege zugleich gegangen werden:
1. Es müssen Teilprozesse und Teilfertigkeiten der komplexen Zielfertigkeit isoliert erklärt und geübt werden:
   – auf einer allgemeinen Ebene: Generell fördert jede Übung zu den sprachlichen Mitteln (Wortschatz, Grammatik, Wortbildung ...) sowie zu ihrer Überführung in das produktive sprachliche Können die kommunikativen Fertigkeiten; darauf gehe ich in diesem Kapitel nicht ein (→ 3; 5);
   – auf einer fertigkeitsspezifischen Ebene: Dabei handelt es sich um Übungen zu fertigkeitsspezifischen Teilkomponenten der Zielfertigkeit (z.B. zu dialogspezifischen Redemitteln bei der Sprechfertigkeit, zu Vertextungselementen bei der Schreibfertigkeit).
2. Der komplexe Prozess der Sprachproduktion kann auf verschiedenen Ebenen durch bestimmte methodische Verfahren gesteuert werden, z.B. das dialogische Sprechen durch den Einsatz von Dialogkarten (Sprechfertigkeit) oder das Schreiben durch die Orientierung an einem Paralleltext (Schreibfertigkeit).
3. Schließlich müssen die prozessualen Aspekte gefördert werden. Dabei wird der komplexe Prozess der Sprachproduktion in Teilprozesse aufgegliedert, die von den Lernenden einzeln geplant, vorbereitet und nacheinander bearbeitet werden; Ergebnis des Prozesses ist das Produkt, der fertige Text. Eine prozessual orientierte Textproduktion, die sich an dem oben skizzierten Sprachproduktionsmodell orientiert, verläuft in drei getrennten Schritten:

– Schritt 1: Pragmatisch-inhaltliche Planung
– Schritt 2: Sprachliche Planung
– Schritt 3: Sprech- bzw. graphomotorische Realisierung

Die Komplexität der kommunikativen Handlung wird dadurch reduziert, dass der Lernende seine Aufmerksamkeit bei jedem Schritt auf einen bestimmten Teilprozess fokussieren kann. Dieses Vorgehen wird in → 6.3.2 im Zusammenhang mit der Schreibfertigkeit eingehender begründet.

6.2 Sprechfertigkeit

6.2.1 Mündliche Kommunikation im DaF-Unterricht

„Eine Sprache kann einwurzeln, wenn sie als Mittel zur Weltbemächtigung erlebt wird. Kinder wachsen mit der Sprache und durch sie in das Leben hinein. Das natürliche Prinzip des Spracherwerbs (die 'Naturmethode') besteht seinem innersten Wesen nach in der Verknüpfung der Sprache mit der Befriedigung leiblicher, geistiger und seelischer Bedürfnisse. Man erlernt keine Sprache, um sie anschließend sinnvoll zu verwenden, sondern das Hauptmittel des Spracherwerbs ist die Sprachverwendung selbst. Kommunizieren und Kommunizieren-Lernen fallen zusammen. Diese Beobachtungen bestätigen das Grundgesetz des Lernens, dass man die Verbesserung einer Funktion durch die wiederholte Ausführung der Funktion selbst erzielt. Daraus ergibt sich das unterrichtsmethodische Prinzip der Kommunikation." Damit beschreibt Butzkamm (1989: 139) einige zentrale Prinzipien des Sprachenlernens, die insbesondere auch für den Erwerb der Sprechfertigkeit gelten.

Optimale Lernbedingungen herrschen demnach überall dort, wo die Lernenden die Zielsprache extensiv unter möglichst authentischen Bedingungen zu Zwecken der „Weltbemächtigung" verwenden können. Dabei entstehen authentische Sprechanlässe, die dazu beitragen, dass Sprache aktiviert und in der Verwendung erprobt sowie geläufig wird; zugleich werden die natürlichen Spracherwerbsmechanismen wirksam (→ 2.2.1). Der Unterrichtende kann nur in kommunikativen Unterrichtsphasen Erkenntnisse darüber gewinnen, ob die Lernenden das sprachliche Material zum Zwecke der Verständigung anwenden können oder ob sie lediglich über ein vorkommunikatives sprachbezogenes Wissen verfügen. Die Gefahr, dass sich beim freien Sprechen Fehler einschleifen, wird eher als gering angesehen, da viele der beim Kommunizieren auftretenden Fehler entwicklungsbedingt sind und zu einem späteren Zeitpunkt des Spracherwerbs quasi automatisch wieder verschwinden (2.2). Man geht in der Fachdidaktik heutzutage davon aus, dass eine fehlerhafte mündliche Sprachproduktion keine negativen Auswirkungen auf die sich entwickelnde fremdsprachliche Kompetenz hat. Der Übungs- und Lerneffekt – notgedrungen fehlerhaften – mündlichen Kommunizierens wird demnach wesentlich höher bewertet als die Gefahr, dass sich dabei Fehler festigen.

In der audio-lingualen Methode wurde das Sprechen sehr gezielt gefördert. Allerdings galt unter dem Einfluss der behavioristischen Lerntheorie das Prinzip, dass nur korrekte Äußerungen zur Automatisierung korrekter sprachlicher Muster führen (Wilkins 161ff.; Rivers 1964). Das Sprachverhalten der Lernenden war aus diesem Grund streng gesteuert (*pattern drills* → 3.2.3; 7.2), denn nur so ließen sich (dem Anspruch nach) Fehler weitgehend vermeiden.

„Die Notwendigkeit anwendungsbezogener Kommunikation" (Butzkamm 1980a: 156) ist geradezu zum Axiom der heutigen Fremdsprachendidaktik geworden, was bedeutet, dass kommunikatives Verhalten eine Voraussetzung des Sprachenlernens ist und nicht als Ergebnis des Lernens dem Leben außerhalb des Unterrichts überlassen bleibt. In der Literatur wird allerdings häufig eine Vernachlässigung von mitteilungsbezogener Kommunikation im Fremdsprachenunterricht konstatiert (z.B. Butzkamm 1980a; Zimmermann 1984). Der Grund ist u.a. darin zu sehen, dass die Forderung nach einem möglichst intensiven freien Gebrauch der Sprache im Unterricht auf viele Schwierigkeiten stößt, z.B. die kommunikative Künstlichkeit und Unnatür-

6.2 Sprechfertigkeit

lichkeit der Unterrichtssituation (→ 9.1.1), der starke Sprachbezug des Unterrichts, Zeitmangel u.a. Ein weiterer Grund liegt aber sicherlich in der Schwierigkeit und Komplexität der gesprochenen Sprache selbst. „Was an der spontan gesprochenen Sprache vor allem auffällt, ist die Diskrepanz zwischen der Notwendigkeit, die immer neu aufblitzenden Gedanken und Ideen zu äußern, und der Existenz eines grammatischen Systems, das das Sprechen bestimmt und in gewisse syntaktische Strukturen zwingen möchte." (Dirven 1977: 8) Diese Diskrepanz zwischen Spontaneität und Zwang zur Form drückt sich bei Muttersprachensprechern in typischen Merkmalen der gesprochenen Sprache aus wie Abbrüchen, Wiederaufnahmen, Pausen, Verzögerungslauten, Redundanzen, Ellipsen, Anakoluth (Rath 1975). Auch wenn der Zwang zur Form in der spontan gesprochenen Sprache geringer ist als z.B. beim Schreiben, stellt das Dilemma „Inhalt – Form" für Fremdsprachenlerner sicherlich ein zentrales Problem des Sprechens dar.

- Den Lernenden fehlen oft die sprachlichen Mittel, um ihre Gedanken in der Fremdsprache einigermaßen angemessen ausdrücken zu können.
- Die Sprachbezogenheit des Unterrichts führt zu einer Konzentration auf die Form der Sprache und bietet nur wenige Gelegenheiten, inhaltlich Bedeutsames mitzuteilen; inhaltliche Aussagen werden zudem durch die Formbezogenheit der Unterrichtsatmosphäre, z.B. durch das Korrekturverhalten, oft entwertet.
- Sprechen ist ein äußerst komplexes Ensemble verschiedener Teilfertigkeiten: Inhalt, Form (Morphosyntax), Situationsbezug, Partnerangemessenheit, Artikulation, Intonation usw. Aufgrund der fehlenden bzw. mangelhaft gefestigten Ausdrucksmittel sind die Lernenden von der Komplexität der kommunikativen Aufgabe „Sprechen in der Fremdsprache" überfordert, da sie sich nicht auf alle Aspekte ihres kommunikativen Verhaltens zugleich konzentrieren können. Das führt oft zu Äußerungen, die inhaltlich wie sprachlich nicht dem entsprechen, was die Lernenden potenziell, d.h. bei Ausschöpfung aller ihrer Möglichkeiten, äußern könnten.

Aus den genannten Gründen müssen in der „natürlichen Künstlichkeit" (Butzkamm 1989) des Unterrichts bei der Förderung des Sprechens zwei sich ergänzende Wege verfolgt werden:

der natürliche: Die Lernenden sollten immer wieder die Gelegenheit erhalten, sich spontan und frei in der Fremdsprache zu äußern. Die Gegenstände dieses spontanen Sprechens sollten authentisch sein und darüber hinaus die Lernenden interessieren und „bewegen". Im Inland stellen die Erfahrungen und Lebensbedingungen der Lerner emotional besetzte Kommunikationsanlässe dar; im Ausland können interkulturell interessante Themen oder der Unterricht selbst das spontane Kommunikationsbedürfnis der Lerner wecken (→ 8; 6.2.6).

der künstliche: Darüber hinaus muss das Sprechen bei Anfängern wie bei Fortgeschrittenen gezielt gefördert werden. Dadurch kann der Konflikt zwischen Spontaneität und Ausdrucksbedürfnis einerseits, formalem Zwang und Korrektheit andererseits durchaus zu einem akzeptablen Kompromiss geführt und der Fertigkeitserwerb gefördert werden. Dieser zweite Aspekt, nämlich die gezielte Förderung der Sprechfertigkeit, ist Gegenstand dieses Kapitels.

Kommunikation kann im Unterricht durch unterschiedliche Quellen stimuliert werden; in der Regel dürfte das Lehrbuch die meisten Anregungen geben (Textinhalte, Bilder, kommunikative Aufgaben usw.), aber auch Kommunikationsanlässe aufgrund von Problemen der Lerner und zu Inhalten ihres Interesses spielen traditionell eine wichtige Rolle; die Unterrichtssituation selbst bietet sich als ständiger Kommunikationsanlass geradezu an, sie scheint aber nur sehr selten als solcher genutzt zu werden; schließlich kommt der Simulation von realen Kommunikationssituationen ein wichtiger Stellenwert zu. Sprechanlässe lassen sich im Gesamtzusammenhang der Unterrichtskommunikation folgendermaßen einordnen (Abb. 6.1):

mitteilungsbezogen:	Sprachliches Handeln dient vor allem der Übermittlung von Inhalten.
sprachbezogen:	Sprachliches Handeln hat die zu lernende Sprache selbst zum Gegenstand, z.B. Sprechen über Sprache und Kommunikation (Metasprache), sprachbezogenes Üben.
themenbezogen:	Sprachliches Handeln dient vor allem der partner-, themen-, sachbezogenen Mitteilung (= Gegenstand von Unterrichtstexten, Rollenspielen, Diskussionen, Referaten, landeskundlichen Themen usw.); dieser Aspekt

	betrifft die Inhalte, anhand deren die fremde Sprache gelernt und über die kommuniziert wird.
real:	Lernende und Lehrende handeln als sie selbst im Unterricht.
simuliert:	Lernende und Lehrende ändern ihr Ich (Identität), ihr Hier (den Ort) und ihr Jetzt (die Zeit).
unterrichtsbezogen:	Sprachliches Handeln dient der Organisation und Durchführung des Unterrichtsablaufs; in einem weiteren Sinn auch Unterricht als Kommunikationsgegenstand.

Abb. 6.1: Mündliche Kommunikation im Fremdsprachenunterricht

1 Metasprache, Erklärungen zur Sprache und zu ihrer Verwendung, z.B. zu Grammatik, Wortschatz, kommunikativen Bedingungen der Sprachverwendung (→ 3.1.3.1; 5.3.4).
2 Authentische themen-/partner-/sachbezogene Äußerungen (z.B. textbezogene Äußerungen, Diskussion oder andere inhaltlich freie Äußerungen).
3 Rollenspiel und Simulation (→ 6.2.3.2).
4 Anweisungen, Aufrufen, Ankündigungen usw. (*classroom discourse, classroom management*); Thematisierung von Unterricht, Lehren und Lernen (→ 6.2.6).
5 Üben im engeren Sinne (→ 5.4).

Diese Klassifizierung zeigt einige wesentliche Funktionen unterrichtlicher Kommunikation auf, sie erhebt aber nicht den Anspruch, den unterrichtlichen Diskurs vollständig und widerspruchsfrei darzustellen. Sie muss zudem mit der Einschränkung verstanden werden, dass alles unterrichtliche Handeln letztlich sprachbezogen ist, da es auf das Erlernen der Sprache abzielt (→ 9.1.1). Umfassende Klassifikationen der Unterrichtskommunikation (z.B. von Sinclair/Coulthard 1977, Lörschner 1983) erheben den Anspruch, Unterricht detailliert zu beschreiben und damit einer exakten wissenschaftlichen Analyse zugänglich zu machen. Hier geht es jedoch lediglich darum, das Feld für die Zwecke der vorliegenden Darstellung grob zu strukturieren.

Bei dieser Klassifikation ist mit zahlreichen Übergängen und Mischformen zu rechnen. Typisch für den Fremdsprachenunterricht sind z.B. sprach-mitteilungsbezogene Mischformen, wie z.B. inhaltlich freie Äußerungen innerhalb einer bestimmten vorgegebenen sprachlichen Form, etwa Abb. 6.2: „sich zu einem Bild äußern, dabei Redemittel für die Sprechabsicht 'Gefallen/Missfallen ausdrücken und begründen' einüben".

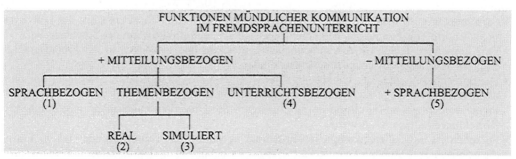

Abb. 6.2: Redemittel

Diese Sprechaufgabe stimuliert eine authentische inhaltlich-mitteilungsbezogene Aussage; da jedoch bestimmte Redemittel verwendet werden sollen, weist die Übung zugleich einen starken Sprachbezug auf. Dieser Mischcharakter ist oft auch bei simulierter Kommunikation im Anfängerunterricht zu erkennen.
Sprechanlässe für die mündliche Sprachausübung bietet der Unterricht vor allem in den Kommunikationsbereichen 2, 3 und 4 des Unterrichts (vgl. Abb. 6.1).

6.2.2 Faktoren der mündlichen Kommunikation

Ausgehend von dem Modell der Kommunikation in Kap. 1 (→ 1.1.3) lassen sich die folgenden Faktoren mündlicher Kommunikation unterscheiden:

6.2 Sprechfertigkeit

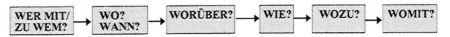

Man (WER MIT/ZU WEM?) kommuniziert,
um – in einer bestimmten Situation (WO? WANN?)
– im Rahmen eines bestimmten Themas (WORÜBER?)
– innerhalb eines bestimmten Mediums und einer Textsorte (WIE?)
eine bestimmte kommunikative Absicht auszudrücken bzw. ein kommunikatives Ziel zu erreichen (WOZU?).
Dazu verwendet man bestimmte sprachliche Mittel (WOMIT?).

Die pragmatischen Faktoren der Sprachverwendung, die das kommunikative sprachliche Handeln konstituieren, können wie folgt genauer expliziert werden (Baldegger u.a. 1980; Schank/Schoenthal 1983):

- *Kommunikationspartner* (WER MIT/ZU WEM?)
  – Identitätsmerkmale: Alter, Nationalität ...
  – Funktionsrollen: Kunde, Passagier, Nachbar, Patient ...
  – affektive Einstellung: Sympathie, neutral, Antipathie; (un-)freundlich ...
  – Bekanntschaftsgrad: nicht/kaum bekannt, bekannt, gut bekannt, befreundet ...
  – Rangverhältnis: privilegiert/dominant, gleichberechtigt, untergeordnet ...
- *Kommunikationssituation* (WO? WANN?)
  – sozialer Handlungs- und Wahrnehmungsraum mit einem bestimmten soziokulturellen Hintergrund: Restaurant, Polizeistelle, Parkplatz, Kaufhaus, zu Hause ...
  – zeitliche Faktoren: in Eile, morgens ...
- *Thematischer Rahmen* (WORÜBER?)
  Wohnen, Umwelt, Arbeit, Beruf, Freizeit, persönliche Beziehungen ...
- *Kommunikationsform* (WIE?)
  – Medium: gesprochene Sprache, geschriebene Sprache, Bild – Ton, Bild – Schrift ...
  – Textsorte: Brief, Gespräch, Vortrag, Notiz, Werbespot (Radio, Fernsehen) ...
  – Register, Sprachebene
- *Kommunikatives Ziel, Redeintention* (WOZU?)
  Informationsaustausch, Bewertung/Kommentar, Gefühlsausdruck, soziale Konventionen, Redeorganisation /Verständnissicherung ...
- *Sprachliche Mittel* (WOMIT?)
  – Sprachliche Ausdrucksmittel zur einzelsprachlichen Realisierung von Äußerungen in den verschiedenen Bereichen, z.B.
    * Partnerbezug: *du/Sie; könnten Sie bitte ... sagen/sagen Sie mir mal ...*
    * Situation: *hier, dort drüben, von da; nachher, vorhin ...*
    * Redeintention: z.B. 'sich informieren' *Wissen Sie, ob/wo/wann ...? – Können Sie mir bitte sagen, ob/wo/wann ...? – Wo/Wann/Wie ...?*
    * Thema: themenrelevanter Wortschatz
  – Morphosyntax, phonische/graphische Mittel

Hinzu kommen parasprachliche und nonverbale Mittel wie Tonhöhe, Sprechtempo, Lautstärke, Gestik, Mimik, Bewegungen (→ 9.5).

Jede sprachliche Handlung stellt eine bestimmte Konstellation dieser Faktoren der Kommunikation dar. In der Methodik der Sprechfertigkeit kommt diesen Faktoren eine große Bedeutung zu:

- Jeder Faktor stellt ein potenzielles Steuerungselement dar, d.h. die Sprechfertigkeit kann durch Vorgaben oder Variation dieser verschiedenen Faktoren gesteuert werden.
- Jeder Faktor ist (zusammen mit den entsprechenden sprachlichen Mitteln) ein potenzieller Übungsgegenstand. In Form von Komponentenübungen müssen die einzelnen Teilfertigkeiten der komplexen Zielfertigkeit isoliert geübt und anschließend in die komplexe Zielfertigkeit eingebunden werden.

• Diese Faktoren stellen Planungselemente dar, d.h. die Lernenden müssen sie bei der mentalen Planung und bei der Ausführung des kommunikativen Aktes berücksichtigen.

Bei authentischer Kommunikation ist die pragmatische Situierung der kommunikativen Handlung gegeben (z.B. Kommunikationssituation „Einkaufsgespräch beim Bäcker", Kommunikationspartner „Verkäufer und Kunde"). Bei simulierter Kommunikation (Rollenspiel, Simulation) müssen die pragmatischen Bedingungen hingegen explizit situiert werden, damit die Lernenden genau wissen, in welcher Rolle sie in welcher Situation mit welcher Zielsetzung kommunizieren. Bei übender sprachbezogener Kommunikation sollten möglichst viele dieser Faktoren erkennbar sein („Einbettung"), sodass ein direkter Bezug zur Zielfertigkeit gegeben ist und die potenzielle kommunikative Funktion des Übungsgegenstands erkennbar wird (→ 5.4).

Die folgende Darstellung orientiert sich vor allem an den Punkten „authentisch – simuliert" und „dialogisch – monologisch"; der authentische Sprechanlass „Unterrichtssituation" wird in einem eigenen Abschnitt thematisiert.

Zur Förderung des mündlichen Ausdrucks vgl. auch die Kapitel: → 3.1.3.2/3 Wortschatz, → 4.2/3 Lese-/Hörverstehen, → 5.2 Textarbeit, → 5.4 Üben, → 7.3 Bilder als Sprechanlass, → 8 Landeskunde, → 9.1.2 Interaktion.

6.2.3 Die Förderung des dialogischen Sprechens

Im Anfängerunterricht wird vor allem das situationsbezogene dialogische Sprechen, in geringerem Ausmaß auch das situationsbezogene monologische Sprechen gefördert (*Sprechen als jmd. mit jmd. in einer Situation*); je nach Konzeption des Lehrwerks können auch einfachere themenbezogene monologische oder dialogische Äußerungen eine gewisse Rolle spielen. Im Fortgeschrittenenunterricht betreffen die Sprechanlässe zunehmend das monologische und dialogische Sprechen über Themen (*Sprechen über*).

6.2.3.1 Vom Dialog zum dialogischen Sprechen: Steuerung des simulierten dialogischen Sprechens durch Variation der kommunikativen Faktoren

Dialogische Lerntexte eignen sich besonders im Anfangsunterricht gut als Ausgangspunkt zur Förderung der Sprechfertigkeit; diese Texte beinhalten wichtige Kommunikationsanlässe, die deshalb intensiv geübt werden müssen. Die vorgegebenen Lehrbuchdialoge funktionieren dabei als kommunikative Muster, die nach ihrer Einübung und Reproduktion ausgewertet und im Transfer unterschiedlich variiert werden (→ 5.2.2.2.1). Dabei bilden die oben dargestellten Faktoren der Kommunikation den Rahmen, innerhalb dessen die Dialoge variiert und in die freiere simulierte Sprachausübung überführt werden können.

Variation der Redemittel
Ein zentrales Ziel des DaF-Unterrichts besteht darin, den Lernern Redemittel für die angemessene Versprachlichung von Sprechintentionen zu vermitteln: wie man sich begrüßt, nach dem Befinden fragt, Zweifel ausdrückt usw. Zu diesem Zweck werden die entsprechenden Redemittel bewusst gemacht und in variablen Kontexten eingeübt.

Der Lehrbuchdialog Abb. 6.3 ist offen gehalten, sodass die Lernenden schon beim Einüben und Reproduzieren das Ende etwas freier gestalten können. Für die anschließende Dialogvariation werden Redemittel zum variablen Ausdruck der verschiedenen Sprechintentionen vorgegeben (Abb. 6.4a):

○ *Du, Ulla hat morgen Geburtstag.*
　• *Ach ja, stimmt.*
○ *Ich möchte ihr etwas schenken. Weißt du nicht etwas?*
　• *Schenk ihr doch eine Platte. Sie hört gern Jazz.*
○ *Meinst du? – Ich weiß nicht.*
　• *Dann kauf ihr doch ein Wörterbuch. Sie lernt doch Französisch.*

○ *Prima, die Idee ist gut.*　○ *Das ist mir zu unpersönlich.*
　　　　　　　　　　　　　　　• *Dann kauf ihr doch Blumen.*
○ *Das ist so langweilig.*
　• *Dann kann ich dir auch nicht helfen.*

Abb. 6.3: THEMEN 1: 83

ZUSTIMMEN	VORSCHLAG + BEGRÜNDUNG	ZWEIFEL/UNSICHERHEIT
– Ach ja, stimmt.	– Schenk ihr/ihm doch eine Platte.	– Meinst du?
– Ach ja, richtig.	Sie/Er hört gern Jazz.	– Ich weiß nicht.
– Prima, die Idee ist gut / nicht schlecht /...	– Kauf ihm/ihr doch ... Er/Sie ...	
– Oh ja, die Idee ist gut / nicht schlecht /...	**ALTERNATIVER VORSCHLAG**	**ABLEHNUNG**
	– Dann schenk ihr doch ...	– (Ach nein,) Das ist mir zu ...
	– Dann kauf ihm doch ...	– (Ach nein,) Das ist so ...

Abb. 6.4a: Redemittel zur Variation der Sprechintentionen von Dialog Abb. 6.3

Die Variation des Dialogs durch die Verwendung unterschiedlicher Redemittel ist Teil der Dialogarbeit im Lehrbuch (Abb. 6.4b).

o	Ulla | Jörg |	hat |	morgen nächste Woche |	Geburtstag. Jubiläum. Hochzeit.	•	Ach ja, |	stimmt. richtig.
o	Ich möchte | (Ich brauche noch ein Geschenk.) Weißt du nicht etwas? (Kannst du mir etwas empfehlen?)		ihr ihm |	etwas schenken..	•	Schenk | Kauf | Sie | Er |	ihr | ihm | hört gern Jazz. ... | doch | eine Platte. ...
o	Meinst du? Ich weiß nicht.				•	Dann |	kauf | ihr | doch ... schenk | ihm |
o	Prima, | Oh ja, | (Ach nein, das ist mir zu |	die Idee ist |		gut. nicht schlecht. unpersönlich.) teuer. ...			

Abb. 6.4b: THEMEN 1: 85

Auf diese Art wird den Lernenden die Funktion der Redemittel bewusst gemacht, und zugleich wird ihr Gebrauch eingeübt. Da in den vorhergehenden Lektionsteilen das Thema *Geschenke und Schenken* bereits behandelt wird, braucht dieser Aspekt der Variation nicht gesondert gesteuert zu werden.

Redemittel und Routinen
Linguistisch gesprochen handelt es sich bei den Redeintentionen um die illokutive Funktion von Sprechakten; viele der Redemittel, die die verschiedenen Redeintentionen versprachlichen, verwendet der Muttersprachler quasi automatisch. Ein angemessenes sprachliches Verhalten setzt die Beherrschung solcher Redemittel voraus; sie müssen deshalb im Unterricht systematisch vermittelt und intensiv geübt werden. In Lehrbüchern sind Auflistungen von Redemitteln nach Redeintentionen geordnet, und dadurch ist bereits eine direkte Verbindung zur Sprachverwendung hergestellt, z.B.:

Sprechintention: 'ZUSTIMMEN'
Redemittel: *Das stimmt. / Ja. / Das finde ich auch. / Das ist richtig. / Natürlich! / Ich finde auch, dass ... / Prima, die Idee ist gut! / ...*

Solche Auflistungen können durchaus Redemittel enthalten, deren grammatische Struktur den Lernenden noch unbekannt ist. *Wie geht es dir / Ihnen* wird meist schon in einer der ersten Stunden eingeführt, ohne dass zugleich der Dativ oder das Pronomen *es* eingeführt würden. Die Progression der Redemittel und der Grammatik verlaufen also durchaus nicht parallel.
Viele sprachliche Mittel zum Ausdruck von Redeintentionen gehören zu den sog. „Routineformeln". Es handelt sich dabei um sprachliche Einheiten, die stark automatisiert und als Ganzheiten im Gedächtnis gespeichert sind. Routinen stellen gesellschaftlich konventionalisierte sprachliche Ausdrucksformen dar, die unter speziellen situativen oder funktionellen Bedingungen verwendet werden. „Die entsprechenden situations- oder funktionsspezifischen Ausdrücke zeichnen sich oft dadurch aus, dass sie von einem Fremdsprachensprecher trotz guter grammatischer und lexikalischer Kenntnisse nicht ohne weiteres gebildet werden können, da die Gebrauchskonventionen von der Grammatik unabhängig sind. Insofern sind solche Ausdrücke idiomatisch." (Coulmas 1986: 19) Die Bedeutung von Routinen für den Fremdsprachenunterricht ist seit einiger Zeit ein Diskussionsfeld der Fremdsprachendidaktik (Eppeneder Hg. 1986; Lüger 1993).

Variation des Diskursverlaufs

Eine weitere Möglichkeit, einen Dialog zu variieren und dialogisches Sprechen zu üben, besteht in der Veränderung des Diskursverlaufs. Schon im vorherigen Beispiel war der Abschluss des Dialogs offen und sollte durch die Lernenden variiert werden. Es lassen sich aber auch ganze Diskursverläufe variieren und somit für die Lerner durchsichtig machen.
Der Dialog Abb. 6.5 kann in folgende Situation eingebettet sein: Eine Frau und ein Mann schauen sich die Schaufenster eines Bekleidungsgeschäfts oder Kaufhauses an.

DIALOG	REDEINTENTIONEN
• Schau mal, das Kleid da. Einfach toll!	'Hinweis + Gefallen ausdrücken'
o Das finde ich auch. Ganz schick!	'Zustimmen + Gefallen ausdrücken'
• Und die Schuhe! Die passen gut dazu.	'Hinweis + Gefallen ausdrücken'
o Ja! Komm, wir gehen mal rein!	'Zustimmen + Vorschlag machen'

Abb. 6.5: Dialog und ausgedrückte Redeintentionen

Im Unterricht können auf der Basis eines solchen Dialogs variable Diskursverläufe erarbeitet und eingeübt werden.

Schritt 1 (PL): Es wird ein Dialoggerüst erstellt, das die Redeintentionen des Dialogs Abb. 6.5 wiedergibt (Abb. 6.6a). Anschließend werden alternative Redemittel für den Ausgangsdialog gesammelt und anhand des Dialoggeländers eingeübt:

– 'Hinweis' (!):   *Da, ... / Schau mal, ... / Sieh mal, ...*
– 'Gefallen ausdrücken' (+, ++):   *– toll, prima, schick, phantastisch, ...*
     – Das gefällt mir gut/prima ...
– 'Zustimmen' (Ja):   *Das finde ich auch. / Ja. / Das stimmt.*
– 'Vorschlag machen' (Komm!):   *Komm, lass uns ... / Komm, wir... / Wollen wir nicht ... (weitergehen, nach dem Preis fragen, noch anderswo schauen ...)*

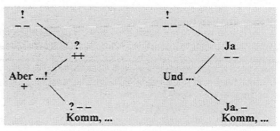

Abb. 6.6a: Dialoggerüst

Schritt 2 (PL): In einem zweiten Schritt werden Redemittel für einen variierten Diskursverlauf erarbeitet: *Was sagen die beiden, wenn ihnen etwas nicht gefällt?* (Die Redemittel werden in der Klasse gesammelt und eventuell von der Lehrerin / vom Lehrer ergänzt.)

– 'Missfallen ausdrücken' (–, – –):   *geschmacklos, altmodisch, unmodern ...*
– 'Widersprechen' (?):   *Das finde ich nicht! / Was? Ich finde das ... – ...*

Schritt 3 (PA): Ausgehend vom ursprünglichen Dialog, skizzieren die Lernenden in Partnerarbeit verschiedene Dialoggeländer mit alternativen Diskursverläufen, die sie mit variablen Redemitteln durchspielen (Abb. 6.6b).

Schritt 4 (PL): Anschließend werden verschiedene Versionen in der Klasse als kleine Rollenspiele vorgespielt.

Abb. 6.6b: Dialoggerüst mit verändertem Diskursverlauf

Durch eine solche Dialogvariation wird nicht nur die Geläufigkeit im dialogischen Sprechen gefördert; die Lernenden werden zugleich für die diskursive Funktion verschiedener interaktiver Redemittel sensibilisiert, z.B.: 'Gefallen ausdrücken – Zustimmen', 'Missfallen ausdrücken – Widersprechen' usw.

Variation des Partnerbezugs

Eine weitere Komponente des dialogisch-interaktiven Sprechens ist der Partnerbezug, der sich vielfach variieren lässt. Die Variation kann die Vertrautheit zwischen den Partnern betreffen (das vertraute *du* und das distanziertere *Sie*), die Höflichkeit der Partnerbeziehung oder auch den Aspekt ihrer (A-)Symmetrie. Meist werden mit einer Veränderung der Partnerbeziehung auch andere Redemittel für die Versprachlichung des Dialogs erforderlich.

6.2 Sprechfertigkeit

Die Aspekte „abnehmende Höflichkeit" und „asymmetrische Partnerbeziehung" sind Gegenstand des folgenden Dialogs Abb. 6.7.

Der Chef zum Ersten:	*Darf ich Sie bitten, mir einen Stuhl zu bringen.*
Der Erste zum Zweiten:	*Bringen Sie dem Chef bitte einen Stuhl!*
Der Zweite zum Dritten:	*Bitte einen Stuhl für den Chef!*
Der Dritte zum Vierten:	*Bring dem Chef einen Stuhl, los!*
Der Vierte:	*Sofort!*
	Der Vierte tut jeweils, was ihm befohlen wird.
...	
Der Dritte zum Vierten:	*Gib dem Chef Feuer! Na wird's bald!*
Der Vierte:	*Nein!*
Der Dritte:	*Wieso nein?*
Der Vierte:	*Ich mag nicht!*
Der Dritte zum Zweiten:	*Er mag nicht, und ich mag auch nicht.*
Der Zweite zum Ersten:	*Er mag nicht. Und ich habe auch keine Lust.*
Der Erste zum Chef:	*Er hat keine Lust. Und ich verspüre auch keine Neigung.*
Der Chef:	*Das ist ärgerlich ... Was schlagen Sie vor?*
Der Vierte:	*Ich schlage vor, ...*

Abb. 6.7: DER EINE: 28f. (Ausschnitt)

Zum Ausdruck des Partnerbezugs können für diesen Dialog im Kurs alternative Redemittel erarbeitet werden, z.B. (Abb. 6.8):

– *Darf ich Sie bitten ... / Wären Sie so freundlich ... / Dürfte ich Sie bitten ...*
– *... bitte ...! / Bitte ...!*
– *Bitte ... für ... / Geben Sie ...*
– *Gib ... Na wird's bald! / ... und zwar ein bisschen dalli!*
– *Ich mag nicht! / Ich habe keine Lust / Ich will nicht ...*

Abb. 6.8: Alternative Redemittel zur Szene Abb. 6.7

Nach dem Einüben des Dialogs mit verschiedenen Redemitteln und seiner Reproduktion als Rollenspiel kann die Situation verändert werden, z.B. (Übernahme der Lehrer-Rolle durch eine Schülerin / einen Schüler):

L: *Ich habe mein Buch im Lehrerzimmer vergessen. Bist du so freundlich, mir mein Buch zu holen?*	L: *Darf ich dich bitten, mir die Kreide zu geben?*
S1: *Hol bitte das Buch für den Lehrer aus dem Lehrerzimmer!*	S1: *Gib dem Lehrer bitte die Kreide!*
S2: ...	S2: ...

Es handelt sich bei dieser Übung um weit mehr als nur ein Rollenspiel zum Imperativ! Die Lernenden werden dafür sensibilisiert, wie verschiedene Aspekte der Partnerbeziehung sprachlich ausgedrückt werden, und sie können sie im Rahmen eines Rollenspiels ohne Sanktionen ausprobieren und einüben.

Inhaltliche und situative Variation

Viele Dialoge lassen sich recht einfach in eine andere Situation überführen: Der Dialog oben zur Variation des Diskursverlaufs (*Vor einem Bekleidungsgeschäft*) kann z.B. ohne Veränderung der Diskursstruktur in einem Möbelgeschäft, einem Museum oder auf einem

- *Sag mal, stimmt es, dass Burglind geheiratet hat?*
- *Ja, das habe ich auch gehört.*
- *Und – ist er nett?*
- *Ich weiß nur, dass er Helmut heißt.*
- *Kennt sie ihn schon lange?*
- *Sie hat ihn im Urlaub kennen gelernt, glaube ich.*

1. Spielen Sie die Dialoge
a) *Burglind hat geheiratet. Ihr Mann heißt Helmut. Sie hat ihn im Urlaub kennen gelernt.*
b) *Giorgio hat eine neue Freundin. Sie ist Italienerin. Er kennt sie aus dem Deutschkurs.*
c) *Carola hat sich verlobt. Ihr Verlobter heißt Wolf-Michael. Sie kennt ihn aus der Diskothek.*
d) ...

Abb. 6.9: THEMEN 2: 64 (i.O. mit Bild)

touristischen Spaziergang durch eine alte romantische Stadt stattfinden und sprachlich entsprechend umgestaltet werden. Es ändert sich dann lediglich der themenbezogene Wortschatz, während die Redemittel zum Ausdruck der Redeintentionen weitgehend gleich bleiben. Das ist ähnlich auch bei der Dialogvariation Abb. 6.9 der Fall, wo jeweils der Gegenstand der Kommunikation verändert wird.

Weiterhin kann ein Lehrbuchdialog in die Perspektive der Lernenden überführt werden, wobei im folgenden Beispiel (Abb. 6.10; für eine sprachlich heterogene Klasse) das „interkulturelle Potenzial" den Äußerungsanlass darstellt (hier: Informationen über ein Land, Klischees und Stereotypen); dabei sollen die Lernenden persönliche Erfahrungen und eigenkulturelle Aspekte in ihre Dialogvariation einbringen.

Deutsche Landeskunde: Thema Arbeit.
Frau Boto (B) und Herr Alga (A) interviewen Frau Klinger (K).
A: *Und nun eine Frage zum Thema Arbeit. Bei uns sagt man: „Die Deutschen arbeiten viel." Stimmt das?*
K: *Teils – teils. Die Arbeitsleistung ist zwar ständig gestiegen, aber die Arbeitszeit ist in den letzten Jahren immer mehr zurückgegangen. Heute sind bei uns der Achtstundentag und die 40-Stunden-Woche überall normal. In einigen Bereichen der Wirtschaft arbeitet man schon weniger als 40 Stunden. Ja, die Gewerkschaften fordern sogar noch weitere Arbeitszeitverkürzungen.*
B: *Interessant! Und wie sieht es mit dem Urlaub aus?*
K: *Der beträgt heute durchschnittlich sechs Wochen. Dazu kommen noch die gesetzlichen Feiertage. Und davon haben wir mehr als andere Länder.*
A: *Ach, dann arbeiten die Deutschen ja gar nicht so viel!*
K: *Für die Arbeitszeit ist das richtig. Im internationalen Vergleich arbeiten wir sogar weniger als andere. Übrigens, bei uns hat sich seit einiger Zeit die Einstellung zur Arbeit verändert. Viele Deutsche sehen in der Arbeit nicht mehr den einzigen Sinn des Lebens.*
B: *Wirklich? Bei Ihnen jetzt auch? Bei uns war das schon immer so.*
K: *Ja, deshalb gefällt mir Ihr Land auch so gut.*
A: *So? Man kann das aber auch ganz anders sehen.*

Abb. 6.10: SPR.BR. 1: 104

Schritt 1: Erarbeitung, Einübung und Reproduktion des Textes (→ 5.2.2.2.1).

Schritt 2 (PL): Erarbeitung sprachlicher Mittel, die entsprechend dem Mitteilungsbedürfnis der Lernenden eine angemessene inhaltliche Veränderung bei gleichzeitiger sprachlicher Variation des Ausgangsdialogs ermöglichen, z.B.:

   Z. 2 *die ... arbeiten sehr viel/viel/nicht sehr viel/nicht so viel/ziemlich wenig/wenig ...*
   Z. 3 *teils-teils – ja und nein – Das kann man so einfach nicht sagen – Das stimmt (nicht) ...*
   Z. 4 *die Arbeitszeit ist angestiegen/gleich geblieben/zurückgegangen ...*
   Z. 18 *Viele ... halten die Arbeit für immer wichtiger ... – Für uns ist Arbeit nicht der Sinn des Lebens ...– Bei uns arbeitet man sehr/ganz/nicht so gern ...*

Schritt 3 (PA): Nun tun sich Partner verschiedener Nationalitäten zusammen, die eine eigene Version des Dialogs vorbereiten (ausformuliert oder mit Hilfe von Stichwörtern); die Transferaufgabe lautet: *Wie könnte das Gespräch zwischen Kommunikationspartnern aus Ihren Ländern verlaufen?* (z.B. – je nach Nationalitäten in der Klasse – zwischen einem Japaner und einem US-Amerikaner).

Schritt 4 (PA/PL): Die Lernenden üben ihre Dialoge zunächst ein (partnerschaftliches Lesen oder je eine Dialogrolle verdeckt), und dann spielen sie ihre Interviews vor. Die Mitschüler versuchen, die typischen länderspezifischen Aspekte zu erkennen, die in den Interviews zum Ausdruck kommen (Notizen!). Daraus kann sich ein – dem Lernniveau entsprechend – einfaches interkulturelles Gespräch über das Thema *Unterschiedliche Einstellungen der Menschen zur Arbeit* entwickeln.

Variation der Textsorte
Das Sprechen kann schließlich auch durch einen Wechsel der Textsorte gesteuert werden, z.B. durch die „Dramatisierung" eines narrativen Textes.

> *Feierabend*
> *Es ist Mittwoch Abend. Renate will ausgehen, aber Max will nicht. Er ist müde. Er war heute schon um fünf Uhr im Büro. Er hatte den ganzen Tag viel Arbeit; außerdem hatte er Streit mit seinem Chef. Auch Renate hatte heute viel Arbeit. Aber sie war den ganzen Tag allein. Deshalb will sie jetzt spazieren gehen, irgendwo gemütlich sitzen, etwas Schönes essen und trinken, vor allem aber will sie mit Max reden.*

Abb. 6.11a: DT.AKT. 1: 87

Nach der inhaltlichen und sprachlichen Erarbeitung des Textes Abb. 6.11a bereiten die Lernenden in Partnerarbeit ein kleines dialogisches Rollenspiel zu diesem Text vor. Entweder formulieren sie ihren ganzen Dialog schriftlich (wodurch die sprachlichen Mittel zusätzlich eingeübt werden), oder sie machen sich stichwortartige Notizen zum Gesprächsverlauf. Die „Szenen" werden in der Klasse vorgetragen (z.B. Abb. 6.11b), und durch Abstimmung wird die beste „Aufführung" bewertet.

> R: *Du, Max, wollen wir heute Abend ausgehen?*
> M: *Ich hab keine Lust, ich bin müde.*
> R: *Komm doch! Wir machen einen Spaziergang, und dann gehen wir in ein Restaurant und essen etwas Schönes.*
> M: *Ich bin müde. Ich hatte heute viel Arbeit, und außerdem hatte ich Streit mit meinem Chef.*
> R: *Auch ich hatte viel Arbeit ...*

Abb. 6.11b: Beispiel für die Dialogisierung des Textes Abb. 6.11a

Bei diesem Beispiel können sich die Lernenden sprachlich weitgehend an dem Ausgangstext orientieren, was im Anfangsunterricht eine wichtige Hilfe darstellt. Je nach Lernniveau können zunächst Redemittel eingeführt werden, z.B.:

> – 'einen Vorschlag machen': *Du, Max, wollen wir ... / Ich habe einen Vorschlag: Wir ...*
> – 'insistieren': *Komm doch! / Das ist mal was anderes ...*
> – 'einen Vorschlag ablehnen, Unlust ausdrücken': *Ich habe keine Lust. / Ich will nicht! / Lass mich in Ruhe ...*

Bei Textvariationen stellt der Ausgangstext ein sprachliches Modell dar, an dem sich die Lernenden orientieren können. Didaktisch stehen solche methodischen Verfahren deshalb zwischen Üben und Kommunizieren: der Ausgangstext (Lerntext) wird in Form einer Variation weiter eingeübt, es wird aber zugleich die Fertigkeit Sprechen in einer simulierten Situation ausgeübt. Darüber hinaus entwickeln die Lerner ein Bewusstsein für die verschiedenen Aspekte kommunikativen Verhaltens, die sie gezielt einzusetzen und bei der sprachlichen Planung zu berücksichtigen lernen sollen. Bei der Durchführung lösen sich die Lerner allmählich von der Vorlage und üben freieres interaktives Sprechen; deshalb sollten die Dialoge in Form kleinerer Rollenspiele vor der Klasse dargestellt werden, da dies das freie Sprechen unter Einsatz nonverbaler Elemente wie Mimik und Gestik fördert.

6.2.3.2 Gestaltung von Faktoren der Kommunikation: Rollenspiel und Simulation

Beim dialogischen Sprechen, das von Lehrbuchdialogen ausgeht, bildet der situativ eingebettete Text den Ausgangspunkt und zugleich das Modell für das sprachliche Verhalten der Lernenden. Mit zunehmendem Sprachniveau wird es immer wichtiger, dass die Lernenden ihr kommunikatives Handeln inhaltlich und sprachlich selbständig gestalten. Dabei lassen sich die sprachlichen Anforderungen durch die Komplexität der kommunikativen Aufgabe sowie durch die zunehmend selbständige sprachliche und inhaltliche Gestaltung des kommunikativen Verhaltens durch die Lernenden variieren, z.B.:

- Gestaltung eines Dialogs, dessen Anfang vorgegeben ist; Aufgabe: *Wie geht der Dialog wohl weiter?*
- Einsatz von Dialogkarten, die durch ihre Vorgaben das sprachliche Verhalten unterschiedlich stark steuern können (→ 5.2.2.3), z.B.: die Rollenvorgaben (auf Rollenkarten) sind dem/n Mitspieler/n nicht bekannt; nur eine Rolle ist inhaltlich (oder sprachlich) vorgegeben, während die andere passend gestaltet werden muss (s.u. *Interview mit einem Popstar*, Abb. 6.13).

- Entwicklung von Rollenspielen aus Bildern oder literarischen Texten, z.B. Darstellung von Szenen aus Bildgeschichten oder einer Erzählung, Interview mit Personen eines literarischen Textes usw. (Neher-Louran 1988).

Mit den letzten Beispielen befindet man sich im Bereich simulierter Kommunikation für Fortgeschrittene; meist handelt es sich dabei um komplexere Rollenspiele oder Simulationen, die sprachlich relativ frei gestaltet werden können. Es erhöht den Lerneffekt wie auch die Motivation, wenn die Rollen „von den Schülern selbst erarbeitet, bewusst gestaltet, mit Redemitteln versehen und durchgeführt werden." (Edelhoff 1979: 154) Die Handlungsspiele können mit einem behandelten Lektionsthema zusammenhängen, sie können aber auch frei eingesetzt werden; im ersten Fall zielt das Rollenspiel auf die Aktivierung des erarbeiteten Lektionsstoffs und seine Integration in die gesprochene Sprache ab.

Die folgende Rollendiskussion für Fortgeschrittene kann in Verbindung mit dem Unterrichtsthema *Wohnen/Alternative Wohnformen* o.ä. (z.B. „Wege" L. 6) eingesetzt werden (Arbeitsgruppe „Wege" 1990).

Schritt 1 (PL): Nach einer Einführung in die kommunikative Aufgabe „Rollendiskussion: *Auseinandersetzungen in einer Wohngemeinschaft*" werden Gruppen zu je vier Personen gebildet. Jedes Gruppenmitglied erhält eine Kopie mit der Beschreibung der Rollen (Abb. 6.12).

> **Rollendiskussion** *Auseinandersetzungen in einer Wohngemeinschaft*
>
> *Stefan*   *28 Jahre alt, Musiker von Beruf; ist als Künstler immer in finanziellen Schwierigkeiten; ist heimlich in Martha verliebt.*
>
> *Simone*   *26 Jahre alt; von Beruf Lehrerin; muss immer früh aufstehen; sie ist eine Fanatikerin von Ordnung und Sauberkeit; bleibt stundenlang im Badezimmer; kandidiert für die „Grünen".*
>
> *Markus*   *29 Jahre alt; Jungmanager; dynamisch; möchte die ganze Wohnung neu einrichten und mit Spülmaschine und Mikrowellen-Herd ausstatten; seine größte Sorge ist, dass er sein Geld gut investiert.*
>
> *Martha*   *23 Jahre alt; studiert Psychologie; ist frisch verliebt; ihr Freund übernachtet oft bei ihr; sie bewirtet ihn gern mit einem luxuriösen Abendessen.*

Abb. 6.12: Vorlage für eine Rollendiskussion

Innerhalb der Gruppen werden die Rollen verteilt; anschließend erhalten die Lernenden Namensschilder zum Umhängen.

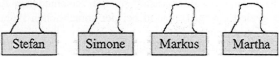

Schritt 2 (GA): Nun wählt jede Gruppe einen Konfliktbereich, der in der Rollendiskussion thematisiert werden soll; die Konfliktbereiche sind eventuell in Schritt 1 gemeinsam erarbeitet worden (Tafelanschrieb/OHP).

> Konfliktbereiche: 1. *Sauberkeit / Ordnung*
>   2. *Lärm*
>   3. *Ausgaben*
>   4. *Freunde von außen*
>   5. *persönlicher Freiraum*

Schritt 3 (EA): Jeder Teilnehmer bereitet seine Rolle unabhängig von den anderen Gruppenmitgliedern vor und macht sich Notizen dazu; dabei achtet er vor allem auf die folgenden zwei Punkte:
– *Was will ich den anderen Mitgliedern der Wohngemeinschaft sagen?*
– *Was kritisieren die anderen eventuell an mir? Wie kann ich darauf reagieren?*
Auf Wunsch betreut der Lehrer die Lernenden in dieser Phase sprachlich.

Schritt 4 (PL): Die einzelnen Gruppen führen ihre Rollendiskussion durch; dazu verlassen sie ihre Plätze und kommen nach vorne vor die Klasse. Zuvor stellt sich jede Teilnehmerin /

6.2 Sprechfertigkeit

jeder Teilnehmer in seiner Rolle vor. Abschließend werden die einzelnen Rollendiskussionen besprochen und bewertet.

Varianten
1. Das Rollenspiel kann nach Schritt 2, d.h. wenn die Lernenden wissen, worum es inhaltlich geht, durch das Sammeln interaktiver Redemittel im Plenum vorbereitet werden, z.B.:

'jdm. etw. vorwerfen'	'etw. zurückweisen'	'zustimmen'
Du tust dauernd ...! machst nie ...! könntest auch mal ...! ...	Das mache ich doch dauernd! gar nicht! Das stimmt doch gar nicht! ... hab ich doch nur einmal ... Das ist nicht wahr. ...	Das finde ich auch! Ich finde, ... hat Recht! Das stimmt. ...

'etw. zugeben + (einschränken)'
Das stimmt schon (, aber) ...
Mag ja sein (, aber) ...
Na und? Stört es dich?
...

2. Innerhalb der Gruppen kann (vor Schritt 3) Wortschatz zu den jeweiligen Konfliktbereichen gesammelt werden (Hilfe: Wörterbuch, Lehrer), z.B.:

Konfliktbereich „Sauberkeit/Ordnung":	– *putzen, aufräumen, kehren, wischen ...* – *Staubsauger, Besen, Seife, Badewanne, Dusche ...* – *steril, (un-)ordentlich, besetzt (Bad) ...* – *Waschzwang, Sauberkeitsfimmel, Ordnungsfimmel ...* – *...*

3. Die Rollendiskussion kann auch gruppenweise vorbereitet und anschließend für die Aufführung „inszeniert" werden (d.h. jede Gruppe skizziert ihren Diskursverlauf gemeinsam – vgl. Schritt 3). Auf diese Art lassen sich lustige oder überraschende Diskursverläufe schon bei der Vorbereitung planen, und vor allem schwächere Lerner können sich mit Hilfe der Gruppe besser auf ihre Rolle vorbereiten. Allerdings besteht dabei die Gefahr, dass die Durchführung des Rollenspiels an Spontaneität verliert und die Teilnehmer inhaltlich zu sehr an ihrem Part „kleben".

Butzkamm (1980a: 171ff. „Methodik des Rollenspiels") schlägt für Rollenspiele bei weniger fortgeschrittenen Lernenden im Schulalter die folgenden Unterrichtsschritte vor:
– Die Gruppen schreiben die erste Version ihres Stückes.
– Die Lehrerin / der Lehrer korrigiert sie.
– Alle Schüler der Gruppe schreiben die korrekte Version nieder (Lerneffekt!).
– Die Schüler üben ihr Stück in der Gruppe.
– Sie spielen ihr Stück vor; falls erforderlich, geben sie zuvor Erklärungen zum Titel, zu den Rollen, zu schwierigem Wortschatz usw.
– Nach der Aufführung stellen die anderen Schüler Fragen, kommentieren das Stück, machen Verbesserungsvorschläge usw. Die Autorengruppe äußert sich dazu. (Bei dieser letzten Phase handelt es sich um spontane authentische Kommunikation.)

Bei einer derartigen Vorgehensweise wird innerhalb des Rollenspiels zwar keine Spontansprache produziert, aber es handelt sich doch, so Butzkamm (1980a),
– um eigene Schülertexte, die in Ausdruck und Wortwahl frei sind,
– um adressatenbezogenes, hörerbezogenes Sprechen und
– letztlich um die Simulation eines ganzheitlichen Sprechereignisses (inkl. des nonverbalen Verhaltens).
Der Nachteil der Simulation (gegenüber authentischem sprachlichem Handeln) werde dadurch ausgeglichen, dass sich die Lernenden mit den eingenommenen Rollen identifizieren und ihr sprachliches Handeln sich deshalb authentischer Kommunikation annähert.

Ein Rolleninterview (für Jugendliche) schlagen Neuf/Roland (1991: 158f.) vor. Die Interviewfragen sind dabei vorgegeben, während die Antworten von den Schülerinnen und Schülern selbständig inhaltlich und sprachlich gestaltet werden müssen. Die Kleingruppen (PA) erhalten die folgenden Interviewfragen (Abb. 6.13):

> **Ihr lest im Folgenden Fragen eines Interviews mit einem Popstar.**
> – *Haben deine Eltern das erlaubt?*
> – *Hast du Unterricht gehabt?*
> – *Hattest du da gleich so großen Erfolg?*
> – *Und warum hast du dir den Künstlernamen ... zugelegt?*
> – *Und was machst du mit den vielen Briefen, die du jeden Tag bekommst?*
> – *Wann bist du das erste Mal vor großem Publikum aufgetreten?*
> – *Wann hast du angefangen zu singen?*
> – *Bei wem hast du gelernt?*
> – *War das nicht zu früh?*
> – *Welche Songs von deiner letzten CD gefallen dir am besten?*
> – *Wie ist denn dein wirklicher Name?*

Abb. 6.13: Fragen zum Rollenspiel „*Interview mit einem Popstar*"

Die Schülerinnen und Schüler bearbeiten hierzu die folgenden Aufgaben:
1. Zunächst bringen sie die Fragen in eine sinnvolle Ordnung. Es handelt sich hierbei um eine Aufgabe zur Strukturierung des Diskursverlaufs.
2. Anschließend erarbeiten sie Antworten des Popstars auf die Fragen.
3. Schließlich wird das Interview als Rollenspiel durchgeführt.

Je nach Lernniveau und Einbindung in den Unterrichtsverlauf kann die 2. Phase durch das Erarbeiten von Wortfeldern und Redemitteln vorbereitet werden.

Dieses Rollenspiel dürfte besonders dann sinnvoll sein, wenn es Teil eines Projekts über Popstars ist, im Rahmen dessen sich eine Klasse über Popstars informiert, ihnen schreibt, ihnen Fragen schickt, sich mit ihrer Musik beschäftigt usw.

Eine interessante Variante schlägt Kast (1991: 78ff.) vor, ein Rollenspiel mit „Perspektivenwechsel" für Fortgeschrittene, das lediglich durch den Konfliktbereich *Lautes Singen beim Baden* sowie allgemeine Rollenangaben zu den beteiligten Personen gesteuert wird. Die Rollen, der inhaltliche Verlauf sowie die sprachliche Formulierung werden von den Teilnehmern frei gestaltet.

Situation: *In einem Wohnhaus singt jemand immer sehr laut, wenn er/sie badet. Aber nicht jeder ist begeistert ... Verschiedene Personen unterhalten sich darüber, z.B. der Briefträger mit seiner Frau, ein junges verliebtes Paar in der Nachbarwohnung, die Putzfrau mit ihrer Kollegin, ein Schüler, der in dem Haus wohnt, mit seinem neugierigen Lehrer ...* In Partnerarbeit überlegen sich die Lernenden ihre Rollen und bereiten dann ihren Dialog vor. Nach den einzelnen Rollenspielen müssen die Mitschüler herausfinden, welche Personen sich jeweils unterhalten haben. (Die Dialoge können anschließend zu einer kleinen schriftlichen Erzählung weiterentwickelt werden.)

Die verschiedenen Rollenspiele, die hierbei entstehen, werden sich stark voneinander unterscheiden (ähnlich wie beim Rollenspiel *Wohngemeinschaft* oben); das ist günstig, weil die Aufmerksamkeit der Klasse nachlässt, wenn mehrere Gruppen gleiche oder sehr ähnliche Rollenspiele vortragen.

Falls die Lernenden bei der Vorbereitung eines Rollenspiels in der Gruppe die Muttersprache verwenden, so ist das bei Anfängern durchaus akzeptabel, da insgesamt intensiv mit der Zielsprache gearbeitet und ein zielsprachlicher Text präsentiert wird. Bei der folgenden *Simulation* hingegen ereignen sich die sprachlichen Hauptaktivitäten während der Gruppenarbeitsphase, und deshalb ist die Verwendung der Fremdsprache in dieser Phase wichtig. Die Simulation ist für Lernende der Grundstufe gedacht, weshalb besonders auf die Einführung der Redemittel zu ihrer Durchführung geachtet werden muss.

Schritt 1 (PL): Zur Situierung der Simulation wird die einleitende Passage gelesen (Abb. 6.14). Danach erarbeiten die Lernenden die Liste mit den Gegenständen (eventuell Einsatz des Glossars oder eines Wörterbuchs); weiterhin werden die Redemittel besprochen, die die Lernenden während der Gruppenarbeitsphase verwenden sollen (Beispiele geben!).

6.2 Sprechfertigkeit

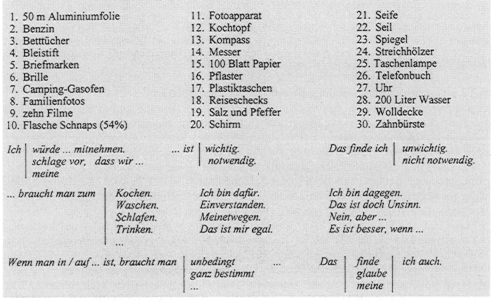

Abb. 6.14: THEMEN (neu) 2: 89

Schritt 2 (EA): Jeder Lerner überlegt sich zunächst alleine, welche fünf Gegenstände er mitnehmen würde und warum.

Schritt 3 (GA): Nun werden die Gruppen gebildet, und die Simulation wird durchgeführt.

Schritt 4 (PL): Die Gruppen tragen ihre Ergebnisse vor und begründen ihre Auswahl. Anschließend wird in der Klasse über die jeweiligen Ergebnisse gesprochen.

Während der Einzelarbeitsphase (Schritt 2) sollen die Lernenden sich zunächst inhaltlich mit der Aufgabe beschäftigen und dabei auch mit dem neu eingeführten Wortschatz etwas vertrauter werden. Diese Phase dient als Vorbereitung auf Schritt 3, wo die Lerner sprachlich komplexer interagieren müssen. „Ziel dieses Spiels ist es in erster Linie, in einem engagierten Meinungsaustausch Redemittel mit kommunikativer Zielsetzung zu benutzen. In der Kleingruppe können Argumente ausgetauscht und Vorschläge eingebracht werden, die von anderen beantwortet werden. Das Resultat, die konkrete Liste mit fünf Gegenständen, ist relativ unwichtig; wichtig sind die Diskussionsbeiträge, die zum Entstehen der Liste führen." („Themen 2", LHB: 109)

Rollenspiel und Simulation (Planspiel)

Rollenspiel und Simulation werden als ausgezeichnete Möglichkeiten betrachtet, die fremdsprachliche Handlungsfähigkeit zu üben. Bei einem *Rollenspiel* wechselt die Situation und die Identität der Teilnehmer; man verhält sich entsprechend einer vorgegebenen Identität und gestaltet eine weitgehend festgelegte Rolle, wobei das Handeln gesteuert ist bzw. sich aus den Merkmalen der Rolle ergibt. Das Verhalten der Teilnehmer ist nicht hinterfragbar, da es vorgegeben ist oder spielerisch entsprechend der Phantasie gestaltet wird (*Du spielst die Rolle von Rotkäppchen.*). Bei einer *Simulation* wechselt die Situation und möglicherweise auch die Rolle. Die Beteiligten handeln aber, anders als beim Rollenspiel, hypothetisch authentisch: *So würde ich mich als eine bestimmte*

Person in einer solchen Situation verhalten. Das Verhalten ist wie in einer Realsituation hinterfragbar bzw. begründbar, da die Beteiligten als sie selbst (wenn auch in einer hypothetischen Situation bzw. Rolle) handeln. Sie gestalten die Rolle nach ihren eigenen Vorstellungen (*Wie würdest du dich verhalten, wenn du Pilot wärst und dich in derselben Situation befinden würdest?*).

In Rollenspielen und Simulationen (Planspielen) simulieren die Lerner Kommunikation in Situationen; dabei sollten auch parasprachliche (Tonfall, Lautstärke) und nonverbale Elemente gezielt eingesetzt werden, die für die Interaktion eine wichtige Rolle spielen. Es handelt sich dabei um eine aktive Förderung der fremdsprachlichen Handlungsfähigkeit, wobei aufgrund der Identifikation mit der Rolle auch emotionale Faktoren wichtig sind. Die Lerner führen zahlreiche interaktive Sprechhandlungen aus, wozu sie im traditionellen Klassenunterricht kaum einmal Gelegenheit haben. Bei Rollenspielen, die oft in Partner- oder Gruppenarbeit vorbereitet und anschließend vorgespielt werden, kommt der „Aufführung" ein wichtiger Stellenwert zu: sie sollte vor der Klasse stattfinden und möglichst realitätsnah sein (gezielte Verwendung parasprachlicher/nonverbaler Elemente, Verkleidung, Einsatz von Gegenständen usw.).

Simulationen spielen im Vergleich zu Rollenspielen im DaF-Unterricht bislang eine untergeordnete Rolle. Wahrscheinlich sind sie aber wegen ihrer größeren Authentizität ein interessantes Lernmedium, das öfters gezielter eingesetzt werden sollte. In der Literatur zu Rollenspielen und Simulationen werden besonders die sozial förderlichen pädagogischen Aspekte dieser interaktiven Handlungsspiele betont, in denen die Lernenden soziales Verhalten erproben können (zusammenfassend dazu: Heyd 1991: 156ff.).

6.2.3.3 Authentisches dialogisch-interaktives Sprechen

Authentisches dialogisches Sprechen findet überall dort statt, wo die Lernenden untereinander oder mit dem Lehrer *als sie selbst* sprachlich interagieren. Wie bereits des öfteren betont, wird authentische Kommunikation in der Fachdidaktik aus kommunikativen, motivationalen und spracherwerblichen Gründen als sehr wichtig für das Sprachenlernen betrachtet. Im Anfängerunterricht spielt das authentische dialogische Sprechen zwar eine wichtige Rolle, es wird aber weniger gezielt gefördert als bei Fortgeschrittenen (noch immer bewegt es sich bei Anfängern stark im Rahmen mehr oder weniger sprachbezogener dialogischer Übungen; → 5.4). Methodische Verfahren im Anfängerunterricht sind u.a.:

- Frage-Antwort-Sequenzen (Lehrer – Schüler, Schüler – Schüler).
- Ungelenkte Gespräche, z.B. bei der Erstellung eines Assoziogramms oder bei (eventuell hypothesengeleiteten) Äußerungen zu einem Bild, einer Überschrift usw. (→ 4.2; 4.3; 5.2.2.1).
- (Kurz-)Interviews zwischen den Schülern oder zwischen Schüler(n) und Lehrer.
- (Meist stark gesteuerte) einfache Gespräche oder Diskussionen über Sachthemen und Ereignisse, auch interkulturelle Themen (meist durch das Lehrbuch stimuliert).
- Interaktion zur Organisation des Unterrichtsablaufs (→ 6.2.6).

Argumentatives Sprechen bei Anfängern

Ich gehe hier vor allem auf die Förderung des argumentativen dialogischen Sprechens ein, das insbesondere im Fortgeschrittenenunterricht eine wichtige Rolle spielt. In der Grundstufe wird es oft dadurch provoziert, dass sich die Lernenden – relativ stark gesteuert – zu Lektionstexten oder -themen äußern sollen. Der folgende Sprechanlass ist ein typisches Beispiel:

Schritt 1: Der Text *Kein Geld für Irokesen* wird gelesen und erarbeitet (Abb. 6.15a).

Kein Geld für Irokesen

Ein junger Arbeitsloser in Stuttgart bekommt vom Arbeitsamt kein Geld. Warum? Den Beamten dort gefällt sein Aussehen nicht.

Jeden Morgen geht Heinz Kuhlmann, 23, mit einem Ei ins Badezimmer. Er will das Ei nicht essen, er braucht es für seine Haare. Heinz trägt seine Haare ganz kurz, nur in der Mitte sind sie lang – und rot. Für eine Irokesenfrisur müssen die Haare stehen. Dafür braucht Heinz das Ei.
„In Stuttgart habe nur ich diese Frisur", sagt Heinz. Das gefällt ihm. Das Arbeitsamt in Stuttgart hat eine andere Meinung. Heinz bekommt kein Arbeitslosengeld und keine Stellenangebote. Ein Angestellter im Arbeitsamt hat zu ihm gesagt: „Machen Sie sich eine normale Frisur. Dann können Sie wieder kommen." Ein anderer Angestellter meint: „Herr Kuhlmann sabotiert die Stellensuche." Aber Heinz Kuhlmann möchte arbeiten. Sein früherer Arbeitgeber, die Firma Kodak, war sehr zufrieden mit ihm. Nur die Arbeitskollegen haben Heinz das Leben schwer gemacht. Sie haben ihn immer geärgert. Deshalb hat er gekündigt.
Bis jetzt hat er keine neue Stelle gefunden. Die meisten Jobs sind nichts für ihn, das weiß er auch: „Verkäufer in einer Buchhandlung, das geht nicht. Dafür bin ich nicht der richtige Typ."

6.2 Sprechfertigkeit

> *Heinz will arbeiten, aber Punk will er auch bleiben. Gegen das Arbeitsamt führt er jetzt einen Prozess. Sein Rechtsanwalt meint: „Auch ein arbeitsloser Punk muss Geld von Arbeitsamt bekommen." Heinz Kuhlmann lebt jetzt von ein paar Mark. Die gibt ihm sein Vater.*

Abb. 6.15a: THEMEN (neu) 2: 17

Anschließend werden Meinungsäußerungen zum Thema erarbeitet, die in einer kleinen „Fernsehdiskussion" ausgetauscht werden (HV, LV); dabei wertet ein Teil der Lernenden die Äußerungen inhaltlich aus (d.h. die Argumente; Abb. 6.15b), ein anderer sprachlich (d.h. die argumentativen Redemittel).

> **Eine Fernsehdiskussion. Hören Sie zu und ordnen Sie.**
>
> ☐ *Das Arbeitsamt hat Recht. Die Frisur ist doch verrückt! Wer will denn einen Punk haben? Kein Arbeitgeber will das.*
>
> ☐ *Arbeiten oder nicht, das ist mir egal. Meinetwegen kann er so verrückt aussehen. Das ist mir gleich. Das ist seine Sache. Dann darf er aber kein Geld vom Arbeitsamt verlangen. Ich finde, das geht dann nicht.*
>
> ☐ *Sicher, er hat selbst gekündigt, aber warum ist das ein Fehler? Er möchte ja wieder arbeiten. Er findet nur keine Stelle. Das Arbeitsamt muss also zahlen.*
>
> ☐ *Wie können Sie das denn wissen? Kennen Sie ihn denn? Sicher, er sieht ja vielleicht verrückt aus, aber Sie können doch nicht sagen, er will nicht arbeiten. Ich glaube, er lügt nicht. Er möchte wirklich arbeiten.*
>
> ☐ *Da bin ich anderer Meinung. Nicht das Aussehen von Heinz ist wichtig, sondern seine Leistung. Sein alter Arbeitgeber war mit ihm sehr zufrieden. Das Arbeitsamt darf sein Aussehen nicht kritisieren.*
>
> ☐ *Das finde ich nicht. Der will doch nicht arbeiten. Das sagt er nur. Sonst bekommt er doch vom Arbeitsamt kein Geld. Da bin ich ganz sicher.*
>
> ☐ *Das stimmt. Aber er hat selbst gekündigt. Das war sein Fehler.*

Abb. 6.15b: THEMEN (neu) 2: 18

ARGUMENTE		REDEMITTEL
PRO	**KONTRA**	
Er möchte arbeiten	*Arbeitgeber wollen keine Punks*	*Das ist mir egal.*
...	...	*Wie können Sie denn das wissen?*
		...

Schritt 2: Die Redemittel werden anschließend durch die Lernenden sowie durch die Redemittelliste im Lehrbuch ergänzt (Abb. 6.15c).

Das	stimmt.	Genau!	Das stimmt,	aber ...
	ist richtig.	Einverstanden!	Sicher,	
	ist wahr.	Richtig!	Sie haben Recht,	
Da bin ich anderer Meinung.		Da bin ich nicht sicher.	Da bin ich ganz sicher.	
Das finde ich nicht.		Das glaube ich nicht.	Das können Sie mir glauben.	
Das	stimmt nicht.	Wie können Sie das wissen?	Das weiß ich genau.	
	ist falsch.	Wissen Sie das genau?		
	ist nicht wahr.	Sind Sie sicher?		

Abb. 6.15c: THEMEN (neu) 2: 19

Nun werden sie anhand der stichwortartig notierten Argumente eingeübt, z.B. in Form einer Reihenübung: Es werden Gruppen gebildet, und innerhalb jeder Gruppe geht ein Papier herum, auf das die Lernenden jeweils ein Argument mit Redemitteln schreiben, das eine Reaktion auf das vorhergehende Argument darstellt, z.B.:

> *– Heinz will nicht arbeiten, da bin ich ganz sicher.*
> *– Wie können Sie das wissen? Er sagt, dass er arbeiten will.*
> *– Das stimmt, aber warum hat er dann keine andere Frisur?*
> *– Da bin ich anderer Meinung ...*

Schritt 3 (GA): Derart vorbereitet, sollen die Lernenden nun selbst in Kleingruppen eine kleine Diskussion zum Thema durchführen.

Auch wenn sich diese Diskussion aufgrund der noch beschränkten Ausdrucksmöglichkeiten (Niveau: ca. Mitte der Grundstufe) sprachlich wie inhaltlich eng an den eingeführten Argumenten orientieren wird, d.h. letztlich stark gesteuert ist, handelt es sich doch um authentisches dialogisches Sprechen, bei dem die Lernenden ihre eigene Ansicht zu einem bestimmten Problem ausdrücken. Sie sollen argumentieren und dabei angemessene Redemittel verwenden. Dadurch werden der Wortschatz und die interaktiven Redemittel eingeübt und allmählich in den freien sprachlichen Ausdruck überführt.

Eine Alternative besteht darin, die Diskussion wie in den Schritten 1 und 2 vorzubereiten, sie aber – anders als in Schritt 3 – anhand eines anderen Themas durchzuführen, sodass die eigentliche Diskussion eine Transferaufgabe darstellt (→ 5.1)

Instruktionsaufgaben

Oft wird kritisiert, dass sprachliches Handeln im Fremdsprachenunterricht zu künstlich sei und nur selten Merkmale authentischer Kommunikation aufweise (→ 9.1.1). Verglichen mit authentischem Sprechen, klingen Lehrbuchdialoge sowie mündliche Äußerungen von Lernenden oft steril und unnatürlich. „So werden in vielen Lehrbuchdialogen der gesamte Gesprächsaufbau und die dafür erforderlichen Redemittel häufig unzulänglich wiedergegeben. Es fehlen z.B. Formeln zur Gesprächseröffnung/-beendigung, interaktionale Elemente (Kontaktsignale, Reformulierungen, Wiederholungen und Präzisierungen auf Sprecherseite, Aufnahme-/Verstehenssignale und Nachfragen auf Hörerseite)." (Bolte 1996: 11) Bolte führt die Unnatürlichkeit unterrichtlichen Sprechens auch darauf zurück, dass sprachliche Aufgaben im Unterricht oft nicht zielgerichtet sind und keinen echten Informationsaustausch darstellen. Die simulierte Wegauskunft z.B. sei so lange unnatürlich, wie beide Sprecher denselben Stadtplan vor sich hätten und somit dem Fragenden die Lage des erfragten Gebäudes bekannt sei.

Bolte schlägt vor, „Instruktionsaufgaben" einzusetzen, die authentischer Kommunikation angenähert sind. „Schüler A gibt Schüler B Instruktionen mit Hilfe von (Konstruktions-)Zeichnungen, Photos, Gebrauchsanweisungen, die B nicht sehen kann ... Schüler B verfügt über das notwendige Material (Papier, Stifte, Bauteile, Bausteine) zur Ausführung der Anweisung von Schüler A." (Bolte 1996: 8) D.h. es besteht ein Problem, das in der Fremdsprache gelöst wird. Bei der Wegauskunft z.B. hat der Schüler, der nach dem Weg fragt, einen lückenhaften Stadtplan vor sich; die Instruktionsaufgabe besteht darin, den erfragten Weg in den Stadtplan einzuzeichnen. „Entscheidend bei der Ausführung sind in erster Linie die Effekte, die die Anweisungen sowie die Nachfragen und Präzisierungen für die Anfertigung des Produktes (Zeichnung, Legokonstruktion usw.) haben ... Der Vorteil der Instruktionsaufgabe ist, dass die Lernenden wie in realer Kommunikation die Aufmerksamkeit zwischen der Lösung kognitiver Probleme und dem 'Darüber-in-der-Fremdsprache-Kommunizieren' verteilen müssen." (ebd.: 10)

Bolte unterscheidet vier Arten von kommunikativen Handlungsaufgaben: Sprechen über literarische Texte, Landeskunde, Unterricht usw., Instruktionsaufgaben, Spiel-Aufgaben (z.B. Simulationen s.o.; geheime Wahl → 5.4.2), Erzählaufgaben. Er schlägt vor, im Anschluss an die Durchführung eine Evaluation durchzuführen, die sowohl die Aufgabe und ihre Durchführung betrifft als auch eine Selbsteinschätzung der sprachlichen Leistung durch die Lernenden beinhaltet (→ 1.2, 2.3, 4.4).

Argumentatives Sprechen bei Fortgeschrittenen

Die Diskussion über ein Sachthema ist eine typische Textsorte für Fortgeschrittene. Es handelt sich um eine anspruchsvolle kommunikative Aufgabe, bei der die Lerner partnerbezogen komplexere Inhalte versprachlichen müssen. Fruchtbar im Sinne einer gezielten Förderung der Sprechfertigkeit sind Diskussionen (und andere anspruchsvollere kommunikative Aufgaben) dann, wenn sie systematisch vorbereitet werden, sodass die Lernenden über das Niveau ihrer

Spontansprache hinaus ihre sprachlichen Möglichkeiten ausschöpfen können – z.B. beim Thema *Pro und kontra Individualverkehr in den Städten* („Wege" neu: 71f.):

Schritt 1 (PA/GA): In Partner- oder Gruppenarbeit werden Argumente zum Diskussionsthema gesammelt.

Schritt 2 (PL): Die gesammelten Argumente werden geordnet notiert (OHP, Tafel); dabei werden Ausdrucksschwierigkeiten besprochen und geklärt.

Schritt 3 (PL): Es werden Redemittel für die in einer Diskussion benötigten Sprechabsichten gesammelt und anschließend durch den Lehrer bzw. Vorgaben im Lehrbuch ergänzt. Die Verwendung der Redemittel wird anhand der Argumente aus den Schritten 1 und 2 geübt.

Sprechabsichten	Redemittel
Seine Meinung/Überzeugung/Ansicht zum Ausdruck bringen	Ich bin der Meinung, dass ... Nach meiner Ansicht ... Ich bin davon überzeugt, dass ... Ich würde lieber ...
Seine Meinung begründen	Kausalkonjunktionen (z.B. *weil, denn*) Ich möchte das so begründen ... Ein wichtiges Argument habe ich noch nicht genannt: ... Hauptgrund ist für mich ...
Der Ansicht des Gegners widersprechen / sein Argument abschwächen	Das bezweifle ich. Das halte ich für falsch. Hier bin ich anders informiert. Unmöglich! Das ist meiner Ansicht nach ein falscher Schluss. Doch!
Dem Gegner etwas zugeben, dies aber relativieren.	Das stimmt zwar – aber ... In diesem Punkt haben Sie zwar Recht, trotzdem ... Sicher. Das mag stimmen. Aber ...
Etwas näher erklären, durch Beispiele erläutern	Ich muss das genauer erklären. Ich möchte dies durch ein Beispiel veranschaulichen/ belegen.
Jemanden unterbrechen	Moment mal! Entschuldigen Sie, dass ich unterbreche! Aber ... Wenn ich vielleicht etwas dazu sagen darf: ...
Darum bitten, zu Ende reden zu dürfen	Darf ich bitte meinen Gedanken zu Ende führen? Wenn Sie mich das bitte noch sagen lassen: ...

Abb. 6.16: WEGE (neu): 72

Schritt 4 (EA): Die Lernenden bereiten ein kurzes Statement vor, in dem sie ihre Ansicht zum Diskussionsthema prägnant ausdrücken (Betreuung durch den Lehrer).

Schritt 5 (PA): In Kleingruppen – je ein Pro- und ein Kontra-Vertreter – tragen die Lernenden ihre Statements vor und beginnen mit ihren Partnern die Diskussion.

Schritt 6 (PL): Nach einer gewissen Zeit wird die Diskussion ins Plenum überführt. Die Diskussion beginnt mit einigen Statements, ein Lerner ist Diskussionsleiter. (Es können auch mehrere Kleingruppen jeweils ihre eigene Diskussion führen.)

Schritt 7 (PA): Abschließend können die wichtigsten Argumente in Partnerarbeit noch einmal kurz ausgetauscht werden: *Was sind denn für Sie die wichtigsten Punkte?*
Die Lernenden können sich in dieser Phase Notizen machen, die ihnen als Grundlage für einen schriftlichen Text zum Thema dienen.

In Bezug auf die eigentliche inhaltliche Diskussionsphase im Klassengespräch (Schritt 6) haben die verschiedenen Phasen schwerpunktmäßig die folgenden Funktionen:

zu Schritt 1: Das Sammeln von Argumenten ist eine inhaltsbezogene Aktivität. Oft finden sich bereits Argumente in zuvor erarbeiteten Texten; diese werden dann durch die Schritte 1 und 2 ergänzt (→ 6.3.2).
zu Schritt 2: Durch die Formulierung der Argumente erhalten die Lernenden sprachliche Ausdruckshilfen. Wenn das Sammeln der Argumente im Plenum entfällt, so erhöht das sicherlich den authentischen Charakter der folgenden Diskussion; allerdings entfallen dann auch die mit dieser Phase verbundenen Ausdruckshilfen durch den Lehrer bzw. das Lehrbuch.
zu Schritt 3: Einführen und sprachbezogenes Üben der Redemittel. Die erforderlichen Redemittel können auch eingeführt und geübt werden, bevor die Argumente gesammelt werden (d.h. vor Schritt 1); sie müssen dann anhand anderer inhaltlicher Punkte geübt werden.
zu Schritt 4: Klärung des eigenen Standpunkts (inhaltsbezogen) und seine Formulierung; dabei werden die sprachlichen Mittel geübt (sprachbezogen). Nicht für jede Diskussion brauchen ausführliche Statements vorbereitet zu werden. Es fördert jedoch die Diskussion, wenn die Plenumsphase (Schritt 6) mit zwei, drei unterschiedlichen Meinungsäußerungen beginnt, auf die sich die ersten Diskussionsbeiträge beziehen können.
zu Schritt 5: Es wird geübt, den eigenen Standpunkt zu vertreten und sprachlich auszudrücken (inhaltsbezogene und sprachbezogen-übende Aktivität).
Die Vorbereitung der Plenumsdiskussion in Kleingruppen (PA, GA) fördert die Sprechbereitschaft in der Großgruppe.

An Diskussionen lassen sich gut schriftliche Äußerungen anschließen, denn die intensive sprachliche und inhaltliche Beschäftigung mit dem Thema ist eine gute Vorbereitung auf das Schreiben eines Textes (Leserbrief, Stellungnahme, Erörterung ...). Das Gleiche gilt umgekehrt: Eine gut vorbereitete schriftliche Äußerung stellt eine intensive sprachliche und inhaltliche Beschäftigung mit einem Thema dar und ist eine sehr gute Vorbereitung für einen Transfer ins Medium der gesprochenen Sprache (→ 6.1; 6.3).

6.2.4 Monologisches Sprechen

Beim dialogischen Sprechen spielen die Interaktion und die sprachlichen Reaktionen auf den Kommunikationspartner eine wichtige Rolle, was eine gewisse Spontaneität im sprachlichen Handeln erfordert. Beim monologischen Sprechen ist hingegen die gut strukturierte und zusammenhängende sprachliche Darstellung eines Sachverhalts wichtig; deshalb ist monologisches Sprechen oft auch stärker geplant.

	dialogisch	monologisch
Funktion	Informationsaustausch	Informationsvermittlung
Sprachverhalten	oft spontan; Verlauf nur bedingt planbar	oft stärkere Planung möglich
Struktur	interaktiv: – Initiative, Reaktion, – Aufrechterhaltung und – Beendigung d. Kontakts ...	immanent: innere Logik – gedanklicher Aufbau – inhaltlicher Zusammenhang der Teiläußerungen
Redemittel	für Interaktion und Partnerbezug	zur Strukturierung des inhaltlichen Aufbaus

„Das monologische Sprechen dient in der sprachlichen Kommunikation zur Weitergabe zusammenhängender Informationen, die entweder vom Kommunikator übernommen worden sind oder als Ergebnis einer Auseinandersetzung mit der außersprachlichen Umwelt von ihm selbst sprachlich produziert werden." (Hellmich 1977: 328) Es hat einige Ähnlichkeiten mit der schriftlichen Textproduktion (→ 6.3): die „Weitergabe zusammenhängender Informationen"; eine (potenziell) relativ starke Planung; der innere Zusammenhang, d.h. die Logik des inhaltlichen Aufbaus und die Bedeutung satzübergreifender sprachlicher Mittel. Aus dieser knappen Charakterisierung folgt, dass bei der Förderung des monologischen Sprechens partiell andere

Aspekte zu beachten sind als beim dialogischen Sprechen. Ich gehe hier vor allem auf die Aspekte ein, die eine zusammenhängende Darstellung von Sachverhalten betreffen.

Beide Formen des Sprechens sind natürlich oft nicht klar zu trennen, z.B. in einem Gespräch mit längeren monologischen Passagen, und es gibt viele Gemeinsamkeiten, die aus der obigen Gegenüberstellung nicht hervorgehen, z.B. bei den Redeintentionen: So werden in einer Diskussion und in einem monologischen argumentativen Text (Statement, Vortrag) natürlich viele gleiche argumentative Redemittel verwendet.

Anfänger

Im DaF-Unterricht wird freieres monologisches Sprechen vor allem im Fortgeschrittenenunterricht gefördert. Es handelt sich dabei um themenbezogene Äußerungen, in denen Sachverhalte dargestellt, Meinungen geäußert und erörtert, Stellung genommen wird usw. Im Anfangsunterricht sind monologische Äußerungen in der Regel stark gesteuert; oft handelt es sich dabei um die zusammenhängende Reproduktion von Texten oder um kurze gesteuerte Äußerungen zu dem Inhalt eines Textes (z.B. Kurzstellungnahme); darüber hinaus werden auch (meist vorbereitet) Erlebnisse, Handlungen, Ereignisse usw. erzählend oder beschreibend wiedergegeben.

Eine beliebte Technik zur Förderung des monologischen Sprechens besteht in der zusammenhängenden Darstellung eines Sachverhalts anhand eines vorgegebenen Wortgeländers. Im Zusammenhang mit Beispiel Abb. 6.17 haben die Lernenden zu-

> a) Lesen Sie zuerst den Text oben, hören Sie dann den Text auf der Kassette. Was ist Herrn Weiler passiert? Erzählen Sie.
>
> *Urlaub → Ostsee/Travemünde → Zimmer reserviert → kein Zimmer frei → sich beschwert → kein Zweck → Zimmer in Travemünde gesucht → Hotels voll/Zimmer zu teuer → nach Ivendorf gefahren → Zimmer gefunden*
>
> Verwenden Sie die Wörter
>
> *denn trotzdem aber deshalb dann schließlich entweder ... oder also da*

Abb. 6.17: THEMEN (neu) 2: 88

nächst einen Text gelesen, in dem jemand von einem Urlaubserlebnis berichtet. Anschließend hören sie einen zweiten Text (Transfertext) mit einem Urlaubsbericht. Die Reproduktion des zweiten Textes wird mit Stichwörtern gesteuert, die den Handlungsablauf wiedergeben; zusätzlich werden die Lernenden angehalten, auf den Zusammenhalt ihres Textes zu achten (Vorgabe von Konnektoren und anderen Vertextungselementen). Die Reproduktion des Hörtextes kann in drei Schritten erfolgen:

Schritt 1 (EA): Die Lernenden schreiben die Stichwörter zum Handlungsverlauf ab und notieren die Vertextungselemente dazu; zugleich markieren sie die Satzgrenzen (je Spiegelstrich „–" ein Satz):

> – Urlaub → Ostsee/Travemünde.
> – Zimmer reserviert → aber: kein Zimmer frei.
> – da: sich beschwert ...

Schritt 2 (EA): Zunächst übt jeder Lerner die Textreproduktion für sich allein mit Hilfe seiner Notizen.

Schritt 3 (PL): Anschließend tragen einige der Lernenden den Text zusammenhängend vor; die Mitschüler achten auf den Textzusammenhang, auf den bei der anschließenden Besprechung besonders eingegangen wird.

Die Komplexität der sprachlichen Aufgabe wird hier dadurch reduziert, dass sie in mehreren Einzelschritten „abgearbeitet" wird; zugleich werden den Lernenden wichtige Einzelaspekte der komplexen kommunikativen Handlung bewusst.
– Zunächst üben die Lernenden vorbereitend die Schlüsselwörter ein und skizzieren den Zieltext gedanklich (Schritt 1).
– Weiterhin wird in Schritt 1 die Verwendung der Kohäsionselemente vorbereitet.

– Das stille Üben der Textreproduktion (Schritt 2) stellt eine Vorbereitung auf die Äußerung vor der Klasse dar; da nicht alle Lernenden ihre Version vortragen können, hat doch jeder die Aufgabe für sich bereits durchgeführt.
– Die Beobachtungsaufgabe in Schritt 3 soll die Aufmerksamkeit auf einen zentralen Punkt des monologischen Sprechens lenken, auf den sprachlichen Zusammenhalt der Darstellung.

Zusammenhängendes monologisches Sprechen sollte vor allem im Grundstufenunterricht stets gut vorbereitet werden. Dem folgenden Sprechanlass *Wie waren Ihre Jugend und Ihre Erziehung* gehen im Lehrwerk Texte voraus, in denen von der Kindheit und Jugend verschiedener Personen die Rede ist, weiterhin Aufgaben zu diesen Texten sowie Aufgaben zur Reproduktion der Texte. So vorbereitet, sollen die Lernenden nun von ihrer eigenen Kindheit und Jugend erzählen; die sprachlichen Mittel Abb. 6.18a/b sollen ihnen dabei helfen.

Schritt 1 (EA/PL): Nachdem die sprachlichen Hilfen besprochen und Unklarheiten beseitigt sind (Abb. 6.18a), notieren sich die Lernenden zunächst einige Stichwörter über sich selbst und schreiben anschließend einige zusammenhängende Sätze über ihre Kindheit und Jugend. Dazu verwenden sie das Konnektorenschema (→ 6.3.4.1, Abb. 6.45), oder die Lehrerin / der Lehrer gibt einige Hilfen zur Vertextung (OHP oder Tafel; Abb. 6.18b):

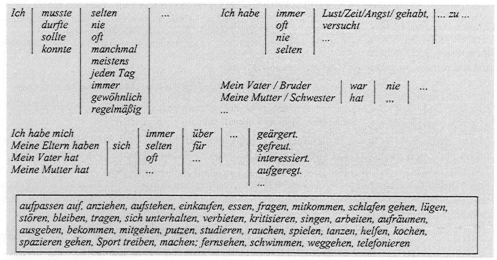

Abb. 6.18a: THEMEN (neu) 2: 71

Abb. 6.18b: Vorgaben für die Vertextung

Der Lehrer gibt in dieser Phase Formulierungshilfen, beantwortet Fragen, korrigiert usw.

Schritt 2 (GA): Die Lernenden berichten innerhalb von Kleingruppen möglichst frei (d.h. ohne Verwendung der schriftlichen Vorlage) von ihrer Kindheit und Jugend.

Schritt 3 (PL): Einige besonders interessante oder lustige Erlebnisse können den Anlass für ein einfaches (interkulturelles) Klassengespräch auf dem Sprachniveau der Lernenden abgeben.

Die vorbereitende schriftliche Fixierung durch die Lernenden stellt eine sehr gute Vorübung für die anschließende mündliche Äußerung dar, denn das Schreiben eines Textes bereitet wegen der langsam und reflektiert ablaufenden Formulierungsprozesse direkt auf die darauf folgenden mündlichen Äußerungen vor (→ 6.1).

Zusammenhängende mündliche Leneräußerungen können auch durch vorgegebene Fragen gesteuert werden (Abb. 6.19). Die Fragen geben ein inhaltliches Gerüst vor, an dem sich die

Lernenden orientieren können. Die sprachliche Ausgestaltung müssen sie selbst leisten, was im vorliegenden Fall relativ schwierig ist (spezieller Wortschatz). Deshalb müssen die Lernenden ausreichend Gelegenheit haben, den geforderten Bericht über ein Fest in ihrem Heimatland vorzubereiten (Einsatz eines Wörterbuchs; Sozialform entsprechend der Zusammensetzung der Klasse. In heterogenen Klassen: Zusammenarbeit der Lernenden aus demselben Herkunftsland bzw. Kulturkreis, in homogenen Klassen wird in Gruppen gearbeitet, wobei jede Gruppe ein anderes Fest vorbereitet).

Schritt 1: Die Schüler beantworten die einzelnen Fragen durch je ein/zwei einfache Sätze.

> **Erzählen Sie.**
> A. *Welches sind die wichtigsten Feste in Ihrem Land/in Ihrer Familie? Zu welcher Jahreszeit/An welchem Datum finden sie statt? Welche sind gesetzliche Feiertage?*
> B. *Berichten Sie von einem Fest, das Ihnen persönlich besonders viel bedeutet. Was ist der Sinn dieses Festes? Wo wird gefeiert? Mit wem wird gefeiert? Wie begrüßt man sich an diesem Tag? Was wünscht man einander? Was sagt man sonst noch zueinander? Zieht man etwas Besonderes an? Welche Gegenstände spielen an diesem Tag eine Rolle? Was isst und trinkt man an diesem Tag? Was für Lieder singt man? Wie lange dauert die Feier gewöhnlich? Wie/wo/mit wem werden Sie das nächste Fest verbringen?*
>
> *Man wünscht einander ...*   *Man begrüßt sich mit einem Kuss.*   *Dann wird gefeiert.*
> *Man bedankt sich für die Geschenke.*   *Wer ... findet, der ist ... und muss/darf ...*

Abb. 6.19: THEMEN 3: 80

Schritt 2: Nun erweitern und gestalten sie die einzelnen Aussagen inhaltlich, z.B. durch Beispiele, Begründungen usw. Anschließend werden Konnektoren hinzugefügt.

Schritt 3 (PL): Es folgt der zusammenhängende mündliche Bericht, zu dem die Mitschüler jeweils abschließend Fragen stellen, Kommentare abgeben usw.

Eine schrittweise Hinführung zum freien Sprechen zeigt auch das folgende Beispiel aus dem Anfängerunterricht (nach ca. 70 Stunden Deutschunterricht).

Schritt 1: Zunächst reproduzieren die Lernenden anhand von Stichwörtern (Abb. 6.20a) mündlich einen Teil eines Lesetextes *Akademiker heute ohne Zukunft*, der u.a. von der bislang erfolglosen Stellensuche einer Psychologin handelt, die gerade ihr Studium beendet hat.

> **Beschreiben Sie die Situation von Vera Röder.**
> *Vera ist*   *hat ... geschrieben*   *Sie findet keine Stelle, weil ...*
> *wohnt ...*   *bekommt ...*   *Obwohl sie ...*
> *hat ... studiert*   *arbeitet ...*   *Das Arbeitsamt ...*
> *sucht ...*   *möchte ...*
> *hat ... gemacht*

Abb. 6.20a: THEMEN (neu) 2: 30

Schritt 2: Nun schreiben sie einen stark gesteuerten Transfertext über die Ausbildungssituation eines Automechaniker-Lehrlings (Abb. 6.20b).

> **Beschreiben Sie die Situation von Jörn.**
> *Realschulabschluss, 17 Jahre, möchte Automechaniker werden, Eltern wollen das nicht („schmutzige Arbeit"), soll Polizist werden (Beamter, sicherer Arbeitsplatz), Jörn will aber nicht, selbst eine Lehrstelle gesucht, letzten Monat eine gefunden, Beruf macht Spaß, aber wenig Geld ...*

Abb. 6.20b: THEMEN (neu) 2: 30

Schritt 3: Nach dieser intensiven Vorbereitung berichten die Lernenden in einem dritten Schritt mündlich produktiv über ihre eigene Situation: *Welche Schule haben Sie besucht? Was haben Sie nach der Schule gemacht?* Dazu werden im Lehrbuch einige inhaltliche Anregungen vorgegeben (Abb. 6.20c):

> **Welche Schule haben Sie besucht? Was haben Sie nach der Schule gemacht?**
> *Prüfung gemacht   Diplom gemacht   studiert   die ...schule besucht*
> *geheiratet   eine Reise gemacht   eine Lehre gemacht   in ... / bei ... gearbeitet*
> *... Jahre zur Schule gegangen   im Ausland gewesen   eine Stelle als ... gefunden*

Abb. 6.20c: THEMEN (neu) 2: 30

Der gezielt vorbereitete persönliche Bericht steht am Ende dieser drei Schritte umfassenden Unterrichtseinheit:

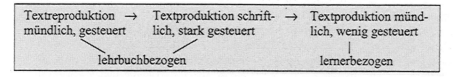

Steuerung durch Wortkarten
Es werden Gruppen gebildet, und jede Gruppe erhält einen Satz Wortkarten (15 bis 20 Karten mit Inhaltswörtern, vor allem Nomen und Verben). Die Gruppen erfinden nun eine Geschichte, in der die Wörter vorkommen. Je nachdem, wie stark die vorgegebenen Wörter einen bestimmten Inhalt der Geschichte nahe legen oder auch nicht, werden die einzelnen Gruppen unter Umständen sehr unterschiedliche Geschichten erfinden. So ist das Interesse nicht nur auf die jeweils eigene Geschichte gerichtet, sondern es entsteht ein Erwartungshorizont in Bezug auf die Geschichten der anderen Gruppen.

Fortgeschrittene
Die Anforderungen an das monologische Sprechen erhöhen sich mit zunehmender Sprachbeherrschung unter verschiedenen Aspekten: 1. Es werden anspruchsvollere Inhalte versprachlicht. Überwiegt in der Grundstufe das reproduktive Sprechen sowie das Berichten und Erzählen von Erlebtem und Ereignissen, so tritt bei weiter Fortgeschrittenen das Sprechen über Themen in den Vordergrund. 2. Es werden komplexere Textsorten eingesetzt (Stellungnahme, Kurzreferat ...). 3. Die Äußerungen werden länger und komplexer.
Auch auf diesem Niveau ist es sinnvoll, dass die Lernenden ihre sprachlichen Äußerungen sorgfältig vorbereiten.

Es könnte der Eindruck entstehen, die Lernenden sollten im DaF-Unterricht nur dann sprechen, wenn sie in didaktisch wohlbegründeten Schritten sorgfältig auf ihre Äußerungen vorbereitet sind. Dem ist natürlich nicht so: Die Lerner müssen auf jedem Niveau immer wieder die Gelegenheit erhalten, sich ganz spontan und frei zu äußern (das erfordert interessante Sprechanlässe, → 10; Häussermann/Piepho 1996). Darauf gehe ich hier nicht näher ein, da ich in diesem Kapitel vor allem das methodisch vorbereitete Sprechen behandle.

Statement zum Thema Pro Großstadt – pro Kleinstadt („Wege" neu: 54)

Schritt 1 (PA): Die Lernenden notieren stichwortartig die Argumente, die sie in ihrer Stellungnahme verwenden wollen (eventuell mit Bezug auf Lektionstext/e, Sammlung von Argumenten im Plenum, Gespräch zwischen den Partnern usw.).

Schritt 2 (PA): Jetzt ordnen sie die Argumente und bringen sie in eine sinnvolle Reihenfolge.

Schritt 3 (PA): Sie notieren zu den einzelnen Argumenten textstrukturierende Redemittel, z.B. solche, die eine Aufzählung oder eine Überleitung anzeigen (Abb. 6.21):

> *ich möchte mit folgendem Punkt beginnen – in erster Linie möchte ich hier ... nennen – weiterhin – außerdem – nicht vergessen darf man auch – ferner – ein anderer wichtiger Gesichtspunkt ist – außerdem muss berücksichtigt werden – schließlich ist noch darauf hinzuweisen – am wichtigsten ist freilich – das dritte, ganz entscheidende Argument ist folgendes – ...*

Abb. 6.21: WEGE (neu) AB: 40

Schritt 4 (PA): Die Statements werden zunächst innerhalb der Kleingruppe, anschließend im Plenum vorgetragen; aus den verschiedenen Statements ergibt sich eine Diskussion.

Für anspruchsvolle sprachliche Aufgaben auf einem weit fortgeschrittenen Sprachniveau müssen auch Redemittel erarbeitet und eingeübt werden, die die Gliederung des Textes (Makrostruktur) explizieren – z.B. bei der Textsorte „Vortrag". Thema: *Worin sehen Sie die Funktion der Eltern bei der Erziehung der Kinder?*

Gliederung		„makrostrukturelle Redemittel"
1	Einleitung	
1.1	Situierung des Themas	*Das Thema, über das ich sprechen möchte, betrifft ... (eigentlich alle Menschen), denn ...*
1.2	Eingehen auf Redeplan	*Ich möchte mich im Folgenden zu drei Aspekten des Themas äußern, die ich für besonders wichtig halte: zunächst möchte ich auf ... (die Vorbildfunktion) eingehen, ... (die den Eltern zukommt); anschließend werde ich etwas zu ... (den Eltern als den Wegweisern für das Kind) sagen; schließlich möchte ich auf einen dritten Aspekt des Themas eingehen, auf ... (die Eltern als Förderer der kindlichen Entwicklung.)*
2	Hauptteil	
2.1.1	Aspekt	*Ich beginne mit dem ersten Punkt: ... (Eltern sind Vorbilder für ihre Kinder ...)*
2.2.2	Aspekt	*Ich komme nun zum zweiten Punkt: ... (Es sind vor allem die Eltern, die den Kindern in den ersten Jahren ihres Lebens den Weg ins und durch das Leben weisen ...)*
2.3.3	Aspekt	*Abschließend möchte ich etwas zu dem Aspekt des Themas sagen, den ich für den wichtigsten halte: ... (Es ist die Aufgabe der Eltern, ...)*
3	Schluss	*Lassen Sie mich zum Abschluss noch ein paar Worte zu dem ... (interkulturellen) Aspekt meines Themas sagen: ...*

Abb. 6.22: Makrostrukturelle Redemittel zur Textgliederung

Die Verwendung derartiger (außerhalb der Klammern stehender) „makrostruktureller Redemittel" hilft dem Zuhörer, dem Gedankengang zu folgen und den Text als Gesamtheit zu verstehen. Deshalb handelt es sich bei diesen Redemitteln um mehr als formale kommunikative Konventionen, mit denen ein Lerner vertraut sein muss, um z.B. eine Prüfung für weit Fortgeschrittene gut zu bestehen. Unter didaktischen Aspekten stellen solche Redemittel ein wichtiges Hilfsmittel dar, denn sie verpflichten den Lerner zur Ordnung seiner Gedanken bei der Vorbereitung des Textes, und sie sind gleichsam – zusammen mit der Gliederung – der rote Faden, an dem er sich während seines Vortrags orientieren kann.

Ich nenne abschließend stichwortartig einige weitere Techniken zur Förderung des monologischen Sprechens:
- Tabellen, Statistiken usw. zusammenhängend versprachlichen
- Textsortenwechsel
- Perspektivenwechsel (erzählen/berichten aus einer anderen Perspektive)
- Einen Text anhand einer zunächst erarbeiteten Gliederung wiedergeben
- Die Biographie einer Person erfinden, einen Tagesablauf erfinden (z.B. als Reihenübung: jeder Schüler setzt den bisherigen Text fort; dabei ist auf den Zusammenhang zwischen den einzelnen Äußerungen zu achten; → 5.4)
- Äußerungen zu einem Bild (→ 7.2.2)

6.2.5 Vorkommunikative Übungen zu verschiedenen Aspekten der Sprechfertigkeit

Ich gehe im Folgenden auf fertigkeitsspezifische Übungen zum Sprechen ein. Sie behandeln Teilbereiche, die getrennt geübt und anschließend in die komplexe Zielfertigkeit integriert werden müssen. In gewisser Weise handelt es sich schon bei den obigen Dialogvariationen (→ 6.2.3.1) um Komponentenübungen, da bestimmte Aspekte des dialogischen Sprechens variiert und somit thematisiert werden (Redemittel, Partnerkonstellation, Situation ...); das sprachliche Handeln vollzieht sich aber im Rahmen eines vollständigen simulierten Dialogs, sodass bei der Realisierung durchaus die komplexe Fertigkeit Sprechen geübt wird, wenn auch relativ stark gesteuert und vorbereitet. Bei den folgenden Übungen handelt es sich hingegen um weitgehend sprachbezogene Übungen zu Teilbereichen der komplexen Fertigkeit Sprechen.

Übungen zu interaktiven Redemitteln
Redemittel können, wie andere sprachliche Mittel auch (z.B. Grammatik → 5.3.3), von den Lernenden aktiv erarbeitet werden; in Form von Analyseübungen werten sie dabei einschlägige Äußerungen oder Texte aus, z.B. die kurzen Stellungnahmen Abb. 6.23:

> 1. *Das Arbeitsamt hat Recht. Die Frisur ist doch verrückt! Wer will denn einen Punk haben? Kein Arbeitgeber will das.*
> 2. *Arbeiten oder nicht, das ist mir egal. Meinetwegen kann er so verrückt aussehen. Das ist mir gleich. Das ist seine Sache. Dann darf er aber kein Geld vom Arbeitsamt verlangen. Ich finde, das geht dann nicht.*
> 3. *Sicher, er hat selbst gekündigt, aber warum ist das ein Fehler? Er möchte ja wieder arbeiten. Er findet nur keine Stelle. Das Arbeitsamt muss also zahlen.*
> 4. *Wie können Sie das denn wissen? Kennen Sie ihn denn? Sicher, er sieht ja vielleicht verrückt aus, aber Sie können doch nicht sagen, er will nicht arbeiten. Ich glaube, er lügt nicht. Er möchte wirklich arbeiten.*
> 5. *Da bin ich anderer Meinung. Nicht das Aussehen von Heinz ist wichtig, sondern seine Leistung. Sein alter Arbeitgeber war mit ihm sehr zufrieden. Das Arbeitsamt darf sein Aussehen nicht kritisieren.*
> 6. ...

Abb. 6.23: THEMEN (neu) 2: 18 (vgl. Abb. 6.15b)

Im Verlauf einer solchen sprachlichen Auswertung werden Redemittel gesammelt, analysiert und bewusst gemacht. Für viele kommunikative Aufgaben ist es darüber hinaus erforderlich, vorgegebene Listen von Sprechintentionen und Redemitteln zu erweitern.

Funktion	Nr.	Redemittel
Meinung	2	*Ich finde, ...*
Widerspruch	5	*Da bin ich anderer Meinung. –*
Zustimmung	3	*Sicher, ...*
Zweifel	4	*Wie können Sie das denn wissen? – ...*
...		

Das kann auf verschiedene Arten geschehen: durch Sammeln in der Klasse, durch die Auswertung von Texten und durch Vorgaben der Lehrerin / des Lehrers.

Die angemessene Verwendung von Redemitteln in der Kommunikation setzt ihre Bewusstmachung und Festigung voraus. Dazu werden in der Literatur verschiedene Übungsformen vorgeschlagen. Durch die Übungen Abb. 6.24 sollen die Lernenden mit der Funktion von Redemitteln und ihren Ausdrucksalternativen vertraut werden.

> a) **Wie kann man auch sagen?**
> 1. *Wie komme ich zur Goethestraße?*
> 2. *Ich bin fremd hier.*
> 3. *Wo kann ich hier telefonieren?*
> 4. *Ich möchte Paco sprechen.*
> 5. *Danke schön!*
>
> b) **Wie können Sie auch sagen?**
> a) *Ich nehme einen Wein.*
> O *Ich bezahle einen Wein.*
> O *Ich trinke einen Wein.*
> O *Einen Wein, bitte.*
>
> b) *Was möchten Sie?*
> O *Bitte schön?*
> O *Was bekommen Sie?*
> O *Was bezahlen Sie?*
>
> c) ...

Abb. 6.24: a) STUFEN 1: 45; **b)** THEMEN (neu) 1 AB: 36

Kramsch hat aufgrund einer Analyse unterrichtlicher Kommunikationsstrukturen zahlreiche Übungen zu interaktiven Redemitteln vorgeschlagen, z.B. zu 'sich rechtfertigen, eine Entschuldigung finden' (Abb. 6.25).

> *Du hast etwas nicht getan:*
> *– Du hast das Auto nicht gewaschen.*
> *– Du hast mir mein Buch noch nicht zurückgegeben.*
> *– Du hast die Hausaufgaben nicht gemacht.*
> *– Du hast ...*
>
> REDEMITTEL
> *Du, das hängt einfach damit zusammen, dass ...*
> *Das hat damit zu tun, dass ...*
> *Das kommt daher, dass ...*
>
> *Beispiel:* *– Du hast das Auto nicht gewaschen.*
>   *+ Du, das hängt einfach damit zusammen, dass ich keine Zeit hatte.*
>   *– Du hast mir mein Buch noch nicht zurückgegeben.*
>   *+ Das hat damit zu tun, dass ...*

Abb. 6.25: Kramsch (1981): 45

6.2 Sprechfertigkeit

Beim *linking by restating* zeigt der Angesprochene, dass er etwas verstanden hat, indem er es aufgreift, noch einmal formuliert und dann antwortet. Es handelt sich dabei auch um eine Strategie, um Zeit zu gewinnen.

– Wie heißt du? + Wie ich heiße? Günther.	– Was hältst du vom Wetter hier am Bodensee? + Vom Wetter? Was ich davon halte? Na ja, ...
– Wie lange wohnst du schon hier? + ...	– Wie gefällt es dir hier? – ... + ...

Abb. 6.26: nach Kramsch (1981): 47f.

Eine weitere interaktive Kommunikationsstrategie ist das Nachfragen; dazu schlägt Kramsch die folgende Übung vor:

AUSSAGE →	NACHFRAGEN →	EXPLIKATION
X	Wie meinst du das?	Nun, ... / Na ja, ... / Also ...
S1 Man sieht viele Gewalttätigkeiten im Fernsehen.		
S2 Wie meinst du das?		
S1 Nun, man sieht viel Blut, viele Tote, sogar in den Nachrichten.		
S3 Ich finde fernsehen gut.		
S4 Wie meinst du das?		
S3 Na ja, ...		
S5 ...		

Abb. 6.27: Kramsch (1980): 14

Ähnliche Übungen zu interaktiven Redemitteln schlagen Petzschler/Zoch (1974) vor, z.B.:

'Kritisches Hinterfragen': *Und Sie finden nicht, dass ...*
+ *Darauf schrieben sie eine Mathearbeit und ein Diktat.*
– *Und Sie finden nicht, dass ... (das für die Kinder ein bisschen zu viel war)?*

'Erstaunen ausdrücken': *Ich wusste gar nicht, dass ...*
+ *Wir haben drei Kinder.*
– *Ich wusste gar nicht, dass ihr drei Kinder habt.*
+ *Ich bin Lehrer geworden*
– *Ich wusste gar nicht, dass du Lehrer geworden bist.*

Abb. 6.28: Petzschler/Zoch (1974)

Für Fortgeschrittene ist eine Übung gedacht, mit der interaktive Redemittel, wie man sie in Stellungnahmen verwendet, gefestigt werden.

Schritt 1 (PL): In der Klasse werden zu einem bestimmten Thema Pro- und Kontra-Argumente gesammelt (die Argumente können auch vorgegeben werden), z.B. zum Thema *Auto: PRO und KONTRA*:

PRO	KONTRA
bequemes Verkehrsmittel	*Zeit für Parkplatzsuche*
wichtiges Transportmittel	*belastet die Umwelt*
individuelle Beweglichkeit	*Eisenbahn: weniger umweltbelastend*
...	

Schritt 2 (PL): Es werden Redemittel zur Redewiedergabe und zum Ausdruck einer Reaktion auf eine Äußerung eingeführt (gesammelt, vorgegeben) und besprochen:

REDEWIEDERGABE	REAKTION
Sie vertreten (also) die Meinung, dass ...	*Meiner Meinung nach ...*
Ihrer Meinung nach ... also ...	*Dazu möchte ich Folgendes sagen: ...*
Wenn ich Sie recht verstehe, | *behaupten* | *Sie ...*	*Das mag schon sein, aber ...*
| *sagen*	*Da kann ich Ihnen ganz und gar (nicht) zustimmen ...*
Wie können Sie nur | *behaupten,* | *...*	*Da bin ich ganz anderer Ansicht ...*
| *sagen,*	*Ich fände es besser, wenn ...*
...	...

Schritt 3 (PL/GA): Ein Lernender (S1) äußert eine Meinung; der nächste (S2) gibt diese Meinung wieder und reagiert seinerseits darauf; S3 gibt die Meinung (Reaktion) von S2 wieder und reagiert darauf usw. Für die Kurzstatements werden die zuvor in Schritt 2 eingeführten Redemittel verwendet.

> S1 *Ich bin der Ansicht, dass Autos bequeme Verkehrsmittel sind.*
> S2 *Ihrer Meinung nach sind Autos also bequeme Verkehrsmittel. Da bin ich ganz anderer Ansicht: Autos sind unbequem, denn in der Stadt braucht man viel Zeit für die Parkplatzsuche.*
> S3 *Sie behaupten also, dass man mit einem Auto viel Zeit für die Parkplatzsuche verliert. Das mag schon sein, aber mit der Straßenbahn geht es auch nicht viel schneller.*
> S4 *Wie können Sie behaupten, dass es mit der Straßenbahn nicht schneller geht. Meiner Meinung nach ...*

Übungen zum situativen Sprechen

Übungen zur Vorbereitung des situativen Sprechens werden oft durch kurze Situationsangaben oder durch Angabe der Redeintention gesteuert, z.B. die Übungen Abb. 6.29. Hierbei sollen die Lernenden möglichst viele Ausdrucksmöglichkeiten für die Rollen *Kundin/Kunde in einem Bekleidungsgeschäft* bzw. *Gast in einem Restaurant* aufzählen.

> a) **Sie sind in einem Bekleidungsgeschäft. Was können Sie sagen,**
> – wenn Sie einen Pullover suchen?
> – wenn Ihnen der Pullover nicht gefällt?
> – wenn Ihnen der Pullover nicht passt?
> – wenn Sie nicht so viel Geld ausgeben wollen?
> – ...
>
> b) **Sie sind als Gast in einem Restaurant. Was können Sie sagen oder fragen?**
> – *Herr Ober! Die Karte bitte!*
> – *Haben Sie Fisch?*
> – ...

Abb. 6.29: Übung zu Aspekten des situativen Sprechens

In den Übungen zu situativen Redemitteln Abb. 6.30 sollen die Lernenden unter mehreren Ausdrucksmöglichkeiten die situativ angemessene/n aussuchen.

> a) **Sie wollen Frau Müller anrufen. Ihr Mann ist am Apparat. Wie fragen Sie?**
> O *Ist Ihre Frau da?*
> O *Ist Frau Müller zu Haus?*
> O *Kann ich Ihre Frau sprechen?*
>
> b) **Wie sagt man am Telefon? Bitte kreuzen Sie an:**
> O *Hallo.*
> O *Ja – bitte?*
> O *Peter Müller.*
> O *Hier spricht Müller.*
> O *Herr Professor Müller am Apparat.*
> O *Guten Tag, hier ist Müller.*

Abb. 6.30: a) und b) STUFEN 1: 45

In solchen und ähnlichen Übungen sollen die Lernenden die Funktion von sprachlichen Ausdrucksmöglichkeiten erkennen und einüben. In Form situativer Übungen können so ganze Kommunikationssituationen vorgegeben und ihre Versprachlichung geübt werden, z.B.:

> – *Sie sind am Bahnhof und suchen ein Taxi. Sie fragen einen Passanten. Was sagen Sie?*
> – *Sie sind in einer fremden Stadt und suchen die Goethestraße. Sie fragen einen Passanten. Was sagen Sie?*
> – ...

Hierbei ist es auch wichtig, dass die Lernenden angemessene redeeinleitende sprachliche Mittel verwenden, z.B. *Entschuldigen Sie bitte, ...* oder *Können Sie mir bitte sagen, ...*

Übungen zu Teilaspekten des situativ und interaktiv angemessenen Sprechens sind sehr wichtig, weil in diesem Bereich zahlreiche kommunikative Routinen (→ 6.2.3.1) verwendet werden. Diese Redemittel stehen dem Muttersprachensprecher automatisch zur Verfügung, während sie der Fremdsprachler mühsam lernen muss. Werden solche Routineformeln nicht oder nicht angemessen verwendet, was bei Fremdsprachensprechern oft vorkommt, so wirken die Äußerungen unnatürlich oder oft sogar unhöflich.

6.2 Sprechfertigkeit

Übungen zum Diskursverlauf
Übungen zum Diskursverlauf haben interaktive diskursive Strukturen zum Gegenstand, z.B. die Übungen Abb. 6.31:

a) **Was passt zusammen?**

A	Wer möchte noch ein Bier?	1	Vielen Dank	A	3
B	Möchtest du noch Kartoffeln?	2	Nicht so gern, lieber Kartoffeln.	B	
C	Haben Sie Gemüsesuppe?	3	Ich bitte.	C	
D	Das schmeckt sehr gut.	4	Danke, sehr gut.	D	
E	Wie schmeckt es?	5	13,70 DM	E	
F	Isst du gern Reis?	6	Ich glaube Gulaschsuppe.	F	
G	Wie viel macht das?	7	Doch, das Fleisch ist phantastisch.	G	
H	Schmeckt es nicht?	8	Nein, die ist zu scharf.	H	
I	Ist das Rindfleisch?	9	Tee bitte.	I	
J	Was gibt es zum Abendbrot?	10	Nein danke, ich bin satt.	J	
K	Schmeckt die Suppe nicht?	11	Nein, Schweinefleisch.	K	
L	Möchten Sie Tee oder Kaffee?	12	Nein, aber Zwiebelsuppe.	L	

b) **Welche Antwort passt?**

a) *Essen Sie gern Fisch?*
   O *Nein, ich habe noch genug.*
   O *Ja, aber Kartoffeln.*
   O *Ja, sehr gern.*

b) *Was möchten Sie trinken?*
   O *Eine Suppe bitte.*
   O *Einen Tee.*
   O *Lieber einen Kaffee.*

c) *Möchten Sie ...*
   O *...*

Abb. 6.31: a) und b) THEMEN 1 AB: 37

Hier werden innerhalb eines thematischen bzw. situativen Rahmens (*Bei Tisch*) nicht einzelne Ausdrucksmittel geübt, sondern der interaktive Zusammenhang von Redemitteln im Diskursverlauf. Auch bei der folgenden Dialogerstellung aus vorgegebenen Einzeläußerungen kommt es im Wesentlichen auf einen angemessenen Diskursverlauf an (Abb. 6.32; → 5.2.2.2.1).

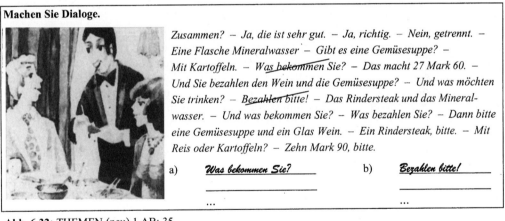

Machen Sie Dialoge.

Zusammen? – Ja, die ist sehr gut. – Ja, richtig. – Nein, getrennt. – Eine Flasche Mineralwasser – Gibt es eine Gemüsesuppe? – Mit Kartoffeln. – Was bekommen Sie? – Das macht 27 Mark 60. – Und Sie bezahlen den Wein und die Gemüsesuppe? – Und was möchten Sie trinken? – Bezahlen bitte! – Das Rindersteak und das Mineralwasser. – Und was bekommen Sie? – Was bezahlen Sie? – Dann bitte eine Gemüsesuppe und ein Glas Wein. – Ein Rindersteak, bitte. – Mit Reis oder Kartoffeln? – Zehn Mark 90, bitte.

a) *Was bekommen Sie?*   b) *Bezahlen bitte!*
   ...   ...

Abb. 6.32: THEMEN (neu) 1 AB: 35

Weitere Übungstypen zum Diskursverlauf werden an anderer Stelle in diesem Buch ausführlicher dargestellt:
– Den Diskursverlauf analysieren und variieren (z.B. anhand eines Dialoggeländers (→ 6.2.3.1).
– Einen Dialogteil vorgeben, den anderen passend ergänzen lassen (→ 5.2.2.2.1 „Reproduktion einer Dialogrolle").

Zu Komponentenübungen zum monologischen Sprechen, z.B. zu Konnektoren und anaphorischen Elementen oder zur Gliederung und zum Aufbau, vgl. → 6.3.4.

6.2.6 Sprechanlass Unterrichtssituation

Die sog. „kommunikative Wende" in der Fremdsprachendidaktik (erste Hälfte der 70er Jahre) stellte eine Reaktion auf einen Sprachunterricht dar, in dem sprachbezogenes Handeln dominierte und der Mitteilungsaspekt weitgehend vernachlässigt wurde (z.B. flache Dialoge und formbezogene Strukturübungen in audio-lingualen Sprachkursen). Auch die Übernahme von Rollen in simulierten Situationen (sog. *situational teaching*) wurde von dieser Kritik betroffen: „Solche Handlungen und Rollen – seien sie auch völlig glaubwürdig – beziehen sich jedoch hauptsächlich auf die Bewältigung künftiger Verwendungssituationen außerhalb der Schule ... der Lernende steht vor der Aufgabe, sich mit einer Situation und einer Rolle zu identifizieren, die er selbst nicht erlebt hat." (Black/Butzkamm 1977: 12) Authentizität war und ist eine der zentralen Forderungen der kommunikativ orientierten Fremdsprachendidaktik, und so war es nur konsequent, dass in den 70er Jahren der Unterricht selbst als Kommunikationsanlass entdeckt und von vielen Seiten die Forderung erhoben wurde, „den eigenen Unterricht zum Gegenstand des Unterrichts zu machen" (Krumm 1974: 32). Für Schüler und Lehrer sind Schule und Unterricht elementare Lebensräume, die ihr Leben direkt beeinflussen und deshalb zahlreiche wichtige Anlässe für Reflexion und Kommunikation bieten. Ein Blick in die gängigen DaF-Lehrwerke zeigt allerdings, dass Krumms Forderung bis heute kaum entsprochen wird und das authentische Kommunikationsfeld „Unterricht" nur selten systematisch als Sprechanlass genutzt wird. Das ist erstaunlich, stellt doch die für alle Beteiligten authentische Situation „Unterricht" den geradezu originären authentischen Sprechanlass dar. In diesem Zusammenhang lassen sich grob die folgenden zwei Bereiche unterscheiden:

A: Die mehr technisch-organisatorische Seite der Unterrichtskommunikation und -interaktion, die Organisation und Ablauf des Unterrichts betrifft;

B: Lehren und Lernen als Sprechanlässe in einem weiteren Sinn, d.h. die Thematisierung des Unterrichtsverlaufs und unterrichtlicher Problemfelder.

A

Die mehr technische Seite der Unterrichtskommunikation wird in der fachdidaktischen Literatur als *classroom management* oder *classroom discourse* bezeichnet. „Die tägliche Unterrichtssprache, alle Regelungen, Meinungsäußerungen und Verständigungen in einsprachigen Unterrichtsphasen gehören in diesen Zusammenhang. Der erfahrene Lehrer überlässt diese Übung nicht dem Zufall, sondern baut den *classroom discourse* planvoll und systematisch aus." (Piepho 1978: 19) Diese Forderung wird nur von wenigen der gängigen internationalen Lehrwerke aufgegriffen, noch scheint sie in der alltäglichen Unterrichtspraxis realisiert zu werden. Der *classroom discourse*, das genuin authentische Sprechen im Unterricht, scheint auch in sprachlich homogenen Klassen meist in der Muttersprache abzulaufen (Mitchell 1985). Piepho (1974b: 103) regt hierzu an, „zunächst einmal alle kommunikativen Möglichkeiten des Redens über jene Dinge, Umstände und Vorgänge auszuschöpfen und die meisten Übungen zur Vermittlung der Sprechfunktionen zu den Gegenständen zu verwenden, die unmittelbar im Unterricht von Belang sind." Es sind dies zahlreiche Sprechhandlungen zur Lehrer-Schüler-Interaktion und zur Regelung des Unterrichtsverlaufs, z.B.

> 'nachfragen', 'um Wiederholung bitten', 'Nichtverständnis signalisieren', 'um eine Erklärung bitten', 'sich nach der Korrektheit/Angemessenheit einer Äußerung erkundigen', 'nach der Bedeutung eines unbekannten Wortes/Ausdrucks fragen', 'Zustimmung/Ablehnung äußern', 'Gefallen/Missfallen äußern' ...

Es handelt sich hierbei um „ein Fundamentum kommunikativer Strategien" (Neuner 1979: 109), das nicht nur für die sprachliche Realisierung der authentischen Rolle 'Schüler im Fremdsprachenunterricht' von großer Bedeutung ist, sondern das auch für künftige Rollen und Situationen außerhalb des Unterrichts einen hohen Stellenwert besitzt. Sieht man sich Lehrbücher unter diesem Aspekt genauer an, so enthalten sie schon in den ersten Lektionen viele dieser „primären, d.h. unmittelbar im Unterricht instrumentalen Äußerungen" (Piepho 1978: 16). Die Lehrwerke

6.2 Sprechfertigkeit

„Sprachbrücke 1" und „Stufen 1" z.B. stellen bereits in der ersten Lektion das folgende Repertoire von Redemitteln bereit, die direkt im *classroom discourse* verwendet werden können:

| Allgemeine Initiierung des Sprecherwechsels/ Einleitungsfloskeln
Entschuldigen Sie bitte! ...

Frage nach sprachlichen Erscheinungen
Heißt das ... ? / Wie heißt das (auf Deutsch)? / Ist das ...? / Was ist der Artikel von ...? / Wie schreibt man das? / Groß oder klein? (in Bezug auf die Orthographie) */ Schreiben Sie das bitte! Buchstabieren Sie das bitte!*

Frage nach sprachlichen Regularitäten
Warum groß / klein?

Frage zum Unterrichtsverlauf
Schreiben wir? / Lesen wir? | **Bitte an das Sprachverhalten des Lehrers (eventuell indirekte Bitte um Wiederholung)**
Wie bitte? / Wiederholen Sie das bitte noch mal! / Sagen Sie das bitte noch einmal! / Können Sie das bitte noch einmal wiederholen? / Noch einmal bitte, aber (ganz) langsam. / Ich habe das nicht verstanden. Das verstehe ich überhaupt nicht! / Bitte nicht so kompliziert! / Bitte (sprechen Sie) nicht so schnell! / Bitte langsam! / Sprechen Sie bitte laut!

Begründung für bestimmte Sprechhandlungen
Ich bin Anfänger. / Das ist wirklich schwer. / Ich höre nicht. |

Diese Redemittel werden in der ersten Lektion der beiden Lehrbücher eingeführt, allerdings nur zum Teil in Bezug auf eine Unterrichtssituation oder als erkennbarer Bestandteil der Schülersprache. Es genügt jedoch nicht, diese unterrichtsrelevanten Redemittel lediglich einzuführen, sondern sie müssen in einem gezielten Transfer auf die jeweilige Unterrichtssituation übertragen und intensiv eingeübt werden. Dazu zwei Übungsbeispiele (Abb. 6.33):

a) **Fragen Sie bitte Ihre Lehrerin / Ihren Lehrer**   **Und nun Sie bitte!**
    Beispiel: • *Wie heißt das auf Deutsch?*   • *Wie ...*
               o *Tisch.*   o *...*
               • *Was ist der Artikel von Tisch?*   • *Und ...*
               o *„der"*   o *...*

b) **Hören Sie bitte! Lesen Sie bitte!**   **Und nun Sie bitte!**
    • *Wie heißt das auf Deutsch?*   • *Wie heißt das auf Deutsch?*
    o *Bleistift, der Bleistift.*   o *...*
    • *Und wie schreibt man das?*   • *Wie schreibt man das?*
    o *Buchstabieren Sie bitte!*   o *...*
    • *B_____*
    o *Groß oder klein?*   **Fragen Sie bitte Ihre Nachbarin/Ihren Nachbarn!**
    • *Groß. Bleistift ist ein Substantiv.*   • *Wie ist Ihr Familienname?*
                                                         o *...*
                                                         • *Wie schreibt man das?*
                                                         o *...*
                                                         • *Buchstabieren Sie bitte!*
                                                         o *...*

Abb. 6.33: a) SPR.BR. 1: 11; **b)** SPR.BR. 1: 13

Werden unterrichtsrelevante Redemittel derart gezielt eingeübt, so erhalten die Lernenden von Anfang an die Gelegenheit, sich im Unterricht authentisch in der Zielsprache zu äußern. Der Unterrichtende sollte deshalb jede neue Lektion daraufhin analysieren, welche Redemittel zur Durchführung des *classroom discourse* sie enthält. Diese sprachlichen Mittel sollten in gesonderten Unterrichtsphasen erarbeitet werden (z.B. können die Texte nach der Textarbeit unter diesem Aspekt analysiert werden), und sie sollten anschließend in ihrer Funktion als unterrichtsrelevante Redemittel eingeübt werden. Dabei können Listen von Redemitteln zum *classroom discourse* angelegt und kontinuierlich erweitert werden, die als Lern- und Aktivierungshilfe im Unterricht beständig bereitliegen (z.B. auf den Tischen der Lernenden).

Doch nicht nur spezielle Redemittel gilt es einzuüben; die Unterrichtenden sollten die Dialoge und Übungen des Lehrwerks daraufhin untersuchen, ob sie sich auf die Unterrichtssituation übertragen lassen und, entsprechend modifiziert, den *classroom discourse* fördern können, z.B. Abb. 6.34.

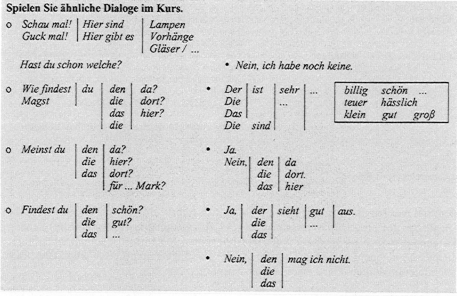

Abb. 6.34: THEMEN (neu) 1: 61

Diese Redemittel lassen sich zu kleinen authentischen Gesprächen über den Unterricht nutzen, eventuell wie folgt strukturiert:

Text	ein bisschen	langweilig, interessant
Übung	ganz	nett, herzlich
Lehrbuch	ziemlich	schwer, leicht, fair
Lehrer	sehr	gut, schlecht, schön
Unterricht	...	wichtig
Mitschüler		lustig, originell,
Diktate		phantastisch
Tests		
...		...

Nach einem Beispiel in der Klasse bereiten die Schülerinnen / die Schüler in Partnerarbeit Dialoge vor, die sich auf den Unterricht beziehen und die sie als kleines Rollenspiel aufführen, z.B.:

- – Schau mal! Wie findest du die Übung?
- + Welche?
- – Die auf Seite 17. Findest du die interessant?
- + Die ist nicht so interessant. Was meinst du?
- – Ich finde sie ziemlich langweilig.

- – Wie findest du unseren Lehrer?
- + Welchen?
- – Unseren Deutschlehrer.
- + Ganz lustig, und sehr originell. Und du?
- – Ich finde ihn fair, aber ein bisschen langweilig.

Diese Übung geht über das *classroom management* im engeren Sinne bereits hinaus. Hier sind nicht organisatorische Aspekte der Unterrichtsinteraktion Übungsgegenstand, sondern der Unterricht allgemein wird zum Äußerungsanlass.

B

Einen wichtigen Beitrag zur Realisierung der Forderungen, „den eigenen Unterricht zum Gegenstand des Unterrichts zu machen" (Krumm 1974: 32), haben Black/Butzkamm (1977) geleistet. Ihre „Klassengespräche" (Englischunterricht für deutsche Schüler) zielen darauf ab, dass die Schülerinnen und Schüler ihre „individuellen Mitteilungswünsche in der Schulsituation" (ebd.: 12) realisieren können und in die Lage versetzt werden, in einer ihrer wichtigsten

Rollen, der des Schülers, in der Fremdsprache *als sie selbst zu handeln*. Um dieses Ziel zu erreichen, haben Black/Butzkamm das folgende Verfahren entwickelt: Durch den Lehrer vorgegebene „Klassengespräche" (Dialoge), die thematisch mit dem Bereich Schule zusammenhängen, werden erarbeitet, eingeübt und führen zu einem zweiten Klassengespräch zwischen den Schülern bzw. zwischen Schülern und Lehrer. So wird z.B. das Klassengespräch *The Disappointed Teacher* eingeführt (5./6. Klasse Gymnasium, Abb. 6.35).

The Disappointed Teacher
Mr. Trottle: *I'm very disappointed in my class.*
Mrs. Trottle: *Why? What have they done?*
Mr. Trottle: *They didn't all do their best in the test. A lot of them could have done better.*
Mrs. Trottle: *Perhaps the test was too difficult.*
Mr. Trottle: *It wasn't a bit difficult. It was a chance for everyone to do well.*
Mrs. Trottle: *Did they know how to prepare for it?*
Mr. Trottle: *I told them how to prepare for it. They had to learn some irregular verbs by heart.*
Mrs. Trottle: *I think you expect too much, dear. They'll do better next time.*

Abb. 6.35: Black/Butzkamm (1977): 22

Dieser Dialog enthält zahlreiche sprachliche Mittel für den Unterricht, z.B.:

I'm very disappointed in my test/mark/teacher ... – I could/couldn't have done better. – (Perhaps) the test/question/explication ... was too difficult. – It wasn't a bit difficult. – We had no chance to do well. – I didn't know how to prepare for it. – We had to learn ... by heart. – Have we to learn ... by heart? – I think you expect too much. – I'll do better next time. – ...

Die Arbeit an dem vorgegebenen Text hat nun zwei Ziele (ebd.: 21):
1. Die Lernenden sollen den Dialog als Rollenspiel vor der Klasse reproduzieren (frei, in natürlichem Tonfall, mit Gestik); dazu wird er zunächst erarbeitet und eingeübt (→ 5.2.2.2.1).
2. Die Schülerinnen und Schüler sollen über die sprachlichen Mittel des Textes in eigenen Äußerungen verfügen können. „Nach Beendigung der Arbeit mit dem Klassengespräch wird der Lehrer bei jeder Gelegenheit auf Momente im Unterricht hinweisen, in denen die gelernten Redemittel sinnvoll verwendet werden können." (ebd.: 21) Dazu werden die neuen Strukturen und Redemittel eingeübt, Textvariationen in Bezug auf die eigene Situation der Schüler durchgeführt und auf der Basis von Ausgangsdialog und Dialogvariationen neue Dialoge aus der Perspektive der Schüler verfasst.

In dem Buch sind zahlreiche ausführliche Unterrichtsmitschnitte transkribiert, die zeigen, wie die Schüler den gelernten Stoff im Rollenspiel kreativ variieren und in freier Kommunikation über ihre Situation ('Schülerdasein') anwenden, z.B.:

(Catherine, Conny, Diana, Margaret und Stella kommen nach vorne. Lehrer setzt sich hinten hin.)
Catherine: *I'm Mr. Trottle.*
Margaret: *I'm Mrs. Trottle.*
Diana: *I'm Peter.*
Conny [!]: *I'm Conny.*
Stella: *I'm Sally.*
(Conny, Diana und Stella gehen ab, Catherine sitzt am Tisch und grübelt.)
Margaret: (geht auf Catherine zu) *Hello, Darling, you look so angry today.*
Catherine: *I'm very disappointed in my class.*
Margaret: *Why, what have they done?*
Catherine: *They didn't all their best in the test.*
Margaret: *Perhaps the test was too difficult?*
Catherine: *No, no, it wasn't a bit difficult.*
Margaret: *I think you expect too much, I'll make you a plum pudding.*
(beginnt zu kochen)
Catherine: *Where are the children?*
Margaret: *Oh, they are with their friends in a restaurant, because they don't like plum pudding.*
Catherine: *Oh, I'm a poor man. Nobody likes me.*
Margaret: *Mr. Trottle, you are a trottle. We all love you.* (zum Publikum) *Next day.*

> (Es klingelt an der Tür, Conny kommt herein.)
> Margaret: Hello Conny!
> Conny: Hello Mummy!
> (Es klingelt wieder, Sally kommt herein. Conny gibt ihrer Tasche einen Fußtritt. Gelächter)
> Stella: Mummy, I have a five in my test.
> Margaret: Yes, you didn't practice.
> Stella: No.
> Margaret: And now you have terrible marks.
> Conny: I have a four.
> Stella: We've all practiced. The awful teacher.
> Margaret: What teacher do you mean?
> Conny/Stella: Mr. Butzkamm.
> Catherine: Oh yes, he expects too much for the children.
> Margaret: Then you must go to him and tell him.
> Catherine: Oh yes, I go to him.
> Margaret: (zum Publikum) After a week.
> (Conny, Stella und Diana klingeln und treten ein.)
> Conny, Stella und Diana: (gleichzeitig) Pappi, hm, Daddy, Daddy, look here! I've a two. I've a one.! Look here! Look here! I've a one.
> Catherine: I'm not a poor man. I'm very lucky.
> Margaret: That's the end.
> (Beifall)

Abb. 6.36: Black/Butzkamm (1977): 40f.

Black/Butzkamm präsentieren Klassengespräche u.a. zu den folgenden Themen: Gestaltung des Unterrichts; Ausdrucksschwierigkeiten und Missverständnisse in der Fremdsprache; Kritik am Unterricht; Kritik am Lehrer; Störungen/Disziplinschwierigkeiten in der Klasse; Hausarbeiten; Noten; Klassenarbeiten; Schülerversagen. Dieser Themenkatalog ließe sich natürlich erweitern, z.B.: Lernschwierigkeiten; gute Lehr- und Lernverfahren aus der Sicht der Schüler; Qualität des Lehrbuchs usw.

Diese „Klassengespräche" zielen nicht nur auf die Förderung der fremdsprachlichen Kommunikationsfähigkeit ab; sie werden ausdrücklich auch als Beitrag zum sozialen Lernen verstanden. Die Schüler erhalten die sprachlichen Voraussetzungen dafür, die einseitige asymmetrische Unterrichtsinteraktion zugunsten von mehr Selbst- und Mitbestimmung aufzubrechen. Unterricht wird zu einem gemeinsamen Dialog, an dem die Schüler aktiv teilhaben, was zu mehr Mitarbeit, Mitbestimmung und Mitverantwortung der Schüler für das Lernen führt (→ 1.2; 9.1.2). Der Schüler soll zum Subjekt werden, „das die eigene Erziehung und den eigenen Unterricht mitbestimmt." (Black/Butzkamm 1973: 53) Die soziale Interaktion im Klassenzimmer stellt darüber hinaus eine direkte Vorbereitung auf die Interaktion außerhalb des Klassenzimmers dar.

6.3 Schreibfertigkeit

Im Gegensatz zum Sprechen ist Schreiben ein langsamer Prozess, der von stark kognitiven Aktivitäten begleitet ist, z.B. Nachdenken über Inhalt, Ausdruck und sprachliche Form, Achten auf sprachliche Korrektheit, intensive Kontrollaktivitäten während des Schreibens, Überarbeitung des Textes. Im Sinne der multimodalen Gedächtnistheorien (→ 2.1.1) werden beim Schreiben verschiedene Modalitäten der Sprache aktiviert: graphomotorische Programme beim Niederschreiben, die graphische Repräsentation beim Mitlesen, sprechmotorische Programme beim parallelen inneren Sprechen. Der Lerner kann beim Schreiben gezielt Formulierungen und Konstruktionen ausprobieren, da das Produkt, der fertige Text oder die Übung, später korrigiert, besprochen und oft überarbeitet bzw. neu geschrieben wird. Aus all diesen Gründen ist Schreiben eine lernintensive Tätigkeit und eignet sich deshalb gut zur Festigung von Sprachkenntnissen; darüber hinaus wirkt sich Schreiben positiv auf die anderen Fertigkeiten aus, vor allem auf die Entwicklung der Sprechfertigkeit (Bohn 1989; Kast 1991; Portmann 1991).

6.3 Schreibfertigkeit

In der audio-lingualen und audio-visuellen Methode, wo die gesprochene Sprache im Zentrum des Unterrichts stand, wurden die Fertigkeiten in der Reihenfolge „Hörverstehen – Sprechen – Leseverstehen – Schreiben" eingeführt. Das galt für den einzelnen Text (erst hören, danach mündlich einüben, dann lesen und erst zu einem späteren Zeitpunkt schreiben, z.B. schriftgestützte Reproduktion oder schriftliche Übungen), es wurde aber oft auch im Sinne einer längeren schriftfreien Anfangsphase beim Fremdsprachenlernen verstanden. Die Bedeutung der Schrift wird heute wesentlich höher veranschlagt. In einem Experiment (Mindt/Mischke 1985) bekamen zwei Anfängerklassen in Englisch (je 13 Schüler, 5. Klasse, 5 Stunden Unterricht pro Woche) drei Wochen lang einen unterschiedlichen Unterricht: Gruppe M hatte in dieser Zeit nur mündlichen Kontakt mit der Fremdsprache, das Schriftbild wurde nicht verwendet; in Gruppe S wurde nach 5 schriftfreien Stunden die Schrift verwendet. Nach Beendigung der drei unterschiedlichen Unterrichtswochen hatten beide Gruppen drei Wochen gemeinsam Unterricht. Die abschließenden Tests ergaben folgende Ergebnisse:
– Gruppe S hatte in allen Testteilen (HV, MA, SA) bessere Ergebnisse.
– Gruppe S hatte eine höhere Lernmotivation.
– Bei komplexeren Strukturen hatte Gruppe M mehr Schwierigkeiten im Unterricht, und die Lernenden verlangten während der ersten drei Wochen nach dem Schriftbild.
– In Gruppe S traten im Mündlichen nicht mehr schriftbedingte Fehler auf als in Gruppe M.

Dem Schreiben kommt auch im Sinne der pädagogischen Orientierung des DaF-Unterrichts eine wichtige Funktion zu, da sich bestimmte Lernertypen lieber mündlich, andere lieber schriftlich ausdrücken. Da für letztere das Schreiben aus psychologischen Gründen eine geeignete Übungs- und Ausdrucksmöglichkeit darstellt, muss der Unterricht diesen Lernern ausreichende Gelegenheiten bieten, sich ihrem Lernstil gemäß zu äußern (→ 9.2.4).

Schreiben kommt im Unterricht als Mittlertätigkeit und als Zieltätigkeit vor. Um *Schreiben als Mittlertätigkeit* handelt es sich bei allen übenden Schreibaktivitäten, z.B. schriftliche Lücken- oder Umformübungen, Diktate, Skizzieren eines Dialogverlaufs zur Vorbereitung eines Rollenspiels usw. *Schreiben als Zieltätigkeit* liegt immer dann vor, wenn die Lernenden Texte in der geschriebenen Sprache produzieren – zu realen Schreibanlässen (z.B. persönliche Stellungnahme zu einem Thema) oder auch zu simulierten Schreibanlässen (klasseninterner Leserbrief; Einkaufszettel für ein Rollenspiel; Kast 1991: 5ff.). Gegenstand des vorliegenden Kapitels ist das Schreiben als Zielfertigkeit, d.h. die gezielte Förderung der Fähigkeit, schriftliche Texte in der Zielsprache zu verfassen (zum Schreiben als Mittlertätigkeit: → 3.4.2, 5.4, 6.2; zur Alphabetisierung, d.h. dem Erlernen der lateinischen Schreibschrift, vgl. Heyd 1991: 57ff.).

Obwohl im Fremdsprachenunterricht viel geschrieben wird, wurde das Schreiben im Sinne einer systematischen Förderung der Schreibfertigkeit in den DaF-Lehrwerken wie auch in der DaF-Didaktik lange Zeit vernachlässigt. Als Reaktion auf den Vorrang der Schriftlichkeit im altsprachlichen Unterricht und den darauf basierenden Methoden des neusprachlichen Unterrichts („Grammatik-Übersetzungs-Methode") stand in der audio-lingualen und audio-visuellen Methode die Förderung der mündlichen Fertigkeiten im Zentrum des Unterrichts. Aber auch im frühen kommunikativen Unterricht wurde Kommunikation oft einseitig im Sinne von mündlicher Kommunikation verstanden. „Ein Einblick in die sogenannten kommunikativen Lehrwerke der siebziger und frühen achtziger Jahre zeigt ein durchgängiges Fehlen zielgerichteter Schreibentwicklung." (Krumm 1989: 19) Inzwischen hat das Schreiben in der DaF-Didaktik und auch in neueren Lehrwerken an Gewicht gewonnen; Schreiben wird immer mehr als gleichberechtigte Fertigkeit neben den rezeptiven Fertigkeiten und dem Sprechen betrachtet. Mit kommunikativen Notwendigkeiten lässt sich die Förderung der Fertigkeit Schreiben allerdings nur bedingt begründen. Untersuchungen zeigen, dass die meisten Lernenden die Fremdsprache nach Abschluss des Unterrichts nur noch selten aktiv in ihrer schriftlichen Form verwenden (Kast 1991: 14ff.). Andererseits ist Schreiben eine potenzielle Verwendungssituation, auf die der Unterricht vorbereiten muss, auch im Sinne des selbständigen Weiterlernens nach Beendigung des Unterrichts.

6.3.1 Der schriftliche Text und der Prozess seiner Produktion

Ich gehe zunächst auf einige wesentliche Merkmale schriftlicher Texte sowie auf den Prozess der schriftlichen Textproduktion ein. Daraus ergeben sich sowohl Folgerungen für Übungsgegenstände als auch für methodische Verfahren, die die schriftliche Textproduktion gezielt fördern.

Das folgende einfache Textmodell zeigt einige sprachliche und außersprachliche Komponenten schriftlicher Texte und ihren Zusammenhang auf (zum linguistischen Textbegriff vgl. Brinker 1988; Heinemann/Viehweger 1991):

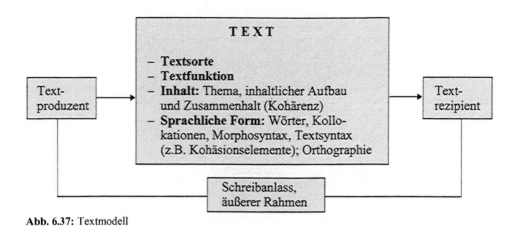

Abb. 6.37: Textmodell

Die einzelnen Komponenten dieses Modells lassen sich wie folgt konkretisieren (Abb. 6.38, schriftlicher Lehrbuchtext):

> Solingen, den 12.12.1985
>
> Liebe Anna-Lena!
> Vielen Dank für deinen letzten Brief. Es war sehr interessant für mich zu erfahren, wie ihr in Schweden Weihnachten feiert. Heute will ich dir nun antworten und schreiben, wie bei uns gefeiert wird ...
> Paps muss morgens noch ins Geschäft, und Mutter und ich, wir stellen den Weihnachtsbaum auf und hängen bunte Kugeln daran. Dann wird das Wohnzimmer abgeschlossen, und Mutter hängt von innen ein Tuch vor das Schloss, damit meine Schwester und ich nicht durch das Schlüsselloch gucken können, weil wir so neugierig sind, was wir geschenkt bekommen. (Mutter kriegt dieses Jahr einen goldenen Ring von Paps, das weiß ich schon.) Dann ist es auch schon Mittag, und Paps kommt nach Hause. Langsam werden wir Kinder aufgeregt. Jede Viertelstunde frage ich meine Mutter, wie spät es ist. Aber die Uhr scheint zu stehen! Ich glaube, meinen Eltern macht es Vergnügen, uns warten zu lassen. Jetzt wird erst etwas gegessen, ich muss das Geschirr spülen und meine Schwester muss abtrocknen. Und dann kommt das Schlimmste: Wir ziehen uns alle um. Ich muss frische Unterwäsche und ein neues Kleid anziehen ... Nach der Kirche ist es dann endlich soweit: Während wir Kinder unsere Geschenke für die Eltern holen, zündet Paps im Wohnzimmer die Kerzen am Weihnachtsbaum an und schaltet das Tonbandgerät ein. Wenn er dann mit einer kleinen Glocke klingelt, dürfen wir hineingehen. Wir stellen uns um den Tannenbaum und singen ein paar Weihnachtslieder ...
> So, nun weißt du, wie Weihnachten bei uns aussieht. Dir und deinen Eltern wünsche ich ein frohes Fest!
> Viele Grüße
> Deine Katja

Abb. 6.38: THEMEN 3: 74

Textproduzent/Textrezipient: Ein deutsches Mädchen namens Katja und ihre schwedische Brieffreundin Anna-Lena; die freundschaftliche Beziehung zwischen beiden hat Einfluss auf die Ausdrucksweise (informell-persönliches Register und entsprechende sprachliche Mittel).

Textsorte: Persönlicher Brief mit den entsprechenden formalen Merkmalen und Redemitteln:

formale Merkmale	Redemittel
– Datum	*Solingen, den ...*
– Anrede	*Liebe ...*
– Eröffnung	*Vielen Dank für deinen letzten Brief.*
– Schluss (incl. Glückwunsch)	*So, nun weißt du, wie Weihnachten bei uns aussieht. Dir und deinen Eltern wünsche ich ein frohes Fest!*
– Gruß	*Viele Grüße*
– Unterschrift	*Deine Katja*

Funktion des Textes (kommunikatives Ziel): Über den Ablauf des Weihnachtsfestes informieren, Glückwünsche zu Weihnachten senden
sprachliche Mittel: – temporale Ausdrücke, die eine zeitliche Anordnung ausdrücken
– Tempus Präsens

Inhalt (Thema): Weihnachten
- Gliederung: entsprechend dem Verlauf des Festes
- themenbezogene Wörter und Kollokationen: *Weihnachten feiern, Geschenk, Weihnachtsbaum, Kerzen anzünden ...*

Sprachliche Form:
- eine der Textfunktion entsprechende Morphosyntax:
  Nebensätze: *wenn wir zur Kirche gehen, während wir Kinder unsere Geschenke holen ...*
  Präpositionale Gruppen: *nach der Kirche, am nächsten Tag ...*
  Adverbien: *dann, jetzt, und dann, inzwischen ...*
- allgemeine Textgrammatik:
  Kohäsionselemente wie Pronomina, Adverbien, Konnektoren: *er, damit, aber ...*
  Zeichensetzung, Orthographie

Von der Struktur und den Elementen des *Schreibprodukts* ist der *Prozess des Schreibens* zu unterscheiden. In der Schreibforschung, einem Zweig der kognitiven Psychologie, wird der Prozess des Schreibens erforscht und modellhaft dargestellt; es werden kognitive Teilprozesse der komplexen Schreibhandlung isoliert, die den Schreibvorgang beeinflussenden Faktoren bestimmt und Zusammenhänge, Abhängigkeiten usw. analysiert. Das folgende Modell stellt die wichtigsten Zusammenhänge dar (Portmann 1991: 213ff.; Jechle 1992; Wolff 1992b).

Abb. 6.39: Modell des Schreibprozesses (nach Hayes/Flower 1980; Jechle 1992: 8; Wolff 1992b: 114)

„In einer Schreibsituation treffen die externen Gegebenheiten auf eine Reihe interner Bedingungen, d.h. Merkmale des Textproduzenten, die am Zustandekommen eines Schreibprozesses beteiligt sind und dessen Verlauf bestimmen." (Jechle 1992: 16)

Aufgabenumgebung
- Schreibanlass: ein Brief, den man beantwortet; eine Klassenarbeit; ein Zeitungsartikel, zu dem man in Form eines Leserbriefs Stellung nehmen möchte usw.
- Ort, zeitlicher Rahmen, Schreibmaterial ...
- „externe Speicher" wie Glossar, Bezugstexte, Lexikon ...
- Thema und Textsorte des geplanten Textes: Brief, Lebenslauf ...
- die schon verfassten Teile des Textes

Langzeitgedächtnis
- Wissen über den Leser
- inhaltliches Wissen zum Thema des Textes (Weltwissen)
- sprachliches Wissen
  – über Textstrukturen (Textsorten, inhaltliche Textkohärenz)
  – allgemein über Syntax, Morphologie, Lexik ...

Schreibprozess
- PLANEN. Der Schreibende muss zunächst eine Vorstellung über wichtige Aspekte der Schreibaufgabe gewinnen, vor allem über Absicht und Ziel des Schreibens, über das Thema und den Leser (mentale Repräsentation der Schreibaufgabe). Weiterhin muss er nach möglichen Inhalten suchen und diese in Bezug auf Ziel, Thema und Leser des geplanten Textes bewerten (Bereitstellen von Inhalten). Schließlich muss er auch über die inhaltliche Gliederung auf verschiedenen Ebenen des Textes nachdenken (Anordnung von Inhalten).

- FORMULIEREN (Versprachlichen und Niederschreiben). Der Text muss auf verschiedenen Ebenen sprachlich geplant werden: Wörter und Ausdrücke werden aktiviert, syntaktische Einheiten zu Sätzen angeordnet und lexikalisch gefüllt, und die Sätze/Teilsätze werden zu einem kohärenten zusammenhängenden Ganzen vertextet. Dabei müssen die Konventionen der geschriebenen Sprache berücksichtigt werden. Nach der Planung muss der Text (bzw. seine einzelnen Elemente) unter Beachtung von Orthographie und Zeichensetzung niedergeschrieben werden (graphomotorische Realisierung).
- ÜBERARBEITEN. Während bzw. nach dem Schreiben finden kontrollierende und redigierende Aktivitäten statt (Monitorkontrolle): Fehler werden korrigiert, der Text wird noch einmal gelesen, eventuell werden Teile/das Ganze verworfen und neu geschrieben. Beim Überarbeiten ist der Lerner nicht mehr durch die komplexe Aufgabe des Vertextens belastet, sodass er seine Aufmerksamkeit dem Text als Ganzem oder bestimmten Textebenen widmen kann.

Nach diesem Modell „lässt sich das Schreiben als Abarbeiten verschiedener Ebenen des intendierten Textes auffassen, was idealerweise zu einem Schreibprozess führt, der in Phasen ein zunächst nur abstrakt gegebenes Ziel realisiert." (Portmann 1991: 286) Tatsächlich verläuft schriftliche Textproduktion aber nicht in dieser strikten Abfolge von „Planen – Versprachlichen – Überarbeiten", sondern die Aufmerksamkeit springt während des Schreibens zwischen diesen Teilkomponenten. Man plant vielleicht den nächsten Satz sprachlich, überprüft aber noch kurz die Orthographie einiger bereits geschriebener Wörter, korrigiert eines, beginnt mit dem Niederschreiben des geplanten Satzes, hält inne, korrigiert die Planung dieses Satzes usw. Die Aufmerksamkeit des Schreibenden richtet sich also zugleich auf die verschiedenen Teilhandlungen.

Aus dem Bisherigen ergibt sich, dass schriftliche Textproduktion eine äußerst komplexe Tätigkeit darstellt; der Schreibende muss auf sehr viele Einzelaspekte achten, und er muss diese Einzelaspekte in einem einheitlichen Prozess integrieren; dabei spielt auch die sprachliche Form und die Korrektheit eine wichtige Rolle. Insofern ist es nicht verwunderlich, dass viele schriftliche Lernertexte inhaltlich wie auch sprachlich nicht befriedigen. Die meisten Lernenden haben zu wenig Übung im Schreiben zielsprachlicher Texte, und die Komplexität der Schreibaufgaben überfordert sie oft. Aus diesem Grund muss das Schreiben von Texten im DaF-Unterricht gezielt gefördert werden. Dabei können zwei sich ergänzende Vorgehensweisen verfolgt werden:
1. In Form von Komponentenübungen müssen Teilprozesse des Schreibens analysiert, erklärt und geübt werden, z.B. der Textzusammenhalt, die äußeren Merkmale verschiedener Textsorten oder das Überarbeitungsverhalten (→ 6.3.4).
2. Es muss der vielschichtige Prozess des Schreibens selbst gefördert und optimiert werden. Das kann dadurch geschehen, dass die Komplexität der Schreibhandlung in Teilprozesse aufgelöst wird und die komplexe Gleichzeitigkeit des realen, authentischen Schreibprozesses in ein didaktisch geplantes Nacheinander überführt wird, indem einzelne Teilprozesse nacheinander bearbeitet werden (→ 6.3.2, 6.3.3). Dadurch wird die Komplexität der Schreibaufgabe reduziert, sodass der Schreibende (Lernende) seine Aufmerksamkeit bei jedem Schritt selektiv auf einen bestimmten Teilaspekt richten kann. „Die [didaktische – g.st.] Strategie besteht also nicht in der Reduktion von Komplexität durch Übungen, sondern in Hilfestellungen, welche sie erfassbar und bewältigbar machen sollen" (Portmann 1991: 386). Didaktisch ist nicht Textproduktion in einem Wurf gefragt, sondern Schreiben als ein Prozess in mehreren Schritten; erst am Ende des Prozesses steht der Text. „Was, im Produkt, als komplexe Gleichzeitigkeit erscheint, wird im (strukturierten) Prozess der Erarbeitung gezielt aufgebaut." (Portmann 1991: 390)

6.3.2 Schreiben als Prozess: ein didaktisches Modell

Das folgende didaktische Schreibmodell Abb. 6.40 zeigt, wie der Prozess des Schreibens in der Fremdsprache in einzelnen Schritten ablaufen kann (Cooper 1989; Kast 1989, 1991: 93ff.). Man spricht hier in der Fachdidaktik vom prozessorientierten Schreiben (im Gegensatz zum traditionellen produktorientierten Schreiben).

6.3 Schreibfertigkeit

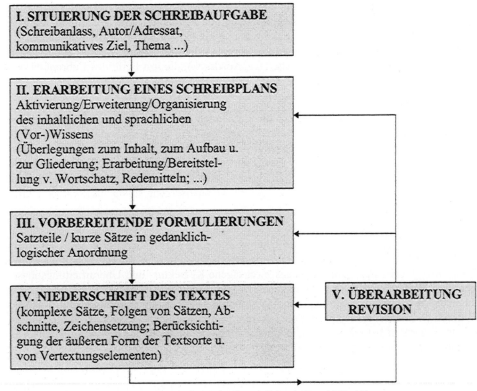

Abb. 6.40: Prozessorientiertes didaktisches Schreibmodell (nach Kast 1989: 10)

Der didaktische Prozess des Schreibens beginnt mit der Situierung der Schreibaufgabe und ihrer Planung auf der pragmatisch-funktionalen (I.) und inhaltlich-thematischen (II.) Ebene.

I. *Situierung der Schreibaufgabe*
Zunächst müssen die pragmatischen Bedingungen der Textproduktion geklärt werden, vor allem
- Autor/Adressat: Wer schreibt wem? Welche Rollenbeziehung besteht (Freunde, Bürger – Behörde, Leser – Zeitung usw.)?
- Schreibanlass: Welchen Anlass gibt es, den Text zu schreiben?
- Text: Was für ein Text soll geschrieben werden, d.h. welche Textsorte?
- kommunikatives Ziel: Was wird mit dem Text beabsichtigt? Was soll er bewirken?
- globaler Inhalt: Worum geht es inhaltlich?

II. *Erarbeitung eines Schreibplans*
In einem zweiten Schritt werden inhaltlich-thematische Punkte des geplanten Textes thematisiert. Dabei werden das vorhandene inhaltliche Wissen der Lernenden aktiviert bzw. neue inhaltliche Aspekte erarbeitet (z.B. in Form eines Assoziogramms, durch die Auswertung eines Textes, Brainstorming ...); zugleich wird auch das sprachliche Wissen der Lerner zum Thema aktiviert. In dieser Phase können sprachliche Mittel gesammelt und damit die sprachlichen Voraussetzungen für die Textproduktion geschaffen werden (z.B. Wortfelder, Redemittel).
Die Aktivitäten dieser Phase sollten auch Überlegungen zum inhaltlichen Aufbau des Textes umfassen; die Schüler können in diesem Zusammenhang Gliederungen erarbeiten, die stichwortartig die inhaltliche Struktur des geplanten Textes widerspiegeln.

Wenn der Schreibplan steht, können die Lernenden mit der eigentlichen Textproduktion beginnen. Da es sich hierbei jedoch für in der Fremdsprache Schreibende um eine sehr komplexe Tätigkeit handelt, ist es sinnvoll, den Text in zwei „Durchgängen" schreiben zu lassen.

III. Vorbereitende Formulierungen

Zunächst schreiben die Lernenden, in Orientierung an den Planungen zum Textaufbau, Satzteile und kurze Sätze in gedanklich-logischer Anordnung nieder; Orientierungspunkte stellen die Stichworte zu den einzelnen Gliederungspunkten dar (II.). In dieser Phase werden noch vorhandene sprachliche Defizite erkennbar (Wortschatz, Ausdruck), die mit Hilfe des Lehrenden oder des Wörterbuchs behoben werden können.

IV. Niederschrift des Textes

Bei der endgültigen Niederschrift gestalten die Lernenden die Ergebnisse des vorhergehenden Schritts III. (Einzelsätze) zu einem zusammenhängenden Text aus. Dabei achten sie vor allem auf die Vertextung (komplexere Sätze, Zusammenhänge zwischen den einzelnen Sätzen, Konnektoren und andere Kohäsionselemente usw.), aber auch auf die formalen Eigenschaften der Textsorte (z.B. bei einem formalen Brief), die zuvor besprochen, gegebenenfalls eingeführt und erläutert werden müssen. Schließlich ist auch auf die Zeichensetzung sowie auf die äußere Gliederung in Absätze zu achten.

V. Überarbeitung, Revision

„Die Korrektur ... ist integrierter Teil der Übungssequenzen" (Bliesner 1995: 250). Kontrolle und Korrektur finden zum einen während des gesamten Schreibprozesses statt; nach Abschluss der Niederschrift lassen sich darüber hinaus zwei eigene Korrektur- und Überarbeitungsphasen unterscheiden: Nach Beendigung der Niederschrift kontrolliert und korrigiert der Lerner seinen Text ein erstes Mal; dabei können explizite Überarbeitungsanweisungen nützlich sein. Nach der Lektüre durch den Lehrer korrigiert er den Text ein zweites Mal und überarbeitet all die Stellen, die der Lehrer markiert hat (→ 9.4.2). Die Überarbeitung kann die Ebene der inhaltlichen Organisation und die der sprachlichen Formulierung betreffen.

Dieses didaktische Modell stellt einen allgemeinen Rahmen dar, der dem Lernniveau der Schüler, der Unterrichtssituation und der jeweiligen Schreibaufgabe angepasst werden muss. So können einzelne Aspekte fehlen, z.B. die explizite kommunikative Situierung bei freien Schreibaufgaben (s.u.). Den Komponenten I. bis V. entspricht nicht notwendigerweise jeweils auch ein Arbeitsschritt; vielmehr wird der Schreibprozess oft aus mehr Einzelschritten bestehen. Die folgenden zwei Didaktisierungen zum Schreiben orientieren sich an dem zentralen Prinzip dieses Modells, variieren es aber je nach Niveau der Lernenden und Art der Schreibaufgabe.

6.3.3 Schriftliche Textproduktion als Prozess: zwei Didaktisierungen

1. Anfänger. Schreibaufgabe: Die Lernenden sollen einen Text über ihren Tagesablauf schreiben (adaptiert nach Drazynska-Deja 1989).

Schritt 1, Situierung der Schreibaufgabe (PL): Die Lernenden werden über das Ziel der Unterrichtseinheit informiert.

Schritt 2, Planungsphase (PL): In Form eines Assoziogramms wird das inhaltliche und sprachliche Vorwissen der Schüler zum Thema aktiviert und erweitert. Als Ergebnis dieser Phase entsteht an der Tafel (oder auf OHP-Folie) ein Assoziogramm, z.B. (s. rechts):

Schritt 3, Vorbereitende Übung (PA): Die Schüler und Schülerinnen ordnen Sätze, die sie auf Satzkarten erhalten, zu einem zusammenhängenden Text. Der Text stellt modellhaft einen Tagesablauf dar, wie ihn die Lernenden ähnlich schreiben sollen.

| Dann liest sie Bücher oder hört Musik. | Dort ist sie den ganzen Vormittag. | Gegen 19 Uhr isst die |
| Familie Abendbrot. | Jeden Tag steht meine Schwester um sechs Uhr auf. | Nach dem Abendessen |

sieht sie noch etwas fern.	*Nach dem Frühstück geht sie in die Schule.*	*Um 21 Uhr geht sie schlafen.*
Nach der Schule geht sie nach Hause.	*Sie wäscht sich, zieht sich an und frühstückt.*	
Sie hilft der Mutter und macht ihre Hausaufgaben.	*Hier isst sie zu Mittag.*	

Schritt 4, Analysephase (PL): Anhand des aus Satzkarten gelegten Textes werden die speziellen sprachlichen Mittel zum Ausdruck lokaler und temporaler Gegebenheiten erarbeitet, die für die Schreibaufgabe erforderlich sind. Dabei entsteht etwa der folgende Tafelanschrieb:

ZEIT:	in der Woche	ORT:	in die Schule
	jeden Tag		nach Hause
	um | ... Uhr		zu Hause
	gegen |		
	nach | dem Essen		Hier ...
	| der Schule		Dort ...
	| ...		
	Dann ... / Danach ...		

Schritt 5, Vorbereitende Formulierungen (EA): Mit Hilfe des Assoziogramms (Schritt 2) und der erarbeiteten sprachlichen Mittel (Schritt 4) schreiben die Lernenden in ersten Formulierungen ihren Tagesablauf in Form einfacher Sätze nieder.

Schritt 6, Niederschrift des Textes (EA): Aus den Einzelsätzen machen die Lernenden nun einen zusammenhängenden Text, wobei sie auf den Aspekt der Vertextung achten (Satzstellung, Kohäsionselemente). Vor Beginn der Phase weist der Lehrer auf die bekannten satzverbindenden Konnektoren hin und ergänzt den Tafelanschrieb (*und, oder, aber ...*):

Schritt 7, Überarbeitungsphase (PA): Direkt nach der Niederschrift sehen die Lernenden zusammen mit ihrem Nachbarn ihre Texte durch und korrigieren sie (→ 9.4.2). Nach der Korrektur durch den Lehrer überarbeiten die Lernenden ihre Texte ein zweites Mal.

Es handelt sich hier nicht um eine simulierte kommunikative, sondern um eine authentische Schreibaufgabe (die Lernenden schreiben einen Text über sich selbst), deshalb entfällt die kommunikative Situierung (Adressat, Textsorte, simulierter Schreibanlass ...). Der Text ließe sich aber leicht entsprechend kommunikativ situieren, z.B. als persönlicher Brief an einen Freund; das wäre aber mit höheren sprachlichen Anforderungen verbunden als auf diesem Niveau sinnvoll (Drazynska-Deja 1989 lässt den Text in der 26. Stunde Deutsch schreiben). Die Schritte 3 und 4 bereiten in Form einer Übung und deren Auswertung auf die Schreibaufgabe vor: Der Text, der aus den Satzkarten gelegt wird, stellt ein Modell für den zu schreibenden Text dar. Bei der Auswertung müssen vor allem die Aspekte des Textes thematisiert werden, auf die die Lernenden beim Schreiben ihres eigenen Textes später achten sollen: auf temporale und lokale Angaben und die entsprechenden anaphorischen Elemente (*dann, danach, dort, hier*). Aus diesem Grund wird vor der endgültigen Niederschrift (Schritt 6) auf die bereits bekannten Konnektoren hingewiesen (vgl. auch das „Konnektorenschema" unten → 6.3.4.1, Abb. 6.45).

2. Fortgeschrittene. Schreibaufgabe: Die Lernenden schreiben einen simulierten Leserbrief an eine Tageszeitung. Schreibanlass: zwei Zeitungsartikel zum Thema *Geschwindigkeitsbegrenzung auf bundesdeutschen Autobahnen*.

Schritt 1 (GA/PL): Die Lerner sammeln Argumente für bzw. gegen Geschwindigkeitsbegrenzungen auf Autobahnen; die Ergebnisse werden festgehalten (Tafel, OHP).

Tempolimit auf Autobahnen	
PRO	KONTRA
weniger Unfälle	...
...	

Schritt 2 (PA): Die Ergebnisse werden mit den im Lehrbuch vorgegebenen Argumenten zum Thema verglichen (Abb. 6.41a). Bei der Besprechung wird die Auflistung an der Tafel (vgl. Schritt 1) durch die neuen Argumente erweitert.

> **A. Welche Argumente sprechen für eine Geschwindigkeitsbegrenzung auf Autobahnen?**
> a) *Um die Umwelt zu schützen, muss man auch eine Geschwindigkeitsbegrenzung akzeptieren.*
> b) *In allen anderen europäischen Ländern gelten auch schon Geschwindigkeitsbegrenzungen.*
> c) *Ein Tempolimit wird sowieso nur von wenigen Autofahrern beachtet.*
> d) *Man würde sich an ein Tempolimit gewöhnen, genau wie an die Gurtpflicht.*
> e) *Die Autos produzieren so wenig Schadstoffe, dass sie für den Wald keine Rolle spielen.*
> f) *Ein Tempolimit würde Arbeitsplätze in Gefahr bringen, weil die Leute dann nicht mehr so große und schnelle Autos kaufen würden.*
> g) *Ein Tempolimit würde die persönliche Freiheit des Bürgers zu sehr einschränken.*
> h) ...
>
> **B. ... [Kurzinterviews zum Thema]**
> **C. Überlegen Sie: Sprechen die folgenden Äußerungen für oder gegen ein Tempolimit? Welche haben nur indirekt oder gar nichts damit zu tun?**
> a) *Jetzt, wo es mit der Autoindustrie aufwärts geht, wollen die ein Tempolimit einführen!*
> b) *Ich fahre schon aus Sicherheitsgründen nie schneller als 100.*
> c) *Je schneller die Leute fahren, desto höher ist die Unfallgefahr!*
> d) *Das werden die Autofahrer sich nicht gefallen lassen!*
> e) *Die Luftverschmutzung geht jeden an.*
> f) ...

Abb. 6.41a: THEMEN 3: 115

Schritt 3 (PL): Nun werden die Lernenden über das Ziel der geplanten Unterrichtseinheit informiert: Sie sollen einen Leserbrief schreiben. Dazu werden zunächst zwei Zeitungsausschnitte zum Thema *Geschwindigkeitsbegrenzung auf bundesdeutschen Autobahnen* kursorisch gelesen (Abb. 6.41b; → 4.2)

> Kabinett berät heute über Bericht des TÜV
> **Absage Bonns an Tempolimit nach Großversuch sicher.**
> **Schadstoffminderung nur um ein Prozent.**
> *Bonn (AD/dpa) Einen Tag vor der Beratung des Bundeskabinetts über ein Tempolimit auf den bundesdeutschen Autobahnen haben sich die Ergebnisse des Großversuchs die erwartete Absage der Regierung an Geschwindigkeitsbeschränkungen gestützt. Wie Fachleute der Vereinigung der Technischen Überwachungsvereine (VdTÜV) gestern in Bonn mitteilten, wäre bei Tempo 100 auf den Autobahnen die Schadstoffentlastung geringer als erwartet.*

> **Bundesregierung setzt auf umweltfreundlichere Autos**
> *Bonn (AP/dpa) Ein „Tempo 100" wird es nach dem Willen der Bundesregierung auf den Autobahnen in der Bundesrepublik nicht geben. Einen entsprechenden Beschluss fasste gestern das Bundeskabinett auf der Grundlage der Ergebnisse des TÜV-Großversuchs, wonach ein generelles Tempolimit keine entscheidende Verringerung des Schadstoffausstoßes bringen würde. Bundesverkehrsminister Werner Dollinger und Innenminister Friedrich Zimmermann appellierten an die Autofahrer, möglichst bald auf umweltfreundliche Autos umzusteigen oder ihr Fahrzeug umzurüsten.*

Abb. 6.41b: THEMEN 3: 115

Anschließend wird die Schreibaufgabe genauer besprochen: *Schreibanlass* (Entscheidung der Bundesregierung zum Thema Geschwindigkeitsbegrenzung auf Autobahnen), *Textsorte* (Leserbrief, simuliert), *Autor/Adressat* (die Lernenden als potenziell Betroffene, die Zeitung bzw. die Öffentlichkeit), *kommunikatives Ziel* (Stellungnahme: eigene Meinung ausdrücken / zu Meinungen anderer Stellung nehmen)

Schritt 4 (PA/PL): Jetzt können Redemittel gesammelt werden, die zur Abgabe einer Stellungnahme benötigt werden (es kann auch eine Redemittelliste herangezogen werden wie in „Themen 3": 116), z.B.:

> – *Meiner Meinung nach ... / Ich bin der Meinung, dass ... / Ich bin für/gegen ...*
> – *Da bin ich ganz anderer Meinung. / Hier kann ich ganz und gar nicht zustimmen. / Wie kann man nur behaupten, dass ...*
> – *zwar ..., aber ... / Das stimmt schon, andererseits ...*
> – *Dazu ist Folgendes zu sagen: ...*
> – ...

Abb. 6.42: Redemittel für eine Stellungnahme

Schritt 5 (GA): Es folgt eine mündliche Übung mit den in den Schritten 1/2 und 4 erarbeiteten Argumenten bzw. Redemitteln. Ein Lernender äußert eine Meinung, und ein anderer reagiert darauf, z.B.

> S1: *Ich bin für Geschwindigkeitsbegrenzungen auf Autobahnen, weil es dann weniger Verkehrstote gibt.*
> S2: *Das stimmt schon, andererseits gibt es die meisten Verkehrsunfälle auf den Landstraßen und in den Städten.*
> S3: *Da bin ich ganz anderer Meinung: ...*

Schritt 6 (PL): Nun müssen noch die formalen Merkmale der Textsorte „Leserbrief" eingeführt werden: Absender, Datum, Anschrift, Betr., Anrede, Einleitungssatz, Gruß, Unterschrift und mögliche sprachliche Realisierungen dieser Merkmale (vgl. rechts).

> – Betr.: Ihren Artikel ... vom ...
> – Sehr geehrte Damen und Herren, ...
> – Hiermit möchte ich meine Meinung / Zustimmung / meinen Widerspruch ... zu der Entscheidung der Bundesregierung ausdrücken.
> – Mit freundlichen Grüßen

Schritt 7 (EA): Die Lernenden wählen jetzt entsprechend ihrer eigenen Meinung individuell Argumente aus (vgl. Schritt 1/2 oben) und ordnen sie in logisch-gedanklicher Reihenfolge.

Schritt 8 (EA): Nun schreiben sie ein paar kurze Sätze zu jedem der ausgewählten Argumente – z.B.:

> *Autofahren ist gefährlich. Viele Menschen sterben bei Autounfällen. Viele Menschen werden durch Autounfälle verletzt. Schnelle Autos haben ein besonders hohes Unfallrisiko.*

Schritt 9 (EA): Anschließend ordnen die Lernenden den einfach formulierten Argumenten passende Redemittel aus Schritt 4 zu.

Schritt 10 (EA): Jeder Lerner schreibt jetzt seinen Text; als Hilfe werden die formalen Merkmale der Textsorte (Schritt 6) und das Konnektorenschema verwendet (→ 6.3.4.1, Abb. 6.45).

Schritt 11 (EA): Überarbeitung

Die Schritte 1 und 2 zielen darauf ab, das inhaltliche und z.T. sprachliche Vorwissen der Lernenden zum Thema zu aktivieren bzw. organisieren und zu erweitern. Diese beiden Unterrichtsschritte haben eine sehr wichtige sprachliche Funktion: Wenn die Lernenden zu einem späteren Zeitpunkt den Text schreiben, benötigen sie die hier gesammelten Argumente, um ihren eigenen Text sprachlich angemessen formulieren zu können. Die Argumente sollten deshalb nicht nur stichwortartig, sondern sprachlich etwas ausführlicher festgehalten werden. Nach dem Lesen der Texte wird die Schreibaufgabe situiert und die didaktische Vorgehensweise „Schreiben als Prozess" begründet (falls den Lernenden noch nicht bekannt – Schritt 3). Anschließend werden die Redemittel, die für die Textsorte „Leserbrief" und die kommunikative Absicht „Stellungnahme" benötigt werden, bereit gestellt und eingeübt (Schritte 4, 5). In der Unterrichtsphase 6 kann eventuell auch ein authentischer Leserbrief eingesetzt und auf seine formalen Merkmale hin analysiert werden. Nun folgen die eigentlichen Phasen der Textproduktion; werden diese Schritte im Unterricht durchgeführt, können sie (und die entsprechenden Schritte zuvor) auch in Partnerarbeit erfolgen, sodass zwei Lernende zusammen einen Text schreiben.

Diese Didaktisierung mag auf den ersten Blick als sehr lang und damit zeitaufwendig erscheinen. Man darf aber nicht übersehen, dass dabei sehr unterschiedliche Aktivitäten durchgeführt werden:
– Aktivierung des Vorwissens (1) und Textarbeit (Schritte 2, 3)
– Bereitstellung und Üben von Redemitteln (Schritte 4, 5); bei der nächsten Textproduktion, bei der diese Redemittel benötigt werden, können beide Phasen wesentlich kürzer ausfallen.
– Dasselbe gilt für Phase 6, in der die formalen Merkmale der Textsorte eingeführt werden.
– die eigentlichen Schreibphasen (Schritte 8 – 10)
– Überarbeitung

Krumm (1989a: 16) unterscheidet beim Schreiben zwei Verarbeitungsrichtungen (→ 4.1.1): Schreiben als absteigender Prozess „von der Themenwahl her, die den Schreibprozess als ganzen steuert, über Textschemata und Wissensspeicher bis hin zur Sprachverarbeitung", und

Schreiben als aufsteigender Prozess „von einzelnen sprachlichen Elementen und Fähigkeiten über Text- und Wissensschemata bis zu einem thema- und leserorientierten Produkt". Bei dem obigen prozessorientierten didaktischen Schreibmodell handelt es sich weitgehend um Schreiben als wissensgesteuerten absteigenden Prozess, der mit der Planung auf höheren Textebenen beginnt (pragmatische Bedingungen, inhaltlich-thematische Planung); erst am Ende dieses Prozesses stehen die eigentlichen Schreibphasen (Sprachverarbeitung). Diese sind „aufsteigend" organisiert: zunächst Formulieren auf der Satzebene, danach Niederschrift auf der Textebene (unter Berücksichtigung von Vertextungselementen, Abschnitten, Zeichensetzung usw.). Hierbei können sich die Lernenden ganz auf die sprachliche Realisierung konzentrieren, denn die inhaltlichen und pragmatischen Aspekte des Textes haben sie bereits zuvor erarbeitet.

Der dargestellte didaktische Ansatz bietet die Möglichkeit, „Schreibprozesse bewusst zu gestalten und jene oben angesprochenen Momente des Situierens, Planens, Versprachlichens und Überarbeitens als unabhängige Teilprozesse zu entwickeln und gezielt einzusetzen." (Portmann 1991: 296) Das hat verschiedene didaktisch erwünschte Konsequenzen:

- Die Komplexität des Schreibprozesses wird reduziert und auf verschiedene Teilhandlungen verteilt. Der Lerner kann die Teilprozesse sukzessive abarbeiten, sodass er bei jedem Schritt seine Aufmerksamkeit auf einen bestimmten Aspekt der Textproduktion konzentrieren kann.
- Die einzelnen Teilhandlungen können bewusst gemacht und in Form von Komponentenübungen getrennt geübt werden.
- Der Prozess wird dem Lerner in seinen Einzelelementen wie auch in seiner Komplexität durchsichtig. Das „mag wesentlich dazu beitragen, dass die Schreibenden lernen, den Schreibprozess besser zu verstehen und schließlich ihre eigene Schreibtätigkeit auch in den Details effizienter zu moderieren." (Portmann 1991: 296)
- Schließlich wird der Schreibprozess auch erfolgreicher, denn es können schon bald relativ komplexe Schreibaufgaben bewältigt werden. Die Aufgabe des Lehrers besteht darin, Hilfestellungen zu geben. „Der Lehrer und die Mitschüler helfen gemeinsam, die Divergenz zwischen Mitteilungsbedürfnis und Ausdrucksfähigkeit in der Fremdsprache zu überbrücken" (Krumm 1989a: 23); dadurch soll das Schreiben erleichtert und das Lernen gefördert werden. Kontrolle und Bewertung des Leistungsstands sind hingegen ausschließlich bei Tests das Ziel des Schreibens.

Dieses Konzept hat Konsequenzen für die Progression im Bereich des Schreibens. Zum einen nehmen mit zunehmender Sprachbeherrschung die Anforderungen an die zu schreibenden Texte zu: es werden zunehmend schwierigere Textsorten herangezogen, und die sprachliche Komplexität der Texte erhöht sich. Das wird tendenziell damit verbunden sein, dass für den Schreibprozess mehr Einzelschritte erforderlich sind (vgl. auch die beiden obigen Didaktisierungen). Zum anderen sollte die Anzahl der getrennt geplanten und realisierten Einzelschritte mit zunehmender Sprachbeherrschung abnehmen; d.h. die Komplexität der zu bearbeitenden Einzelschritte muss nach und nach zunehmen. Zwischen beiden Tendenzen muss der Lehrer einen Mittelweg finden.

6.3.4 Vom Satz zum Text: Komponentenübungen zur Vertextung

Je mehr sprachliche Mittel der Lerner auf den niedrigen Textebenen automatisiert hat (Orthographie, Morphosyntax ...), umso mehr kann er sich bei der Textproduktion auf die höheren Textebenen konzentrieren (Inhalt, Angemessenheit in Bezug auf die Textsorte usw.). Aus diesem Grund sind Übungen zu den sprachlichen Mitteln eine wichtige Voraussetzung der kommunikativen Fertigkeiten. Im Folgenden gehe ich auf einen fertigkeitsspezifischen Teilbereich des Schreibens ein, auf den Aspekt der Vertextung.

Texte stellen eine zusammenhängende (kohärente) Folge von Einzelsätzen dar. Welche sprachlichen Phänomene die Textkohärenz konstituieren, soll eine kurze Textanalyse zeigen.

Verlässlichkeit
Herr K., der[1] für die Ordnung der menschlichen Beziehungen war, blieb zeit seines[2] Lebens in Kämpfe verwickelt. Eines Tages geriet er[3] wieder einmal in eine[4] unangenehme Sache, die[5] es[6] nötig machte, dass er[3] nachts mehrere Treffpunkte in der Stadt aufsuchen musste, die[7] weit auseinander lagen. Da[8] er[3] krank war, bat er[3] einen[9] Freund um seinen[10] Mantel. Der[11] versprach ihn[12] ihm[13], obwohl[14] er[15] dadurch[16] selbst eine[17]

6.3 Schreibfertigkeit

> *kleine Verabredung absagen musste. Gegen Abend verschlimmerte sich Herrn K.s Lage so[18], dass die Gänge ihm[13] nichts mehr nützten und[19] ganz anderes nötig wurde. Dennoch[20] und[21] trotz des Zeitmangels holte Herr K., eifrig, die[22] Verabredung auch seinerseits[23] einzuhalten, den[24] unnütz gewordenen Mantel pünktlich ab.*

Abb. 6.43: aus B. Brecht, Geschichten von Herrn Keuner

Textverweis durch PRO-Elemente: X | *steht für / verweist auf* | Y

- **PRO steht für / verweist auf Einzelelemente:**
  Personalpronomen: *er[3], ihm[13] > Herr K. – ihn[12] > seinen Mantel – er[15] > Freund*
  Possessivartikel: *seines[2] > Herr K. – seinen[10] > Freund – (seinerseits[23] > Herr K.)*
  Relativpronomen: *der[1] > Herr K. – die[5] > eine unangenehme Sache – die[7] > mehrere Treffpunkte in der Stadt*
  Demonstrativpronomen: *der[11] > Freund*

- **PRO steht für / verweist auf Sätze:**
  – *es[6] > dass er nachts mehrere Treffpunkte in der Stadt aufsuchen musste, die weit auseinander lagen*
  – *dadurch[16] > dass er ihm den Mantel versprach*
  – *so[18] > dass die Gänge ihm nichts mehr nützten und ganz anderes nötig wurde*
  – *dennoch[20] > obwohl die Gänge nichts mehr nützten* (d.h. er den Mantel nicht mehr brauchte)

Semantische Beziehungen zwischen Sätzen
da[8] (kausal), *obwohl[14]* (konzessiv), *und[19/21]* (koordinativ); *dadurch[16], dennoch[20]* haben neben ihrer Funktion als PRO-Element auch eine semantische Funktion: kausal und konzessiv.

Satzgliedstellung
Dass die Satzgliedstellung sehr stark ein Textphänomen ist, zeigen die folgenden Beispiele mit veränderter Erststellung. Die Sätze sind in isolierter Form syntaktisch korrekt, als Elemente des obigen Textes jedoch können sie in dieser Form nicht verwendet werden. Der Grund liegt in der Informationsstruktur des Textes (Thema-Rhema-Gliederung).
– *In Kämpfe blieb Herr K., der für die Ordnung der menschlichen Beziehungen war, zeit seines Lebens verwickelt.*
– *Er geriet eines Tages wieder einmal in eine unangenehme Sache ...*
– *Herr K., eifrig, die Verabredung auch seinerseits einzuhalten, holte dennoch und trotz des Zeitmangels den unnütz gewordenen Mantel pünktlich ab.*

Artikelgebrauch
– *eine[4] unangenehme Sache, einen[9] Freund, eine[17] kleine Verabredung*: indefiniter Artikel bei Ersterwähnung
– *die[22] Verabredung, den[24] unnütz gewordenen Mantel*: definit, da zuvor bereits eingeführt

Weitere textgrammatische Phänomene sind u.a.:
– verweisende Adverbien: *in dem Haus < dort; vor 110 Jahren < damals* usw.
– Zeichensetzung
– elliptische Konstruktionen

Im DaF-Unterricht werden derartige Textphänomene oft im Rahmen von Einzelsätzen geübt. Das ist sicherlich ein Grund dafür, dass es vielen Lernenden schwer fällt, zusammenhängende fremdsprachige Texte zu schreiben; oft stellen schriftliche Lernertexte eine Menge von nur lose verbundenen Einzelsätzen dar (vgl. Abb. 6.51). Es müssen deshalb Übungsformen eingesetzt werden, die die Unterschiede zwischen Satz und Text aufzeigen und gezielt die Vertextung üben. Solche Übungen sind Gegenstand dieses Abschnitts. Man kann dabei zwischen Analyseübungen und Syntheseübungen unterscheiden. Durch Analyseübungen sollen die Lernenden Einsichten in Textstrukturen gewinnen und erkennen, welche Eigenschaften bzw. Elemente einen Text konstituieren und worin sich ein Text von einer Menge von Einzelsätzen unterscheidet. In Form von Syntheseübungen werden einzelne Textphänomene in speziellen Vertextungsübungen für die aktive Verwendung beim Schreiben von Texten geübt.

6.3.4.1 Analyseübungen
In einem ersten Schritt kann es sehr nützlich sein, die Lernenden Einzelsätze mit einem zusammenhängenden Text vergleichen zu lassen; dabei können sie die Unterschiede selbst erkennen und für Textphänomene wie Konnektoren, Pronomen, verweisende Adverbien, Satzgliedstellung usw. sensibilisiert werden (Abb. 6.44):

1. *Ich bin im letzten Herbst nach München gefahren.* 2. *Ich wollte in München meinen Freund besuchen.* 3. *Ich war sehr spät am Bahnhof.* 4. *Ich rannte die Bahnhofstreppe hoch.* 5. *Ich stolperte plötzlich.* 6. *Ich fiel hin.* 7. *Meine Reisetasche ging auf.* 8. *Zwei Äpfel rollten aus der Reisetasche.* 9. ...	*Im letzten Herbst bin ich nach München gefahren, weil ich dort meinen Freund besuchen wollte.* (1) *Ich war sehr spät am Bahnhof und rannte deshalb die Bahnhofstreppe hoch.* (2) *Plötzlich stolperte ich und fiel hin.* (3) *Dabei ging meine Reisetasche auf, und zwei Äpfel rollten heraus.* (4) ...

Abb. 6.44: Satz und Text (nach: STUFEN INT. 2: 148)

Bei einer solchen Gegenüberstellung wird die Funktion der verschiedenen textkonstituierenden Phänomene erkennbar, z.B. die Funktion von Konnektoren, die semantische Zusammenhänge explizieren und dadurch die Verständlichkeit erhöhen (→ 4.2.1.2). Den Vergleich zwischen den Einzelsätzen und dem zusammenhängenden Text können die Lernenden anhand eines vorgegebenen Schemas durchführen, das sie ausfüllen und das die anschließende Systematisierung vorbereitet, z.B.:

Text	Einzelsätze	Konnektor	Adverbien	Satzstellung	sonst
Satz 1	1 + 2	*weil* (NS)	*dort* (> *in München*)	*Im letzten Herbst*	
Satz 2	3 + 4	*und* (HS)	*deshalb* (> *weil ich spät am Bahnhof war*)	...	
Satz 3	...				

Wenn die Lernenden die Unterschiede zwischen den Einzelsätzen und dem Text erarbeitet haben, sollten die verschiedenen Textphänomene systematisiert werden. In Dahl/Weis (1988: 144) wird ein „Konnektorenschema" vorgeschlagen, das im Unterricht für die Förderung der Schreibfertigkeit eingesetzt werden kann (Abb. 6.45).

NEBENORDNENDE KONJUNKTIONEN			UNTERORDNENDE KONJUNKTIONEN		
er hat ... HAUPTSATZ	*und* *denn* *sondern* *aber* *jedoch* *doch* *oder*	*er hat ...* HAUPTSATZ	*er hat ...* HAUPTSATZ	*da* *weil* *damit* *obwohl* *(so) dass* *wenn* *bevor* *während* *ehe* *als* *nachdem* *was* *womit* *ob* (Relativpronomen)	*er ... hat* NEBENSATZ
ADVERBIEN					
er hat ... HAUPTSATZ	*deshalb* *deswegen* *darum* *also* *trotzdem* *denn*	*hat er ...* HAUPTSATZ MIT INVERSION			

Abb. 6.45: Konnektorenschema (nach Dahl/Weis 1988: 144)

In das Schema, das schon in einer der ersten Stunden Deutsch eingeführt werden kann, tragen die Lernenden nach und nach die Konjunktionen und Adverbien ein, die im Unterricht neu vorkommen. Sie ziehen das Konnektorenschema immer dann zu Rate, wenn sie einen Text schreiben; es hilft ihnen bei der Vertextung und erinnert sie daran, die semantischen Beziehungen zwischen den einzelnen (Teil-)Sätzen durch Konnektoren zu explizieren. Wird das Schema bei Analyseübungen eingesetzt, so übertragen die Lernenden die analysierten Konnektoren eines Textes in das Schema. Auf diese Art werden sie schon von Anfang an mit der Textfunktion von Konnektoren vertraut, und sie gewöhnen sich daran, beim Schreiben von Texten gezielt Konnektoren zu verwenden.

> *Selbstbestimmungsrecht. Der Arzt muss seinem Patienten die ganze Wahrheit sagen, damit dieser von seinem Selbstbestimmungsrecht Gebrauch machen kann. Selbstbestimmung, also die Entscheidung darüber, ob eine vorgeschlagene Behandlung stattfinden soll, setzt umfassende Informationen voraus. Im Rahmen der ärztlichen Aufklärungspflicht wird dem Kranken mitgeteilt, welche Risiken eine Behandlung mit sich bringt und welche Gefahren drohen, falls sie unterbleibt. Das ganze Für und Wider medizinischer Maßnahmen ist mit dem Patienten zu erörtern. Nach Ansicht der höchsten deutschen Gerichte, die sich mehrfach mit diesem Themenkreis befasst haben, ist es dabei möglich, jedem Kranken „im Großen und Ganzen klar zu machen, was mit ihm geschieht". An die ärztliche Aufklärungspflicht werden also strenge Anforderungen gestellt.*

Abb. 6.46: WEGE (neu): 188 (aus: *Das große ADAC-Gesundheitsbuch.* Von H. Halter. München 1983.)

Einen wichtigen Stellenwert nehmen Übungen ein, bei denen Bezüge innerhalb eines Textes thematisiert werden. Bei dem Text Abb. 6.46 sollen die Lernenden erkennen, auf welche Textstellen sich die unterstrichenen Wörter beziehen (z,B. *dieser* auf *seinem Patienten*). Eine solche Analyseübung, die die Lerner für den Gebrauch von Vertextungselementen sensibilisieren soll, kann auch zur Förderung des Leseverstehens eingesetzt werden (→ 4.2).

Auf Objekte mit gleicher Referenz wird in einem Text meist mit unterschiedlichen sprachlichen Mitteln Bezug genommen: mit Pronomen, aber auch mit variablen lexikalischen Ausdrücken. Man spricht hier von semantischer Ersetzung. Semantische Ersetzungen tragen innerhalb einer Referenzkette zu einem variablen sprachlichen Ausdruck bei. Die folgende Übung Abb. 6.47a zielt darauf ab, die Lernenden für das Textphänomen der semantischen Ersetzung bzw. Pronominalisierung zu sensibilisieren.

> **Welche Ausdrücke in dem folgenden Text beziehen sich auf *ein Mann*, welche auf *der erste Mensch*?**
>
> *In einer schönen Vollmondnacht geht ein Mann durch die Straßen seiner Heimatstadt. Er hat gute Laune und will den ersten Menschen, der ihm begegnet, auf den Arm nehmen. Es dauert nicht lange, da sieht er einen jungen Mann, der gerade in sein Auto steigen will. „Ich bin völlig fremd hier", sagt unser Spaßvogel, „können Sie mir sagen, ob das, was dort scheint, die Sonne oder der Mond ist?" Der Gefragte schaut erst den komischen Vogel, dann den Mond an und antwortet: „Es tut mir leid, das kann ich Ihnen leider auch nicht sagen. Ich bin auch fremd hier!"*

ein Mann	der erste Mensch
er, ...	

Abb. 6.47a: Analyseübung zur semantischen Ersetzung (Kast 1991: 45)

Diese Übung kann auch als Syntheseübung durchgeführt werden; dabei enthält der Ausgangstext Lücken, die mit variablen semantischen Ersetzungen oder mit Pronomen zu füllen sind.

> *In einer schönen Vollmondnacht geht ein Mann durch die Straßen seiner Heimatstadt. ... hat gute Laune und will den ersten Menschen, ... ihm begegnet, auf den Arm nehmen. Es dauert nicht lange, da sieht er ..., der gerade in sein Auto steigen will. „... bin völlig fremd hier", sagt .... „können ... mir sagen, ob das, was dort scheint, die Sonne oder der Mond ist?" ... schaut erst ..., dann den Mond an und antwortet: „Es tut mir leid, das kann ich ... leider auch nicht sagen. ... bin auch fremd hier!"*

Abb. 6.47b: Syntheseübung zur semantischen Ersetzung

Referenzketten in einem Text können für eine zusammenfassende Bewusstmachung im Anschluss an die Analysephase durch Visualisierung verdeutlicht werden (über OHP/an der Tafel), etwa Abb. 6.48:

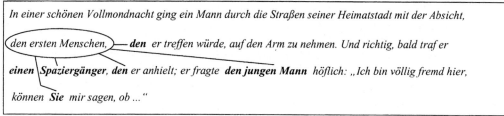

Abb. 6.48: Bewusstmachung von Referenzketten in einem Text

Das ist gerade bei Lernenden mit wenig Schreiberfahrung wichtig, die auf diese Art konkrete Einblicke in Vertextungsstrukturen gewinnen können.

6.3.4.2 Syntheseübungen

Eine häufig anzutreffende Übungsform stellen Texte mit „textgrammatischen Lücken" dar, in denen Konnektoren oder verweisende Elemente zu ergänzen sind. Die Lernenden üben auf diese Art die Textfunktion dieser sprachlichen Mittel, z.B. Abb. 6.49:

___ ich ein Kind war, lebten wir in Kairo. ___ war mein Vater Lehrer an der deutschen Schule. Meine Mutter ist Französin; ___ sprachen wir in der Familie meistens Französisch. Manchmal sprachen wir auch Deutsch, ___ mein Vater und ich allein waren. In der Schule sprachen wir ___ Deutsch. ___ ich mit meinen Freunden spielte, sprachen wir Arabisch. Ich wusste nicht, welche Sprache mir am besten gefiel. ___ ich 10 Jahre alt war, schickten mich meine Eltern auf eine private Schule in Deutschland. ___ blieb ich drei Jahre ...

Abb. 6.49: nach SPR.BR. 1: 211

Die fehlenden sprachlichen Elemente können eventuell in Form eines Schüttelkastens vorgegeben werden:

als – als – auch – deshalb – dort – dort – wenn – wenn ...

Im folgenden Beispiel dient eine traditionelle Umformübung als Modell für das Üben satzverknüpfender sprachlicher Mittel im Textzusammenhang; dabei wird ein vorgegebener Text durch die Variation von Vertextungselementen umgeformt (Abb. 6.50).

Schreiben Sie den folgenden Text neu und verwenden Sie dafür die am rechten Rand angegebenen sprachlichen Mittel.

Nach meiner Geburt lebte ich mit meinen Eltern fünf Jahr in Hamburg. Hier ging ich auch in den Kindergarten. Ich hatte auch zwei Schwestern, darum spielte ich im Kindergarten am liebsten mit Jungen. Im Herbst 1953 bekam mein Vater eine Stelle in Süddeutschland, also zogen wir nach Höchstadt in die Nähe von Lautersheim um. Hier besuchte ich 13 Jahre lang die Schule. Ich ging vier Jahre auf die Volksschule, und danach besuchte ich neun Jahre lang das Gymnasium. Ich war nicht sehr fleißig, aber trotzdem bekam ich gute Noten und galt als ein guter Schüler. Ich lernte nicht so viel, weil ich mich vor allem für meine Hobbys interessierte. Im Sommer 1968 machte ich das Abitur, und danach begann ich zu studieren. Ich wollte eigentlich Chemiker werden, aber schließlich studierte ich Philosophie. Die Chemie lag mir nämlich nicht. Zuerst musste ich aber meinen Militärdienst ableisten, und erst dann konnte ich mit dem Studium beginnen.

wo
weil / dort
sodass
wo
nachdem
obwohl
denn
nachdem
obwohl
denn
bevor

Abb. 6.50: ZERT.DAF: 111

Oft stellt man fest, dass Fremdsprachenlernende keine zusammenhängenden Texte produzieren, sondern Folgen von Einzelsätzen wie in dem folgenden Beispiel eines knappen Lebenslaufs (Abb. 6.51; Fehler sind nicht korrigiert, Name und Ort sind anonymisiert).

*Ich, NAME, wurde am 17.3.1968 in ORT geboren. Ich habe drei Brüder. Mein Bruder A ist 40, und B ist 37. Ich habe noch ein Bruder, junger als mich. Er heißt C und er ist 26. Ich habe auch ein Schwester. Sie heißt D und, sie ist 38.
Ich hatte die Universität Hochschule in 1996 beendigen. Ich hatte Biologie studiert. Ich hatte in die Universität meiner Frau kennengelernt. Wir hatten in 16.6.1995 geheiratet. Wir haben keine Kinder noch.*

Abb. 6.51: Beispiel für einen schriftlichen Lernertext

6.3 Schreibfertigkeit

Hier müssen Unterrichtsphasen ansetzen, in denen die Verschränkungen zwischen den einzelnen Sätzen eines Textes bewusst gemacht und geübt werden. Um solche Übungen handelt es sich z.B. bei den Übungen Abb. 6.52, bei denen die Lernenden aus expliziten kurzen Einzelsätzen komplexere Sätze bilden müssen; dabei sind verschiedene sprachliche Mittel zur Vertextung zu verwenden: Konnektoren, Attribuierung (Relativsätze), Pronominalisierung usw. Ergebnis ist ein syntaktisch komplexer Satz (Abb. 6.52a) oder ein vollständiger Text (Abb. 6.52b).

Verbinden Sie im Folgenden die Einzelsätze und verwenden Sie Pronomen, Adverbien, Konjunktionen. Die angegebenen sprachlichen Mittel helfen Ihnen.

damals – danach – und dann – denn – dort – dorthin – drinnen – gleichzeitig – herein – obwohl – und – doch vorher – weil – er – die – der – es – ihm – sie ...

Beispiel: *Frau Lutz kam nach Hause. Zu Hause erwartete Frau Lutz ihr Mann.*
Frau Lutz kam nach Hause. Dort erwartete sie ihr Mann.
1. *Frau Karsten fährt ans Meer. Frau Karsten will am Meer angeln.*
2. *Zuerst wollen wir essen. Nach dem Essen können wir einen Spaziergang in den Wald machen.*
3. *Im Mittelalter führten die Herrscher viele Kriege. Im Mittelalter war auch die Kirche sehr mächtig.*
4. *Karlchen muss in die Schule gehen. Bevor Karlchen in die Schule geht, schmiert seine Mutter Karlchen noch zwei Wurstbrote.*
5. *Vor zwei Jahren wollte Herr Grün sich ein Auto kaufen. Herr Grün hatte vor zwei Jahren noch nicht viel Geld. Herr Grün war gerade mit seinem Studium fertig.*
6. *Karlchen kam um 11 von der Schule nach Hause. Nachdem Karlchen von der Schule nach Hause gekommen war, ruhte sich Karlchen eine Stunde lang aus. Erst als er sich ausgeruht hatte, machte Karlchen seine Hausaufgaben.*
7. ...

Abb. 6.52a: ZERT.DAF: 110f.

Der Unfall
1) *Ein Auto kam dahergeschossen.*
   a. *Das Auto war klein und schwarz.*
   b. *Es war kurz vor Mitternacht.*
   c. *Das Auto hatte eine Geschwindigkeit von neunundneunzig Stundenkilometern.*
   d. *Es kam von rechts auf der Hauptstraße.*
2) *Eine Dame sah die Lichter auf sich zukommen.*
   a. *Die Dame war alt.*
   b. *Die Dame stand auf dem Zebrastreifen.*
   c. *Die Dame war entsetzt.*
   d. *Die Lichter waren an dem Auto.*
3) *Das Auto kam ins Schleudern.*
   a. *Es geschah einen Augenblick später.*
   b. *Es geschah auf der regennassen Straße.*
   c. *Es geschah kurz vor dem Zebrastreifen.*
4) *Die Stoßstange ...*

Beispiel:
Kurz vor Mitternacht kam von rechts auf der Hauptstraße ein kleines schwarzes Auto mit einer Geschwindigkeit von neunundneunzig Stundenkilometern dahergeschossen.

Eine alte Dame ...

Abb. 6.52b: Cooper (1989): 135

Die Berücksichtigung der Thema-Rhema-Struktur des Textes spielt bei der Vertextungsübung Abb. 6.53 eine wichtige Rolle.

Apfelliebe
1. *Ich bin im letzten Herbst nach München gefahren.*
2. *Ich wollte dort meinen Freund besuchen.*
3. *Ich war sehr spät am Bahnhof.*
4. *Ich rannte die Bahnhofstreppe hoch.*
5. *Ich stolperte plötzlich.*
6. *Ich fiel hin.*
7. *Meine Reisetasche ging auf.*
8. *2 Äpfel rollten heraus.*
9. *Ein junges Mädchen hob sie auf.*
10. *Sie gab sie mir lächelnd.*
11. *Ich bedankte mich.*
12. *Ich rannte weiter.*
13. *Ich saß im Zug.*
14. *Das Mädchen kam plötzlich ins Abteil.*
15. *Die Fahrt ...*

Bitte verbinden Sie die Sätze 1.–18. Mit Konjunktoren oder Subjunktoren zu einer Geschichte. Variieren Sie die Satzanschlüsse.

Im letzten Herbst bin ich nach München gefahren, weil ich ...

Abb. 6.53: STUFEN INT. 2: 148

Bei der *Thema-Rhema-Struktur* handelt es sich um die Informationsstruktur eines Textes: Thema = die vom Vorsatz wieder aufgenommene bekannte Information, Rhema = die neue Information; z.B. *Um die Ecke kam ein Auto. Darin saßen drei Personen. Darin* (*in dem Auto*) ist die bekannte Information und Thema des zweiten Satzes, *saßen drei Personen* ist die neue Information und Rhema. Im deutschen Satz steht die neue Information meist gegen Ende des Satzes, die bekannte eher am Anfang. Aus diesem Grund kommt der Besetzung der ersten Position im Satz eine wichtige Funktion für den Textzusammenhalt zu (in Übung Abb. 6.53 soll die Aufforderung *Variieren Sie die Satzanschlüsse* auf diesen Aspekt der Vertextung aufmerksam machen).

Die Thema-Rhema-Struktur innerhalb einer zusammenhängenden Folge von Sätzen und die davon abhängende Besetzung von Position 1 im Satz wird in der folgenden Darstellung Abb. 6.54 anschaulich bewusst gemacht. Es handelt sich hierbei um eine bestimmte Art der Thema-Rhema-Verknüpfung zwischen Sätzen in einem Text.

Satzverknüpfung (1)

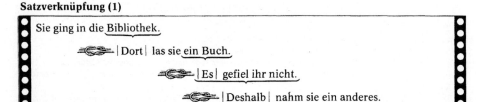

Abb. 6.54: SPR.BR. 1: 141

Zahlreiche weitere sprachliche Mittel und kommunikative Normen müssen im Zusammenhang mit der Schreibfertigkeit gesondert erklärt und geübt werden; dazu gehören z.B. auch:
- Äußere Merkmale der Textsorte, d.h. textsortenspezifische Textform und -elemente (z.B. offizieller Brief: Name und Adresse des Absenders; Datum; Name und Adresse des Empfängers; Betr.; Anrede ...).
- Registerbezogene Merkmale von Textsorten, z.B. Anrede- und Grußfloskeln (*Liebe ..., Sehr geehrter ..., Herzliche Grüße, Mit freundlichen Grüßen ...*) oder registerspezifische sprachliche Mittel (z.B. persönlicher vs. offizieller Brief, Bericht vs. Märchen usw.) – mögliche Übung: einen offiziellen Brief in einen persönlichen Brief umschreiben lassen.
- Der inhaltliche Aufbau und die äußere Gliederung von Texten.
- Sprachliche Mittel wie unbestimmte Pronomen (*man, jemand, einer ...*) und satzverweisende Pronomen und Pronominaladverbien (*es, das, da(r)* + Präposition) als Textelemente.

Es würde den Rahmen der vorliegenden Darstellung sprengen, für alle diese und weitere Textphänomene spezielle Übungsmöglichkeiten vorzustellen.

6.3.5 Techniken zur Steuerung der Textproduktion

Das oben in Abschnitt 2 und 3 dargestellte didaktische Modell zur schriftlichen Textproduktion zielt darauf ab, den Schreibprozess durchsichtig zu machen, einzelne Komponenten getrennt zu bearbeiten und dadurch die Fähigkeit zur schriftlichen Textproduktion zu fördern. Es werden dabei Strategien zum Schreiben vermittelt, ähnlich den Strategien beim Lese- und Hörverstehen (→ 4.2, 4.3). Eine weitere Möglichkeit, das Schreiben zu fördern, besteht in der Steuerung der schriftlichen Textproduktion durch bestimmte methodische Techniken. Die steuernden Vorgaben haben die Funktion, den Lernenden den Schreibprozess zu erleichtern und ihr zielsprachliches Potenzial zu aktivieren. Auch hierbei kann der Prozess der Textproduktion in mehreren Teilschritten ablaufen.

6.3.5.1 Steuerung durch Fragen

Die schriftliche Textproduktion lässt sich gut durch vorgegebene Fragen steuern. Dabei kann es sich um allgemeine Leitfragen oder -punkte handeln, die den inhaltlichen Aufbau des zu schreibenden Textes steuern, z.B. für einen persönlichen Brief, in dem die Lernenden etwas über ihr Hobby schreiben sollen: *Welches Hobby haben Sie?, Wie sind Sie auf dieses Hobby gekommen?, Welche besonderen Erfahrungen oder Kenntnisse braucht man dafür?* usw. Leitfragen wie diese steuern z.B. bei der Prüfung zum Zertifikat Deutsch als Fremdsprache die schriftliche Textproduktion.

6.3 Schreibfertigkeit 265

Durch Fragen lässt sich das Schreiben jedoch auch wesentlich direkter steuern. In dem Beispiel Abb. 6.55 kann sich der Lerner bei seinen Antworten sprachlich an den Formulierungen der Fragen orientieren; verwendet er zusätzlich Konnektoren und andere textkonstituierende Elemente, so entsteht aus den Antworten direkt ein Text. Die vorgegebenen inhaltlichen Angaben sind wahrscheinlich nicht erforderlich, wenn die Lernenden beim Schreiben den Ausgangsdialog Abb. 6.55a heranziehen können.

Am Abend
- Hallo, Fräulein Klein!
+ Guten Abend Herr Weber. Was machen Sie denn hier?
- Ich will ins Kino gehen. Und was haben Sie vor?
+ Ich möchte auch ins Kino gehen.
- Sehr schön. Darf ich Sie begleiten.
+ Natürlich, warum nicht?

- Wir haben noch eine halbe Stunde Zeit. Da können wir noch einen Kaffee trinken. Darf ich Sie einladen?
+ Ja, gern, aber ich muss noch telefonieren.
- Das können Sie bestimmt auch im Café.
+ Ja, das kann ich tun.
- Wollen wir gehen?

Abb. 6.55a: DAF (neu) IA: 48

Schreiben Sie einen Text. Die Fragen und Angaben auf der linken Seite sollen Ihnen dabei helfen. Verbinden Sie die Sätze durch Wörter wie „und", „aber", „da", „dann", „also" usw. Schreiben Sie <u>nicht</u> „ja" oder „nein".

Wann / Wo / Wen ... trifft Herr Weber ...? (am Abend – auf der Straße – Fräulein Klein)	*Am Abend trifft Herr Weber auf der Straße Fräulein Klein,*
Was möchte Fräulein Klein wissen? (was macht Herr Weber hier?)	*und sie will wissen, was Herr Weber hier macht.*
Was hat Herr Weber vor? (ins Kino gehen)	*Da sagt Herr Weber, er will ...*
Und Fräulein Klein? (auch ins Kino gehen)	
Was möchte Herr Weber gern? (sie begleiten)	
....	

Abb. 6.55b: DAF (neu) IA AB: 52

Diese Technik lässt sich auch bei Fortgeschrittenen einsetzen, z.B. wenn neu eingeführte schwierige Ausdrücke und Formulierungen verwendet werden müssen. Werden diese in den Fragen vorgegeben, so können sich die Lernenden bei der Textproduktion daran orientieren und ihre Verwendung üben – wie beim folgenden Beispiel Abb. 6.56, dessen Fragen sich auf eine Statistik zum politischen Interesse und Engagement Jugendlicher beziehen.

1. Was zeigt diese kleine Statistik?
2. Wie viel Prozent der Jugendlichen beschäftigten sich 1964 nicht mit Politik?
3. Auf welchen Prozentsatz sank der Anteil dieser Gruppe im Jahr 1968?
4. Auf wie viel Prozent stieg er 1976 wieder an?
5. Wo bewegt sich der Prozentsatz heute?
6. ...

Abb. 6.56: nach Storch 1985: 174f.

6.3.5.2 Steuerung durch einen Paralleltext

Eine gängige Technik, die schriftliche Textproduktion zu steuern, ist die Orientierung an einem Beispieltext. Der Schreibprozess kann dabei unterschiedlich stark gesteuert sein. Bei starker Steuerung enthält der Modelltext lediglich Lücken, die die Lernenden inhaltlich neu ausfüllen; die allgemeinen Textaussagen hingegen sowie charakteristische Redemittel sind vorgegeben (vgl. Abb. 6.57a – Paralleltext zu vorgegebenen Heiratsanzeigen). Ein Paralleltext kann jedoch auch innerhalb einer freieren Schreibaufgabe entstehen, bei der sich die Lernenden nur allgemein an dem Modelltext orientieren können. In Übung Abb. 6.57b handelt es sich bei dem Modelltext a sogar um einen eigenen Lernertext (*Schreiben Sie aus den Vorgaben einen flüssigen Text*), der in einem zweiten Schritt b in die Lernerperspektive überführt wird (*Schreiben Sie einen kurzen Text über Ihre Person*).

Schreiben Sie eine Heiratsanzeige:

_____, _____ von _____ bis _____ alt, etwa _____ cm _____,
_____ aussehend, _____ für _____ und spätere _____
_____. Ich bin _____, _____,
_____, _____ kg _____ und bitte um _____.
Telefon: _____

Abb. 6.57a: DT.AKT. I AB: 53

a) Schreiben Sie aus den Vorgaben einen flüssigen Text mit Brückenwörtern (Konjunktoren)
Beispiel: *Jan Küppers – aus Köln*
Mein Name ist Jan Küppers, und ich komme aus Köln.
1. *Ich/Juni/Abitur gemacht – jetzt/in HD studieren.* 2. *Vater/Kaufmann – Mutter/Fotografin.* 3. *Zwei Brüder/ der eine/Schreiner – der andere/Schule.* 4. *Ich/Physik studieren – vielleicht/Lehrer werden – weiß/noch nicht so genau.* 5. *Nicht die ganze Zeit/Heidelberg studieren – ein Jahr/ins Ausland.* 6. *Eventuell/USA – Englischkenntnisse nicht so gut.* 7. *Freizeit/gern kochen – nicht gern/Küche aufräumen.* 8. *Außerdem/Fußball – Ski fahren – Musik – Computer.*
b) Schreiben Sie einen kurzen Text über Ihre Person, und stellen Sie sich vor.

Abb. 6.57b: STUFEN INT. 2: 23

6.3.5.3 Steuern durch inhaltliche Strukturierung

Eine interessante Steuerungstechnik für das Schreiben schlägt Piepho (1988) vor. Die Lernenden erhalten einen Text sowie ein Textschema, das die inhaltliche Textstruktur bewusst macht:

TEXTSCHEMA	BEISPIELTEXT
1. Einführung des Themas	*Unfälle ereignen sich meist, wenn man am wenigsten damit rechnet.*
2. Eingrenzung auf einen (Vor-)Fall	*Das gilt besonders für Unfälle im Haushalt.*
3. Beispiel	*So wollte ich neulich nur ein Wort im Wörterbuch nachschlagen ... Wie schon öfter vorher bin ich also auf den Hocker gestiegen, um mir das Buch aus dem Regal zu nehmen. Diesmal gab es einen lauten Knacks, ein Bein war abgebrochen, und ich lag ziemlich benommen mit dem Wörterbuch auf der Erde.*
4. Problem(dar)stellung Problematisierung	*Der Hocker ist repariert.*
5. Folge	*Aber das Wörterbuch steht jetzt zwei Fächer tiefer.*
6. Frage	*Welches Buch ich dagegen ausgetauscht habe?*
7. Antwort	*Die Schlankheitsfibel „1000 schmackhafte Wege zum Idealgewicht."*

Abb. 6.58: Piepho 1988: 388

Nach Erarbeitung des Textes schreiben die Lernenden einen parallel strukturierten Text, in dem sie über ein eigenes Erlebnis berichten, z.B. („Einführung des Themas"): *Nicht immer lernt man Menschen gleich beim ersten Mal richtig kennen, Schule ist oft blöd, aber manchmal kann sie auch Spaß machen* usw. Natürlich kann auch das gesamte Textschema verändert werden wie in der Übung Abb. 6.59:

1. Frage	*Haben Sie schon einmal von einer Verfolgungsjagd geträumt?*
2. Themenstellung	*In Träumen passieren oft die unmöglichsten Dinge, die aber oft mit der Realität zu tun haben.*
3. Beispiel	*In der letzten Nacht träumte ich ...*
4. ...	

Abb. 6.59: Kast 1991: 111

6.3 Schreibfertigkeit

Durch inhaltliche Vorgaben kann die Aufmerksamkeit der Lernenden auf all die Bereiche gelenkt werden, zu denen sie sich bereits äußern können; so im Beispiel Abb. 6.60 für Anfänger, in dem ein Text über eine Mitschülerin bzw. einen Mitschüler geschrieben werden soll. Schon nach drei bis vier Lektionen kann solch ein relativ komplexer Text produziert werden.
Die Lernenden führen ein Interview mit einem Partner durch, notieren die Antworten stichwortartig und schreiben aus ihren Notizen in zwei Schritten einen zusammenhängenden Text. Interviewfragen sind z.B.: *Wie heißt du? Wie alt bist du? Woher kommst du? Wo wohnst du?* ... Je nach Sprachniveau der Lernenden können die Interviewfragen in einem ersten Schritt in der Klasse gemeinsam erarbeitet werden, oder die Lernenden stellen die Fragen frei.

a. **Machen Sie ein Interview mit Ihrer Partnerin / Ihrem Partner, und notieren Sie die Antworten stichwortartig. (+ gerne, – nicht so gerne)**

Name _____
Alter _____
Land _____
Stadt _____
verheiratet/ledig _____
Kinder _____
Beruf _____
Fremdsprachen _____
Essen (+/–) _____
Trinken (+/–) _____
Rauchen _____
Freizeit _____
Sonstiges _____

b. **Schreiben Sie anschließend zu jedem Punkt ein oder zwei kurze Sätze.**

c. **Verbinden Sie dann die Einzelsätze zu einem zusammenhängenden Text. Verwenden Sie Wörter und Ausdrücke wie die folgenden:**

> *abends – aber – nicht so gern – am Morgen – und – viel – auch – sehr gern – sonntags – nie ...*

d) **Besprechen Sie anschließend Ihren Text mit Ihrem Partner / Ihrer Partnerin.**

Abb. 6.60: Arbeitspapier mit vorgegebenen Inhaltspunkten zur Steuerung des Schreibprozesses

Auf dieselbe Art können die Lernenden auch Texte über sich selbst schreiben, und zwar bereits ab der ersten Lehrbuchlektion. Geschieht das regelmäßig (z.B. nach jeder zweiten Lektion), so erkennen die Lernenden direkt ihren Lernfortschritt, da sie sich über immer mehr Themen zunehmend komplexer äußern können.

6.3.5.4 Steuerung durch Vorgabe textsortenspezifischer Redemittel

Schreibaufgaben werden oft durch Vorgabe textsortenspezifischer Redemittel gefördert, z.B. bei der schriftlichen Darstellung statistischer Angaben in Abb. 6.61. Die Vorgaben können in einen möglichen Textverlauf eingebunden sein wie in der Schreibaufgabe Abb. 6.62. Die Aufgabe besteht darin, die wichtigsten Aussagen einer Statistik zu studentischen Wohnformen darzustellen (und sie anschließend mit den studentischen Wohnformen im Heimatland zu vergleichen).

	zurückgehen	
	abnehmen	
	s. verringern	*von ... auf ... Prozent*
Zahl	...	
Anteil		
Prozentsatz	*s. erhöhen*	*um ... Prozent*
	ansteigen	
	s. vergrößern	
	...	

Abb. 6.61: Redemittel für statistische Angaben

Wohnformen	1979	Uni 1982	1985	1988
Eigene Wohnung	31	39	39	36
Wohngemeinschaft	18	18	16	18
Untermiete	15	10	8	7
Wohnheim	13	11	11	12
Eltern/Verwandte	22	22	26	27

Abb. 6.62a: WEGE (neu): 63

Die folgenden strukturierenden Vorgaben Abb. 6.62b steuern den inhaltlichen Textverlauf, die Vertextung (d.h. den Anschluss der Sätze untereinander) sowie auch die Verwendung der textsortenspezifischen Redemittel.

EINLEITUNG:	*Die Statistik informiert darüber, ...*
ELTERN:	*Aus der Tabelle ergibt sich, dass immer mehr Studenten ... Zwischen 1979 und 1988 ist ihr Anteil ...*
UNTERMIETE:	*Dagegen nimmt die Zahl der Studenten, die ... Während es 1979 ..., ist ihr Anteil 1988 auf ...*
WOHNHEIM:	*Kaum verändert hat sich hingegen ... Die Tabelle zeigt, dass ihre Zahl in den 80er Jahren ...*
EIGENE WOHNUNG: ...	

Abb. 6.62b: Vorgaben zur Vertextung der Statistik Abb. 6.62a

Auf diese Art können sich die Lernenden an den Umgang mit diesen schwierigen sprachlichen Formulierungen gewöhnen, auch wenn es äußerst selten vorkommen wird, dass ein Deutsch Lernender außerhalb des Unterrichts jemals einen solchen Text schreiben wird. Man darf jedoch nicht vergessen, dass Texte, die Angaben zu statistischen Informationen enthalten, in der Presse relativ häufig vorkommen (Meinungsumfragen, Wahlen, Konsumverhalten, Freizeitverhalten ...), sodass die durch die Übung 6.62 beabsichtigte Festigung dieser schwierigen Ausdrücke und Redemittel für den Verstehensbereich durchaus wichtig ist.

6.3.5.5 Weitere Steuerungsmöglichkeiten

Bei Durchsicht von DaF-Lehrmaterialien sowie der einschlägigen praxisnahen Literatur (z.B. Kast 1991) stößt man auf zahlreiche Steuerungstechniken für die schriftliche Textproduktion, die hier nicht alle ausführlich dargestellt werden können. Die folgenden stichwortartigen Bemerkungen sollen lediglich einige weitere Anregungen geben.
- Vorgabe von Wörtern (→ Abb. 6.56b). Die Lernenden schreiben anhand vorgegebener Wörter (Syntagmen, Ausdrücke), die die Textproduktion inhaltlich steuern, einen Text. Die sprachlichen Vorgaben können sich auf einen erarbeiteten Text beziehen (Schreibziel: Textreproduktion, Textzusammenfassung); sie können aber auch frei und ungeordnet vorgegeben werden, sodass die Lernenden in Partner- oder Gruppenarbeit jeweils eigene Geschichten erfinden und niederschreiben.
- Textzusammenfassung. Anhand formulierter Fragen (→ Abb. 6.54b, 6.55) oder auch nur eines einfachen Rasters (eventuell *Wer? Wo? Wann? Was?* ...) können schon Anfänger eine Textzusammenfassung schreiben.
- Textsortenwechsel. Eine Schreibübung, die bei Anfängern auch gut zum Einüben neuen Lernstoffs verwendet werden kann, ist die Umformung eines Textes in eine andere Textsorte (Beispiele in Häussermann/Piepho 1996: 331f.). Viele dialogische Anfängertexte eignen sich z.B. zur Umformung in einen darstellenden Text, so auch der Text Abb. 6.10 (S. 224) über die Einstellung der Deutschen zur Arbeit:

In den letzten Jahren ist in Deutschland die Arbeitsleistung zwar ständig gestiegen, die Arbeitszeit ist aber immer mehr zurückgegangen. Der 8-Stundentag und die 40-Stunden-Woche sind inzwischen überall normal, ja in einigen Bereichen der Wirtschaft ...

Textsorten lassen sich vielfältig umformen, z.B. Telegramm in Brief, Erzählung in Nachrichtentext (und umgekehrt).
- Perspektivenwechsel. Dabei wird ein Ereignis aus der Sicht verschiedener Personen dargestellt, z.B. ein Autounfall aus der Sicht eines Beteiligten, eines unbeteiligten Zuschauers, eines hinzugerufenen Polizisten usw.
- Bildgesteuerte Geschichte. Die schriftliche Textproduktion kann weiterhin sehr gut durch Bilder (Einzelbild, Bildergeschichte) gesteuert werden (→ 7.3).

6.3.6   Freies Schreiben

Nicht jedes Schreiben ist kommunikativ im Sinne einer authentischen oder simulierten adressatenbezogenen Schreibsituation. Man kann auch schreiben, um etwas über sich selbst auszusagen, um frei Ideen und Meinungen zu äußern oder um einfach seiner Phantasie und Kreativität freien Lauf zu lassen. Diese Art, sich schriftlich auszudrücken, nenne ich hier „freies Schreiben" (das auch literarisches Schreiben umfasst); in der Literatur spricht man auch von „personalem" oder „heuristischem Schreiben" (Kast 1991: 112ff.; Hermanns 1989: 40ff.). 'Freies Schreiben' meint nicht, dass die Lerner „frei darauf losschreiben" (auch wenn das nicht ausgeschlossen ist); an dem prozessorientierten didaktischen Ansatz, wonach der Schreibprozess in mehrere Einzelschritte aufgegliedert wird, kann man sich auch beim freien Schreiben orientieren. 'Freies Schreiben' meint vielmehr, dass die Lernenden ihre Phantasie möglichst frei und kreativ verwenden sollen und dass sie frei von bestimmten Schreibkonventionen (z.B. Orientierung an einer konventionellen Textsorte) schreiben können.

Beim freien Schreiben spricht der Lerner als er selbst, und dabei äußert er eigene Gedanken und Gefühle; er kann sich aber auch als fiktives Ich äußern, z.B. als der Mann auf dem Mond. Anders als beim kommunikativ-funktionalen Schreiben bietet sich hier eine gute Möglichkeit, lernerbezogene authentische Texte schreiben zu lassen, in denen die Lernenden ihre Gedanken und Phantasie kreativ ausdrücken und entwickeln können, „wo der Schreibende als Person spricht und als Person verstanden werden will und wo er also etwas riskiert, insofern er etwas von sich offenbart." (Hermanns 1989: 42)

Schreibaufgabe: Die Lernenden sollen zu dem Bild Abb. 6.63 eine phantasievolle Geschichte schreiben.

Schritt 1 (PA/PL): Die Lernenden notieren, was sie auf dem Bild sehen (Bildbeschreibung); unbekannte Wörter werden im Wörterbuch nachgeschlagen oder in der Klasse geklärt.

Schritt 2 (PA): Die Lerner assoziieren jetzt frei, was ihnen zu dem Bild einfällt, und notieren ihre Ideen. Dieser Phase können sich Leitfragen anschließen, z.B.:

> – Was ist das für ein Theater?
> – Was für ein Bild hängt links an der Wand?
> – Was für ein Stück wird gespielt?
> – Wer ist der Mann im Schrank?
> – Wie ist er in den Schrank gekommen?
> – Welcher Zusammenhang besteht zu dem Theaterstück/zu dem Bild ...?
> – ...

Schritt 3 (EA/PA): a) Die Lernenden überlegen sich jetzt eine Geschichte zu dem Bild (die Ideen aus Schritt 2 dienen dabei als Hilfe);

Abb. 6.63: Sempé. *Rien n'est simple.* Paris, 1962. (aus: Scherling/Schuckall 1992: 69)

b) sie notieren die Geschichte stichwortartig. (Sozialform je nachdem, ob die Geschichte in EA oder PA geschrieben wird.)

Schritt 4 (EA/PA): Die Lernenden formulieren nun den Verlauf ihrer Geschichte in Form einfacher Sätze.

Schritt 5 (EA/PA): Sie schreiben jetzt die Geschichte in Form eines zusammenhängenden Textes nieder; dabei achten sie auf Konnektoren und andere Vertextungsaspekte (Zeichensetzung, Orthographie, Einteilung in Abschnitte ...).

Schritt 6 (EA/PA): In einem letzten Schritt überarbeiten sie ihre Geschichte (mit dem Nachbarn, nach der Lehrerkorrektur ...; → 9.4.2).

Durch die Aufteilung des Schreibprozesses in Phasen werden Kreativität, Phantasie und freies Assoziieren der Lernenden in den Schritten 1 bis 3a geweckt, und anschließend wird die Aufmerksamkeit stärker auf die Vertextung und die sprachliche Form gelenkt (Schritte 3b – 6).

Eine äußerlich weniger strukturierte Alternative besteht darin, die Lernenden in einem ersten Schritt in Kleingruppen frei über das Bild sprechen zu lassen; anschließend schreiben die Gruppen ohne weitere Steuerung jeweils einen Text zu dem Bild.

Abschließend ein kleiner Text, den ein fortgeschrittener Lernender zu dem Bild Abb. 6.63 geschrieben hat (aus Scherling/Schuckall 1992: 71; sprachlich korrigierte Version):

Es ist ein Tag danach. Gestern hat im Großen Staatstheater eine erfolgreiche Premiere stattgefunden. Und bis spät in die Nacht wurde der Erfolg gefeiert. Aber ein Mann von diesen extravaganten Künstlern war natürlich so betrunken, dass er einen Schrank mit einem Bett verwechselte. Eine schöne Nacht musste er verbringen. Das war eine unvergessene Nacht!! Und unsere gute, alte, zuverlässige Putzfrau putzt fleißig weiter, ganz ungestört. So viel hat sie in ihrem langen Leben schon gesehen ...

7 Medien

7.1 Grundlagen

Unter Medien versteht man in der Fremdsprachendidaktik alle Lehr- und Lernmittel: Bilder, Video, Realien, Overheadprojektor, Tonkassette, Computer usw., auch Lehrbuch, Tafel und Kreide bzw. das Tafelbild. Medien tragen bzw. speichern Informationen und dienen dazu, Informationen zu übermitteln. Manchmal wird der Begriff 'Medium' auch auf den Unterrichtenden ausgeweitet („personale Medien", Faber 1981).

Heutzutage spielen Medien in vielen Lebensbereichen eine wichtige Rolle; Radio, Fernsehen, Video, Computernetze, Werbung, Bücher, Comics, Illustrierte sind fester Bestandteil einer sich rasch entwickelnden Mediengesellschaft. „Durch die fortschreitende technische Entwicklung ... sind Distributions- und Verwendungsmöglichkeiten von Medien in einem Maße gestiegen, dass mediale Informationen als Weltdarstellung aus zweiter Hand zu Primärerfahrungen im weitesten Sinne geworden sind." (Faber 1981: 146) Andererseits stellte Freudenstein noch 1986 im bundesdeutschen Fremdsprachenunterricht ein weit verbreitetes „Unbehagen über die Existenz moderner Medien" (25) fest: „... dass Medien *überhaupt* bei unterrichtlichen Planungen mit bedacht werden, ist noch keineswegs so selbstverständlich, wie es die umfangreiche Literatur zur Mediendidaktik erwarten ließe." (Freudenstein 1985: 32)

Ursprünglich bereitete der Fremdsprachenunterricht mit Hilfe von Medien auf eine Realität vor, die vorwiegend durch direkte interpersonelle Kommunikation charakterisiert war (z.B. in der audio-lingualen oder audio-visuellen Methode). Angesichts der Medienvielfalt der heutigen Informationsgesellschaft werden Medien zunehmend auch als Ziel des Fremdsprachenunterrichts verstanden; ihr Einsatz im Unterricht bereitet auf eine Welt vor, die stark durch indirekte, medial vermittelte Kommunikation charakterisiert ist. „In vielen Fällen ist die Informationsübermittlung nicht auf ein einziges Trägermedium beschränkt. Vielmehr ist es ein Kennzeichen der Massenkommunikation, dass Informationen in verschiedenen Textsorten, in verschiedenen Kodes, auf verschiedenen Kanälen, in verschiedenen Medien übermittelt und entnommen werden müssen." (Edelhoff 1986: 17) Konsequenterweise fordert Kummer (1980: 198): „Unter den Bedingungen des kommunikationsorientierten, an der Alltagswirklichkeit ausgerichteten Lehrens und Lernens von Fremdsprachen ist die Verwendung von Medien imperativ." Zu den Lernzielen gehört auch die Förderung eines Medienbewusstseins bei den Lernern (Alrø 1987).

In der didaktischen Literatur werden Medien nach sehr unterschiedlichen Kriterien klassifiziert. Als wichtig wird die Unterscheidung zwischen authentischen Medien („Informationstexte", „Objekttexte") und zu didaktischen Zwecken erstellten Medien („instrumentale Medientexte") betrachtet (Faber 1981, 1982; der Begriff 'Text' wird hierbei in einem sehr weiten Sinn gebraucht). Authentische Medientexte wie Werbung, Annonce, Fernsehnachrichten werden im Unterricht häufig zu Sprachlernzwecken eingesetzt, d.h. ihre eigentliche informierende oder ästhetische Funktion wird in den Dienst einer übergeordneten didaktischen Zielsetzung gestellt. Edelhoff (1986) unterscheidet zwei Funktionen von Medien: in „primärer", d.h. authentischer Funktion sind Medien im Unterricht „Träger von Informationen", in „sekundärer", d.h. didaktischer Funktion stellen sie eine „Hilfe zur Intensivierung von Lernprozessen" dar. Ähnlich unterscheidet Mindt (1981) zwischen der „Darbietungsfunktion" (Darbietung von Informationen) und der „Steuerungsfunktion" (Steuerung von Lernprozessen) von Medien.

	Darbietungsfunktion	Steuerungsfunktion
Objekttexte	A	B
Instrumentaltexte	C	D

Abb. 7.1: Art und Funktion von Medien

Die Funktion von Medien im Fremdsprachenunterricht hängt letztlich von ihrem Einsatz ab (Abb. 7.1). Authentische Medientexte (Objekttexte) können in ihrer eigentlichen Darbietungsfunktion eingesetzt werden (A), aber sie können auch direkt zu Sprachlernzwecken didaktisiert werden (B). Zu didaktischen Zwecken erstellte Instrumentaltexte werden sowohl in Darbietungsfunktion (C) als auch in Steuerungsfunktion (D) eingesetzt.

Beispiele
- für A: Ein Hörspiel oder ein landeskundlicher Beitrag auf Video zur Informationsvermittlung oder als Äußerungsanlass
- für B: Wortschatzarbeit anhand von Fernsehnachrichten
- für C: Präsentationstexte/Lerntexte mit Situationsbild im Lehrbuch und auf Kassette (→5.2)
- für D: phonetische Übungen auf Kassette

Wird z.B. eine Werbeannonce (ein Objekttext) zur Informationsvermittlung eingesetzt (Leseverstehen), so entspricht das der Darbietungsfunktion; als Übung zur Adjektivdeklination hätte sie hingegen eine Steuerungsfunktion.

In der Literatur wird gelegentlich davor gewarnt, authentische Medien (Objekttexte) zu didaktischen Zwecken zu „missbrauchen", z.B. anhand literarischer Texte oder authentischer Bilder sprachbezogene Übungen durchzuführen. Eine derart zweckentfremdete Verwendung von Medien lässt sich in der Unterrichtspraxis jedoch oft nicht vermeiden, denn auch authentische Medien werden im Fremdsprachenunterricht stets mit einer übergeordneten didaktischen Zielsetzung verwendet, nämlich als Lehr- und Lernmittel, mit deren Hilfe die Fremdsprache vermittelt und gelernt werden soll. Man sollte dabei allerdings klar zwischen authentischen kommunikativen und sprachbezogenen vorkommunikativen Unterrichtsphasen trennen und den Spaß an ersteren (z.B. an einem literarischen Text) nicht durch medienfremde sprachbezogene Aktivitäten (z.B. Übungen zur Wortschatzauswertung und -erweiterung) stören.

Die Forderung nach Authentizität im Fremdsprachenunterricht hat u.a. zur Folge, dass immer mehr authentische Objekttexte in Lehrwerken verwendet werden und auch zu didaktischen Zwecken erstellte Lerntexte möglichst wie Objekttexte wirken (zum Thema „Authentizität" vgl. Edelhoff 1985; Beile 1986; Stiefenhöfer 1986: 158ff.). Die obigen Kriterien klassifizieren Medien nur sehr allgemein; Faber (1981) nennt als weitere Faktoren: „Grad der Wiedergabe von Wirklichkeit", „Anteil und Verteilung von verbalen und visuellen, sprachlichen und außersprachlichen Informationen" sowie die Eignung verschiedener Medien zu didaktischen Zwecken (weitere Aspekte in Freudenstein 1995; Heyd 1991).

Nach Eichheim/Wilms (1981: 111) gibt es zwei Möglichkeiten, die im Klassenzimmer fehlende Realität authentischer Zielsprachenverwendung zu kompensieren und „die Wirklichkeit des Klassenzimmers zu erweitern": durch simulierte Realität, Rollenspiel und Simulation – und durch das „Hereinbringen von Sprechanlässen in Form von Gegenständen, Spielen, Geräuschen, Texten und vor allem Bildern". D.h. unter didaktischen Aspekten besteht eine zentrale Funktion von Medien darin, fremdsprachliche Wirklichkeit ins Klassenzimmer zu holen und reale Kommunikationsanlässe zu schaffen. „Die Einbeziehung außerunterrichtlicher Medien (im weitesten Sinne) stützt die Fähigkeit zu sprachlichem Handeln in der Fremdsprache dadurch, dass sie als Situationsreferenzen nichtverbale Aspekte und sprachliche Kontexte außerunterrichtlicher Wirklichkeit in den Unterricht hineinbringen und indem sie authentischen Sprachgebrauch und die Vielfalt sprachlicher Ausdrucksformen im Unterricht darzustellen erlauben" (Krumm 1981: 131). Damit wird versucht, „die Diskrepanz zwischen einer oft weltfernen ... Unterrichtssituation und dem wirklichen Leben außerhalb der Schule zu überbrücken." (Freudenstein 1992: 543) Krumm (1981) weist in diesem Zusammenhang auf einen wichtigen Unterschied zwischen Fremdsprachenunterricht im Inland und im Ausland hin: Im Inland bringen die Lerner durch ihre Lebensumstände Authentizität ins Klassenzimmer mit, denn ihre Arbeits-, Studien-, Wohn- bzw. Lebensbedingungen stellen authentische und alle Lerner interessierende Kommunikationsanlässe dar. Im Ausland erfüllen diese Funktion Medien, die ein Stück Welt und soziale Ereignisse in die Klasse transportieren und der Realität angenähertes sprachliches Verhalten erleichtern. Mit Hilfe authentischer Medientexte „in ihrer auf soziale Verwendungssituationen bezogenen Form" kann „Sprache in ihren authentischen Erscheinungsweisen und typischen Verwendungssituationen" (Edelhoff 1986a: 17) in den Fremdsprachenunterricht integriert werden.

Ich kann im Folgenden nur auf einige wenige Aspekte des Themas „Medien im DaF-Unterricht" konkret und ausführlicher eingehen; jedoch spielt der Einsatz von Medien in fast allen Kapiteln dieses Buchs eine wichtige Rolle, ohne dass dies am jeweiligen Ort speziell unter dem Aspekt „Einsatz von Medien" thematisiert wird. Im Folgenden verweise ich jeweils auf die entsprechenden Kapitel.

7.2 Audiovisuelle Medien

Der Einsatz von audiovisuellen Medien hat sich im Fremdsprachenunterricht als sehr fruchtbar erwiesen. Ihre „klassische" (und immer noch sehr wichtige) Verwendung finden audiovisuelle Medien bei der Präsentation dialogischer Lehrbuchtexte: Das Bild stellt die außersprachlichen Faktoren der Situation dar, in die der von Kassette abgespielte Dialog eingebettet ist. Dadurch ergibt sich eine an eine authentische Situation angenäherte Textpräsentation (→ 5.2). Ich gehe im Folgenden auf drei Aspekte des Themas ein: die Funktion auditiver Medien, Bilder als Sprechanlass und (knapp) die Arbeit mit Filmen bzw. Video.

7.2.1 Auditive Medien

Auditive Medien spielen im Fremdsprachenunterricht eine sehr wichtige Rolle, denn der medial vermittelte Ton (vor allem von der Tonkassette, aber auch von Radio, CD und Schallplatte) kann vielfältig eingesetzt werden. Als Objektmedien können Tonträger in Form von Hörspielen, Nachrichten, Werbung usw. ein Stück authentischer fremdsprachlicher Realität ins Klassenzimmer bringen, als didaktische Instrumentalmedien sind sie bei der Präsentation auditiver Lektionstexte und im Übungsbereich sehr wichtig.
Für die vielen Lerner, die nur im Unterricht Kontakt mit der fremden Sprache haben, stellen auditive Medien oft die einzige Möglichkeit dar, authentische Muttersprachler zu hören; darin liegt vielleicht der wichtigste Beitrag auditiver Medien zum Unterricht, denn die Schüler haben auf diese Art zumindest medial Kontakt mit einem originalen Sprachmodell. Handelt es sich um verschiedene Sprecher, so wird das die auditive Gewöhnung der Lerner an die Fremdsprache fördern. Auf einem Tonträger gespeichert, sind auditive Medientexte unverändert reproduzierbar; das ist z.B. bei Ausspracheübungen (→ 3.4) oder beim Hörverstehen (→ 4.3) von großem Wert. Die Kassette bietet schließlich die Möglichkeit, Schüleräußerungen aufzunehmen, was vor allem im Bereich der Sprechfertigkeit genutzt wird; aber auch der Lehrer kann Texte oder Übungen für den Einsatz im Unterricht auf Kassette sprechen (lassen).
Ich gehe im Folgenden auf einige wichtige Einsatzmöglichkeiten auditiver Medien ein.

1. Der Einsatz auditiver Medien stellt eine wichtige Voraussetzung für die gezielte Förderung des Hörverstehens dar (Darbietungsfunktion); dabei werden über Tonträger von Muttersprachlern gesprochene authentische Texte als Verstehensanlass dargeboten. Die Authentizität des Modells (Text, Sprecher) trägt dazu bei, dass sich die Schüler an Muttersprachler gewöhnen und lernen, authentische Texte entsprechend ihrer Funktion bzw. persönlicher Verstehensziele aufzunehmen (→ 4.3).

2. Auch bei Lerntexten, z.B. dialogischen Hörtexten, ist die Präsentation über einen Tonträger sehr wichtig (→ 5.2); dabei wird das Medium sowohl in seiner Darbietungsfunktion (Präsentation des Textes als Verstehensanlass) als auch in seiner Steuerungsfunktion eingesetzt (z.B. als Modell für die Phonetisierung, d.h. das satzweise Einüben bei Anfängern, → 5.2.2.2.1). Gerade in letzterem Fall sind Muttersprachler als Modell besonders wichtig.

3. Übungsprogramme auf Kassette zum Einüben sprachlicher Mittel haben vor allem in der audio-lingualen und audio-visuellen Methode eine zentrale Rolle gespielt (Steuerungsfunktion, → 5.4). In neueren DaF-Lehrwerken haben diese meist formbezogenen Übungsprogramme an Gewicht verloren, und nur noch einige Lehrwerke enthalten derartige Struktur- oder Sprechübungen als eigene Kassetten-Übungsprogramme (z.B. „Deutsch aktiv", „Sprachkurs Deutsch"). Meist werden Übungsprogramme zu den sprachlichen Mitteln heute lehrbuchunabhängig angeboten.
Es handelt sich hierbei um Reihenübungen, durch die fremdsprachliche Strukturen oder Redemittel eingeübt werden sollen. Diese Übungen sind meist stark gesteuert, d.h. die Lernenden sind in ihren Reaktionen weitgehend festgelegt (Abb. 7.2).

Wie war Ihre Reise? –
Schauen Sie sich bitte den Kasten 7 an –

Kasten 7

Reise	anstrengend
Hotel	laut
Zimmer	ungemütlich
Bedienung	unfreundlich
Wetter	schlecht

und antworten Sie nach folgendem Beispiel:
S *Hatten Sie eine angenehme Reise?*
R *Leider nicht. Die Reise war sehr anstrengend.*
Jetzt beginnen Sie bitte:
1. *Hatten Sie eine angenehme Reise?*
2. *Hatten Sie ein ruhiges Hotel?*
3. *Hatten Sie ein gemütliches Zimmer?*
4. *Hatten Sie eine freundliche Bedienung?*
5. *Hatten Sie schönes Wetter?*

Abb. 7.2a: DT.AKT. 1, Sprechübungen: 18

Bitte sprechen Sie
Auch als schriftliche Übung geeignet

Hast du was gesehen? → *Ich habe alles gesehen.*
Hast du was gelesen?   *Hast du was gefunden?*
Hast du was gehört?   *Hast du was verstanden?*
Hast du was getrunken?   *Hast du was gelernt?*
Hast du was gezahlt?   *Hast du was gegessen?*
Hast du was gekauft?

Abb. 7.2b: SPRK.DT. (neu) 1: 156

Derartige Übungen waren früher für den Einsatz im Sprachlabor (und auch für Einzelarbeit) gedacht. Das setzt voraus, dass die Reaktion des Lernenden genau festgelegt ist, denn nur so kann er von der Kassette ein Feedback über die Korrektheit seiner Äußerung erhalten. Klassische Tonbandübungen für das Sprachlabor haben die folgende Form (Drei-Phasen-Drill):

Phase 1: Stimulus auf Kassette	Phase 2: Reaktion des Lernenden	Phase 3: Feedback von Kassette	Phase 1: Stimulus auf Kassette	
Hast du keine Zeit?	P A U S E	*Doch, natürlich habe ich Zeit!*	*Hast du keine Lust?*	P A U S E
	Doch, natürlich habe ich Zeit!			*Doch, ...*

Das Sprachlabor: Formen und Funktionen
Das Sprachlabor ist historisch stark mit der audio-lingualen sowie audio-visuellen Methode verbunden; Voraussetzung war die Entwicklung technischer Geräte wie Schallplattenspieler und Tonbandgerät. Es werden drei Grundformen des Sprachlabors unterschieden: Hör-Labor (H-Labor), Hör-Sprech-Labor (HS-Labor), Hör-Sprech-Aufnahme-Labor (HSA-Labor). Neuere Labortypen sind Weiterentwicklungen dieser Grundtypen. Ein Sprachlabor besteht aus einem Lehrerplatz und Schülerplätzen, die je nach Labortyp wie folgt ausgestattet sind (auf das reine H-Labor gehe ich hier nicht weiter ein, da es wenig verbreitet ist):

A: LEHRERPLATZ	HS	HSA	ARBEITSMÖGLICHKEITEN	HS	HSA
– Kassettengerät	X	X	– Schüler kann das Programm mit Kopf-		
– Monitoranlage	X	X	hörer empfangen	X	X
– Wechselsprechanlage	X	X	– Lehrer kann die sprachliche Arbeit		
B: SCHÜLERPLATZ			des Schülers mithören	X	X
– Kopfhörer	X	X	– Gegensprechverkehr Lehrer – Schüler		
– Mikrofon + Verstärker	X	X	ist möglich	X	X
– Ruftaste für Lehrerpult	X	X	– Lehrer kann Schüleräußerungen auf		
– Kassettengerät	–	X	Band aufnehmen	X	X
			– Schüler arbeitet individuell mit		
			eigenem Kassettengerät	–	X

Hör-Sprech-Labor (HS-Labor). Im HS-Labor kann der Schüler über seinen Kopfhörer das Programm empfangen. Da er auch ein Mikrofon an seinem Platz hat, kann er das, was er selbst spricht, über seinen Kopfhörer hören. Der Lehrer ist mit den Schülerplätzen verbunden, er kann die sprachliche Arbeit der Schüler individuell betreuen/überwachen und kann auch mit ihm sprechen. „Die Hör-Sprech-Situation unter der Leitung und Kontrolle des überwachenden und mithörenden Lehrers ist das tragende Fundament aller schulischen Laborarbeit." (Freudenstein 1975: 60) Falls der Lehrer am Lehrerpult eine zusätzliche Aufnahmemöglichkeit hat (Kassettengerät), so kann er einzelne Schüleräußerungen aufnehmen.
Hör-Sprech-Aufnahme-Labor (HSA-Labor). Das HSA-Labor erfüllt alle Funktionen des HS-Labors; zusätzlich hat jeder Schüler ein Kassettengerät an seinem Platz, das zentral vom Lehrerpult aus und individuell vom Schüler bedient werden kann. Der Lehrer kann zentral Programme auf das Schülerband überspielen, und danach kann der Schüler individuell damit arbeiten. Das Band am Schülerplatz hat zwei Spuren: die Lehrerspur, die der Schüler nur abhören kann, und die Schülerspur, auf die die Äußerungen des Schülers aufgenommen werden und die er auch löschen kann. Die Lehrerspur kann nur vom Lehrerpult aus bespielt und gelöscht werden. Im Prinzip ist somit eine vollständige Individualisierung der sprachlichen Arbeit möglich, da jeder Schüler sein eigenes Programm verwenden kann. Individualisierung heißt hier:

7.2 Audiovisuelle Medien

– Der Schüler hat sein eigenes Programm.
– Er kann seine Arbeitsgeschwindigkeit selbst steuern.
– Er kann seine sprachliche Leistung überprüfen.
– Er kann sie eventuell korrigieren und die Übung erneut durchführen.

Dem Sprachlabor liegen insbesondere die zwei folgenden Ideen zugrunde: 1. Alle Schüler arbeiten zugleich, sodass die zur Verfügung stehende Übungszeit von allen Schülern optimal genutzt werden kann. 2. Jeder Schüler arbeitet bei voller Konzentration.

Insgesamt hat das Sprachlabor die in es gesetzten Erwartungen nicht erfüllt; in empirischen Untersuchungen konnte insgesamt keine Überlegenheit des Labors über einen Fremdsprachenunterricht ohne Labor nachgewiesen werden (Beile 1995). Zudem haben sich die (vermeintlichen) Vorteile des Sprachlabors in dem Maß relativiert, in dem der Fremdsprachenunterricht seine Ziele verändert hat. Das manipulative, rein reaktive Übungsgeschehen im Sprachlabor, das auf Fehlervermeidung aus ist, steht letztlich im Widerspruch zu den kommunikativen Zielen des Unterrichts (Krumm 1975: 30; Vogel 1975). Das Sprachlabor kann heute lediglich zur Durchführung bestimmter vorkommunikativer Übungen eingesetzt werden; es dient vor allem zur Festigung sprachlicher Mittel, die anschließend in die freie Kommunikation überführt werden müssen. D.h. im Sprachlabor können bestenfalls Zwischenziele in Bezug auf die Kommunikationsfähigkeit erreicht werden. „Eine sinnvolle Übung sollte assoziatives und kognitives Lernen ermöglichen, sie sollte eine plausible, lernrelevante Sprechsituation darstellen, in den Äußerungspaaren selbst wie in deren Abfolge echter Kommunikation ähneln und eine richtige Beantwortung vom Verständnis des Gehörten abhängig machen." (Beile 1995: 317) Derartige Übungen sind im Sprachlabor trotz einiger Versuche (z.B. Dakin 1977) nur bedingt möglich.

4. Eine zentrale Rolle spielen Tonträger bei der Ausspracheschulung, für die, wie vielleicht nirgendwo sonst, der authentische Sprecher als Modell eine unabdingbare Voraussetzung darstellt. Für das Einüben der Aussprache und die phonetische Korrektur ist auch die möglichst genaue Reproduzierbarkeit des Sprachmodells sehr wichtig (→ 3.4).

5. Aufnahmen von Schüleräußerungen führen zu authentischen Texten der Sprachlernsituation. Dialoge, kleine Vorträge, Rollenspiele, Simulationen können im Unterricht als Ergebnis gemeinsamen Arbeitens aufgenommen und für die Weiterarbeit in der Klasse verwendet werden (verändern, korrigieren). Die Arbeit mit Schülertexten, die auf Kassette aufgenommen werden, kann in mehreren Unterrichtsphasen erfolgen, etwa:
• Vorbereitung des Textes, d.h. seine Ausarbeitung in verschiedenen Schritten
• Realisierung des Textes (Vortrag, Aufführung), dabei Aufnahme auf Kassette
• Anhören der Kassette und Besprechung des Textes in der Klasse
• Erarbeiten einer verbesserten Version
• Neue Realisierung und Neu-Aufnahme

Welche Phasen die Arbeit im Einzelnen durchläuft und wie man mit dem Schülertext arbeitet, hängt vom Gegenstand der Unterrichtseinheit und von der Zielsetzung der Aufnahme ab. Die Aufnahme solcher Lernertexte ist z.B. immer dann sinnvoll, wenn man die Lerner bei der Produktion mündlicher Texte (Vortrag, Rollenspiel) nicht unterbrechen möchte, die Texte aber besprechen und korrigieren möchte (z.B. auch bei der Vorbereitung auf mündliche Prüfungen). Aufnahmen von Lernertexten lassen sich auch gut einsetzen, um Lernfortschritte zu dokumentieren; das dürfte sich motivationsfördernd auswirken.

6. Tonträger können schließlich überall dort eine wichtige Rolle spielen, wo Projektunterricht stattfindet: Interviews im eigenen Land (mit Touristen oder anderen Muttersprachlern, die eventuell dort wohnen), Erkundungen im Zielsprachenland, Austausch von besprochenen Kassetten mit Partnerklassen im Zielsprachenland usw. Hier bietet sich ein breites Spektrum von Möglichkeiten an, authentische Sprachlerntexte herzustellen und einzusetzen.

7.2.2 Visuelle Medien

Wie schon ein oberflächlicher Blick in die wichtigsten internationalen DaF-Lehrwerke zeigt, hat das visuelle Element im DaF-Unterricht der letzten 30 Jahre sehr stark an Bedeutung gewonnen. Visuelle Medien sind sowohl in ihrer Darbietungsfunktion als auch in ihrer Steuerungsfunktion aus dem heutigen Unterricht nicht mehr wegzudenken. In seiner Darbietungsfunktion transportiert das Bild ziemlich direkt fremdsprachliche Realität und Authentizität ins Klassenzimmer;

entsprechend wichtig ist sein landeskundlicher Informationswert. In derselben Funktion kann ein Bild zu didaktischen Zwecken (Instrumentalfunktion) die situative Einbettung eines Textes bzw. einer Übung leisten oder zur Semantisierung von Wörtern bzw. Äußerungen (→ 3.1.3.1) dienen. Als Steuerungselemente werden optische Medien sehr variabel eingesetzt, um in sprach- und mitteilungsbezogenen Unterrichtsphasen Schüleräußerungen zu stimulieren. Unter lernpsychologischen Aspekten stellen optische Medien Lernhilfen dar, da der Lernstoff tiefer im Gedächtnis verankert wird, wenn sich eine sprachlich-begriffliche und eine parallele bildlich-ikonische Speicherung gegenseitig stützen (→ 2.1.1). Optische Medien können darüber hinaus motivierend wirken, denn sie ziehen die Aufmerksamkeit der Lernenden auf sich, veranschaulichen das Unterrichtsgeschehen und sorgen für Abwechslung.

Visuelle Medien treten im Fremdsprachenunterricht in zahlreicher Form auf, z.B. als Bild im Lehrwerk (auch Faksimile), Tafelzeichnung, Dia, projiziert über OHP, Plakat, sog. Applikationen (Magnet- und Heftelemente, Flashcards); auch reale Gegenstände können hierzu gerechnet werden. Anders als bei akustischen Medien, ist der Einsatz visueller Medien nicht unbedingt an das Vorhandensein technischer Geräte gebunden. Bilder findet man in jeder Illustrierten, und Zeichnungen, Schemata usw. können Lehrer bzw. Schüler für Unterrichtszwecke auch selbst herstellen. Die „Basismedien" Tafel und Kreide bzw. das Tafelbild spielen in diesem Zusammenhang schon immer eine wichtige Rolle.

Im Folgenden beschränke ich mich auf den Aspekt „optische Medien als Äußerungsanlass"; vgl. zum methodischen Einsatz optischer Medien in weiteren Funktionen Scherling/Schuckall 1992.

Visuelle Medien, z.B. Plakate, Fotos oder Zeichnungen, stellen seit jeher einen wichtigen Äußerungsanlass im Unterricht dar. Sie bringen einen Ausschnitt aus der fremdsprachlichen Realität ins Klassenzimmer, der zu Beschreibung, Kommentar, Vergleich oder auch Hypothesenbildung anregt. Die fremdsprachliche Mediendidaktik hat zahlreiche methodische Techniken zur Arbeit mit Bildern entwickelt; die früher vorherrschende Bildbeschreibung spielt dabei nur noch eine nebengeordnete Rolle.

Abb. 7.3a: DAF (neu) 1A: 30

Abb. 7.3b: STUFEN 4: 19

Reine Bildbeschreibungen dürften für die Lernenden wenig motivierend sein, denn welchen Sinn hat es schon (zumindest aus der Sicht der Schüler), etwas zu beschreiben, was alle vor sich haben und sehen. Insbesondere geschlossene eindeutige Bilder, die nicht über sich selbst hinausweisen, sind als Sprechanlass meist ziemlich unergiebig. Bild 7.3a z.B. gibt als Sprechanlass wenig her: Die Schüler können die Szene beschreiben, eventuell noch den entsprechenden Dialog erstellen (*Haben Sie ein Zimmer frei? – Ja, ...*), viel mehr Impulse enthält das Bild nicht.

7.2 Audiovisuelle Medien

Ganz anders Bild 7.3b. Das Bild bietet einen direkten Äußerungsanlass; es weist über sich hinaus und verlangt direkt eine Antwort auf die folgenden Fragen: *Wo schauen der Bahnbeamte und das Kind hin? – Warum schauen sie dorthin? Was hat das mit dem Kind zu tun? – Wie ist das Kind auf den Bahnsteig gekommen? – Was sagt das Kind zu dem Bahnbeamten?* Um das Bild zu „verstehen", muss man diese Fragen beantworten; das Bild selbst enthält aber lediglich wenige vage Hinweise auf die möglichen Antworten. Es erlaubt, ja provoziert geradezu unterschiedliche Antworten, es ist in Bezug auf diese Fragen *offen*.

Einen interessanten Ansatz, Bilder als Sprechanlass zu nutzen, stellen Eichheim/Wilms (1981) vor. Sie halten insbesondere solche Bilder für didaktisch fruchtbar, die bestimmte *Offenheiten* enthalten und bei denen die Schüler „Teilwirklichkeit vervollständigen" (ebd.: 111) können. Sie unterscheiden vier grundlegende Offenheiten:

- *räumliche Offenheit*: Was befindet sich außerhalb des Bildes?
- *zeitliche Offenheit*: Was ist zuvor passiert, was passiert danach?
- *soziale Offenheit*: Welche soziale Beziehung besteht zwischen den dargestellten Personen?
- *kommunikative Offenheit*: Was sprechen die Personen miteinander?

Aus der Offenheit eines Bildes ergibt sich meist ein „zwingender Verständigungsanlass" (ebd.: 116) über das Bild.

Es ist nun leicht zu erkennen, warum das Bild Abb. 7.3a als Äußerungsanlass wenig hergibt; es ist ein geschlossenes Bild und hat keine Offenheiten, die den Betrachter dazu veranlassen, sich über die Vervollständigung einer abgebildeten „Teilwirklichkeit" zu äußern und zu verständigen. Bild 7.3b hat vor allem zwei Offenheiten: eine räumliche (*Wo schauen die beiden hin?*) und eine zeitliche (*Was ist vorher passiert? Wie ist das Kind auf den Bahnsteig gekommen?*); von diesen beiden Offenheiten hängt die kommunikative Offenheit des Bildes ab (*Was sagt das Kind zu dem Bahnbeamten? Was sprechen die beiden miteinander?*). Das Bild animiert den Betrachter aus sich heraus, über die verschiedenen Offenheiten zu spekulieren. Eine mögliche Didaktisierung wäre die folgende:

Schritt 1 (PA): Das Bild wird gezeigt, und die Schüler spekulieren frei: *Was ist hier los?*

Schritt 2 (PL): Die Vermutungen der Schülerinnen und Schüler werden ins Plenum eingebracht, und der Unterrichtende achtet darauf, dass auch zu den folgenden Fragen Vermutungen geäußert werden (was wahrscheinlich ohnehin spontan geschieht):
– *Wo schauen der Bahnbeamte und das Kind hin?*
– *Warum schauen sie dorthin? Was hat das mit dem Kind zu tun?*
– *Wie ist das Kind auf den Bahnsteig gekommen?*
– *Was sagt das Kind zu dem Bahnbeamten?*
Die verschiedenen Hypothesen der Schüler werden stichwortartig schriftlich festgehalten (OHP, Tafel).

Schritt 3 (PA): Die Schüler erfinden nun ihre eigenen Geschichten zu dem Bild; dabei helfen ihnen die Stichwörter aus Schritt 2.

Schritt 4 (PL): Die verschiedenen Geschichten werden in der Klasse vorgelesen und von den Mitschülern nach ihrer Originalität bewertet.

Offene Bilder enthalten oft Widersprüche, Ungewöhnliches, Mehrdeutigkeiten usw., die nach einer Klärung verlangen, z.B. Bild Abb. 7.4, das neben der sozialen und kommunikativen Offenheit eine ungewöhnliche, ja widersprüchliche Konstellation beinhaltet: *Was haben die zwei älteren Damen mit dem schweren Motorrad zu tun?* Aus den Offenheiten des Bildes ergeben sich die folgenden möglichen Leitfragen:
– *Welche Beziehung besteht zwischen den Frauen?*
– *Welche Beziehung besteht zwischen den Frauen und dem Motorrad?*
– *Worüber sprechen die Frauen gerade?*
– *Was haben sie vorher gemacht? Was machen sie danach?*

Derartig offene Bilder regen die Phantasie der Lernenden an und eignen sich deshalb gut als Stimuli für die mündliche oder schriftliche Textproduktion (→ 6.3.6 „Freies Schreiben").

Teilwirklichkeiten und Offenheiten brauchen in einem Bild nicht unbedingt vorgegeben zu sein, sie können durch spezielle Techniken auch geschaffen werden. Bei Techniken wie „additive Reihung" oder „vom Teil zum Ganzen" (Scherling/Schuckall) werden Bilder allmählich aufgedeckt; die gezeigten Bildteile stellen offene Teilwirklichkeiten dar, die nach Komplettierung verlangen und Äußerungsanlässe bilden, deren Inhalt und Zielsetzung sich im Verlauf der Bildrekonstruktion verändern. Dazu ein Beispiel: Das Bild Abb. 7.5b ist auf OHP-Folie kopiert und wird in vier Schritten nach und nach aufgedeckt.

Schritt 1: Man sieht nur das Gesicht und den Arm des Kindes. Zusätzlich zu freien Assoziationen und Hypothesen der Lernenden kann der Lehrer auch Vermutungen zu bestimmten Fragen anstellen lassen, z.B.: *Was für ein Kind ist das? Geschlecht?*

Abb. 7.4: STUFEN 4: 76

Alter? Nationalität? Was fällt an dem Kind auf? Wohin zeigt es? ...

Schritt 2: Nun wird zusätzlich der untere rechte Teil des Bildes aufgedeckt (mit den Schuhen, Beinen, Händen und der Tasche des Beamten): *Wer ist das? In welchem Verhältnis steht er zu dem Kind? ...*

Schritt 3: Anschließend wird Teil 3 aufgedeckt, sodass der Ort (Bahnsteig) und die Identität des Mannes (Bahnbeamter) erkennbar werden: *Was macht das Kind dort? Wohin zeigt es? Was sagen die beiden vielleicht? ...*

Schritt 4: Als letztes wird der linke untere Teil des Bildes aufgedeckt (das nackte Kind mit Schwimmflossen): Plötzlich stimmen viele der bisherigen Hypothesen nicht mehr, und die Geschichten zu dem Bild nehmen eine ganz neue Wendung ...

Zu dem Bild bzw. den einzelnen Teilen werden Vermutungen und Hypothesen formuliert, Ideen geäußert und verworfen, Geschichten begonnen und wieder revidiert usw. Die Offenheiten verlangen nach Komplettierung und schaffen einen Erwartungshorizont in Bezug auf den nächsten Schritt und das gesamte Bild. Sprachlich können die Lerneräußerungen unterschiedlich gesteuert werden: entweder äußern sich die Lerner ganz frei und spontan, oder sie werden angehalten, bestimmte sprachliche Mittel zu verwenden, z.B. Redemittel zur Äußerung von Vermutungen, vgl. Abb. 7.5a (je nach Sprachniveau):

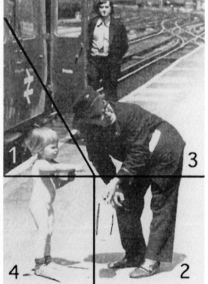

Das könnte ...	Vielleicht ...	Ich vermute, ...
kann ...	Möglicherweise ...	Ich glaube, ...
dürfte ...	Bestimmt ...	Es ist möglich, ...
muss ...	Wahrscheinlich ...	Kann es sein, ...?

Abb. 7.5a: Redemittel für Abb. 7.5b

Abb. 7.5b: STUFEN 4: 19

7.2 Audiovisuelle Medien

Abb. 7.6: Scherling/Schuckall 1992: 45

Je nach Aufbau wird man ein Bild auf unterschiedliche Art aufdecken, so z.B. Bild Abb. 7.6 in mehreren Schritten von links nach rechts. (Verschiedene Techniken, das Gesamtbild nach und nach zu komplettieren, zeigen Scherling/Schuckall 1992: 42ff. auf.) Hat man als Lehrer größere Bilder zur Verfügung, z.B. interessante Poster, so lassen sich diese Techniken auch ohne OHP anwenden.

Nicht nur offene Bilder eignen sich als Äußerungsanlass; Bilder können je nach Inhalt und Darstellungsweise Äußerungen zu konkreten Themen stimulieren, interkulturelle Äußerungsanlässe schaffen und den Betrachter zu persönlichen Aussagen anregen. Das kann hier nur exemplarisch dargestellt werden.

Die beiden Bilder Abb. 7.7 eignen sich weder besonders gut zur Beschreibung, noch enthalten sie Offenheiten, die einen direkten Äußerungsanlass darstellen. Die Bilder provozieren vielmehr durch die Gegenüberstellung zweier Werthaltungen: *„Kämpfen oder Pflegen"*, *„Militärdienst oder Zivildienst"*. Mögliche Arbeitsweisen sind z.B.:

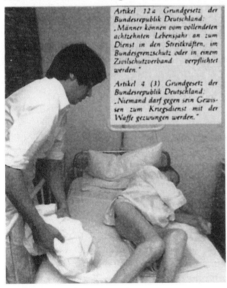

Abb. 7.7a: Stufen 4: 190

Abb. 7.7b: STUFEN 4: 190

- Gegenüberstellung der Bilder ohne Text; Freie Assoziationen oder Leitfragen (z.B. für Gruppenarbeit): *Welcher Zusammenhang besteht zwischen beiden Bildern?, Wovon könnte ein Text handeln, den diese Bilder illustrieren?*
- *Welche Gefühle wecken beide Bilder? Warum?*
- Die Bilder eignen sich natürlich als Stimuli zu themenbezogenen mündlichen oder schriftlichen Äußerungen zum Themenbereich *Militärdienst/Zivildienst.*
- Es lassen sich interkulturelle Bezüge herstellen: *Wie ist die Situation in Ihrem Land?, Warum ist für Deutsche das Recht auf Wehrdienstverweigerung so wichtig, warum besteht in anderen Ländern eine andere Situation?*
- Auch persönliche Bezüge sind hier möglich, z.B.: *Haben Sie selbst schon einmal vor dieser oder einer ähnlichen Entscheidung gestanden?, Wie würden Sie in einer solchen Situation handeln?*

Abb. 7.8: STUFEN 4: 59 **Abb. 7.9:** STUFEN 4: 99

Interkulturell aufschlussreiche Bilder können direkt ein Interesse an der Lebensweise in einem fremden Land wecken und eine Auseinandersetzung mit bestimmten Aspekten der zielsprachlichen soziokulturellen Wirklichkeit anregen, z.B. Abb. 7.8 und 7.9.

Neben Einzelbildern bieten Bildergeschichten zahlreiche methodisch interessante Arbeitsmöglichkeiten und Äußerungsanlässe (vgl. Abb. 7.10):

Abb. 7.10: STUFEN INT. 2: 123

- Die Bilder werden als zusammenhängende Bildfolge dargeboten und von den Schülern versprachlicht, eventuell mit Hilfe vorgegebener oder in der Klasse gesammelter sprachlicher Mittel. So können z.B. zu jedem Bild Lerneräußerungen festgehalten werden (Tafel, OHP), und mit Hilfe der erarbeiteten sprachlichen Mittel schreiben die Lerner in Partnerarbeit einen Text.
- Die Bilder werden als Einzelbilder verteilt und von den Lernern zunächst in eine (individuell) sinnvolle Reihenfolge gebracht (z.B. in PA). Anschließend schreiben die Lerner zu ihrer Bildgeschichte einen Text (→ 6.3.3), oder sie notieren sich Stichwörter, um ihre Geschichte mündlich vorzutragen.
- Es wird das erste und das letzte Bild der Bildergeschichte verteilt (oder nur das erste bzw. das letzte); die Schüler überlegen sich, was dazwischen passiert (danach bzw. davor), und erfinden eine Geschichte (GA). Die verschiedenen Geschichten werden vorgetragen und anschließend mit der kompletten Bildergeschichte verglichen.

7.2 Audiovisuelle Medien

- Den Bildern (zusammenhängend oder als Einzelbilder) werden sprachliche Mittel zugeordnet, die sprachliche Hilfen für eine anschließende Vertextung darstellen.
- Die Klasse wird in Gruppen aufgeteilt; jede Gruppe erhält ein Bild und schreibt dazu ein paar Sätze (auf Folie). Anschließend erhält jede Gruppe die gesamte Bildgeschichte in Form von Einzelbildern. Die Gruppe bringt die Bilder in eine Reihenfolge und schreibt anschließend mit Hilfe der projizierten Einzelsätze eine Geschichte.

Eine Bildgeschichte eigener Art schlagen Häussermann/Piepho vor (1996: 262): „Jeder schneidet aus alten Zeitungen oder Illustrierten drei Bilder aus, die ihn interessieren. Er legt seine Bilder mit dem „Gesicht" nach unten auf den Boden. Nun zieht jeder drei beliebige Bilder und denkt sich in fünf Minuten eine Geschichte aus, in der er selbst und die drei Bilder vorkommen. (Variation: Gruppenarbeit.)"

Bilder werden im DaF-Unterricht nicht nur als Äußerungsanlass eingesetzt, sie spielen auch beim Übungsgeschehen eine sehr wichtige Rolle (→ 5.4). Dabei erfüllen sie vor allem zwei Funktionen: die situative Einbettung von Übungen und die Steuerung der Lernerreaktion, z.B.:
- Einbettung des Übungsgeschehens: z.B. → 5.2.2, Abb. 5.4a
- Steuerung der Lernerreaktion: z.B. → 5.4.1, Abb. 5.45; → 3.1.3.2.1, Abb. 3.13
- Einbettung und Steuerung: z.B. → 3.1.3.2.2, Abb. 3.24 und 3.26

Video
Video nimmt seit Anfang der 80er Jahre einen festen Platz in der fachdidaktischen Diskussion um den DaF-Unterricht ein. Dem Medium kommt eine wichtige Funktion vor allem im Auslandsunterricht zu, da es auf anschauliche Art unterschiedliche Themen, kommunikative Situationen, Textsorten, sprachliche Register usw. vermitteln und dadurch fremdsprachliche und fremdkulturelle Authentizität ins Klassenzimmer transportieren kann.
Video kann (Gügold 1991)
- informieren, z.B. Wissen über das zielsprachliche Land vermitteln; es können auch ganz aktuelle Ereignisse aufgenommen und in den Unterricht eingebracht werden: Nachrichten, Sport, Informationen aus aller Welt usw.;
- Modelle für sozial und kommunikativ angemessene Verhaltensweisen in der fremdkulturellen Umgebung bereitstellen; durch die Möglichkeit, authentische kommunikative Situationen wiederzugeben (Sprache im Kontext von Handlung, Situation, sozialen Beziehungen, Interaktion, Gesten, Mimik usw.), ermöglicht Video den Lernern direkte Einblicke in authentische zielsprachliche Kommunikation;
- zahlreiche authentische Äußerungsanlässe schaffen;
- zur Förderung der rezeptiven Fertigkeiten unter authentischen Bedingungen eingesetzt werden (Hör-Seh-Verstehen, Bild als Semantisierungshilfe);
- zum Einüben von Sprache dienen (instrumentelle Funktion);
- die Aufmerksamkeit der Lernenden auf sich ziehen und dadurch eine motivierende Funktion ausüben.

Die Möglichkeiten dieses technischen Mediums erlauben eine vielseitige und variable methodische Arbeit. Selbst die Unterrichtssituation kann festgehalten und für die Weiterarbeit in der Klasse verwendet werden (z.B. Rollenspiele oder Simulationen).
Wie vielseitig eingesetzt werden kann, sollen einige wenige Bemerkungen zum Thema „Video als Äußerungsanlass" im Zusammenhang mit der Arbeit an fiktiven Videotexten aufzeigen (Spielfilme, Sketche, Zeichentrickfilme usw.). Da Ton- und Bildspur getrennt dargeboten werden können, erlaubt das Medium Video drei grundlegende methodische Vorgehensweisen:

1. Die Lernenden sehen eine Bild-Ton-Sequenz in Form einer Textpräsentation (dabei Einsatz von Verstehensstrategien oder Verstehensaufgaben, → 4.2, 4.3).
2. Isolierung des optischen Kanals: Die Schüler sehen eine Bildsequenz
   - als Vorbereitung auf das sprachliche Verstehen (Vorentlastung);
   - als Äußerungsanlass und versprachlichen sie; mögliche Fragestellungen sind z.B.: *Was passiert hier? Was sprechen die Personen?* Anschließend werden die Schülerversionen mit der Originalversion verglichen.
3. Isolierung des akustischen Kanals: Die Schüler hören den Ton (Sprache, Geräusche) und beschreiben die entsprechende Szene (Situation, Personen, Räumlichkeiten, Handlungen usw.). Anschließend vergleichen sie ihr „Szenarium" mit der Originalversion.

	1	2	3
Bild	+	+	−
Ton	+	−	+

Durch die Darbietung von Ausschnitten (Anfang, Ende, einzelne Szenen) oder auch nur isolierten Standbildern können Offenheiten entstehen (s.o.), die interessante und methodisch variable Fragestellungen erlauben, z.B.: *Worum geht es wohl in dem Film?, Wie geht es wohl weiter?, Welche Beziehung besteht zwischen den handelnden Personen?, Was sprechen sie wohl?, Was könnte zuvor passiert sein?* Auch Standbilder können sehr unterschiedlich eingesetzt werden (→ 7.2).
Werden verschiedene Techniken kombiniert, so lassen sich auch längere Filme methodisch variabel erarbeiten, z.B.:

- inhaltliche oder sprachliche Erarbeitung (Textverstehen; Redemittel, Wortschatz usw.);
- je nach Szene können unterschiedliche Verstehensebenen erarbeitet werden (kursorisch die wichtigsten Aussagen, selektiv bestimmte Aussagen, detailliert alle Aussagen);
- je nach Szene rezeptive (verstehen, auswerten) oder produktive Aufgabenstellung (Äußerungsanlass).

Die hier skizzierte Art des Einsatzes fiktiver Video-Texte baut stark auf der individuellen Wahrnehmung und Rezeption durch die Lernenden auf. Es wird weniger eine „objektive" Interpretation angestrebt (wie es früher oft der Fall war), sondern eine subjektive (Re-)Konstruktion des Inhalts und der Aussage.

7.3 Zum Umgang mit Lehrwerken

Auch wenn Freudenstein (1992: 548) das „Ende des herkömmlichen Lehrbuchzeitalters" verkündet und eine zunehmende Tendenz zum individuellen, selbstbestimmten Lernen feststellt (Stichwort „Lernerautonomie", → 1.2), dürfte das Lehrwerk auf absehbare Zeit für die meisten Lerner das Basismedium des Fremdsprachenunterrichts darstellen. Lehrwerke enthalten ihrem Anspruch nach all das, was zum Erlernen einer fremden Sprache als Kommunikationsmittel erforderlich ist: den Stoff, d.h. die in die Progression eingebundenen Texte und Übungen zur Einführung und Festigung von Wortschatz, Grammatik und Redemitteln, ebenso wie die Verstehens- und Äußerungsanlässe zur Förderung der kommunikativen Fertigkeiten. Lehrwerke bestehen aus verschiedenen Teilen: Lehrbuch, Arbeitsbuch, Glossar, Kassetten, Folien, Lehrerhandbuch usw. In jedem Lehrwerk spielt das Lehrbuch eine zentrale Rolle, da es die Lerntexte beinhaltet, die den in die Progression eingebundenen Lernstoff enthalten. Die Arbeitsbücher enthalten oft zusätzliche (vor allem) schriftliche Übungen, auch Schreibanlässe.

Das Lehrbuch von „Deutsch aktiv" wird im Lehrerhandbuch 1 als „kurstragend" bezeichnet, weil es die gesamten Präsentationsteile enthält (Integration von Texten, Wortschatz, Bildern, Grammatik, Übungen). Das Arbeitsbuch ergänzt das Angebot des Lehrbuchs in Form schriftlicher Nachbereitung des Unterrichts (bzw. des Lehrbuchs); es ermöglicht selbständiges Arbeiten und Selbstkorrektur durch einen Lösungsschlüssel.

Das Lehrbuch von „Sprachbrücke" wird im Lehrerhandbuch 1 als „Leitmedium" bezeichnet, da es die Präsentationsteile (Themen, Texte, Grammatik, Phonetik, interkultureller Ansatz) und eine „begrenzte Auswahl von Übungen" enthält (10). Das Arbeitsbuch bietet ein zusätzliches Übungsangebot für den Unterricht und für zu Hause, das den Stoff des Unterrichts (besonders LV, HV, SP, SCHR, Wortschatz, Rechtschreibung) vertiefen und erweitern soll.

Das Kursbuch von „Themen" beinhaltet ein „kommunikativ-synthetisches Prinzip" (Lehrerhandbuch 1: 17ff.), d.h. es stellt die Mittel zur Vorbereitung, zum Simulieren und Stattfinden von Kommunikation im Unterricht bereit; die durch das Lehrbuch stimulierten Aktivitäten finden im Unterricht statt. Das Arbeitsbuch folgt einem „analytisch-korrektiven Prinzip" (ebd.: 19ff.), es erfordert bewusstes Üben von Bildung und Gebrauch sprachlicher Mittel; mit dem Arbeitsbuch kann der Lerner selbständig zu Hause arbeiten.

Lehrwerke sollten nach Neuner (1995: 292) zwei Anforderungen genügen: „Das Lehrwerk muss einerseits ein in sich stimmiges Konzept der Lernstoffauswahl und -abfolge entwickeln, es muss andererseits aber auch auf die Besonderheiten des Lehr- und Lernprozesses, die sich z.B. aus zielgruppenspezifischen Faktoren (Ausgangssprache; eigenkulturelle Prägung; altersspezifische Lebens- und Lernerfahrungen) ergeben, eingehen ... Trotz seiner Leitfunktion als grundlegendes Lehr- und Lernmittel ... muss es dem Lehrer und dem Lernenden 'Spielraum' zur Entfaltung der jeweils spezifischen Lehr- und Lernsituation lassen."

Unter pädagogischen sowie didaktisch-methodischen Aspekten stellt ein Lehrwerk eine Konzeption bereit, die der Realisierung durch Lehrer und Schüler bedarf. So gesehen kann es, wie Piepho (1980: 9) betont, „kein Buch geben, das durch seine Inhalte und durch seinen Aufbau Lernen als aktive Kommunikation und Sprachtätigkeit als Kommunikation sicherstellen könnte." Zugleich betont Piepho: „Aber es gibt kein mir bekanntes Lehrwerk, dessen Texte und Übungsvorlagen nicht für einen kommunikativen Deutschunterricht aufbereitet und zum Anlass für eine aktive Sprachverwendung aus der Schülerperspektive genommen werden könnten." (ebd.: 9) D.h. das Lehrwerk hat eine Mittlerfunktion; es ist nicht Ziel des Unterrichts, sondern sein Ausgangspunkt. Unterricht ist „eine Dimension des Handelns, die sich nur in Bezug auf die sprachlichen Mittel, Formen und Regeln am Buch orientiert, die aber im Übrigen von der Erfahrungswelt der Schüler ausgeht und zur Verwendung der Zielsprache in diesen Kontext hineinführt ... Guter Unterricht beutet das Lehrwerk aus, findet aber seine Ziele und seine Themen außerhalb des Buches." (ebd.: 9f.) Die Aufgabe des Lehrers besteht u.a. darin, den Transfer des Lernstoffs vom Lehrwerk in die Lebenswirklichkeit der Lerner zu organisieren, indem er authentische Verstehens- und Äußerungsanlässe schafft, die die Lerner auf ihre individuelle Lebenswirklichkeit beziehen können. „Zwischen Deckel und Deckel eines Buches gibt es lediglich Dialoge, Prosatexte, Übungssequenzen, Bild-Text-Montagen usw. als Denkanstöße ... und als 'Steinbrüche' zur Gewinnung von Bausteinen für schriftliche und mündliche Äußerungen zu Themen, Ereignissen, Informationen, die in der Regel nicht im Buch vorgegeben werden sollen, sondern aus der anschaulichen Erfahrung und Beobachtung der Schüler sich ergeben bzw. im Unterricht entstehen." (ebd.: 9) Hier muss allerdings hinzugefügt werden, dass sich neuere Lehrwerke durchaus darum bemühen, den Lernstoff in die Perspektive der Lerner zu überführen; die adressatenbezogenen Äußerungsanlässe sind oft so flexibel und frei gehalten, dass die Lerner im Rahmen der behandelten Themen die Möglichkeit erhalten, Aussagen über sich und ihre Lebensrealität zu machen.

Ein solches Konzept, das den freien Umgang mit dem Lehrwerk und seine Adaption an die Bedürfnisse der jeweiligen Unterrichtssituation vorsieht, dürfte grundsätzlich sehr sinnvoll sein, denn Lehrer und Lerner haben überall auf der Welt unterschiedliche Lehr- und Lerntraditionen, Lehr- und Lernbedingungen, Lehr- und Lernziele. Es stellt sich allerdings die Frage, ob *ein* Lehrwerk dem überhaupt gerecht werden kann. Zwei Entwicklungen sind derzeit zu erkennen, die Reaktionen auf dieses Problem darstellen:
– Zum einen sind in überregionalen Lehrwerken seit einiger Zeit Ansätze zu einer stärkeren Berücksichtigung regionenspezifischer Lehr- und Lernbedingungen zu erkennen, indem zu einheitlichen internationalen Lehrbüchern „regionale Arbeitsbücher" erarbeitet werden.
– Zum anderen wird seit einiger Zeit die Forderung nach regionalen Lehrwerken immer lauter vorgebracht. Es geht bei dieser Frage ja nicht nur um die Inhalte und Kommunikationsanlässe, sondern viel weitergehend um didaktische Konzeptionen und methodische Ansätze. Bei überregionalen Lehrwerken werden mit dem „kommunikativen Fremdsprachenunterricht" oder dem Ansatz der „interkulturellen Kommunikation" Konzeptionen des Fremdsprachenunterrichts, die in bestimmten Gesellschaften in einer bestimmten Situation entstanden sind, in andere Teile der Welt mit ganz anderen Lehr- und Lerntraditionen exportiert. Bei der Forderung nach regionalen Lehrwerken geht es darum, die jeweils eigenen kulturellen Normen und Traditionen, Bildungsideen, tradierte Lehr- und Lerngewohnheiten zu berücksichtigen. Regionale Lehrwerke können sehr gezielt sprachliche Kontrastivität mit einbeziehen, und sie können die je spezifischen Bedürfnisse und Zielvorstellungen von Lehrern und Lernern in hohem Maße berücksichtigen. (Ein Ansatz zur Lernstoff- und Lernzielbestimmung in regionalen Lehrwerken liegt im sog. „Kontaktzonenmodell" vor; Strauss 1984b).

8 Landeskunde

Das Erlernen einer Fremdsprache ist notwendigerweise an Inhalte und an Wissen gekoppelt: Die fremden Wörter sind Träger von Bedeutungen, die Texte treffen Aussagen über das zielsprachliche Land, optische Medien vermitteln einen Ausschnitt aus der fremden Realität, selbst die Sätze formbezogener Übungen transportieren Inhalte. „Die Frage der Landeskunde im Fremdsprachenunterricht ist zunächst die Frage nach Inhalten im Fremdsprachenunterricht überhaupt" (Deutschmann 1982: 227), denn der Fremdsprachenlerner wird potenziell in jedem Satz, Text, Bild usw. mit Fakten, Ideen und Gedanken, Verhaltensweisen und sozialen Konventionen, Einstellungen und Werten der zielsprachlichen Realität konfrontiert. Vor allem im Lehrwerk begegnet der Lernende ständig der fremdsprachlichen Realität; jeder Lehrbuchtext transportiert mehr oder weniger direkt landeskundliche Informationen, wie eine oberflächliche Analyse eines Lehrbuchtextes von 1967 zeigt.

Falsch geparkt

Herr Weber hatte es eilig. Es gab aber weit und breit keinen Parkplatz. Er ließ den Wagen vor einem Zigarettenladen stehen. Nach wenigen Minuten kam er zurück und fand am Wagen einen Strafzettel. Er nahm ihn, ging zum nächsten Polizisten und gab ihm den Zettel.
Polizist: *Sie haben leider falsch geparkt, Sie müssen fünf Mark zahlen.*
Weber: *Mein Wagen stand aber nur ein paar Minuten da.*
Polizist: *Es tut mir leid, aber entweder zahlen Sie, oder die Sache geht ans Gericht.*
Weber: *Ich möchte es Ihnen doch nur erklären: Ich wollte mir schnell Zigaretten holen und habe keinen Parkplatz gefunden. Da dachte ich, das macht doch nichts, ich bin ja gleich wieder zurück.*
Polizist: *Sie hatten eben Pech, aber Vorschrift ist Vorschrift.*
Weber: *Ja, ich weiß. Da zahle ich eben die fünf Mark.*
Polizist: *Bitte sehr, hier ist Ihre Quittung.*

Abb. 8.1: DAF IA: 86

Der Lehrbuchtext Abb. 8.1 vermittelt zunächst ein Faktenwissen über einen Teilaspekt der westdeutschen Realität der 60er Jahre (Erstauflage des Lehrwerks: 1967): wie westdeutsche Polizisten gekleidet sind, wie deutsche Straßen im Zentrum einer Stadt aussehen, dass jemand in der Position von Herrn Weber (Angestellter, Ingenieur) einen VW fährt usw. Man erfährt, dass Autofahrer normalerweise auf Parkplätzen parken, dass man für falsches Parken einen Strafzettel bekommen kann, dass der 5 Mark kostet usw. Er vermittelt weiterhin Informationen über das Verhalten von Deutschen, z.B.: Wenn es die Deutschen eilig haben, verletzen sie schon einmal eine Vorschrift; solche Regelverstöße werden aber sofort geahndet (*Nach wenigen Minuten ...*); Polizisten sind höflich (*Leider ...*), aber bestimmt (*Vorschrift ist Vorschrift*); die Vorschriften sind sehr streng und werden auch so gehandhabt (*... entweder zahlen Sie, oder die Sache geht ans Gericht.*). Es gibt keinen Versuch, die Autorität der Polizei in Frage zu stellen (*Ich möchte es Ihnen doch nur erklären. ... Ja, ich weiß. Dann zahle ich eben ...*) usw.

Diese (absichtlich oder auch unabsichtlich vermittelten) Informationen treffen auf Erfahrungen, Kenntnisse, (Vor-)Urteile und Stereotypen der Lernenden und beeinflussen direkt oder indirekt ihre Einstellung gegenüber den Deutschen, im vorliegenden Fall vielleicht so: Deutsche Polizisten sind zwar korrekt und höflich, aber auch kleinlich und vielleicht auch stur (offenbar

lässt der Polizist nicht mit sich handeln); die Bürger respektieren das Gesetz (Herr Weber sieht sein „Fehlverhalten" ein).
Die Begegnung mit der fremdsprachlichen Realität findet unabhängig davon statt, ob sie im Unterricht thematisiert wird oder nicht; sie kann problematisch werden, wenn sie in einem veralteten Lehrbuch vermittelt wird und nicht mehr mit der aktuellen Wirklichkeit übereinstimmt (wie in diesem Beispiel) und auch der Lehrer über kein konkretes Bild des fremdsprachlichen Landes verfügt. Schon deshalb ist Landeskunde ein sehr sensibler Bereich des Unterrichts.

8.1 Konzeptionen der Landeskunde

In der Landeskunde sind nach Buttjes (1995) drei Entwicklungstendenzen zu erkennen: 1. von der Geistesgeschichte zur Sozialwissenschaft, 2. von Bildung und Kultur zur Alltagskultur („Es gibt eine Entwicklung ... von der Präsentation der Kultur mit großem K zu der mit dem kleinen k, der sog. Alltagskultur." Delmas/Vorderwülbecke 1989: 175), 3. von abstraktem Wissen zu erlebter Erfahrung. Pauldrach (1992) unterscheidet in historischer Abfolge drei Ansätze der Landeskunde: den kognitiven, den kommunikativen und den interkulturellen.

Diese landeskundlichen Ansätze entsprechen in etwa den drei Lernzieldimensionen der Berliner didaktischen Schule (→ 1.3): der kognitiven (Wissen), der pragmatischen (Handeln) und der emotionalen (Einstellungen, Werte).

Der kognitive Ansatz ist historisch der älteste. Landeskunde bestand lange Zeit in der Vermittlung von Wissen über das Land, dessen Sprache man lernte. Meist handelte es sich um Wissen über die Kultur, wobei ein traditioneller „hoher" Kulturbegriff (Literatur, Philosophie, Geschichte ...) die Inhalte der Landeskunde bestimmte; das spiegeln die Texte wider, die die Schüler lesen mussten. Landeskunde war ein Anhängsel des Unterrichts, erst bei Fortgeschrittenen gewann sie im Rahmen der Lektüre und deren Interpretation einen höheren Stellenwert. Mit der Zeit fanden aber auch soziale, politische und wirtschaftliche Aspekte der deutschen Realität Eingang in DaF-Lehrbücher, z.B. in Form des Textes Abb. 8.2. Das landeskundliche Thema „Bildungswesen" ist hier

> **Schulen in Deutschland**
> *Herr Müller ist Facharbeiter. Er war 9 Jahre in der Volksschule und 3 Jahre in der Berufsschule.*
> *Fräulein Meier ist Postinspektorin. Sie besuchte 4 Jahre die Volksschule und 6 Jahre die Realschule.*
> *Herr Weber ist Ingenieur. Er besuchte 4 Jahre die Volksschule und 6 Jahre die Realschule. Nach einem Praktikum studierte er 6 Semester an einer Ingenieurschule.*
> *Frau Sander ist Ärztin. Sie war 4 Jahre in der Volksschule und 9 Jahre auf einem Gymnasium. Nach dem Abitur studierte sie 11 Semester Medizin an einer Universität.*

Abb. 8.2: DAF IA: 77

allerdings nicht in die sprachliche Lernprogression eingebunden, und die landeskundlichen Informationen werden im Lehrwerk nicht als Übungs- oder Äußerungsanlass genutzt. Es handelt sich um eine reine Vermittlung von Faktenwissen.

Der kommunikative Ansatz. „Die Landeskunde ist im kommunikativen Fremdsprachenunterricht sowohl informations- als auch handlungsbezogen konzipiert und soll in beiden Fällen vor allem das Gelingen sprachlicher Handlungen im Alltag und das Verstehen alltagskultureller Phänomene unterstützen." (Pauldrach 1992: 7) Landeskundliches Wissen stellt eine wichtige Voraussetzung dafür dar, sich in zielsprachlicher Umgebung ohne Missverständnisse verständigen und in der alltäglichen Kommunikation behaupten zu können.

Im kommunikativen Ansatz zielt Landeskunde auf konkrete Lebenshilfe im fremden Land ab; sie ist eine „Orientierungshilfe ..., die selbst bestimmtes und umweltbezogenes Handeln im Lande der Zielsprache bzw. im Umgang mit ihren Sprechern möglich macht." (Delmas/Vorderwülbecke 1982: 212) Gegenstand der Landeskunde ist die Alltagskultur, d.h. all das, was der Lerner wissen und können muss, um die „Grunddaseinsfunktionen menschlichen Lebens" („Deutsch aktiv 1", LHB: 128) in der fremdkulturellen Wirklichkeit bewältigen zu können (z.B. Wohnen, Arbeit, Freizeit, Bildung, Informationsaustausch durch Medien usw.; vgl. Abb. 8.3).

8.1 Konzeptionen der Landeskunde

Recht im Alltag
1. Der Verkäufer (das Geschäft) muss eine neue Ware zurücknehmen und das Geld bar zurückgeben, wenn die Ware einen Fehler hat.
ODER
2. Der Verkäufer muss dem Kunden (Käufer) einen Preisnachlass (Rabatt) geben, wenn der Kunde die fehlerhafte Ware behalten will.
ODER
3. Der Verkäufer muss dem Kunden eine neue Ware geben, wenn die zuerst gekaufte neue Ware einen Fehler hat. Der Kunde muss dann die erste Ware zurückgeben.
ODER
4. Das Geschäft muss die neue Ware kostenlos reparieren, wenn der Kunde damit einverstanden ist.
Die Garantiezeit für eine Ware beträgt mit oder ohne Garantieschein immer 6 Monate.

Abb. 8.3: DT.AKT. 1: 92

Der interkulturelle Ansatz der Landeskunde stellt eine Erweiterung des kommunikativen Ansatzes dar. Er beinhaltet den handlungsbezogenen Aspekt, versteht aber das Fremdsprachenlernen darüber hinaus als ein In-Kontakt-Treten mit einer fremden soziokulturellen Wirklichkeit, das die Einstellung des Lernenden nachhaltig beeinflussen kann. Nach Göhring (1980: 74) sollte der Unterricht ein „Forum" bieten, auf dem der Lernende zusammen mit dem Unterrichtenden und den Mitlernenden „seine Beobachtungen, seine Hypothesen über Verhaltensregelmäßigkeiten und auch seine eigenen emotionalen Reaktionen mit ihren Bedingtheiten klären und kritisch hinterfragen kann." Landeskunde soll dabei auch als ein Spiegel wirken, in dem die Lernenden durch das Fremde Einblicke in ihre eigenkulturelle Wirklichkeit und deren historisch bedingte Relativität gewinnen (Abb. 8.4).

Der interkulturelle Aspekt ist hierbei ein integraler Bestandteil des Unterrichts. Er schafft nicht nur Übungsmöglichkeiten und authentische Äußerungsanlässe; durch die inhaltliche Auseinandersetzung mit der Fremde soll darüber hinaus ein Denkprozess in Gang gesetzt werden, der fremd- und eigenkulturelle (Vor-)Urteile und Stereotypen durchsichtig macht und aufbricht.

Landeskunde im Fremdsprachenunterricht beinhaltet heute alle drei Aspekte, den kognitiven, den pragmatisch-kommunikativen und den interkulturellen, zumal diese sich gegenseitig bedingen. Angemessenes Verhalten setzt Wissen voraus, Wissen über Fremde kann Einstellungen und (Vor-)Urteile beeinflussen und zu Einsichten über die eigenkulturelle Lebenswirklichkeit führen. Landeskenntnis ist „eine Basis, auf

Farbensymbolik
In Deutschland ist Weiß die Farbe der Unschuld und Schwarz die Farbe der Trauer. Rot ist die Farbe der Liebe, Blau ist die Farbe der Treue, Gelb die Farbe des Neids und Grün die Farbe der Hoffnung. (nach dtv-Lexikon)
1. Suchen Sie bitte die unbekannten Wörter im Wörterbuch oder Glossar!
2. Tragen Sie bitte ein!

Rot	Blau	Grün	Weiß	Schwarz	Gelb
die Liebe					

3. Vergleichen Sie bitte!
Beispiel: *In Deutschland ist Rot die Farbe der Liebe. Bei uns ...*

Farbassoziationen
– Bei dem Wort „Sommer" denke   *Ja, ich auch.*
  ich an die Farbe Blau. Du/Sie auch? < *Nein, der Sommer ist für mich rot.*
Und jetzt Sie bitte!
a) An welche Farbe denken Sie bei dem Wort „Nacht", „Winter", „Liebe", „Deutschstunde", ...
b) Und an welche Farbe denken Sie bei der Zahl „5", bei dem Buchstaben „U", ...
Haben Sie eine Lieblingsfarbe? Welche?

Abb. 8.4: SPR.BR. 1: 83

der 'interkulturelle Kommunikation' überhaupt möglich wird und die – bewusst oder unbewusst – erst ein situationsbezogenes Handeln in der Fremdsprache erlaubt." (Delmas/Vorderwülbecke 1982: 202) Die Forderung nach „landeskundlichem Lernen", „interkultureller Kommunikation" oder „transnationaler Kommunikationsfähigkeit" wird in der fachdidaktischen Diskussion zum Teil so nachdrücklich gestellt, dass der Landeskunde geradezu eine „Leitfunktion für das Fremdsprachencurriculum" (Buttjes 1995: 144) zugeschrieben wird.

Krumm (1988) weist in diesem Zusammenhang darauf hin, dass der Fremdsprachenunterricht selbst ein landeskundliches Ereignis darstellt. Durch die Begegnung mit einem Lehrer, der oft selbst Vertreter der zielsprachlichen Kultur ist, und einer bestimmten Unterrichtsmethode findet nicht nur Sprachvermittlung statt, sondern eine Begegnung mit der Zielsprache und der Zielkultur. Diese Begegnung kann bei einem muttersprachlichen Lehrer oder im Zielsprachenland sehr direkt verlaufen, aber auch der nicht muttersprachliche DaF-Lehrer wird oft mit der fremdsprachlichen soziokulturellen Realität identifiziert. In diesem Sinne ist der Fremdsprachenlehrer ein sehr direkter „Mittler zwischen den Kulturen" (Picht 1995: 67).

Der zugrunde liegende weite Kulturbegriff versteht Kultur als „Kommunikations-, Sinn- oder auch Funktionszusammenhang und richtet sich auf die Gesamtheit der Verhaltens-, Denk-, Empfindungs-, Wahrnehmungs- und Lebensweisen in einem Kulturraum ... sowie auf die Summe der Normen, Wertungen, Leitvorstellungen, Grundhaltungen, die diesen Kulturraum charakterisieren." (Schilling 1989: 152) Günthner (1989) unterscheidet „Kenntnisse über kulturelle Wertvorstellungen und Normen der Zielsprachenkultur" (433) und „Kenntnisse, die von GesprächsteilnehmerInnen benötigt werden, um in einer bestimmten Situation ihre kommunikativen Absichten angemessen verbalisieren bzw. die Beiträge ihrer Interaktionspartner adäquat interpretieren zu können." (435). Diese Kenntnisse manifestieren sich nach Müller (1991) in den folgenden Bereichen:

- *Wortschatz/Lexikon*. Jedem, der eine Fremdsprache gelernt hat, sind Wortschatzunterschiede zwischen Mutter- und Fremdsprache bekannt, z.B. lexikalische Lücken in einer Sprache oder Wörter mit unterschiedlicher Bedeutung. Ganze Wortfelder können anders strukturiert sein, d.h. die Welterfahrung wird sprachlich unterschiedlich gegliedert. Auch die „soziokulturellen Bedeutungen" (Müller 1992) von Wörtern unterscheiden sich von Kultur zu Kultur, z.B. die Bedeutung von *Familie* in Deutschland und in Japan, von *Café* in Deutschland, Frankreich und Griechenland.
- *Sprechakte*. Sprachen unterscheiden sich darin, unter welchen Bedingungen bestimmte Sprechakte auftreten und wie sie realisiert werden, z.B. Routineformeln.
  - *Oh, Sie sind zurück aus den Ferien. Sie sind aber dick geworden!* stellt in China ein Kompliment dar, auf das man allerdings zurückhaltend zu reagieren hat (Günthner 1989).
  - *Wie geht's?* ist eine Routineformel, die man bei der Begrüßung nur verwendet, wenn man den Befragten kennt; die griechische Entsprechung verwendet man hingegen auch bei Personen, die man gerade kennen lernt.
  - *Wenn du Zeit hast, besuch mich mal.* ist eine chinesische Routineformel, die nicht als Einladung missverstanden werden darf (Günthner 1989).
  Wie die Beispiele zeigen, führt die direkte Übertragung von Sprechakten nicht nur zu einem unangemessenen kommunikativen Verhalten, sondern es können zahlreiche Missverständnisse entstehen.
- *Diskurskonventionen*. Hierzu gehören Konventionen über Themenwechsel, Übernahme oder Abgabe der Sprecherrolle, Sequenzen zur Gesprächseröffnung und -beendigung, aber auch Verhaltensweisen zum Ausdruck kommunikativer Intentionen. Günthner (1989) nennt die chinesische Konvention, erst nach dreimaliger Aufforderung und dreimaligem Ablehnen das angebotene Essen oder Getränk zu akzeptieren.
- *Themen*. Von Kulturkreis zu Kulturkreis gibt es unterschiedliche Tabuthemen sowie auch „sichere Themen" in Standardsituationen wie *Smalltalk*, Sich-Kennenlernen usw. Fragen nach Verdienst, Stimmabgabe bei Wahlen, eventuell auch Familienstand, die in Deutschland eher Tabuthemen sind, gehören in vielen Kulturen zu den „sicheren Themen".

- *Register.* Dieser Faktor betrifft Unterschiede in der Einschätzung von Situationen und Beziehungen durch Faktoren wie Alter, Status, Geschlecht, ... (z.B. formell *Sie* oder informell *du*), auch partner- und situationsangemessene Höflichkeitsfloskeln usw.
- *Nonverbaler und paraverbaler Bereich.* Abhängig von der jeweiligen Kultur können Mimik, Gestik, Proxemik, Blickkontakt, aber auch Sprechlautstärke, Prosodie oder Pausen (Schweigen) eine unterschiedliche Funktion haben und somit unterschiedlich interpretiert werden, z.B.:
  – Distanzverhalten in verschiedenen Kulturen
  – Lautstärke des Redens in öffentlichen Räumen (Restaurant, Kirche ...)
- *Kommunikative Stile.* In verschiedenen soziokulturellen Räumen bestehen Unterschiede in Bezug auf kommunikative Verhaltensweisen wie: eher direkte oder indirekte Realisierung von Sprechakten, Verhältnis von nonverbalen und verbalen Ausdrucksmitteln, Ins-Wort-Fallen, gleichzeitiges Sprechen usw.
- *Kulturspezifische Werte/Einstellungen.* Jede Gesellschaft verfügt über spezifische Normsysteme, Werte und Einstellungen, z.B. in Bezug auf Individualismus/Kollektivismus, Religion, Geschlechterrollen usw.
  – Alter und Jugend z.B. werden in Europa und Asien sehr unterschiedlich bewertet.
  – Die traditionelle griechische Ausdrucksweise von Männern, die nach der Anzahl ihrer Kinder befragt werden: *Ich habe 3 Kinder und 2 Töchter*, drückt unmissverständlich die unterschiedliche Wertschätzung von Mann und Frau in einer patriarchalisch organisierten agrarischen Gesellschaftsordnung aus.
- *Kulturspezifische Handlungen (einschließlich Ritualen) und Handlungssequenzen.* Dieser Bereich betrifft kulturspezifisches soziales Verhalten, das jemand kennen bzw. lernen muss, der sich in einer fremdkulturellen Umgebung bewegt – z.B.:
  – Begrüßungsrituale (mit oder ohne Händeschütteln, Wangenkuss ...)
  – Verhalten bei Einladungen (Geschenke, Pünktlichkeit ...)
  – Verhalten im Restaurant (wer bezahlt, Trinkgeld, sich zu Fremden an den Tisch setzen oder nicht ...)
  – sich am Telefon mit dem Namen melden oder nicht

Diese Auflistung verdeutlicht die Komplexität des Phänomens „Landeskunde" (auch die Möglichkeiten zu Missverständnissen), sie lässt aber auch die zahlreichen Anknüpfungspunkte erkennen, wie der Unterricht die interkulturelle Landeskunde einbeziehen und verwerten kann.

Ehnert (1988) konkretisiert am Beispiel von *besuchen* die Idee einer „kulturkontrastiven Grammatik" (im Sinne von Müllers kulturkontrastiver Semantik – s.u.), und er gibt Beispiele für kulturspezifische Verhaltensweisen im Bereich „Aufbau, Aufrechterhaltung und Beendigung von Gesprächsbeziehungen". Detaillierte Analysen von interkulturellen Missverständnissen finden sich in dem von Redder/Rehbein (1987) herausgegebenen Band zur interkulturellen Kommunikation.

8.2 Didaktische und methodische Aspekte der Landeskunde

„Das vormals herrschende Lernziel, das aus dem Fremdsprachler fast einen Muttersprachler machen wollte, ist überholt. Vielmehr stellt die eigene Sprache und Kultur den expliziten Ausgangspunkt dar, von dem aus das Fremde erfahren, erlebt, erforscht und erlernt werden kann. Es ist eine Tatsache, der in früheren Zeiten und Methoden wenig Rechnung getragen wurde, dass wir das Neue, Fremde durch den Filter des uns Vertrauten wahrnehmen, einordnen, einschätzen und verstandes- und gefühlsmäßig verarbeiten ... Das Kind bildet Sprech- und Denkfähigkeit gleichzeitig aus, es erfährt Muttersprache und Heimatkultur als absolute Gegebenheit. Erst der Kontakt mit anderen Sprachen, anderen Kulturen, anderen Normen zeigt uns, wie relativ die Wirklichkeit ist. Es ist 'normal', das Eigene, Bekannte, Vertraute als richtig zu empfinden und auf das Andere mit Erstaunen, Befremden, mit gemischten Gefühlen, zu negativ oder übertrieben positiv zu reagieren." („Sprachbrücke 1", Lehrerhandbuch: 11) Das „Eigene, Bekannte, Vertraute" nennt Bausinger (1988: 157) „eine Art Blindfeld, in dem man sich sicher bewegt, über das man aber nicht reflektiert. Insofern ist es mühsam, den Alltag zu erkennen und zu verstehen". Das Fremde wird hingegen oft als Stereotyp wahrgenommen; die fremdkulturelle Komplexität wird dadurch reduziert, dass wenige (wirkliche oder vermeintliche) Eigenschaften herausgegriffen und verallgemeinert werden. „Stereotypen sind unkritische Verallgemeinerungen, die gegen Überprüfung abgeschottet, gegen Veränderungen relativ resistent sind. Stereotyp ist der wissenschaftliche Begriff für eine unwissenschaftliche Einstellung." (ebd.: 160) „Stereotypen beeinflussen nicht nur die Wahrnehmung, vielmehr wird die Wahrnehmung oft genug in den Dienst der Stereotypie gestellt." (ebd.: 165) D.h. Stereotypen bestätigen sich selbst, weil das Stereotyp die Wahrnehmung und Erfahrung bestimmt.

So lässt sich erklären, warum interkulturelle Begegnungen oft nicht zum Abbau von Vorurteilen beitragen, sondern diese sogar noch verfestigen. Eine empirische Untersuchung von Keller (1978) kam zu dem Ergebnis, dass Vorurteile und Stereotypen durch Schüleraustausch verstärkt wurden, während nur in wenigen Bereichen eine differenziertere Betrachtungsweise der Fremde zu erkennen war. In diesem Zusammenhang betont Müller (1994: 36), „dass Fremdsprachenlernende völlig überrascht und unvorbereitet sein können, wenn sie mit der Vorstellung von Lehrwerk-Dialogmustern aus monokulturellen Situationen im Kopf auf fremde Gewohnheiten, Verhaltensweisen und Einstellungen stoßen. Sie sind oft nicht einmal in der Lage, sich klar darüber zu werden, dass etwas im fremden Land anders ist und/oder zu fragen, was dort wohl anders ist. Vielmehr interpretieren sie unvorbereitet, ohne Selbstzweifel und ohne Fragen das Fremde auf der Grundlage ihrer eigenkulturellen Gewohnheiten ... Im Deutschunterricht können und sollen die Lernenden darauf vorbereitet werden, dass ihnen Fremdes begegnet, und sie sollten Strategien lernen, mit diesem Fremden umzugehen und es zu entschlüsseln."

Wie kann interkulturelle Landeskunde konkret in den Unterricht eingehen? Im Folgenden stelle ich einige methodische Ansätze und Verfahren dar, wie landeskundliche Fragestellungen in verschiedenen Bereichen des Unterrichts berücksichtigt und behandelt werden können.

Kulturkontrastive Semantik und Wortschatzdidaktik (Müller)

„Im Fremdsprachenunterricht steht der Lehrer vor der Schwierigkeit, dass die Wörter, die er den Lernern vermittelt, auf Objekte (Konkreta, Abstrakta, Handlungen, Institutionen) referieren, die einzeln denen der Muttersprache sehr ähnlich, oft sogar identisch sind, und dass trotzdem ihre Bedeutung sehr verschieden ist." (Müller 1981: 114) Im Unterricht muss deshalb versucht werden, „Bedeutung als Produkt der für den Lerner einsehbaren gesellschaftlichen Verhältnisse aufzufassen, welche sich in der konkret erlebten Situation widerspiegeln; Bedeutung soll also in einer konkreten Situation so angeeignet werden, wie sie Ausdruck der fremdkulturellen Gesellschaft(sregeln) ist." (ders. 1983: 117) Eine kulturkontrastiv angelegte konfrontative Wortschatzarbeit zielt darauf ab, den sozialen und kulturellen Kontext der Wörter, ihre Funktion in der Zielgesellschaft zu erfassen. Wörter wie *Vater, Arbeit, Haus, Familie, Liebe, Kampf, Revolution* ... z.B. bedeuten in verschiedenen Gesellschaften etwas anderes, was das Handeln in der soziokulturellen Realität beeinflusst. Ausgehend von dieser Einsicht, hat Müller didaktische Verfahren entwickelt, die die üblichen Wortschatzerklärungen durch kulturspezifische oder kulturkontrastive Komponenten erweitern, z.B. (Müller 1980, 1994):

- „*Wohnung* ist das, wo eine Einzelperson oder eine Familie lebt. Viele Wohnungen sind mit Gegenständen geschmückt, durch die die Bewohner ihren persönlichen Stil, ihre Individualität (Geschmack, Reise-Erfahrungen etc.) ausdrücken möchten." (Müller 1994: 55)
- „*Kaffeetrinken* bedeutet zwar auch, dass man Kaffee zu sich nimmt, aber gleich wichtig ist das → Reden, das → Kuchen-Essen, das → gemütliche Beisammensein. Jemanden, den man → näher kennen lernen möchte, zum Beispiel den zukünftigen Schwiegersohn oder einen ausländischen Gast, lädt man gern zuerst zum → Kaffeetrinken zu sich nach Hause ein. Auch das → Familien-Kaffeetrinken am Sonntag ist für manche ein Ritual." (ebd.: 56; → = Verweis auf andere soziokulturell wichtige Ausdrücke)
- „Ein *Frühstück* ist schon ein umfangreicheres Essen: Es besteht meist aus Brot, Brötchen, manchmal Marmelade, Käse, Wurst, an besonderen Tagen auch einem Ei, und bedeutet nicht

nur eine schnelle Tasse Kaffee im Vorübergehen, so wie z.B. in Frankreich in einer Bar/einem Bistro." (ebd.: 56)
Derartige Erklärungen ergänzen die im engeren Sinn denotative Semantisierung, indem sie wichtige soziokulturelle Aspekte der zu erklärenden Wörter (eigentlich der dadurch bezeichneten Dinge und Sachverhalte) darstellen. Müller (1994) nennt u.a. die folgenden Aspekte kulturspezifischer Bedeutungserklärungen:
- kulturspezifische Konnotationen, z.B. Assoziationen zu *grün*: 'Hoffnung, Leben' (vgl. die Partei *Die Grünen*);
- prototypische Bedeutungen („soziale Kernbedeutungen"), z.B. *Ferien machen*: 'im Ausland (im Süden), faulenzen, sich einige Wochen am Meer in der Sonne bräunen lassen ...';
- Anbindung an ein Kulturspezifikum (s.o. *Wohnung*);
- Darstellung in Bezug auf ein kulturspezifisches Bedeutungsnetz (s.o. *Kaffeetrinken*);
- Abgrenzung zu Kultur und Sprache der Lerner (s.o. *Frühstück*);
- Kontrast zu kulturspezifischen Gegenthemen, z.B. *Fernseher* im Kontrast zu *keinen Fernseher haben* und den damit verbundenen Implikationen.

Ein ausführlicheres Beispiel für die Analyse einer soziokulturellen Bedeutung stellt die folgende Aufgabe zum Begriff 'Arbeit' dar (Abb. 8.5).

Was ist Arbeit?
1. Bitte entscheiden Sie jede/r für sich, ob es sich bei den folgenden Tätigkeiten um Arbeit handelt. Wählen Sie dann fünf Fälle aus, und geben Sie die Kriterien für Ihre Entscheidung an.

TÄTIGKEITEN	ARBEIT JA=X NEIN=O	KRITERIUM
1. *Ein Priester trinkt nach einer Taufe mit der Familie Kaffee.*		
2. *Ein Arbeiter trägt ein Werkzeug von der einen Seite der Halle zu der anderen, damit der Meister nicht sieht, dass er keine Arbeit hat.*		
3. *Kinder bauen am Strand eine Burg.*		
4. *Ein Unteroffizier zielt auf einen Pappkameraden.*		
5. *Ein Chauffeur wartet auf den Direktor.*		
6. *Eine Angestellte wartet auf der Toilette auf das Ende der Arbeitszeit.*		
7. *Ein Deutschlehrer geht ins Theater.*		
8. *Eine Animierdame lässt sich zum Whisky einladen.*		
9. *Frau Karla S. hat Kurzarbeit und näht sich einen Rock.*		
10. *Bauern kippen Obst ins Meer.*		
11. *Schüler diskutieren in der Pause über den Unterrichtsstil des Lehrers.*		
12. *Ein Mann gräbt ein Loch in die Erde und schüttet es wieder zu.*		
13. *Ein Hund bellt den Briefträger an.*		
14. *Eine Ehefrau macht sich jeden Abend für ihren Mann schön.*		
15. *Eine Ameise repariert mit anderen ihren Bau, den ein Spaziergänger zerstört hat.*		

2. Vergleichen Sie die Kriterien für ARBEIT in Ihrer Gruppe. Versuchen Sie, die Unterschiede zu klären.
3. Überlegen Sie sich eine ähnliche Beispielsammlung für SPIEL, GLÜCK, FAULHEIT u.ä. Diskutieren Sie über diese Begriffe, und begründen Sie Ihre Meinung.

Abb. 8.5: SICHTW. (neu) 2: 14

Obwohl der landeskundliche Aspekt in dieser Aufgabe nicht direkt angesprochen wird, spielt er doch eine wichtige Rolle. In einer sprachlich heterogenen Klasse wird die Diskussion sehr schnell interkulturelle Erklärungen und Vergleiche einbeziehen, aber auch in einem homogenen

Kurs dürfte schnell die Frage im Raum stehen, wie das wohl die Deutschen sehen. Generell sensibilisieren solche Aufgaben zur soziokulturellen Bedeutung die Lernenden für diesen Aspekt der Sprache und ermöglichen ihnen eine differenziertere Auseinandersetzung mit fremd- und eigenkulturellen Werten und Normen. Eine so verstandene Wortschatzarbeit bietet darüber hinaus zahlreiche authentische Äußerungsanlässe.

Interkulturelle Themen als Übungs- und Äußerungsanlass

Die Autoren von „Sprachbrücke" haben den interkulturellen Aspekt systematisch in ihr Lehrwerk integriert; dabei werden viele Themen interkulturell erarbeitet, was zu zahlreichen Übungs- und Äußerungsanlässen führt. In Lektion 1 des zweiten Bandes werden z.B. fremdkulturelle Vorurteile und Stereotypen thematisiert.

A1 Urteile? Vorurteile?

A: *Also Sauberkeit wird dort ja nicht groß geschrieben. Aber die Küche ist berühmt.*

B: *Hm ... ja. Lecker. Wenn ich an die Spezialitäten denke. Was Besseres gibt es nicht.*

C: *Die Leute dort sollen sehr ernst, pflichtbewusst und zuverlässig sein. Man sagt, sie kennen nur ihre Arbeit.*

D: *Nie faul sein? Nie lachen? Immer nur arbeiten? Das finde ich furchtbar.*

E: *Was? Er hat kein Geschenk mitgebracht? Geizig! Na ja, wie die Leute aus dieser Gegend eben sind. Sie sind ja bekannt dafür.*

F: *Da muss ich Ihnen widersprechen. Mein Mann kommt auch von dort.*

E: *Oh ... hm ... Entschuldigung. So hab' ich das nicht gemeint. Ausnahmen bestätigen die Regel. Ihr Mann ist doch die Großzügigkeit in Person.*

G: *Bei denen hat alles seine Ordnung. Alles ist perfekt organisiert. Sogar das Gefühlsleben.*

H: *Schlimm, da können sich Spontaneität und Schlamperei nicht entwickeln. Für die ist Ruhe und Ordnung das Höchste.*

I: *Hier siehst du das Land meiner Träume. So natürlich, viel Musik, keine Tabus – und ohne die Probleme unserer hoch technisierten Welt.*

J: *Ja, dort existieren noch paradiesische Zustände. Da gibt es noch echte Zufriedenheit. Allerdings sollen die Leute dort leider auch ziemlich arm sein.*

A2 Wer sieht was wie?

was?	wer? / wie?		
	positiv	negativ	neutral
wenig Sauberkeit			
leckeres Essen			
Ernst			
Pflichtbewusstsein			
Zuverlässigkeit			
Arbeit			
Faulheit			
Geiz			
Großzügigkeit			
Perfektion			
keine Spontaneität und Schlamperei			
Ruhe und Ordnung			
Natürlichkeit			
echte Zufriedenheit			
Armut			
Vorurteile			

Was ist für Sie positiv/negativ/neutral?

Beispiele:
Perfektion ist für mich nicht immer etwas Positives.
Ich halte Pflichtbewusstsein für sehr wichtig.

Abb. 8.6a: SPR.BR. 2: 10   Abb. 8.6b: SPR.BR 2: 11

Aus der Aufgabe „*Wer sieht was wie?*" (Abb. 8.6b) zur Auswertung des Textes Abb. 8.6a lässt sich leicht eine persönliche „interkulturelle Matrix" entwickeln, wie es auch die Aufgabe „*Was ist für Sie positiv/negativ/ neutral?*" (Abb. 8.6b) nahe legt:

Schritt 1 (EA): Jeder Lernende füllt für sich persönlich aus, wie er die genannten Eigenschaften bewertet (Tabelle Abb. 8.6b).

Schritt 2 (PL): Entsprechend der Aufgabe „*Was ist für Sie positiv/negativ/neutral?*" (Abb. 8.6b) werden Ergebnisse mit Hilfe der vorgegebenen Strukturen versprachlicht.

Schritt 3 (PL): Die Einzelergebnisse von Schritt 1 werden in Form eines „Klassenspiegels" zusammengefasst: „*Wer sieht was wie?*", z.B.:

	positiv	negativ	neutral
wenig Sauberkeit	1	11	9
leckeres Essen	19	–	2
Ernst	...		
Pflichtbewusstsein			
...			

Schritt 4 (PL): Diese Klassenstatistik bietet zahlreiche interessante Äußerungsanlässe – z.B.:

8.2 Didaktische und methodische Aspekte der Landeskunde

- in einer heterogenen Klasse: *Woran liegt es, dass bei bestimmten Bereichen weitgehend Einigkeit besteht* (eventuell bei *Vorurteile, Geiz*), *bei anderen hingegen nicht?*
- Übereinstimmungen bzw. Unterschiede zwischen persönlicher und gesellschaftlicher Einstellung, z.B. *Ich finde, Faulheit ist positiv, aber in meinem Land ist das anders. Alle sollen viel arbeiten und fleißig sein.*
- Vergleich in der Klasse: *Warum wird eine Eigenschaft in einem Land für wichtig gehalten, in einem anderen aber für weniger wichtig?*

A3 In den Texten von A1 stehen die (Vor-)Urteile, die ausgesprochen werden. Welche Gedanken stehen hinter den (Vor-)Urteilen? Schreiben Sie bitte zuerst die Vorurteile in der linken Spalte und dann die Gedanken in der rechten Spalte!

Das wird über die anderen gesagt:		Das wird vielleicht gedacht:
Also Sauberkeit wird dort nicht groß geschrieben.	A/B	*Hier bei uns achtet man sehr auf Sauberkeit.*
Die Küche ist berühmt.		*Ja, das muss man zugeben.*
		Das weiß jeder.
Was Besseres gibt es nicht.		*Nicht einmal.*
Die Leute dort sollen _____	C/D	*Das habe ich gehört. / Das sagt man.*
Man sagt, sie _____		
Was? Er hat keine Geschenke mitgebracht? Die Leute sind	E/F	
Bei denen hat alles _____	G/H	
Alles ist _____		
Sogar _____		
Da können _____		
Für die _____		
Im Land meiner Träume gibt es	I/J	
Dort existieren _____		
Da gibt es noch _____		
Allerdings _____		

Abb. 8.6c: SPR.BR. 2 AB 1/5: 8

Übung A3 (Abb. 8.6c) geht in einem nächsten Schritt auf die Implikationen von (Vor-)Urteilen ein: Welche meist unausgesprochenen Überzeugungen können hinter bestimmten Vorurteilen stehen? Das Ganze lässt sich auf die Situation der jeweiligen Klasse übertragen, z.B. (heterogene Klasse): Es werden (Vor-)Urteile über verschiedene Länder gesammelt und zusammengestellt: *Welche Vorurteile gibt es in Ihrem Land gegenüber anderen Nationalitäten?* Beim Vergleich werden übereinstimmende sowie sich widersprechende (Vor-)Urteile sowie die Gründe dafür thematisiert; darüber hinaus wird den Vorurteilen das Selbstbild gegenübergestellt (*Das wird vielleicht gedacht*).

Wenn es für erforderlich gehalten wird, lassen sich derartige Themen auch mit stärker sprachbezogenem Üben verbinden, z.B.: Im Kurs wird eine anonyme Umfrage zu den Eigenschaften verschiedener Nationalitäten durchgeführt, und anschließend äußern sich die Lernenden dazu:

'Redewiedergabe':	– *Bei uns sagt man, ...*
	– *Ich habe gehört, dass ...*
	– *Die ... sollen sehr freundlich und hilfsbereit sein.*
'persönliche Meinungen' + Ergänzungssatz mit *dass*:	– *Ich habe festgestellt, dass die Franzosen ...*
	– *Ich glaube nicht, dass die Koreaner ...*
	– *Findest du wirklich, dass die Russen ...*

Sprachliche und nichtsprachliche soziale Verhaltensweisen lassen sich gut in Form von Rollenspielen thematisieren, z.B. der Lehrbuchdialog Abb. 8.7. Eine Analyse dieses Dialogs unter interkulturellen Aspekten könnte u.a. die folgenden Fragen betreffen:
– Gibt es hier „typisch Deutsches?" („*Oh, das ist aber teuer!*" „*Sie sind mein Gast!*" ... ?)
– Wie würden sich die beiden in Ihrem Land typischerweise verhalten? (Eigenstereotyp)
– Welche Missverständnisse könnten eventuell entstehen, wenn ein Ausländer mit einem Deutschen wie in der Situation Abb. 8.7 kommunizieren würde?

▽ Sie sind mein Gast!
 ○ Danke!
▽ Was nehmen Sie?
 ○ Ich weiß nicht ...
▽ Ein Texas-Steak?
 ○ Oh, das ist aber teuer!
▽ Nein, nein! Also ein Texas-Steak und einen Salat?
 ○ Ja, gern.
▽ Zuerst eine Suppe?
 ○ Nein, vielen Dank.
▽ Und was trinken wir? Ein Bier?
 ○ Lieber ein Mineralwasser.
▽ Ein Mineralwasser???
 ○ .....

Abb. 8.7: DT.AKT. (neu) 1A: 36

— Welche (Vor-)Urteile würden möglicherweise bestätigt (bzw. nicht), wenn ein Ausländer mit einem Deutschen wie in der Situation 8.7 kommunizieren würde? Die Lerner können den Dialog verändern und neu schreiben, z.B. wie er zwischen einem „typischen" Deutschen und einem Ausländer ablaufen könnte (Missverständnisse!) oder zwischen zwei „typischen" Franzosen, Algeriern usw. (je nach Zusammensetzung der Klasse). Anschließend werden die Szenen im Rollenspiel vorgespielt (typische Gesten!) und besprochen.

Auf diese Art lassen sich charakteristische Situationen im Rollenspiel simulieren, z.B. 'im Café einen Mann/eine Frau kennen lernen', 'typischer *Smalltalk* (sichere Themen, s.o.)', 'auf einer Behörde' usw. Entsprechend der Forderung Osterlohs (1986: 180) verbindet sich dabei die „Präsentation des Fremden ... mit der Aufbereitung und Thematisierung der eigenen kulturellen Umwelt des Lerners".

Einen wichtigen Aspekt stellt bei solchen interkulturellen Dialogen und Rollenspielen das nonverbale Verhalten dar, das bekanntlich sehr stark soziokulturell geprägt ist und zahlreiche Missverständnisse verursachen kann. In manchen Lehrwerken wird deshalb dieser Bereich gesondert thematisiert (Abb. 8.8).

Gestik – Mimik:
Wie zeigt man das bei Ihnen?
'Wie spät haben Sie?'
'Machen Sie schnell!'
'Ich höre nichts.'
'Sei leise!'
'Verdammt!/Mist'

Abb. 8.8: STUFEN 1: 95

Eine interessante Lernaufgabe wird in „Sichtwechsel" vorgeschlagen, bei der typische Zusammenhänge zwischen kulturspezifischen Ausdrucks- und Verhaltensweisen in einer Gesellschaft (hier der deutschen) thematisiert werden, z.B. :

– *Ja, Herr Banke, nett, dass Sie mal vorbeikommen. Darf ich Ihnen einen <u>Cognac</u> anbieten?* – *Ja gern, aber ich habe etwas <u>Ernstes</u> mit Ihnen zu besprechen.* (Vermieter)
– *Mutti, darf ich aufstehen. – Nein. – <u>Aber</u> ich habe alles aufgegessen.*
– *Stell dir vor, die Meiers sind <u>schon 7 Jahre verheiratet</u>!*
– *Mama, ich bin doch gar nicht müde. – <u>Aber</u> es ist doch schon neun Uhr!*
– *Wir haben uns halb totgelacht, <u>dabei</u> hatten wir keinen Schluck getrunken.*
– *Morgen kommen meine <u>Schwiegereltern</u> zu Besuch. <u>Aber</u> sie sind ganz nett.*

Abb. 8.9: SICHTW.: 85

Derartige Äußerungen werden von den Lernern interpretiert, z.B. „ *'Wir haben uns halb totgelacht, dabei hatten wir keinen Schluck getrunken': Durch die adversative Beziehung wird ein Zusammenhang zwischen 'lustig sein' und 'Alkohol trinken' aufgedeckt; diese typische sprachliche Ausdrucksweise legt die Interpretation nahe, dass die Menschen in dieser Gesellschaft vor allem dann lustig sind, wenn sie Alkohol getrunken haben.* " Weiterhin können die Lerner Parallelen bzw. Unterschiede zu ihrer eigenen Kultur darstellen, und sie können vergleichbare eigenkulturelle Verhaltensweisen sowie ihre sprachlichen Entsprechungen sammeln und in der Klasse ihre soziokulturellen Implikationen zur Diskussion stellen.

Auch in der folgenden Übung werden ideologische und soziokulturelle Implikationen bestimmter typischer Sprechweisen thematisiert (Müller 1994: 95f.): „*Was meinen die Personen mit ihrer Äußerung möglicherweise? Was drücken die Äußerungen vielleicht über ihre Einstellungen, Normen, über ihr Leben usw. aus?*" Dabei geht es um Verhaltensweisen in der zielsprachlichen Kultur (hier der deutschen), aber die Aufgabe regt natürlich auch zum Vergleich mit eigenkulturellen Normen und Verhaltensweisen an.

8.2 Didaktische und methodische Aspekte der Landeskunde

- „Meine Kinder dürfen nicht fernsehen." Oft gemachte Implikationen: 'Fernsehen ist nicht gut. Meine Kinder sollen Bücher lesen.'
- „Ich fahre dieses Jahr wieder nicht weg (in die Ferien)." Oft gemachte Implikationen: 'Ich habe viel zu tun, habe eine wichtige Arbeit, muss etwas für meine berufliche Karriere tun ...'
- „Kommt ihr also morgen mit uns? – Klar, nach der Sportschau sind wir da." Oft gemachte Implikationen: ...
- „Ich bin froh, wenn es bei uns bis zum Monatsende langt." Oft gemachte Implikationen: ...

Abb. 8.10: Müller 1994: 95f.

Diese Aufgabe über typische Verhaltensweisen kann durch einen interkulturellen „Sichtwechsel" in eine andere kulturelle Perspektive gewendet werden.

Dass sich der interkulturelle Aspekt auch in gesteuerte Übungen einbringen lässt, zeigt das Beispiel Abb. 8.11: Der Text von K. Tucholsky wird als Grundlage für eine „interkulturelle Reihenübung" verwendet, die vordergründig sprachbezogen ist (Einübung des Infinitivs mit *zu* oder des Ausdrucks *stolz sein auf*), die aber durch die Variationen und den Wiederholungseffekt die Aussagen sowie die damit verbundenen Einstellungen und Stereotypen in Frage stellt.

Worauf man in Europa stolz ist	Variieren Sie bitte!
Dieser Erdteil ist stolz auf sich und er kann auch stolz auf sich sein.	*Man ist stolz in Europa: Deutsche zu sein. Französin zu sein.* ...
Man ist stolz in Europa: Deutscher zu sein. Franzose zu sein. Engländer zu sein. Kein Deutscher zu sein. Kein Franzose zu sein. Kein Engländer zu sein. (Kurt Tucholsky)	*Man ist stolz in Nordamerika:* ... *Man ist stolz in Südamerika:* ... *Man ist stolz in Afrika:* ... *Man ist stolz in Asien:* ... *Man ist stolz in Australien:* ...

Abb. 8.11: SPR.BR. 1: 193

8.3 Pädagogische Implikationen

„Im Prozess der Wahrnehmung anderer Sprachen" geht es immer auch um das Verhältnis „zwischen dem Eigenen und dem Fremden ... Verstehen und Sich-Verständlich-Machen erweisen sich also als ein ständiger Prozess des Vergleichs, in den die eigene Situation und ihre kulturellen Bedingtheiten ebenso eingehen wie Erfahrungen und Informationen über die fremde Kultur." (Picht 1995: 70) Edelhoff beschreibt den Vorgang der Interkulturalität wie folgt: das Andere trifft auf das Selbst, auf Interessen, Kenntnisse, Erfahrungen, Lernmöglichkeiten und Sprache, und wird dazu in Beziehung gesetzt. Der Weg des interkulturellen Dialogs verläuft „vom Eigenen zum Fremden und vom Fremden zum Eigenen zurück." (Edelhoff 1983: 85) Das verändert den Menschen: „Lernen wird hier als Entwicklung verstanden." (ebd.: 85) Damit kommt dem Sprachenlernen bzw. der interkulturellen Landeskunde eine Bedeutung zu, die weit über das fachspezifische Lernziel „Kommunikationsfähigkeit in der Fremdsprache" hinausreicht. „Der Prozess der Auseinandersetzung um die Entstehung und sprachliche Ausprägung verschiedener Aspekte der fremden (in diesem Fall der bundesrepublikanischen) Alltagskultur soll einen ähnlichen Prozess der Bewusstwerdung hinsichtlich der bisher zumeist unbewusst gelernten 'Ordnung der Dinge' in der Heimat-Kultur und Muttersprache einleiten ... Das Andere und das Eigene mit anderen Augen betrachten können – ist das Globalziel der Methode" („Sichtwechsel", Lehrerhandbuch: 10). Mit der „Vermittlung der Pluralität von Denkerfahrungen und der Historizität kultureller Erscheinungen" (Buttjes 1995: 147) ist aber nicht nur eine Bewusstwerdung, sondern darüber hinaus eine Relativierung, ein Infragestellen der eigenkulturellen Realität verbunden, denn „jede Kultur spiegelt eine der Möglichkeiten menschlichen Zusammenlebens sowie menschliche Weltauffassung und Selbstverwirklichung" wider (Göhring 1975: 80); interkulturelle Landeskunde leistet damit direkt einen Beitrag zur Identitätssuche und -findung des Menschen. Edelhoff (1983: 91) nennt die Grundbedingungen dieses Prozesses:

„Man muss andere und anderes kennen, um sich selbst kennen lernen zu können ... Man muss andere und anderes anerkennen, um etwas über sich selbst und andere(s) zu lernen."
Ein Hindernis für eine so verstandene interkulturelle Landeskunde stellt allerdings „die Tabuisierung der Muttersprache" dar, die in den meisten internationalen DaF-Lehrwerken stattfindet. „Erst wenn diese Barriere beseitigt ist, werden die Verlage Lehrbücher herstellen können, die von der ersten Lektion an schrittweise die landeskundlichen Kenntnisse aufbauen." (Firges/ Melenk 1995: 516)

9 Interaktion im DaF-Unterricht

„Interaktion ist die wechselseitige Beeinflussung von Individuen (oder Gruppen) in ihren Handlungen; Fremdsprachenunterricht besteht aus Interaktionen zwischen verschiedenen Lernern und zwischen Lehrer und Lerner(n)." (Edmondson/House 1993: 226) Interaktion im Klassenzimmer ist also die Art und Weise, wie Lernende und Lehrende miteinander sprechen, handeln, umgehen. Da unterrichtliche Kommunikation sehr stark sprachlich geprägt ist und zugleich das Sprachverhalten der Lernenden wesentlich beeinflusst, ist ihre Bedeutung für den Fremdsprachenunterricht außerordentlich wichtig. „Der Unterrichtsdiskurs kann als die vielleicht wichtigste organisierende Kraft aufgefasst werden, welche Unterricht formt und den Kontext abgibt, in dem die verschiedenen in ihm wirkenden Faktoren ihren Ausdruck finden können" (Portmann 1991: 110). Edmondson (1995: 176) nimmt sogar an, „dass das Entscheidende für den Lernerfolg im Fremdsprachenunterricht die Natur der Interaktion im Unterricht ist".

9.1 Rede- und Handlungsanteile

9.1.1 Beschreibung von Unterricht unter Aspekten der Interaktion

Unterrichtliche Interaktion unterscheidet sich in der Verteilung der Rede- und Handlungsanteile von außerunterrichtlicher Interaktion. Unter quantitativen Aspekten ist zu fragen: *Wie viel* sprechen Lehrer und Schüler im Unterricht? Unter qualitativen: *Was* sagen sie jeweils, d.h. wie verteilen sich die verschiedenen Sprechhandlungen auf Lehrer und Schüler?

Quantitative Aspekte
Der oft zu hörenden Klage darüber, dass Fremdsprachenlehrer zu viel und die Lernenden im Unterricht zu wenig reden, wird schnell zustimmen, wer Unterricht direkt bei Hospitationen oder aufgezeichnet auf Video unter diesem Aspekt beobachtet. Dass eine ungleiche Verteilung der Redeanteile für den Sprachunterricht einen anderen Stellenwert hat als z.B. für den Mathematik- oder Sportunterricht, ist offensichtlich, denn eine „Fremdsprache lernt man nur dann als Kommunikationsmittel benutzen, wenn sie ausdrücklich und genügend oft in dieser Funktion ausgeübt wird." (Butzkamm 1989: 78)
Untersuchungen zur Verteilung von Redeanteilen im allgemeinen Schulunterricht (d.h. nicht speziell im Fremdsprachenunterricht) kommen zu dem Ergebnis, dass Lehrer zwischen 50% und 80% aller Wörter im Unterricht äußern (Tausch/Tausch 1979: 344; Grell 1990); d.h. ein Lehrer redet 30 – 40-mal so viel wie jeder einzelne Schüler. Digeser (1983: 40) zitiert „optimistische Berechnungen" Freudensteins von 1965, wonach „bei einer Klassenfrequenz von 30 Schülern, die während 40 Schulwochen durchschnittlich viereinhalb Wochenstunden in einer modernen Fremdsprache unterrichtet werden, jeder einzelne von ihnen im Jahr 90 Minuten in der fremden Sprache spricht." Das sind gerade einmal 30 Sekunden pro Unterrichtsstunde; Bertrand (1984) geht von ca. 45 Sekunden Redezeit pro Schüler pro Unterrichtsstunde aus. Dass sich die Situation seitdem nicht grundlegend verändert hat, zeigen neuere Untersuchungen von Lörscher (1983), der für die von ihm analysierten drei Englischstunden „ein hohes Maß an verbaler Lehrerdominanz" (290) festgestellt hat; ca. 75% aller Äußerungen waren Lehreräußerungen.

Wie wenig die Sprachenlerner im Unterricht sprechen, zeigen Vergleichszahlen zum natürlichen Spracherwerb. Nach Butzkamms (1989) Schätzung spricht ein vierjähriges Kind in unserem Kulturkreis pro Tag ca. 10 000 Wörter; d.h. das Sprachenlernen ist von einer äußerst intensiven Sprachproduktion begleitet (und wird dadurch wohl erst ermöglicht). Klein (1987) geht in einer eher niedrig angesetzten Schätzung (pro Tag fünf Stunden Sprachkontakt) davon aus, dass ein Kind in den ersten 5 Lebensjahren über 9000 Stunden Sprache hört und selbst spricht bzw. zu sprechen versucht. Demgegenüber hat ein Erwachsener, der das Große Sprachdiplom des Goethe-Instituts ablegt, ca. 1200 Unterrichtsstunden hinter sich (7 Jahre à 170 Unterrichtsstunden); bei 45 Sekunden Redezeit pro Unterrichtsstunde hat er während des Unterrichts gerade einmal 15 Stunden selbst in der Fremdsprache gesprochen.

So betrachtet, ist es erstaunlich, wie viel Schüler im Fremdsprachenunterricht „trotzdem" lernen. Die für Lehrer sicherlich provozierende Frage Wodes (1974: 32), „ob unsere Kinder im Schulunterricht trotz oder wegen der angewendeten Lehrverfahren eine Sprache erwerben", kann in Bezug auf die Verteilung der Redeanteile eindeutig mit „trotz" beantwortet werden: trotz minimaler Gelegenheiten zur Sprachausübung, wahrscheinlich wegen einer ausgeprägten endogenen Sprachlernfähigkeit (→ 2.2.1).

Qualitative Aspekte

Nach Lörscher (1983) ist die Klasse eine Sprechergemeinschaft mit eigenen kommunikativen Regeln und Normen. Unterrichtliche Kommunikation ist „didaktische Kommunikation", die „mit dem Ziel des Lehrens und Lernens von Wissensinhalten, Wertvorstellungen und/oder praktischen Fertigkeiten betrieben" wird (ebd.: 29). Der Lehrer hat vor allem die Aufgabe, „Lernprozesse zu initiieren, in Gang zu halten und zu lenken" (ebd.: 19). Dass Schüler im Unterricht so wenig sprechen, ist Ausdruck wie auch Folge der Qualität der unterrichtlichen Interaktionsstruktur, die ihnen nur wenige Gelegenheiten zu normalem kommunikativem Verhalten gibt. Ein zentrales Problem besteht darin, „dass echte, inhaltsbezogene, natürliche Kommunikation im Fremdsprachenunterricht nicht stattfindet, da die Situation insofern künstlich ist, als allen Beteiligten der muttersprachliche Code als primäres Kommunikationsmittel zur Verfügung steht und somit keine Notwendigkeit besteht, die Fremdsprache zu verwenden." (Pauels 1990: 38) Das dürfte ein aktives kommunikatives Verhalten der Lernenden nicht gerade fördern. Hinzu kommt, dass im Unterschied zu anderen Fächern der Lerngegenstand, die fremde Sprache, zugleich Kommunikationsmittel ist. Das erschwert die aktive Mitgestaltung der Interaktion durch die Lerner sehr stark und stellt vor allem für Erwachsene eine psychologische Schwierigkeit dar, da sie sich im einsprachigen Unterricht für lange Zeit in ihrem Äußerungsvermögen auf das Niveau eines Kindes reduziert sehen. Entsprechend passt der Lehrer seine Sprache lexikalisch wie syntaktisch dem Niveau der Lerner an (Allwright/Bailey 1991; Mitchell 1985). Das ist insofern notwendig, als die Verstehbarkeit der Lehrersprache eine wichtige Voraussetzung dafür darstellt, dass die Lernenden den Lehrer-Input aufnehmen und verwerten können (→ 2.2.1).

Im Fremdsprachenunterricht findet vor allem sprachbezogene Kommunikation statt; auch inhaltlich-mitteilungsbezogene Unterrichtsphasen haben letztlich eine didaktische Funktion, da sie dem Sprachenlernen dienen. (Hüllen 1981 spricht von einer übergeordneten „didaktischen Illokution", die jeglicher Unterrichtskommunikation zugrunde liegt und ohne die die Eigenarten unterrichtlicher Interaktion nicht zu verstehen sind.) Es herrscht also stets „übende Interaktion" vor, und meist dominiert die Lernfunktion sprachlicher Äußerungen (Knapp-Potthoff/Knapp 1982). Kommunikation im Fremdsprachenunterricht geschieht „primär um des sprachlichen Performierens willen und nicht zur Befriedigung eines inhaltlichen Interesses" (Hüllen 1981: 227). Das zeigt sich z.B. im Korrektur- und Evaluationsverhalten, denn oft werden auch mitteilungsbezogene Äußerungen nach sprachbezogenen Kriterien korrigiert und bewertet. Allerdings ist der Fremdsprachenunterricht durchaus eine eigene, aber doch reale Situation mit authentischen Sprechanlässen (Organisation des Unterrichts, Erklärungen, Aufforderungen ...), die allerdings weitgehend vom Lehrer übernommen werden; die Schülersprache beschränkt sich meist auf sprachbezogenes Üben oder simuliertes sprachliches Handeln (Dialogvariation, Rollenspiele mit anderem Ich, Hier und Jetzt). All das erschwert die Interaktion und verhindert ein natürliches Sprachverhalten von Seiten der Lernenden.

Ein weiteres Merkmal unterrichtlicher Kommunikation ist die ungleiche Verteilung von Sprechhandlungen auf Lehrer und Schüler, wobei in der Literatur je nach zugrunde gelegter Klassifikation unterschiedliche Aspekte der Lehrersprache betont werden. Portmann (1991) hebt hervor, dass 90% aller initiierenden, bewertenden und abschließenden Äußerungen im Unterricht vom Lehrer stammen, während die Lernenden für die reagierenden Äußerungen „zuständig" seien. Nach Lörscher (1983) äußern sich Lehrer vor allem in Fragen stellender (elizitativer), Anweisungen gebender (direktiver), Wissen vermittelnder (informativer) und bewertender (evaluativer) Funktion; die Schüleräußerungen weisen in den meisten Fällen eine reaktive (respondierende) Funktion auf. Die Lernenden haben also nur wenig Gelegenheit, initiativ zu werden, und sei es nur, um Fragen zu stellen. Hüllen/Lörscher (1979: 318) stellen zusammenfassend eine „relative Vielfalt der Lehrersprache gegenüber der funktionalen Monotonie der Lernersprache" fest. Daraus resultiert ein schwerwiegendes didaktisches Problem, denn die Lernenden haben kaum die Möglichkeit, im Rahmen der authentischen Unterrichtskommunikation in der Fremdsprache ein variables Inventar an Sprechakten zu äußern. Die meisten Sprechhandlungen werden lediglich in sprachbezogenen Übungen oder in simulierter Kommunikation verwendet, was den Transfer in die außerunterrichtliche Realität sicher nicht begünstigt.

Zu den häufigsten Sprechakten von Lehrern gehört das Fragenstellen. Allerdings fragen Lehrer nur selten aus Interesse am Gegenstand ihrer Frage, sondern meist in der Absicht, die Kenntnisse ihrer Schüler zu kontrollieren oder ihr Denken in eine bestimmte Richtung zu lenken. Schüler hingegen fragen sehr wenig, obwohl doch sie es sind, die etwas lernen wollen bzw. sollen. Nach Grell (1990: 63) sind zudem viele Schülerfragen des Typs *Dürfen wir auch mit dem Kugelschreiber schreiben?* oder *Sollen wir das ins Hausheft oder ins Schulheft eintragen?* Die stark direktive Funktion der Lehrersprache zeigt sich weiterhin in ca. 50 Anweisungen pro Unterrichtsstunde (Tausch/Tausch 1979: 332ff., z.B. *Weiter!*, *Macht ein bisschen schneller!*, *Bringt das in einen Satz!*, *Halt mal!* ...); darüber hinaus fordern Lehrer ihre Schüler oft auf, von ihnen begonnene Sätze zu vervollständigen, etwa L: *Im Nebensatz steht das Verb ...?* – S: *... am Ende.* (durchschnittlich 15 – 20 Mal pro Stunde). Die Lehrersprache im Fremdsprachenunterricht ist durch viele Wiederholungen und Paraphrasen charakterisiert (Portmann 1991), was darauf hinweist, dass neben der eigentlichen Mitteilung auch das Sprachliche thematisiert wird. Eine derart explizite Sprachverwendung soll wohl der Verständlichkeit des Gesagten dienen, sie erhöht aber auch die Redeanteile des Lehrers.

Dem Unterricht liegt ein „hoch ritualisiertes Interaktionsmuster" zugrunde (Grell 1990: 62). Das zeigt sich u.a. darin, dass der unterrichtliche Diskurs durch typische Folgen von Lehrer-Schüler-Äußerungen charakterisiert ist; so besteht z.B. eine starke Tendenz zu lehrergesteuerten Zwei- bzw. Dreischritt-Schemata (Abb. 9.1; Portmann 1991: 111f.; Lörscher 1983: 87ff.).

Abb. 9.1: Lehrer-Schüler-Interaktionsmuster

Nur der Lehrer bewertet, lobt und tadelt; die Schüler werden in die Bewertung ihrer eigenen Leistungen sowie in die ihrer Mitschüler meist nicht miteinbezogen. (Korrekturen und Bewertungen führen zudem zu häufigen Unterbrechungen von Schüleräußerungen.) Die Bewertung richtet sich im Fremdsprachenunterricht meist nach Kriterien der grammatischen Korrektheit, da Inhalt und Funktion der Schülerbeiträge oft eine untergeordnete Rolle spielen.

Auch nonverbale und parasprachliche Mittel werden im Unterricht weitgehend in einer sprachbezogenen Funktion eingesetzt, z.B. um sprachlich bedingte Defizite auf Seite der Schüler auszugleichen; sie dienen dann zur Verdeutlichung der semantischen oder pragmatischen Funktion der Äußerungen oder erleichtern die Organisation des Unterrichts. Insgesamt treten die verschiedenen Funktionen nonverbaler Mittel im Fremdsprachenunterricht in einer anderen Gewichtung auf als in natürlicher Kommunikation (→ 9.5).

Die Organisation des Unterrichts und somit auch der Interaktion liegt fast ausschließlich in den Händen des Lehrers. Dieser entscheidet über den Unterrichtsverlauf; „Lehrer setzen im Unterricht ihren Plan durch" (Grell 1990: 62), und kaum einmal planen Lehrer und Schüler den Unterricht bzw. Teile davon gemeinsam. Die Unterrichtskommunikation läuft selbst beim Klassengespräch (z.B. in Diskussionen) meist über den Lehrer, d.h. nur selten richten Schüler ihre Äußerungen direkt an einen Mitschüler. „Wer mit wem zu welchem Zeitpunkt spricht, wird streng kontrolliert" (Ellis 1990: 87); Entscheidungen über das Rederecht und über Sprecherwechsel gehören zu den Kompetenzen des Lehrers. Schüler melden sich, wenn sie die Sprecherrolle übernehmen wollen, d.h. sie warten darauf, dass sie ihnen vom Lehrer erteilt wird. Durch Aufrufen entscheidet dieser in der Regel über den Sprecherwechsel und über die Übernahme der Sprecherrolle. Der Lehrer hat das Recht, Schüleräußerungen zu unterbrechen und das Rederecht zu entziehen. Nach Beendigung oder Unterbrechung einer Schüleräußerung fällt das Rederecht automatisch an den Lehrer zurück (Lörscher 1983).

Insgesamt charakterisiert Grell (1990: 62) die Situation folgendermaßen: „Vergleicht man den Anteil der Schüler an der Interaktion mit dem Anteil des Lehrers, so kommt man zu dem Eindruck, dass der Lehrer die wichtigste Person ist und dass Lernen in Schulklassen hauptsächlich eine Lehreraktivität ist." Interaktion im Unterricht ist asymmetrisch, und „Dirigierung – Lenkung" ist nach Tausch/Tausch (1979) eine Hauptdimension des Lehrerverhaltens. Während bei „normaler" Kommunikation die Interaktion zwischen den Kommunikationspartnern ausgehandelt wird, wird sie im Unterricht mit wenigen Ausnahmen einseitig vom Lehrer bestimmt.

Nach Tausch/Tausch (1979) haben Schüler nur wenig Selbstverantwortung für das Lernen; Kreativität, Originalität und Produktivität werden kaum gefördert, ebenso wenig höhere kognitive Leistungen, für die z.B. Schülerfragen ein Ausdruck wären. Das hat negative Auswirkungen auf die soziale und emotionale Seite des schulischen Lernprozesses (z.B. auf die Motivation) und dürfte auch für die Persönlichkeitsentwicklung der Lernenden nicht förderlich sein.

Die Asymmetrie der Unterrichtskommunikation erklärt sich nur zum Teil aus dem sprachlichen Vorsprung des Lehrers in der Fremdsprache, denn die dargestellten Charakteristika unterrichtlicher Interaktion treffen nicht nur auf den Fremdsprachenunterricht zu. Sie mag im Erwachsenenunterricht in etwas anderer Form auftreten (etwas höflicher, etwas weniger Befehle), in den grundlegenden Strukturen wird sie sich aber kaum vom normalen Schulunterricht unterscheiden. „Die sich daraus ergebende Rollenkonstellation impliziert eine Lehrer-Schüler-Hierarchie, innerhalb derer nur bestimmte Interaktionsformen zulässig sind und die Schüler begrenzte Redemöglichkeiten haben." (Edmondson 1995: 176) Dazu tragen auch die Institution Schule und die dadurch gesetzten Rahmenbedingungen bei (Lörscher 1983); der Raum Klassenzimmer, eine bestimmte Sitzordnung und die Regelmäßigkeit unterrichtlicher Abläufe begünstigen bestimmte Kommunikationsstrukturen und interaktive Routinen.

Auch wenn die asymmetrische und dirigistische Interaktionsstruktur im Sinne eines „interaktiven Fremdsprachenunterrichts" (Schiffler 1980) verändert werden sollte, ist es nicht angebracht, die sprachliche Dominanz des Lehrers im Fremdsprachenunterricht ausschließlich negativ zu beurteilen. Der Lehrer ist neben dem Lehrwerk das wichtigste Modell für die fremde Sprache, und er ist daneben die wichtigste Quelle für sprachlichen Input. Damit ist die Lehrersprache eine wichtige Voraussetzung für den sprachlichen Lernprozess (Knapp-Potthoff/Knapp 1982). Andererseits widerspricht die Asymmetrie und starke Lenkung der Interaktion unter vielen Aspekten den Ideen eines Unterrichts, der fremdsprachliche Kommunikationsfähigkeit zum Ziel hat. Fremdsprachenlerner sollen im Unterricht lernen, wie man die Fremdsprache außerhalb des Unterrichts verwendet. Sie sollen also in einer Situation, in der oft eine höchst unnatürliche Interaktion vorherrscht, lernen, wie man in der natürlichen Kommunikation sprachlich interagiert. Edmondson (1989: 176) bezeichnet diesen Widerspruch als das Paradoxon des Fremdsprachenunterrichts. „Ob bzw. inwiefern Lehrer sowohl ihre didaktischen Ziele als auch einen 'authentischen' Gebrauch der Zielsprache im Unterricht integrieren können, hängt u.a. davon ab, welche Interaktionsformen im Unterricht von Lehrenden für verschiedene didaktische Zwecke angewendet werden ... und welche sozialen Verhältnisse zwischen Lehrer und Lernern im Unterricht ... bestehen." (Edmondson/House 1993: 232)

9.1.2 Zur Veränderung der Rede- und Handlungsanteile

Die Aussage Schifflers (1980: 11), *„dass eine positive soziale Interaktion eine wesentliche Voraussetzung für die Wirksamkeit des Fremdsprachenunterrichts ist"*, wirft sofort die Frage auf, wie eine solche Interaktionsstruktur im Unterricht erreicht werden kann. Wie können die

Unterrichtenden ihr dirigistisches Verhalten abbauen und ihr eigenes Rollenverhalten sowie das der Lernenden in Richtung einer stärker symmetrischen Interaktion verändern? Wie gelangen die Schüler zu mehr Initiative, Selbständigkeit und Eigenverantwortung? Wie erreicht man mehr lernergeleitete Kommunikation und mehr Kommunikation zwischen den Lernern selbst? Wie lassen sich die Redeanteile zugunsten der Schüler verändern? Auf diese wichtigen Fragen kann hier nur in allgemeiner Form eine Antwort gegeben werden. Die folgenden Kapitel behandeln einige Aspekte genauer.

Ein erster Schritt kann darin bestehen, dass in der Klasse *die pädagogischen und didaktischen Grundlagen des Unterrichts thematisiert* werden. Zu Beginn eines Kurses kann ein Gespräch über die pädagogische Konzeption, neue Lehrverfahren (wie z.B. die Förderung von Verstehensstrategien), über interaktive Prozesse wie den Wechsel der Sozialformen oder das Korrigieren u.ä. stattfinden (Schiffler 1980). Das Gespräch über den Unterricht sollte im Verlauf eines Kurses fortgesetzt werden, denn auch der Lehrende benötigt Feedback, um sich auf die jeweilige Lernergruppe einstellen zu können und um förderliche pädagogische bzw. methodische Ansätze zu verstärken bzw. weniger förderliche zu vermeiden. Oft wissen die Schüler viel besser als der Unterrichtende selbst, warum eine Stunde gut gelaufen ist und allen Beteiligten Spaß gemacht hat, eine andere hingegen nicht.
Jeder Lehrer hat ungelöste didaktische Fragen, z.B. über den Einsatz der Muttersprache bei sprachlich homogenen Gruppen (ein- oder zweisprachige Semantisierung, Stellenwert des Übersetzens) oder über das Korrigieren (Art und Häufigkeit des Korrigierens, die Lernenden unterbrechen oder reden lassen ...). Was spricht dagegen, die Lerner nach ihren Bedürfnissen zu befragen und das Verfahren zu berücksichtigen, bei dem sie ihrer Meinung nach am besten lernen? Damit sei nicht didaktische Unverbindlichkeit zum Prinzip erhoben, denn natürlich gibt es methodische Grundsätze und Verfahren, auf die in einem kommunikativ ausgerichteten Fremdsprachenunterricht nicht verzichtet werden kann. Doch auch wenn man als Lehrer meint, es gehe ans methodisch „Eingemachte", sind Diskussion und gegenseitiges Verständnis besser als die Berufung auf Autoritäten und Expertentum (*Das macht man heute so!, Bin ich oder seid ihr Lehrer?*). Auch zur Leistungsbewertung können Schüler durch Selbsteinschätzung oder Einschätzung der Leistung von Mitschülern beitragen. Durch all das werden die Lernenden in die Planung und Organisation des Unterrichts miteinbezogen und als Partner des Lehrers ernst genommen; zugleich wird ihnen bewusst gemacht, dass auch sie Verantwortung für den Lernprozess tragen. Transparenz ist eine wichtige Voraussetzung für Mitbestimmung und eine positive soziale Interaktion in der Klasse (Edmondson 1995).
Der Lehrer sollte sich weiterhin überlegen, wie er bei den *Lerninhalten* die Interessen der Schüler direkter berücksichtigen kann (→ 10). So ist es z.B. möglich, die Lernenden an der Themen- und Materialsuche bzw. -auswahl zu beteiligen. Lehrwerke enthalten neben obligatorischen Teilen auch Materialien zur Auswahl, und bereits die Mitbestimmung hierbei (*Welche Texte sollten wir in dieser Lektion behandeln?*) kann einen Beitrag zur Mitverantwortung darstellen, wobei der Lehrer auch seine Wünsche einbringen und begründen kann. Das betrifft gleichermaßen Zusatzmaterialien für den Unterricht (Texte, Bilder usw.).
All das führt zu einer stärker symmetrischen Rollenverteilung und Interaktionsstruktur und schafft zugleich authentische Kommunikationsanlässe. Dabei müssen im Anfängerunterricht die Redemittel, die für das Sprechen über Unterricht und für Organisatorisches benötigt werden, gezielt eingeführt, eingeübt und aktiviert werden (→ 6.2.6); in sprachlich homogenen Kursen wird man auf die Muttersprache zurückgreifen.

Da die Inhalte eines Sprachkurses im Lehrbuch weitgehend vorgegeben sind, stellt die Auseinandersetzung mit Lehrbuchtexten einen wichtigen Kommunikations- und Arbeitsanlass dar. Bei Fortgeschrittenen findet sie in Form von Diskussionen oder Stellungnahmen statt; dass auch Anfänger Lehrbuchtexte nicht kritiklos zu akzeptieren brauchen, zeigt ein Beispiel aus der „Unterrichtsdokumentation" des Goethe-Instituts (85. Stunde, Lehrer: H. Wilms), wo die Lerner zusammen mit dem Lehrer einen „grammatischen Lehrbuchtext", der sehr viele Pronominalformen im Dativ enthält, in sprechüblicheres Deutsch umschreiben (Abb. 9.2). Als kommunika-

Lehrbuchversion	Neue Schülerversion
– Wem gehört die Kamera? Gehört sie dir?	– Ist das deine Kamera?
+ Ja, die gehört mir. Gefällt sie dir?	+ Ja, gefällt sie dir?
– Ja, so eine suche ich schon lange. Kannst du sie mir mal leihen?	– Leih sie mir bitte mal! Ich suche auch so eine.
+ Ich kann sie dir schon geben, wenn du sie mir bald wiederbringst.	+ Ja, aber wiederbringen!
– Das ist doch selbstverständlich. Ich möchte sie nur mal ausprobieren. Vielleicht kaufe ich mir auch so eine.	– Klar, ich probiere sie nur mal aus.
+ Meinem Bruder gefällt sie auch. Dem soll ich sie auch leihen.	+ Mein Bruder will sie auch mal probieren.
– Dann gib sie zuerst ihm und dann mir.	– Dann gib sie zuerst ihm und dann mir.
+ Gut, ich gebe dir dann Bescheid.	+ O.K.

Abb. 9.2: Lehrbuchtext (DAF IA neu: 64) und Schülerversion

tive Aufgabe gibt die Stundenbeschreibung an: „Über einen Lehrbuchtext sprechen (seine Qualität einschätzen). Einen Lehrbuchtext (Dialog) umformulieren" (Unterrichtsdokumentation 1982: 44b). Durch eine solche Aufgabe werden die Lernenden für Texte der deutschen Sprache sensibilisiert, und möglicherweise gewinnen sie auch eine kritischere Einstellung zu ihrem Lehrbuch.

In vielen Bereichen des Unterrichts lassen sich durch ein *verändertes methodisches Vorgehen* die Rede- und Handlungsanteile des Lehrenden reduzieren und die der Lernenden erhöhen. Die folgenden Punkte fassen zusammen, was in diesem Buch an anderer Stelle ausführlicher dargestellt und begründet wird.

- Ein fragengesteuerter Frontalunterricht, in dem auf ein bestimmtes Ergebnis hin gearbeitet wird (z.B. bei der Text- oder Grammatikarbeit), festigt nicht nur die zentrale Lehrerrolle, sondern ist wahrscheinlich auch nicht sehr lernintensiv. Lehrer sollten das mündliche Frage-Antwort-Spiel reduzieren und statt dessen Arbeitsaufträge geben, die in Einzel-, Partner- oder Gruppenarbeit bearbeitet werden und deren Ergebnisse die Schüler in der Klasse vortragen.
  – Hör- und Leseverstehen sollten nicht anhand von mündlichen Lehrerfragen zum Textverstehen im Frontalunterricht bzw. Klassengespräch unterrichtet werden. Die Vermittlung von Verstehensstrategien sowie das Bearbeiten von Verstehensaufgaben in Partner- oder Gruppenarbeit fördern die Eigenarbeit der Lernenden, reduzieren die Handlungs- und Redeanteile des Lehrers und versprechen zudem bessere Ergebnisse (→ 4.2, 4.3).
  – Der Unterrichtende sollte nur den Teil des neuen Wortschatzes semantisieren, den die Lerner nicht selbst erschließen können (aus Kontext, Situation, Wortbildungsstruktur usw.); auch die Verwendung des Wörterbuchs leistet einen Beitrag zur Selbsttätigkeit der Lernenden.
  – Inhaltsbezogene Aktivitäten der Textarbeit (Auseinandersetzung mit Textinhalt, Diskussion zum Thema des Textes, Textinterpretation, Überführung in die Lernerperspektive usw.) sollten die Lerner in Form von Bearbeitungsaufgaben selbständig durchführen, bevor sie in der Klasse vorgetragen und anschließend eventuell in ein Unterrichtsgespräch überführt werden. Generell lassen sich die Redeanteile der Schüler während eines Klassengesprächs dadurch wesentlich erhöhen, dass das Klassengespräch in einer anderen Sozialform von den Lernenden selbständig vorbereitet wird.
  – Bei der Grammatikarbeit können redeintensive und meist langatmige Lehrerdarbietungen dadurch vermieden werden, dass die Schüler die grammatischen Regularitäten selbst übend erarbeiten, sodass nur noch die zusammenfassende Systematisierung im lehrergesteuerten Klassenunterricht stattfindet (→ 5.3.3).
- Eigeninitiative und Authentizität des Unterrichtsgeschehens werden gefördert, wenn die Schüler in verschiedenen Unterrichtsphasen möglichst eigene Ideen und ihre eigene schulische oder außerschulische Erfahrungswelt einbringen können. Das Übungsgeschehen bietet z.B. überall dort Möglichkeiten zu schülereigener Steuerung, wo in Übungen die Lernerreaktionen nicht vorgegeben sind, sodass die Lernenden die Reaktionen inhaltlich frei gestalten können. Solche offenen Übungen (→ 5.4) können vor der eigentlichen Durchführung von den Lernern inhaltlich vorbereitet werden.
- In schriftlichen Schülerarbeiten sollte der Lehrer die Fehler nur anstreichen, nicht aber selbst korrigieren; Eigenkorrekturen durch die Lerner erhöhen nicht nur deren Handlungsanteile am Unterrichtsgeschehen, sie versprechen zudem ein besseres Lernergebnis (→ 9.4.2).

9.1 Rede- und Handlungsanteile

- Der Lehrer sollte sein Sprachverhalten kontrollieren, um seine Redeanteile zu reduzieren.
  - Typisch sprachliche Verhaltensweisen des Lehrers wie Paraphrasierung bzw. Explikation von Schülerbeiträgen oder Lehrerecho lassen sich reduzieren oder vermeiden, wenn der Lehrer auf ausreichend lautem Sprechen der Lernenden besteht. Sind Schülerparaphrasen erforderlich, so können sie von den Schülern selbst übernommen werden (*Kannst du noch einmal sagen, was er gemeint hat?*). Auch Selbstparaphrasen und -wiederholungen lassen sich einschränken, sofern sich der Lehrer ihrer bewusst ist.
  - Komplexe mündliche Arbeitsaufträge des Lehrers werden oft nicht verstanden und müssen dann langwierig wiederholt werden. Das lässt sich vermeiden, wenn die Schüler (eventuell über OHP) Arbeitsanweisungen mit einem klaren Beispiel in schriftlicher Form erhalten, sodass der Lehrer verbal nur noch wenige begleitende Informationen geben muss (→ 9.6). Das spart Zeit und verringert Redeanteile des Lehrers.
  - Grundsätzlich kann der Lehrer durch gute Planung und Vorbereitung viel eigene Redezeit einsparen. Phasen, in denen er selbst reden muss, sollte er möglichst gut vorbereiten und durch Medieneinsatz ergänzen (z.B. Ankündigungen, Arbeitsaufträge, Erklärphasen). Dadurch kann er Verständnisschwierigkeiten und damit verbundene Wiederholungen vermeiden. Auch eine gelegentliche kurze Äußerung in der Muttersprache kann Zeit sparen, die sinnvoller für inhaltsbezogene Lerneräußerungen in der Fremdsprache genutzt wird.
  - Rein verbale grammatikalische Erklärungen sollten möglichst vermieden und dafür Schautafeln, Tabellen usw. eingesetzt werden, die klar und verständlich sind und deshalb nur ein Minimum an Lehrererklärungen erfordern (→ 5.3.4). Solche Erklärungen können auch Schüler übernehmen, gegebenenfalls in der Muttersprache.
  - Zur Verständlichkeit der Lehrersprache, d.h. zur Vermeidung von Wiederholungen, kann auch der gezielte Einsatz nonverbaler Mittel beitragen (Gestik, Mimik; → 9.5).
- Der Unterricht bietet zahlreiche Möglichkeiten, direkt die Schülersprache zu stimulieren und somit die Redeanteile der Lerner zu erhöhen.
  - Der Lehrer sollte sein Frageverhalten kontrollieren und gezielt offene Fragen stellen; seine Fragen sollten die Schüler zur Sprachproduktion anhalten und diese nicht verhindern (→ 9.3).
  - In der Klasse sollte ein positives und ermutigendes Klima herrschen, das Schülerbeiträge stimuliert. Trotz eines enormen Lernstoffs stellen Schüler im Fremdsprachenunterricht meist nur sehr wenige Fragen. Offenbar gibt die asymmetrische Interaktionsstruktur und die starke Lenkung des Unterrichtsgeschehens durch den Lehrer den Schülern nur wenig Gelegenheit dazu. Das ist umso bedauerlicher, als Schülerfragen authentische Unterrichtskommunikation darstellen. Die Lernenden sollten immer wieder ermutigt werden, Fragen zu stellen, nachzufragen, eigene Ideen und Vorschläge einzubringen usw.; möglicherweise kann man Schülerfragen dadurch fördern, dass man nach bestimmten Unterrichtsphasen (Textverstehen, Wortschatzsemantisierung, Erklärung von Grammatik oder Kommunikationsverhalten usw.) die Lernenden auffordert, in Einzel-/Partnerarbeit das Gesagte zu überdenken und sich Fragen dazu zu überlegen. Voraussetzung ist allerdings ein entsprechendes Klassenklima.
- Die Sprechhäufigkeit der Schüler lässt sich dadurch erhöhen, dass alle Schüler gleichzeitig sprechen. Bei Aussprachübungen erhöht Chorsprechen (oder Chorlesen) die Redeanteile der Schüler. Wird ein Text laut vorgelesen, können die anderen Schüler durch leises Mitlesen bzw. Mitartikulieren ebenfalls ihre Geläufigkeit aktiv üben. Viele sprachbezogene Übungen (z.B. dialogische Strukturübungen) können in Partnerarbeit durchgeführt werden, sodass alle Lernenden zugleich sprechen und üben, ähnlich wie im Sprachlabor (→ 7.2.1). Sprachbezogene Übungen, die in der Klasse mündlich durchgeführt werden, können die Lerner in Einzelarbeit schriftlich vorbereiten; das mag etwas zeitaufwendiger sein, fördert jedoch ein aktives Lernerverhalten und Interesse an den korrekten Lösungen.

Umfragen haben ergeben, dass vor allem psychologische Faktoren wie Unsicherheit, Angst vor Blamage, Anonymität in der Klasse usw. Schülerfragen verhindern (Raabe 1982). Schülerfragen begünstigt u.a. ein positives soziales Klima in der Gruppe (d.h. ein tolerantes, ermunterndes, verständnisvolles Lehrerverhalten und eine Unterrichtsatmosphäre, die Schülerfragen positiv akzeptiert) und das Vermögen des Lehrers, Fragen gut und differenziert zu beantworten.

In der Literatur werden spezielle Übungen vorgeschlagen, die darauf abzielen, die Interaktionsfähigkeit der Lernenden in der Fremdsprache zu verbessern (z.B. Kramsch 1980, 1981):
- Eine Übung zur Förderung von Schülerfragen: Ein Schüler/der Lehrer gibt eine Aussage vor, und die Lernenden stellen so viele Fragen dazu, wie ihnen einfallen, z.B. Übung 1. Die Übung kann auf die Unterrichtssituation übertragen und zugleich erweitert werden, indem die Lerner auch mit Begründungen, Gegenfragen u.a. reagieren können, z.B. Übung 2:

1	S/L-Aussage:	*Ich habe einen Hund.*	2	S/L-Aussage:	*Ihr müsst zu Hause mehr lernen.*
	S-Fragen dazu:	*– Was für einen denn?*		S-Fragen dazu	*– Warum denn?*
		– Beißt er?			*– Wir haben aber keine Zeit!*
		– Spielt er mit dir?			*– Lernen wir nicht genug?*
		– ...			*– ...*

- Wiederholungen und Weiterfragen als Strategie, um einen Sprecherwechsel herbeizuführen:

+ Ich habe heute morgen auf dem Weg in die Schule einen 50-Markschein gefunden.
– Was? Einen 50-Markschein? Heute morgen? So einfach auf der Straße? Was haben Sie damit gemacht?

- Den Lehrer unterbrechen unter Verwendung bestimmter Redemittel, z.B.:

– Also, da hab ich eine Frage ... – Einen Moment, ... – Kann ich dazu etwas sagen ... – Entschuldigung, aber ...
– Wie war das noch einmal... – Können Sie das etwas genauer sagen? – ...

In vielen Bereichen des Unterrichts können ohne Veränderung der methodischen Vorgehensweise *die Lernenden Handlungs- und Redeanteile des Lehrers übernehmen*, z.B.:
- Fragen stellen: Warum muss die Fragen zu einem bestimmten Unterrichtsgegenstand (Text, Bild, Thema usw.) eigentlich immer der Lehrer stellen? Oft können die Lernenden diesen Handlungsanteil, eventuell nach kurzer Vorbereitung, selbst übernehmen.
- Semantisierung: Fragen nach unbekannten Wörtern sollten grundsätzlich an die Klasse weitergegeben werden, eventuell mit Hinweisen zur Bedeutungserschließung (*Was kann das in diesem Kontext bedeuten?*). In sprachlich homogenen Gruppen sollten die Lerner dabei das Recht haben, die Bedeutung in ihrer Muttersprache anzugeben. Generell sollten Schülerfragen und Schülerbeiträge immer an die ganze Klasse gerichtet sein, und der Lehrer sollte selbst erst dann darauf eingehen, wenn es erforderlich ist.
- Mündliches Korrigieren: Der Lehrer sollte im Rahmen des Möglichen Selbstkorrekturen und Korrekturen durch Mitschüler fördern (was automatisch zu einer Reduktion der Lehrerkorrekturen führt). Auch bei freieren Phasen in der Klasse (Dialoge oder Rollenspiele, Stellungnahmen, kleine Vorträge usw.) können die Schüler „Bewertungsaufträge" erhalten: einige achten auf den Inhalt oder die Ausführung, einige notieren wichtige Fehler, die im Anschluss besprochen werden. Auf alle Fälle sollten die Korrekturen die Schüler ermutigen und als Hilfestellung verstanden werden; deshalb ist eine Klärung des Korrekturverhaltens in der Klasse wichtig (→ 9.4.1).

Abhängig von Alter und Sprachniveau der Lerner kann der Lehrer in bestimmten Phasen *den Schülern die Durchführung des Unterrichts überlassen* und sich auf die Rolle des Beraters und Helfers zurückziehen. Man sollte sich einmal ernsthaft überlegen, ob bei der Textarbeit, bei Übungen oder bei der Besprechung von Hausaufgaben notwendigerweise der Lehrer den Unterricht leiten muss. Können Schüler nicht ebenso gut eine Diskussion moderieren wie der Lehrer, der sich entweder in die Gruppe der diskutierenden Schüler einreiht oder als Ghostspeaker bzw. Lexikon fungiert?

Dass Schüler schon auf einem niedrigen Sprachbeherrschungsniveau große Teile des Unterrichts selbst vorbereiten und durchführen können, zeigen überzeugend die Unterrichtsmitschnitte von Martin (1983, 1984). Die Schüler bereiten einzelne Unterrichtsphasen in Gruppenarbeit vor (ca. 20 – 30 Minuten), erstellen dabei Materialien (z.B. OHP-Folien der Arbeitspapiere) und unterrichten diese vorbereiteten Phasen anschließend in der Fremdsprache. Sie führen neue Texte ein, erklären den unbekannten Wortschatz und stellen Fragen zum Text, führen Grammatikphasen und Übungen selbständig durch u.v.m. Der Lehrer ist Ansprechpartner bei auftretenden Fragen und Zweifelsfällen, und er sorgt dafür, dass bei Unklarheiten das Verständnis gesichert ist. Durch den Rollentausch wird eines der Hauptziele des Unterrichts erreicht: Die Redeanteile zwischen Lehrer und Schülern sind sehr gut verteilt; der Lehrer spricht in manchen Phasen nicht mehr als 3 – 5 % der Zeit (vgl. auch Häussermann/Piepho 1996: 221ff.).

Interaktion in der Klasse hat viel mit der Sitzordnung und dem Lehrerstandort zu tun (→ 9.5; Schiffler 1980). Ein vor der Klasse stehender Lehrer dominiert sehr stark, und er bietet sich als ständiger Impulsgeber und als Bezugsperson für Schüleräußerungen geradezu an. Der Lehrer sollte deshalb so oft wie möglich diese Position verlassen; auch bei frontaler Aufstellung der Sitzplätze kann er sich in bestimmten Unterrichtsphasen z.B. unter die Schüler setzen oder einen mehr seitlichen Platz einnehmen. Eine Sitzordnung in Hufeisenform oder an Gruppentischen (zusammengestellte Tische, an denen jeweils ca. vier bis fünf Schüler sitzen) fördert die Interaktion zwischen den Schülern, erleichtert einen Wechsel der Sozialformen (→ 9.2) und kann einer zu starken Lehrerdominanz vorbeugen.

Wenn der Lehrer die Selbsttätigkeit der Lernenden stimuliert, führt das automatisch zur Reduzierung seiner eigenen Handlungs- und Redeanteile. Alles, was die Schüler selbst machen können, sollten sie auch selbst tun. Ein wichtiges Mittel dazu ist der *Wechsel der Sozialformen* (→ 9.2). Der Lehrer sollte eine Abnahme von Fremdbestimmung und mehr Selbstbestimmung der Lerner anstreben. Vielleicht führt das bei den Schülern ab einem bestimmten Alter auch zu der Erkenntnis, dass letztlich sie selbst für das Lernen verantwortlich sind.

Grell (1990: 65f.) zitiert Untersuchungen, wonach erfolgreiche Lehrer im Vergleich zu Durchschnittslehrern
– besonders dann loben und ihr Lob auch begründen, wenn die Schüler aus eigener Initiative Beiträge leisten;
– eigene Gedanken von Schülern viel eher akzeptieren und diese auch weiter verwenden;
– beim Lehrervortrag viel öfter durch Fragen unterbrochen werden;
– weniger Anweisungen geben.
Insgesamt zeigen die Schüler erfolgreicher Lehrer viel Eigeninitiative.

9.2 Sozialformen des Unterrichts

Unter Sozialformen des Unterrichts versteht man die verschiedenen Arten, wie die Zusammenarbeit zwischen den Schülern und zwischen Lehrer und Schülern in der Klasse organisiert ist. Es werden Klassenunterricht, (Klein-)Gruppenarbeit, Partnerarbeit und Einzelarbeit unterschieden (Aschersleben 1979).

Der Wert des Einsatzes verschiedener Sozialformen wird in der didaktischen Literatur mit vielen Argumenten betont. Durch den Wechsel der Sozialformen wird vor allem die Interaktion im Unterricht intensiviert und variabler gestaltet. In empirischen Untersuchungen haben sich Partner- und Gruppenarbeit in Bezug auf Lernerfolg und soziales Lernen als überlegen erwiesen, wobei die Ergebnisse insgesamt nicht einheitlich sind (Aschersleben 1979: 127ff., 144f.; Schiffler 1980: 137ff.). Das wird vor allem begründet mit der Intensivierung des Unterrichtsgeschehens, besseren Entfaltungsmöglichkeiten für den einzelnen Schüler sowie den mannigfaltigen Möglichkeiten zu einer methodisch abwechslungsreichen und dem jeweiligen Gegenstand angemessenen Unterrichtsgestaltung. Unter pädagogischen Aspekten wird darauf hingewiesen, dass ein Wechsel der Sozialformen sozialerzieherisch wirkt und sich positiv auf das soziale Lernen auswirkt.

Obwohl ein variabler Einsatz der verschiedenen Sozialformen nicht nur von der Fachdidaktik, sondern auch von den meisten Lehrern für notwendig und positiv gehalten wird, werden nach Piepho (1995) Partnerarbeit und Gruppenarbeit in der schulischen Unterrichtspraxis nur selten durchgeführt. Nach Walters (1995) ist eine starke Diskrepanz zwischen der oft negativen Bewertung des Frontalunterrichts in der fachdidaktischen Diskussion und seiner großen Bedeutung in der praktischen Unterrichtsrealität festzustellen.
Gründe für diese Diskrepanz lassen sich viele angeben: die oft ungünstigen äußeren Bedingungen im Unterrichtsraum (z.B. frontal aufgebaute Bankreihen) oder fest verankerte Lehr- und Lerngewohnheiten bei Schülern und Lehrern; auch das Dogma der Einsprachigkeit und eine starke Lehrbuchfixierung des Unterrichts tragen zur Dominanz des Klassenunterrichts bei (Piepho 1995).

9.2.1 Klassenunterricht

Im Klassenunterricht, vor allem im Frontalunterricht, steht der Lehrer im Zentrum des Unterrichtsgeschehens. „Frontalunterricht ist eine Sozialform des Lehrens und Lernens, bei der ein Lehrer eine Klasse als Einheit unterrichtet." (Walter 1995: 204) Klassenunterricht lässt sich gut planen, und da der Lehrer aufgrund seiner dominanten Position den Unterricht straff führen und gut steuern kann, ist es möglich, mit der Klasse zusammen direkt auf ein Lernziel hin zu arbeiten. Aus den Schülerreaktionen ergibt sich schon eine erste Verstehens- und Erfolgskontrolle. Klassenunterricht wirft zudem relativ wenige organisatorische Probleme auf. In all dem liegt die Ökonomie sowie auch die Effektivität des Klassenunterrichts begründet.

Klassenunterricht erscheint in zwei Formen: dem lehrerzentrierten Frontalunterricht und dem Unterrichtsgespräch. Frontalunterricht wird vor allem in zwei Formen durchgeführt: als darbietender Unterricht (Lehrervortrag in Phasen, in denen neue Informationen vermittelt werden) und als fragend-entwickelnder Unterricht (dabei wird, gesteuert durch Lehrerfragen oder -impulse, in der Klasse ein Thema entwickelt bzw. erarbeitet).

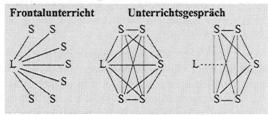

Abb. 9.3: Formen des Klassenunterrichts
(Abb. 9.3 – 9.6: nach Aschersleben 1979: 93f.)

Beim Unterrichtsgespräch wird das strenge Frontalschema aufgeweicht, und es wird die direkte Interaktion zwischen den Lernern ohne Dazwischentreten des Lehrers angestrebt; dadurch wird eine stärker symmetrisch-gleichberechtigte Interaktionsstruktur angestrebt.

Auch wenn der Klassenunterricht (vor allem der Frontalunterricht) immer wieder stark kritisiert wird (s.u.), so stellt er doch in all den Unterrichtsphasen die adäquate Sozialform dar, in denen alle Schüler das Gleiche lernen sollen, z.B. (Häussermann/Piepho 1996: 224f.; Walter 1995):

- Erklär- und Inputphasen – z.B. die Besprechung von Hausaufgaben und zusammenfassende Fehlerkorrekturen, Kognitivierungsphasen (Einsicht in Sprache, Sprachvergleich) oder die Vermittlung von landeskundlichem Wissen – richten sich an alle Schüler, sodass der Lehrervortrag oder das Klassengespräch angemessene Sozialformen darstellen.
- Diskussionen, Vorträge, Referate werden meist im Klassenunterricht durchgeführt und besprochen.
- Im Klassenverband wird man auch Aktivitäten durchführen, für die eine direkte Lehrerkontrolle wichtig ist, z.B. Aussprache- und Intonationsübungen oder Vorlesen.
- Immer dann, wenn die Tafel, der OHP oder das Kassettengerät einbezogen sind, richtet sich ein Schüler oder der Lehrer mit Hilfe des Mediums an die ganze Klasse (Ausnahme: Sprachlabor, → 7.2.1).
- Die meisten Aktivitäten aus Einzel-, Partner- oder Kleingruppenarbeit werden im Klassenunterricht fortgesetzt; die Ergebnisse werden gesammelt, sie werden zusammengefasst und festgehalten, bewertet, und es wird damit weitergearbeitet.

Der Klassenunterricht, insbesondere der Frontalunterricht, ist immer wieder Gegenstand heftiger Kritik (Kerschhofer 1995). Der Mangel an Schülerkontakten und die damit verbundene Vernachlässigung von Sozialbeziehungen in der Klasse wirkt sich besonders im Sprachunterricht negativ aus, da die Entwicklung und Förderung sprachlichen Handelns eine intensive Interaktion zwischen den Lernenden voraussetzt. Der Schüler befindet sich im Klassenunterricht meist in der Rolle des nur rezeptiv Lernenden, und seine Selbsttätigkeit ist sehr begrenzt. Aktiv lernende Schüler sind jedoch besser motiviert und haben langfristig einen besseren Lernerfolg (Aschersleben 1979). Hinzu kommt, dass im Klassenunterricht die Rede- und Handlungsanteile schlecht verteilt sind, da meist der Unterrichtende und somit die Lehrersprache dominiert. Dieser Aspekt muss sehr ernst genommen werden, da man eine fremde Sprache letztlich nur durch aktives sprachliches Handeln lernen kann. Auch wenn durch einige Übungs- und Arbeitsformen wie z.B. Kettenübungen, ungelenkte Gespräche oder Chorsprechen die Sprechzeit der Lernenden erhöht werden kann, bietet der Klassenunterricht für die Förderung des freien Sprechens (allgemein: der produktiven Fertigkeiten) nur begrenzte Möglichkeiten. Allerdings hängt es auch vom Geschick des Lehrers ab, in welchem Maße die Schüler aktiv mitarbeiten und zum Sprechen kommen, denn nur selten werden alle Möglichkeiten ausgeschöpft, die Lernenden aktiv am Klassenunterricht zu beteiligen (→ 9.1.2).

Unter allgemeinen pädagogischen Aspekten wird häufig betont, dass Klassenunterricht der Individualität des einzelnen Schülers – z.B. seiner Leistungsfähigkeit, seinem Arbeitstempo oder seinem kognitiven Stil – kaum gerecht werden kann, da alle Schüler zugleich und auf die gleiche Art angesprochen werden. Das wird besonders aus der Sicht einer schülerzentrierten pädagogischen Ausrichtung des Unterrichts kritisiert.

9.2.2 Gruppenarbeit und Partnerarbeit

Gruppenarbeit
Gruppenarbeit findet statt, wenn in einer Klasse mehrere Gruppen von jeweils 3 bis ca. 5/6 Schülern in selbständiger Zusammenarbeit eine Lernaufgabe bearbeiten. Diese Sozialform dient im Fremdsprachenunterricht dem sprachlichen und auch – stärker als beim Klassenunterricht – dem sozialen Lernen. Es wird erwartet, „dass durch die einer unmittelbaren Lehreraufsicht bzw. Lehrerlenkung entzogene Handlung der Schüler interaktive Prozesse in Gang gesetzt werden, die die Sprech- und Handlungsbereitschaft der Schüler im Fremdsprachenunterricht erhöhen." (Schwerdtfeger 1995a: 207)

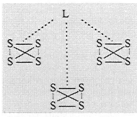

Abb. 9.4: Gruppenarbeit

Die Arbeit und die Interaktion während einer Gruppenarbeitsphase ist weitgehend der Lenkung und Kontrolle durch den Lehrer entzogen. An die Stelle der Fremdkontrolle durch den Lehrer tritt die Partnerkontrolle innerhalb der Gruppe. Die Dominanz des Lehrers wird zeitweise durch eine ausgeglichenere Interaktion innerhalb der Gruppe ersetzt, und zugleich wird die Verantwortung für das Unterrichtsgeschehen partiell auf die Gruppen delegiert. Dadurch nimmt die Eigenverantwortung des einzelnen Schülers zu, denn er trägt eine Mitverantwortung für die Gruppe und für das Gelingen der gemeinsamen Arbeit. Somit erhalten Gruppenaktivitäten aus der Sicht der Lernenden einen höheren Stellenwert als Aktivitäten im Plenum.

In Gruppenarbeit können bei den Schülern Ängste abgebaut werden, die im Klassenunterricht durch die Orientierung an der Lehrerkontrolle (Leistung, Bewertung!) entstehen (Angst ist leistungs- und lernhemmend; Vester 1978). Das ermöglicht ein natürlicheres Kommunikationsverhalten, da ohne Lehrerkontrolle inhalts- und partnerbezogene Aspekte die sprachbezogenen, vor allem die formale Korrektheit, dominieren können; das mag auch die Bereitschaft erhöhen, sprachlich etwas zu riskieren. Bemerkenswerterweise fanden einschlägige Untersuchungen, so Mitchell (1985, 341), „hinsichtlich der Grammatikalität keine Unterschiede bei der in Kleingruppen und in der ganzen Klasse verwendeten Schülersprache; allerdings hatten die einzelnen Schüler in der Gruppe mehr Gelegenheiten zu interagieren." Darüber hinaus hat der einzelne Schüler in der Kleingruppe viel bessere Möglichkeiten, eigene Ideen einzubringen und eigene Vorstellungen zu realisieren, da seine Beiträge ein größeres Gewicht haben als im Klassenunterricht. Die Chancen, dass ein echter Gedankenaustausch stattfindet, ist deshalb wesentlich größer. All das führt meist zu einem erhöhten Engagement der einzelnen Schüler und zu einer intensiveren Auseinandersetzung mit dem Lernstoff, als es im Klassenunterricht möglich ist.

Gruppenarbeit ermöglicht gerade leistungsschwachen Schülern eine stärkere Beteiligung. Die Schüler lernen während des gemeinsamen Arbeitens in der Gruppe voneinander, und die leistungsschwächeren Schüler werden dabei von guten Schülern (als eine Art Tutoren) stimuliert. (Auch im Klassenunterricht wenden sich Schüler bei Verstehensschwierigkeiten meist zuerst an den Nachbarn und dann erst an den Lehrer, d.h. das Lernen vom Mitschüler wird aus verschiedenen Gründen bevorzugt.) Der Lernerfolg von Gruppenarbeit ist bei eher schwachen Schülern am größten, während leistungsfähige Schüler von Individualisierung weniger abhängig sind (Aschersleben 1979; Ausubel u.a. 1980). Deshalb sollten Gruppen leistungsmäßig nicht homogen zusammengesetzt sein.

Durch den Einsatz von Gruppenarbeit kann die Verteilung der Rede- und Handlungsanteile zugunsten der Lernenden verändert werden. Untersuchungen zeigen, „dass Schüler, die in Kleingruppen arbeiteten, eine größere Vielfalt und Anzahl von Diskurszügen verwendeten." (Mitchell 1985: 341) D.h. in Gruppenarbeitsphasen sprechen die Schüler nicht nur wesentlich mehr, sie realisieren auch ein sehr breites Spektrum interaktiver Sprechhandlungen: sie bewerten Aussagen der Partner, sie stimmen zu und lehnen ab, sie machen Vorschläge, äußern sich einschränkend und organisieren auch den Diskurs, indem sie initiativ werden, das Rederecht aushandeln, Nichtverstehen signalisieren, nachfragen usw. Für die meisten dieser Sprechhandlungen ist im lehrerdominierten Klassenunterricht der Lehrer „zuständig" (→ 9.1.1). Aufgrund der intensiven interaktiven Prozesse stellt Gruppenarbeit viel stärker als Klassenunterricht eine Annäherung an eine authentische soziale Verwendungssituation dar.

Insgesamt sind Gruppenarbeitsphasen sehr intensive Arbeitsphasen, da alle Schüler (auch die schwächeren) zugleich arbeiten und viele zugleich sprechen; im Plenum kann hingegen immer nur einer sprechen. „Statt zu lehren, fördert er [der Lehrer – g.st.] das Lernen – ein Lernen, das mehr auf den Anstrengungen und Aktivitäten der Lernenden selbst beruht und dadurch erfolgreicher ist." (Langer u.a. 1987: 130)

Unter allgemeinen pädagogischen Aspekten wird Gruppenarbeit als sehr positiv für das soziale Lernen betrachtet (Aschersleben 1979; Schiffler 1980), da durch die Zusammenarbeit der Schüler soziale Verhaltensweisen gefördert werden können, z.B. Bereitschaft zu Zusammenarbeit und Partnerschaft, Verantwortungsgefühl und Rücksichtnahme gegenüber anderen, Abbau individualisierenden Denkens gegenüber Gruppendenken, Akzeptieren von Kritik durch Mitschüler, Einüben in selbständiges Lernen, Verminderung der Abhängigkeit vom Lehrer. Somit stellt der Wechsel der Sozialformen einen Beitrag zur Verfolgung übergreifender sozialer Lernziele dar. Derartige „soziale" Verhaltensweisen werden in der kommunikativen Fremdsprachendidaktik als wesentliche Bestandteile einer kommunikativen Handlungskompetenz betrachtet (→ 1.3). Die interaktiv-soziale Form des Arbeitens und die Kontakte mit anderen können aber auch einfach die Freude am Lernen erhöhen.

Gruppenarbeit sollte immer dort eingesetzt werden, wo die Zusammenarbeit von mehr als zwei Partnern ein besseres Arbeits- und Lernergebnis erwarten lässt (Neuf-Münkel/Roland 1991). Der Lehrer sollte sich also bei jeder Unterrichtsphase überlegen, was es für das Arbeiten und Lernen bedeuten würde, wenn sie in einer anderen Sozialform als der geplanten bzw. bislang üblichen durchgeführt würde. Zu einem besseren Ergebnis führt Gruppenarbeit oft bei Aufgaben, bei denen Kreativität und die Entwicklung von Ideen gefragt sind. Ausubel u.a. (1980) beurteilen Gruppenarbeit in all den Fällen als positiv, wo es um divergentes Denken geht (d.h. Denken in verschiedene Richtungen mit der Möglichkeit unterschiedlicher Hypothesen und alternativer Lösungen), und bei Lernaufgaben, die Bewertungen und Entscheidungen erfordern, da in der Gruppe extreme Beurteilungen und Entscheidungen korrigiert werden. Im DaF-Unterricht sollte man Gruppenarbeit u.a. in folgenden Unterrichtssituationen erwägen:

- *Aktivieren von Schülerwissen:* Assoziogramm erstellen oder vorbereiten; Sammeln von Argumenten, Begründungen, Thesen zu einem Thema; Erstellen von Wortfeldern.
- *Gespräch* oder *Diskussion* zu einem Thema, Text oder Bild in der Gruppe (eventuell zur Vorbereitung einer Plenumsdiskussion, was die Beteiligung im Plenum erhöht).
- *Gelenktes entdeckendes Lernen*: z.B. grammatische Regularitäten oder Textsortenmerkmale erarbeiten.
- *Inhalte (er-)finden:* aus ungeordneten Stichwörtern eine Geschichte erfinden; den Anfang bzw. die Fortsetzung einer Geschichte (er-)finden; aus dem Titel eines Textes Ideen zum möglichen Textinhalt erschließen; Äußerungen zu einem Bild vorbereiten (z.B. Hypothesen zur räumlichen oder handlungsmäßigen Offenheit eines Bildes formulieren).
- *Projektarbeit:* Bei Projekten können Gruppen verschiedene Teile der Projektarbeit übernehmen (Fremdsprache Deutsch 4, 1991, Themenheft „Projektarbeit").
- Schließlich sind viele *Spielübungen* Gruppenübungen.

Vom Unterrichtenden erfordert Gruppenarbeit eine sehr gute Planung, z.B. bei der Gruppeneinteilung, bei der Vorbereitung der Arbeitsmaterialien, bei den Arbeitsaufträgen (Verständlichkeit; → 9.6), bei der Auswertung der Gruppenarbeit. Man sollte sich stets überlegen, ob es nicht sinnvoll ist, jeder Gruppe unterschiedliche (Teil-)Aufgaben zu geben, was bei der Auswertung in der Klasse zu der Situation führt, „dass die Lernenden einander tatsächlich etwas zu berichten haben" (Krumm 1974: 37).

Gruppenarbeitsphasen bestehen aus drei Unterphasen (Schwerdtfeger 1985; Flechsig u.a. 1988):
- *Orientierungs- und Planungsphase*: Hierzu gehören Aktivitäten wie Aufgabenstellung, Lernzielangabe, Gruppeneinteilung, Materialverteilung usw. (→ 9.6)
- *Arbeitsphase*: Zunächst wird der Lehrer von Gruppe zu Gruppe gehen und auf Fragen eingehen; dann sollten die Gruppen alleine arbeiten, d.h. der Lehrer sollte sich zurückziehen und nur auf Aufforderung aus den Gruppen reagieren; vor Beendigung der Gruppenarbeit sollte er noch einmal herumgehen und klären, ob alle Gruppen fertig sind. Falls die sprachliche Form des Gruppenergebnisses wichtig ist, sollte er – nach einer Phase der Alleinarbeit – den Gruppen Formulierungs- und Korrekturhilfen geben.
- *Präsentationsphase und eventuell Bewertungsphase*: Abschließend werden die Gruppenergebnisse der Klasse vorgestellt; wenn möglich, sollten sie zur Weiterarbeit verwendet werden.

Für die Gruppen, die ihren Arbeitsauftrag wesentlich schneller ausgeführt haben als die anderen, kann der Lehrer Aufgaben vorbereiten, mit denen sich die Lernenden so lange beschäftigen, bis die anderen Gruppen ihre Arbeit beendet haben.

Die meisten *Einwände* gegen Gruppenarbeit betreffen Probleme, die durch die Gruppenarbeit selbst entstehen können, vor allem die Verwendung der Muttersprache in den Gruppen, ein hoher Lärmpegel in der Klasse, Disziplinschwierigkeiten, die Dominanz einzelner Schüler. Zu diesen Punkten äußert sich Schwerdtfeger (1985) wie folgt:
- In Gruppenarbeit verwenden die Lernenden oft nicht die Fremd-, sondern die Muttersprache. Das hängt sicherlich vom Sprachniveau der Schüler ab und auch davon, ob zuvor die Redemittel zur Verfügung gestellt und eingeübt werden, die zur Durchführung der Gruppenarbeit erforderlich sind. Aber selbst wenn die Muttersprache verwendet wird (sicherlich meist bei Anfängern), findet eine intensive Beschäftigung mit dem Lerngegenstand statt, und die Ergebnisse werden im Plenum meist in der Fremdsprache vorgetragen.
- Der Lärm, der während Gruppenarbeitsphasen entstehen kann, stört meist den Lehrer mehr als die Gruppen selbst.
- Disziplinschwierigkeiten sind kein spezielles Problem der Gruppenarbeit. Diese Sozialform bietet dem Lehrer aber die Möglichkeit, bei der Betreuung der Gruppen gerade auf die „problematischen" Schüler einzugehen und sich ihnen zu widmen. Es besteht auch die Möglichkeit, dass unruhige Schüler durch die Einbindung in die Gruppe „diszipliniert" werden.
- Die mögliche Dominanz starker Schüler kann auch ein Vorteil sein, da sie oft die Arbeit voranbringen und schwächere Schüler von ihnen lernen. Gelegentlich wird das in der Gruppe thematisiert und geregelt. (Die Gefahr der Dominanz einzelner Schüler besteht bei größeren Gruppen mehr als bei kleineren; Ausubel u.a. 1980).

In Klassen, in denen aus äußeren Gründen (z.B. Sitzordnung) Gruppenarbeit nur schwer zu realisieren ist, sollte verstärkt Partnerarbeit eingesetzt werden.

Partnerarbeit

Das zur Gruppenarbeit Gesagte gilt im Wesentlichen auch für die Partnerarbeit. Unterschiede bestehen aber beim Einsatz dieser Sozialform. Partnerarbeit ist oft einfacher zu organisieren als Gruppenarbeit, da die Paarbildung auch ohne Veränderung der Sitzordnung möglich ist (Zeitersparnis!). Partnerarbeit eignet sich zunächst bei allen „natürlichen" Zweieraktivitäten wie

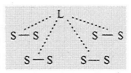

Abb. 9.5: Partnerarbeit

- gemeinsame Vorbereitung eines Dialogs
- partnerschaftliche Dialogeinübung
- dialogische sprachbezogene Übungen

Auch viele Spielübungen und Spiele werden in Partnerarbeit durchgeführt.
Wer vor allem bei Anfängern um die formale Korrektheit fürchtet, kann eine Partnerübung oder einige Übungsbeispiele erst im Plenum durchführen lassen; zudem wird der Lehrer während der Partnerphase schwächeren Paaren Hilfestellung leisten. Dadurch, dass bei Partnerübungen alle Lernenden zugleich üben, wird das Sprechen vor allem bei Anfängern sehr gefördert (Geläu-

figkeit!). Oft besprechen die Partner während der Übungen auch auftretende Probleme, die dann gemeinsam geklärt werden.

Partnerarbeit eignet sich weiterhin für alle Aufgaben, bei denen durch gemeinsames konzentriertes Nachdenken ein Ergebnis gefunden werden soll (konvergentes Denken in Richtung auf eine richtige Lösung, Problemlösen) oder wo es um die Arbeit am Detail geht, z.B.:
- Erarbeiten von grammatischen Regularitäten;
- Einsatz von Verstehensstrategien beim Leseverstehen (Wortschatz aus Kontext erschließen, Hypothesen zum Textinhalt formulieren und überprüfen usw.). Bei der gemeinsamen partnerschaftlichen Arbeit „sind fruchtbare Blockaden gegenüber Texten und Sprachbedeutungen kein Versagen, sondern geradezu die Bedingung der Neugierde und des Bemühens, aus dem zunächst Unscharfen und Verwirrenden Sinn zu machen und verschiedene Deutungsmuster zu versuchen und zu prüfen." (Piepho 1995: 202);
- Aufgaben zum Klassifizieren und Ordnen (von Argumenten, Wortschatz, Redemitteln, Wortformen usw.);
- partnerschaftliche Fehlerbesprechung und -korrektur (Diktat, schriftliche Arbeiten, Fehlerzusammenstellungen usw.);
- gemeinsame Herstellung schriftlicher Texte (Planung, Formulieren bis zur Überarbeitung; → 6.3.2).

9.2.3 Einzelarbeit

Die Sozialform der Einzelarbeit findet weniger in der Klasse, sondern vor allem zu Hause bei den Hausaufgaben statt; doch auch in der Klasse ist sie überall dort angebracht, wo individuelle Lösungen dem Charakter der Aufgabe entsprechen, z.B.:

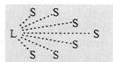

Abb. 9.6: Einzelarbeit

- beim stillen Lesen;
- bei persönlichen schriftlichen Äußerungen, z.B. einem Brief;
- bei der Vorbereitung persönlicher Aussagen zu einer Aufgabe oder zu einem Thema, z.B. inhaltliche Reaktionen für eine Übung vorbereiten (→ 5.4.1) oder eine Stellungnahme zu einem Thema skizzieren;
- beim Hörverstehen und bei der Bearbeitung von Verstehensaufgaben zu Hörtexten (man kann gemeinsam lesen, nicht aber gemeinsam hören und verstehen); nur wenn es um komplexere Zusammenhänge geht, bei denen die Verständigung mit einem Partner dem Verstehensakt dient, ist auch beim Hörverstehen Partnerarbeit sinnvoll.

Einzelarbeit ist auch bei schriftlichen Übungen angemessen, bei denen eine eindeutige Lösung möglich ist und sofern partnerschaftliche Erörterung keinen Lernzuwachs verspricht (z.B. eine Lücken- oder Umformübung anhand einer Grammatiktabelle). Gelegentlich wird man auch aus Zeitgründen die Einzelarbeit einer anderen Sozialform vorziehen, z.B. wenn schnell Argumente zur Vorbereitung einer Diskussion gesammelt werden sollen.

Im Unterricht sollten von Beginn an die Sozialformen gewechselt werden; so werden auch Lernende, die bislang nur Frontalunterricht gewöhnt waren, schnell mit den unterschiedlichen Formen des Miteinander-Arbeitens vertraut. Wichtig ist allerdings die Einstellung des Lehrers: Nur wenn er selbst vom Einsatz variabler Sozialformen überzeugt ist, kann er auch seine Schüler davon überzeugen.

9.2.4 Sozialformen und Lernerorientierung

Ein Wechsel der Sozialformen führt zu einer Intensivierung des Unterrichts, da bei Einzel-, Partner- und Gruppenarbeit alle Schüler gleichzeitig arbeiten. Bei reinem Frontalunterricht besteht hingegen die Gefahr, dass viele Schüler „abschalten".

Der Einsatz unterschiedlicher Sozialformen bewirkt eine Abwechslung in der Arbeitsdynamik der Klasse, denn bei Einzel- oder Partnerarbeit z.B. ist der einzelne Schüler ganz anders gefordert als im Plenum. So wechseln intensivere Arbeitsphasen mit weniger intensiven. Damit verbunden ist auch ein unterschiedlicher Aufmerksamkeitsradius des Schülers, da er sich nicht immer auf die ganze Klasse konzentrieren muss.

Reiner Klassenunterricht ist in dem Sinne nivellierend, dass alle Schüler auf die gleiche Art angesprochen werden, z.B. verschiedene Lernertypen, begabte und weniger begabte usw. Ein Wechsel der Sozialformen stellt einen Beitrag zur inneren Differenzierung dar, indem jeder Lernertyp Möglichkeiten erhält, entsprechend seinen individuellen Veranlagungen und Fähigkeiten zu handeln und zu lernen. Der extrovertierte Kommunikative fühlt sich auch in der Gesamtgruppe wohl, während sich der introvertierte Sammler und Ordner vielleicht in der Kleingruppe oder in Einzelarbeit besser mit einer Lernaufgabe beschäftigen kann. Bei Einzel-, Partner- und Gruppenarbeit werden Möglichkeiten des individuellen Zugangs zum Lernstoff geschaffen, und dem einzelnen Schüler wird ein eigener Arbeits- und Lernweg ermöglicht. Das ist im Klassenunterricht viel weniger der Fall.

Der Ansatz eines schülerzentrierten Unterrichts wird in der Fremdsprachendidaktik auch unter dem Aspekt diskutiert, welche verschiedenen Lernertypen es gibt und wie ein differenzierter Unterricht ihnen gerecht werden kann; das Thema wird in der Literatur unter dem Stichwort „Lernstile" oder „kognitive Stile" abgehandelt. Dabei werden sehr unterschiedliche Arten von Lernstilen oder kognitiven Stilen unterschieden, z.B.:

- Piepho (1978, 1989): extrovertierte Lerner mit stark kommunikativer Tendenz (*performer*) vs. introvertierte Lerner; Lerner, die dazu neigen, Aufgaben kreativ vs. systematisch zu lösen; Lerner, die lieber Fakten und Daten sammeln und ordnen vs. Regeln erkennen und befolgen („Regelsucher").
- Ellis (1992): kognitiver vs. affektiver Lernstil.
- „Sprachbrücke 1", Lehrerhandbuch: akustischer Typ, der gut nach Gehör lernt, vs. visueller Typ, der gut über das Auge lernt; intuitiver Typ, der nicht viel zu fragen braucht, vs. Regelsucher; der Extrovertierte vs. der Schüchterne, der sich im Klassengespräch zurückhaltend und abwartend verhält und seine Stärken eher in individueller, eventuell schriftlicher Arbeit hat.
- Vogel (1990): Feldabhängigkeit vs. Feldunabhängigkeit, d.h. ganzheitliche vs. analytische Betrachtungsweise (vgl. auch Edmondson/House 1993: Kap. 11); Impulsivität vs. Reflexivität; Toleranz vs. Intoleranz, d.h. Bereitschaft, vom Konventionellen abweichende Erfahrungen/ Wahrnehmungen zu akzeptieren oder nicht; *monitor-over-user*, die sich nur sehr kontrolliert äußern und auf sprachliche Korrektheit großen Wert legen, vs. *monitor-under-user*, denen es vor allem um die erfolgreiche Übermittlung einer Information geht; kognitive Komplexität vs. Simplizität.

Eine wichtige Aufgabe für die didaktische Forschung besteht in der Frage, wie kognitive Stile erkannt werden können und wie ein Unterricht zu organisieren ist, der den verschiedenen Lernertypen gerecht werden kann. Ein Wechsel der Sozialformen wird sich dabei sicher als ein wichtiges Mittel erweisen.

9.3 Lehrerfragen

Das Fragenstellen ist eine der häufigsten Sprechhandlungen von Lehrern. Lehrer stellen Fragen zur Organisation des Unterrichts (*Wer möchte mit wem zusammenarbeiten?*), um zu motivieren und Neugierde zu erzeugen (*Habt ihr euch schon einmal überlegt, dass man einen Text auch dann verstehen kann, wenn man nicht alle Wörter kennt?*), um Kenntnisse abzufragen (*Wie lautet die Perfektform von 'kommen'?*), um das Verständnis zu überprüfen (*Worum geht es in dem Text?*), um Kommunikation zu initiieren (*Wie beurteilt ihr diese Aussage des Textes?*) usw. Unterrichtliche Interaktion unterscheidet sich von alltäglicher Interaktion aber nicht nur durch die große Anzahl der (Lehrer-)Fragen, sondern auch durch ihre Qualität: Im Alltag fragt man, wenn man etwas nicht weiß; Lehrer fragen hingegen meist nach Dingen, die sie wissen, d.h. sie stellen „unechte Fragen" (Tausch/Tausch 1979), die – so der Anspruch – die didaktische Funktion haben, das Lernen zu fördern. Dabei spielt das Feedback eine sehr wichtige Rolle, denn die Lernenden wollen und müssen wissen, ob ihre zu Lernzwecken gegebene „didaktische" Antwort korrekt oder angemessen ist (Sinclair/Coulthard 1977).

Untersuchungen zum Frageverhalten haben ergeben, dass Lehrer pro Unterrichtsstunde bis zu 80 Fragen stellen (Tausch/Tausch 1979); Heuer (1983) hat speziell für den Fremdsprachenunterricht zwischen 25 und 58 Lehrerfragen pro Unterrichtsstunde registriert. Die Lernenden hingegen machen von der Möglichkeit des Fragestellens nur sehr wenig Gebrauch (zwischen 1 und 6 Fragen pro Stunde; Tausch/Tausch 1979). „Bei ca. 30 Schülern in der Klasse und täglich 5 Unterrichtsstunden stellt somit jeder Schüler jeden Tag oder nur jeden zweiten Tag eine Frage an den Lehrer. Während der Lehrer an einem Tag ca. 250 Fragen an die Klasse richtet." (ebd.: 347)

Die Lehrerfrage hat im Fremdsprachenunterricht meist nicht nur die Funktion, eine inhaltliche Antwort zu provozieren (*Was halten Sie von dieser Textaussage?*); meist zielt sie auch darauf ab, Kommunikation zu initiieren und die Lernenden zum Sprechen zu bringen. Angesichts der ungleichen Verteilung der Redeanteile zwischen Lehrer und Schülern muss diese didaktische Funktion der Lehrerfrage oft als die eigentlich primäre betrachtet werden.

Nach Lörscher (1983: 158f.) „bietet es sich an, zwischen *syntaktisch* und *semantisch offenen/geschlossenen Fragen* zu unterscheiden. Unter syntaktisch offenen Fragen wären dann solche zu verstehen, die die Schülerantworten in ihren syntaktischen Realisierungen offen lassen, während syntaktisch geschlossene Fragen die Schülerantworten in ihrer Syntax festlegen. Semantisch offene Fragen wären dagegen solche, die den kognitiven Inhalt der Schülerantworten nicht determinieren, während semantisch geschlossene Fragen die Inhalte der Antworten festlegen."

- *Syntaktisch geschlossene Fragen* legen eine bestimmte, sprachlich meist kurze und deshalb vorhersagbare syntaktische Form der Antwort nahe; oft kann sie direkt aus der Frage übernommen werden, z.B.: *Wo steht im Nebensatz das Verb? – (Im Nebensatz steht das Verb) Am Ende. / Gefällt Ihnen das Lied? – Ja./Nein.* Die Antworten bestehen oft nur aus *Ja/Nein* oder aus einem Satzglied.
- *Syntaktisch offene Fragen* legen keine bestimmte syntaktische Form der Antwort nahe, und bei der Antwort kann man die Form nicht aus der Frage übernehmen, z.B.: *Wie meinst du das?* oder *Wie ist denn das passiert?* Der Angesprochene muss hier selbst formulieren.
- Bei *semantisch geschlossenen Fragen* ist der Inhalt der Antwort vorhersagbar, d.h. es gibt richtige und falsche Antworten (Kenntnisfragen, konvergierende Fragen, Fragen zum Textinhalt, zur Grammatik ...), z.B. *Wie ist das mit der Stellung des Verbs im deutschen Satz?* oder *Was bedeutet das Wort 'geschickt'?*
- Bei *semantisch offenen Fragen* ist der Inhalt der Antwort nicht vorhersagbar, d.h. es gibt keine richtigen und falschen Antworten (divergierende oder bewertende Fragen), wie z.B. *Wie haben Sie versucht, diesen schwierigen Text zu verstehen? Was machst du gewöhnlich am Wochenende?* oder *Warum?* als Reaktion auf die Lerneraussage *Ich finde den Text sehr langweilig.*

Einen wichtigen Fragetyp stellen *Sondierungsfragen* dar (Klinzing-Eurich/Klinzing 1981). Sondierungsfragen zielen auf die Weiterführung eines Gedankens oder einer Äußerung ab; „insbesondere soll die Sondierungsfrage zur Begründung und Untermauerung der vorangegangenen Antwort führen" (ebd.: 82), z.B. L_2 und L_3 in Abb. 9.7. Unter fremdsprachendidaktischen Aspekten ist die Sondierungsfrage ein ausgezeichnetes Mittel, die Redeanteile der Lernenden zu erhöhen.

L_1: *Wie findest du das Verhalten von X?*
S: *Gut.*
L_2: *Warum?*
S: *Er handelt sehr gut.*
L_3: *Kannst du das einmal etwas genauer erklären?*

Abb. 9.7: Sondierungsfragen

In der didaktischen Fachliteratur werden verschiedene Typen von Fragen unterschieden, z.B. (Becker 1988):
– *Kenntnisfragen* verlangen vom Schüler „ein Erinnern, Erkennen oder Wiedererkennen, z.B.: 'Wer kann etwas mit dem Wort *Smog* anfangen?'" Im Fremdsprachenunterricht (FU): Abfragen von Wortschatz oder Grammatik; Fragen nach der Textsorte, z.B. nach den formalen Merkmalen eines Leserbriefs; landeskundliche Fragen wie *Welche Bundesländer hat Deutschland?*
– Durch *konvergierende Fragen* wird das Denken in eine bestimmte Richtung gelenkt, sodass sich die Antwort weitgehend voraussagen lässt, z.B. *Kann jemand erklären, wie eine Inversions-Wetterlage entsteht?* Im FU: *Erkennt ihr an den Beispielen, wie das Perfekt gebildet wird?*, Fragen zum Inhalt eines Lese-/Hörtextes.

9.3 Lehrerfragen

– Bei *divergierenden Fragen* ist Denken in verschiedene Richtungen erforderlich; Kreativität und Vorstellungsvermögen sind angesprochen, denn es gibt viele mögliche Antworten, z.B. *Welche Art der Bestrafung erscheint euch für Umweltsünder angebracht?* Im FU: Fragen in Diskussionen über Sachthemen, z.B. *Wie könnten wir gemeinsam den Deutschunterricht verbessern?*
– *Bewertende Fragen* zielen auf eine persönliche Bewertung und Einschätzung ab, z.B. *Haltet ihr die Maßnahmen gegen Umweltverschmutzung für ausreichend?* Im FU: Meinungen und Bewertungen bei der Textarbeit, in Diskussion über Sachthemen, zum Unterrichtsgeschehen usw.
– *Organisierende Fragen* betreffen den Unterrichtsverlauf, z.B. *Welches Thema sollen wir als nächstes behandeln? Umwelt oder Die Rolle der Frau in der Gesellschaft?*
Solche und ähnliche Systematisierungen diskutieren auch: Becker u.a. 1980; Grell 1990; Klinzing-Eurich/Klinzing 1981; Lörscher 1983; diese Klassifizierungen vernachlässigen allerdings meist den wichtigen Aspekt, dass Fragen im Fremdsprachenunterricht auch Kommunikationsanlässe schaffen sollen.

Unterrichtsanalysen haben ergeben, dass Lehrer meist sog. „anspruchslose Fragen" stellen, das sind geschlossene Fragen und Kenntnis-/Faktenfragen (Becker u.a. 1980; Becker 1988). Weiterhin konnte gezeigt werden, dass im Unterricht dem Niveau der Fragen meist das Niveau der Antworten entspricht (Klinzing-Eurich/Klinzing 1981). „Die Lehrerfrage ist also ein wirksames Mittel, das Niveau des Unterrichts zu heben – oder zu senken". (Becker 1988: 163) Damit stimmen Heuers Untersuchungen überein (1983), der 30 Englischstunden in einer Gesamtschule (5. – 10. Schuljahr) mitgeschnitten und analysiert hat. Die Auswertung ergab, dass die Lehrer durchschnittlich 2/3 geschlossene Fragen und nur 1/3 offene Fragen stellen (wobei er syntaktisch-semantische Offenheit bzw. Geschlossenheit zusammenfasst). Interessant ist das Ergebnis für die Schüleräußerungen: Sie sind bei offenen Fragen zweimal so lang wie bei geschlossenen Fragen. Mit wachsender Sprachbeherrschung nimmt bei offenen Fragen die Länge der Antwort zu – bei geschlossenen bleibt sie gleich.

Die bisherigen allgemein gehaltenen Aussagen sollen im Folgenden am Beispiel „Fragen zu einem Text" konkretisiert werden. Auch wenn die Lehrerfrage bei der Textarbeit an Bedeutung verloren hat und Erschließungstechniken bzw. Bearbeitungsaufgaben als methodische Instrumente zunehmend an Gewicht gewinnen (→ 4.2.1/2, 4.3, 5.2), spielt sie doch immer noch eine wichtige Rolle (z.B. bei Lerntexten, bei der Besprechung von Bearbeitungsaufgaben, bei Gesprächen über einen Text usw.). Auf einen Text bezogen, sind semantisch geschlossene Fragen solche, die sich auf den Textinhalt beziehen, d.h. deren Antwort aufgrund des Textinhalts vorhersagbar ist; semantisch offene Fragen gehen über den Text hinaus, sie betreffen Weltwissen, Meinungen, Bewertungen usw.

	semantisch	
	offen = – textbezogen	geschlossen = + textbezogen
syntaktisch – offen	A	B
– geschlossen	C	D

Abb. 9.8: Klassifikation von Fragen (vgl. S. 314)

Deutsche Landeskunde: Thema Arbeit

Frau Boto (B) und Herr Alga (A) interviewen Frau Klinger (K)

A: *Und nun eine Frage zum Thema Arbeit. Bei uns sagt man: „Die Deutschen arbeiten viel." Stimmt das?*
K: *Teils – teils. Die Arbeitsleistung ist zwar ständig gestiegen, aber die Arbeitszeit ist in den letzten Jahren immer mehr zurückgegangen. Heute sind bei uns der Achtstundentag und die 40-Stunden-Woche überall normal. In einigen Bereichen der Wirtschaft arbeitet man schon weniger als 40 Stunden. Ja, die Gewerkschaften fordern sogar noch weitere Arbeitszeitverkürzungen.*
B: *Interessant! Und wie sieht es mit dem Urlaub aus?*
K: *Der beträgt heute durchschnittlich sechs Wochen. Dazu kommen noch die gesetzlichen Feiertage. Und davon haben wir mehr als andere Länder.*
A: *Ach, dann arbeiten die Deutschen ja gar nicht so viel!*
K: *Für die Arbeitszeit ist das richtig. Im internationalen Vergleich arbeiten wir sogar weniger als andere. Übrigens, bei uns hat sich seit einiger Zeit die Einstellung zur Arbeit verändert. Viele Deutsche sehen in der Arbeit nicht mehr den einzigen Sinn des Lebens.*
B: *Wirklich? Bei Ihnen jetzt auch? Bei uns war das schon immer so.*
K: *Ja, deshalb gefällt mir Ihr Land auch so gut.*
A: *So? Man kann das aber auch ganz anders sehen.*

Abb. 9.9: SPR.BR. 1: 104 (vgl. Abb. 6.10, S. 224)

Im Anschluß an Lörscher (1983; s.o.) lassen sich die folgenden Typen von Fragen zu einem Text unterscheiden (zu „A, B, C, D" vgl. Abb. 9.8):

> A: 1. *Was denkt man denn in Ihrer Heimat zum Thema „Arbeit und Urlaub"?*
> 2. *Sechs Wochen Urlaub. Ist das ausreichend oder sollte man mehr Urlaub haben? Wie denken Sie darüber?*
> B: 1. *Worum geht es hier? Worüber sprechen die Leute?*
> 2. *Was erfahren wir über die Arbeitszeit der Deutschen?*
> C: 1. *Hält man die Deutschen in Ihrer Heimat für fleißig oder nicht?*
> 2. *Arbeitet man in Ihrer Heimat mehr als 40 Stunden pro Woche?*
> D: 1. *Wie viel Urlaub haben die Deutschen?*
> 2. *Worin sehen die Deutschen nicht mehr den einzigen Sinn des Lebens?*

Da eine Frage nie direkt die Form der Antwort determiniert, kann eine solche Klassifikation natürlich nur angeben, welche Antwort eine Frage wahrscheinlich provoziert. Alternativfragen wie C1 legen eine syntaktische Form der Antwort nahe, die sich eng an der Frage orientiert: *Man hält sie für fleißig.* oder einfach *Nicht*. Die Fragen B und D beziehen sich auf den Textinhalt, sie sind semantisch geschlossen; die Fragen B sind aber ziemlich allgemein gehalten, bei der Antwort kann man sich auf verschiedene Inhaltspunkte beziehen, und sie provozieren auch keine bestimmte syntaktische Form der Antwort. Die Fragen D hingegen zielen genau auf eine einzige kurze Textaussage, was auch eine bestimmte Form der Antwort nahelegt; bei der Antwort muss keine eigene syntaktische oder lexikalische Entscheidung getroffen werden. Die zweite Frage A2 *Wie denken Sie darüber?* hat offensichtlich die Funktion, eine syntaktisch eher geschlossene Vorfrage *Ist das ausreichend ...?* offener zu gestalten.

Textbezogene (semantisch geschlossene) Fragen lassen sich weiterhin danach unterscheiden, ob sie den Textinhalt in eher *allgemeiner* oder *gezielter* Form erfragen. Je gezielter eine Frage ist, desto genauer betrifft sie einen ganz bestimmten Inhaltspunkt, desto stärker steuert (bzw. kontrolliert) der Lehrer das Verstehen. In diesem Sinne ist Frage 3 weniger gezielt als Frage 5.

> nicht gezielt: 1. *Worum geht es in dem Text?*
> 2. *Was habt ihr noch verstanden?*
> stärker gezielt: 3. *Was erfahren wir über die Arbeitszeit der Deutschen?*
> 4. *Was erfahren wir über die Freizeit der Deutschen?*
> stark gezielt: 5. *Wie viele Wochen Urlaub haben die Deutschen?*

Auch wenn die jeweils angemessene Art des Fragenstellens von vielen Faktoren abhängt, lassen sich doch einige allgemein gültige Aussagen zu diesem Thema machen.
- Grundsätzlich sollten Fragen syntaktisch möglichst offen sein, damit die Lerner zum Sprechen animiert werden und sich ihre Redeanteile erhöhen. Anspruchsvollere semantisch offene Fragen sind sicherlich interessanter und motivierender als geschlossene Fragen, da sie Äußerungsanlässe schaffen. (Sie fördern darüber hinaus, wie in der pädagogischen Literatur betont wird, die kognitive Entwicklung jüngerer Lernender.) Andererseits lassen sich geschlossene Fragen in bestimmten Unterrichtssituationen nicht vermeiden – im Kinderunterricht ist die syntaktisch geschlossene Frage oft sogar die angemessene, da sie leichter zu beantworten ist. Generell sollten Fragen aber möglichst offen gestellt sein.
- Bei textgebundenen Fragen sollte man mit allgemein gehaltenen Fragen beginnen und allmählich zu gezielteren Fragen kommen. Auf diese Art erhalten zunächst alle Lerner, auch die schwächeren, die Gelegenheit, das wiederzugeben, was sie verstanden haben. Gezielte Fragen vermitteln hingegen leicht den Eindruck von Kontrolle und Prüfung. Fragesequenzen zu einem Text münden oft in syntaktisch möglichst offene über den Text hinausgehende Fragen (*Wie denkt man in eurer Heimat über diese Fragen?*)
- Wird ein Lerntext (z.B. ein Lehrbuchdialog) zunächst gehört und anschließend gelesen, so ist es günstig, nach dem Hören allgemeinere textgebundene Fragen zu stellen und erst nach dem Lesen gezieltere Fragen. Die Lernenden können natürlich mehr Details beantworten, wenn sie einen Text nach dem Lesen schriftlich vor sich haben.
- Im Kinderunterricht sind eher gezieltere und syntaktisch geschlossene Fragen angemessen, desgleichen bei lernschwachen Schülern.

- Bestimmte Fragetypen eignen sich besser für das schriftliche Medium, z.B. Fragen des Typs *Steht das im Text – JA oder NEIN?*. Auch Orientierungsfragen, die das Textverständnis steuern, sollten vorab schriftlich gegeben werden (→ 4.2.3, 5.2).
- Gelegentlich haben Lehrerfragen das Ziel, das Verständnis eines Verstehenstextes zu überprüfen; in diesem Fall sollten die Schüler in sprachlich homogenen Klassen wegen des Vorsprungs beim Verstehen die Möglichkeit haben, in der Muttersprache zu antworten.

9.4 Korrigieren

Feedback, und Korrigieren ist eine Art des Feedback, ist ein wesentliches Element des Sprachenlernens und eine Voraussetzung dafür, dass der Lernende seinen Lernprozess kontrollieren kann. Korrekturen informieren ihn über Lernschwierigkeiten und helfen ihm, das Niveau seines fremdsprachlichen Könnens selbst einzuschätzen. Aus Sicht des Unterrichtenden werden Korrekturen in der Absicht gegeben, den Lerner auf einen Fehler hinzuweisen, sodass er ihn in Zukunft vermeidet. Die Erfahrung zeigt allerdings, dass Korrekturen nur äußerst selten dieses Ziel erreichen. In Bezug auf den Sprachlernprozess haben Korrekturen die Funktion, „unsichere 'gute' Wissensbestände (zutreffende Hypothesen über die Struktur der Zielsprache) zu stabilisieren und 'schlechte' Wissensbestände zu destabilisieren und durch bessere Hypothesen zu ersetzen" (Knapp-Potthoff/Knapp 1982: 197; → 2.2.1). Ob sie diese Funktion allerdings erfüllen und den Lernprozess positiv beeinflussen, ist „nicht mehr als eine plausible Annahme" (ebd.: 196). Empirische Untersuchungen zu mündlichen Fehlerkorrekturen sind jedenfalls zu dem Ergebnis gelangt, „dass bislang nicht gezeigt werden konnte, dass aktives Korrigieren das Lernen fördert." (Mitchell 1985: 337) Korrigieren ist meist ein kognitiv-bewusster Akt der Sprachkontrolle; die Wirkung auf das Sprachverhalten, auf das Schreiben und vor allem auf das spontane Sprechen, kann, wenn überhaupt, nur sehr indirekt sein (→ 2.2.1).
Als Lehrer neigt man schnell dazu, die Verantwortung für die auftretenden Fehler dem Lerner zuzuweisen; dahinter steht die Auffassung, ein durchschnittlich begabter Schüler könne, wenn er nur genügend aufpasse und lerne, beim Fremdsprachenlernen Fehler weitgehend vermeiden. Eine solche Betrachtungsweise kann jedoch angesichts des Erkenntnisstands der Spracherwerbs-Forschung nicht aufrechterhalten werden (→ 2.2.1).

„Alle Lerner machen Fehler." Mit dieser geradezu programmatischen Aussage hat Corder (1973: 256) vor über 20 Jahren eine zentrale Einsicht der damals noch jungen Fremdsprachenerwerbs-Forschung zusammengefasst und darauf hingewiesen, dass Fehler konstitutive Bestandteile des Lernprozesses sind. Der Weg hin zur Fremdsprache ist geradezu mit Fehlerquellen gepflastert, z.B. (Koutiva/Storch 1989; Ehnert 1996):
- mit Interferenzfehlern, die eine direkte Übertragung von Elementen oder Strukturen der Muttersprache in die Fremdsprache darstellen (z.B. der typische Akzent bei der Aussprache);
- mit zielsprachlich bedingten Fehlern, die z.B. auf der Komplexität eines fremdsprachlichen Teilsystems (z.B. die Orts-/Richtungspräpositionen im Deutschen) oder auf Irregularitäten beruhen können (z.B. falsche Generalisierungen wie *gehte, kommte* ...);
- mit unterrichtlich bedingten Fehlern wie z.B.: falsche Progression (Wienold 1973); ungenügende Lehrer- oder Lehrbuchinformationen (z.B. zum Pronomen *es* oder zum Aspekt „Vertextung/Textstrukturen" im DaF-Unterricht); zu schnelles Vorangehen, d.h. zu wenig Zeit für die Lernenden, den Lernstoff zu verarbeiten; Unterschiede zwischen z.B. kommunikativem Unterrichtsansatz und formbezogener Testmethode; nicht vermeidbare Vereinfachungen im Unterricht, die darauf beruhen, dass man nicht alles unterrichten kann und viele sprachliche Regularitäten nicht bekannt sind.

Besonders die *errors*, die relativ systematischen Fehler, die Ausdruck der Interimskompetenz sind und ein entwicklungsbedingtes Durchgangsstadium im Lernprozess darstellen, haben das theoretische Interesse der Forschung auf sich gezogen. Diese Fehler sind Ausdruck von Hypothesen über die Struktur der Zielsprache, die getestet und im weiteren Verlauf des Lernprozesses revidiert und durch neue Hypothesen ersetzt werden; in diesem Sinne signalisieren sie Lernprozesse und stellen entwicklungsbedingte Zwischenstrukturen dar, die auf dem Weg hin zur zielsprachlichen Struktur mit einer gewissen Notwendigkeit durchlaufen werden (→ 2.2.1). Gerade von diesen Fehlern wird angenommen, dass sie gegen Korrekturen ziemlich resistent sind und als entwicklungsbedingte Übergangserscheinungen auch ohne Korrekturen im Verlauf des Lernprozesses von alleine wieder verschwinden.

9.4.1 Mündliche Korrekturen

Faktoren einer Korrekturphase

Korrekturen verlaufen oft nach folgendem Schema (vgl. Abb. 9.10): Auf eine fehlerhafte Leräußerung (a) folgt der Korrekturhinweis (b); daraufhin versucht der Schüler, seine Äußerung zu korrigieren, Korrekturdurchführung (c); gelingt dies, so wird die Korrekturphase durch eine Korrekturbewertung (d) abgeschlossen, und die Äußerung ist akzeptiert. Dieses Schema variiert je nach Situation, z.B. wenn der Lehrer spontan selbst korrigiert (wobei die Korrekturbewertung entfällt) oder wenn die Korrektur misslingt.

S: *Maria will nach Paris zu fahren.* (a)
L: *Maria will ...?* (b)
S: *Maria will nach Paris fahren.* (c)
L: *Ja, Modalverben haben kein 'zu'.* (d)

Abb. 9.10: Korrekturphase

Es ist wichtig, sich einige Elemente und Aspekte von Korrekturphasen genauer zu vergegenwärtigen, da sie Entscheidungsfelder für das Handeln des Lehrers darstellen (Koutiva/Storch 1989; sehr ausführlich Kleppin/Königs 1991).

Explizite vs. implizite Korrekturen. Explizite Korrekturen sind solche, bei denen durch den Korrekturvorgang direkt auf den Fehler hingewiesen wird (vgl. das obige Beispiel Abb. 9.10). Eine implizite (verdeckte) Korrektur ist in eine Äußerung eingebettet, die die vorhergehende fehlerhafte Äußerung aufgreift und korrigierend fortführt; dabei wird die Korrektur nicht als solche thematisiert. Eine implizite Korrektur wird normalerweise vom Lehrer durchgeführt, z.B.:

S: *... und dann das Auto war weg.*
L: *Was? Dann war das Auto weg? Wo war es denn?*
S: *Jemand hatte es ...*

Der *Korrekturhinweis* (bei expliziten Korrekturen) kann allgemein gehalten sein, er kann die Fehlerstelle lokalisieren, die Fehlerursache thematisieren oder nonverbal erfolgen.

S *... und sie setzte sich auf dem Stuhl.*

allgemein: L *– Was stimmt hier nicht?*
– Hier haben wir einen kleinen Fehler.

Fehlerlokalisierung: L *– Und sie setzte sich auf ...?*
– auf ...?

Fehlerursache: L *– Wohin setzte sie sich?*
– Haben wir nach 'sich setzen' Dativ oder Akkusativ?
– Fragen wir hier 'wo' oder 'wohin'?

Nonverbale Hinweise: L Eine Bewegung mit der Hand, die die Ortsveränderung symbolisiert.

Die *Korrekturbewertung* kann eine *Korrekturbegründung* enthalten, in der die Fehlerursache thematisiert wird (vgl. oben Abb. 9.10: *Ja, Modalverben haben kein 'zu'.*). Dadurch wird ein zusätzliches kognitives Element in den Korrekturvorgang eingeführt. Einen wichtigen Faktor stellt auch der *Korrekturzeitpunkt* dar.

Überlegungen zum Korrekturverhalten

Im Fremdsprachenunterricht sollen die Schüler lernen, die Fremdsprache möglichst korrekt, flüssig und angemessen zu verwenden. Fehlerkorrekturen sind dann nützlich, wenn sie dazu beitragen, dieses Lernziel zu erreichen. Damit sind zwei Fragen aufgeworfen: Unter welchen Umständen sind Korrekturen nützlich? Wie sollten Korrekturen durchgeführt werden, damit sie nützlich sind? Die Antworten auf diese beiden Fragen können beim derzeitigen Stand des Wissens nur bedingt aus Erkenntnissen über das Fremdsprachenlernen abgeleitet werden. In vielem ist man auf Plausibilität angewiesen.

Untersuchungen zum Korrekturverhalten haben ergeben, dass Nicht-Lehrer und Lehrer Fehler bzw. den Nutzen von Korrekturen unterschiedlich bewerten (Allwright/Bailey 1991: 102f.):
- Nicht-Lehrer reagieren weniger streng auf Fehler als Lehrer.
- Muttersprachliche Lehrer reagieren weniger streng auf Fehler als nicht-muttersprachliche Lehrer.

Weiterhin hat sich gezeigt, dass Lerner mehr Korrekturen wünschen, als sie von ihren Lehrern bekommen. Es bietet sich also an, das Korrekturverhalten in der Klasse zu thematisieren.

Affektive Aspekte des Korrigierens. Die Schüler dürfen durch die Art und die Häufigkeit des Korrigierens nicht entmutigt werden. Das Korrekturverhalten sollte sich am jeweiligen Schüler orientieren. Wahrscheinlich reagiert ein sensibler Schüler auf eine Korrektur anders als ein wenig sensibler, ein begabter anders als ein unbegabter, ein fauler anders als ein fleißiger. Das gilt vor allem für die affektiv-emotionale Seite der Korrektur. Vor allem lernschwache oder sensible Schüler benötigen bei der Korrektur eine affektiv positive Zuwendung. Korrekturen sollten generell eine Hilfe darstellen und nicht als Kritik verstanden werden; anderenfalls besteht die Gefahr, dass die Lerner ihre Äußerungen auf das beschränken, was sie korrekt äußern können bzw. ihre Äußerungen stark reduzieren, was dem Lernprozess sicherlich nicht förderlich ist.

Kommunikative Angemessenheit: Das Korrekturverhalten sollte sich an der jeweiligen Unterrichtssituation orientieren und dem jeweiligen sprachlichen Handlungsziel angemessen sein. Korrigieren ist meist eine sprachbezogene Aktivität; deshalb sind Korrekturen bei vorkommunikativen sprachbezogenen Unterrichtsaktivitäten (Mittlertätigkeiten), bei denen die Aufmerksamkeit stärker auf die Sprache gerichtet ist, wenig störend, ja sie ergänzen diese sprachbezogenen Übungs- und Erklärphasen. „Ist etwa das passende Pronomen in einem Satz einzusetzen, sind Ausdrücke in den Plural zu setzen oder Vokabeln abzufragen, dann ist eine unmittelbare klare Korrektur nicht nur angezeigt, sie wird auch vom Schüler erwartet." (Butzkamm 1989: 135f.) Je stärker eine Unterrichtsphase allerdings kommunikativ orientiert ist (z.B. eine mitteilungsbezogene Übung oder ein Rollenspiel), desto mehr widerspricht eine sprachbezogene Korrektur dem sach- und mitteilungsbezogenen Handlungsziel. Hier sollten Korrekturen ein zunehmend geringes Gewicht haben, damit sie die Kommunikation nicht erschweren oder gar verhindern. Kommunizieren Schüler gar engagiert oder bei starker persönlicher Betroffenheit, so dürften Korrekturen vollends unangemessen sein.

Korrekturen sind allerdings auch in mitteilungsbezogenen Unterrichtsphasen angemessen, sofern sie den Charakter von Äußerungshilfen haben und den Fortgang der Kommunikation sichern. Das ist z.B. der Fall, wenn Fehler die Verständlichkeit beeinträchtigen, wenn ein Schüler beim freien Sprechen aus einer Konstruktion nicht mehr „herausfindet" oder wenn er offensichtlich Ausdrucksschwierigkeiten hat und direkt oder indirekt um die Hilfe des Unterrichtenden bittet. „Erstes Ziel bleibt es, die Kommunikation in Gang zu halten, das Erzählen, Argumentieren, Diskutieren usw. weder zu unterbrechen noch abzubrechen und *Mut zu machen zu fremdsprachlicher Verständigung, statt Ängste vor Fehlern zu schüren.*" (Butzkamm 1989: 136 – Hervorhebung g.st.) Die Gefahr, dass sich die Lernenden dabei an die fehlerhafte Sprache gewöhnen, wird in der Fachdidaktik eher als gering angesehen. Der Übungs- und Lerneffekt auch fehlerhaften mündlichen Kommunizierens dürfte weitaus höher zu bewerten sein als die Gefahr, dass sich dadurch Fehler festigen (→ 2.1, 2.2).

Korrekturgegenstand. Korrekturen sollten nicht nur die formale Korrektheit, sondern ebenso die textliche und situative Angemessenheit einer Äußerung betreffen. Sie sollten weiterhin dem Medium und der Textsorte der Äußerung angemessen sein (Korrektheit, Angemessenheit, Register ...). In der gesprochenen Sprache werden z.B. auch bei Muttersprachlern andere Anforderungen an die Korrektheit gestellt als in der geschriebenen Sprache, und es sind zum Teil auch andere morphosyntaktische Regularitäten wirksam. In Nebensätzen mit *weil, obwohl* z.B. ist die Verbendstellung im schriftlichen Medium obligatorisch, in der gesprochenen Alltagssprache dagegen nicht.

Korrekturzeitpunkt. Eine Korrektur sollte wohl erst dann eingeleitet werden, wenn der Lernende bereit ist, sich darauf zu konzentrieren. In der Regel sollte man mit dem Korrigieren warten, bis eine Äußerung oder eine Sinneinheit/Phase abgeschlossen ist. Nicht nützlich dürften zu frühe Korrekturen sein, bei denen der Lehrer in eine Schüleräußerung „hineinkorrigiert", obwohl sich der Schüler gerade auf den Fortgang seiner Äußerung konzentriert. Dadurch wird entweder der Fortgang der Äußerung behindert oder aber die Korrektur vom Schüler nicht wahrgenommen; beides dürfte nicht nützlich sein. Durch zu frühe Korrekturen nimmt man einem Lernenden zudem die Chance zu einer Selbstkorrektur.

Schwerpunktmäßiges Korrigieren. Korrekturen sollten – wo immer möglich und sinnvoll – schwerpunktmäßig durchgeführt werden. Der Lerner konzentriert sich beim Sprechen auf bestimmte Phänomene (z.B. Inhalt, neue Grammatik oder Strukturen, mit denen er noch „kämpft") und vernachlässigt notgedrungen andere. So überfordert man ihn, wenn man innerhalb einer Lernaufgabe oder Übung in zu vielen verschiedenen Bereichen korrigiert. Man sollte sich beim Korrigieren deshalb auf wenige Fehlertypen beschränken, ansonsten ist es fraglich, ob das Korrigieren noch nützlich ist. In syntaktischen Umformübungen z.B. wird man schwerpunktmäßig im Bereich des Übungsgeschehens korrigieren; andere Fehler werden nebenbei korrigiert, und die Aussprache kann im Rahmen des noch Verständlichen vernachlässigt werden.
Schwerpunktmäßiges Korrigieren dürfte auch unter einem anderen Aspekt sinnvoll sein: Die Schüler müssen wissen, nach welchen Kriterien ihr Erfolg oder Misserfolg in einer bestimmten Unterrichtsphase beurteilt wird. Das betrifft z.B. Kriterien wie formale Korrektheit, Verständlichkeit, kommunikativ erfolgreich, situativ angemessen usw. oder es betrifft bestimmte Sprachebenen wie Syntax, Aussprache usw.

Fehlerursache und Korrekturbegründung. Eine Korrektur ist wahrscheinlich nur dann nützlich, wenn der Lernende, der den Fehler gemacht hat, auch versteht, warum seine Äußerung fehlerhaft ist. Das bedeutet auf keinen Fall, dass die Fehlerursache stets thematisiert werden muss. Der Lehrer sollte aber stets zu erkennen versuchen, ob die Korrektur dem Lernenden einsichtig ist. Eine Korrektur, bei der der Schüler die korrekte Version nur papageienhaft nachplappert, dürfte kaum nützen.

Selbst- und Fremdkorrekturen. Generell dürften Selbstkorrekturen wirksamer sein als Fremdkorrekturen (das gilt auch für den schriftlichen Bereich, z.B. Übungen, Diktate, Aufsätze). Aus diesem Grund sollte der Lehrer möglichst immer eine Selbstkorrektur anregen. Kann ein Schüler einen Fehler jedoch nicht selbst korrigieren, was nach Kleppin/Königs (1991) relativ häufig vorkommt, so sollte er nach der Fremdkorrektur die korrekte Version selbst noch einmal wiederholen (falls dadurch nicht andere nützliche Unterrichtsaktivitäten gestört werden). Fremdkorrekturen sind auch dann angebracht, wenn eine Selbstkorrektur zu aufwendig wäre.

9.4.2 Korrigieren schriftlicher Schülerproduktionen

Die folgenden praktischen Hinweise für das Korrigieren freier schriftlicher Arbeiten gehen von der Annahme aus, dass Schüler aus schriftlichen Korrekturen ihres Lehrers wesentlich weniger lernen als aus Eigenkorrekturen. „Das bewusste Umgehen mit Fehlern und das Nachdenken über ihre Ursachen bieten dem Lerner einen Einblick in die eigenen Lern- und Verarbeitungsprozesse." (Kleppin 1995: 24)

Korrekturverhalten des Lehrers. Der Lehrer sollte den Schülern die Möglichkeit zu Selbstkorrekturen geben und deshalb bestimmte Fehler nur markieren, nicht aber auch korrigieren. Selbst korrigieren können die Lerner all das, was schon intensiv geübt wurde, aber man kann sich in einer Arbeit auch auf einen bestimmten Fehlertyp beschränken (z.B. Satzgliedstellung, Valenz). Was die Lernenden selbst korrigieren und was der Lehrer, hängt auch davon ab, wie er in der Klasse mit den Fehlern weiterarbeiten möchte. Beim Anstreichen der Fehler kann der Lehrer die fehlerhafte Stelle mehr oder weniger genau lokalisieren – z.B.:

genaue Lokalisierung: ... un*d*ersuchen ... – weniger genaue: ... *undersuchen* ...

9.4 Korrigieren

Grundsätzlich dürfte eine möglichst genaue Fehlerlokalisierung angemessen sein, sodass sich die Lernenden ganz auf die Fehlerstelle konzentrieren können.

Der Unterrichtende sollte einheitlich bestimmte Korrekturzeichen verwenden, denn alles andere kann die Schüler verwirren. In der Klasse können hierfür bestimmte Konventionen vereinbart werden, z.B. E – Endung, ST – Satzstellung, A – Ausdruck usw.

Wahrscheinlich ist es sinnvoll, dass in einer schriftlichen Arbeit alle Fehler angestrichen und korrigiert werden (z.T. auch durch den Lehrer); schwerpunktmäßiges Korrigieren, wie im Mündlichen üblich, scheint im Schriftlichen nicht sinnvoll zu sein.

Die Schüler sollten daran gewöhnt werden, bei schriftlichen Arbeiten nur in jede zweite Zeile zu schreiben. Dann bleibt in der freien Zeile genügend Platz für die Korrekturen. Weiterhin sollten sie einen Rand für Korrekturzeichen des Lehrers lassen.

Fehlerbesprechung in der Klasse. Grundsätzlich sollten wichtige Fehler in der Klasse besprochen werden – sinnvollerweise die typischen, häufiger vorkommenden Fehler und nicht isolierte einmalige. Dabei kann man sich auf einige wenige Fehlerschwerpunkte beschränken.

Die Schüler sollten die Fehler, die besprochen werden, unbedingt schriftlich vor sich haben (eine Korrektur ausschließlich im Medium der gesprochenen Sprache dürfte weniger effektiv sein). Der Lehrer sollte die Fehler auf Folie notieren, sodass sie in der Klasse über den OHP projiziert und gemeinsam besprochen bzw. korrigiert werden können (Alternative: Tafel). Die Fehler können den Schülern auch kopiert verteilt werden, dann zunächst gruppenweise bearbeitet und erst in einem zweiten Schritt in der Klasse besprochen werden.

Korrigieren durch die Schüler. Nach der Fehlerbesprechung können schriftliche Arbeiten in der Klasse korrigiert werden. Hier gibt es verschiedene Möglichkeiten.

- Der Lehrer kann eine Arbeit auf Folie kopieren und sie – über OHP projiziert – mit den Schülern zusammen korrigieren. Das hat den Vorteil, dass die Schüler am Ende eine ganze korrekte Version vor sich haben.
- Die Lernenden können zunächst in Gruppen- oder Partnerarbeit alleine versuchen, den Text zu korrigieren (OHP, verteilte Kopien), bevor die gemeinsame Korrektur im Plenum durchgeführt wird (eventuell auch jede Gruppe eine andere Arbeit, sodass anschließend in der Klasse 4 oder 5 Arbeiten – je nach Anzahl der Gruppen – besprochen werden).
- Schließlich kann jeder seine eigene Arbeit mit Hilfe seines Nachbarn bearbeiten.
- Falls im Unterricht nicht die Zeit vorhanden ist, können die Schüler ihre Arbeiten zu Hause alleine korrigieren. In diesem Fall ist eine vorherige Fehlerbesprechung in der Klasse besonders wichtig. Man sollte aber stets berücksichtigen, dass die Schüler von der bewussten und aktiven eigenen Korrektur mehr profitieren als von der Lehrerkorrektur, die sie ja nur passiv rezipieren (→ 2.1).

Kleppin 1995 spricht sich für ein sehr aktives und reflektierendes Selbstkorrekturverhalten der Lerner aus. Sie schlägt u.a. vor, Schülerarbeiten markiert zu verteilen und die Lerner die Gründe für die vorkommenden Fehler herausfinden zu lassen. Eine Möglichkeit besteht auch darin, die Lerner ihre Fehler klassifizieren zu lassen und somit das Nachdenken über die Fehlerursachen zu fördern. Kleppin schlägt folgende Gesichtspunkte vor: „Ein Fehler, bei dem ich eigentlich überzeugt war, dass er richtig war. – Ein Fehler, den ich selbst hätte gut korrigieren können, wenn man mich bei der Arbeit darauf hingewiesen hätte. – Ein Fehler, der für mich einfach nicht vermeidbar war. – Ein Fehler, der absolut nicht nötig war. – Ein Fehler, der mir eigentlich viel besser gefällt als der korrekte Ausdruck." (25) Solche Übungen fördern das bewusste Umgehen mit den Fehlern und vermitteln den Lernern Einsichten in Fehlerursachen und somit in Lernprozesse.

Übungsphase. Wenn in der Klasse Fehlerschwerpunkte besprochen werden, so ist es sinnvoll, im Anschluss an die Korrekturphase eine Phase mit Übungen zu den besprochenen Fehlerbereichen anzuschließen. Das mag zeitaufwendig sein, dürfte sich aber lohnen.

Korrigieren wie hier vorgeschlagen ist mit relativ viel Zeit- und für den Lehrenden auch mit viel Arbeitsaufwand verbunden, denn er muss die Arbeiten nach erfolgter Schülerkorrektur ja noch einmal ansehen. Es wird sich aber lohnen, Fehlern und ihrer Korrektur etwas mehr Aufmerksamkeit zu schenken.

9.5 Aspekte des nonverbalen Verhaltens

Kommunikation im Medium der gesprochenen Sprache hängt sehr stark mit nonverbalen Elementen wie Blickkontakt, Mimik, Gestik, Körperhaltung und Bewegung im Raum zusammen. Phylo- und ontogenetisch besteht zwischen kommunikativem Verhalten und nonverbalen Ausdrucksmitteln ein enger Zusammenhang; Spracherwerb ist an die lebendige verbale und nonverbale Interaktion gebunden, und auch in der interpersonalen Face-to-face-Kommunikation spielen nonverbale Elemente eine sehr wichtige Rolle. Nonverbale Verhaltensweisen sind stark automatisiert, und nur selten machen wir uns diesen wichtigen Teil unseres Verhaltens bewusst; aus diesem Grund können wir ihn auch nur bedingt kontrollieren und steuern. Die gezielte Integration von nonverbalen Ausdrucksmitteln in den Fremdsprachenunterricht bedeutet also ein Einbeziehen von Elementen, die konstitutive Bestandteile natürlicher Kommunikation darstellen. Im Unterricht ohne Gestik, Mimik usw. zu arbeiten, hieße zunächst, „gegen unsere natürlichen Sprech-, Ausdrucks- und Wahrnehmungsmechanismen zu arbeiten" (Baur 1990: 31). Den nonverbalen Ausdrucksmitteln kommt aber eine zusätzliche didaktische Funktion zu, denn je weniger Komponenten der natürlichen Kommunikation in der Lernsituation berücksichtigt werden, desto schwieriger ist eine kommunikative Verankerung der Sprache. Ich gehe im Folgenden vor allem auf die direkt pädagogisch-didaktisch funktionalen Aspekte des nonverbalen Verhaltens ein, die im Unterricht bewusst eingesetzt werden sollten. Es handelt sich dabei um einen sehr komplexen Bereich; deshalb kann ich in diesem Rahmen nur einige wenige Aspekte thematisieren und versuchen, den Leser allgemein für dieses Thema zu sensibilisieren.

Man muss sich als Lehrer der Tatsache bewusst sein, dass jede verbale und nonverbale Handlung von den Schülern wahrgenommen und mehr oder weniger bewusst interpretiert wird. Man drückt durch sein nonverbales Verhalten (zusammen mit seinem verbalen) sehr stark „sich selbst" aus: Sicherheit und Unsicherheit, Geduld und Ungeduld, Zuneigung und Ablehnung, Angespanntheit oder Langeweile, emotionale Zuwendung oder Distanz. Solche Eigenschaften, die Menschentypen charakterisieren können, zeigen sich sehr stark darin, wie man sich bewegt, wie man jemanden ansieht oder auch nicht, wie man seinen Kopf, seine Schultern, Arme oder Beine hält (aufrecht oder nicht, offen oder geschlossen), wie man Gesten einsetzt usw. Vor allem die sog. funktionslosen Gesten, das sind mechanische Handlungen mit unbeabsichtigter Aussagekraft, offenbaren oft mehr von uns, als uns lieb ist, z.B. (Morris 1977):
– *Übersprunghandlungen* (nervöse Ausweichhandlungen): die Brille zurechtrücken, an der Kette/dem Ohrring spielen, ein Uhrband öffnen und schließen, mit einem Kuli/Gummi/Kreide spielen, mit den Fingern auf den Tisch trommeln, mit einem Knopf spielen, unbegründet hin- und herlaufen, unbegründet aufstehen und sich wieder hinsetzen, Bücher und Papiere vor sich zurechtrücken usw.
– *Körperpflege:* die Fingernägel kontrollieren, an den Fingernägeln kauen, die Haare aus dem Gesicht streichen, sich strecken, gähnen, sich an der Nase kratzen, den Kopf auflegen usw.
– *Selbstkontakte*: sich über das Gesicht/die Haare streicheln, die Hände falten, die Beine/Arme verschränken, sich mit der Hand das Kinn reiben, mit der Hand den Kopf/das Kinn stützen usw.
Als Lehrer sollte man diese funktionslosen nonverbalen Mittel intensiv kontrollieren. Sie lenken die Schüler ab, senden ihnen unbeabsichtigte Signale und können signalisieren, dass sich der Lehrer in der Unterrichtssituation – aus welchem Grund auch immer – nicht wohl fühlt. So können sie das Klassenklima negativ beeinflussen.
Nonverbale Mittel, besonders der Gesichtsausdruck, spiegeln auch sehr direkt die momentane emotionale Verfassung eines Menschen wider. Anders als einige andere nonverbale Mittel (s.u.), sind die Mittel für Gefühlsausdruck nicht eng an verbale Äußerungen gebunden, und sie lassen sich auch kaum bewusst kontrollieren.

Nonverbale Ausdrucksmittel können im DaF-Unterricht verschiedene didaktische Funktionen haben; dabei ist zu unterscheiden, ob sie vom Lehrer oder vom Schüler eingesetzt werden.

Allgemein interaktive Funktion. Nonverbale Mittel haben zunächst eine allgemein interaktive Funktion. Blickkontakt, Gestik, Mimik und Körperbewegung spielen eine wichtige Rolle bei der Initiierung, Aufrechterhaltung und Beendigung von interpersonalen Kontakten – sei es mit einem einzelnen Schüler (a), mit einer Gruppe oder mit der ganzen Klasse (b) – z.B. (als Verhalten des Lehrers):

a: einen Schüler ansehen; einen Schritt auf ihn zu tun; den Körper leicht in seine Richtung vorbeugen; den Blick von ihm abwenden; sich einem anderen Schüler zuwenden usw.
b: verschiedene Schüler in der Klasse ansehen; den Blick ab und zu schweifen lassen; eine aufrechte offene Körperhaltung frontal zur Klasse einnehmen; eine Position im Raum einnehmen, bei der zu allen Schülern Blickkontakt besteht und sich alle angesprochen fühlen usw.

Diese allgemeine interaktive Funktion kann unbeabsichtigt pädagogisch interpretiert werden, wenn z.B. einzelne Schüler den Eindruck haben, dass der Lehrer sie sehr oft bzw. nie ansieht, dass er sehr oft bzw. nie in ihrer Nähe steht usw.

Aktivierende Funktion. Gestik und Bewegung haben in einem allgemeinen Sinn eine motorische Funktion, die dem physiologischen Bedürfnis nach Bewegung (Bewegungsdrang) Rechnung trägt. Nonverbale Mittel haben darüber hinaus eine aktivierende Funktion. Ein Lehrer, der einen lebendigen anregenden Unterricht halten will, kann dazu durch den Einsatz nonverbaler Mittel beitragen: durch eine lebendige, sprechende Gestik; durch eine abwechslungsreiche Mimik; durch Bewegung im Raum, die Lebendigkeit ausdrückt, ohne Unruhe oder gar Nervosität zu verbreiten. Durch nonverbale Mittel kann der Lehrer die Aufmerksamkeit der Lernenden aktivieren und zugleich sein eigenes „Aktivitätspotenzial" aufrechterhalten.
Gleiches gilt für die Lerner, wobei der Bewegungsdrang vor allem bei Kindern wichtig ist. Gestik und Bewegung im Raum können auch dazu beitragen, Stress in der Lernsituation physiologisch zu verarbeiten. Es besteht zudem ein Widerspruch darin, dass einerseits von den Lernenden ein sprachlich aktives Verhalten erwartet wird, andererseits aber ihre körperlichen Aktivitäten durch die Organisation des Unterrichts auf ein Minimum reduziert sind.

Regulierung der didaktischen Interaktion. Nonverbale Mittel können einen wesentlichen Beitrag zur Regelung der unterrichtsspezifischen didaktischen Interaktion leisten (regulierende und organisierende Funktion), z.B.:

	einen Schüler aufrufen	einen Fehler signalisieren	eine Phase einleiten
Gestik	mit dem ausgestreckten Arm auf S zeigen	die gespreizte Hand hin- und herbewegen	auf das Medium zeigen
Mimik	freundlich, lächelnd, ermutigend	Stirn in Falten legen	freundlich, lächelnd, ermutigend
Blick	S ansehen	S ansehen, Augen zusammenkneifen	S ansehen, schweifender Blick
Körperhaltung	leicht vorgebeugt, mit Kopf nicken	Schultern leicht heben	aufrecht, offen, frontal
Bewegung im Raum	einen Schritt auf S zutun	einen Schritt zurück	Platzwechsel, frontale Position

Abb. 9.11: Nonverbale Ausdrucksmittel bei didaktischen Handlungen des Lehrers

Die Beispiele zeigen exemplarisch, dass an einer Handlung immer mehrere nonverbale Ausdrucksmittel beteiligt sind. Diese Mittel können die Lehrersprache begleiten und damit auch semantisch entlasten; in manchen Fällen können sie sie auch ganz ersetzen und dazu beitragen, dass der Lehrer seine Redeanteile reduziert. In diesem Fall sollte er die nonverbalen Ausdrucksmittel sehr kontrolliert einsetzen, damit er nicht den Eindruck von Distanz, Unfreundlichkeit oder Desinteresse vermittelt.
Man muss sich allerdings bewusst machen, dass bestimmte nonverbale Mittel eine negative interaktive Wirkung haben können, z.B.:
- mit dem ausgestreckten Zeigefinger einen Schüler aufrufen;
- mit einer Bewegung des rechten Arms einen links sitzenden Schüler aufrufen (der Arm errichtet eine Barriere zwischen Lehrer und Schülern);
- einen Schüler nicht ansehen, während er mit einem spricht bzw. während man mit ihm spricht;
- öfter aus dem Fenster/an die Decke/ins Leere schauen;
- Verletzung von Distanzzonen (s.u.).

Aus diesem Grund ist es wichtig, dass der Lehrer sein nonverbales Verhalten im Rahmen des Möglichen kontrolliert.
In einem lernerzentrierten Unterricht haben die nonverbalen sprachbegleitenden und sprachersetzenden Mittel auch für die Schüler eine sehr wichtige Funktion, da sie ungenügende Sprachkenntnisse partiell kompensieren können. Oft können Lerner nur mit nonverbalen Mitteln

Einfluss auf die Interaktion in der Klasse nehmen, z.B. den Lehrer unterbrechen, Unverständnis ausdrücken, eine Handlung initiieren oder ihr Ende signalisieren usw. Deshalb sollte der Lehrer stets das nonverbale Verhalten seiner Schüler gut beobachten, und er sollte sie ermutigen, ihr nonverbales Ausdruckspotenzial gezielt einzusetzen.

Verstehens- und Ausdruckshilfe. Unter dem Verstehens- und Ausdrucksaspekt kommt nonverbalen Mitteln eine wichtige didaktische Funktion im Unterricht zu. Schon die natürlichen sprachbegleitenden nonverbalen Ausdrucksmittel, vor allem die Gesten (Taktstock-Signale), spielen eine wichtige Rolle. Es sind dies die Mittel, die weitgehend automatisch synchron zur Sprache eingesetzt werden und die die verbale Aussage durch Rhythmisieren, Hervorheben, Abgrenzen und Illustrieren des gesprochenen Wortes anschaulich begleiten. Dadurch leisten diese nonverbalen Mittel einen Beitrag zum Verständnis der Aussage (z.B. kreisende Handbewegungen, Handfläche nach vorn/nach unten/nach oben, erhobener Zeigefinger, geballte Faust usw.; wiegende Körperhaltung, einen Schritt zurücktreten usw.). Gezielt vom Lehrer eingesetzt, können diese nonverbalen sprachbegleitenden Ausdrucksmittel die Aussage verdeutlichen und dazu beitragen, den Lernern das Verstehen zu erleichtern. Das ist im Fremdsprachenunterricht besonders wichtig, weil sich der Lehrer in seinem kommunikativen Verhalten auf das reduzierte Sprachniveau der Lerner einstellen muss. Mit Hilfe nonverbaler sprachbegleitender Mittel kann er Inhalte verbalisieren, die die Lerner rein sprachlich noch nicht verstehen würden. In diesem Fall muss der semantische Wert der nonverbalen Elemente entsprechend hoch sein.

Semantisierung. Bei der Semantisierung von unbekannten Wörtern oder Ausdrücken können nonverbale Mittel sogar in sprachersetzender Funktion verwendet werden (→ 3.1.3.2). Bei Bedeutungserklärungen hilft die Fremdsprache oft nicht weiter, weil die Lernenden eine verbale Erklärung nicht verstehen würden; die Verwendung nonverbaler Mittel kann in diesem Fall zu einem ersten Verständnis beitragen, z.B. *groß/klein* durch Gesten, *rennen/gehen* durch Bewegung im Raum, *jdn. begrüßen* durch Bewegung, Gestik und Veränderung der Körperhaltung, *weinen* durch Mimik und Gestik usw.

Für den Lernenden haben nonverbale Mittel andere, zum Teil komplementäre Funktionen (Baur 1990).
Zunächst können nonverbale Ausdrucksmittel die *Sprachproduktion* allgemein *fördern*: Sprachbegleitende motorische Bewegungen erleichtern das In-Gang-Kommen des sprachlichen Handelns und können dazu beitragen, dass schwierig zu äußernde Wörter, Phrasen und vollständige Äußerungen leichter produziert werden. Dadurch wird es dem Lerner erleichtert, sich aktiv am unterrichtlichen Lern- bzw. Kommunikationsprozess zu beteiligen.
Nonverbale Ausdrucksmittel können sprachliche Defizite aber auch in einem direkteren Sinne kompensieren. Fremdsprachenlerner befinden sich meist in der schwierigen Situation, die fremde Sprache verwenden zu wollen, dazu aber noch nicht entsprechend ihrem Ausdrucksbedürfnis in der Lage zu sein. Durch den gezielten Einsatz nonverbaler Mittel können die Lernenden beim Kommunizieren versuchen, einen Teil ihrer sprachlichen Defizite in der Fremdsprache auszugleichen und mehr auszudrücken, als sie rein sprachlich vermögen. Unterricht wird aber nur selten so organisiert, dass die Lerner dazu die Möglichkeit haben. Könnten sich die Lerner beim sprachlichen Handeln frei im Raum bewegen (wie auch in vielen realen kommunikativen Situationen), so würde das ihre Ausdrucksmöglichkeiten wahrscheinlich erhöhen.

Den nonverbalen Ausdrucksmitteln kommt schließlich eine wichtige Funktion als *Lernhilfe* zu (Baur 1990; Vester 1978; → 2.1). Ist Sprache intensiv mit nonverbalen Ausdrucksmitteln verbunden, so wird sie bei ihrer Darbietung mit den sie begleitenden nonverbalen Reizen über verschiedene Sinneskanäle aufgenommen, multimodal verarbeitet und mit den verschiedenen Parallelreizen im Gedächtnis gespeichert. Besonders wichtig für das Lernen ist die Koppelung von aktiven sprachlichen Äußerungen mit Handlungen und vielfältigen nonverbalen Ausdrucksmitteln des Sprechenden selbst (Gestik, Bewegung, Rhythmus usw.), da hierbei neben der verbalen oder verbal-visuellen auch die motorische Komponente der Informationsverarbeitung aktiviert wird, was zu besseren Lernergebnissen führt. In diesem Punkt kann der „konven-

9.5 Aspekte des nonverbalen Verhaltens

tionelle" Fremdsprachenunterricht viel von sog. alternativen Methoden lernen, z.B. von der Suggestopädie, wo das gesamte Spektrum der nonverbalen Ausdrucksmittel intensiv für das Lernen der fremden Sprache genutzt wird.

Proxemik
Unter „Proxemik" versteht man das Distanzverhalten eines Menschen zu anderen Menschen in seiner Umgebung. Der Abstand zwischen zwei Kommunikationspartnern kann z.B. auf den Grad ihrer Vertrautheit oder den Zweck ihrer Kommunikation hinweisen. Distanzverhalten hat etwas mit Vertrautheit und Sicherheit zu tun; je unsicherer der Lehrer oder die Schüler sind, umso größer wird der räumliche Abstand zunächst sein, z.B. am Anfang einer Stunde oder eines Kurses. Ein unsicherer Lehrer wird zudem öfter hinter seinem Tisch/Pult Zuflucht suchen als ein sicherer Lehrer.

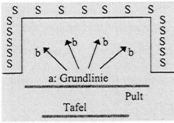

Abb. 9.11: Distanzbereiche

Im Umgang mit Schülern sollte man auf die Einhaltung bestimmter Distanzzonen achten; d.h. je nach Ansprechpartner (Gesamtklasse, Einzelschüler, Kleingruppe ...) ist ein unterschiedliches Distanzverhalten sinnvoll (vgl. Abb. 9.11 für eine Sitzordnung in U-Form,).
Wendet sich der Lehrer an die gesamte Klasse (Begrüßung, Lehrervortrag ...), sollte er sich in der „allgemeinen Ansprachedistanz" befinden, d.h. sich im Bereich der Grundlinie bewegen (ca. 3 – 4 m). Das ermöglicht eine Kontaktaufnahme, bei der sich alle Schüler als Gesprächspartner angesprochen fühlen. Der Lehrer vermeidet dadurch, dass er einzelnen Schülern den Rücken zuwendet oder eine Position im Klassenzimmer einnimmt, von der aus ihn nicht alle Schüler sehen können (und umgekehrt). Durch Annäherung (ein bis zwei Schritte nach vorn) kann man sich einzelnen Schülern direkter zuwenden (persönliche Ansprachedistanz – b), z.B. bei einer Schülerfrage; man wird sich aber nicht zu lange dort aufhalten, um nicht den Kontakt zu den anderen Schülern zu verlieren. Ein „Eindringen" in die Intimdistanz sollte möglichst vermieden werden; ist es dennoch einmal erforderlich, z.B. beim Blick ins Heft oder der Betreuung von Partner-/Gruppenarbeit, so sollte man sich nicht in ganzer Körpergröße vor den Lernenden „aufbauen" (das kann leicht bedrohlich wirken), sondern sich durch Knien, Herabbeugen oder Dazusetzen auf gleiche Blickhöhe mit den Schülern begeben. (Die Werte für die einzelnen Distanzzonen schwanken je nach Größe des Klassenzimmers, Sitzordnung, soziokulturellen Konventionen.)
Bei der Rückkehr zur Grundlinie oder beim Gang zur Tafel kann man rückwärts gehen, sodass man den Schülern nicht den Rücken zuwenden muss.

Ein Lehrer sollte sich Gedanken darüber machen, in welchen Unterrichtsphasen es günstig sein könnte, zu stehen, auf einer Schülerbank/dem Lehrerstuhl zu sitzen oder sich stehend am Lehrertisch abzustützen. Auch wenn es dazu keine verbindlichen Regeln gibt und individuelle Vorlieben ihre Berechtigung haben, gibt es einige sinnvolle Arrangements, z.B.:
Stehen: Stundenbeginn, Stundenende, in Vortrags- und Erklärphasen, immer wenn Tafelbenutzung zu erwarten ist, bei Gruppen-/Partner-/Einzelarbeit mit Betreuung der Schüler, bei Semantisierungsphasen (im freien Stehen kann man körpersprachliche Mittel am wirkungsvollsten einsetzen).
Erhöhtes Sitzen: bei lehrerdominierten Gesprächs-/Diskussionsphasen, beim Lehrervortrag ohne Tafelbenutzung, in bestimmten Übungsphasen.
Sitzen: bei Gruppen-/Partner-/Einzelarbeit ohne Betreuung der Schüler, beim stillen Lesen.
Wichtig ist auch, wo man sitzt: hinter, neben oder vor dem Lehrerpult/-tisch oder auf einer Schülerbank. (Das Pult kann leicht als Barriere zwischen Lehrer und Schülern empfunden werden; es kann aber auch signalisieren, dass die Schüler in einer bestimmten Arbeitsphase auf sich selbst gestellt sind.) Das Pult sollte nicht in der Mitte stehen (Tafelzugang), sondern mehr seitlich.

Bekanntlich ist das gesamte nonverbale Verhalten stark soziokulturell geprägt, was zu erheblichen kommunikativen Missverständnissen führen kann. Setzt man nonverbale Mittel im Unterricht gezielt ein, so bietet das den Lernenden die Möglichkeit, sich diese kulturspezifischen Konventionen auf natürliche Art und Weise anzueignen; darüber hinaus bieten sie im interkulturellen Gespräch zahlreiche authentische Äußerungsanlässe.

9.6 Übergänge

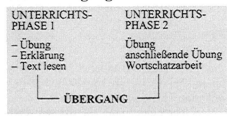

Abb. 9.12: Phasenwechsel im Unterricht

Ein Übergang ist das, was zwischen zwei Unterrichtsphasen geschieht; der Lehrer leitet dabei zur folgenden Unterrichtsphase über. Wegen schlechter Organisation von Übergängen entstehen im Unterricht oft Unklarheit und Verwirrung bei den Schülern. Sie werden abgelenkt, und so kommt es, dass trotz ausführlicher Erklärungen zu der kommenden Übung oder Aufgabe Unverständnis bleibt, Nachfragen gestellt werden, Unruhe entsteht und im schlechtesten Fall der ganze Übergang wiederholt werden muss. Das führt zu Zeitverlust, erhöht die Redeanteile des Lehrers und verlängert eine Unterrichtsphase mit Lehrerdominanz. Aus diesem Grund soll die Organisation von Übergängen hier kurz thematisiert werden.

Aktivitäten des Lehrers in Übergangsphasen sind *Organisieren, Informieren* und *Motivieren*:

Zum *Organisieren* zählen Informationen und Anweisungen technisch-organisatorischer Art, die die Voraussetzung für die Durchführung der folgenden Unterrichtsphase darstellen; d.h. ohne organisatorische Informationen wissen die Schüler nicht, was sie in der folgenden Unterrichtsphase machen sollen. Hierher gehören z.B.:
- Hinweise zum Gegenstand und zur Durchführung der Lernaufgabe;
- Wechsel der Sozialform;
- Verteilen von Materialien (Arbeitspapiere, Sprachkarten, Bilder usw.);
- Aufforderungen, das Buch aufzuschlagen, das Heft herauszunehmen o.ä.;
- Angabe von Beispielen, die die Lernaufgabe verdeutlichen;
- Hinweise zur Anzahl der Lösungen bei Aufgaben;
- Zeitangaben zur Durchführung des Unterrichtsschrittes;
- Angaben zur Form der Ergebnispräsentation.

Organisatorisches ergibt sich normalerweise aus der Lernaufgabe selbst, da sie ohne die erforderlichen organisatorischen Hinweise nicht durchgeführt werden kann.

Zum *Informieren* gehören inhaltliche Angaben zur Funktion der folgenden Unterrichtsphase und zum Unterrichtsgegenstand. Es kann sich um Informationen zum Stellenwert der folgenden Phase an sich handeln (was man dabei lernt, warum die konkrete Art der Durchführung sinnvoll ist) oder um Informationen zum Sinn der Phase im Verlauf einer Unterrichtseinheit (Zusammenhang mit vorhergehenden oder folgenden Phasen, mit dem allgemeinen Lernziel bzw. dem Gegenstand der Unterrichtseinheit).

Zum *Motivieren* zählen all die Informationen, die das Interesse an der folgenden Phase wecken bzw. erhöhen sollen.

Sicherlich hängt es von vielen Faktoren ab, wie ein Übergang verständlich und zeitsparend durchgeführt werden kann. Es lassen sich aber durchaus einige Hinweise geben, die für die ökonomische und effektive Durchführung eines Übergangs meist nützlich sind. Ein Übergang kann z.B. folgendermaßen geplant und durchgeführt werden:

1. Informieren
2. Motivieren
3. Organisieren
   a. Arbeitsauftrag bzw. Arbeit mit Materialien erklären
   b. Beispiele geben
   c. Form der Ergebnispräsentation erklären
   d. Paare bzw. Gruppen bilden
   e. Materialien verteilen
4. Beginn der Arbeitsphase

Abb. 9.13: Mögliche Form eines Übergangs

9.6 Übergänge

Ich kommentiere diese Abfolge hier kurz:

zu 1/2: Man sollte zuerst informieren und motivieren und erst danach zum Organisatorischen kommen. Das aufgeschlagene Lehrbuch, die verteilten Materialien oder die Partner in der Gruppe ziehen oft die Aufmerksamkeit der Schüler auf sich, sodass informierende oder motivierende Äußerungen kaum noch beachtet werden (können).

zu 1: Schüler werden von ihren Lehrern viel zu selten über Unterrichtsziele und die Funktion von Lernaufgaben bzw. methodischen Verfahren informiert. Sinnvolles, zielgerichtetes Lernen setzt aber Wissen über den Lerngegenstand und die Lernziele voraus. Transparenz im Unterrichtsverlauf ist darüber hinaus eine wesentliche Voraussetzung für verantwortliche Mitarbeit und Mitgestaltung des Unterrichts durch die Schüler (→ 9.1.2; 10.3).

zu 2: Die Motivation (im Sinne von Lernbereitschaft) für eine Lernaufgabe oder Übung kann auf verschiedene Weisen geweckt bzw. erhöht werden (→ 10), z.B. durch Erzeugen von Neugierde oder durch Hinweise auf die Form der Aufgabe (Rätsel, Spiel). Oft fördern aber schon informierende Hinweise über den Sinn einer Aufgabe oder einer methodischen Technik eine aufgabenbezogene Lernbereitschaft. Eine schlechte organisatorische Vorbereitung kann sich sehr schnell demotivierend auswirken (*Wir wissen ja gar nicht, was wir tun sollen!, Sollen wir ins Buch oder ins Heft schreiben? ...*).

zu 3: Man sollte sich an alle Schüler zugleich wenden und nicht mehrere Aktivitäten gleichzeitig durchführen – z.B. nicht Materialien verteilen und zugleich organisatorische Informationen zur Durchführung der folgenden Phase geben. Die Informationen werden in diesem Fall nur von wenigen Schülern aufgenommen, sodass sie ein zweites Mal gegeben werden müssen. Wenn die Gefahr besteht, dass ein Übergang aus sprachlichen Gründen nicht verstanden wird, so sollte man erwägen, ihn in (homogenen) Gruppen, besonders bei Anfängern, in der Muttersprache durchzuführen.

zu 3a: Es ist günstig, wenn der Lehrer die Arbeitsweise mit den benötigten Materialien vor dem Verteilen der Materialien erklärt: durch Demonstration der wichtigsten Arbeitsschritte über OHP bzw. Tafelanschrieb oder indem er der Klasse die Materialien zeigt und dabei erklärt, wie damit gearbeitet werden soll. Das sammelt die Aufmerksamkeit der Schüler, und die Verständlichkeit wird durch das optische Medium (OHP, Tafel) erhöht. Wird die Arbeit mit den Materialien anhand der verteilten Materialien selbst erklärt, so besteht die Gefahr, dass diese die Aufmerksamkeit auf sich ziehen und die Schüler die Erklärungen des Lehrers nicht mehr wahrnehmen.

zu 3b: Aus demselben Grund sollten auch Beispiele vor dem Einsatz von Materialien bzw. möglichst nicht anhand von verteilten Materialien gegeben werden. Beispiele sollten nicht nur mündlich, sondern über den OHP projiziert oder schriftlich an der Tafel vorgegeben werden, damit die Schüler den Arbeitsauftrag klar verstehen und die Ergebnisse wie geplant präsentieren.

zu 3c: Auch die Form der Ergebnispräsentation sollte so erklärt werden, dass die Lerner nicht durch Partner oder Materialien abgelenkt werden.

zu 3d: Bei Partner- oder Gruppenarbeit sollten die Paare oder Gruppen sehr spät eingeteilt werden. Bei einem sehr frühen Wechsel der Sozialform besteht die Gefahr, dass die Partner sich miteinander beschäftigen und organisatorische Äußerungen des Lehrers nicht mehr beachtet werden.

zu 3e: Grundsätzlich sollten Materialien spät herangezogen werden (Sprachkarten verteilen, Bilder projizieren, Buch aufschlagen usw.), da sie die Aufmerksamkeit auf sich ziehen und die Schüler von dem ablenken, was der Lehrer sagen und erklären muss. Vor allem ist es ungünstig, nach der Bildung von Paaren oder Gruppen Materialien zu verteilen, deren Funktion und Bearbeitung noch besprochen werden muss. Die Partner werden die Materialien sofort gemeinsam anschauen und gegenseitig kommentieren, sodass weitere organisatorische Äußerungen nicht aufgenommen werden.

Werden zu einem frühen Zeitpunkt Arbeitsmaterialien eingesetzt und Paare/Gruppen gebildet, so sollte man den Schülern Zeit lassen, die Arbeitsmaterialien anzuschauen, und erst dann organisatorische Informationen geben, wenn die Schüler sich wieder auf den Unterrichtenden konzentrieren können.

Bei einem geglückten Übergang können alle Schüler zugleich mit dem Arbeiten beginnen, und kein Schüler sollte nach Arbeitsbeginn noch eine organisatorische Frage haben.

10 Motivieren

Motivieren im Fremdsprachenunterricht lässt sich im Anschluss an Solmecke (1983: 17) als „die optimale Gestaltung der Lernsituation im Fremdsprachenunterricht zur Erzielung einer größtmöglichen Lernbereitschaft der Schüler" verstehen. Lernmotivation ist folglich „die Bereitschaft, in entsprechenden Situationen dem Lernen dienliche Aktivitäten durchzuführen oder an ihnen teilzunehmen." (ebd.: 48). Lernbereitschaft drückt sich durch aktive, zielgerichtete Konzentration, Aufmerksamkeit und Anstrengung aus. Der Motivationsbegriff wird mit dieser Bestimmung auf elementare Voraussetzungen des Lernens zurückgeführt: Damit Lernen überhaupt stattfindet, bedarf es eines Lernenden und seiner Bereitschaft zu lernen; Motivation ist also ein psychischer Zustand des Lernenden. Die Lehrenden können sich lediglich darum bemühen, günstige Bedingungen zu schaffen, in denen sich die Lernbereitschaft entfalten kann. Insofern kann das Bemühen um eine Erhöhung der Motivation die Lernenden nicht von ihrer eigenen Verantwortung für den Lernprozess entheben (Grell/Grell 1983).

Drei Faktoren beeinflussen die Lernmotivation: 1. die allgemeinen Rahmenbedingungen, d.h. der politische und soziokulturelle Rahmen, innerhalb dessen der Unterricht stattfindet: gesellschaftliche Einstellungen und (Vor-)Urteile gegenüber dem zielsprachlichen Land, Einstellungen und Verhalten im Elternhaus usw.; 2. individuelle Persönlichkeitsfaktoren des Lernenden, d.h. längerfristig wirksame Dispositionen (Erfahrungen, Interessen, Motive) und kurzfristig in der Lernsituation wirksame Intentionen (momentane Absichten, Bedürfnisse); 3. Faktoren der Lernsituation, vor allem die Lehrerin/der Lehrer, der Lernstoff und die Unterrichtsgestaltung.

Abb. 10.1: Motivieren und Motivation

Lernmotivation als momentan aktive Lernbereitschaft entsteht als Ergebnis einer „Wechselwirkung zwischen individuellen Gegebenheiten des Lernenden und außerindividuellen Gegebenheiten der Lernsituation" (Solmecke 1983: 51). Diese Wechselbeziehung ist dynamisch, denn günstige Anregungsbedingungen können die längerfristig wirksamen Persönlichkeitsfaktoren des Lernenden beeinflussen (*Deutsch ist ja interessanter, als ich dachte., Eine tolle Lehrerin, mit der macht es richtig Spaß!*), was sich wiederum positiv auf die aktuelle Motivation auswirken kann; zugleich kann eine gelungene Stunde, in der die Schüler interessiert mitgearbeitet haben, die Einstellung des Lehrenden und seine Unterrichtsgestaltung beeinflussen (*Die sind doch besser, als ich dachte!, Wenn die so reagieren, machen mir die Vorbereitungen auch mehr Spaß.*), was wiederum sowohl auf die aktuelle Schülermotivation als auch auf die Schülerpersönlichkeit wirken kann usw. „Motivation ist ebenso ein Effekt wie eine Ursache des Lernens." (Ausubel u.a. 1980: 499)

Zu den Faktoren, die die Motivation von Fremdsprachenlernern beeinflussen, gibt es zahlreiche Untersuchungen. In den 70er Jahren wurden in drei europäischen Ländern Studienanfänger nach ihrem schulischen Fremdsprachenunterricht befragt (Schröder 1983). Die insgesamt 6570 positiven und 1810 negativen Nennungen der über 1400 befragten Studierenden aus der Bundesrepublik und aus Finnland (BRD, FIN – jeweils 2 Universitäten) ergaben folgendes Ergebnis, vgl. Abb. 10.2 (in % der Nennungen). Die genannten Gründe für eine positive bzw. negative Bewertung des Unterrichts sind aufschlussreich.
- Eine wichtige Rolle spielt der Lehrer; auch von erwachsenen Lernenden wird der Fremdsprachenunterricht noch stark unter personalen Aspekten beurteilt.
- Erwartungsgemäß werden besonders häufig unterrichtliche Faktoren genannt, vor allem: (mangelnde) Abwechslung, (fehlender) Medieneinsatz, der Einsatz literarischer Texte (für positive Bewertung), Unklarheiten im Übungsbereich (für negative Bewertung), Sprechhemmungen im Unterricht (für negative Bewertung).

– Ein hoher Stellenwert kommt den Faktoren „Interesse am Zielsprachenland, Reiseabsichten" und „allgemeiner, beruflicher Nutzen von Fremdsprachenkenntnissen" zu (vgl. unten „integrative" und „instrumentelle Motivation"); die negativen Nennungen betreffen hier vor allem die fehlenden Möglichkeiten, die Fremdsprache außerhalb der Schule zu verwenden.

Ursachen		Bewertung	
		positiv	negativ
Lehrer (Qualifikation, Sympathie)	BRD	15.5%	26%
	FIN	22.9%	23%
Unterrichtsgeschehen	BRD	20.1%	44,7%
	FIN	20.7%	35.9%
Sprechhemmung im FU	BRD	–	6.7%
	FIN	–	5.3%
Interesse am FS-Land/ Reiseabsichten bzw. nicht	BRD	22.6%	minimal
	FIN	13.8%	5.1%
(Berufliche) Nützlichkeit im Leben/Anwendbarkeit außerhalb der Schule bzw. nicht	BRD	26%	6.9%
	FIN	26.9%	6.5%
Klang (un-)sympathisch	BRD	8.5%	3%
	FIN	7.4%	5.4%

Abb. 10.2: Motive im Fremdsprachenunterricht (Schröder 1983: 121ff.)

– Schließlich erweist sich mit dem Klang der fremden Sprache ein rein ästhetisch-emotionaler Faktor als nicht ganz unwichtig.

Zu ähnlichen Ergebnissen gelangte Düwell (1979), dessen Untersuchungen die folgenden Gründe für die Zunahme und Abnahme an Motivation im schulischen Französischunterricht erbrachten: Hauptgründe für Zunahme an Motivation: Lernfortschritt, Anwendungsmöglichkeiten, Interesse an Sprache/Land/Bewohnern, guter Unterricht; Hauptgründe für Abnahme an Motivation: Monotonie der Methode, keine ansprechenden Themen, zunehmende Schwierigkeiten bzw. nachlassende Leistungen, Lehrerin/Lehrer, Lehrwerk.

10.1 Schülermotive und ihre Anregungsbedingungen

Wie oben dargestellt, ist die aktuelle Schülermotivation das Ergebnis einer Wechselwirkung zwischen den Persönlichkeitsfaktoren der Lernenden einerseits und den konkreten Anregungsbedingungen der Lernsituation andererseits. Heckhausen (1968: 194ff.) betrachtet die folgenden Lernerfaktoren als besonders wichtig für das Lernen (vgl. auch Arbinger u.a. 1977):
1. Leistungsmotiv: Hoffnung auf Erfolg und Furcht vor Misserfolg
2. Bedürfnis nach Strafvermeidung
3. Bedürfnis nach Identifikation mit einem Erwachsenenvorbild
4. Bedürfnis, Zustimmung zu erhalten
5. Bedürfnis nach Geltung und Anerkennung
6. Bedürfnis nach Abhängigkeit von Erwachsenen
7. Sachbezogener Anreiz, d.h. Einstellung und Interesse gegenüber einem Lehrinhalt
8. Bedürfnis nach optimaler Stimulation

Diese Lernermotive bedürfen konkreter Anregungsbedingungen der Lernsituation, damit sie im Sinne einer aktuellen Lernbereitschaft wirksam werden. Ich gehe hier nur kurz auf einige allgemeinpädagogische Aspekte ein; das Schwergewicht lege ich in den folgenden Abschnitten auf die Persönlichkeit des Unterrichtenden und auf die fachspezifischen Anregungsbedingungen für die Punkte 7 und 8.

Leistungs-/Erfolgsmotiv
Beim Leistungsmotiv wirken die Hoffnung auf Erfolg und die Furcht vor Misserfolg zusammen. Bei zu hohen Anforderungen überwiegt die Furcht vor Misserfolg (*Das schaffe ich ja doch nicht!*), bei zu geringen Anforderungen entfällt diese völlig (*Diese Übung ist ja kindisch!*); beides fördert die Lernbereitschaft nicht. Beide Faktoren sollten sich etwa im Gleichgewicht befinden, was bei einem mittleren, leicht überdurchschnittlichen Anforderungsniveau der Fall ist. Das Erreichen eines Ziels wird in diesem Fall als Befriedigung des Leistungsstrebens empfunden, weil es auch mit einer gewissen Schwierigkeit der Lernaufgabe und somit Anstrengung verbunden war; es schafft die Motivation, weitere Ziele zu erreichen (Düwell 1979). Als Unterrichtender sollte man u.a. auf Folgendes achten:
• Der Schwierigkeitsgrad des Lernstoffs und der Testaufgaben sollte möglichst an die individuelle Leistungsfähigkeit der einzelnen Schüler angepasst sein.

- Mehrere aufeinander folgende Fehlschläge entmutigen und sollten deshalb vermieden werden.
- Schülerleistungen sollten nicht so sehr nach „objektiven" Faktoren, sondern stärker nach dem individuellen Lernfortschritt bemessen werden. Der Lehrer sollte „Tadel an ungenügende Anstrengung und Lob an realisierte Fähigkeiten" knüpfen (Heckhausen 1974: 583).
- Die Lehrenden sollten den Schülern dabei helfen, sich realistische Ziele zu setzen, und sie sollten ihnen ständig Feedback über ihren Lernfortschritt geben.

Bedürfnis nach Strafvermeidung
Darunter ist das Bedürfnis zu verstehen, „negative Sanktionen in der Schule und im Elternhaus zu meiden, die durch ungenügende Übernahme der schulischen Forderungen ausgelöst werden" (Heckhausen 1968: 195). Zum komplexen Problem des Strafens sei hier nur stichwortartig Folgendes angemerkt (Arbinger u.a. 1977):
- Strafen informiert den Schüler direkt über unerwünschtes, aber nur indirekt über erwünschtes Verhalten.
- Strafen trägt dazu bei, dass Verhalten vermieden bzw. reduziert wird; Strafen scheint aber kaum verhaltensinitiierend zu wirken.
- Strafen kann Angst erzeugen; Angst fördert jedoch das Lernen nicht (Vester 1978).
- Häufiges Strafen kann eine negative Einstellung zur Schule insgesamt erzeugen.
- Ein strafender Lehrer gibt ein Modell für aggressives Verhalten; es besteht die Tendenz zur Nachahmung durch die Schüler.

Kurzfristig mögen Strafen die erwünschte Wirkung zeitigen, längerfristig muss allerdings mit negativen Folgen gerechnet werden. Der Lehrer sollte deshalb weniger strafen und sich vielmehr darum bemühen, erwünschtes „positives" Verhalten zu loben und zu fördern.

Bedürfnis nach Identifikation mit einem Erwachsenenvorbild; Bedürfnis, Zustimmung zu erhalten; Bedürfnis nach Geltung, Anerkennung und Abhängigkeit von Erwachsenen
Diese Faktoren decken sich weitgehend mit den zwei Motiven „affiliativer Antrieb" (Anschlussmotiv) und „Streben nach Ich-Erhöhung" (Ausubel u.a. 1980).

Affiliativer Antrieb: Jüngere Schüler sind oft sehr intensiv auf ihre Lehrerin bzw. ihren Lehrer fixiert und beziehen einen großen Teil ihrer Motivation aus deren Zuwendung und Anerkennung. Psychologisch gesehen handelt es sich um ein Bedürfnis nach Geborgenheit und Liebe sowie um den Wunsch nach Anerkennung durch eine übergeordnete Person, mit der sich das Kind identifiziert. Aus der Identifikation mit einer höherrangigen Person leitet sich der subjektiv empfundene Status ab. Leistung und Engagement für ein Schulfach zielen nicht so sehr auf das Fach selbst oder auf Noten ab, sondern auf die Anerkennung durch die Identifikationsperson Lehrer. Der affiliative Antrieb spielt im schulischen Unterricht bei Kindern eine wichtige Rolle. „Lehrer, die bei Schülern beliebt sind, die ein unterstützendes, emotional warmes und partnerschaftliches Verhalten zeigen, die aber außerdem über die notwendige Kompetenz, über Fachwissen und Durchsetzungsvermögen verfügen, werden mit größerer Sicherheit als Modellperson angenommen als Lehrer, bei denen diese Merkmale fehlen." (Arbinger u.a. 1977: 206) Gegen Ende der Kindheit richtet sich der affiliative Antrieb zunehmend auf die Gruppe der Gleichaltrigen, was mit negativen Folgen für den Unterricht verbunden sein kann.

Das *Streben nach Ich-Erhöhung* (Geltungsstreben) zielt auf einen (äußeren) Status durch Leistung ab. Dabei kann es sich um eine kurzfristig angestrebte schulische Leistung (z.B. Note in einem Test) oder eine zukünftige schulische (z.B. Jahresnote, Abschlussprüfung), berufliche oder gar gesellschaftliche Zielsetzung handeln. Nach Ausubel u.a. (1980) ist das Geltungsmotiv in den meisten westlichen Gesellschaften in der Adoleszenz und im Erwachsenenalter die wichtigste Komponente der Leistungsmotivation. Ein Interesse an der Sache selbst ist hierbei nur solange erforderlich, bis das angestrebte Ziel (Note, Zeugnis ...) erreicht ist. Das Geltungsstreben richtet sich zunächst auf Nahziele (Noten, Hinweis auf Korrektheit, momentaner sozialer Status in der Klasse), verlagert sich aber mit zunehmendem Alter auf ferner liegende Ziele (Studien-/Berufsziel, Karriere, gesellschaftliche Ziele).

Beide Motive, der affiliative und das Streben nach Geltung, können die Lernmotivation erhöhen und das Lernen fördern. Allerdings haben beide Motive ihr Ziel nicht im Lerngegenstand selbst (d.h. in der Sprache), sondern außerhalb (Geborgenheit, Liebe – Geltung, Status); deshalb besteht die Gefahr, dass die Lernmotivation mit dem Erreichen des Ziels (Status) oder mit einem Lehrerwechsel (beim affiliativen Antrieb) endet; darüber hinaus garantiert eine Motivation auf dieser Basis nicht eine dem Lerngegenstand angemessene sachbezogene Lernhaltung (s.u.).

10.2 Anregungsbedingungen der Lernsituation 1: Lehrerpersönlichkeit

Zahlreiche empirische Untersuchungen haben bestätigt, dass die Lehrerpersönlichkeit wesentlich dazu beiträgt, ob Unterricht erfolgreich ist oder zu einem Misserfolg führt und ob er von den Schülern positiv oder negativ beurteilt wird (Krumm 1995b). Dabei haben sich drei Merkmale der Persönlichkeit und des Verhaltens der Unterrichtenden als besonders wichtig erwiesen:

- Eine positive emotionale Zuwendung durch den Lehrer, verbunden mit einem positiven, emotional warmen Klassenklima, ist Voraussetzung für erfolgreiches Lernen. *„Die 'Wärme' des Lehrers verbessert den Lernerfolg der Schüler in signifikanter Weise."* (Ausubel u.a. 1980: 576) Schüler wünschen sich hilfsbereite Lehrende, die sich für ihre Entwicklung interessieren, für ihren Lernerfolg engagieren und auf ihre Gefühle eingehen. Emotionale Kälte und ein distanziertes Verhalten des Unterrichtenden werden hingegen als wenig lernfördernd betrachtet und von Schülern als nicht erwünscht bezeichnet. Für Schüler mit stark affiliativem Antrieb (s.o.) ist die emotionale Zuwendung durch den Lehrer besonders wichtig.

- Einen wichtigen Faktor stellen Einsatz und Engagement des Unterrichtenden dar. *„Die Begeisterung, der Einfallsreichtum, das lebhafte Interesse des Lehrers für den Unterrichtsinhalt"* (Ausubel u.a. 1980: 576) können sich im optimalen Fall auf die Schüler übertragen und ihre Lernbereitschaft erhöhen. Engagierten Lehrern fällt es leichter, bei den Schülern Interesse und innere Motivation zu wecken. Unterrichtende hingegen, die ihren Unterricht sehr routinehaft und trocken abhalten, erzeugen eher Langeweile. „Ohne den motivierten Fremdsprachenlehrer dürften die Schüler nicht zum Fremdsprachenerwerb motiviert werden können; die Frage der Schülermotivierung ist folglich eng an die der Lehrermotivation gekoppelt." (Düwell 1983: 195)

- Die Fähigkeit des Lehrers, den Unterricht gut geplant und systematisch durchzuführen sowie den Lernstoff geordnet und verständlich darzubieten, stellt eine weitere wichtige Voraussetzung für den Lernerfolg dar. Geschicklichkeit, Phantasie und Einfühlungsvermögen bei der Stoffvermittlung und Unterrichtsgestaltung zeichnen erfolgreiche Lehrer aus. Ein planloses, nachlässiges und interesseloses bzw. zu großzügiges (*laisser faire*) Lehrerverhalten hat hingegen negative Auswirkungen auf das Lernen.

In der Fachliteratur werden verschiedene „Erziehungsstile" unterschieden, insbesondere der *autokratische*, der *demokratisch-sozialintegrative* und der *Laissez-faire-Stil* (Hofer 1974, Tausch/Tausch 1970). Nach Tausch/Tausch (1970) hat sich der sozialintegrative Erziehungsstil als derjenige erwiesen, der nicht nur das Lernen, sondern auch die Persönlichkeitsentwicklung der Schülerinnen und Schüler am besten fördert (vgl. ihre sehr einflussreiche „Erziehungspsychologie").

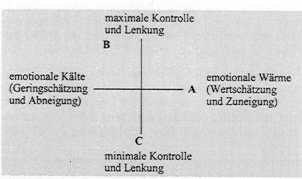

Abb. 10.3: Dimensionen des Lehrerverhaltens: A – sozialintegrativ, B – autokratisch, C – Laissez-faire (nach Tausch/Tausch 1970: 162)

Tausch/Tausch (1970: 170ff.) unterscheiden „zwei Hauptdimensionen erzieherischen Verhaltens": *Lenkung/ Kontrolle* und *emotionale Zuwendung*. Die drei Erziehungsstile ordnen sie in Bezug auf diese Dimensionen wie folgt an (Abb. 10.3): Ein *sozialintegratives Lehrerverhalten* ist durch eine mittelstarke Kontrolle/Lenkung sowie durch hohe Wertschätzung und Zuneigung gekennzeichnet (A); *autokratisches Lehrerverhalten* zeichnet sich durch starke Kontrolle/Lenkung und eher negative emotionale Zuwendung aus (B). Der *„Laissez-faire-Stil"* ist durch minimale Kontrolle/Lenkung und eine weder sehr positive noch negative emotionale Zuwendung gekennzeichnet (C).

Eine wichtige Voraussetzung für einen erfolgreichen Lernprozess ist die Möglichkeit zu angstfreiem Lernen (Krohn 1983, Vester 1978). Untersuchungen haben gezeigt, dass Angst einer der zentralen Einflussfaktoren auf schulische Lernprozesse darstellt. Dabei hat sich ein enger Zusammenhang zwischen Prüfungsangst und Lernleistungen gezeigt; Angst beeinflusst vor allem die produktiven mündlichen Leistungen negativ.

Angst im Klassenzimmer kann u.a. vorgebeugt werden durch ein sozialintegratives Lehrerverhalten, durch ein nicht übertriebenes Anspruchsniveau des Lehrers, durch ein nicht zu hohes Lerntempo, durch behutsame Fehlerkorrekturen, durch einen Wechsel der Sozialformen und durch einen Abbau der Lehrerdominanz (Düwell 1979, Quetz u.a. 1981).

Erwartungen des Unterrichtenden können Verhalten und Leistungen eines Schülers beeinflussen. Grell (1981: 152f.) fasst die Ergebnisse amerikanischer Forschungen zusammen, die charakteristische Verhaltensweisen von Lehrern gegenüber schlechten Schülern untersuchten; diese Verhaltensweisen signalisieren den Schülern die negativen Erwartungen der Lehrer, und sie tragen zugleich dazu bei, dass sich diese Erwartungen erfüllen (Pygmalion-Effekt der sich selbst erfüllenden Prophezeiung).
1. Lehrer geben 'schlechten' Schülern weniger Zeit für die Beantwortung von Fragen. 2. Sie rufen bei falschen Antworten schlechter Schüler schneller andere Schüler auf oder beantworten die Frage selbst. 3. Sie belohnen schlechte Schüler für falsche Antworten. 4. Sie kritisieren schlechte Schüler häufiger als gute. 5. Sie loben schlechte Schüler seltener für ihre richtigen Antworten. 6. Sie geben schlechten Schülern oft keine Rückmeldung auf ihre Antworten. 7. Sie beachten schlechte Schüler seltener (z.B. weniger Blickkontakt und Anlächeln). 8. Sie rufen schlechte Schüler seltener auf. 9. Sie nehmen schlechte Sekundarschüler während des Unterrichts seltener dran, sprechen dafür mit ihnen aber häufiger als mit anderen Schülern außerhalb des eigentlichen Unterrichts, was von den Schülern dieser Altersstufe wahrscheinlich als Anzeichen dafür gedeutet wird, dass mit ihnen etwas nicht in Ordnung ist. 10. Sie erlauben schlechten Schülern, sich auf Plätze zu setzen, die weit vom Lehrer entfernt sind und weniger Aufmerksamkeit abbekommen. 11. Sie verlangen weniger von schlechten Schülern, geben ihnen z.B. einfachere Aufgaben oder verzichten sogar ganz darauf, von ihnen schulische Leistungen zu fordern.

10.3 Anregungsbedingungen der Lernsituation 2: Unterrichtsgestaltung

Fasst man die zahlreichen Hinweise der Literatur zusammen, so lässt sich die Lernbereitschaft durch die folgenden fachdidaktischen Elemente der Lernsituation positiv beeinflussen: *Inhalte, Art der Aufgabenstellung, abwechslungsreiche Unterrichtsgestaltung, Möglichkeiten der Schüler zu Eigenaktivitäten, Transparenz des Unterrichtsgeschehens.*

Sachbezogene Anreize durch den Unterrichtsgegenstand (Inhalte)

Ein „kognitiver Antrieb" ist die wichtigste Voraussetzung für erfolgreiches langfristiges Lernen (Ausubel u.a. 1980). Darunter ist eine sachbezogene Motivation zu verstehen, d.h. ein Interesse am Lerngegenstand selbst, das sich in dem Wunsch ausdrückt, „eine Sache zu kennen und zu verstehen, Wissen zu beherrschen, Probleme zu formulieren und zu lösen" (Ausubel u.a. 1980: 469). Bei dieser Ausprägung von Motivation liegt die Belohnung in der Sache selbst, in dem Erreichen des Ziels; deshalb spricht man hier auch von „intrinsischer" Motivation. Eine intrinsische Motivation liegt normalerweise einem Hobby zugrunde, das man um seiner selbst Willen betreibt. Die Bedeutung eines kognitiven Anreizes besteht darin, dass er eine Voraussetzung für eine dem Lerngegenstand angemessene sachbezogene Lernhaltung darstellt und somit die Qualität der Assimilation neuen Lernstoffs in die kognitive Struktur beeinflusst.

Im Fremdsprachenunterricht dürfte ein kognitiver Antrieb bzw. eine intrinsische Motivation allerdings nur schwer zu erzeugen sein, denn wer interessiert sich schon für eine fremde Sprache an sich? Ein Interesse am Unterrichtsgeschehen, das mit dem Interesse an der Sache selbst identisch ist, kann man im Fremdsprachenunterricht wohl nur bei Linguisten oder sprachinteressierten polyglotten Erwachsenen erwarten. Deshalb wird sich der kognitive Antrieb im Fremdsprachenunterricht in der Regel auf Inhalte oder auf die Aufgabenstellung richten.

Integrative und instrumentelle Motivation
Diese beiden fremdsprachenspezifischen Motivationsarten sind Gegenstand einer intensiven wissenschaftlichen Diskussion und zahlreicher empirischer Forschungen gewesen: „Es kann davon ausgegangen werden, dass die Lernmotivation durch die Einstellungen und die Orientierung des Lerners gegenüber dem Lernen einer fremden Sprache determiniert wird. Die Orientierung ist 'instrumental', wenn der Zweck des Sprachenlernens mehr die Nützlichkeit des Erfolgs widerspiegelt, wie z.B. beruflich voranzukommen; sie ist 'integrativ', wenn der Lerner darauf aus ist, mehr über die andere Kultur und Gesellschaft zu lernen, als wünschte er, ein potenzielles Mitglied der anderen Gruppe zu werden." (Lambert 1972: 180) Wer eine Fremdsprache lernt, weil er sich für das fremdsprachliche Land, seine Menschen und Kultur interessiert und möglicherweise Tendenzen zur Integration in die zielsprachliche soziokulturelle Umgebung aufweist, ist *integrativ* motiviert; eine *instrumentelle* Motivation liegt dann vor, wenn die Fremdsprache aus Nützlichkeitserwägungen gelernt wird, aus Gründen des beruflichen Fortkommens, sozialen Ansehens, Geltungsstrebens innerhalb der Klassengemeinschaft oder ähnlichen Motiven. Lambert und Gardner, auf die diese Unterscheidung zurückgeht, haben in zweisprachigen Gesellschaften (z.B. Canada) einen besseren Lernerfolg bei integrativ motivierten Lernern beobachtet. Bei Nachfolgeuntersuchungen unter anderen Bedingungen konnten diese Ergebnisse jedoch nicht bestätigt werden (Burstall 1975, Lee 1975).
Wie die eingangs referierten Umfrageergebnisse zeigen, spielen sowohl integrative als auch instrumentelle Motive für die Motivation und für die Beurteilung von Fremdsprachenunterricht eine wichtige Rolle. Sicherlich kann ein Lehrer durch Betonung beider Aspekte eine sinnvolle Lernhaltung fördern:
– instrumental: indem er die Nützlichkeit von Fremdsprachen in Studium, Beruf, politischen Verbänden und Organisationen (z.B. Europäische Gemeinschaft) usw. aufzeigt;
– integrativ: durch interkulturelles Lernen (→ 8), durch Klassenkorrespondenzen, Projekte. Die Förderung einer integrativ ausgerichteten Motivation dürfte auch den übergreifenden sozialen Lernzielen der schulischen Erziehung angemessen sein.

In vielen fachdidaktischen Publikationen wird „das Inhaltsdefizit" (Buttjes 1983) als das eigentliche Dilemma des Fremdsprachenunterrichts beklagt. Ein Blick in ältere Lehrwerke kann diese Einschätzung nur bestätigen: grammatiküberladene Lehrbuchtexte und flache, situativ eingebettete Lerndialoge erregen weder ein sachliches Interesse an den Inhalten noch gar ein ästhetisches Interesse an der Sprache. In Umfragen bewerten Schüler einen möglichst großen „Realitätsbezug der Inhalte" im Fremdsprachenunterricht als positiv (Düwell 1983), und sie drücken ein „Bedürfnis nach Authentizität und Konfrontation mit der Wirklichkeit" (Radden 1983: 205) aus; mangelnde Nützlichkeit des Gelernten und ein fehlender Anwendungsbezug für die Kommunikation im zielsprachlichen Land werden hingegen negativ beurteilt. Lebensnähe der Lernerfahrung impliziert die Auseinandersetzung mit solchen Problembereichen und Aspekten der Wirklichkeit, die für den Schüler subjektiv wichtig und bedeutsam sind. Schüler wünschen Aktualität, Anwendbarkeit und Identifikationsmöglichkeiten mit Lehrbuchgestalten und Themen; Radden (1983: 199) betont, „dass ein Lernerfolg umso größer ist, je mehr sich der Schüler mit den Lernzielen identifizieren kann." Dem entsprechen die Aussagen der Lernpsychologie, wonach persönliche Bedeutsamkeit, Anwendungsbezug, Ich-Nähe und Ich-Bezug des Lernstoffs wesentliche Bedingungen für erfolgreiches Lernen darstellen (→ 2.1; vgl. Häussermann/Piepho 1996: z.B. 236f.). Auch wenn die Lehrinhalte dem Unterrichtenden meist durch Curriculum und Lehrbuch weitgehend vorgegeben sind, gibt es dennoch viele Möglichkeiten, sie zu ergänzen bzw. „motivierend" zu adaptieren:
- Der Lehrer sollte stets den Einsatz authentischer Zusatzmaterialien erwägen („von Etiketten bis zu Filmen"; Buttjes 1983: 87), vor allem da, wo die Vorgaben des Lehrbuchs die Schüler wenig interessieren.
- Es sollten verstärkt landeskundliche Themen behandelt werden, was nach Umfragen dem Wunsch von Schülern entgegenkommt. Dabei „lernt der Schüler den ihm aus seiner eigenen Umwelt vertrauten Lebensbereich in einer anderen Sprachgemeinschaft kennen" (Düwell 1983: 184), was die subjektive Bedeutsamkeit des Lernstoffs erhöht und motivierend wirkt.
- Darüber hinaus können viele Themen unter interkulturellen Gesichtspunkten behandelt werden; dadurch lassen sich auch weniger interessante Themen anregend gestalten (→ 8).
- Lehrbuchinhalte sollten nicht einfach übernommen, sondern so in die Perspektive der Lerner übertragen werden, dass sie sich damit identifizieren können; dadurch werden ihr Leben, ihre

10.3 Anregungsbedingungen der Lernsituation 2: Unterrichtsgestaltung

Interessen und Erfahrungen selbst Gegenstand ihres unterrichtlichen sprachlichen Handelns. Der Lehrer sollte sich zu jedem Lehrbuchthema eine Liste von Transfermöglichkeiten in die Perspektive der Schüler zusammenstellen, z.B. zum Thema „Freizeit" (je nach Alter):

- Projekte: Auswerten von Zeitschriften, Annoncen, Prospekten usw. in Bezug auf Freizeitaktivitäten der Deutschen.
- Umfrage in der Klasse: Welche Freizeitaktivitäten sind im Heimatland wichtig (Statistik erstellen)? Wie war das früher, was hat sich verändert? Warum? Interkultureller Vergleich mit einer deutschen Statistik.
- Freizeitverhalten in der jeweiligen Kultur: soziale Aspekte (Einzel-/Gruppenreise, organisiert/individuell, Kontaktverhalten usw.), räumliche Aspekte (nah – fern, Reiseziele), geschlechtsspezifische Aspekte (Männer vs. Frauen), Aktivitäten (geplant/spontan, welche?) usw.
- themenbezogenes Üben mit inhaltlich offenen Lernerreaktionen (in Klammer) bei vorgegebener sprachlicher Form, z.B. mit den Strukturen:
  – *Ich (spiele) am liebsten (Fußball), weil ...*
  – *(Die Franzosen) trinken lieber (Wein) als (Bier).*
  – *Wir (Griechen) fahren meist ans Meer), wenn (das Wetter schön ist).*
  – *Früher (sind die Deutschen viel gewandert), heute (spielen viele Tennis).*
  – *Wenn ich (mehr Zeit hätte), würde ich in meiner Freizeit (viel Rad fahren).*
- bei Kindern: Einsatz von Bildern, die Freizeitaktivitäten zeigen; persönliche Lieblingsaktivitäten benennen; Lieblingsaktivität auf Zettel notieren, sammeln und feststellen, was die Schüler am liebsten bzw. am wenigsten gern in ihrer Freizeit tun.
- eine interaktive Übung in Partnerarbeit („geheime Wahl", → 5.4.2) zu den Lieblings-Freizeitaktivitäten des Übungspartners.

Eine adressatengerechte Auswahl und Adaption von Themen kann nicht hoch genug eingeschätzt werden. Lehrbuchtexte stellen bei einem solchen Konzept von Unterricht „Medien" dar, die erarbeitet werden, damit die Schüler die jeweiligen authentischen unterrichtlichen Handlungsanlässe realisieren können.

Sachbezogene Anreize durch die Art der Aufgabenstellung

Ein kognitiver Antrieb kann nicht nur durch die Inhalte, sondern auch durch spezielle methodische Techniken und die Art der Aufgabenstellungen erzeugt werden. Der Unterrichtende kann durch die Art, wie er sich einem Lerngegenstand nähert, einen kognitiven Antrieb in diesem Sinn erzeugen; die Motivation richtet sich dabei auf die Durchführung der Lernaufgabe selbst oder auf ihre Ergebnisse. Die folgenden Faktoren können einen kognitiven Antrieb wecken: Neuigkeitsgehalt und Überraschung, Ungereimtheiten, Begriffswidrigkeiten (kognitive Dissonanzen), Durchführung als „Wettstreit", offene Aufgaben mit mehreren Lösungen usw. (Ausubel u.a. 1980; Düwell 1983). Motivation entsteht dabei durch den Antrieb, einen Widerspruch zu lösen, eine Neugierde zu befriedigen, eine individuelle Lösung zu finden usw.

- *Übungsgeschehen:* Spielübungen stimulieren den kognitiven Antrieb auf sehr unterschiedliche Art und Weise; oft können sie wenig motivierende traditionelle Übungsformen ersetzen.

- *Arbeit mit Bildern:* Bildbeschreibungen sind in der Regel wenig motivierend; einen kognitiven Antrieb (Neugierde, Überraschung, eventuell Ungereimtheit) können hingegen die folgenden Techniken wecken (→ 7.3):
  – Ein Bild langsam aufdecken (oder nach und nach verschiedene kleine Ausschnitte eines Bildes zeigen) und Hypothesen über das Dargestellte versprachlichen lassen
  – Aufgaben zu räumlichen, zeitlichen, sozialen Offenheiten von Bildern (→ 7.2.2)
  – Zuordnung von Bild und Sprache (Wörter, Äußerungen usw.)

- *Einsatz von Wortkarten:* In Gruppenarbeit Geschichten erfinden lassen (die originellste, spannendste, lustigste ... Lösung ermitteln)

- *Textarbeit* (→ 4.2, 4.3, 5.2):
  – Titelanalyse: Aus dem Titel Hypothesen über den Textinhalt bilden (*Die heimlichen Verführer, Der Schlüssel, Die meisten haben Angst*)
  – Textbeginn (und/oder Textende) vorgeben, Hypothesen über die fehlenden Textteile bilden
  – Widersprüchliche Titel vorgeben und den „angemessenen" einem Text zuordnen lassen.

- *Sprechfertigkeit* (6.2):
  - Rollenspiele und Simulationen zu kontroversen Themen
  - Zu einem vertrauten Thema ungewöhnliche oder widersprüchliche Informationen bewerten bzw. diskutieren lassen.

Der Motivationsgehalt einer Übung oder Lernaufgabe hängt sehr stark davon ab, wie sie durchgeführt wird. Die Übung Abb. 10.4 z.B. wird in der Form, wie sie im Lehrwerk vorgegeben ist, kein großes Interesse erregen. Sie kann aber leicht verändert werden, vgl. Abb. 10.5 Ü1 und Ü2 als Alternativen, bei denen in Gruppenarbeit den Personen die Jahreszahlen bzw. die Jahreszahlen und die Berufe zuzuordnen sind. In diesem Fall können die Übungen als Spiel durchgeführt werden (ge-

Wann ist ... geboren? Schreiben Sie.

Martin Luther	– 1483	*vierzehnhundertdreiundachtzig*
Friedrich Schiller	– 1759	
Heinrich Heine	– 1797	
Karl Marx	– 1818	
Immanuel Kant	– 1724	
Otto von Bismarck	– 1815	
Albert Einstein	– 1879	
Günther Grass	– 1927	
Karl der Große	– 742	
Thomas Mann	– 1875	

Abb. 10.4: THEMEN 1 AB: 102 (i.O. falsch: „Friedrich Bismarck")

wonnen hat die schnellste Gruppe). Eine alternative Art der Durchführung ist die folgende: Die Klasse wird in zwei Gruppen geteilt, und die Gruppen fragen sich gegenseitig wie folgt (für Abb. 10.5, Ü2):

Frage:	*Wann ist der Philosoph Karl Marx geboren?*
Antwort:	*Er ist 1818 geboren.*

Gewonnen hat die Gruppe, die sowohl die meisten richtigen Fragen gestellt als auch Antworten gegeben hat

Ü1			Ü2			
	Otto von Bismarck	742		Otto von Bismarck	742	
	Albert Einstein	1483		Albert Einstein	1483	
	Günther Grass	1724		Günther Grass	1724	Dichter
	Heinrich Heine	1759		Heinrich Heine	1759	Kaiser
	Immanuel Kant	1797		Immanuel Kant	1797	Philosoph
	Karl der Große	1815		Karl der Große	1815	Physiker
	Martin Luther	1818		Martin Luther	1818	Politiker
	Thomas Mann	1875		Thomas Mann	1875	Theologe
	Karl Marx	1879		Karl Marx	1879	
	Friedrich Schiller	1927		Friedrich Schiller	1927	

Abb. 10.5: Variationen der Übung Abb. 10.4

Viele Übungen lassen sich schon durch kleine Veränderungen interessanter gestalten, wobei auch die Art der Durchführung eine wichtige Rolle spielt (→ 5.4.2 Interaktivität).

Motivierend sind Übungen auch dann, wenn sie einen interessanten Stimulus haben und die Lernenden eine inhaltlich offene Reaktion geben können, z.B. Übung Abb. 10.6 (vgl. auch die Übungen →5.4., Abb. 5.36a, 5.46a, 5.47, 5.48). Diese Übung enthält darüber hinaus Items, die dem Ganzen eine überraschende Wende geben und die Überschrift *Pech* in Frage stellen. „Diese Übung bietet sich ... für den Unterricht Lernen durch Lehren an. Dem Schüler-Lehrer wird es nicht entgehen, dass die Überschrift „Pech" natürlich anfechtbar ist. Frage: Pech – oder eher Glück?" (Häussermann/Piepho 1996: 107; → 9.1.2)

Pech!

Als ich den Brief lesen wollte, fand ich die Brille nicht.
Als ich mich frisieren wollte
Als ich mir die Nase putzen wollte
Als ich mich schminken wollte
Als ich dich anrufen wollte
Als ich das Haus zuschließen wollte
Als ich dir einen Brief schreiben wollte
Als ich rauchen wollte
Als ich zahlen wollte
Als ich mich erschießen wollte

Abb. 10.6: SPRK.DT. (neu) 3: 287

Abwechslungsreiche Unterrichtsgestaltung

Eine abwechslungsreiche Unterrichtsgestaltung kann Langeweile vorbeugen und das Aktivierungsniveau der Schüler stimulieren. Über die methodische Gestaltung des Unterrichts als motivierender Faktor möchte ich an diesem Ort nur Weniges sagen, denn in den praktisch orientierten Teilen dieses Buchs wird eine methodische Unterrichtsgestaltung vorgeschlagen, die auch darauf abzielt, den Unterricht abwechslungsreich, interessant und somit „motivierend" durchzuführen. Dazu gehören:
- ein gezielter Wechsel der Sozialformen (→ 9.2);
- ein variabler Einsatz von Medien (→ 7);
- abwechslungsreiche und bedeutungshaltige Übungsformen, auch Spielübungen;
- die Möglichkeit zu freiem und kreativem Sprachverhalten;
- variable methodische Techniken bei der Textarbeit (→ 5.2), bei der Förderung der Fertigkeiten (→ 4, 6) und bei der Erarbeitung und Einübung der sprachlichen Mittel (→ 3, 5).

Durch eine abwechslungsreiche Unterrichtsgestaltung können eine monotone Gestaltung des Lehrbuchs und ein schematischer Aufbau der Lehrbuchlektionen ausgeglichen werden. Dies kann auch aus einem anderen Grund wichtig sein (Quetz u.a. 1981: 17): „Auf dem Umweg über das Lehrwerk nämlich begegnet dem Lernenden zumindest im Anfangsunterricht die fremde Sprache und Kultur in einer Weise, die ihn entweder für oder gegen sie einnehmen kann." Somit kann das Lehrbuch einen Einfluss darauf haben, inwieweit sich eine integrative Motivation ausbildet.

Eigenaktivitäten und Eigenverantwortlichkeit der Lernenden

Eigenaktivitäten und Eigenverantwortlichkeit der Lernenden werden in der Fremdsprachendidaktik als sehr wichtig betrachtet (→ 9.1.2). Übereinstimmend wird betont, dass ein aktives, selbständiges und – soweit in der Schule möglich – eigenverantwortliches Lernverhalten wesentlich motivierender und auch erfolgreicher ist als eine vorwiegend rezeptive Lernhaltung (z.B. Quetz u.a. 1981). Zu diesem Punkt zähle ich hier nur stichwortartig einige Aspekte auf, die an anderer Stelle in diesem Buch bereits ausführlicher dargestellt wurden:
- das Bemühen, die asymmetrisch-dirigistische Lehrer-Schüler-Interaktion in Richtung auf eine stärker symmetrische und gleichberechtigte Interaktionsstruktur zu verändern (→ 9.1.2);
- ein gezielter Wechsel der Sozialformen, wodurch die Lernenden die Gelegenheit zu selbständiger und eigenverantwortlicher Arbeit erhalten, die der direkten Lehrerdominanz entzogen ist (→ 9.2);
- Eigenaktivitäten in vielen Unterrichtsphasen, die früher im lehrerdominierten Frontalunterricht durchgeführt wurden, z.B. in den Bereichen Grammatik- und Wortschatzarbeit, Textarbeit, Textverstehen, Textproduktion, Übungsgeschehen. Lernerzentrierte Eigenarbeit ist von einem gezielten Wechsel der Sozialformen, vor allem von der Durchführung von Partner-, Gruppen- und Einzelarbeitsphasen nicht zu trennen.

Die Schüler sollen, wo immer möglich, die Rolle der aktiv Handelnden übernehmen, die das Unterrichtsgeschehen durch- und ausführen; die Lehrerin bzw. der Lehrer beschränkt sich in diesen Phasen auf die Rolle des Organisators, Moderators, Helfers und Ratgebers.

Transparenz des Unterrichtsgeschehens

Transparenz des Unterrichtsgeschehens ist eine wichtige Voraussetzung für eine zielgerichtete Lernbereitschaft und für begründete Eigenaktivitäten der Lerner. Nur wer Sinn und Funktion der Lerninhalte und Lernaufgaben verstanden hat, kann sich begründet damit beschäftigen. Ohne eine derartige Transparenz kann letztlich keine sachbezogene Motivation entstehen. Aus diesem Grund sollten die Unterrichtenden den Schülern immer wieder Einsichten in Ziele, Inhalte und Methoden ihres Unterrichts ermöglichen (→ 9.1.2; vgl. Grell/Grell 1983).

Wer seinen Unterricht motivierend gestalten möchte, sollte sich immer der Tatsache bewusst sein, dass der Lernerfolg selbst eine stark motivierende Funktion ausübt und auch die Einstellung zur Fremdsprache wesentlich beeinflusst. Burstall (1975: 17) hat im Rahmen umfangreicher empirischer Untersuchungen festgestellt, „dass der Erwerb fremdsprachlicher Fertigkeiten und die Entwicklung von Einstellungen gegenüber dem Fremdsprachenlernen in späteren Jahren stark beeinflusst werden können durch die anfängliche prägende Erfahrung von Erfolg und Misserfolg in der Sprachlernsituation." Dafür sprechen auch Düwells (1979) Untersuchungen, deren Ergebnisse ich oben kurz dargestellt habe; danach dürfte der Lernerfolg „zu Beginn des Fremdsprachenunterrichts eher von den eingebrachten Schülereinstellungen ... später jedoch mehr von schulischen und unterrichtsspezifischen Faktoren – darunter auch Erfolg und Misserfolg – bestimmt sein." (Hermann 1983: 72)

Aspekte der Motiventwicklung
Motive und motivierende Faktoren sind altersabhängig; abschließend möchte ich stichwortartig auf einige zentrale Aspekte der Motiventwicklung hinweisen (vgl. dazu Oerter 1982):

- Bei jüngeren Lernern muss die Motivation eher von außen gesteuert werden (Lehrer, Lernsituation); mit zunehmendem Alter sollte die Außensteuerung durch eine lernereigene Innensteuerung (durch das Individuum selbst gesetzte Ziele) ersetzt werden.

- Bei jüngeren Lernern wirken eher konkrete Verstärker (Fleißbildchen, Gummibärchen), mit der Pubertät werden zunehmend abstrakte Verstärker wirksam (Hinweis auf Korrektheit, Nützlichkeit der Fremdsprache). Der sachliche Hinweis auf eine richtig gelöste schwere Lernaufgabe mag einen dreizehnjährigen Schüler sehr anspornen, während es für einen siebenjährigen Schüler wichtig ist, dass ihn „seine" Lehrerin bei einer solchen Mitteilung anlächelt.

- Im schulischen Fremdsprachenunterricht kann bei jüngeren Lernern zwar ein anfängliches Neugierverhalten, kaum aber ein Interesse speziell am Fremdsprachenlernen vorausgesetzt werden (Düwell 1979). Deshalb wird im Fremdsprachenunterricht zunächst eine sachfremde extrinsische Motivation vorherrschen (Lehrerlob, Noten, Lernaufgabe); erst mit zunehmendem Alter kann sich eine sachbezogene intrinsische (integrative) Motivation herausbilden.

- Die Schülermotivation wird bei jüngeren Lernern durch Nahziele (Fleißbildchen, Zuwendung durch den Lehrer), mit zunehmendem Alter auch durch Fernziele beeinflusst (Zeugnis, Berufswunsch; „unmittelbare" vs. „aufgeschobene Triebbefriedigung").

- Das Schülerverhalten liegt bei jüngeren Lernern stark in der Lehrerverantwortung, es sollte mit zunehmendem Alter aber immer mehr in die Schülerverantwortung selbst übergehen. Mit einer Zunahme an Eigensteuerung und Eigenverantwortung sollte eine Abnahme an Fremdsteuerung und Fremdverantwortung einher gehen.

11 LITERATUR

11.1 Literatur zu den einzelnen Kapiteln

Neuere Einführungen und Gesamtdarstellungen
Autorenkollektiv 1986; Bausch/Christ/Krumm Hg. 1995; Ehnert Hg. 1989; Henrici/Riemer Hg. 1996; Heyd 1991, 1997; Huneke/Steinig 1997; Quetz/Bolton/Lauerbach 1981; Rösler 1994; Strauss 1984a.

1.1 Kommunikation
Brumfit 1984; Bundesarbeitsgemeinschaft Englisch an Gesamtschulen Hg. 1978; Candlin 1978; Doyé 1995; Dräxler 1996; Edelhoff 1979; Heimann 1976; Heimann/Otto/Schulz 1977; Heyd 1991: 35ff.; Hüllen 1973, 1979, 1995; Neuner 1979; ders. Hg. 1979; ders. [u.a.] 1983: 13ff.; Pauels 1983; Pelz 1977; Piepho 1974a, 1978a, 1979; Westphalen 1973: 37ff.; Zimmermann 1989, 1995.

1.2 Lernerstrategien
Dräxler 1996; Düwell 1992; Häussermann/Piepho 1996: 194ff., 437ff.; Heyd 1997: Kap. 1–3, 5; Kasper 1984; Little 1994; O'Malley/Chamot 1990; Oxford 1990; Rampillon 1985, 1994, 1995a/b; Wolff 1992a, 1996.

1.3 Lernziele und Unterrichtsgegenstände / 1.4. Progression
Appel/Schumann/Rösler 1983; Digeser 1983: 52ff.; Doyé 1975: 21ff., 1995; Dräxler 1996; Edelhoff 1979; Funk/Koenig 1991: 56ff.; Hüllen 1979, 1995; Kaufmann 1977, 1979; Latour 1982; Neuner 1979, 1996; Scherfer 1985: 413ff.; Vorderwülbecke 1982; Wienold 1973: 149ff.; Zimmermann 1989.

Zur Diskussion um die Kommunikative Fremdsprachendidaktik: Bender 1979; Digeser 1983: 19ff.; Hüllen 1979; Mans 1976; Mindt 1978; Neuner Hg. 1979; Neuner/Hunfeld 1992: 83ff.; Pauels 1983; Pelz 1977; Piepho 1974a, 1979.

2.1 Gedächtnispsychologische Grundlagen
Anderson 1983; Ausubel [u.a.] 1980; Edmondson/House 1993: 86ff.; Engelkamp 1990; Heeschen/Reischies 1990; Heuer 1976; Jakobson 1990; Jüttner 1979; Kasper 1984; Kruppa 1983; List 1995a/b; Portmann 1991: 28ff.; Rohrer 1978, 1990; Schönpflug 1995; Sperber 1989; Stiefenhöfer 1986: 28ff.; Vester 1978; Zimmer 1988.

2.2 Zum Beitrag der Fremdsprachenerwerbs-Forschung
Bausch/Kasper 1979; Butzkamm 1989; Dietrich/Kaufman/Storch 1979; Digeser 1983: Kap. 5/6; Edmondson/House 1993; Ellis 1986, 1990, 1992, 1994; Eppeneder Hg. 1985; Felix 1982, 1985; Heidelberger Forschungsprojekt „Pidgin-Deutsch spanischer und italienischer Arbeiter in der Bundesrepublik 1976; Hudabiunigg/Walmsley 1989; Heyd 1991: 13ff.; Kasper 1995; Klein 1987; Knapp-Potthoff/Knapp 1982; Königs 1995b; Krashen 1982; Sadownik/Vogel 1991; Stiefenhöfer 1986: 67ff.; Tönshoff 1995b; Vogel 1990; Wode 1974, 1985, 1988.

2.3 Reflexion über Lernen
vgl. 1.2.

3.1 Wortschatz
Linguistisch: Blanke 1973; Brekle 1972; Hausmann 1993; Lyons 1968: 400ff., 1980.
Allgemein: Autorenkollektiv 1986: 141ff.; Bohn/Schreiter 1996; Doyé 1975; Fremdsprache Deutsch 3, 1990 (Themenheft „Wortschatzarbeit"); Grève/Passel 1971; Henrici 1982, 1986:

181ff.; Heyd 1991: 91ff.; Müller 1994; Neubauer 1989; Neuner 1990; Quetz [u.a.] 1981: 92ff.; Scherfer 1985, 1989.
Lernpsychologisch: Aßbeck 1990; Müller 1994: 9ff.; Quetz 1990; Rohde 1993; Rohrer 1978, 1990; Schouten-van Parreren 1990.
Semantisierung: Doyé 1975: 40ff.; Lübke 1972; Scherfer 1985: 422ff.; Vielau 1975.
Speziell zur Semantisierung L1 – L2 und zum Thema Einsprachigkeit: Autorenkollektiv 1986: 304ff.; Bausch/Weller Hg. 1981; Butzkamm 1973: 145ff., 1976, 1980: 104ff., 1981, 1989: 176ff.; Digeser 1983: 235ff.; Dodson 1967: Kap. 1; Doyé 1975: 70ff.; Hinkel 1980; Königs Hg. 1989; ders. 1991; Krings 1995; Lübke 1972; Preibusch/Zander 1971; Scherfer 1985, 1989; Vielau 1975; Wills 1981.
Üben: Doyé 1975: 78ff.; Häussermann/Piepho 1996: 79ff.; Rohrer 1978, 1985; Scherfer 1995.

3.2 Grammatik
Autorenkollektiv 1986: 166ff.; Bausch Hg. 1979; Beile 1979; Beljajew 1972; Bender 1979; Bohn 1996b; Brooks 1973; Butzkamm 1982, 1989; Carrol 1966; Dahl/Weis 1988; Desselmann 1990; Digeser 1983; Ellis 1990: Kap. 6, 7; Edmondson/House 1993: Kap. 14; Engelkamp 1990, Kap. 1+2; Funk/Koenig 1991; Götze 1993; Gnutzmann/Stark 1982; Gutschow 1972b; Häussermann 1991; Häussermann/Piepho 1996: 133ff.; Hecht 1982; Hecht/ Green 1989; Heid Hg. 1982; Heyd 1991: 163ff.; Kleineidam 1986; Kleineidam/Raupach 1995; Krashen 1981, 1982, 1989; Krumm 1979, 1988b; Lado 1971; Langer [u.a.] 1987; Meese 1984; Mindt 1982; Parreren 1972, 1975; Quetz [u.a.] 1981: 75ff.; Radden 1989; Rivers 1964; Schmidt 1982, 1986, 1987; Storch 1991, 1992; Strauss 1979, 1984a; Völzing 1995; Wienold 1973; Wißner-Kurzawa 1995; Zimmermann 1972, 1977, 1979, 1984; Zimmermann/ Wißner-Kurzawa 1985.

3.3 Wortbildung
Linguistisch: Duden. Grammatik der deutschen Gegenwartssprache 1984: 386ff.; Erben 1983; Fleischer 1982; Mater 1966, 1967; Polenz 1969, 1973; Wilss 1986.
Didaktisch: Alfes 1979; Grebe 1975; Häussermann/Piepho 1996: 113ff.; Latour 1975; Müller 1962; Reinhardt 1974; Rogalla/Rogalla 1976; Saxer 1991; Stein 1974; Storch 1979a/b, 1985: 48ff.; Storch/Storch-Luche 1979.

3.4 Phonetik und Orthographie
Zur Phonetik und Orthographie des Deutschen: Duden. Grammatik der deutschen Gegenwartssprache 1984: 21ff.; Philippe 1974; Wängler 1974.
Ausspracheschulung: Autorenkollektiv 1986: 187ff.; Börner 1995; Doyé 1975: 62ff.; Ehnert 1989; Fremdsprache Deutsch 12, 1995 (Themenheft „Aussprache"); Frey 1993; Häussermann/Piepho 1996: 43ff., 325ff.; Heyd 1991: 65ff.; Hirschfeld 1986, 1992; Kast 1991: 49ff.; Kelz Hg. 1977; Léon 1966; Meunmany/Schmidt 1995; Neuf-Münkel/Roland 1991: 86ff; Ortmann 1976, 1984; Paul 1996; Podskarbi 1992; Radisoglou 1986; Rausch/Rausch 1991; Reinke 1995; Slembek 1986; Storch 1994; „Stufen 1", LHB: 105ff.; Wienold 1973: 123ff.; Wilkins 1972: 38ff.

4.1 Psychologische und didaktische Grundlagen des Textverstehens
Binkley 1981; Butzkamm 1989: 37ff.; Edelhoff 1985; Hörmann 1978, 1980; Kasper 1984; Neisser 1979; Neuner 1985a; Piepho 1985; Rickheit/Strohner 1990; Solmecke 1992a/b, 1993; Stiefenhöfer 1986; Westhoff 1984, 1987, 1991a; Wolff 1986, 1990; Zimmer 1988, 1989.

4.2 Leseverstehen
Autorenkollektiv 1986: 258ff.; Bimmel 1990; Fremdsprache Deutsch 8, 1992 (Themenheft „Lernstrategien"); Häussermann/Piepho 1996: 79ff., 286ff.; Karcher 1988; Löschmann 1975; Lutjeharms 1988; Piepho 1985, 1990, 1995; Röhr 1993; Schreiter 1996c; Solmecke 1993; Stiefenhöfer 1986, 1995; Strauss 1984a: 71ff.; Weigmann 1992: 70ff.; Westhoff 1987, 1991a.

4.3 Hörverstehen
Autorenkollektiv 1986: 198ff.; Beile 1989; Dahlhaus 1994; Desselmann 1983a/b; Dirven 1977, 1984; Dirven Hg. 1977; Dirven/Oakeshott-Taylor 1984a/b; Erdmenger 1982; Fremdsprache Deutsch 7, 1992 (Themenheft „Hörverstehen"); Häussermann/Piepho 1996: 19ff.; Hüllen 1977; Keller/Mariotta 1992; Neuf-Münkel 1988, 1989, 1992; Neuner 1985b; Oakeshott-Taylor 1977; Schreiter 1996a; Schumann 1995; Schumann/Vogel/Voss Hg. 1984; Solmecke 1992a/b, 1993; Vogel/Vogel 1984; Voss 1984; Weigmann 1992; Zawadzawa 1983; Zimmer 1989.

4.4 Reflexion über Textverstehen
vgl. 1.2.

5.1 Lehrphasen
„Deutsch aktiv 1", LHB: 8ff.; Heyd 1991: 74ff.; Jungblut 1974; Lang/Rieken 1984; Olbert/ Schneider Hg. 1973; Piepho 1975; Rieken 1984; Strauss 1979; „Themen 1", LHB: 18f.; Zimmermann 1972, 1977: 92ff., 1988.

5.2 Textarbeit
Ausubel 1973; ders. [u.a.] 1980; Bibic 1977; Börner/Vogel Hg. 1995; Butzkamm 1974, 1985; Dahlhaus 1994; Didaktilus 1991; Edelhoff 1985; ders. Hg. 1985; Fremdsprache Deutsch 2, 1990 (Themenheft „Arbeit mit Texten"); Heyd 1991: 81ff.; Neuner 1979; Piepho 1980: 108ff., 1990; Quetz [u.a.] 1981: 107ff.; Storch 1985: 79ff.; Vogel/Vogel 1984; Wackwitz 1970; Weigmann 1992.

5.3 Grammatikarbeit
Dahl/Weis 1988; Desselmann 1969; Funk/Koenig 1991; Häussermann/Piepho 1996: 133ff.; Heyd 1991: 167ff.; Krumm 1988b; Meese 1984; Quetz [u.a.] 1981: 75ff.; Rall 1993; Rampillon 1985: 54ff.; Scherling/Schuckall 1992: 96ff.; Sieben 1993; Strauss 1984a; Zimmermann 1977, 1984; Zimmermann/Wißner-Kurzawa 1985.
Zum entdeckenden Lernen: Ausubel [u.a.] 1980: 597ff.; Funk/Koenig 1991: 124ff.; Grell/Grell 1983; Rampillon 1985: 64f.; Zimmermann 1977: 106ff., 1984: 62ff.; Zimmermann/Wißner-Kurzawa 1985: 27ff.

5.4 Üben
Autorenkollektiv 1986: 74ff.; Beile 1979; Bolte 1993; Brandt 1968; Buscha/Specht 1970; Chromecka 1968; Dakin 1979; Desselmann 1969, 1973; Ellis 1992: 101ff., 232ff.; Göbel 1992; Grewer/Moston/Sexton 1978, 1979; Gutschow 1972b; Häussermann/Piepho 1996; Hellmich/Gröschl 1978; Heyd 1991: 118ff.; Neuner [u.a.] 1983; Pauels 1990, 1995; Piepho 1978b; Pohl 1975; Quetz [u.a.] 1981: 82ff.; Salistra 1962; Schrand 1978; Schwerdtfeger 1995b; Weirath 1995; Westhoff 1991b; Wißner-Kurzawa 1995.

6.1 Aspekte der Sprachproduktion
Blanken 1991; ders. [u.a.] Hg. 1988; Bohn 1989; Dahlhaus 1991; Duden. Grammatik der deutschen Gegenwartssprache 1984: 61; Edelhoff 1985; Häussermann/Piepho 1996: 320ff.; Koch 1992; Krumm 1989; Lüger 1993b; Meyer 1992; Neuner 1985b; Portmann 1991: 229ff.

6.2 Sprechfertigkeit
Autorenkollektiv 1986: 218ff.; Berthold 1988; Black/Butzkamm 1977; Bolte 1996; Butzkamm 1980a: 156ff.; Coulmas 1986; Eppeneder Hg. 1986; Flechsig/Gronau-Müller 1988 (Simulation); Fremdsprache Deutsch 14, 1996 (Themenheft „Sprechen"); Häussermann/ Piepho 1996: 242ff.; Hellmich 1977; Henne/Rehbock 1982; Heyd 1991: 138ff.; dies. 1997: 149ff.; Jones [u.a.] 1984; Kramsch 1980, 1981; Lüger Hg. 1993; ders. 1993a; Neher-Louran 1988; Neuf-Münkel/Roland 1991; Neuner 1979; Petzschler/Zoch 1974; Piepho 1974b, 1978; Rath 1975; Schank/Schoenthal 1983; Schreiter 1996b; Speight 1995; Weigmann 1992: 111ff.

6.3 Schreibfertigkeit
Textlinguistische Hintergründe: Brinker 1988; Heinemann/Viehweger 1991.
Kognitive Schreibforschung: Bohn 1989; Börner/Vogel Hg. 1992; Hayes/Flower (1980); Jechle 1992; Krings 1986, 1992; Portmann 1991; Unterrichtswissenschaft 13,4 1985; Wolff 1992b.
Didaktik des Schreibens: Autorenkollektiv 1986: 291ff.; Bohn 1996a; Börner/Vogel Hg. 1992; Cooper 1989; Heyd 1997: 181ff.; Heid Hg. 1989; Hermanns 1989; Kast 1989, 1991; Krumm 1989a/b; Mindt/ Mischke 1985; Portmann 1991; Wolff 1991.
Praxis der Schreibschulung: Autorenkollektiv 1986: 291ff.; Bliesner 1995; Börner/Vogel Hg. 1992; Cooper 1989; Der fremdsprachliche Unterricht 21,82 1987 (Themenheft „Kreatives Schreiben in der Fremdsprache"); Drazynska-Deja 1989; Esa/Graffmann 1993; Fremdsprache Deutsch 1, 1989 (Themenheft „Schreiben"); Häussermann/Piepho 1996: 329ff.; Kast 1989, 1991; Lieber/Posset Hg. 1988; Piepho 1988.

7 Medien
Alrø 1987; Autorenkollektiv 1986: 124ff.; Edelhoff 1986; Ehnert/Piepho Hg. 1986; Faber 1981, 1989; Freudenstein 1986, 1995; Heyd 1991: 185ff.; Krumm 1981; Mindt 1981 (*Authentizität*: Beile 1986; Edelhoff 1985; Stiefenhöfer 1986: 158ff.).

7.2.1 Auditive Medien:
Beile 1995; Freudenstein 1972.
Sprachlabor: Anderson 1974; Beile 1979; Dakin 1977; Freudenstein 1975; Jung/Haase Hg. 1975; Krumm 1975; Vogel 1975.

7.2.2 Visuelle Medien
Ankerstein 1972; ders. Hg. 1972; Biechele 1996; Eichheim/Wilms 1981; Fremdsprache Deutsch 5, 1991 (Themenheft „Das Bild im Unterricht"); Gutschow 1972a; Häussermann/ Piepho 1996: 346ff.; Helliwell 1972; Heyd 1997: 85ff.; Korzeniewski 1987; Scherling/ Schuckall 1992; Schilder 1995; Sturm 1991; Weidenmann 1991.
Video, Fernsehen, Film: Brandi/Helmling 1985; Bufe/Scherer 1981; Ehnert 1983; Ehnert/ Eppeneder Hg. 1987; Faber 1983; Faber/Eggers Hg. 1980; Gügold 1991; Heyd 1997: 106ff.; Kummer 1980.

7.3 Zum Umgang mit Lehrwerken
Freudenstein 1992; Neuner 1995; Piepho 1980: 7ff.; Strauss 1984b.

8 Landeskunde
Arndt 1978; Arndt/Weller Hg. 1978; Bausinger 1975, 1988; Buttjes 1983, 1995; Christ 1979; Delmas/Vorderwülbecke 1989; Deutschmann 1982; Doyé 1995; Edelhoff 1983; Ehnert 1988; Firges/Melenk 1995; Fremdsprache Deutsch 6, 1992 (Themenheft „Landeskunde"); Göhring 1975, 1976, 1980; Günthner 1989; Häussermann/Piepho 1996: 399ff.; Heyd 1991: 47ff.; dies. 1997: 34ff.; Hosch/Macaire 1991; Keller 1978; Krumm 1988a, 1992, 1995a; Müller 1980, 1981, 1983, 1994; Neuner/Hunfeld 1992: 106ff.; Osterloh 1986; Pauldrach 1987, 1992; Picht 1995; Redder/Rehbein Hg. 1987; Tur 1988; Weber 1976; ders. Hg. 1976.

9.1 Rede- und Handlungsanteile
Allwright/Bailey 1991; Bertrand 1984; Bimmel 1995; Black/Butzkamm 1977; Dietrich 1973; Edmondson 1995; Edmondson/House 1993: 226ff.; Ellis 1990: Kap. 4/5, 1994: 565ff.; Grell 1981, 1990; Häussermann/Piepho 1996: 221ff.; Henne/Rehbock 1982: 241ff.; Henrici 1995; Heyd 1991: 234ff.; Hüllen 1981; Hüllen/Lörscher 1979, 1989; Knapp-Potthoff/Knapp 1982; Kramsch 1980, 1981; Krumm 1995b; Lörscher 1983; Martin 1983, 1984; Mitchell 1985; Portmann 1991: 108ff.; Raabe 1982; Schiffler 1980; Tausch/Tausch 1970, 1979; Ulrich 1981; Zehnder 1981.

9.2 Sozialformen des Unterrichts
Aschersleben 1979: 82ff.; Ausubel [u.a.] 1980: 539ff.; Faistauer 1997; Flechsig/Gronau-Müller 1988; Göbel 1992; Häussermann/Piepho 1996: 224ff.; Kerschhofer 1995; Neuner [u.a.] 1983: 29-42; Langer [u.a.] 1987: 128ff.; Neuf-Münkel/Roland 1991: 62ff.; Piepho 1995; Schiffler 1980; Schwerdtfeger 1985, 1995a; Vogel 1990: 136ff.; Walter 1995.

9.3 Lehrerfragen
Becker 1988; Becker [u.a.] 1980: 93ff.; Edmondson/House 1993: 238ff.; Grell 1990: 53ff.; Heuer 1983; Klinzing-Eurich/Klinzing 1981; Lörscher 1983; Sinclair/Coulthard 1977; Tausch/Tausch 1979.

9.4 Korrigieren
Allwright/Bailey 1991: 82ff.; Butzkamm 1989: 135ff.; Edmondson/House 1993: 240ff.; Ellis 1990: 70ff.; Henrici/Herlemann 1986; Heyd 1991: 229ff.; Kast 1991: 126ff.; Kleppin 1995; Kleppin/Königs 1991; Knapp-Potthoff/Knapp 1982: 196ff.; Königs 1995a; Koutiva/Storch 1989; Krumm 1990; Neuf-Münkel/Roland 1991: 118ff.; Rösler 1984: 157ff.; Schmidt 1996.

9.5 Aspekte des nonverbalen Verhaltens
Baur 1990; Fast 1979; Heidemann 1986; Lörscher 1983: 129ff.; Morris 1977; Schwerdtfeger 1988; Teuchert 1992.

10 Motivation
Arbinger [u.a.] 1977; Ausubel [u.a.] 1980: 463ff.; Boosch 1983; Burstall 1975; Buttjes 1983; Düwell 1979, 1983; Edmondson/House 1993: Kap. 11; Ellis 1994: 508ff.; Fremdsprache Deutsch 4, 1991 (Themenheft „Unterrichtsprojekte"); Grell 1981; Grell/Grell 1983; Häussermann/Piepho 1996; Heckhausen 1968, 1974; Hermann 1983; Hofer 1974; Krohn 1983; Krumm 1995b; Lambert 1972; Lee 1975; Oerter 1982; Quetz [u.a.] 1981: 16ff.; Radden 1983; Reisener 1989; Schröder 1983; Solmecke Hg. 1983; Solmecke/Boosch 1981; Tausch/Tausch 1970.

11.2 Sekundärliteratur

ALFES, Leonhard (1979). „Analogieschlüsse und potenzielle Wortkompetenz". *Die Neueren Sprachen* 78,4: 351–360.

ALLWRIGHT, Dick; Kathleen M. BAILEY (1991). *Focus on the Language Classroom: An Introduction to Classroom Research for Language Teachers*. Cambridge: Cambridge University Press.

ALRØ, Helle (1987). „Überlegungen zu einer Medienpädagogik für den Fremdsprachenunterricht Deutsch als Fremdsprache". In: Ehnert/Eppeneder Hg. 1987. 23–36.

ANDERSON, Ake (1974). *Sprachlaborpraxis*. München: Hueber.

ANDERSON, John R. (1983). *The Architecture of Cognition*. Cambridge/Mass. [u.a.]: Harvard University Press.

ANKERSTEIN, Hilmar S. (1972). „Das visuelle Element im Fremdsprachenunterricht". In: Ankerstein Hg. 1972. 7–24.

– – – Hg. (1972). *Das visuelle Element im Fremdsprachenunterricht*. Stuttgart: Klett.

APPEL, Joachim; Johannes SCHUMANN; Dietmar RÖSLER (1983). *Progression im Fremdsprachenunterricht*. Heidelberg: Julius Groos.

ARBEITSGRUPPE „WEGE" (1990). *Progressionsempfehlung und Zusatzmaterial zum Lehr- und Arbeitsbuch „Wege"*. Athen: Goethe-Institut [ms.].

ARBINGER, Roland; Herbert SEITZ; Eberhard TODT (1977). "Motivationsforschung im Bereich der Schule". *Motivation. Eine Einführung in Probleme, Ergebnisse und Anwendungen.* Hg. Eberhard Todt. Heidelberg: Quelle & Meyer. 199–224.

ARNDT, Horst (1978). "Verfahren zur Analyse und Quantifizierung von 'attitudes' und 'beliefs' im Bereich der Landeskunde". In: Arndt/Weller Hg. 1978. 1–37.

– – –; Franz-Rudolf WELLER Hg. (1978). *Landeskunde und Fremdsprachenunterricht.* Frankfurt/M. [u.a.]: Diesterweg.

ASCHERSLEBEN, Karl (1979). *Einführung in die Unterrichtsmethodik.* Stuttgart [u.a.]: Kohlhammer.

ASSBECK, Johann (1990). "Schüler können auch das Lernern lernen. Gedächtnispsychologie und Wortschatzarbeit in der Sekundarstufe II". *Der fremdsprachliche Unterricht* 23, 102: 41–46.

AUSUBEL, David P. (1973). "Die Verwendung von 'Advance Organizers' beim Lernen und Behalten von bedeutungsvollem sprachlichem Material". *Pädagogische Psychologie 2. Lernen und Instruktion.* Reader zum Funk-Kolleg. Hg. Manfred Hofer, Franz E. Weinert. Frankfurt/M.: Fischer. 218–226.

– – –; Joseph D. NOVAK; Helen HANESIAN (1980). *Psychologie des Unterrichts.* 2., völl. überarb. Aufl. 2 Bde. Weinheim/Basel: Beltz.

AUTORENKOLLEKTIV (1986). *Didaktik des Fremdsprachenunterrichts (Deutsch als Fremdsprache).* 2. Aufl. Leipzig: VEB Verlag Enzyklopädie.

BALDEGGER, Markus; Martin MÜLLER; Günther SCHNEIDER (1980). *Kontaktschwelle Deutsch als Fremdsprache.* Hg. Europarat für kulturelle Zusammenarbeit. Berlin [u.a.]: Langenscheidt.

BAUER, Ludwig Hg. (1984). *Unterrichtspraxis und theoretische Fundierung in Deutsch als Fremdsprache.* München: Goethe-Institut.

BAUR, Rupprecht S. (1990). *Superlearning und Suggestopädie. Grundlagen – Anwendung, Kritik – Perspektiven.* Berlin [u.a.]: Langenscheidt.

BAUSCH, Karl-Richard Hg. (1979). *Beiträge zur Didaktischen Grammatik.* Königsberg/Ts.: Scriptor.

– – –; Gabriele KASPER (1979). "Der Zweitsprachenerwerb: Möglichkeiten und Grenzen der 'großen' Hypothesen". *Linguistische Berichte* 64: 3–35.

– – –; Franz-Rudolf WELLER Hg. (1981). *Übersetzen und Fremdsprachenunterricht.* Frankfurt/M. [u.a.]: Diesterweg.

– – –; Herbert CHRIST; Hans-Jürgen KRUMM Hg. (1995). *Handbuch Fremdsprachenunterricht.* 3., überarb. u. erw. Aufl. Tübingen: Francke.

BAUSINGER, Hermann (1975). "Zur Problematik des Kulturbegriffs". *Jahrbuch Deutsch als Fremdsprache 1,* Hg. Alois Wierlacher [u.a.]. Heidelberg: Groos. 7–16.

– – – (1988). "Stereotyp und Wirklichkeit". *Jahrbuch Deutsch als Fremdsprache* 14. Hg. Alois Wierlacher [u.a.]. München: iudicium. 157–170.

BECKER, Georg E. (1988). *Durchführung von Unterricht. Handlungsorientierte Didaktik III.* 3. Aufl. Weinheim: Beltz.

– – –; Beate CLEMENS-LODDE; Karl KÖHL (1980). *Unterrichtssituationen. Ein Trainingsbuch für Lehrer und Ausbilder.* 2., erweit. u. überarb. Aufl. München [u.a.]: Urban & Schwarzenberg.

BEILE, Werner (1979). *Typologie von Übungen im Sprachlabor.* Frankfurt/M. [u.a.]: Diesterweg.

– – – (1986). "Authentizität als fremdsprachendidaktischer Begriff". In: Ehnert/Piepho Hg. 1986. 145–162.

11.2 Sekundärliteratur

– – – (1995). „Auditive Medien". In: Bausch/Christ/Krumm Hg. 1995. 314–317.

BELJAJEW, B.W. (1972). „Über die grundlegende Methode und die Methodiken für den Fremdsprachenunterricht". In: Freudenstein/Gutschow Hg. 1972. 77–89.

BENDER, Jutta (1979). *Zum gegenwärtigen Stand der Diskussion um Sprachwissenschaft und Sprachunterricht*. Frankfurt/M. [u.a.]: Diesterweg.

BERTHOLD, Siegwart (1980). „Möglichkeiten des Rollenspiels als Methode des Deutschunterrichts – Deutsch als Fremdsprache". *Zielsprache Deutsch* 11,4: 17–21.

BERTRAND, Yves (1984). „Was tun, um die Sprechzeit eines jeden Lerners zu verlängern?" *Info DaF* 11,4: 24–30.

BIBIC, V. (1977). „Using dialogues creatively". *English Teaching Forum* 15: 45–46. (zit. nach Black/Butzkamm 1977: 49)

Biechele, Barbara (1996). „Bilder als Kommunikate und Lernmedien im Fremdsprachenunterricht/DaF". *Info DaF* 23/6: 746–757.

BIMMEL, Peter (1990). „Wegweiser im Dschungel der Texte. Lesestrategien und Textkonnektoren". *Fremdsprache Deutsch* 2: 10–15.

– – – (1995). „Lernstrategien im Deutschunterricht – Funktionen und Vermittlungsfragen". *Fremdsprache Deutsch*, Sondernummer „Fremdsprachenlerntheorie": 16–21.

BINKLEY, Janet R. (1981). „Schema Theory and the Reduction of Concept Density for Foreign Language Readers". *Lesen in der Fremdsprache*. Hg. Helm v. Faber, Manfred Heid. München: Goethe-Institut. 41–54.

BLACK, Colin; Wolfgang BUTZKAMM (1977). *Klassengespräche. Kommunikativer Englischunterricht: Beispiel und Anleitung*. Heidelberg: Quelle & Meyer.

BLANKE, Gustav H. (1973). *Einführung in die semantische Analyse*. München: Hueber.

BLANKEN, Gerhard (1991). „Die neurolinguistische Basis von Sprachautomatismen". *Einführung in die linguistische Aphasiologie: Theorie und Praxis*. Hg. G. Blanken. Freiburg: HochschulVerlag. 121–156.

– – –; Jürgen DITTMANN; Claus-W. WALLESCH Hg. (1988). *Sprachproduktionsmodelle: Neuro- und psycholinguistische Theorien der menschlichen Spracherzeugung*. Freiburg: HochschulVerlag.

BLIESNER, Ulrich (1995). „Übungen zum Schreiben". In: Bausch/Christ/Krumm Hg. 1995. 249–252.

BLUM-SYRING, Angela; Herbert JANNUSCH (1990). „Behaltenseffektive Vokabelvermittlung im Französischunterricht". *Der fremdsprachliche Unterricht* 23,102: 20–24.

BODMER, Frederick (o.J.). *Die Sprachen der Welt*. 5. Aufl. Köln & Berlin: Kiepenheuer & Witsch.

BOHN, Rainer (1989). „Das Schreiben im Ensemble der sprachlichen Tätigkeiten. Anmerkungen zur lernpsychologischen Bedeutsamkeit schriftlichen Sprachgebrauchs im Fremdsprachenunterricht". In: Heid Hg. 1989. 51–60.

– – – (1996a). „Schreiben". In: Henrici/Riemer Hg. 1996. 103–127.

– – – (1996b). „Arbeit an grammatischen Kenntnissen". In: Henrici/Riemer Hg. 1996. 145–165.

– – –; Ina SCHREITER (1996). „Arbeit an lexikalischen Kenntnissen". In: Henrici/Riemer Hg. 1996. 166–201.

BOLTE, Henning (1993). „'Geheime Wahl' im Unterricht. Kommunikative Handlungsrahmen für Grammatikübungen". *Fremdsprache Deutsch* 9: 10–19.

– – – (1996). „Fremde Zungenschläge – Handlungsräume für die Entwicklung mündlicher Kommunikationsfertigkeiten im Fremdsprachenunterricht". *Fremdsprache Deutsch* 14: 4–19.

BOOSCH, Alwin (1983). „Motivation und Einstellung. Zielsetzung der Motivationspsychologie". In: Solmecke Hg. 1983. 21–40.

BÖRNER, Wolfgang (1995). „Ausspracheübungen." In: Bausch/Christ/Krumm Hg. 1995. 226–228.

– – –; Klaus VOGEL Hg. (1992). *Schreiben in der Fremdsprache. Prozess und Text, Lehren und Lernen.* Bochum: AKS.

– – –; – – – Hg. (1993). *Wortschatz und Fremdsprachenerwerb.* Bochum: AKS.

– – –; – – – Hg. (1995). *Der Text im Fremdsprachenunterricht.* Bochum: AKS.

BOROWSKY, Viktor (1984). „Hörverstehen im Russischunterricht". In: Schumann [u.a.] Hg. 1984. 127–134.

BRANDI, Marie-Luise; Brigitte HELMLING (1985). *Arbeit mit Video am Beispiel von Spielfilmen.* München: Goethe-Institut.

BRANDT, Bertold (1968). „Theorie und Praxis einer Übungstypologie für den Fremdsprachenunterricht". *Fremdsprachenunterricht* 12: 403–411, 424.

BREKLE, Herbert E. (1972). *Semantik: Eine Einführung in die sprachwissenschaftliche Bedeutungslehre.* München: Fink.

BRINKER, Klaus (1988). *Linguistische Textanalyse: Eine Einführung in Grundbegriffe und Methoden.* 2., durchges. u. erg. Aufl. Berlin: Schmidt.

BRUMFIT, Christopher (1984). *Communicative Methodology in Language Teaching. The roles of fluency and accuracy.* Cambridge [u.a.]: Cambridge University Press.

BUFE, Wolfgang; Hans SCHERER (1981). „Fernsehen und Textverständnis: Theoretische Voraussetzung – empirische Forschung – Konsequenzen für die Praxis". *Jahrbuch Deutsch als Fremdsprache* 7. Hg. Alois Wierlacher. Heidelberg: Groos. 94–110.

BUNDESARBEITSGEMEINSCHAFT ENGLISCH AN GESAMTSCHULEN Hg. (1978). *Kommunikativer Englischunterricht.* München [u.a.]: Langenscheidt-Longman.

BURSTALL, Clare (1975). „Factors Affecting Foreign-Language Learning: A Consideration of some Recent Research Findings". *Language Teaching and Linguistics: Abstracts* 8: 5–25.

BUSCHA, Hans-Joachim; Elfriede SPECHT (1970). „Zur Arbeit mit Sprachmustern bei Fortgeschrittenen". *Deutsch als Fremdsprache* 7,3: 171–179.

BUTTJES, Dieter (1983). „Bedeutung und Interesse. Zur Inhaltsorientierung durch Landeskunde". In: Solmecke Hg. 1983. 85–99.

– – – (1995). „Landeskunde-Didaktik und landeskundliches Curriculum". In: Bausch/Christ/Krumm Hg. 1995. 142–149.

BUTZKAMM, Wolfgang (1973). *Aufgeklärte Einsprachigkeit. Zur Entdogmatisierung der Methode im Fremdsprachenunterricht.* Heidelberg: Quelle & Meyer.

– – – (1974). „Das Schriftbild: Lernhilfe oder Störfaktor im fremdsprachlichen Anfangsunterricht?" *Praxis des neusprachlichen Unterrichts* 21, 1: 31–41.

– – – (1976). „Über einsprachige und zweisprachige Strukturübungen". *Der fremdsprachliche Unterricht* 4: 36–47.

– – – (1979). „Zur Rolle der Muttersprache im Fremdsprachenunterricht – die Entwicklung in den siebziger Jahren". In: Kleine Hg. 1979. 172–178.

– – – (1980). *Praxis und Theorie der Bilingualen Methode.* Heidelberg: Quelle & Meyer.

– – – (1981). „Praxis und Theorie der traditionellen Einsprachigkeit, oder: die verkappte Zweisprachigkeit". *Neusprachliche Mitteilungen* 34: 159–166.

– – – (1982). „Rationaler und ratiomorpher Grammatikerwerb". In: Heid Hg. 1982. 57–80.

– – – (1985). „The use of the printed word in teaching beginners". *International Review of Applied Linguistics* 23,4: 315–322.

– – – (1989). *Psycholinguistik des Fremdsprachenunterrichts. Natürliche Künstlichkeit: Von der Muttersprache zur Fremdsprache.* Tübingen: Francke.

11.2 Sekundärliteratur

CANDLIN, Christopher N. (1978). „Form, Funktion und Strategie. Zur Planung kommunikativer Fremdsprachencurricula". In: Bundesarbeitsgemeinschaft Englisch an Gesamtschulen Hg. 1978. 23–48.

CARROL, John B. (1966). „The Contribution of Psychological Theory and Educational Research to the Teaching of Foreign Language". In: Valdmann Hg. 1966. 93–106.

CAUNEAU, Ilse (1992). *Hören – Brummen – Sprechen.* München: Klett Edition Deutsch.

CHRIST, Herbert (1979). „Landeskundeunterricht im Rahmen des Fremdsprachenunterrichts". In: Kleine Hg. 1979. 74–83.

– – –; Werner HÜLLEN (1995). „Fremdsprachendidaktik". In: Bausch/Christ/Krumm Hg. 1995. 1–7.

CHROMECKA, Julius (1968). „Zur Typologie und Gestaltung oraler Übungen". *Deutsch als Fremdsprache* 5,1: 66–75.

COOPER, Thomas (1989). „Schreiben als Prozess, oder 'Zurück zur Natur' in der Didaktik des Schreibens im Unterricht Deutsch als Fremdsprache". In: Heid Hg. 1989. 130–139.

CORDER, Pit S. (1973). *Introducing Applied Linguistics.* Harmondsworth: Penguin.

COULMAS, Florian (1986). „Diskursive Routine im Fremdsprachenerwerb". In: Eppeneder Hg. 1986. 3–45.

DAHL, Johannes; Brigitte WEIS (1988). *Handbuch Grammatik im Unterricht.* Bd. 1. München: Goethe-Institut.

– – –; – – – Hg. (1988). *Grammatik im Unterricht. Expertisen und Gutachten zum Projekt „Grammatik im Unterricht" des Goethe-Instituts München.* München: Goethe-Institut.

DAHLHAUS, Barbara (1994). *Fertigkeit Hörverstehen.* Fernstudienprojekt zur Fort- und Weiterbildung im Bereich Germanistik und Deutsch als Fremdsprache. Berlin [u.a.]: Langenscheidt.

DAKIN, Julian (1977). *Vom Drill zum freien Sprechen. Übungsformen für Sprachlabor und Klassenraum.* Hg. u. übers. v. Reinhold Freudenstein. München: Langenscheidt-Longman.

Das Zertifikat Deutsch als Fremdsprache (1991). Hg. Deutscher Volkshochschul-Verband e.V., Goethe-Institut. 4., völl. neubearb. u. erg. Aufl. Bonn [u.a.].

DELMAS, Hartmut; Klaus VORDERWÜLBECKE (1989). „Landeskunde". In: Ehnert Hg. 1989. 159–196.

Der fremdsprachliche Unterricht 21,82 (1987). Themenheft *Kreatives Schreiben in der Fremdsprache.*

DESSELMANN, Günther (1969). „Übungsfolge bei der Einübung grammatischer Strukturen mit Hilfe von Mustern". *Deutsch als Fremdsprache* 6,3: 203–211.

– – – (1973). „Zur Kontext- und Situationsgebundenheit in Grammatikübungen". *Deutsch als Fremdsprache* 10, 3: 161–169.

– – – (1983a). „Innere und äußere Bedingungen des auditiven Sprachverstehens im Fremdsprachenunterricht". *Deutsch als Fremdsprache* 20,1: 4–14.

– – – (1983b). „Aufgaben und Übungsgestaltung zur auditiven Sprachrezeption". *Deutsch als Fremdsprache* 20, 6: 345–350.

– – – (1990). „Lehrbuch und Grammatikstoff". *Deutsch als Fremdsprache* 27,5: 265–272.

DIDAKTILUS (1991). „Über lautes Lesen im Englischunterricht". *Neusprachliche Mitteilungen aus Wissenschaft und Praxis* 44: 246f.

DIETRICH, Ingrid (1973). „Pädagogische Implikationen der Einsprachigkeit im Fremdsprachenunterricht". *Praxis des neusprachlichen Unterrichts* 20,4: 349–358.

DIETRICH, Rainer; Thomas V. KAUFMAN; Günther STORCH (1979). „Beobachtungen zum gesteuerten Fremdsprachenerwerb". *Linguistische Berichte* 64: 56–81.

DIGESER, Andreas (1983). *Fremdsprachendidaktik und ihre Bezugswissenschaften. Einführung, Darstellung, Kritik, Unterrichtsmodelle*. Stuttgart: Klett.

DIRVEN, René (1977). „Aspekte der Hörverstehensfertigkeit". In: Dirven Hg. 1977. 1–13.

– – – Hg. (1977). *Hörverständnis im Fremdsprachenunterricht*. Kronberg: Scriptor.

– – – (1984). „Was ist Hörverstehen? Synopse vorhandener Theorien und Modelle". In: Schumann [u.a.] Hg. 1984. 19–40.

– – –; John OAKESHOTT-TAYLOR (1984a). „Listening Comprehension (Part I)". *Language Teaching* 17: 326–333.

– – –; – – – (1984b). „Listening Comprehension (Part II)". *Language Teaching* 18: 2–20.

DODSON, Charles J. (1967). *Language Teaching and the Bilingual Method*. London: Pitman.

DOYÉ, Peter (1975). *Systematische Wortschatzvermittlung im Englischunterricht*. 4. Aufl. Hannover [u.a.]: Schroedel [u.a.].

– – – (1995). „Lehr- und Lernziele". In: Bausch/Christ/Krumm Hg. 1995. 161–166.

DRÄXLER, Hans-Dieter (1996). *Rahmenrichtlinien für den Mittelstufenunterricht am Goethe-Institut*. München: Goethe-Institut.

DRAZYNSKA-DEJA, Maria (1989). „Vom gelenkten zum selbständigen Schreiben. Übungsabfolgen bei der Entwicklung von Schreibfertigkeit". *Fremdsprache Deutsch* 1: 36–37.

Duden. Grammatik der deutschen Gegenwartssprache (1984). Hg. u. bearb. v. Günther Drosdowski in Zusammenarb. mit Gerhard Augst [u.a.]. 4., völl. neu bearb. u. erw. Aufl. Mannheim [u.a.]: Bibliographisches Institut.

DÜWELL, Henning (1979). *Fremdsprachenunterricht im Schülerurteil. Untersuchungen zu Motivation, Einstellungen und Interessen von Schülern im Fremdsprachenunterricht. Schwerpunkt Französisch*. Tübingen: Narr.

– – – (1983). „Motivierung im Fremdsprachenunterricht in Abhängigkeit einzelner Unterrichtsfaktoren". In: Solmecke Hg. 1983. 179–198.

– – – (1992). „Strategien des Lernens und Strategien des Lehrens für den Fremdsprachenunterricht". *Lernen und Lehren fremder Sprachen*. Hg. Heiner van Bömmel, Herbert Christ, Michael Wendt. Tübingen: Narr. 39–61.

– – – (1995). „Der Fremdsprachenlerner". In: Bausch/Christ/Krumm Hg. 1995. 167–171.

EDELHOFF, Christoph (1979). „Lernziele und Verfahren eines kommunikativen Fremdsprachenunterrichts". In: Neuner Hg. 1979. 146–155.

– – – (1983). „Internationalität und interkulturelle Ziele des Fremdsprachenunterrichts in Europa – Verstehen und Verständigung". *Deutsch in der Weiterbildung*. Hg. Lothar Arabin, Volker Kilian. München: Lexika Verlag. 75–92.

– – – (1985). „Authentizität im Fremdsprachenunterricht". In: Edelhoff Hg. 1985. 7–30.

– – – Hg. (1985). *Authentische Texte im Deutschunterricht*. München: Hueber.

– – – (1986). „Die Funktion der Medien im Fremdsprachenunterricht". In: Ehnert/Piepho Hg. 1986. 15–23.

EDMONDSON, Willis J. (1995). „Interaktion zwischen Fremdsprachenlehrer und -lerner". In: Bausch/Christ/ Krumm Hg. 1995. 175–180.

– – –; Juliane HOUSE (1993). *Einführung in die Sprachlehrforschung*. Tübingen/Basel: Francke.

EGGER, Sylvia (1994). „Das Gedächtnis überlisten! – Gedanken zur Systematisierung und Differenzierung im DaF-Unterricht". *Deutsch als Fremdsprache ohne Mauern*. Hg. Arnim Wolff u. Barbara Gügold. Regensburg: Fachverband Deutsch als Fremdsprache. 119–131.

EGGERS, Dietrich Hg. (1989). *Didaktik Deutsch als Fremdsprache. Hörverstehen, Leseverstehen, Grammatik*. Regensburg: AkDaF beim DAAD.

11.2 Sekundärliteratur

EHNERT, Rolf (1983). „Kleine Typologie für die Verwendung von Videotexten im Fremdsprachenunterricht". *Info DaF* 4: 29–33.

– – – (1988). „Komm doch mal vorbei. Überlegungen zu einer 'kulturkontrastiven Grammatik'". *Jahrbuch Deutsch als Fremdsprache* 14. Hg. Alois Wierlacher [u.a.]. München: iudicium. 301–312.

– – – (1989). „Ausspracheschulung". In: Ehnert Hg. 1989. 91–113.

– – – Hg. (1989). *Einführung in das Studium des Faches Deutsch als Fremdsprache. Handreichungen für den Studienbeginn.* Frankfurt/M. [u.a.]: Lang.

– – – (1996). „Arbeit an phonetischen Kenntnissen". In: Henrici/Riemer Hg. (1996). 129–144.

– – –; Ralf EPPENEDER Hg. (1987). *Video im Fremdsprachenunterricht.* München: Goethe-Institut.

– – –; Hans-Eberhard PIEPHO Hg. (1986). *Fremdsprachen lernen mit Medien. Festschrift für Helm von Faber zum 70. Geburtstag.* München: Max Hueber.

EICHHEIM, Hubert; Heinz WILMS (1981). „Das Bild im Unterricht". In: Sturm Hg. 1981. 105–120.

ELLIS, Rod (1986). *Understanding Second Language Acquisition.* Oxford: University Press.

– – – (1990). *Instructed Second Language Acquisition: Learning in the Classroom.* Cambridge/Mass.: Blackwell.

– – – (1992). *Second Language Acquisition & Language Pedagogy.* Clevedon [u.a.]: Multilingual Matters LTD.

– – – (1994). *The Study of Second Language Acquisition.* Oxford: University Press.

ENGELKAMP, Johannes (1990). *Das menschliche Gedächtnis. Das Erinnern von Sprache, Bildern und Handlungen.* Göttingen [u.a.]: Hogrefe.

EPPENEDER, Ralf Hg. (1985). *Lernersprache: Thesen zum Erwerb einer Fremdsprache.* München: Goethe-Institut.

– – – Hg. (1986). *Routinen im Fremdsprachenunterricht.* München: Goethe-Institut.

EPPERT, Franz (1988). *Grammatik lernen und verstehen. Ein Grundkurs für Lerner der deutschen Sprache.* Stuttgart: Klett.

ERBEN, Johannes (1983). *Einführung in die deutsche Wortbildungslehre.* 2., durchges. u. verm. Aufl. Berlin: Schmidt.

ERDMENGER, Manfred (1982). „Hörverstehenstraining durch Aufgabenabstufung im fortgeschrittenen Englischunterricht". *Praxis des neusprachlichen Unterrichts* 29,4: 347–357.

ESA, Mohamed; Heinrich GRAFFMANN (1993). „Grammatikarbeit am Text. Einige textlinguistische Ansätze im Deutschunterricht". *Fremdsprache Deutsch* 9,2: 25–34.

ESSEN, A.J.v.; J.P. MENTING Hg. (1975). *The Context of Foreign-Language Learning.* Assen: van Gorcum & Comp.

FABER, Helm v. (1981). „Didaktik des Medientextes im Fremdsprachenunterricht". *Jahrbuch Deutsch als Fremdsprache* 7. Hg. Alois Wierlacher. Heidelberg: Groos. 137–147.

– – – (1983). „Video im Fremdsprachenunterricht. Technische, inhaltliche, formale, textmediale, didaktisch-methodische, dokumentarische Faktoren". *Info DaF* 4: 5–28.

– – – (1989). „Technische Medien im Fremdsprachenunterricht". In: Ehnert Hg. 1989. 53–73.

– – –; Dietrich EGGERS Hg. (1980). *Video im Fremdsprachenunterricht.* München: Goethe-Institut.

FAISTAUER, Renate (1997). *Wir müssen zusammen schreiben! Kooperatives Schreiben im fremdsprachlichen Deutschunterricht.* Innsbruck/Wien: StudienVerlag.

FAST, Julius (1979). *Körpersprache.* Reinbek: Rowohlt.

FELIX, Sascha W. (1982). *Psycholinguistische Aspekte des Zweitsprachenerwerbs*. Tübingen: Narr.

– – – (1985). „Kognitive Grundlagen des Fremdsprachenlernens". In: Eppeneder Hg. 1985. 107–145.

FIRGES, Jean; Hartmut MELENK (1995). „Landeskundliches Curriculum". In: Bausch/Christ/Krumm Hg. 1995. 513–517.

FLECHSIG, Karl-Heinz; Monika GRONAU-MÜLLER (1988). *Kleines Handbuch didaktischer Modelle*. 2., leicht überarb. Aufl. Göttingen [u.a.]: Zentrum für didaktische Studien.

FLEISCHER, Wolfgang (1982). *Wortbildung der deutschen Gegenwartssprache*. 5. Aufl. Tübingen: Niemeyer.

FREMDSPRACHE DEUTSCH. *Zeitschrift für die Praxis des Deutschunterrichts*.
– Heft 1: *Schreiben*. 1989.
– Heft 2: *Arbeit mit Texten*. 1990.
– Heft 3: *Wortschatzarbeit*. 1990.
– Heft 4: *Unterrichtsprojekte*. 1991.
– Heft 5: *Das Bild im Unterricht*. 1991.
– Heft 6: *Landeskunde*. 1992.
– Heft 7: *Hörverstehen*. 1992.
– Heft 8: *Lernstrategien*. 1993.
– Heft 9: *Lebendiges Grammatiklernen*. 1993.
– Heft 12: *Aussprache*. 1995
– Sondernummer: *Fremdsprachenlerntheorie*. 1995
– Heft 14: *Sprechen*. 1996

FREUDENSTEIN, Reinhold (1972). „Über Funktion und Bedeutung auditiver Medien". In: Freudenstein/Gutschow Hg. 1972. 273–280.

– – – (1975). *Unterrichtsmittel Sprachlabor*. 4., revid. Aufl. Bochum: Kamp.

– – – (1986). „Über Medioten und Mediatoren. Zum Medieneinsatz im Fremdsprachenunterricht am Ende der achtziger Jahre". In: Ehnert/Piepho Hg. 1986. 24–34.

– – – (1992). „'Wählen Sie Kanal 93!' Unterrichtsmaterialien für das 21. Jahrhundert". *Info DaF* 19,5: 543–550.

– – – (1995). „Funktion von Unterrichtsmitteln und Medien: Überblick". In: Bausch/Christ/Krumm Hg. 1995. 288–291.

– – –; Harald GUTSCHOW Hg. (1972). *Fremdsprachen: Lehren und Erlernen*. München: Piper.

FREY, Evelyn (1993). „Angewandte Phonetik im Unterricht Deutsch als Fremdsprache: Methoden und Erfahrungen". *Zielsprache Deutsch* 24,4: 195–202.

FUNK, Hermann; Michael KOENIG (1991). *Grammatik lehren und lernen*. Fernstudienprojekt zur Fort- und Weiterbildung im Bereich Germanistik und Deutsch als Fremdsprache. Berlin [u.a.]: Langenscheidt.

GNUTZMANN, Claus; Detlef STARK (1982). „Grammatik und Grammatikunterricht". In: Gnutzmann/Stark Hg. 1982. 11–28.

– – –; – – – Hg. (1982). *Grammatikunterricht. Beiträge zur Linguistik und Didaktik des Fremdsprachenunterrichts*. Tübingen: Narr.

GÖBEL, Heinz; Heinrich GRAFFMANN; Eckhard HEUMANN (1991). *Ausspracheschulung Deutsch*. 4. Auflage. Bonn: Inter Nationes.

GÖBEL, Richard (1992). *Kooperative Binnendifferenzierung im Fremdsprachenunterricht*. 4. Aufl. Mainz: Contact-Medien.

GÖHRING, Heinz (1975). „Kontrastive Kulturanalyse und Deutsch als Fremdsprache". *Jahrbuch Deutsch als Fremdsprache* 1. Hg. Alois Wierlacher [u.a.]. Heidelberg: Groos. 80–92.

11.2 Sekundärliteratur

– – – (1976). „Interkulturelle Kommunikationsfähigkeit". In: Weber Hg. 1976. 183–193.

– – – (1980). „Deutsch als Fremdsprache und interkulturelle Kommunikation". *Fremdsprache Deutsch: Grundlagen und Verfahren der Germanistik als Fremdsprachenphilologie*. Hg. Alois Wierlacher. Bd. 1. München: Fink. 70–90.

GOETHE–INSTITUT Hg. (1982). *Unterrichtsdokumentation*. München: Goethe-Institut.

GÖTZE, Lutz (1993). „Lebendiges Grammatiklernen. Anmerkungen zu einem modernen Grammatikunterricht". *Fremdsprache Deutsch* 9,2: 4–9.

GREBE, Paul (1975). „Wortbildung und Didaktik". *Deutsch als Fremdsprache und neuere Linguistik*. Hg. Otmar Werner, Gerd Fritz. München: Hueber. 27–46.

GRELL, Jochen (1981). „Das Lehrerverhalten und seine Auswirkung auf die Schüler". In: Twellmann Hg. 1981. 141–160.

– – – (1990). *Techniken des Lehrerverhaltens*. 13. Aufl. Weinheim [u.a.]: Beltz.

– – –; Monika GRELL (1983). *Unterrichtsrezepte*. Weinheim [u.a.]: Beltz.

GRÈVE, Marcel de; Frans van PASSEL (1971). *Linguistik und Fremdsprachenunterricht*. München: Hueber.

GREWER, Ulrich; Terry MOSTON; Malcom SEXTON (1978). „Übungstypologie zum Lernziel kommunikative Kompetenz". In: Bundesarbeitsgemeinschaft Englisch an Gesamtschulen Hg. 1978. 69–192.

– – –; – – –; – – – (1979). „Übungsschritte zum Erwerb kommunikativer Kompetenz". In: Neuner Hg. 1979. 181–193.

GÜGOLD, Barbara (1991). „Zu Theorie und Praxis der Arbeit mit Video im Bereich Deutsch als Fremdsprache". *Info DaF* 18,1: 34–39.

GÜNTHNER, Susanne (1989). „Interkulturelle Kommunikation und Fremdsprachenunterricht". *Info DaF* 16,4: 431–447.

GUTSCHOW, Harald (1972a). „Das visuelle Element in fremdsprachlichen Unterrichtswerken". In: Freudenstein/ Gutschow Hg. 1972. 263–272.

– – – (1972b). „Übungstypologie und Übungssystematik". In: Freudenstein/Gutschow Hg. 1972. 208–218.

HAUSMANN, Franz (1993). „Was ist eigentlich Wortschatz?" In: Börner/Vogel Hg. 1993. 2–21.

HÄUSSERMANN, Ulrich (1991). „Die Adjektivdeklination – Diskussion eines höchst empfindlichen Lernproblems". *Zielsprache Deutsch* 22,4: 198–205.

– – –; Hans-Eberhard PIEPHO (1996). *Aufgaben-Handbuch Deutsch als Fremdsprache: Abriss einer Aufgaben- und Übungstypologie*. München: iudicium.

HAYES, John R.; Linda S, FLOWER (1980). „Identifying the Organization of Writing Processes". *Cognitive Processes in Writing*. Hg. Lee W. Gregg, Erwin R. Steiberg. Hillsdale: Erlbaum. 3–30.

HECHT, Karlheinz (1982). *Englisch Sekundarstufe I. Unterrichtsplanung und Unterrichtsgestaltung*. Band 1: *Grundlagen*. Band 2: *Unterrichtsgestaltung*. 3., durchges. u. überarb. Aufl. Donauwörth: Auer.

– – –; Peter S. GREEN (1989). „Grammatische Kompetenz und Performanz. Ein Forschungsbericht". *Die Neueren Sprachen* 88,6: 573–590.

HECKHAUSEN, Heinz (1968). „Förderung der Lernmotivierung und der intellektuellen Tüchtigkeit". *Begabung und Lernen. Ergebnisse und Folgerungen neuerer Forschungen*. Hg. Heinrich Roth. Stuttgart: Klett. 193–228.

– – – (1974). „Bessere Lernmotivation und neue Lernziele". In: Weinert [u.a.]. Hg. 1974. Bd. 1. 575–601.

HEESCHEN, Claus; Friedel REISCHIES (1990). „Zur Lateralisierung von Sprache. Argumente gegen eine Überbewertung der rechten Hemisphäre". In: Schnelle Hg. 1990. 41–58.

HEID, Manfred Hg. (1982). *Die Rolle der Grammatik im kommunikativen Fremdsprachenunterricht.* New Yorker Werkstattgespräch 1981. München: Goethe-Institut.

– – – Hg. (1989): *Die Rolle des Schreibens im Unterricht Deutsch als Fremdsprache.* München: iudicium.

Heidelberger Forschungsprojekt „Pidgin-Deutsch spanischer und italienischer Arbeiter in der Bundesrepublik (1976). *Untersuchungen zur Erlernung des Deutschen durch Ausländische Arbeiter.* Arbeitsbericht III des Heidelberger DFG-Projekts. Heidelberg.

HEIDEMANN, Rudolf (1986). *Körpersprache vor der Klasse: ein praxisnahes Trainingsprogramm zum Lehrerverhalten.* Heidelberg: Quelle & Meyer.

HEIMANN, Paul (1976). „Didaktik als Theorie und Lehre". In: ders. *Didaktik als Unterrichtswissenschaft.* Hg. Kersten Reich, Helga Thomas. Stuttgart: Klett-Cotta. 142–167.

– – –; Gunter OTTO; Wolfgang SCHULZ (1977). *Unterricht. Analyse und Planung.* 9. Aufl. Hannover [u.a.]: Schroedel. 13–47.

HEINEMANN, Wolfgang; Dieter VIEHWEGER (1991). *Textlinguistik: Eine Einführung.* Tübingen: Niemeyer.

HELLIWELL, John (1972). „Die Verwendung des Tageslichtprojektors im Fremdsprachenunterricht". In: Ankerstein Hg. 1972. 54–65.

HELLMICH, Harald (1977). „Das monologische Sprechen und seine Entwicklung im Fremdsprachenunterricht". *Deutsch als Fremdsprache* 14,6: 328–338.

– – –; Rosemarie GRÖSCHL (1978). „Die Übung im Fremdsprachenunterricht". *Deutsch als Fremdsprache* 15,5: 261–266, 283.

HELMLING, Brigitte; Gustav WACKWITZ (1986). *Literatur im Deutschunterricht am Beispiel von narrativen Texten.* München: Goethe-Institut.

HENNE, Helmut; Helmut REHBOCK (1982). *Einführung in die Gesprächsanalyse.* 2., verb. und erw. Aufl. Berlin [u.a.]: de Gruyter.

HENRICI, Gert (1982). „Selbst sind die Lernenden – Beispiel: Bedeutungserwerb im Fremdsprachenunterricht". *Bielefelder Beiträge zur Sprachlehrforschung* 2: 140–169.

– – – (1986). *Studienbuch: Grundlagen für den Unterricht im Fach Deutsch als Fremd- und Zweitsprache (und anderer Fremdsprachen).* Paderborn [u.a.]: Schöningh.

– – – (1995). *Spracherwerb durch Interaktion? Eine Einführung in die fremdsprachenerwerbsspezifische Diskursanalyse.* Baltmannsweiler: Schneider.

– – –; Brigitte HERLEMANN (1986). *Mündliche Korrekturen im Fremdsprachenunterricht.* München: Goethe-Institut.

– – –; Claudia RIEMER Hg. (1996). *Einführung in die Didaktik des Unterrichts Deutsch als Fremdsprache mit Videobeispielen.* 2 Bde. 2. Aufl. Baltmannsweiler: Schneider.

HERMANN, Gisela (1983). „Affektive Variablen und Fremdsprachenlernen im Spiegel empirischer Forschung". In: Solmecke Hg. 1983. 57–476.

HERMANNS, Fritz (1989). „Schreiben als Lernen. Argumente für das Schreiben im Unterricht Deutsch als Fremdsprache". In: Heid Hg. 1989. 28–50.

HEUER, Helmut (1976). *Lerntheorie des Englischunterrichts.* Heidelberg: Quelle & Meyer.

– – – (1982). „Fremdsprachendidaktik (FSD) und Psychologie – Aspekte der Interdisziplinarität". *Kongressdokumentation der 9. Arbeitstagung der Fremdsprachendidaktiker.* Hg. Claus Gnutzmann [u.a.]. Tübingen: Narr. 135–139.

– – – [u.a.] (1983). „Die Fragestellung im Fremdsprachenunterricht". In: Solmecke Hg. 1983. 228–239.

HEYD, Gertraude (1991). *Deutsch lehren. Grundwissen für den Unterricht in Deutsch als Fremdsprache.* 2., überarb. und erw. Aufl. Frankfurt/M.: Diesterweg.

– – – (1997). *Aufbauwissen für den Fremdsprachenunterricht (DaF). Ein Arbeitsbuch. Kognition und Konstruktion.* Tübingen: Narr

HINKEL, Richard (1980). „Gegen das Prinzip der strikten Einsprachigkeit im Fremdsprachenunterricht". *Zielsprache Deutsch* 11,3: 14–25.

HIRSCHFELD, Ursula (1986). „Zum Problem: Phonetischer Einführungskurs." *Deutsch als Fremdsprache* 23,5: 297–302.

– – – (1992). „Wer nicht hören will ... Phonetik und verstehendes Hören". *Fremdsprache Deutsch* 7: 17–20.

– – – (1995). „Phonetik im Unterricht Deutsch als Fremdsprache – Wie der Lehrer so der Schüler?" *Fremdsprache Deutsch* 12: 6–10.

HOFER, Manfred (1974). „Die Psychologie der Unterrichtsstile". In: Weinert [u.a.]. Hg. 1974. Bd. 1. 503–520.

HÖRMANN, Hans (1978). *Meinen und Verstehen. Grundzüge einer psychologischen Semantik.* Frankfurt/M.: Suhrkamp.

– – – (1980). „Der Vorgang des Verstehens". *Sprache und Verstehen. Kongressberichte der 10. Jahrestagung GAL, Mainz 1979.* Bd. 1. Hg. Wolfgang Kühlwein, Albert Raasch. Tübingen: Narr. 17–29.

HOSCH, Wolfram; Dominique MACAIRE (1991). „Landeskunde mit Bildern. Wahrnehmungspsychologische und methodische Fragen bei der Entwicklung eines Deutschlandbildes durch Bilder". *Fremdsprache Deutsch* 5: 20–27.

HUDABIUNIGG, Ingrid; John WALMSLEY (1989). „Fremdsprachenerwerb". In: Ehnert Hg. 1989. 19–52.

HÜLLEN, Werner (1973). „Pragmatik – die dritte linguistische Dimension". *Neusser Vorträge zur Fremdsprachendidaktik.* Hg. Werner Hüllen. Berlin: Cornelsen-Velhagen & Klasing. 84–98.

– – – (1977). „Hörverstehen im Fremdsprachenunterricht der Sekundarstufe I". In: Dirven Hg. 1977. 27–39.

– – – (1979). „Sprachfunktionen in einer didaktischen Grammatik". In: Bausch Hg. 1979. 117–137.

– – – (1981). „Fremdsprachenunterricht als Interaktion". *Kommunikation in Europa: Probleme der Fremdsprachendidaktik in Geschichte und Gegenwart.* Hg. Franz Josef Zapp, Albert Raasch, Werner Hüllen. Frankfurt/M.: Diesterweg. 225–229.

– – – (1995). „Sprachliches Curriculum". In: Bausch/Christ/Krumm Hg. 1995. 508–513.

– – –; Wolfgang LÖRSCHER (1979). „Lehrbuch, Lerner und Unterrichtsdiskurs: Untersuchungen zur Struktur der Lernersprache im Englischunterricht". *Unterrichtswissenschaft* 7,4: 313–326.

– – –; – – – (1989). „On Describing and Analyzing Foreign Language Classroom Discourse". *Contrastive Pragmatics.* Hg. Wieslaw Oleksy. Amsterdam [u.a.]: Benjamins. 169–188.

HUNEKE, Hans-Werner; Wolfgang STEINIG (1997). *Deutsch als Fremdsprache. Eine Einführung.* Berlin: Schmidt.

JAKOBSON, Roman (1990). „Gehirn und Sprache. Gehirnhälften und Sprachstrukturen in wechselseitiger Beleuchtung". In: Schnelle Hg. 1990. 18–40.

JECHLE, Thomas (1992). *Kommunikatives Schreiben. Prozess und Entwicklung aus der Sicht kognitiver Schreibforschung.* Tübingen: Narr.

JONES, Ken [u.a.] (1984). *Simulationen im Fremdsprachenunterricht. Handbuch.* München: Hueber.

JUNG, Udo; Marlis H. HAASE Hg. (1975). *Fehlinvestition Sprachlabor? Beiträge zu einem konstruktiven Sprachunterricht mit technischen Medien.* Kiel: Schmidt & Klauning.

JUNGBLUT, Gertrud (1974). „Terminologie der Lehr- und Lernphasen im Fremdsprachenunterricht". *Linguistik und Didaktik* 17: 33–41.

JÜTTNER, Caspar (1979). *Gedächtnis: Grundlagen der psychologischen Gedächtnisforschung.* München [u.a.]: Reinhardt.

KARCHER, Günther L. (1988). *Das Lesen in der Erst- und Fremdsprache.* Heidelberg: Groos.

Kasper, Gabriele (1984). „Lernersprache und prozedurales Wissen". In: Bauer Hg. 1984. 133–148.

– – – (1995). „Funktionen und Formen der Lernersprachenanalyse". In: Bausch/Christ/Krumm Hg. 1995. 263–267.

KAST, Bernd (1989). „Vom Wort zum Satz zum Text". *Fremdsprache Deutsch* 1: 9–16.

– – – (1991). *Fertigkeit Schreiben. Schreiben mit Phantasie.* (Erprobungsfassung 11/91). Fernstudienprojekt zur Fort- und Weiterbildung im Bereich Germanistik und Deutsch als Fremdsprache. Berlin [u.a.]: Langenscheidt.

KAUFMANN, Gerhard (1977). „Die Gewinnung lexikalischer und grammatischer Minima als linguistisches und didaktisches Problem". *Sprachminima und Abschlussprofile.* Hg. Werner Hüllen, Albert Raasch, Franz Josef Zapp. Frankfurt/M. [u.a.]: Diesterweg. 48–70.

– – – (1979). „Grammatik und Lehrstoffplanung im Fach Deutsch als Fremdsprache". *Jahrbuch Deutsch als Fremdsprache* 5. Hg. Alois Wierlacher [u.a.]. Heidelberg: Groos. 67–86.

KELLER, Gottfried (1978). „Werden Vorurteile durch einen Schüleraustausch abgebaut?" In: Arndt/Weller Hg. 1978. 130–150.

KELLER, Susy; Maruska MARIOTTA (1992). „Der Traum vom autonomen Lernen und dessen Realisierung. Selbständiges Arbeiten mit Radiosendungen". *Fremdsprache Deutsch* 7: 9–57.

KELZ, H.P. Hg. (1977). *Phonetische Grundlagen der Ausspracheschulung.* 2 Bde. Hamburg.

KERSCHHOFER, Nadja (1995). „Sozialformen". In: Bausch/Christ/Krumm Hg. 1995. 489–495.

KLEIN, Wolfgang (1987). *Zweitspracherwerb. Eine Einführung.* 2., durchges. Aufl. Frankfurt/M.: Athenäum.

KLEINE, Winfried Hg. (1979). *Perspektiven des Fremdsprachenunterrichts in der Bundesrepublik Deutschland.* Frankfurt/M. [u.a.]: Diesterweg.

KLEINEIDAM, Hartmut (1986). *Fremdsprachengrammatik: Analysen und Positionen. Beiträge mit dem Schwerpunkt Französisch.* Tübingen: Narr.

– – –; Manfred RAUPACH (1995). „Grammatiken". In: Bausch/Christ/Krumm Hg. 1995. 298–301.

KLEPPIN, Karin (1995). „Fehler als Chance zum Weiterlernen". *Fremdsprache Deutsch*, Sondernummer „Fremdsprachenlerntheorie": 22–26.

– – –; Frank G. KÖNIGS (1991). *Der Korrektur auf der Spur – Untersuchungen zum mündlichen Korrekturverhalten von Fremdsprachenlernern.* Bochum: Brockmeyer.

KLINZING-EURICH, Gisela; Hans Gerhard KLINZING (1981). *Lehrfertigkeiten und ihr Training. Untersuchungen zum Training von Fragen höherer Ordnung und Sondierungsfragen mit Selbststudienmaterial.* Weil der Stadt: Lexika-Verlag.

KNAPP-POTTHOFF, Annelie; Karlfried KNAPP (1982). *Fremdsprachenlernen und -lehren. Eine Einführung in die Didaktik der Fremdsprachen vom Standpunkt der Zweitsprachenerwerbsforschung.* Stuttgart [u.a.]: Kohlhammer.

KOCH, Peter (1992). „Schriftlichkeit im Fremdsprachenunterricht". In: Börner/Vogel Hg. 1992. 2–28.

KÖHRING, K; R. BEILHARZ (1973). *Begriffswörterbuch Fremdsprachendidaktik und -methodik.* München: Hueber.

11.2 Sekundärliteratur

KÖNIGS, Frank G. Hg. (1989). *Übersetzungswissenschaft und Fremdsprachenunterricht. Neue Beiträge zu einem alten Thema.* München: Goethe-Institut.

– – – (1991). *Soll ich oder soll ich nicht? Lernpsychologische Überlegungen zur Rolle der Muttersprache im Fremdsprachenunterricht.* Vortrag auf dem Deutschlehrerkongress des Griechischen Deutschlehrerverbands und des Goethe-Instituts Thessaloniki. Thessaloniki, 12.–14. April 1991. [masch.]

– – – (1995a). „Fehlerkorrektur". In: Bausch/Christ/Krumm Hg. 1995. 268–272.

– – – (1995b). „Die Dichotomie Lernen / Erwerben". In: Bausch/Christ/Krumm Hg. 1995. 428–431.

KORZENIEWSKI, Jan (1987). „Bild-Text-Beziehungen im Fremdsprachenunterricht". *Info DaF* 14,2: 111–120.

KOUTIVA, Ioanna; Günther STORCH (1989). „Korrigieren im Fremdsprachenunterricht. Überlegungen zu einem Stiefkind der Fremdsprachendidaktik". *Info DaF* 16,4: 410–430.

KRAMSCH, Claire J. (1980). „Interaktionsstrategien im kommunikationsorientierten Fremdsprachenunterricht". *Zielsprache Deutsch* 11,4: 12–16.

– – – (1981). *Discourse Analysis and Second Language Teaching.* Washington: Center for Applied Linguistics.

KRASHEN, Stephen D. (1981). „Effective Second Language Acquisition: Insights from Research". *The Second Language Classroom: Directon for the 1980's.* Hg. James Alatis, Howard Altmann, Penelope Alatis. New York [u.a.]: Oxford University Press. 97–109.

– – – (1982). *Principles and Practice in Second Language Acquisition.* Oxford: Pergamon.

– – – (1985). *The Input Hypothesis: Issues and Implications.* London/New York: Longman.

– – – (1989). *Language Acquisition and Language Education: Extensions and Applications.* New York [u.a.]: Prentice Hall International.

KRINGS, Hans P. (1986). „Wie Lerner Texte machen. Schreibprozesse in der Fremdsprache im Lichte introspektiver Daten". *Probleme und Perspektiven der Sprachlehrforschung.* Hg. Seminar für Sprachlehrforschung. Frankfurt/M.: Scriptor. 257–280.

– – – (1992). „Empirische Untersuchungen zu fremdsprachlichen Schreibprozessen – Ein Forschungsüberblick". In: Börner/Vogel Hg. 1992. 47–77.

– – – (1995). „Übersetzen und Dolmetschen". In: Bausch/Christ/Krumm Hg. 1995. 325–332.

KROHN, Dieter (1983). „Angst und Englischunterricht". In: Solmecke Hg. 1983. 134–176.

KRUMM, Hans-Jürgen (1974). „Fremdsprachenunterricht: Der Unterrichtsprozess als Kommunikationssituation". *Unterrichtswissenschaft* 11,4: 30–38.

– – – (1975). „Das Sprachlabor im Kommunikativen Fremdsprachenunterricht". In: Jung/Haase Hg. 1975. 29–38.

– – – (1979). „Welche Didaktische Grammatik braucht der Fremdsprachenlerner?" In: Bausch Hg. 1979. 83–97.

– – – (1981). „Die Funktion der Medien in der neueren fremdsprachendidaktischen Diskussion". *Jahrbuch Deutsch als Fremdsprache* 7, Hg. Alois Wierlacher. Heidelberg: Groos. 128–136.

– – – (1988a). „Kulturspezifische Aspekte der Sprachvermittlung Deutsch als Fremdsprache. Zur Einführung". *Jahrbuch Deutsch als Fremdsprache* 14. Hg. Alois Wierlacher [u.a.]. München: iudicium. 121–126.

– – – (1988b). „Grammatik im Kommunikativen Deutschunterricht. Konsequenzen für eine didaktische Grammatik und für das Lehrverhalten". In: Dahl/Weis Hg. 1988. 5–44.

– – – (1989a). „Schreiben als kulturbezogene Tätigkeit im Unterricht Deutsch als Fremdsprache". In: Heid Hg. 1989. 10–27.

– – – (1989b). „Thema: 'Schreiben'". *Fremdsprache Deutsch* 1: 5–8.

– – – (1990). „'Ein Glück, dass Schüler Fehler machen!' Anmerkungen zum Umgang mit Fehlern im lernerorientierten Fremdsprachenunterricht". In: Leupold/Petter Hg. 1990. 99–105.

– – – (1992). „Bilder im Kopf: Interkulturelles Lernen und Landeskunde". *Fremdsprache Deutsch* 6: 4–15.

– – – (1995a). „Interkulturelles Lernen und interkulturelle Kommunikation". In: Bausch/Christ/Krumm Hg. 1995. 156–161.

– – – (1995b). „Der Fremdsprachenlehrer". In: Bausch/Christ/Krumm Hg. 1995. 475–480.

KRUPPA, Ulrich (1983). „Zur Funktion des Gedächtnisses beim Zielsprachenerwerb". *Neusprachliche Mitteilungen* 36,2: 76–84.

KUMMER, Manfred (1980). „Die Vermittlung von Sprachfähigkeit in Kontexten durch den Video-unterstützten Unterricht des Deutschen als Fremdsprache". In: Faber/Eggers Hg. 1980. 197–205.

LADO, Robert (1971). *Moderner Sprachunterricht. Eine Einführung auf wissenschaftlicher Grundlage*. 3. Aufl. München: Hueber.

LAMBERT, Wallace E. (1972). „Psychological Approaches to the Study of Language". In: ders. *Language, Psychology, and Culture*. Stanford: University Press. 160–195.

LANG, Richard; Uwe RIEKEN (1984). „Zusammenfassende Darstellung der Phasierung im Lehrbuch-orientierten (Lektions-orientierten) Unterricht". In: Bauer Hg. 1984. 39–43.

LANGER, Inghard; Friedemann SCHULZ v. THUN; Reinhard TAUSCH (1987). *Sich verständlich ausdrücken*. 3. Aufl. München: Reinhardt.

LATOUR, Bernd (1975). „Die Rolle der Wortbildung im studienbegleitenden Deutschunterricht". *Zielsprache Deutsch* 6,4: 7–13.

– – – (1982). „Grammatik in neueren Lehrwerken Deutsch als Fremdsprache: Auswahl, Präsentation, Progression". *Lehrwerkforschung – Lehrwerkkritik Deutsch als Fremdsprache*. Hg. Hans-Jürgen Krumm. München: Goethe-Institut. 93–103.

– – – (1988). *Mittelstufen-Grammatik für Deutsch als Fremdsprache*. Hg. Dietrich Eggers. Ismaning: Hueber.

LEE, W.R. (1975). „Some Aspects of Motivation in Foreign-Language Learning". In: Essen/Menting 1975. 66–83.

LÉON, P. (1966). „Teaching Pronunciation". In: Valdmann Hg. 1966. 57–79.

LEUPOLD, Eynar; Yvonne PETTER Hg. (1990). *Interdisziplinäre Sprachforschung und Sprachlehre. Festschrift für Albert Raasch zum 60. Geburtstag*. Tübingen: Narr.

LIEBER, Maria; Jürgen POSSET Hg. (1988). *Texte schreiben im Germanistikstudium*. München: iudicium.

LIST, Gudula (1995a). „Zwei Sprachen und ein Gehirn. Befunde aus der Neuropsychologie und Überlegungen zum Zweitspracherwerb". *Fremdsprache Deutsch*, Sondernummer „Fremdsprachenlerntheorie": 27–35.

– – – (1995b). Psycholinguistik und Sprachpsychologie". In: Bausch/Christ/Krumm Hg. 1995. 31–38.

LITTLE, David (1994). „Learner Autonomy: A Theoretical Construct and its Practical Application". *Die Neueren Sprachen* 93, 4: 430–442.

LÖRSCHER, Wolfgang (1983). *Linguistische Beschreibung und Analyse von Fremdsprachenunterricht als Diskurs*. Tübingen: Narr.

LÖSCHMANN, Martin (1975). „Übungsmöglichkeiten und Übungen zur Entwicklung des stillen Lesens". *Deutsch als Fremdsprache* 12,1: 26–31, 12,2: 96–101.

LÜBKE, Diethard (1972). „Einsprachige Vokabelerklärung: Testergebnisse aus dem Französischunterricht". *Neusprachliche Mitteilungen* 25: 23–31.

11.2 Sekundärliteratur

LUCHTENBERG, Sigrid (1995). „Language Awareness. Oder: Über den bewussten Umgang mit der Fremdsprache im Unterricht". *Fremdsprache Deutsch*, Sondernummer „Fremdsprachenlerntheorie": 36–41.

LÜGER, Heinz-Helmut (1993a). *Routinen und Rituale in der Alltagskommunikation*. Fernstudienprojekt zur Fort- und Weiterbildung im Bereich Germanistik und Deutsch als Fremdsprache. Berlin [u.a.]: Langenscheidt.

– – – (1993b). „Gesprächsanalyse und Fremdsprachenvermittlung". In: Lüger Hg. 1993. 3–21.

– – – Hg. (1993). *Gesprächsanalyse und Gesprächsschulung*. Beiträge zur Fremdsprachenvermittlung aus dem Konstanzer Sprachlehrinstitut. Konstanz: Sprachlehrinstitut der Universität.

LUTJEHARMS, Madeline (1988). *Lesen in der Fremdsprache*. Bochum: AKS Verlag.

LYONS, John (1968). *Introduction to Theoretical Linguistics*. Cambridge: University Press.

– – – (1980). *Semantik*. Bd. 1. München: Beck.

MANS, Elmar J. (1976). „Lernziel 'kommunikative Kompetenz': Zu einigen neuen Versuchen, ein altes Problem der Fremdsprachendidaktik zu lösen". *Bestandsaufnahme Fremdsprachenunterricht*. Hg. Jürgen Kramer. Stuttgart: Metzler. 202–245.

MARTIN, Jean-Pol (1983). *Aktive Schüler lernen besser. Neue Wege im Französisch-Unterricht*. Videokassette VHS Nr. 42 00349. Grünwald: Institut für Film und Bild in Wissenschaft und Unterricht.

– – – (1984). *Schüler organisieren ihren Unterricht selbst. Neue Wege im Französisch-Unterricht*. Videokassette VHS Nr. 42 00451. Grünwald: Institut für Film und Bild in Wissenschaft und Unterricht.

MATER, Erich (1966). *Deutsche Verben. 1. Alphabetisches Gesamtverzeichnis*. Leipzig: VEB Bibliographisches Institut.

– – – (1967). *Rückläufiges Wörterbuch der deutschen Gegenwartssprache*. Leipzig: VEB Bibliographisches Institut.

Mein Gespräch, meine Lieder. Liedermacher im Deutschunterricht (1986). Hg. POOL-LIFDU (Liedermacher im fremdsprachlichen Deutschunterricht). Berlin [u.a.]: Langenscheidt.

MEESE, Herrad (1984). *Systematische Grammatikvermittlung und Spracharbeit im Deutschunterricht für ausländische Jugendliche*. Berlin [u.a.]: Langenscheidt.

Meunmany, Nirath; Lothar Schmidt (1995). „Sprechmelodie". Fremdsprache Deutsch 12: 32–35.

MEYER, Paul G. (1992). „Zur Pragmatik schriftlicher Kommunikation". In: Börner/Vogel Hg. 1992. 29–46.

MINDT, Dieter (1978). „Probleme des pragmalinguistischen Ansatzes in der Fremdsprachendidaktik". *Die Neueren Sprachen* 77,3/4: 340–356.

– – – (1981). „Medien im Fremdsprachenunterricht: Entwicklungen und Tendenzen". In: Sturm Hg. 1981. 42–63.

– – – (1982). „Neue Wege zur Konstruktion von Grammatiken für den Fremdsprachenunterricht". In: Heid Hg. 1982. 170–185.

– – –; Ute MISCHKE (1985). „Der Zeitpunkt der Einführung des Schriftbildes im englischen Anfangsunterricht". *Neusprachliche Mitteilungen* 38: 232–237.

MITCHELL, Rosamond (1985). „Process Research in Second-Language Classrooms". *Language Teaching* 18,4: 330–352.

MORRIS, Desmond (1977). *Der Mensch, mit dem wir leben. Ein Handbuch unseres Verhaltens*. München: Knaur.

MÜLLER, Bernd-Dietrich (1980). „Zur Logik interkultureller Verstehensprobleme". *Jahrbuch Deutsch als Fremdsprache* 6. Hg. Alois Wierlacher [u.a.]. Heidelberg: Groos. 102–119.

– – – (1981). „Bedeutungserwerb – ein Lernprozess in Etappen". *Konfrontative Semantik.* Hg. Bernd-Dietrich Müller. Weil der Stadt: Lexika-Verlag. 113–154.

– – – (1983). „Begriffe und Bilder. Bedeutungscollagen zur Landeskunde". *Zielsprache Deutsch* 14,2: 5–14.

– – – Hg. (1985). *Textarbeit – Sachtexte.* München: iudicium.

– – – (1991). *Lernziel Landeskunde oder interkulturelle Kompetenz?* Universität Bayreuth.

– – – (1994). *Wortschatzarbeit und Bedeutungsvermittlung.* Fernstudienprojekt zur Fort- und Weiterbildung im Bereich Germanistik und Deutsch als Fremdsprache. München [u.a.]: Langenscheidt.

MÜLLER, Helmut (1962). „Die Verbalpräfixe be-, ent-, er-, ge-, ver-, zer- und miss-". *Deutschunterricht für Ausländer* 12: 73–81.

MULTHAUPT, Uwe; Dieter WOLFF (1992). „Prozessorientierung in der Fremdsprachendidaktik: Statt einer Einleitung". *Prozessorientierung in der Fremdsprachendidaktik.* Hg. Uwe Multhaupt, Dieter Wolff. Frankfurt/M.: Diesterweg. 7–13.

NEHER-LOURAN, Joachim (1988). „Produktorientierte Verfahren im Deutschunterricht". *Zielsprache Deutsch* 19,3: 28–39.

NEISSER, Ulrich (1979). *Kognition und Wirklichkeit. Prinzipien und Implikationen der kognitiven Psychologie.* Stuttgart: Klett-Cotta.

NEUBAUER, Fritz (1989). „Lexik und Wortschatzarbeit". In: Ehnert Hg. 1989. 115–133.

NEUF-MÜNKEL, Gabriele (1988). „Bericht der Arbeitsgruppe 'Hörverstehen'" *Info DaF* 15,2: 229–240.

– – – (1989). „Die Ausbildung des antizipierenden Hörens als Aufgabe des DaF-Unterrichts". In: Eggers Hg. 1989. 21–29.

– – – (1992). „Der dicke Junge weint, weil ... Übungen zur Ausbildung der Antizipations- und Speicherfähigkeit". *Fremdsprache Deutsch* 7: 31–35.

– – –; Regine ROLAND (1991). *Fertigkeit Sprechen.* (Erprobungsfassung 11/1991). Fernstudienprojekt zur Fort- und Weiterbildung im Bereich Germanistik und Deutsch als Fremdsprache. Berlin [u.a.]: Langenscheidt.

NEUNER, Gerhard Hg. (1979). *Pragmatische Didaktik des Englischunterrichts: Beiträge zur theoretischen Grundlegung und praktischen Unterrichtsgestaltung.* Paderborn: Schöningh.

– – – (1979). „Soziologische und pädagogische Dimensionen der Kommunikation und ihre Bedeutung für eine pragmatische Fremdsprachendidaktik." In: Neuner Hg. 1979. 95–113.

– – – (1985a). „Verstehen in der fremden Sprache. Überlegungen zur Didaktik der Textarbeit im fremdsprachlichen Deutschunterricht". In: Müller Hg. 1985. 11–26.

– – – (1985b). „Zur Arbeit mit authentischen Hörtexten im Unterricht." In: Müller Hg. 1985. 129–136.

– – – (1990). „Mit dem Wortschatz arbeiten". *Fremdsprache Deutsch* 3: 4–11.

– – – (1995). „Lehrwerke". In: Bausch/Christ/Krumm Hg. 1995. 292–295.

– – – (1996). „Gegenrede: Hören, Lesen und Schreiben ist Silber – und Reden ist Gold?" *Fremdsprache Deutsch* 14: 58.

– – –; Hans HUNFELD (1992). *Methoden des fremdsprachlichen Deutschunterrichts. Eine Einführung.* Fernstudienprojekt zur Fort- und Weiterbildung im Bereich Germanistik und Deutsch als Fremdsprache. Berlin [u.a.]. 1992.

– – –; Michael KRÜGER; Ulrich GREWER (1983). *Übungstypologie zum kommunikativen Deutschunterricht.* Berlin [u.a.]: Langenscheidt.

OAKESHOTT-TAYLOR, John (1977). „Information, Redundancy and Listening Comprehension". In: Dirven Hg. 1977. 93–100.

OERTER, Rolf (1982). *Moderne Entwicklungspsychologie*. Donauwörth: Auer.

OLBERT, Jürgen; Bruno SCHNEIDER Hg. (1973). *Gesammelte Aufsätze zum Transfer*. Frankfurt/M. [u.a.]: Diesterweg.

O'MALLEY, J. Michael; Anna Uhl CHAMOT (1990). *Learning Strategies in Second Language Acquisition*. Cambridge [u.a.]: Cambridge University Press.

ORTMANN, Wolf D. Hg. (1976). *Lernschwierigkeiten in der deutschen Aussprache. Ergebnisse einer Befragung von Lehrern für Deutsch als Fremdsprache. Teil I: Rechnersortiert nach 59 Ausgangssprachen. Teil III: Zusatzbemerkungen der Informanten zu 50 Ausgangssprachen*. München: Goethe-Institut.

– – – (1984). „Zur Behandlung der Phonetik in einem Anfänger-Lehrbuch für Deutsch als Fremdsprache." In: Bauer Hg. 1984. 71–103.

OSTERLOH, Karl-Heinz (1986). „Wiederfinden der eigenen Identität. Fremdsprachenunterricht in der Dritten Welt. Beispiel: Marokko". *Kulturkontraste im DaF-Unterricht*. Hg. Gerhard Neuner. München: iudicium. 173–192.

OXFORD, Rebecca L. (1990). *Language Learning Strategies. What Every Teacher Should Know*. New York: Newbury House.

PARREREN, Carell v. (1972). „Die Systemtheorie und der Fremdsprachenunterricht". In: Freudenstein/Gutschow Hg. 1972. 120–127.

– – – (1975). „Grammatical Knowledge and Grammatical Skill". In: Essen/Menting Hg. 1975. 117–131.

PAUELS, Wolfgang (1983). *Kommunikative Fremdsprachendidaktik: Kritik und Perspektiven*. Frankfurt/M. [u.a.]: Diesterweg.

– – – (1990). „Behaltensförderndes Wiederholen – Elemente eines Modellentwurfs". *Der fremdsprachliche Unterricht* 23,102: 37–40.

– – – (1995). „Kommunikative Übungen". In: Bausch/Christ/Krumm Hg. 1995. 236–238.

PAUL, Friederike (1996). „Übungstypologie für den Bereich Ausspracheschulung". *Info DaF* 23,4: 491–497.

PAULDRACH, Andreas (1987). „Landeskunde in der Fremdperspektive – Zur interkulturellen Konzeption von Deutsch-als-Fremdsprache-Lehrwerken". *Zielsprache Deutsch* 18,4: 30–42.

– – – (1992). „Eine unendliche Geschichte. Anmerkungen zur Situation der Landeskunde in den 90er Jahren". *Fremdsprache Deutsch* 6: 4–15.

PELZ, Manfred (1977). *Pragmatik und Lernzielbestimmung im Fremdsprachenunterricht*. Heidelberg: Quelle & Meyer.

PETZSCHLER, Hermann; Irene ZOCH (1974). „Die Rolle dialogtypischer Wortverbindungen und Wendungen bei der Vervollkommnung sprachlichen Könnens auf dem Gebiet des dialogischen Sprechens". *Deutsch als Fremdsprache* 11,3: 209–216.

PEUSER, Günter (1978). *Aphasie. Eine Einführung in die Patholinguistik*. München: Fink.

PHILIPPE, Marthe (1974). *Phonologie des Deutschen*. Stuttgart: Kohlhammer.

PICHT, Robert (1995). „Kultur- und Landeswissenschaften". In: Bausch/Christ/Krumm Hg. 1995. 66–73.

PIEPHO, Hans-Eberhard (1974a). *Kommunikative Kompetenz als übergeordnetes Lernziel im Englischunterricht*. Dornburg-Frickhofen: Frankonius.

– – – (1974b). „Lernziel Kommunikation und die Grenzen aktiven Sprachhandelns in der täglichen Unterrichtspraxis". *Die Neueren Sprachen* 23,2: 97–109.

– – – (1975). „Didaktische Modelle und Artikulationsphasen des Unterrichts, dargestellt am Beispiel des Englischunterrichts". *Probleme, Prioritäten, Perspektiven des fremd-*

sprachlichen Unterrichts. Hg. Herbert Osieka. 2. Aufl. Frankfurt/M. [u.a.]. Diesterweg. 35–44, 93–105.

– – – (1978a). „Ableitung und Begründung von Lernzielen im Englischunterricht". In: Bundesarbeitsgemeinschaft Englisch an Gesamtschulen Hg. 1978. 6–22.

– – – (1978b). „Anmerkungen zur psychologischen Begründung von Lern- und Übungsstrategien im kommunikativen Englischunterricht". In: Bundesarbeitsgemeinschaft Englisch an Gesamtschulen Hg. 1978. 49–53.

– – – (1979). *Kommunikative Didaktik des Englischunterrichts Sekundarstufe I: Theoretische Begründung und Wege zur praktischen Einlösung eines fachdidaktischen Konzepts*. Limburg: Frankonius.

– – – (1980). *Deutsch als Fremdsprache in Unterrichtsskizzen*. Heidelberg: Quelle & Meyer.

– – – (1985). „Didaktische Anmerkungen und Empfehlungen zum Lesen im Fremdsprachenunterricht". In: Edelhoff Hg. 1985. 31–42.

– – – (1988). „Schreiben im Unterricht Deutsch als Fremdsprache". In: Lieber/Posset Hg. 1988. 383–392.

– – – (1990). „Leseimpuls und Textaufgabe. Textarbeit im Deutschunterricht". *Fremdsprache Deutsch* 2: 4–9.

– – – (1995). „Sozialformen: Überblick". In: Bausch/Christ/Krumm Hg. 1995. 201–204.

PODSKARBI, Malgorzata (1992). „Polnisch-deutsche Interferenz im Bereich der Aussprache und systematische Ausspracheschulung in Deutsch als Fremdsprache." *Info DaF* 19,6: 678–691.

POHL, Lothar (1975). „Analogiebildung und Differenzierung als Grundoperationen im Sprachlernprozess und ihre Berücksichtigung bei der Festigung und Automatisierung grammatischer Kenntnisse". *Deutsch als Fremdsprache* 12,2: 88–96.

POLENZ, Peter v. (1969). „Ableitungsstrukturen deutscher Verben". *Zeitschrift für deutsche Sprache* 24: 1–15, 129–160.

– – – (1973). „Synpleremik I: Wortbildung", *Lexikon der germanistischen Linguistik*. I. Hg. Hans P. Althaus, Helmut Henne, Herbert E. Wiegand. Tübingen: Niemeyer. 145–163.

PORTMANN, Paul R. (1991). *Schreiben und Lernen. Grundlagen der fremdsprachlichen Schreibdidaktik*. Tübingen: Niemeyer.

PREIBUSCH, Wolfgang; Heidrun ZANDER (1971). „Wortschatzvermittlung: Auf der Suche nach einem analytischen Modell". *International Review of Applied Linguistics* 9,2: 131–145.

PÜTZ, Herbert (1991). „Kontrastivität als Prinzip im Fremdsprachenunterricht". *Info DaF* 18, 3: 252–265.

QUETZ, Jürgen (1990). Wortschatzarbeit – vom Lerner her betrachtet. In: Leupold/Petter Hg. 1990. 183–195.

– – –; Sibylle BOLTON; Gerda LAUERBACH (1981). *Fremdsprachen für Erwachsene. Eine Einführung in die Didaktik und Methodik des Fremdsprachenunterrichts in der Erwachsenenbildung*. Berlin: Cornelsen [u.a.].

RAABE, Horst (1982). „'Ist ne ... pas denn keine doppelte Verneinung?' Die Analyse von Fragereaktionen in ihrer Bedeutung für die Vermittlung von Fremdsprachen". In: Gnutzmann/Stark Hg. 1982. 61–99.

RADDEN, Günter (1983). „Schülermeinungen zu ihrem Englischlehrwerk". In: Solmecke Hg. 1983. 199–227.

– – – (1989). „Von der traditionellen zur kognitiven Grammatik". In: Eggers Hg. 1989. 21–29.

RADISOGLOU, Theodoros (1986). „Deutscher Aussprache- und Orthographietest. Ergebnisse einer Untersuchung bei griechischen Schülern an zweisprachigen Klassen in der Bundesrepublik Deutschland". *Info DaF* 13,2: 99–121.

RALL, Marlene (1993). „Dir oder Dich, das ist hier die Frage. Oder: Probieren geht über studieren. Dativ- und Akkusativergänzung im Anfangsunterricht". *Fremdsprache Deutsch* 9,2: 20–24.

RAMPILLON, Ute (1985). *Lerntechniken im Fremdsprachenunterricht. Handbuch.* München: Hueber.

--- (1994). „Von Lehrstrategien und Lernstrategien. Vorschläge für ein mehr lernergesteuertes Fremdsprachenlernen". *Zielsprache Deutsch* 25, 2: 75–91.

--- (1995a). „Lerntechniken". In: Bausch/Christ/Krumm Hg. 1995. 261–263.

--- (1995b). *Lernen leichter machen: Deutsch als Fremdsprache.* Ismaning: Hueber.

RATH, Rainer (1975). „Korrektur und Anakoluth im gesprochenen Deutsch". *Linguistische Berichte* 37: 1–12.

RAUSCH, Rudolf; Ilka RAUSCH (1991). *Deutsche Phonetik für Ausländer.* 2. durchges. Aufl. Berlin [u.a.]: Langenscheidt [u.a.].

REDDER, Angelika; Jochen REHBEIN Hg. (1987). *Arbeiten zur interkulturellen Kommunikation.* Hannover: OBST.

REINHARDT, Werner (1974). „Zur Rolle der Wortbildungslehre im fachsprachlichen Unterricht". *Deutsch als Fremdsprache* 11,1: 56–61.

REINKE, Kerstin (1995). „Konsonantenverbindungen". *Fremdsprache Deutsch* 12: 51–54.

REISENER, Helmut (1989). *Motivierungstechniken im Fremdsprachenunterricht. Übungsformen und Lehrbucharbeit mit englischen und französischen Beispielen.* Ismaning: Hueber.

RICKHEIT, Gert; Hans STROHNER (1990). „Inferenzen: Basis des Sprachverstehens". *Die Neueren Sprachen* 89, 6: 532–545.

RIEKEN, Uwe (1984). „Übersicht über die Phasenterminologie". In: Bauer Hg. 1984. 37f.

RIVERS, Wilga M. (1964). *The Psychologist and the Foreign Language Teacher.* Chicago [u.a.]: The University of Chicago Press.

--- (1978). *Der Französischunterricht: Ziele und Wege.* Übersetzt u. für das deutsche Sprachgebiet bearb. v. Heribert Walter. Frankfurt/M. [u.a.]: Diesterweg.

ROGALLA, Hanna; Willy ROGALLA (1976). „Wortbildung in wissenschaftlichen Texten". *Zielsprache Deutsch* 7, 4: 21–30.

ROHDE, Andreas (1993). „Die Funktion direkter Antonymie im Erwerb von Adjektiven". In: Börner/Vogel Hg. 1993. 67–85.

RÖHR, Gerhard (1993). *Erschließen aus dem Kontext. Lehren, Lernen, Trainieren.* Berlin [u.a.]: Langenscheidt.

ROHRER, Josef (1978). *Die Rolle des Gedächtnisses beim Sprachenlernen.* Bochum: Kamp.

--- (1985). „Lernpsychologische Aspekte der Wortschatzarbeit". *Die Neueren Sprachen* 84,6: 595–612.

--- (1990). „Gedächtnis und Sprachenlernen aus neuropädagogischer Sicht". *Der fremdsprachliche Unterricht* 23,102: 12–19.

RÖSLER, Dietmar (1984). *Lernerbezug und Lehrmaterialien DaF.* Heidelberg: Groos.

--- (1994). *Deutsch als Fremdsprache.* Stuttgart: Metzler.

RUTHERFORD, William E. (1987). *Second Language Grammar: Learning and Teaching.* London/New York: Longman.

SADOWNIK, Barbara; Thomas VOGEL (1991). „Natürliche Erwerbsprozesse im Fremdsprachenunterricht. Der Erwerb der deutschen Negation durch polnische Schüler". *Info DaF* 18,2: 159–168.

SALISTRA, I. (1962). *Methodik des neusprachlichen Unterrichts.* Berlin: Volk und Wissen VEV.

SAXER, Robert (1991). „Wortbildung im Sprachunterricht. Didaktische und methodische Überlegungen". *Info DaF* 18,1: 55–62.

SCHANK, Gerd; Gisela SCHOENTHAL (1983). *Gesprochene Sprache. Eine Einführung in Forschungsansätze und Analysemethoden.* 2., durchges. Aufl. Tübingen: Niemeyer.

SCHERFER, Peter (1985). „Lexikalisches Lernen im Fremdsprachenunterricht". *Handbuch der Lexikologie.* Hg. Christoph Schwarze, Dieter Wunderlich. Königstein/Ts.: Scriptor. 412–440.

– – – (1989). „Vokabellernen". *Der fremdsprachliche Unterricht* 98: 4–10.

– – – (1995). „Wortschatzübungen". In: Bausch/Christ/Krumm Hg. 1995. 229–232.

SCHERLING, Theo; Hans-Friedrich SCHUCKALL (1992). *Mit Bildern lernen. Handbuch für den Fremdsprachenunterricht.* Berlin [u.a.]: Langenscheidt.

SCHIFFLER, Ludger (1980). *Interaktiver Fremdsprachenunterricht.* Stuttgart: Klett.

SCHILDER, Hanno (1995). „Visuelle Medien". In: Bausch/Christ/Krumm Hg. 1995. 312–314.

SCHMIDT, Reiner (1982). „Überlegungen zu einer pädagogischen Grammatik für Deutsch als Fremdsprache". In: Heid Hg. 1982. 230–252.

– – – (1986). „Linguistische Grammatik und pädagogische Grammatik. Grundsätzliche Überlegungen zur Erarbeitung einer Grammatik für den Unterricht Deutsch als Fremdsprache". In: Ehnert/Piepho Hg. 1986. 226–237.

– – – (1987). „Das Konzept einer pädagogischen Grammatik". *Grammatik ja, aber wie. Dokumentation des Deutschlehrerkongresses am Goethe-Institut Thessaloniki, 11.–13. April 1987.* Hg. Goethe-Institut Thessaloniki. Thessaloniki: Goethe-Institut. 3–22.

– – – (1996). „Fehler". In: Henrici/Riemer Hg. 1996. 331–352.

SCHNEIDER, Bruno (1978). *Sprachliche Lernprozesse. Lernpsychologische und linguistische Analyse des Erst- und Zweitspracherwerbs.* Tübingen: Narr.

SCHNELLE, Helmut Hg. (1990). *Sprache und Gehirn. Roman Jakobson zu Ehren.* Frankfurt/M.: Suhrkamp.

SCHÖNPFLUG, Ute (1995). „Lerntheorie und Lernpsychologie". In: Bausch/Christ/Krumm Hg. 1995. 52–58.

SCHOUTEN-VAN PARREREN, Caroline (1990). „Wider das Vergessen. Lern- und gedächtnispsychologische Aspekte beim Wortschatzerwerb". *Fremdsprache Deutsch* 3: 12–16.

SCHRAND, Heinrich (1978). „Meaningful Drills". *Das Sprachlabor und der audiovisuelle Unterricht* 3: 91–94.

SCHREITER, Ina (1996a). „Hören und Verstehen". In: Henrici/Riemer Hg. 1996. 31–52.

– – – (1996b). „Sprechen". In: Henrici/Riemer Hg. 1996. 53–82.

– – – (1996c). „Lesen und Verstehen". In: Henrici/Riemer Hg. 1996. 83–102.

SCHRÖDER, Konrad (1983). „Gesellschaftliche und politische Einflussfaktoren auf Motivation und Einstellungen". In: Solmecke Hg. 1983. 106–129.

SCHUMANN, Adelheid (1995). „Übungen zum Hörverstehen". In: Bausch/Christ/Krumm Hg. 1995. 244–246.

– – –; Klaus VOGEL; Bernd VOSS Hg. (1984). *Hörverstehen. Grundlagen, Modelle, Materialien zur Schulung des Hörverstehens im Fremdsprachenunterricht der Hochschule.* Tübingen: Narr.

SCHWERDTFEGER, Inge C. (1985). *Sozialformen im Fremdsprachenunterricht.* München: Goethe-Institut.

– – – (1988). „Zur Erklärsprache von Lehrern im fremdsprachlichen Grammatikunterricht". In: Dahl/Weis Hg. 1988. 91–159.

– – – (1995a). „Gruppenunterricht und Partnerarbeit". In: Bausch/Christ/Krumm Hg. 1995. 206–208.

– – – (1995b). „Arbeits- und Übungsformen: Überblick". In: Bausch/Christ/Krumm Hg. 1995. 223–226.

SIEBEN, Uwe (1993). „Regeln anschaulich machen. Oder: Der Weg ist (fast) schon das Ziel. Überlegungen und Beispiele zu einer kognitiv orientierten Grammatikvermittlung im kommunikativen Sprachunterricht". *Fremdsprache Deutsch* 9,2: 42–47.

SINCLAIR, John McH.; Malcom COULTHARD (1977). *Analyse der Unterrichtssprache. Ansätze zu einer Diskursanalyse, dargestellt am Sprachverhalten englischer Lehrer und Schüler.* Übersetzt, bearb. u. hg. v. Hans-Jürgen Krumm. Heidelberg: Quelle & Meyer.

SLEMBEK, Edith (1986). *Lehrbuch der Fehleranalyse und Fehlertherapie.* Heinsberg: Agentur Dieck.

SOLMECKE, Gert Hg. (1983). *Motivation und Motivieren im Fremdsprachenunterricht.* Paderborn [u.a.]: Schöningh.

– – – (1992a). „Zusammenbringen, was zusammengehört. Hören und Lesen". *Info DaF* 19,1: 82–89.

– – – (1992b). „Ohne Hören kein Sprechen. Bedeutung und Entwicklung des Hörverstehens im Deutschunterricht." *Fremdsprache Deutsch* 7: 4–11.

– – – (1993). *Texte hören, lesen und verstehen: Eine Einführung in die Schulung der rezeptiven Kompetenz mit Beispielen für den Unterricht Deutsch als Fremdsprache.* Berlin [u.a.]: Langenscheidt.

– – –; Alwin BOOSCH (1981). *Affektive Komponenten der Lernerpersönlichkeit und Fremdsprachenerwerb. Die Ergebnisse eines Forschungsprojekts.* Tübingen: Narr.

SPEIGHT, Stephen (1995). „Konversationsübungen". In: Bausch/Christ/Krumm Hg. 1995. 252–255.

SPERBER, Horst G. (1989). *Mnemotechniken im Fremdsprachenerwerb: mit Schwerpunkt „Deutsch als Fremdsprache".* München: iudicium.

STEIN, G. (1974). „Word-Formation and Language Teaching". Die Neueren Sprachen 73: 316–331.

STIEFENHÖFER, Helmut (1986). *Lesen als Handlung: Didaktisch-methodische Überlegungen und unterrichtspraktische Versuche zur fremdsprachlichen Lesefähigkeit.* Weinheim [u.a.]: Beltz.

– – – (1995). „Übungen zum Leseverstehen". In: Bausch/Christ/Krumm Hg. 1995. 246–248.

STORCH, Günther (1979a). „Wortbildung und Fremdsprachenunterricht. Ein Beitrag zur Vermittlung zwischen Theorie und Praxis". Teil I. *Zielsprache Deutsch* 10,2: 2–13.

– – – (1979b). „Wortbildung und Fremdsprachenunterricht. Ein Beitrag zur Vermittlung zwischen Theorie und Praxis". Teil II. *Zielsprache Deutsch* 10,3: 2–12.

– – – (1985). *Praxis des Deutschen als Fremdsprache.* Athen: Staatlicher Lehrbuchverlag OEDB.

– – – (1991). „Vom Wissen zum Können: Überlegungen zu einer Transfergrammatik – am Beispiel der deutschen Adjektivflexion". *Vom Wissen zum Können. Dokumentation des 7. Griechischen Deutschlehrerkongresses, 28.–30.4.1990.* Hg. Goethe-Institut Athen, Verband der Deutschlehrer in Griechenland. Athen. 18–29.

– – – (1992). „Die Adjektivdeklination – ein Vorschlag für ein höchst empfindliches Lernproblem". *Zielsprache Deutsch* 23,4: 187–194.

– – – (1994). „Kontrastivität als ein Grundpfeiler der Ausspracheschulung". *Phonetik – Intonation – Kommunikation.* Hg. Horst Breitung. München: Goethe-Institut. 75–89.

– – –; Monika STORCH-LUCHE (1979). „Wortbildungsübungen im Fremdsprachenunterricht". *Zielsprache Deutsch* 10,4: 11–23.

STRAUSS, Dieter (1977). „Methodik des Schreibfertigkeitstrainings von Fortgeschrittenen am Beispiel von DaF-Studenten". *Materialien zum Entwurf eines Curriculums für die Ausbildung von Deutsch-als-Fremdsprache-Lehrern*. Hg. Dieter Strauss. Göppingen: Kümmerle.

– – – (1979). „Zur Begründung von Sprech- und Schreibfertigkeitsübungen für Deutsch als Fremdsprache". *Jahrbuch Deutsch als Fremdsprache* 5. Hg. A. Wierlacher [u.a.]. Heidelberg: Groos. 31–38.

– – – (1984a). *Didaktik und Methodik Deutsch als Fremdsprache. Eine Einführung*. München [u.a.]: Langenscheidt.

– – – (1984b). *Methodik der Lehrbuchentwicklung. Am Beispiel des regionalen Lehrwerkprojektes Indonesien*. München: Goethe-Institut.

STURM, Dieter Hg. (1981). *Deutsch als Fremdsprache heute. Lehren – Lernen – Informieren. Media Paris 1980*. München: Goethe-Institut.

– – – (1991). „Das Bild im Deutschunterricht". *Fremdsprache Deutsch* 5: 4–11.

TAUSCH, Reinhard; Anne-Marie TAUSCH (1970). *Erziehungspsychologie*. 5., gänzl. neu gestalt. Aufl. Göttingen: Hogrefe.

– – –; – – – (1979). *Erziehungspsychologie: Begegnung von Person zu Person*. 9. Aufl. Göttingen [u.a.]: Hogrefe.

TEUCHERT, Brigitte (1992). „Phonetik und nonverbale Kommunikation im Unterricht 'Deutsch als Fremdsprache'". *Phonetik, Ausspracheschulung und Sprecherziehung im Bereich Deutsch als Fremdsprache*. Hg. Klaus Vorderwülbecke. Regensburg: AkDaF beim DAAD. 149–156.

TÖNSHOFF, Wolfgang (1995a). „Lernerstrategien". In: Bausch/Christ/Krumm Hg. 1995. 240–243.

– – – (1995b). „Fremdsprachenlerntheorie. Ausgewählte Forschungsergebnisse und Denkanstöße für die Unterrichtspraxis". *Fremdsprache Deutsch, Sondernummer „Fremdsprachenlerntheorie"*: 4–15.

TUR, Cees (1988). „Kulturelle Zeichen. Die Arbeit mit authentischen Texten im Deutschunterricht der Niederlande". *Jahrbuch Deutsch als Fremdsprache 14*. Hg. Alois Wierlacher [u.a.]. München: iudicium. 198–220.

TWELLMANN, Walter Hg. (1981). *Handbuch Schule und Unterricht*. Bd. 1. Düsseldorf: Schwann.

ULRICH, Dieter (1981). „Die Lehrer-Schüler-Interaktion". In: Twellmann Hg. 1981. 161–177.

UNTERRICHTSWISSENSCHAFT 13,4 (1985). Themenheft *Schreiben als kognitiver Prozess*.

VALDMANN, A. Hg. (1966). *Trends in Language Teaching*. New York: Mc Graw-Hill.

VESTER, Frederic (1978). *Denken, Lernen, Vergessen*. München: dtv.

VIELAU, Axel (1975). „Kognitive Wortschatzdidaktik". *Die Neueren Sprachen* 74: 248–264.

VOGEL, Klaus (1975). „Kommunikative Kompetenz im Sprachlabor?" In: Jung/Haase Hg. 1975. 39–45.

– – – (1990). *Lernersprache: Linguistische und psycholinguistische Grundfragen zu ihrer Erforschung*. Tübingen: Narr.

VOGEL, Sigrid; Klaus VOGEL (1984). „Hörverstehen im kommunikativen Sprachunterricht: Ein didaktisches Modell zur Arbeit mit Hörtexten". In: Schumann [u.a.] Hg. 1984. 87–100.

VÖLZING, Paul-Ludwig (1995). „Grammatik im fremdsprachlichen Unterricht. Wie viel Grammatik brauchen Lehrer und Schüler?" *Info DaF* 22,5: 509–527.

VORDERWÜLBECKE, Klaus (1982). „Wettstreit der Progressionen – oder: Muss der Sprachunterricht umkehren?" In: Heid Hg. 1982. 253–281.

VOSS, Bernd (1984). „Zur Überprüfung von Hörverstehen im Fremdsprachenunterricht". In: Schumann [u.a.] Hg. 1984. 69–85.

WACKWITZ, Gustav (1970). „Texte im Fremdsprachenunterricht". *Zielsprache Deutsch* 1,1: 21–35.

WALTER, Gertrud (1995). „Frontalunterricht". In: Bausch/Christ/Krumm Hg. 1995. 204–206.

WÄNGLER, Hans-Heinrich (1974). *Grundriss einer Phonetik des Deutschen*. 3. durchges. Aufl. Marburg: Elwert.

WEBER, Horst (1976). „Interkulturelle Kommunikation und Landeskunde". In: Weber Hg. 1976. 214–224.

– – – Hg. (1976). *Landeskunde im Fremdsprachenunterricht. Kultur und Kommunikation als didaktisches Konzept*. München: Kösel.

WEIDENMANN, Bernd (1991). „Bilder für Lerner. Verstehensprobleme bei didaktischen Bildern". *Fremdsprache Deutsch* 5: 12–16.

WEIGMANN, Jürgen (1992). *Unterrichtsmodelle für Deutsch als Fremdsprache*. Ismaning: Hueber.

WEINERT, Franz E. (1974). „Instruktion als Optimierung von Lernprozessen. Teil I: Lehrmethoden". In: Weinert [u.a.]. Hg. 1974. Bd. 2. 797–826.

– – – [u.a.] Hg. (1974). *Funk-Kolleg Pädagogische Psychologie*. 2. Bde. Frankfurt/M.: Fischer Taschenbuch Verlag.

WEIRATH, Angela (1995). „Kreative Übungen". In: Bausch/Christ/Krumm Hg. 1995. 238–240.

WESTHOFF, Gerard (1984). *Psychologische Einsichten und das Lesen im Deutsch-als-Fremdsprache-Unterricht*. Pilotprojekt: Deutsch als Fremdsprache – Fortbildung ausländischer Deutschlehrer. Studieneinheit 1A. Tübingen: Deutsches Institut für Fernstudien an der Universität.

– – – (1987). *Didaktik des Leseverstehens. Strategien des voraussagenden Lesens mit Übungsprogrammen*. München: Hueber.

– – – (1991a). *Fertigkeit Leseverstehen*. (Erprobungsfassung 4/92). Fernstudienprojekt zur Fort- und Weiterbildung im Bereich Germanistik und Deutsch als Fremdsprache. Berlin [u.a.]: Langenscheidt.

– – – (1991b). „'Kommunikative' Strukturübungen – Kriterien und Beispiele". *Zielsprache Deutsch* 22,4: 206–215.

WESTPHALEN, Klaus (1973). *Praxisnahe Curriculumentwicklung*. Donauwörth: Auer.

WIENOLD, Götz (1973). *Die Erlernbarkeit der Sprachen. Eine einführende Darstellung des Zweitsprachenerwerbs*. München: Kösel.

WISSNER-KURZAWA, Elke (1995). „Grammatikübungen". In: Bausch/Christ/Krumm Hg. 1995. 232–235.

WILKINS, D.A. (1972). *Linguistics in Language Teaching*. Cambridge/Mass.: MIT Press.

WILSS, Wolfram (1981). „Das didaktische Problem der Herübersetzung". In: Bausch/Weller Hg. 1981. 297–313.

– – – (1986). *Wortbildungstendenzen in der deutschen Gegenwartssprache*. Tübingen: Narr.

WODE Henning (1974). „Natürliche Zweisprachigkeit innerhalb einer Spracherwerbstheorie". *Linguistische Berichte* 32: 16–36.

– – – (1985). „Zweitsprachenerwerbsforschung im Rückblick". In: Eppeneder Hg. 1985. 7–66.

– – – (1988). *Einführung in die Psycholinguistik: Theorien, Methoden, Ergebnisse*. München: Hueber.

WOLFF, Dieter (1986). „Unterschiede beim muttersprachlichen und zweitsprachlichen Verstehen". *Linguistische Berichte* 106: 445–455.

– – – (1990). „Zur Bedeutung des prozeduralen Wissens bei Verstehens- und Lernprozessen im schulischen Fremdsprachenunterricht". *Die Neueren Sprachen* 89,6: 610–625.

– – – (1991). „Lerntechniken und die Förderung der zweitsprachlichen Schreibfähigkeit". *Der fremdsprachliche Unterricht* 25,2: 34–39.

– – – (1992a). „Lern- und Arbeitstechniken für den Fremdsprachenunterricht: Versuch einer theoretischen Fundierung". *Prozessorientierung in der Fremdsprachendidaktik*. Hg. Uwe Multhaupt, Dieter Wolff. Frankfurt/M.: Diesterweg. 101–120.

– – – (1992b). „Zur Förderung der zweitsprachlichen Schreibfähigkeit". In: Börner/Vogel Hg. 1992. 110–134.

– – – (1996). „Kognitionspsychologische Grundlagen neuer Ansätze in der Fremdsprachendidaktik". *Info DaF* 23/5: 541–560.

ZAWADZAWA, Elzabieta (1983). „Ausgewählte psycholinguistische Faktoren des fremdsprachigen Hörverstehens und ihre Auswirkungen auf die didaktische Praxis". *Deutsch als Fremdsprache* 20,1: 14–19.

ZEHNDER, Erich (1981). *Lernziel: Kommunikationsfähigkeit? Eine Analyse der Interaktions- und Kommunikationsprozesse im Englischunterricht der Orientierungsstufe*. Tübingen: Narr.

ZIMMER, Hubert D. (1988). „Gedächtnispsychologische Aspekte des Lernens und Verarbeitens von Fremdsprache". *Info DaF* 15,2: 149–163.

– – – (1989). „Antizipationsprozesse: Voraussetzung für verstehendes Hören und Lesen". In: Eggers Hg. 1989. 31–38.

ZIMMERMANN, Günther (1971). „Grammatische Bewusstmachung im Fremdsprachenunterricht?" *Zielsprache Englisch* 0. (zit. nach Hecht 1982, Bd. 1: 65f.)

– – – (1972). „Integrierungsphase und Transfer im neusprachlichen Unterricht". In: Freudenstein/Gutschow Hg. 1972. 90–107.

– – – (1977). *Grammatik im Fremdsprachenunterricht*. Frankfurt: Diesterweg.

– – – (1979). „Was ist eine 'Didaktische Grammatik'?". In: Kleine Hg. 1979. 96–112.

– – – (1984). *Erkundungen zur Praxis des Grammatikunterrichts*. Frankfurt/M. [u.a.]: Diesterweg.

– – – (1988). „Lehrphasenmodell für den fremdsprachlichen Grammatikunterricht". In: Dahl/Weis Hg. 1988. 160–177.

– – – (1989). „Das sprachliche Curriculum". In: *Handbuch Fremdsprachenunterricht*. Hg. Karl-Richard Bausch [u.a.]. Tübingen: Francke, 1989. 106–112.

– – – (1995). „Das sprachliche Curriculum". In: Bausch/Christ/Krumm Hg. 1995. 135–142.

– – –; Erika WISSNER-KURZAWA (1985). *Grammatik: lehren, lernen, selbstlernen*. München: Hueber.

11.3 Zitierte Lern- und Lehrmaterialien

Im Text werden Lehrmaterialien in einer Kurzform zitiert; diese Kurzform findet sich in der folgenden Liste der Lehrmaterialien hinter der jeweiligen Literaturangabe in eckigen Klammern: „[...]" und im Verzeichnis der Abkürzungen. Mit „AB" wird im Text auf „Arbeitsbuch/Arbeitsheft" verwiesen, mit „LHB" auf „Lehrerhandbuch, Lehrerhandreichungen". Falls auf keinen besonderen Lehrwerksteil verwiesen wird, beziehen sich die Angaben auf das Lehrbuch. Um eine historische Einordnung der Lehrmaterialien zu ermöglichen, ist im Folgenden jeweils das Jahr der Erstausgabe angegeben.

Arbeit mit Texten. Von Ingrid Papp, Wolfgang Rug. Stuttgart: Klett, 1976. – [ARB.M.TEXTEN]

Auf deutsch, bitte! München: Hueber. – [DT.BITTE]
  – Teil 1. Von Dora Schulz [u.a.]. 1969.
  – Teil 2. Von Morten Lund, Palle Heinsen. 1971.

Ausspracheschulung Deutsch. Von Heinz Göbel [u.a.]. 4. Auflage. Bonn: Inter Nationes, 1985. – [AUSSPRSCH.DT.]

Der eine und der andere. Szenische Dialoge für den deutschen Sprachunterricht. Von Helmut Müller. Stuttgart: Klett, 1975. – [DER EINE]

Deutsch als Fremdsprache 1A. Grundkurs. Von Korbinian Braun [u.a.]. Stuttgart: Klett, 1967. – [DAF 1A]

Deutsch als Fremdsprache 1A. Neubearbeitung. – [DAF 1A (neu)]
  – Grundkurs. Von Korbinian Braun [u.a.]. Stuttgart: Klett, 1978.
  – Arbeitsbuch. Von Eike Fuhrmann. Stuttgart: Klett, 1982.

Deutsch aktiv. Ein Lehrwerk für Erwachsene. Berlin [u.a.]: Langenscheidt. – [DT.AKT.]
  – Lehrbuch 1. Von Gerhard Neuner [u.a.]. 1979.
  – Arbeitsbuch 1. Von Gerhard Neuner [u.a.]. 1979.
  – Lehrerhandbuch 1. Von Gerhard Neuner [u.a.]. 1979.
  – Sprechübungen 1. Von Dieter Arnsdorf, Christoph Edelhoff. 1981.
  – Glossar 1: Spanisch. Von Manfred Zirkel [u.a.]. 1981.
  – Lehrbuch 2. Von Gerhard Neuner [u.a.]. 1980.

Deutsch aktiv Neu. Ein Lehrwerk für Erwachsene. Von Gerhard Neuner [u.a.]. Berlin [u.a.]: Langenscheidt. – [DT.AKT. (neu)]
  – Lehrbuch 1A. 1986.
  – Lehrbuch 1B. 1987.
  – Lehrbuch 1C. 1989.

Deutsch Konkret. Ein Lehrwerk für Jugendliche. Von Gerhard Neuner [u.a]. Berlin [u.a.]: Langenscheidt. – [DT.KONKR.]
  – Lehrbuch 1. 1983.

Deutsche Sprachlehre für Ausländer. Von Heinz Griesbach, Dora Schulz. München: Hueber. – [SCH/GR]
  – Grundstufe 1. Teil. 1962.
  – Grundstufe 2. Teil. 1962.

Deutsche Sprachlehre für Ausländer. Grundstufe in einem Band. Von Heinz Griesbach, Dora Schulz. München: Hueber, 1967. – [SCH/GR G]

Deutsch 2000. Eine Einführung in die moderne Umgangssprache. Von Roland Schäpers, in Zusammenarb. mit Renate Luscher [u.a.]. München: Hueber. – [DT. 2000]
  – Band 1. 1972.
  – Band 2. 1973.

Die Suche. Das andere Lehrwerk für Deutsch als Fremdsprache. Arbeitsbuch 1. Von Volker Eismann [u.a.]. Berlin. [u.a.]: Langenscheidt, 1994. – [SUCHE]

Kontrast. Deutscher Aussprachekurs für Griechen. Arbeitsbuch. Von Günther Storch, Melissa Chatziioannou. Athen: Praxis, 1994. – [KONTRAST]

Lernspielekartei. Spiele und Aktivitäten für einen kommunikativen Sprachunterricht. Von Thorsten Friedrich, Eduard v. Jan. Hueber: Ismaning, 1985.

Lernziel Deutsch. Deutsch als Fremdsprache. Von Wolfgang Hieber. München: Hueber. – [LERNZ.DT.]
  – Grundstufe 1. 1983.
  – Grundstufe 2. 1985.

Mit Erfolg zum Zertifikat. Von Hubert Eichheim, Günther Storch. München: Klett Edition Deutsch, 1992. – [ZERT.DAF]
– Übungsbuch.
– Testheft.

Mittelstufe Deutsch. Ismaning: Verlag für Deutsch. – [MITTELST.DT.]
– Textbuch. Von Johannes Schumann. 1985.
– Arbeitsbuch. Von Friederike Frühwirt, Hanni Holthaus. 1988.

Sichtwechsel. Elf Kapitel zur Sprachsensibilisierung. Ein Deutschkurs für Fortgeschrittene. Von Martin Hog, Bernd-Dietrich Müller, Gerd Wessling. Stuttgart: Klett, 1984. – [SICHTW.]

Sichtwechsel neu. Mittelstufe Deutsch als Fremdsprache. Von Saskia Bachmann [u.a.]. München: Klett Edition Deutsch. – [SICHTW. (neu)]
– Text- und Arbeitsbuch 2. *Bedeutungserschließung und -entwicklung & Kulturvergleich.* 1996.

Sprachbrücke. Deutsch als Fremdsprache. München:Klett Edition Deutsch. – [SPR.BR.]
– Lehrbuch 1. Von Gudula Mebus [u.a.]. 1987.
– Arbeitsheft 1, Lektionen 1–7. Von Eike Fuhrmann [u.a.]. 1988.
– Arbeitsheft 1, Lektionen 8–15. Von Brigitte Abel [u.a.]. 1989.
– Handbuch für den Unterricht 1. Von Marlene Rall, Gudula Mebus. 1990.
– Lehrbuch 2. Von Gudula Mebus [u.a.]. 1989.
– Arbeitsheft 2, Lektionen 1–5. Von Maria Jenkins [u.a.]. 1992.
– Arbeitsheft 2, Lektionen 6–10. Von Maria Jenkins [u.a.]. 1992.

Sprachkurs Deutsch. Unterrichtswerk für Erwachsene. Von Ulrich Häussermann [u.a.]. Frankfurt/M. [u.a.]: Diesterweg [u.a.]. – [SPRK.DT.]
– Teil 1. 1978.
– Teil 2. 1979.
– Teil 3. 1982.

Sprachkurs Deutsch. Neufassung. Unterrichtswerk für Erwachsene. Von Ulrich Häussermann [u.a.]. Diesterweg [u.a.]: Frankfurt/M. [u.a.]. – [SPRK.DT. (neu)]
– Teil 1. 1989.
– Teil 2. 1991.
– Teil 3. 1991.

StandPunkte. Texte und Übungen für die Oberstufe. Deutsch als Fremdsprache. Von Karl H. Bieler. Ismaning: Hueber, 1984. – [STANDPUNKTE]

Stufen. Kolleg Deutsch als Fremdsprache. Von Anne Vorderwülbecke, Klaus Vorderwülbecke. Stuttgart: Klett. – [STUFEN]
– Teil 1. 1986.
– Teil 2. 1987.
– Teil 3. 1989.
– Teil 3. Handbuch für den Unterricht. 1990.
– Teil 4. 1991.

Stufen International. Deutsch als Fremdsprache für Jugendliche und Erwachsene. Von Anne Vorderwülbecke, Klaus Vorderwülbecke. München: Klett Edition Deutsch.–[STUFEN INT.]
– Lehr- und Arbeitsbuch 1. 1995.
– Lehr- und Arbeitsbuch 2. 1996.

Themen. Lehrwerk für Deutsch als Fremdsprache. München: Hueber. – [THEMEN]
– Kursbuch 1. Von Hartmut Aufderstraße [u.a.]. 1983.
– Arbeitsbuch 1 Inland. Von Karl-Heinz Eisfeld [u.a.]. 1983.
– Lehrerhandbuch 1. Von Mechthild Gerdes [u.a.]. 1984.
– Kursbuch 2. Von Hartmut Aufderstraße [u.a.]. 1984.
– Arbeitsbuch Inland 2. Von Hartmut Aufderstraße [u.a.]. 1985.
– Kursbuch 3. Von Hartmut Aufderstraße [u.a.]. 1986.

Themen neu. Lehrwerk für Deutsch als Fremdsprache. Ismaning: Hueber. – [THEMEN (neu)]
– Kursbuch 1. Von Hartmut Aufderstraße [u.a.]. 1992.
– Arbeitsbuch 1. Von Heiko Bock [u.a.]. 1992.
– Kursbuch 2. Von Hartmut Aufderstraße [u.a.]. 1993.

Wege. Deutsch als Fremdsprache: Mittelstufe und Studienvorbereitung. Von Hans J. Tetzeli von Rosador [u.a.]. Hg. Dietrich Eggers. Ismaning: Hueber, 1988. – [WEGE]
– Lehrbuch.
– Arbeitsbuch.

Wege. Deutsch als Fremdsprache: Mittelstufe und Studienvorbereitung. Neuausgabe. Von Hans J. Tetzeli von Rosador [u.a.]. Hg. Dietrich Eggers. Ismaning: Hueber, 1992.– [WEGE (neu)]
– Lehrbuch.
– Arbeitsbuch.

Wörter zur Wahl. Übungen zur Erweiterung des Wortschatzes. Von Magda Fehrenbach, Ingrid Schüßler. Stuttgart: Klett, 1970. – [WÖRT.Z.WAHL]